“十三五”江苏省高等学校重点教材　编号:2018－2－229

全国船舶工业职业教育教学指导委员会推荐教材

船舶柴油机

主　编　陈培红　邹俊杰　乔红宇
副主编　王　军　宋　岩
参　编　施祝斌　张占勇　袁成岗
　　　　闫　伟　朱晓亮　施红慧
主　审　朱永祥

哈尔滨工程大学出版社
Harbin Engineering University Press

内容简介

本教材立足于船舶柴油机的发展现状，依据 STCW 公约马尼拉修正案对操作级轮机员的适任标准要求、《中华人民共和国海船船员适任考试和发证规则》（2020 年）要求和现代船舶轮机管理的工作要求编写而成。

本教材主要内容包括船舶柴油机认知、柴油机运动部件与固定部件检查、喷射设备检查与调整、换气机构、增压器维护、动力系统操作与管理、操纵系统操作与管理、柴油机测试与运行管理、推进特性曲线识读、智能柴油机控制、双燃料发动机技术。

本教材可供轮机工程、轮机工程技术和船舶动力工程技术专业的学生及需要三管轮考证的人员使用，也可作为相关专业技术人员的参考用书。

图书在版编目(CIP)数据

船舶柴油机 / 陈培红，邹俊杰，乔红宇主编. —哈尔滨：哈尔滨工程大学出版社，2020.12
ISBN 978-7-5661-2961-1

Ⅰ. ①船… Ⅱ. ①陈… ②邹… ③乔… Ⅲ. ①船用柴油机-高等职业教育-教材 Ⅳ. ①U664.121

中国版本图书馆 CIP 数据核字(2020)第 265630 号

船舶柴油机
CHUANBO CHAIYOUJI

选题策划 史大伟 薛 力
责任编辑 张 昕
封面设计 博鑫设计

出版发行 哈尔滨工程大学出版社
社　　址 哈尔滨市南岗区南通大街 145 号
邮政编码 150001
发行电话 0451-82519328
传　　真 0451-82519699
经　　销 新华书店
印　　刷 哈尔滨市石桥印务有限公司
开　　本 787 mm×1 092 mm 1/16
印　　张 28.25
字　　数 721 千字
版　　次 2020 年 12 月第 1 版
印　　次 2020 年 12 月第 1 次印刷
定　　价 73.00 元
http://www.hrbeupress.com
E-mail:heupress@hrbeu.edu.cn

前　言

教材是教学改革和创新的成果总结,其作为课程的支撑和基础在人才培养中起着重要的作用。为深入贯彻党的十九大精神和全国教育大会部署,落实党中央、国务院关于教材建设的决策部署和《国家职业教育改革实施方案》的有关要求,深化职业教育“三教”改革,江苏省教育厅组织开展了“十三五”职业教育规划教材建设工作。

“船舶柴油机”是轮机工程技术专业的核心课程,也是海船船员适任考试的主要内容。本教材以学生需求为中心、以学习目标为导向、以工学结合为基础,在充分运用信息化技术的基础上,融入了柴油机发展的最新技术。本教材总结了课程改革的成果,以项目引领、任务驱动精心设计了教材内容。本教材既满足 STCW 公约马尼拉修正案对操作级轮机员的适任标准要求、《中华人民共和国海船船员适任考试和发证规则》(2020 年)要求和现代船舶轮机管理的工作要求,也满足柴油机技术不断更新发展的需求。

本教材的知识结构图是各章节任务中的知识与技能的纲要,可以引导学生进行有序化的学习;微课、动画和效果检测为开展线上、线下综合教学活动提供了支撑。

本教材由江苏航运职业技术学院陈培红教授和邹俊杰、乔红宇副教授担任主编,江苏科技大学王军副教授和江苏航运职业技术学院宋岩副教授担任副主编,江苏航运职业技术学院施祝斌教授,张占勇、袁成岗和闫伟轮机长,江苏远洋运输有限公司产业教授、轮机长朱晓亮和领新(南通)重工有限公司教授级高工施红慧参与编写。其中,陈培红编写了项目一和项目二的任务一、任务二,宋岩编写了项目二的任务三和项目六的任务四,王军编写了项目三,邹俊杰编写了项目四、项目五和项目六的任务一至任务三,乔红宇编写了项目七和项目十的任务一,袁成岗编写了项目八的任务一,闫伟编写了项目八的任务二和任务三,张占勇编写了项目九,施红慧编写了项目十的任务二,朱晓亮编写了项目十的任务三,施祝斌编了写项目十一。本教材由江苏航运职业技术学院朱永祥教授担任主审。

江苏航运职业技术学院陈培红、邹俊杰、宋岩、张占勇、袁成岗、侯淑芳、闫伟、薛海龙、冯明波和江苏远洋运输有限公司朱晓亮为本教材提供了微课。国家教学资源库轮机工程技术轮机维护与修理朱永祥团队、主推进动力装置蒋祖星团队为本教材提供了动画和案例。

由于编者水平有限,教材中难免存在不妥之处,恳请广大读者批评指正。

编　者

2020 年 9 月

目　　录

项目一　船舶柴油机认知

【项目描述】

通过对柴油机基本工作原理、名词术语、基本性能和结构参数、类型及其特点等相关知识的学习，达到 STCW 公约马尼拉修正案及《中华人民共和国海船船员适任考试和发证规则》(2020 年)规定的具备有关船舶柴油机基本知识的标准要求。

一、知识要求

1. 掌握柴油机的基本概念、主要结构参数、结构特点和类型；
2. 熟悉柴油机的主要性能指标和参数对柴油机工作的影响。

二、技能要求

1. 具备船舶柴油机基本类型的识别能力；
2. 具备绘制定时圆图的能力。

三、素质要求

1. 具有自主学习意识，培养借助思维导图主动建构知识结构的习惯；
2. 培养及时复习、善于思考和总结的习惯。

【项目实施】

任务一　柴油机的特点

【任务引入】

请为船舶、家用轿车、飞机、火力发电和核动力装置选择合适类型的发动机并说明选择的依据。

【知识结构】

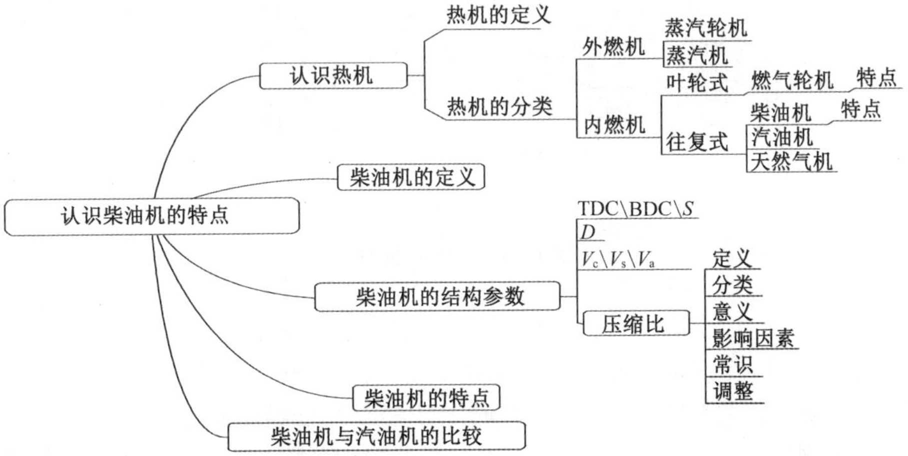

一、柴油机的基本概念

1. 热机的概念

动力机械是指将其他能量转换为机械能的设备。热机是将热能转换成机械能的动力机械。热机中通过燃料燃烧将化学能转换为热能，再通过工质膨胀将热能转换为机械能。根据燃料燃烧所在的设备的不同，热机可分为外燃机和内燃机。外燃机是指燃料在热机的气缸外（如锅炉中）燃烧，燃烧产物加热中间工质（如水）并通过中间工质膨胀对外做功的动力机械。外燃机由于传热损失，导致热效率不高，增加锅炉等装置，比较笨重，目前在船舶动力装置中很少出现。外燃机包括蒸汽机、蒸汽轮机。但在核动力装置中，只能使用蒸汽轮机。蒸汽轮机的示意图参见图1－1。

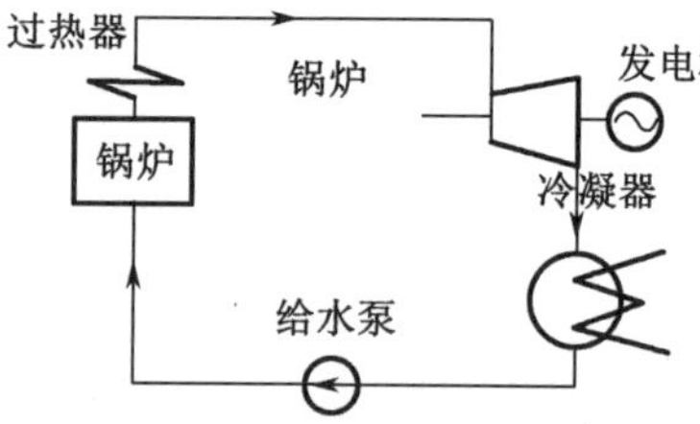

图1－1　蒸汽轮机示意图

内燃机是指燃料直接在热机的气缸内燃烧，燃烧产物直接对外做功的动力机械。相对外燃机，其热效率较高，尺寸和质量较小。按所用燃料不同，内燃机可分为汽油机、天然气机、柴油机、燃气轮机等。

热机按结构分为回转式和往复式。回转式也称叶轮式，能持续做功。由于叶轮质量小，故叶轮式热机能用于高速；同样的质量下叶轮式热机功率大，同样的功率下叶轮式热机质量小。但叶轮在高温下连续工作，第一排叶片的热负荷很高，受叶片材料耐热强度的限制，其工作循环的最高温度要比往复式的最高温度低得多，故热效率远低于往复式热机，且叶片承载能力低于活塞，最大功率也受限制。燃气轮机和蒸汽轮机均属于回转式内燃机。其中，燃气轮机的比功率是热机中最大的，由于其结构紧凑、轻巧，运转平稳，尤其适于航空发动机。燃气轮机的结构见图1－2。往复式热机由于质量大，惯性力大，速度相对叶轮式慢；另外只能间歇做功。这两个因素导致其热负荷相应较低，故压缩比大于叶轮式，热效率高；此外，活塞强度高于叶轮，故往复式热机最大功率高于叶轮式热机。柴油机、汽油机、天然气机属于往复式内燃机。

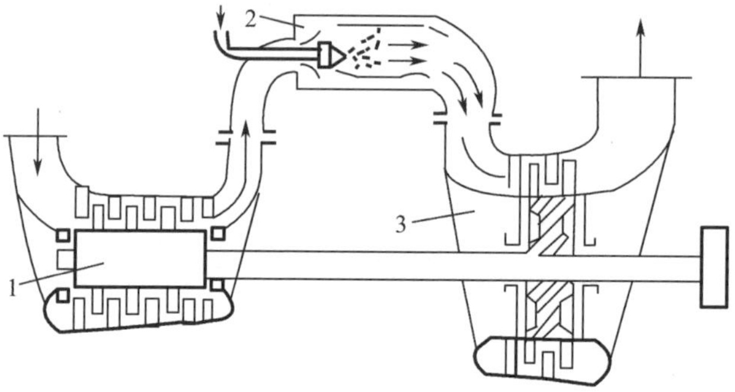

1—压气机；2—燃烧室；3—燃气轮机。

图1－2　燃气轮机的结构

热机按着火方式可分为点燃式和压燃式。汽油机、燃气轮机、天然气机为点燃式，柴油机为压燃式。图1－3所示为汽油机结构，图1－4所示为柴油机结构。点燃式燃油由于挥发性好，在气缸外的化油器中与空气易形成均匀的混合气，然后通过进气道进入气缸，由火花塞点燃。压燃式热机只吸入空气，压缩后空气与喷油器喷入的高压燃油在气缸内迅速混合形成可燃混合气;压缩后的气缸内温度高于柴油的自燃温度,使可燃混合气燃烧。汽油、天然气挥发性好、自燃温度较高,适于点燃,而柴油挥发性差、自燃温度较低,适于压燃。

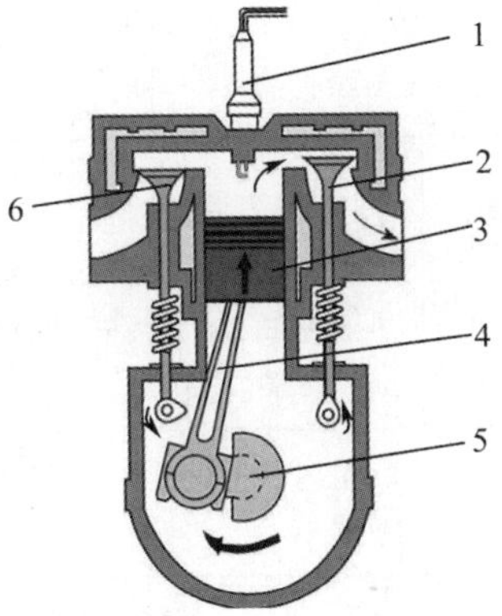

1—火花塞;2—排气阀;3—活塞;
4—连杆;5—曲轴;6—进气阀。

图1-3 汽油机结构

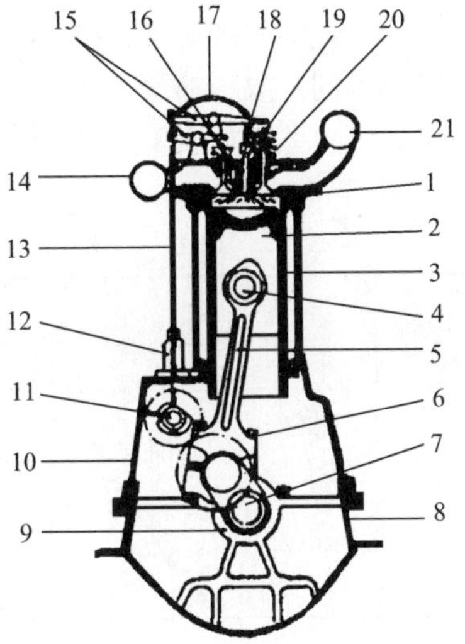

1—气缸盖;2—活塞;3—气缸套;4—活塞销;5—连杆;6—连杆螺栓;
7—曲轴;8—机座;9—主轴承;10—机体;11—凸轮轴;12—喷油泵;
13—顶杆;14—进气管;15—摇臂;16—过气阀;17—高压油管;
18—喷油器;19—排气阀;20—气阀弹簧;21—排气管。

图1-4 柴油机结构

2. 柴油机的概念

柴油机是一种两次能量转换均在气缸内进行的压缩发火的往复式动力机械。它使用挥发性较差的柴油或劣质燃料油为燃料;采用内部混合法(燃油与空气在气缸内部混合)形成可燃混合气;采用压缩发火(靠缸内空气压缩形成的高温自行发火)实现缸内燃烧。

3. 船舶柴油机的特点

船舶柴油机属于压燃发火的往复活塞式内燃机,故其具有以下突出的优点:

①经济性好。柴油机的热效率高并可使用劣质燃油。柴油机内部混合,压缩的是空气,故压缩比大,使柴油机的热效率高,可达55%以上。柴油机的热效率是所有热机中最高的。此外作为主机的柴油机常使用廉价的重油,燃油费用低。

②功率范围宽广。柴油机的最低单机功率为0.6 kW,最高单机功率已超过80 000 kW,基本满足各个领域对动力的需求。

③结构紧凑、质量小。与蒸汽动力装置相比,柴油机动力装置尺寸和质量小,有利于船舶机舱布置。

④机动性好。与外燃机相比,柴油机启动方便,加速性能好;可设计成直接反转的柴油机,倒车性能好;有较宽的转速和负荷调节范围;能适应船舶航行时的各种工况需求。

⑤可靠性高,寿命长,维修方便。

压缩比大,带来柴油机优点的同时,也使柴油机具有以下两个主要的缺点:

①燃烧室部件工作条件恶劣,承受高温、高压和冲击性负荷。

②工作粗暴,噪声较大。

船舶柴油机的优点使柴油机得到了广泛的应用,智能柴油机的出现使柴油机更趋完善，柴油机在船舶上取得了绝对优势，船舶主推进动力装置（也称主机）和船上发电机几乎均为柴油机。

柴油机与汽油机采用不同燃料，汽油易挥发，适于点燃，而柴油挥发性差，但自燃点低，适于压燃。压燃与点燃的原理不同，导致柴油机与汽油机供油系统结构上的差异，另外，两者的参数与性能也不同。故压缩发火的着火方式是柴油机区别于其他内燃机的本质特征。柴油机与汽油机的主要区别如表1－1所示。

表1－1　柴油机与汽油机的主要区别

类型	燃料	混合气形成	发火方式	结构	参数（压缩比）	性能
柴油机	柴油	气缸内部混合	压缩发火	喷油器	压缩比高（12～22）	热效率高，动力性好；低温启动性能差，工作粗暴，噪声大
汽油机	汽油	气缸外部混合	点火	化油器火花塞	压缩比低（5～9）	低温启动性能好，工作柔和，噪声小

二、柴油机的结构参数

1. 气缸直径 D 和曲柄半径 R

气缸直径是指气缸的内径，简称缸径，单位为mm。曲柄半径是指曲柄销中心线到曲轴回转中心的距离，单位为mm。

2. 上、下止点和活塞行程 S

活塞在气缸内做往复运动的两个极端位置，称为止点。止点又分为上止点（TDC）和下止点（BDC）（图1－5）。上止点是指活塞离曲轴旋转中心的最远位置。对于直列式柴油机，此时活塞处于最上方位置，故称为上止点。下止点是指活塞离曲轴旋转中心的最近位置。对于直列式柴油机，此时活塞处于最下方位置，故称为下止点。活塞行程 S 是指活塞上、下止点间的距离，又称为活塞冲程。往复式内燃机的活塞行程一般为曲柄半径 R 的两倍，即 $S=2R$。

3. 气缸余隙容积 V_c

气缸余隙容积是指活塞位于上止点时，活塞顶部与缸盖间的容积，又称燃烧室容积。活塞在上止点时活塞最高顶面与气缸盖底平面之间的垂直距离称为余隙高度 δ（或顶隙）。

4. 气缸工作容积 V_s

气缸工作容积是指活塞从上止点到下止点时所扫过空间的体积，它可以由下式表示：

$$V_s=\frac{\pi D^2}{4}\cdot S \tag{1-1}$$

式中　D——气缸直径；

S——活塞冲程。

5. 气缸最大容积 V_a

气缸最大容积是指活塞在下止点时，活塞顶上方的气缸容积，即气缸工作容积与气缸余隙容积之和，它可由下式表示：

$$V_a=V_s+V_c \tag{1-2}$$

6. 气缸的总容积 V

气缸的总容积是指多缸柴油机所有气缸工作容积的总和，又称为柴油机的排量，即

$$V = V_s \cdot i \tag{1-3}$$

式中，i 为气缸数。

7. 压缩比 ε

压缩比是压缩前的容积与压缩后的容积之比。压缩比用来表示压缩行程中缸内工质被压缩的程度。压缩比分为几何压缩比（也称名义压缩比）和有效压缩比。几何压缩比简称压缩比，为气缸最大容积 V_a 与气缸余隙容积 V_c 之比，即

$$\varepsilon = \frac{V_a}{V_c} = \frac{V_c + V_s}{V_c} = 1 + \frac{V_s}{V_c} \tag{1-4}$$

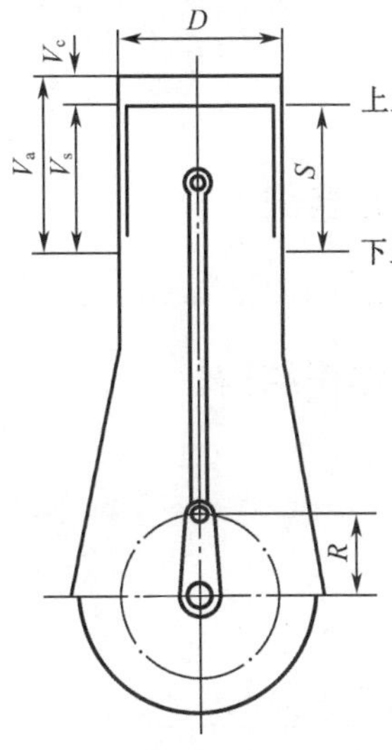

图 1-5　柴油机的基本结构参数

ε 直接影响压缩终点温度和压力。ε 越大，压缩终点的温度和压力就越大，着火越容易，启动性能越好。ε 越大，热效率越高，经济性越好，但热效率随压缩比增大的幅度下降。ε 过大，机械负荷和热负荷过高，发动机工作粗暴且寿命缩短，可靠性降低。另外，压力过高，机械摩擦增加，机械效率下降，甚至导致最终输出功率下降。ε 过小，则压缩终点的气体压力和温度过低，不利于着火，柴油机启动困难和低负荷运转不稳定，热效率下降，功率下降。因此，最小压缩比应保证良好的冷车启动性与低负荷正常运转。最大压缩比受机械负荷和热负荷的限制。

压缩比随机型不同而不同。小型柴油机由于单位气缸容积散热面积大，故为保证启动性能，压缩比高于大型柴油机；中高速柴油机由于可燃混合气形成时间短，故压缩比大于低速柴油机；增压柴油机为防止热负荷过高，压缩比小于非增压柴油机；二冲程柴油机压缩比小于四冲程柴油机；柴油机压缩的是空气，汽油机压缩的是可燃混合气，压缩比高时汽油机易发生爆燃，因而柴油机的压缩比高于汽油机。

压缩比随柴油机技术状态而变化。柴油机使用一段时间后，气缸盖、活塞顶烧蚀，轴承磨损，连杆杆身发生弯曲，均使 V_c 增加，导致压缩比减小；燃烧室部件表面积炭，船用大端杆身凸缘与大端轴承座之间的调整垫片厚度增加，气缸盖与气缸套间垫片减薄，均使 V_c 减小，导致压缩比增加；气缸漏气，不影响压缩比，但漏气后工质被压缩程度变小了。

当气缸直径与活塞冲程确定后，气缸工作容积 V_s 也随之确定，所以若要调整压缩比，可通过改变气缸余隙容积 V_c 来实现。四冲程柴油机通常通过减小气缸盖与气缸套间垫片的厚度来增加压缩比。二冲程船用大端柴油机通常增厚船用大端杆身凸缘与大端轴承座之间的垫片来增加连杆的长度，减小 V_c，以增加压缩比。二冲程车用大端柴油机则通常通过增大活塞杆与十字头销间垫片的厚度来增加压缩比。

【效果检测】

扫描二维码，进行过关测试。

任务二　四冲程柴油机工作过程的分析

【任务引入】

识读四冲程柴油机的配气相位图。

【知识结构】

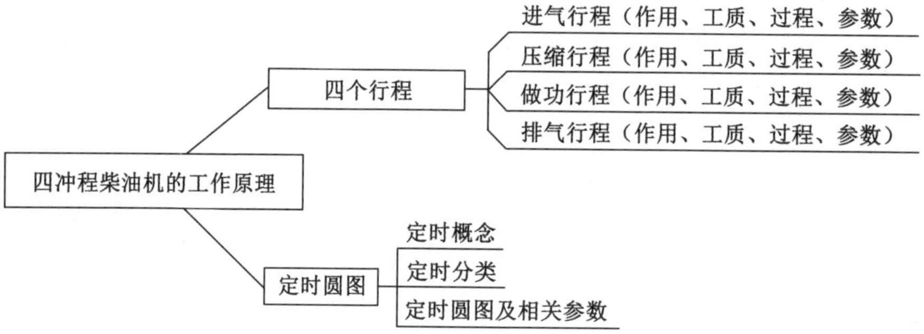

【知识点】

一、四冲程柴油机的工作过程

四冲程柴油机的工作原理动画

由活塞的四个行程(或冲程)完成一个工作循环的柴油机称为四冲程柴油机。每个行程曲轴转过 180°,四冲程柴油机每完成一个循环,曲轴转两转,凸轮轴转一转。图 1 -6 所示的四冲程柴油机工作原理中四个简图分别表示四冲程非增压柴油机四个活塞行程的运行情况及进排气阀的位置。

第一行程[图 1 -6(a)]——进气行程,其作用是吸入新鲜空气。进气行程中进气阀一直处于打开状态,缸内的工质为空气。活塞从上止点下行,由于气缸容积不断增大,缸内压力下降,依靠气缸内气体与大气的压力差,新鲜空气经进气阀被抽吸入气缸。进气过程中工质状态不变,质量不断增大。进气阀在活塞到达上止点前即提前打开(曲柄位于点 1),进气阀在活塞处于下止点后延迟关闭(曲柄位于点 2)。进气阀处于打开状态时的曲轴转角(图中阴影线所占的角度)φ_{1-2}一般占 220° ~250°曲轴转角。

第二行程[1 -6(b)]——压缩行程,其作用是压缩气缸内的工质(空气)。压缩行程中活塞从下止点向上运动,当进气阀关闭(点 2)才开始压缩过程,一直到上止点(点 3)为止。第一行程吸入的新鲜空气经压缩后,压力增高到 3 ~6 MPa,温度升高到 600 ~700 ℃(柴油的自燃温度为 210 ~270 ℃)。压缩终点的压力和温度分别用符号 p_c和 t_c表示。压缩前期工质从气缸吸收热量,后期向气缸放热,放热量大于吸热量。在压缩过程后期由喷油器喷入气缸的柴油,与高温空气混合,工质由空气变为可燃混合气。压缩过程曲轴转角用 φ_{2-3} 表示,一般占 140° ~160°曲轴转角。

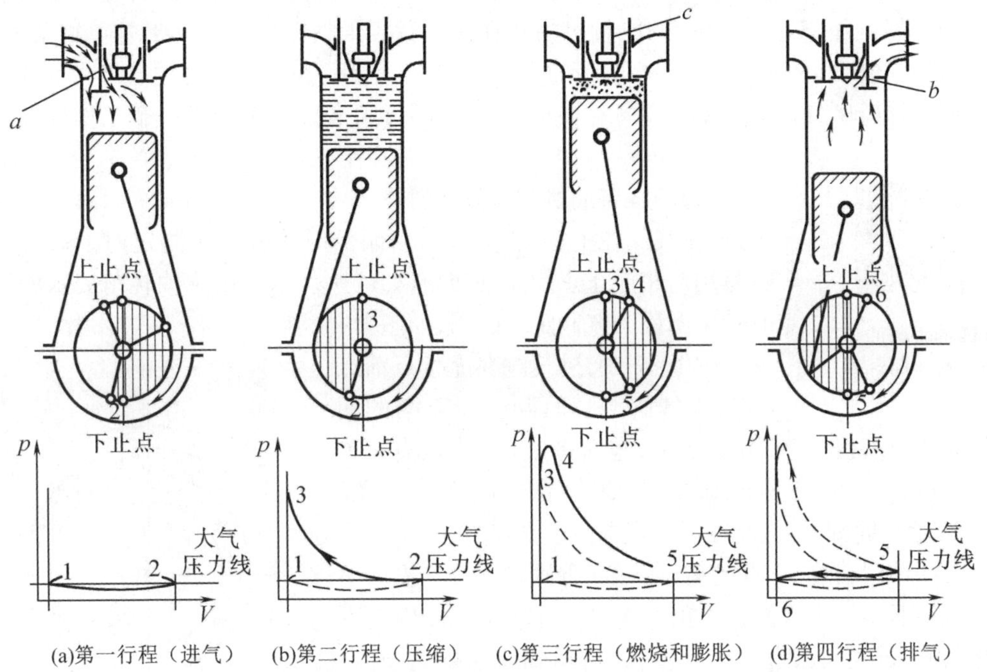

图 1-6 四冲程柴油机的工作原理

第三行程[图 1-6(c)]——燃烧和膨胀行程,也称做功行程,其主要作用是燃气燃烧和膨胀。可燃混合气经燃烧后称为燃气。现代柴油机燃烧分为定容与定压两个过程。活塞在上止点附近,由于之前喷入的燃油瞬间燃烧,使气缸内的压力和温度急剧上升,而容积不变,可近似为等容燃烧。活塞在上止点之后喷入的燃油随喷随烧,温度升高导致压力增加,活塞下行,体积增大导致压力下降,两者近似相等,可近似为等压燃烧。燃烧过程压力达到 5 ~8 MPa,有的甚至超过 13 MPa,温度为 1 400 ~1 800 ℃或更高。燃烧的最高压力和温度分别用 p_z 和 t_z 表示。随后,高温高压的燃气(工质)膨胀推动活塞下行做功。活塞在上止点后某一时刻(点 4)燃烧基本完成,膨胀过程一直持续到排气阀开启时结束,膨胀终了时的气缸内压力 p_b 为 250 ~450 kPa,气体的温度 t_b 为 600 ~700 ℃。膨胀初期受后燃影响工质吸收热量,后期向气缸放出热量,吸热量大于放热量。与进气阀相似,排气阀是在下止点前开启(点 5),废气靠气缸内外压力差经排气阀排出。曲轴转角 φ_{3-4-5} 表示燃烧和膨胀过程,一般占 130° ~150°曲轴转角。

第四行程[图 1-6(d)]——排气行程,其作用是排出废气,为进气做准备。做功后的燃气也称废气。当活塞由下止点上行时,废气被活塞挤出气缸,此时的排气过程是在略高于大气压(1.05 ~1.1 倍大气压)且压力基本不变的情况下进行的。排气阀一直延迟到上止点后(点 6)才关闭。曲轴转角 φ_{5-6} 表示排气持续角 $\Delta\theta_e$,一般占 230° ~260°曲轴转角。

四冲程柴油机原理微课

经过上述四个行程,柴油机就完成了五个工作过程(进气、压缩、燃烧、膨胀和排气)即完成了一个工作循环。当活塞继续运动时,另一个新的循环又按同样的顺序重复进行。四冲程柴油机每完成一个工作循环,曲轴要回转两圈(720°曲轴转角)。每个工作循环中只有第三个行程是做功的，其他三个行程都是为膨胀行程服务的，都需要外界供给能量。柴油机常做成多缸的，这样进气、压缩、排气行程的能量可由正在做功行程的气缸供给。如果是单缸柴油机，则须由较大的飞轮供给。图 1 –6 所示的 $p-V$ 示功图表示一个工作循环内气缸中气体压力随活塞位移（即气缸容积）的变化规律。$p-V$ 示功图可用来计算柴油机一个工作循环的指示功。

四冲程柴油机
配气定时动画

二、四冲程柴油机的气阀定时

进、排气阀在上、下止点前后启闭的时刻称为气阀定时。通常气阀定时是用与相应止点的曲轴转角（CA）来表示。用曲轴转角表示的气阀定时的圆图称为气阀定时圆图，如图 1 –7 示。

在图 1 –7 中，进气阀在上止点前点 1 开启，进气阀开启时与上止点间的曲轴转角为进气提前角，用 φ_1 表示；进气阀在下止点后点 2 关闭，进气阀关闭时与下止点时的曲轴转角称为进气滞后角，用 φ_2 表示。同理，排气阀在下止点前点 5 开启、在上止点后点 6 关闭，其与相应止点的夹角 φ_3、φ_4 分别称为排气提前角和排气滞后角。进气阀在上止点前提前开启主要原因是真正进气时，进气阀已有一定开度，这可增加流通截面积，减少节流损失，也有利于燃烧室扫气。排气阀提前开启主要是当活塞从下止点往上走时，减少排气耗功，其缺点是带来膨胀功的损失，所以应设计一个合理的排气提前角。进气阀滞后关闭时利用进气的惯性，可增多进气。排气阀滞后关闭一方面利用废气的惯性，排气更干净，另一方面残余废气具有压力，将使实际进气量减少。排气滞后角使废气排除得更干净，新鲜空气的吸入量更多。总之，气阀提前开启和延后关闭的目的是提高换气质量，减少排气耗功。气阀定时是影响四冲程柴油机做功能力的重要因素。

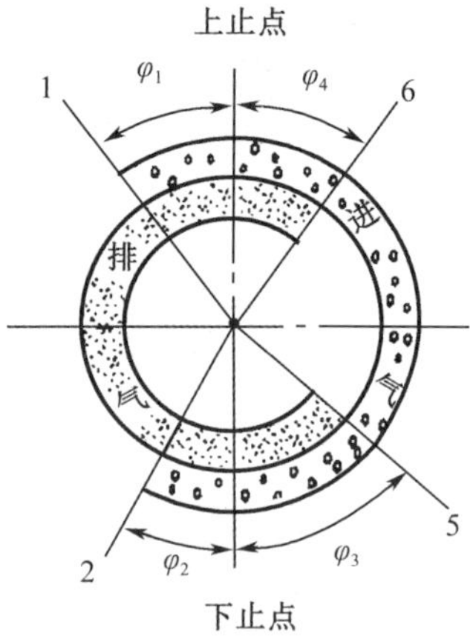

图 1 –7　四冲程柴油机的定时圆图

三、四冲程柴油机的气阀重叠角

由图 1 –7 还可以看到，在上止点前后的一段曲轴转角内，进、排气阀有一个同时打开的角度，称为气阀重叠角，它等于进气提前角与排气滞后角之和，即 $\varphi_1+\varphi_4$。在气阀叠开期间，进、排气管与气缸相通，此时利用废气的流动惯性，除可避免废气倒冲入进气管内，还可抽吸新鲜空气进入气缸。增压柴油机由于进气压力高于排气压力，可以利用新鲜空气来驱除废气，即实现燃烧室扫气，提高换气质量，此外，还可以利用进气冷却燃烧室的有关部件。因而，四冲程柴油机均有一定的气阀重叠角，而且增压柴油机的气阀重叠角均大于非增压柴油机。

气阀定时不仅取决于柴油机的进气方式、转速、进排气阀凸轮的形状，在实际运转中还由于磨损、间隙以及振动等原因而发生改变，轮机管理人员必须定时进行测量和调整。对于同一台柴油机，气阀提前开启角不变，则随着转速增高，气阀开启绝对时间会缩短，因此适当增加气阀提前开启角及关闭延迟角，可使进、排气时间变长，从而保证换气过程的有效性。若排气凸轮严重磨损则会使排气阀推迟开启，提早关闭，易产生废气倒灌入进气道。进气阀提前角过大也会导致废气倒灌。柴油机气阀定时和气阀重叠角的合适范围列于表 1 –2中。

表 1-2 四冲程柴油机气阀定时和气阀重叠角

名称	非增压柴油机		增压柴油机	
	开启	关闭	开启	关闭
进气阀	上止点前 15°~30°	下止点后 10°~30°	上止点前 40°~80°	下止点后 20°~40°
排气阀	下止点前 35°~45°	上止点后 10°~20°	下止点前 40°~55°	上止点后 40°~50°
重叠角	25°~50°		80°~130°	

【效果检测】

扫描二维码，进行过关测试。

任务三 二冲程柴油机工作过程的分析

【任务引入】

识读二冲程柴油机的配气相位图。

【知识结构】

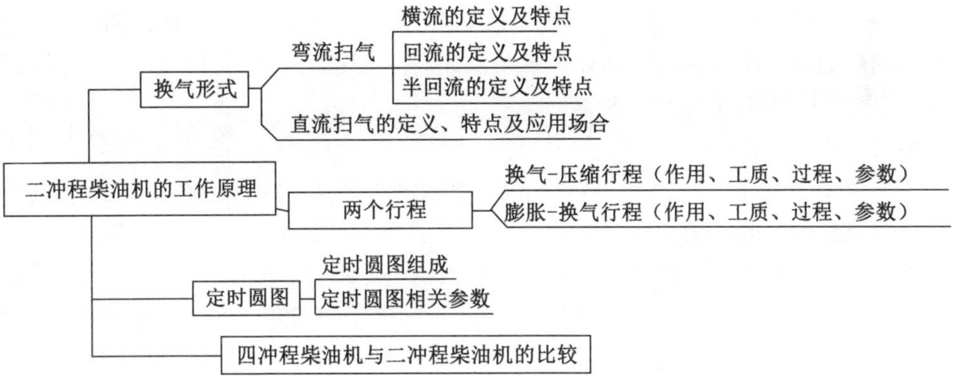

【知识点】

一、二冲程柴油机工作原理

二冲程柴油机将进气、压缩、燃烧、膨胀、排气过程紧缩在活塞的两个行程内完成，即曲轴旋转一周就完成一个循环。在四冲程柴油机中新鲜空气的吸入与废气的排出是靠活塞抽吸和推挤作用完成的。在二冲程柴油机中取消了单独的进气和排气行程，而采用新气驱赶废气的方式

二冲程柴油机工作原理动画

进行换气，这一过程称为扫气。为了保证柴油机的压缩与膨胀过程，扫气过程只能在下止点前后 120° ~150°曲轴转角内进行。为了保证气缸扫气过程的进行，必须满足两个条件：第一，在二冲程柴油机的气缸套下部必须开设气口，这是二冲程柴油机与四冲程柴油机在结构上的根本区别；第二，必须提高进气压力，这样新鲜空气才能从扫气口进入气缸并将废气扫出气缸。

图 1 - 8 所示为二冲程柴油机工作原理示意图。

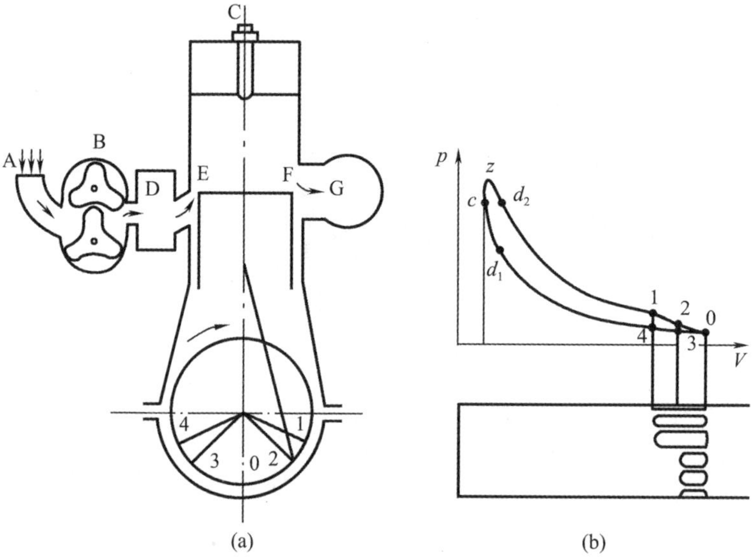

A—进气管；B—扫气泵；C—喷油器；D—扫气箱；E—扫气口；F—排气口；G—排气管。

图 1 - 8　二冲程柴油机工作原理示意图

图 1 - 8 中气缸右侧为排气口，左侧为扫气口。排气口比扫气口略高，否则废气会进入扫气箱。气口的开关均由活塞控制。扫气泵预先将空气压缩并送入扫气箱，扫气箱中的空气压力（扫气压力）要比大气压力稍高。

1. 换气 - 压缩行程

这一行程中活塞由下止点向上运动，在活塞遮蔽扫气口之前，新鲜空气通过扫气口冲入气缸并将气缸内的废气经排气口驱除出去。当活塞上行到将扫气口全部遮蔽时（点 3），新鲜空气就停止进入气缸。当排气口被活塞遮蔽后（点 4），气缸内的空气开始被上行活塞压缩，压力和温度也随之升高。在活塞到达上止点前的某一时刻（点 c），柴油经喷油器喷入气缸，并与高温高压空气混合后着火燃烧。在这一行程中，进行了换气（曲线 0—3—4）、压缩（曲线 4—c）和喷油着火燃烧（曲线 c—z）过程。

2. 膨胀 - 换气行程

这一行程中活塞由上止点向下运动。在此行程的初期，燃烧仍在继续猛烈地进行，到点 d_2 才基本结束。高温高压的燃气膨胀推动活塞下行做功。当活塞下行将排气口打开时（点 1），由于此时缸内的燃气的压力和温度较高，分别为 0.5 ~0.6 MPa 和 600 ~800 ℃，气缸内燃气在气缸内外的压力差作用下，由排气口高速排出，缸内的压力随之下降。当缸内压力下降到接近扫气压力时，下行的活塞将扫气口打开，新鲜空气通过扫气口冲入气缸，并对气缸内进行扫气，将气缸内的废气经排气口驱除出去。这个过程一直要延续到下一个循环活塞再次上行将进气口关闭时为止。在这一行程中，进行了燃烧和膨胀（曲线 z—d_2）、排气（曲线 d_2—1）和扫气（曲线 1—2—0—3—4）过程。

通常情况下，二冲程柴油机的燃烧和膨胀过程占 90° ~ 120°曲轴转角，换气过程占 130° ~ 150°曲轴转角，压缩过程占 120°曲轴转角。图 1 – 9 所示为 ESDZ43/82B 型二冲程柴油机的定时圆图。

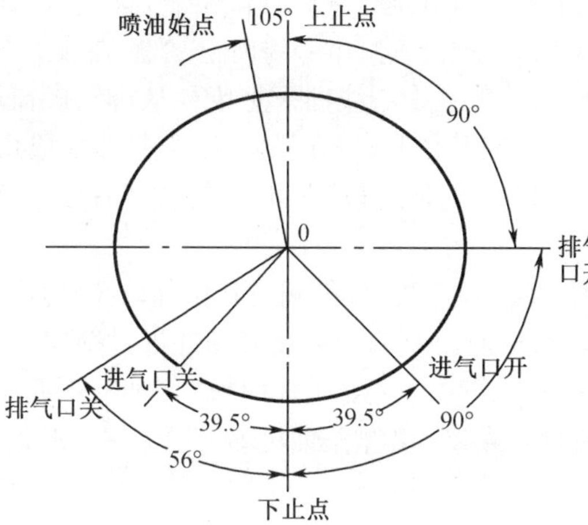

图 1 – 9 ESDZ43/82B 型二冲程柴油机的定时圆图

由此可见，二冲程柴油机将进气与排气过程合并到压缩与膨胀行程中进行，从而省略了两个行程。在换气过程中，活塞从下止点到活塞上部构成密闭空间，活塞扫过的容积（与排气口高度相对的容积）ΔV_s称为损失容积。换气过程容积损失程度通常用损失容积 ΔV_s对几何工作容积 V_s的比值来表示，称为行程损失系数，用 φ_s表示。

$$\varphi_s = \Delta V_s / V_s \tag{1-5}$$

3. 有效压缩比

实际压缩前的容积与压缩后的容积之比为有效压缩比，有效压缩比总是小于几何压缩比。四冲程柴油机，虽进气阀在下止点后关闭，但有效压缩比与几何压缩比差别不大，故常用几何压缩比代替有效压缩比。而二冲程柴油机行程损失系数对有效压缩比影响较大，其有效压缩比是指活塞上方形成密闭空间时总容积与压缩容积之比。公式为

$$\varepsilon = \frac{\text{压缩前的容积}}{\text{压缩后的容积}} = \frac{V_c + V_s(1-\varphi_s)}{V_c} = 1 + \frac{V_s(1-\varphi_s)}{V_c} \tag{1-6}$$

二、二冲程柴油机的换气形式

在二冲程柴油机中，不同的换气形式对换气质量有重要的影响。根据气流在气缸中的流动路线，二冲程柴油机的换气形式可分为弯流（扫气空气由下而上，然后由上而下清扫废气）与直流（扫气空气在气缸内呈直线由下而上清扫废气）两大类。每一大类中又有不同的换气形式，弯流包括横流扫气、回流扫气和半回流扫气（也称新横流扫气）；直流包括排气阀 – 扫气口式和排气口 – 扫气口式（应用较少）。

二冲程柴油机工作原理微课

二冲程柴油机的换气形式
- 弯流
  - 横流扫气
  - 回流扫气
  - 半回流扫气
- 直流
  - 排气阀-扫气口式
  - 排气口-扫气口式

二冲程柴油机
简单横流扫气动画

1. 横流扫气

横流扫气示意图如图1-10所示。其结构特点是缸盖上没有进、排气阀，扫、排气口分别布置在气缸两侧，排气口高于扫气口。扫气时，空气从扫气口一侧沿气缸中心线向上，然后在靠近燃烧室部位回转到排气口一侧，再沿气缸中心线向下把废气从排气口扫出气缸。通常，为了使扫气进行得完善，扫气口在纵向(与气缸曲线成角度)和横向(与气缸半径成角度)两个方向都有倾斜角，以控制气流方向，防止进气直接流向排气口。

2. 回流扫气

回流扫气结构特点是缸盖上没有进、排气阀，扫、排气口在气缸下部同一侧且排气口在进气口的上方，进气流沿活塞顶面向对侧的缸壁流动并沿缸壁向上流动，到气缸盖再转向下流动，把废气从排气口中扫出气缸，气流在缸内做“回线”流动。回流扫气示意图如图1-11所示。在船用大型机中，MAN KZ型柴油机即为回流扫气形式。

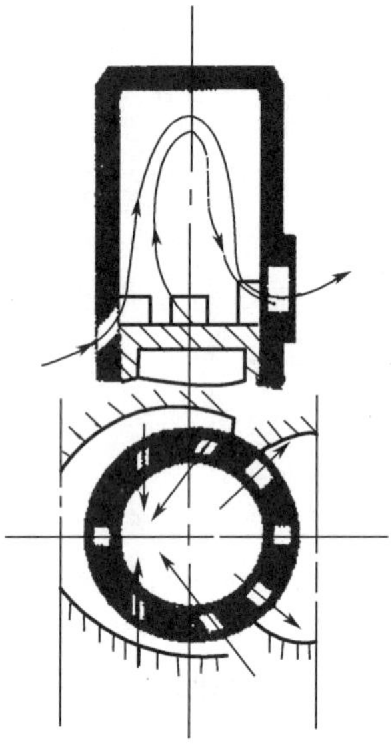

图1-10　横流扫气示意图

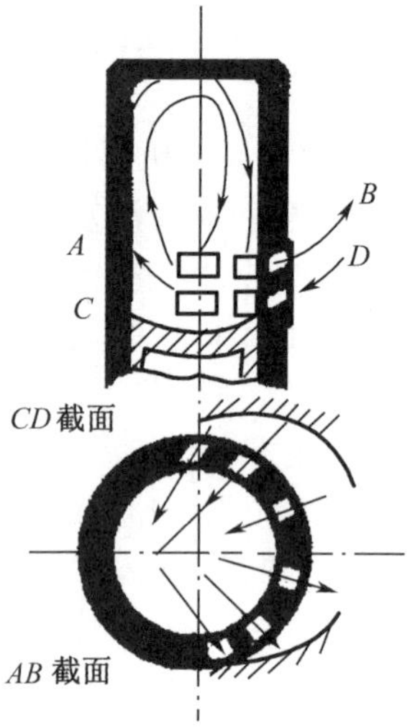

图1-11　回流扫气示意图

3. 半回流扫气

半回流扫气的扫气口布置在排气口的下方及两侧，气流在气缸内的流动兼有横流与回流的特点。某些早期的半回流扫气形式，在排气管中装有回转控制阀，该回转控制阀可在活塞上行活塞裙开启排气口前关闭排气管，防止新鲜空气经排气口流失。半回流扫气示意图如图1-12所示。在船用大型柴油机中，SulzerRD、RND、RLA、RLB等型柴油机均为半回流扫气形式。上述横流扫气、回流扫气、半回流扫气统称为弯流扫气。弯流扫气柴油机没有进排气阀，结构简单、维修方便，但气流在缸内流动路线长（通常均大于 2 倍活塞行程），新气与废气易掺混且存在死角与气流短路现象，换气质量较差。因而这种扫气方式在行程缸径比 $S/D<2.2$ 的船用大型柴油机中，因行程较短尚可保证较满意的换气质量而曾经得到普遍使用。

4. 排气阀 – 扫气口式直流扫气

图 1 – 13 所示为排气阀 – 扫气口式直流扫气示意图。其结构特点为：缸盖上设有排气阀，扫气口均匀分布在气缸下部一周，扫气口在纵向（与气缸曲线成角度）和横向（与气缸半径成角度）都有倾斜角，以控制气流运动方向，使扫气空气进入气缸后产生向上和绕气缸轴线旋转的运动。这一旋转的气流形成“气垫”，使新鲜空气与废气不易掺混，扫气效果较好。同时排气阀的启闭由排气凸轮控制，不受活塞运动的限制，所以排气阀可以与进气口同时关闭，也可以提前关闭。

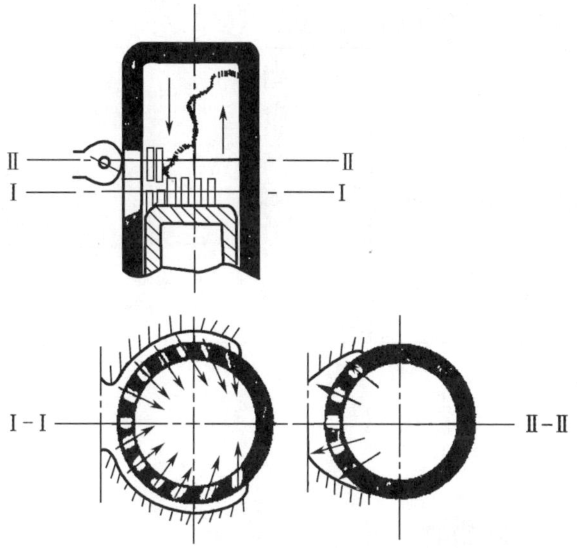

图 1 – 12　半回流扫气示意图

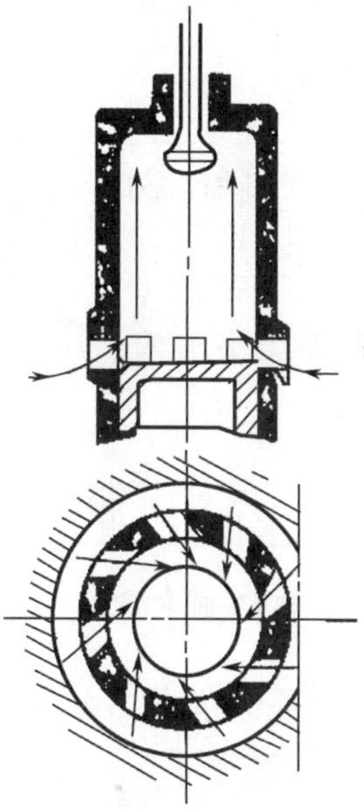

图 1 – 13　排气阀 – 扫气口式直流扫气示意图

直流扫气式柴油机，气流在缸内流动路线短，新气与废气不易掺混，因而换气质量较好，同时气缸套下方受热均匀，但其结构复杂，维修较困难。二冲程柴油机换气质量从好到坏依次为直流、半回流、回流与横流。现代船用大型柴油机随着行程缸径比 S/D 的增加，发展了长行程（$S/D>2.5$）和超长行程（$S/D>3$）柴油机，弯流扫气换气品质大大下降，故目前大型低速二冲程柴油机中直流扫气已成为唯一可选择的换气形式。

二冲程柴油机的分类和特点微课

三、四冲程柴油机与二冲程柴油机的比较

从四冲程与二冲程柴油机的工作原理可以看出两者有以下特点：

①二冲程柴油机两个行程（即曲轴转一圈）完成一个工作循环，而四冲程柴油机曲轴转两圈完成一个工作循环。由此，在相同的气缸尺寸和转速下，二冲程柴油机的功率理应比四冲程发动机增加一倍，但由于扫

二冲程柴油机直流扫气动画

气容积的损失使膨胀功减少，且二冲程柴油机换气质量较差，加之扫气泵耗功等影响，使得二冲程柴油机的功率实际上为四冲程柴油机的1.6～1.8倍。同样条件下，作用在活塞上的气体力，二冲程柴油机应小于四冲程柴油机。在相同功率条件下，二冲程柴油机的尺寸与质量比四冲程柴油机小。

②二冲程柴油机较四冲程柴油机转速和功率均匀性好，可使用较小的飞轮。

③二冲程柴油机比四冲程柴油机换气结构简单，维修保养方便。

④二冲程柴油机比四冲程柴油机换气时间短、换气质量差、有效压缩比小、热效率低。

⑤二冲程柴油机的工作循环比四冲程柴油机多一倍，所以二冲程柴油机的热负荷比四冲程柴油机高。

总之，在提高功率方面，二冲程柴油机比四冲程柴油机优越，在提高柴油机强化程度方面，四冲程柴油机比二冲程柴油机优越。二冲程与四冲程柴油机的比较参见表1－3。

表1－3　二冲程与四冲程柴油机的比较

柴油机	换气质量	压缩比	热效率	功率	回转均匀	转速	寿命	螺旋桨效率	机械负荷	强化程度	适用对象	搭配
二冲程	差	小	低	1.6～1.8倍	均匀	低	长	好	较低	较低	大型船舶主动力	低速十字头
四冲程	好	大	高	1	不均匀	高、中	较短	较差	高	高	发电、滚装船、调距桨船	中、高速筒形

【效果检测】

扫描二维码，进行过关测试。

任务四　增压柴油机工作过程的分析

【任务引入】

废气涡轮增压是最理想的增压方式，试分析原因。

【知识结构】

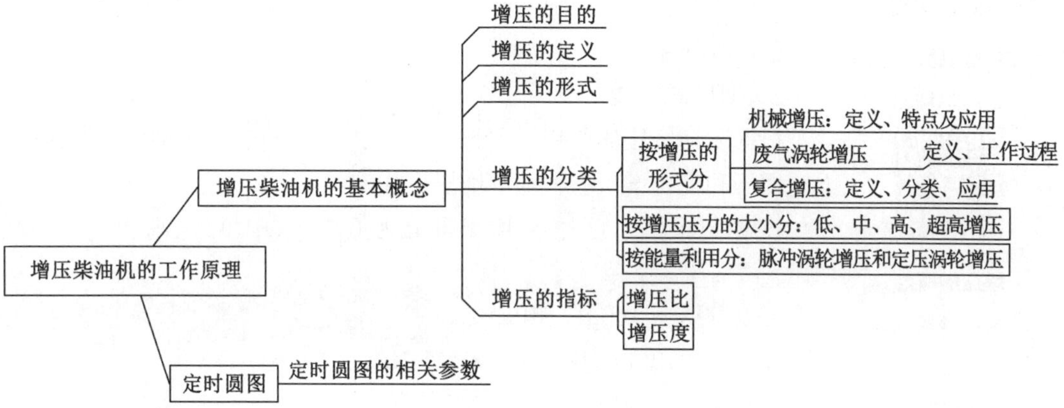

【知识点】

一、增压的目的与定义

增压的主要目的是提高柴油机的功率。所谓增压，就是用提高柴油机进气压力的方法，使进气密度增加，同样的气缸容积中进气量增加，可喷入更多的燃油，从而提高柴油机的平均压力和功率。

机械增压
柴油机动画

二、增压的形式

1. 机械增压

压气机由柴油机曲轴通过齿轮直接驱动的增压方式称为机械增压，如图 1－14 所示。显然这种增压形式将消耗柴油机的有效功率，当增压压力很高时，柴油机所消耗的功率大于增加的功率，将失去通过增压提高柴油机功率的作用。因此，机械增压只适于增压压力 $p_k<(0.15\sim0.17)$ MPa 的低增压柴油机。

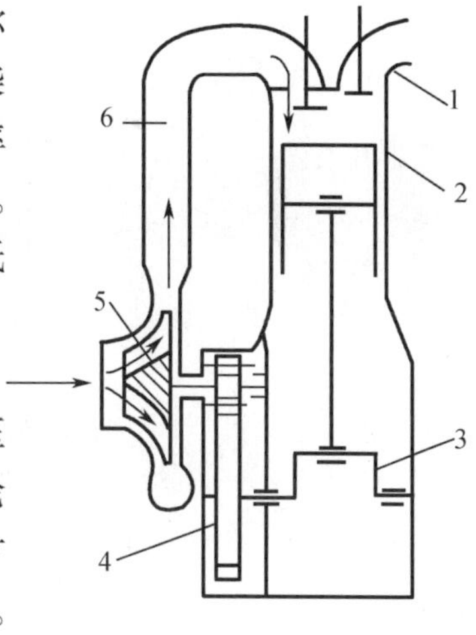

1—排气管；2—柴油机气缸；3—曲轴；4—齿轮；5—压气机；6—进气管。

图 1－14 机械增压

2. 废气涡轮增压

压气机由用柴油机排出的废气驱动的涡轮带动的增压方式称为废气涡轮增压。图 1－15 所示为四冲程废气涡轮增压柴油机的工作原理。废气涡轮增压是最理想的增压方式。增压器通常由离心式压气机与同轴的废气涡轮机组成。当柴油机排气时，废气由排气阀并经排气管进入涡轮机，废气在涡轮机中膨胀做功带动同轴的压气机高速旋转。这时外界新鲜空气由压气机吸入并在其中被压缩，然后以一定的增压压力 p_k 排出并经中间冷却器进入扫气箱。

废气涡轮增压柴油机动画

增压的概念及基本形式微课

3. 复合增压

有些柴油机既采用涡轮增压器，又采用机械驱动式增压器，这种增压方式称为复合增压。随着废气涡轮增压技术的发展，机械增压与复合增压已很少使用。

三、增压的分类

根据驱动增压器所用能量来源的不同，增压可分为机械增压、废气涡轮增压和复合增压三种基本增压形式。

按增压压力 p_k 的大小，增压可分为低增压、中增压、高增压和超高增压。

①低增压，$p_k \leq 0.17$ MPa。

②中增压，0.17 MPa $< p_k \leq 0.25$ MPa。

③高增压，0.25 MPa $< p_k \leq 0.35$ MPa。

④超高增压，$p_k > 0.35$ MPa。

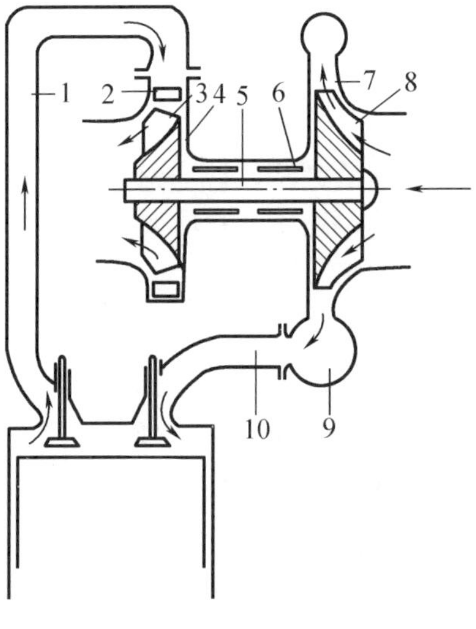

1—排气管；2—喷嘴环；3—涡轮；4—涡轮壳；5—转子轴；6—轴承；
7—扩压器；8—压气机叶轮；9—压气机壳；10—进气管。

图 1-15　四冲程废气涡轮增压柴油机的工作原理

根据对废气能量利用方式的不同，废气涡轮增压有定压涡轮增压和脉冲涡轮增压两种基本方式。

根据增压器间的不同组合情况，柴油机增压系统可分为单独增压、串联增压（二级增压）、并联增压（单级增压）三种基本系统。

四、增压的指标

增压的指标有增压比和增压度。增压指标值越大，增压后空气压力越大。

增压比是柴油机增压压力与入口压力之比。

增压度是增压后标定功率的增加量与增压前的标定功率之比。

五、增压柴油机的定时圆图

某型增压柴油机的定时圆图如图 1 – 16 所示。

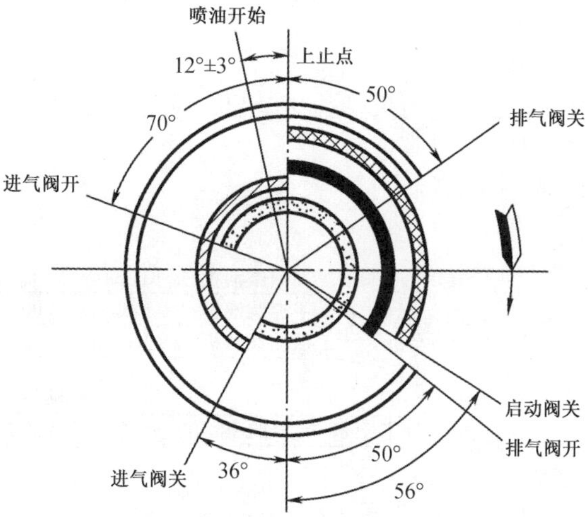

图 1 – 16　某型增压柴油机的定时圆图

六、增压与非增压柴油机的比较

增压柴油机与非增压柴油机在性能与参数上均有区别。增压柴油机的动力性、经济性均优于非增压柴油机，压缩比与喷油提前角（所谓供油提前角是指油泵供油开始时刻至活塞到达压缩上止点所对应的曲轴转角）小于非增压柴油机，而气阀重叠角大于非增压柴油机。增压柴油机由于进气量增加，使增压柴油机功率相对非增压柴油机增加 30% 左右，由于进气量增加，燃油易完全燃烧，故增压柴油机的动力性与经济性均优于非增压柴油机。受最大热负荷和机械负荷的影响，特别是最大热负荷的影响，增压柴油机压缩比小于非增压柴油机，增压后，进气量增加导致供油量增加，减小喷油提前角可防止柴油机工作粗暴。由于进气压力的提高，增大气阀重叠角，可利用新鲜空气来赶走残存在缸内的废气，加强燃烧室扫气，同时降低燃烧室组件以及其他有关机件的温度，提高柴油机的工作可靠性。

【效果检测】

扫描二维码，进行过关测试。

任务五　柴油机的分类与选用

【任务引入】

请为船舶上的主机，发电用的辅机，应急发电机、应急救生艇的原动机，选择合适类型的柴油机。

【知识结构】

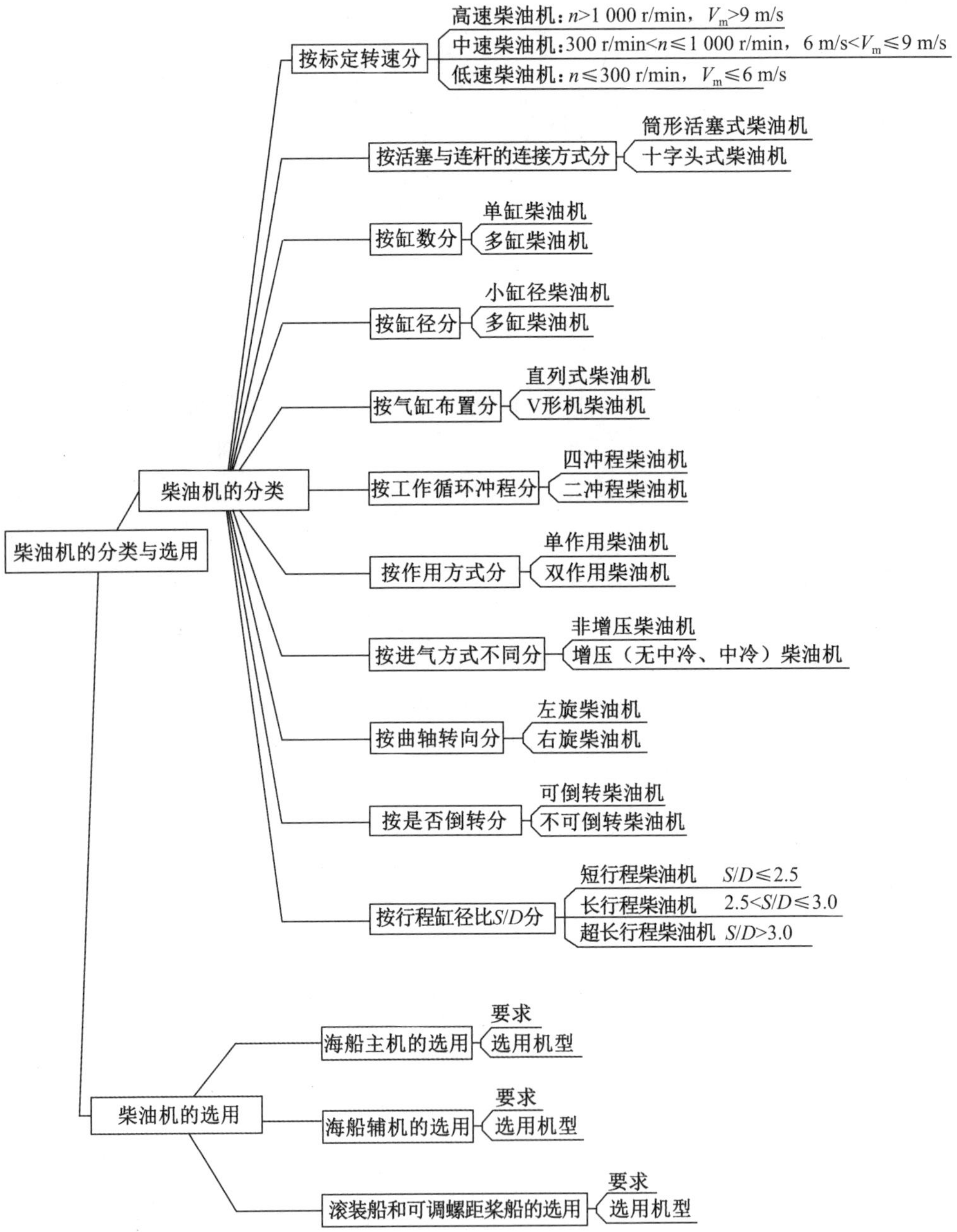

【知识点】

一、柴油机的分类

柴油机应用广泛，为满足各种不同的使用要求，柴油机的类型也就多种多样。船舶柴油机常见分类如下。

1. 按工作循环分类

柴油机按工作循环分为四冲程柴油机和二冲程柴油机。

2. 按柴油机速度分类

柴油机速度常用曲轴转速和活塞平均速度来表示，两者的关系如下：

$$V_m = \frac{2S \cdot n}{60} = \frac{S \cdot n}{30} \tag{1-7}$$

式中 V_m——活塞平均速度，m/s；

S——活塞行程，m；

n——曲轴转速，r/min。

按曲轴转速或活塞的平均速度，将船舶柴油机分为低速、中速及高速时，其对应范围为：

①低速柴油机，$n \leqslant 300$ r/min，$V_m \leqslant 6$ m/s；

②中速柴油机，300 r/min $< n \leqslant 1\ 000$ r/min，6 m/s $< V_m \leqslant 9$ m/s；

③高速柴油机，$n > 1\ 000$ r/min，$V_m > 9$ m/s。

3. 按结构特点分类

柴油机按结构特点可分为筒形活塞式柴油机与十字头式柴油机。筒形活塞式与十字头式柴油机的结构示意图如图 1－17 所示。筒形活塞式柴油机的活塞 1 直接与连杆 6 相连，活塞往复运动的导向作用和工作过程中所产生的侧压力都由活塞裙部承担。十字头式柴油机的活塞 1 则通过活塞杆 2 和十字头 5 与连杆 6 连接，活塞的导向作用和侧压力由十字头滑块 3 承担。由于活塞杆做往复直线运动，可用横隔板 7 将气缸与曲轴箱分开，以防气缸中的污油、结炭或燃气漏入曲轴箱污染滑油，为燃烧劣质油创造了条件。有的柴油机利用活塞下部与横隔板间形成的封闭空间作为辅助压气泵。活塞下行时其与隔板间的容积减小，使此处的空气被压缩。

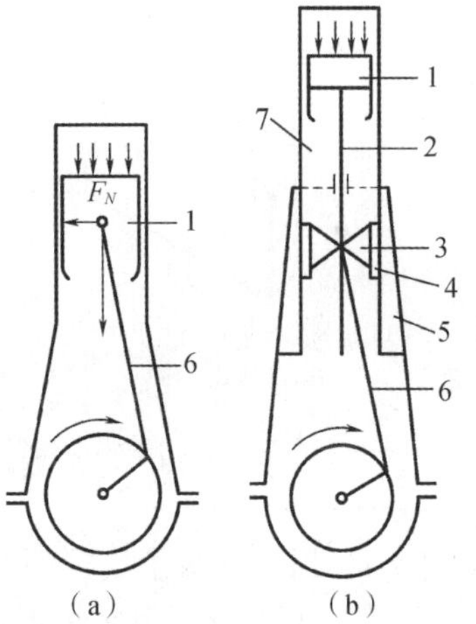

1—活塞；2—活塞杆；3—滑块；4—导板；5—十字头；6—连杆；7—横隔板。

图 1－17 筒形活塞式与十字头式柴油机的结构示意图

筒形活塞式柴油机由于没有活塞杆，结构简单、紧凑、轻便，发动机高度较小，但活塞裙部起导向作用，且承受侧推力，与气缸壁磨损较大，故活塞裙部较长，与气缸间隙较小。中高速柴油机一般采用这种结构形式。

十字头式柴油机有活塞杆,使柴油机高度和质量较大、结构复杂;活塞不起导向作用,导向作用由十字头滑块承担;气缸与活塞间没有侧推力的作用,连杆侧推力由滑块传递给导板;活塞裙部与气缸套间无磨损,活塞裙部较短,与气缸套间隙较大。大型低速柴油机常采用这种结构形式。

4. 按进气方式分类

柴油机按进气方式可以分为非增压柴油机、增压无中冷柴油机和增压中冷柴油机。

5. 按增压压力分类

柴油机按增压压力 p_k 可分为低增压柴油机、中增压柴油机、高增压柴油机和超高增压柴油机四种。增压范围如下:

①低增压柴油机,$p_k \leqslant 0.17$ MPa;

②中增压柴油机,0.17 MPa $< p_k \leqslant 0.25$ MPa;

③高增压柴油机,0.25 MPa $< p_k \leqslant 0.35$ MPa;

④超高增压柴油机,$p_k > 0.35$ MPa。

6. 按气缸布置分类

船用柴油机按气缸布置常分为直列式柴油机与 V 形柴油机。具有两个或两个以上的直立气缸并呈一列布置的柴油机称为直列式柴油机,如图 1-18(a)所示。船用柴油机均为多缸机,通常多为直列纵向排列。直列式柴油机缸数不超过 12 缸。V 形柴油机的两列柴油机气缸中心线呈 V 形并用一根曲轴输出功率,如图 1-18(b)所示。V 形柴油机的气缸夹角为 90°,60°和 45°,其缸数可高达 18 缸,甚至 24 缸。

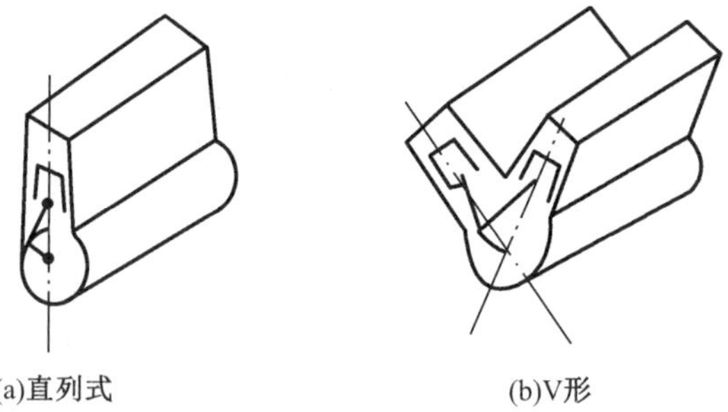

(a)直列式　　(b)V形

图 1-18　直列式柴油机和 V 形柴油机示意图

柴油机采用 V 形结构,缩短了气缸间距和整机长度,具有较高的单机功率和较小的比重量。通常中高速柴油机采用这种结构形式。

7. 按转向分类

柴油机按转向可分为右旋柴油机和左旋柴油机。我国标准规定,从船尾向船首看(从功率输出端向自由端看),曲轴运转时正车方向朝顺时针方向旋转,称右旋柴油机;反之为左旋柴油机。单台布置柴油机一般为右旋柴油机。某些客轮采用双机双桨推进装置,为了方便操纵管理,由船尾向船首看,布置在右舷为右旋柴油机,亦称右机;布置在左舷为左旋柴油机,亦称左机。

8. 按可否倒转分类

柴油机按本身可否倒转分为可倒转柴油机与不可倒转柴油机两类。曲轴只能往一个方向旋转的柴油机称为不可倒转柴油机；曲轴能往两个方向旋转的柴油机称为可倒转柴油机。凡是直接带动螺旋桨的柴油机均为可倒转柴油机。

9. 按行程缸径比 S/D 分类

S/D 对柴油机的结构和运行性能有较大的影响，按照 S/D 的不同，将柴油机分为短行程、长行程和超长行程，其 S/D 的范围如下：

①短行程柴油机，$S/D \leq 2.5$；

②长行程柴油机，$2.5 < S/D \leq 3.0$；

③超长行程柴油机，$S/D > 3.0$。

10. 按作用方式分类

柴油机按活塞在气缸内的作用方式分为单作用和双作用柴油机。所谓单作用柴油机就是工作容积位于活塞的一方，以立式为例，只有气缸的上部能发出功率，气缸下部不用来进气增压。换言之，单作用柴油机的燃烧室只有一个。现在船用柴油机一般都是单作用柴油机。所谓双作用柴油机就是在活塞的两边都是独立的工作容积，当活塞下行时，其上部工作容积为进气冲程，则下部工作容积进行着压缩冲程；当活塞上行时，上部压缩，下部燃烧膨胀；当活塞再次下行时，上部燃烧膨胀，下部排气。活塞在上下往复运动中就实现了双作用。

也就是说活塞在上下止点附近均发火对外做功的柴油机为双作用柴油机。

11. 按缸径大小分类

柴油机按缸径大小分为大、中、小柴油机，缸径在 200 mm 以下的为小型柴油机，缸径大于 500 mm 的为大型柴油机，其他的为中型柴油机。一般二冲程低速柴油机为大型柴油机，四冲程柴油机为中小型柴油机。

二、船舶柴油机的选用

海船主机的可靠性和寿命是第一位的，而海船主机一般选用大型低速十字头二冲程柴油机。原因是这种柴油机缸径大、二冲程、功率大、续航能力强，十字头式柴油机可燃烧价格低廉的重油，转速低、寿命长、螺旋桨效率高。近年来，中速柴油机单机功率不断提高，工作可靠性、经济性及对劣质燃油的适应性明显改善，部分海船主机选用中速柴油机，但须通过减速器减速后才能与螺旋桨相连。

发电柴油机，也称辅机，均采用中速筒形柴油机。原因是这种柴油机的转速满足发电需求，另外，其结构紧凑便于舱室布置。高速柴油机常作应急发电机、应急救生艇的原动机。

滚装船和可调螺距桨船常用中速筒形柴油机。滚装船为了提高舱容利用率常选用结构简单的中速筒形柴油机；不可倒转的柴油机结构简单、紧凑，可调螺旋桨通过改变螺距来实现换向，故驱动调距桨船常选用中速筒形柴油机。

【效果检测】

扫描二维码，进行过关测试。

任务六　现代柴油机的结构特点

【任务引入】

请说出 Wärtsilä 32 型柴油机的各部分的组成。

【知识结构】

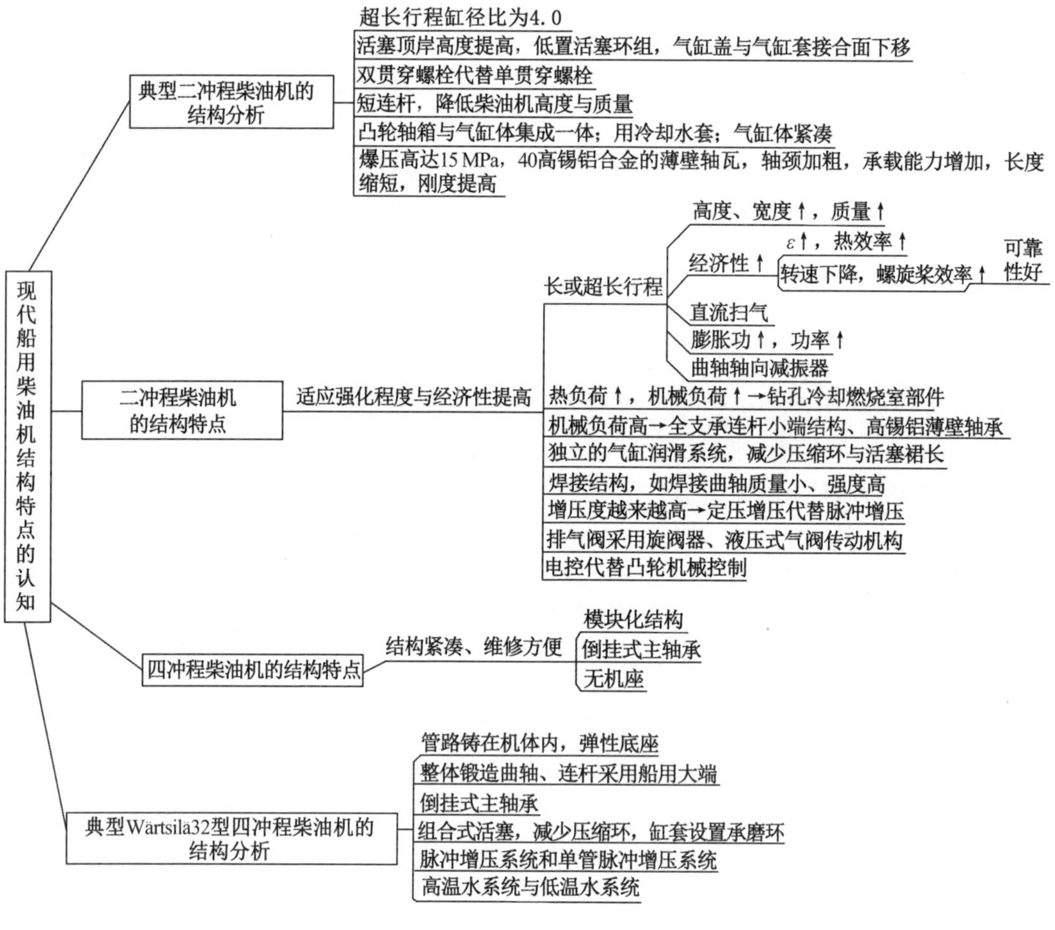

【知识点】

柴油机由两大部件和五大系统组成，分别是固定部件和运动部件；燃油系统、换气系统、冷却系统、润滑系统和操纵系统。现代柴油机由于能源和环保的双重压力，采用电子技术、自动控制技术的同时，在满足排放法规的前提下，兼顾节能与可靠性的要求。经过多年的发展，现代柴油机的动力性、经济性和运转性增加，强化程度不断提高、结构不断完善。

船舶柴油机在结构上分为十字头式柴油机和筒形活塞式柴油机。

一、现代船用柴油机的结构特点

现代船用主机广泛采用十字头式大型低速柴油机，并经过不断的发展和优化整合，在总体结构上趋于一致，主要采用二冲程、单作用、定压增压、直流扫气的工作方式。这种柴油机在结构上有以下显著特点。

1. 长行程或超长行程

为了提高动力装置的经济性和柴油机本身的经济性，现代大型低速柴油机普遍采用长行程或超长行程，目前 S/D 已达 4.65。S/D 增大，压缩比增加，燃气的膨胀功增加，柴油机经济性提高。S/D 增大，在活塞平均速度一定的情况下，柴油机转速下降，螺旋桨效率提高，整个动力装置经济性提高。但弯流扫气的二冲程柴油机随 S/D 增大换气质量恶化，对长行程或超长行程柴油机而言，直流扫气形式成为唯一的选择。柴油机行程的加长，使得柴油机的高度、宽度、尺寸、质量、造价都增加。

2. 燃烧室部件普遍采用钻孔冷却结构

现代超长行程柴油机燃烧室部件的热负荷和机械负荷已达到相当高的程度，降低热负荷应采用薄壁结构，降低机械负荷应采用厚壁结构。为了解决这一矛盾，燃烧室部件普遍采用钻孔冷却结构。钻孔冷却结构是一种最合理的“薄壁强背”的结构形式。“薄壁”体现在燃烧室部件受热壁要薄，以减少热应力；“强背”体现在薄壁的背面设置强有力的支承，以降低机械应力。

3. 采用全支承连杆小端结构

超长行程柴油机的最高爆发压力已增加到 15 MPa，其十字头轴承和曲柄销轴承均承受着巨大的单向冲击性载荷，十字头轴承的工作条件尤为恶劣。为了提高它们的可靠性，目前普遍采用全支承连杆小端结构，并广泛使用高锡铝合金的薄壁轴瓦。

4. 采用独立的气缸润滑系统

良好的气缸润滑是减少气缸套和活塞环磨损的必要条件。为了减少在柴油机低负荷时气缸油的消耗量，采用气缸注油量随负荷自动调整，精确控制注油定时的电子注油系统。

5. 采用旋转式排气阀和液压式气阀传动机构

旋转式排气阀使排气阀在启闭时有微小的旋转运动，且使其受热、受力均匀，在旋转中减少积炭，磨损均匀，提高了强化柴油机的排气阀的可靠性。液压式气阀传动机构减小了排气阀的噪声。

6. 曲轴上增设轴向减振器

由于柴油机长行程化，曲柄半径增大，主轴颈与连杆轴颈重叠度减少，导致曲轴轴向刚度下降，在运转时易产生轴向振动，进而使主机及船体产生振动。现代超长行程柴油机在曲轴的前端增设轴向减振器，以有效地消减曲轴的轴向振动。

7. 焊接结构

柴油机的机座、机架和气缸体等主要固定部件普遍采用焊接结构代替原来的铸造结构。这不仅大大减小了柴油机的质量，还提高了柴油机的总体强度。长冲程大型低速柴油机还采用焊接曲轴，把单位曲柄通过焊接组成一个整体的焊接型曲轴，可使曲轴的质量减小 20% ~30% 。这是现代曲轴制造工艺中的一项重要成就。

8. 定压增压

随着柴油机不断向高增压和超高增压方向发展，采用定压涡轮增压系统代替脉冲涡轮增压系统是现代柴油机的一个显著特点。柴油机的排气系统不断简化，使得柴油机的制造和维护管理都更加容易。

需要注意的是，为了避免爆压过高，现代船用柴油机一般不采用提高供油提前角来提高经济性。

二、典型十字头式柴油机的结构分析

十字头式柴油机的活塞设有活塞杆，活塞杆通过十字头与连杆相连接，十字头的滑块在导板滑动，给活塞导向并承受侧推力。在气缸下部设横隔板将气缸与曲轴箱隔开。柴油机的主要固定部件如机座、机架和气缸体是分开制造的，并用贯穿螺栓固定在一起；采用正置式主轴承；曲轴安放在柴油机的机座上。十字头式柴油机工作可靠、寿命长。它的缺点是质量和高度增大，结构复杂。目前大型低速二冲程柴油机都采用这种结构形式。

MAN B&W 公司生产的 MC 系列柴油机是二冲程十字头式柴油机市场的主导产品，在当前世界低速柴油机市场占 80% 以上。下面以 MAN B&W 公司的 S50MC – C 型柴油机为例介绍二冲程十字头式柴油机的总体结构。S50MC – C 型柴油机是一款尺寸比较适中、广泛用于各类船舶的超长行程低速十字头式柴油机。

如图 1 – 19 所示，S50MC – C 型柴油机的气缸直径为 500 mm，活塞行程为 2 000 mm，行程缸径比为 4.0。在活塞结构上采用了低置活塞环组来提高活塞顶岸高度，这对于柴油机工作性能的提高和工作条件的改善是非常有利的：由于活塞环位置的降低，活塞环处于温度较低的区域，远离燃气区使燃烧产物不易进入摩擦面，改善了活塞环工作条件和润滑性能，提高了活塞环组的工作性能，大大减轻了活塞的磨损；气缸盖与气缸套接合面以及气缸套的热负荷降低，使其工作条件改善；主要的热负荷由钢制的气缸盖承受，活塞顶岸高度的提高也使气缸盖与气缸套接合面降低成为可能，由于钢制的气缸盖的抗热负荷能力比铸铁气缸套要大，这也使该型柴油机的可靠性提高。S50MC – C 型柴油机采用短连杆结构，其主要目的是降低机器的高度，减小机器质量，并可以减少振动和降低成本。其十字头销设计成非常简单的直段轴形，省去了两个端销，直径也缩小了。这样既简化了加工过程，又减小了质量。S50MC – C 型柴油机在结构上的最明显的特征是以双贯穿螺栓代替了传统的单贯穿螺栓，而且与传统的单贯穿螺栓的不同之处还在于它不再一直插到机座底部，而是拧入到机座顶部的螺孔之中。机座在不增加宽度的情况下将地脚螺栓移到外侧，这样简化了焊接工艺并有利于厂家的安装。在气缸体设计上，S50MC – C 型柴油机的显著特点是气缸体的高度减小，使其质量变小，加工制造和维护管理更加方便，特别是将凸轮轴箱和气缸体做成一体，并取消了气缸体内的冷却水腔。新型的 S50MC – C 型柴油机中所有的大型轴承普遍采用现代的薄壁轴瓦结构，轴承材料采用 40 高锡铝合金（Sn40Al）。这种轴承材料具有较低的温度敏感性和很强的抗疲劳能力，大大地提高了主轴承的可靠性，由于 S50MC – C 型柴油机的行程缸径比已经达到了 4.0，最高燃烧压力达到了 15 MPa，对曲轴刚度和轴承负荷影响很大，因此在曲轴设计上采用增大轴颈直径和曲柄销直径，以及缩短轴颈长度的方法。轴颈直径的增大和长度的缩短增强了曲轴的刚度，弥补了 S/D 值增大对刚度的影响，而轴颈直径的增大又可以增大轴承的承载面积、在相同的轴承负荷下缩短轴颈长度，当然这也和采用新型轴承材料有关。轴颈长度的缩短使气缸中心距和整机长度缩短，减小了柴油机质量，增加了舱容。

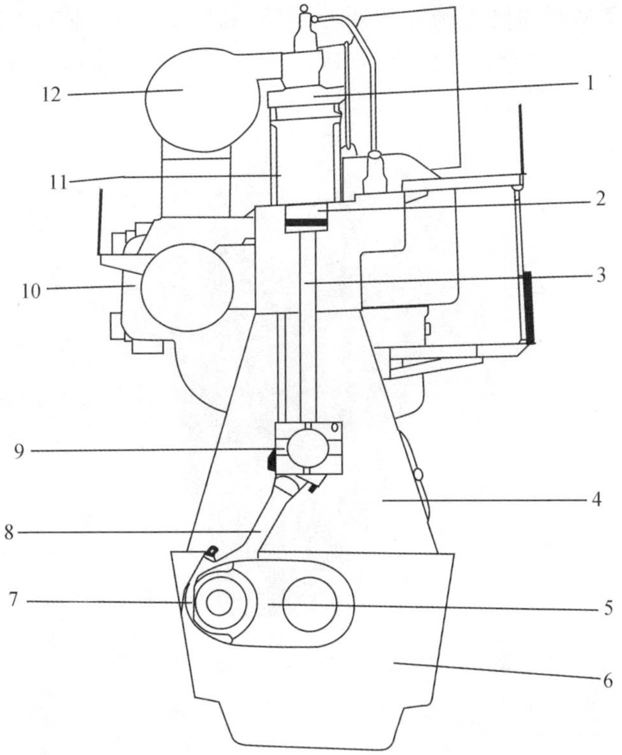

1—气缸盖;2—活塞;3—活塞杆;4—机架;5—曲轴;6—机座;7—连杆大端轴承;
8—连杆;9—十字头;10—空气冷却器;11—气缸套;12—排气总管。

图1-19　S50MC-C型柴油机结构示意图

三、典型筒形活塞式柴油机的结构分析

船上发电柴油机普遍采用筒形活塞式结构。现代筒形活塞式柴油机的活塞通过活塞销直接与连杆相连,将柴油机的机架和气缸体铸成一个整体。筒形活塞式柴油机采用倒挂主轴承结构,这种结构的优点是结构简单、紧凑,轻便,发动机高度小。中高速柴油机一般都采用此结构。目前筒形活塞式柴油机的主要结构特点是模块化和倒挂式主轴承。图1-20所示为模块化结构。整个柴油机分为前箱、后箱、机体、气缸单元和曲轴等。柴油机所有的冷却器、泵等作为插件安装在柴油机的前后箱中,与事先铸造在机体内的管路相连。柴油机的机架和气缸体铸成一体,称为机体。气缸盖、气缸套、冷却水套、活塞及连杆组成气缸单元。整个气缸单元可作为一个整体进行拆装和更换。组成气缸单元的所有零部件可在机外很方便地进行测量检修。模块化结构使柴油机结构更简单、紧凑,制造维修更加方便、高效,采用倒挂式主轴承结构,用轻便的油底壳代替机座。

图1-20　模块化结构

目前 Wärtsilä、MAN B&W、Mak 等公司的产品占据四冲程中速柴油机市场的主导地位。

下面以 Wärtsilä 32 型柴油机为例分析四冲程柴油机筒形的总体结构。如图 1－21 所示，Wärtsilä 32 型中速柴油机是在燃烧技术上取得的最新成就的基础上而设计制造的。它具有氮氧化物排放低、可靠性高、维护管理方便、运转费用低等优点。

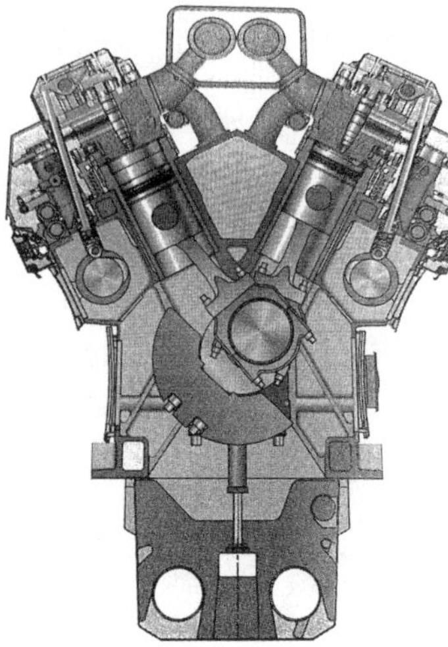

图 1－21　Wärtsilä 32 型中速柴油机的结构

该柴油机在结构上有下列特点。

①柴油机的机体用球墨铸铁铸造，将所有的油、水管路设置在机体之内，使之成为外部光洁的真正无管路的发动机；柴油机采用弹性底座，确保柴油机的振动不会传到机外；主轴承为倒挂式，通过选择最合适的轴承材料和对关键区域油槽的优化设计，保证了足够的油膜厚度，确保了轴承的良好工作。

②Wärtsilä 32 型柴油机的气缸套在其上部加高、加厚，有足够的强度和刚度承受机械负荷，通过钻孔冷却控制其温度及热负荷；在气缸套内部上端设有一个防磨环，防磨环的内径略小于气缸套内径，可以除去活塞头部的积炭，减少气缸套的磨损和滑油的消耗；气缸盖采用四螺栓结构，通过内部结构设计使其具有最大的刚度，可以确保阀和阀座的均匀接触及气缸套的圆度；进排气道在设计上通过计算流体力学的分析，使其流动损失最小，提高换气质量；气缸盖上采用多管道元件代替了传统柴油机上单独元件的结构，可以完成空气进入气缸、废气排至排气系统、冷却水从气缸盖排出等多项功能。

③活塞是由铸钢的活塞头和铸铁活塞裙制造的组合式活塞。在活塞的裙部设有润滑装置，这确保了活塞环和活塞裙的可靠润滑并使摩擦损失降低到最低。在活塞上仅装有两道压缩环和一道刮油环，第一道环设有特殊的耐磨层，使摩擦损失达到最小。连杆采用船用大端连杆，增大承压面积，增加承载能力。杆身与连杆大端的接合面处于连杆大端轴承座的上方，可以方便地拆卸和维护。V 形柴油机两列气缸采用并列连杆，连杆的结构相同。柴油机的曲轴是整体锻造的并进行了全面的机械加工。曲柄直径和过渡圆角进行了优化，轴承负荷进行了精心计算，且每个曲柄臂上都装有平衡重，保证了曲轴在高的气缸压力下的可靠工作，并将轴承负荷控制在允许的范围之内，也使柴油机的总体长度达到最小。

④增压系统可采用脉冲增压系统和单管脉冲增压系统并带有废气和空气旁通阀，确保了废气侧和空气侧最小的流动损失。冷却水系统由高温淡水系统和低温淡水系统组成，能取得最大的热回收和总体效率。气缸套和气缸盖及增压空气冷却器的高温部分等的温度

由高温淡水系统控制，系统温度保持在 95 ℃左右，使劣质燃油能良好燃烧。低温淡水系统用于冷却增压空气冷却器的低温部分及滑油冷却器。

柴油机的
总体结构微课

【效果检测】

扫描二维码，进行过关测试。

任务七 柴油机的主要性能指标和工作参数

【任务引入】

通过机桨匹配计算来为船舶主机选型。机桨匹配计算中的依据是主机的功率。柴油机的性能指标有哪些？为何主机的功率会成为机桨匹配计算的依据？

【知识结构】

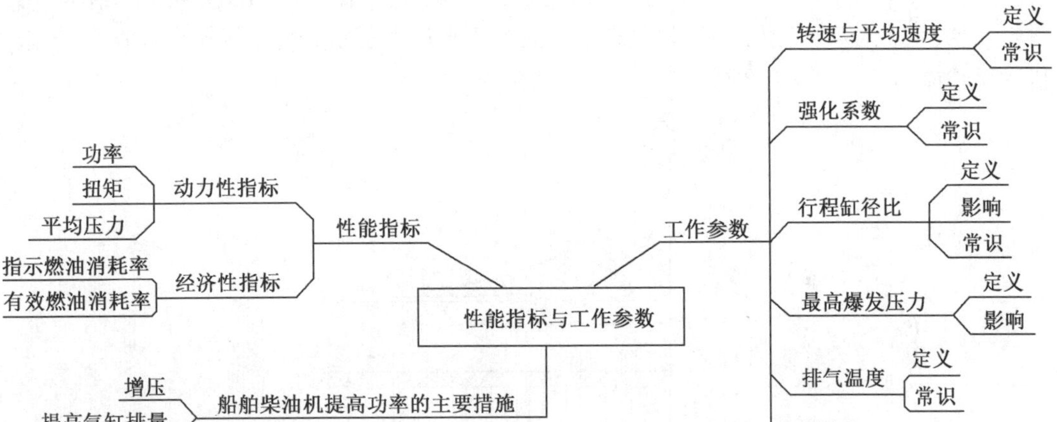

【知识点】

柴油机的性能通常可从动力性、经济性、运转性（冷车启动、排放性、加速性与加载性等）、可靠性和耐久性等方面加以衡量。这里主要分析动力性和经济性。性能由指标进行定量衡量。动力性指标是衡量柴油机对外做功能力的指标，主要有功率、平均有效压力和扭矩等。经济性指标一般指内燃机的燃油消耗率和滑油消耗率。

动力性指标和经济性指标又分为指示指标和有效指标。有效指标既考虑热损失，也考虑消耗于内部零件的摩擦损失、泵气损失和驱动附件等机械损失，是评定柴油机工作性能的最终指标。

一、柴油机的指示指标

以工质对活塞做功为基础的指标为指示指标。指示指标只考虑缸内不完全燃烧和传热等方面的热损失，它是标志柴油机工作过程好坏的参数，主要用于评定缸内循环的完善程度，决定于柴油机的示功图。常用的指示指标有平均指示压力 p_i、指示功率 P_i、指示燃油消耗率 $g_i(b_i)$ 和指示热效率 η_i 等。其中前两个是动力性指标，后两个是经济性指标。

1. 平均指示压力 p_i

如图 1－22 所示，示功图的面积代表每循环所做的指示功 W_i。压缩线下面的压缩功（负功），可用高为 p_1、底为 V_s 的矩形表示；膨胀线下面的膨胀功（正功），则用高为 p_2、底也为 V_s 的矩形表示。这两个矩形之差就等于矩形（阴影）的面积（等于示功图的面积），即代表一个循环所做的指示功 W_i。令 $p_2 - p_1 = p_i$，则有

$$W_i = p_i V_s = p_i \cdot F \cdot S \tag{1-8}$$

式中 p_i——平均指示压力，Pa；

V_s——气缸工作容积，m^3；

F——活塞顶投影面积，m^2；

S——活塞行程，m。

可以认为，一个循环所做的指示功 W_i 等于一个假想的、大小不变的压力 p_i 作用于活塞顶上，使活塞移动一个行程 S 所做的功。

式（1－8）变形得

$$p_i = W_i / V_s \tag{1-9}$$

这样，平均指示压力 p_i 又可理解为单位气缸工作容积每循环所做的指示功。循环组织得越完善，工质对活塞做功越多，p_i 就越大。故可用平均指示压力 p_i 来评价不同排量的柴油机的做功能力，其与气缸工作容积无关。

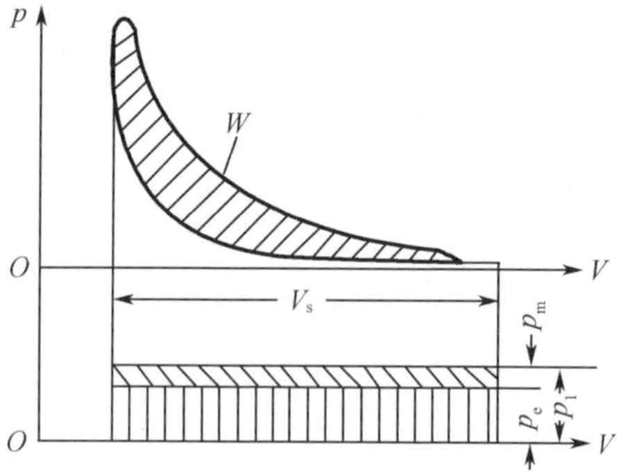

图 1－22　柴油机平均指示压力

p_i 的影响因素主要有以下几个方面：

①循环供油量（负荷）大，则 p_i 提高；增压度提高，则 p_i 提高。

②过量空气系数 α（过量空气系数是指实际空气量与燃油完全燃烧需要的空气量之比）增大（$\alpha \leqslant 2$），缸内燃烧质量提高，p_i 提高。但当 α 过高时，因油气浓度过低而使 p_i 下降。

③工质混合完善程度提高，p_i 相应提高。

④换气质量提高，p_i 提高。

⑤燃烧质量提高，p_i 提高。

此外，增压柴油机的 p_i 高于非增压柴油机，四冲程柴油机的 p_i 高于二冲程柴油机，直流扫气柴油机的 p_i 高于弯流扫气柴油机。

2. 指示功率 P_i

柴油机在气缸中单位时间内所做的功(工质单位时间对活塞所做的净功)称为指示功率。柴油机一个循环所做的指示功为 W_i,且

$$W_i = p_i V_s \quad (\mathrm{J}) \tag{1-10}$$

当柴油机的转速为 n 时,对于四冲程柴油机,曲轴每转两转,完成一个工作循环,每缸每分钟要进行 $n/2$ 个工作循环,每缸每分钟做功 $p_i V_s n/2$。设柴油机有 i 个气缸,则这 i 个气缸每秒钟做功 $p_i V_s ni/(2\times60)$。同样转速 n 时,对于二冲程柴油机,曲轴每转一转,完成一个工作循环,每缸每分钟要进行 n 个工作循环,每缸每分钟做功 $p_i V_s n$。设柴油机有 i 个气缸,则这 i 个气缸每秒钟做功 $p_i V_s ni/60$,因此每个气缸的指示功率为

$$P_i = p_i V_s \frac{nm}{60} \quad (\mathrm{W}) \tag{1-11}$$

整机的指示功率为

$$P_i = p_i V_s \frac{nmi}{60\ 000} \quad (\mathrm{kW}) \tag{1-12}$$

式中 p_i——平均指示压力,Pa;

V_s——气缸工作容积,m^3;

n——柴油机的转速,r/min;

m——每转的工作行程数,对于四冲程柴油机,$m=1/2$,对于二冲程柴油机,$m=1$;

i——气缸数。

令 $V_s m/60\ 000 = C$,C 为气缸常数,则

$$P_i = C p_i ni \quad (\mathrm{kW}) \tag{1-13}$$

指示功率是工质在气缸中对活塞所发出的功率,并不是从柴油机曲轴输出的可以实际利用的功率。

3. 指示燃油消耗率 $g_i(b_i)$

指示燃油消耗率是柴油机发出每千瓦小时的指示功所消耗燃油量的千克数,单位为 kg/(kW·h)。

$$b_i = B/P_i \tag{1-14}$$

式中 P_i——指示功率,kW;

B——每小时的燃油消耗量,kg/h,可由试验测定。

4. 指示热效率 η_i

燃料所含的热能转变为指示功的有效程度用指示热效率 η_i 来衡量,它在数值上等于指示功与所消耗的燃料热量之比,即

$$\eta_i = \frac{W_i}{Q_{吸入}} = \frac{3\ 600 P_i}{BHu} = \frac{3\ 600}{b_i Hu} \tag{1-15}$$

式中 W_i——柴油机一个循环所做的指示功,J;

$Q_{吸入}$——消耗的燃料热量,J;

3 600——每千瓦小时相当的热量,kJ/(kW·h);

P_i——指示功率,kW;

B——每小时的燃油消耗量,kg/h;

Hu——所用燃料低热值,$Hu = 42\ 700$ kJ/kg。

柴油机
指示指标微课

指示指标表示柴油机工作循环进行的情况，主要用于研究柴油机气缸内的工作过程，在柴油机运转中的测试方面有所应用。

二、柴油机的有效指标

以柴油机曲轴输出功率为基础的指标称为有效指标，它是标志整个柴油机工作性能的参数，除了决定于循环进行的完善程度，还决定于整个机构的合理性。常用的有效指标包括有效功率 P_e、平均有效压力 p_e、有效扭矩 M_e、有效燃油消耗率 $g_e(b_e)$、有效热效率 η_e等。

1. 有效功率 P_e、机械效率 η_m

指示功率减去消耗于内部零件的摩擦损失、泵气损失和驱动附件等机械损失后，从发动机曲轴输出的功率称为有效功率 P_e，即 $P_e = P_i - P_m$，这里 P_m为损失功率。损失功率包括以下几种。

①摩擦损失功率，指柴油机因克服各机构中的摩擦力所消耗的功率。例如，活塞、活塞环与缸壁之间的摩擦损失占全部摩擦损失的55% ~65%；各轴颈与轴承之间的摩擦损失占全部摩擦损失的35% ~45%。

②拖动损失功率，指柴油机因驱动其他附属机构所消耗的功率，如驱动配气机构、喷油泵、机油泵和水泵、电气设备以及其他为维持柴油机正常工作不可缺少的机构所消耗的功率。

③泵气损失功率，指在四冲程柴油机中进排气过程所消耗的功率。

有效功率可以利用测功器测定。水力测功器可先测出有效扭矩 M_e，再用下式计算出有效功率：

$$P_e = M_e \cdot n/9\,550 \quad (\text{kW}) \tag{1-16}$$

式中 M_e——柴油机输出的有效扭矩，N · m；

n——柴油机转速，r/min。

机械损失也可用机械效率 η_m 来表示，机械效率 $\eta_m = P_e/P_i$，即有效功率与指示功率之比。机械效率的高低，表示柴油机克服本身运动摩擦阻力所消耗功率的多少，因此它可用来评定柴油机结构的优劣。如果转速不变，负荷增加时，机械效率 η_m 增加。柴油机空载时，$\eta_m = 0$；滑油温度、冷却水温度提高，机械效率 η_m 增加，但若过高，则机械效率 η_m 将大大降低。

2. 平均有效压力 p_e

为了比较不同排量柴油机的动力性，与平均指示压力 p_i相似，引入平均有效压力 p_e的概念。它是一个作用于活塞顶上的、假想的、大小不变的压力，其作用在活塞顶上使活塞移动一个行程所做的功等于每循环所做的有效功。其表达式与指示功率的公式类似：

$$P_e = \frac{p_e \cdot V_h \cdot n \cdot m \cdot i}{60\,000} \quad (\text{kW}) \tag{1-17}$$

则

$$p_e = \frac{P_e}{C \cdot n \cdot i} \tag{1-18}$$

式中 P_e——单位气缸工作容积所发出的有效功率；

p_e——平均有效压力，Pa；

V_s——气缸工作容积，m^3；

n——柴油机转速，r/min ；

m——每转的工作行程数，对于四冲程柴油机，$m=1/2$，对于二冲程柴油机，$m=1$；

i——气缸数；

C——气缸常数。

同理可得，平均机械损失压力为

$$p_m=\frac{P_m}{C\cdot n\cdot i} \tag{1-19}$$

由于 $\eta_m=P_e/P_i$，因此 $\eta_m=p_e/p_i$，$p_e=p_i\cdot\eta_m$。

平均有效压力 p_e 是一个重要的指标，不仅说明工作循环进行的好坏，而且还体现了机械损失的大小，是柴油机总体性能的一种表现，可以用来评价不同排量柴油机的动力性，在其他条件相同时，p_e 值越高，柴油机的动力性越好。

3. 有效燃油消耗率 $g_e(b_e)$

有效燃油消耗率是以有效功率计，是柴油机工作时每千瓦小时所消耗燃油量的千克数，单位为 kg/(kW·h)。内燃机产品说明书中所指的燃油消耗率为有效燃油消耗率，若测出扭矩 M_e 和转速 n，计算有效功率 P_e，则

$$b_e=B/P_e\quad[\text{kg/(kW}\cdot\text{h)}] \tag{1-20}$$

式中 P_e——有效功率，kW；

B——每小时的燃油消耗量，kg/h。

又因为 $\eta_m=P_e/P_i$，$b_i=B/P_i$，则 $b_e=b_i/\eta_m$。

4. 有效热效率 η_e

与指示效率 η_i 相似，有效热效率表示燃料所含热量转变为有效功的程度，它在数值上等于曲轴输出的有效功与所消耗的热量之比，即

$$\eta_e=\frac{W_e}{Q_{吸入}}=\frac{W_i}{Q_{吸入}}\times\frac{W_e}{W_i}=\eta_i\times\eta_m \tag{1-21}$$

或

$$\eta_e=\frac{3\,600P_e}{B\times Hu} \tag{1-22}$$

有效指标都是以柴油机曲轴输出功率为基础的。有效功率 P_e、有效扭矩 M_e 表示柴油机的实际工作能力，平均有效压力 p_e 表示柴油机单位气缸工作容积的工作能力，b_e 表示燃料消耗的经济性。

柴油机
有效指标微课

三、柴油机的工作参数

1. 转速和活塞平均速度

①转速，指内燃机曲轴每分钟的转速，单位为 r/min。转速对内燃机性能和结构的影响很大，而且其范围十分广泛（86～6 000 r/min）。

最高转速 n_{max}——受调速器控制时，柴油机所能达到的最高转速。

最低稳定转速 n_{min}——柴油机能稳定工作的最低转速。

在最低稳定转速和最高转速之间是柴油机的转速工作范围（$n_{min}<n<n_{max}$）。

②活塞平均速度 V_m。活塞在气缸中的运动速度是不断变化的，在行程中间速度较大，在止点附近速度较小，止点处速度为零。若已知柴油机转速 n，则活塞平均速度可由下公式计算：

$$V_m=\frac{2Sn}{60}=\frac{Sn}{30}\quad(\text{m/s}) \tag{1-23}$$

活塞平均速度是表征柴油机高速性的一项主要指标，影响柴油机的机械负荷、热负荷和寿命。提高 V_m，柴油机功率提高，但零件机械负荷、热负荷增加，磨损增加，寿命降低。

近代船用大型二冲程柴油机多采用长行程或超长行程，为维持适当的 V_m，均采用较低转速。

2. 强化系数

平均有效压力与活塞平均速度的乘积称为强化系数。强化系数能综合反映柴油机工作时的热负荷和机械负荷的严重程度。强化系数也是衡量柴油机技术水平高低的重要指标。一般而言，增压柴油机高于非增压柴油机，高速柴油机大于中速柴油机，中速柴油机大于低速柴油机。

3. 行程缸径比 S/D

行程缸径比是柴油机的主要结构参数之一。S/D 在不同条件下影响不同，在活塞平均速度及缸径为定值的情况下，S/D 对柴油机的影响有：

①影响柴油机的尺寸和质量。S/D 增大，则柴油机的宽度、高度及质量均相应增大。

②影响机械负荷。最大往复惯性力随 S/D 的增大而减小，即 S/D 增大，机械负荷减小。

③影响热负荷。S/D 增大，气缸散热面积大，热负荷减小，同时影响燃烧室各部件的热量分配比例。

④影响扫气效果。S/D 增大，因气流在缸内流动线路长将降低扫气效果，但此影响因扫气形式不同而异。如对直流扫气的影响较小，允许使用较大的 S/D 值，而对弯流扫气的影响较大，不允许使用较大的 S/D 值(通常不高于 2.2)。

⑤影响曲轴刚度。S/D 增大使曲柄半径变大，曲轴轴颈的重叠度降低，曲轴刚度下降。

⑥影响轴系的振动性能。S/D 增大，轴系的纵振及扭振固有频率降低，容易产生不允许的纵振及扭振。

船用柴油机的 S/D 值范围如下：

高速柴油机，$S/D=0.90\sim1.25$；中速柴油机，$S/D=1.00\sim1.80$；弯流扫气低速柴油机，$S/D=1.71\sim2.05$；直流扫气低速柴油机，$S/D=1.88\sim2.26$；长(超长)行程低速柴油机，$S/D=2.42\sim4.20$。

4. 最高爆发压力(最高燃烧压力) p_z

燃烧过程中气缸内工质的最高压力称为最高爆发压力。它对柴油机结构与性能的影响主要表现在：

①过大的 p_z 值使柴油机结构尺寸增大，柴油机笨重。

②过大的 p_z 值使螺栓预紧力相应增大，造成接合面比压过大。

③过大的 p_z 值会破坏润滑油膜，加剧活塞环与气缸套、轴颈与轴瓦的磨损，使柴油机寿命下降。

④过大的 p_z 值使振动噪声增大。

适当提高 p_z 值，可以提高热效率，降低燃油消耗量。

5. 排气温度 t_r

非增压柴油机的排气温度指排气管内废气的平均温度，增压柴油机的排气温度指气缸盖排气出口处废气的平均温度。排气温度是最常用的反映柴油机热负荷的参数。通常柴油机的排气温度的最高值应低于 550 ℃。

6. 压缩比 ε

压缩比是柴油机中重要的结构参数之一，不同结构形式的柴油机选择不同的压缩比。

四、船舶柴油机提高功率的主要措施

近年来，提高船舶柴油机功率主要是为了满足大型集装箱船对主机功率的要求，这是由集装箱船的大型化和高速化决定的。船舶柴油机功率的提高主要有以下两种途径。

①提高柴油机的强化程度。这是在不改变柴油机重大结构尺寸的条件下提高柴油机功率的唯一途径。提高柴油机强化程度的核心技术是增压技术。

②提高柴油机的气缸排量。这是一种提高柴油机功率的最直接的方法，目前主要考虑以下两种方案。一是增加气缸数。以往的直列柴油机气缸数一般不超过 12 个，目前有继续增加的趋势，MAN B&W 公司准备将 K98MC 和 K98MC－C 型机的缸数从 6 缸提高到 14 缸，并有增加到 18 缸的可能性，增加后功率可达 103 000 kW。这种方案中，为了使曲轴的质量保持在易于控制的水平，曲轴必须分段制造。二是增大气缸直径。增大气缸直径可用较少的气缸发出较大的功率，这是目前提高柴油机功率的另一种考虑，MAN B&W 公司目前能提供的具有最大气缸直径的机型是 K108MC 型柴油机，该柴油机的功率可接近 100 000 kW。

【效果检测】

扫描二维码，进行过关测试。

项目二　柴油机运动部件与固定部件检查

【项目描述】

柴油机两大部件的技术状态对柴油机寿命和工作性能起决定性影响。通过柴油机燃烧室部件、曲柄连杆机构、主要固定部件的组成、工作原理及其维护管理要点等相关知识的学习与技能训练，达到STCW公约马尼拉修正案及《中华人民共和国海船船员适任考试和发证规则》(2020年)规定的有关船舶柴油机主要零部件结构及维护管理的适任标准要求。

一、知识要求

1. 掌握柴油机燃烧室部件的组成、各部件的主要工作条件和要求、各部件的基本结构；
2. 掌握筒形与十字头式柴油机连杆和连杆轴承的结构特点，熟悉十字头式柴油机十字头组件的基本作用、组成及工作原理；
3. 掌握曲轴和各种主轴承的结构特点；
4. 掌握柴油机主要固定部件的作用、基本结构及维护管理要点。

二、技能要求

1. 具备柴油机活塞组件及气缸盖的拆装能力；
2. 具备柴油机气缸套内圆表面磨损量的检测能力；
3. 具备柴油机曲柄臂距差的检测与分析能力；
4. 具备柴油机主轴承间隙的检测能力；
5. 具备贯穿螺栓的拆装能力和柴油机主要固定部件的维护管理能力。

三、素质要求

1. 具有人身安全意识；
2. 具有团队意识和协作精神。

【项目实施】

任务一　燃烧室部件检查

【任务引入】

某轮主机型号为SULZER 9RTA84C，航行中某日08:15时主机曲柄箱油雾浓度探测器报警，显示主机曲柄箱油雾浓度高，主机自动减速。值班人员在集控室检查发现主机滑油、活塞冷却油及冷却水压力、温度正常，主机各运行参数未见异常。手摸各缸曲柄箱道门温度也正常，但探测器不能复位，经电机员清洁后实现了复位。为了赶船期，在加强检查的同时主机逐渐加速到85 r/min，此时发现主机第4缸凸轮油管处靠后端轴封有烟气渗出，且伴有异味。轮机长立即操纵主机减速到微速运行，并将情况报告船长，要求停车检查。

停车后保持滑油泵运转,合上转车机盘车,电流正常,检查第 4 缸凸轮箱轴承温度,正常。15 min 后打开曲柄箱道门,各缸布满烟雾,手摸主轴承、十字头轴承和连杆轴承,温度正常。检查活塞头发现第 2 缸活塞顶部有一直径为 5 mm 的小孔(用铁丝已能插入)。采用铁制闷头闷死小孔的临时措施后复航。试分析小孔形成的原因。

【知识结构】

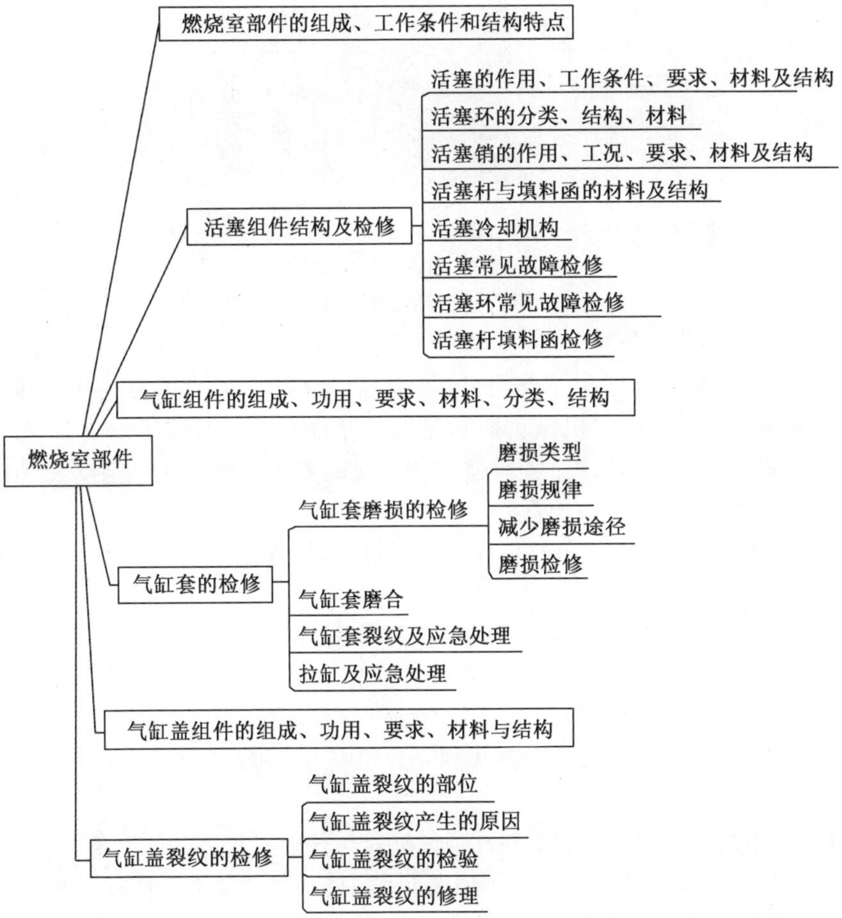

【知识点】

柴油机依托两大部件完成两次能量的转换。不同工作条件和功能对部件的维护管理要求也不同,两大部件根据工作条件和功能的不同,分为燃烧室部件、曲柄连杆机构和支承连接组件。

一、燃烧室部件的组成

燃烧室是指当活塞处于上止点时,由气缸盖底面、气缸套内表面及活塞顶面共同组成的燃料与空气混合并燃烧的空间。燃烧室部件是柴油机中最重要的部件,包括活塞组件、气缸盖组件和气缸组件,如图 2-1 所示。

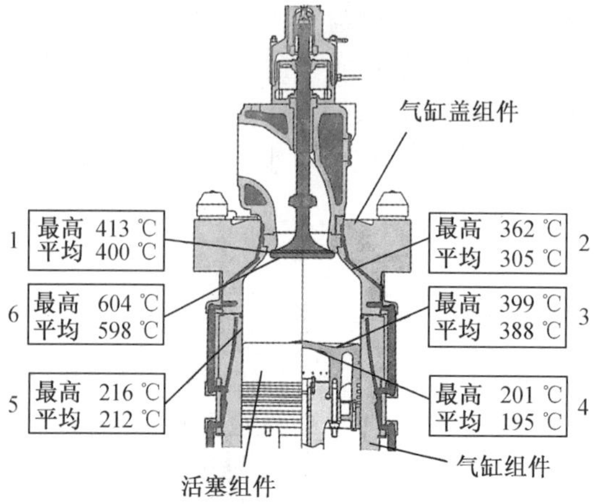

1－排气阀密封带；2－气缸盖触火面；3－活塞顶触火面；4－活塞顶冷却面；
5－气缸套触火面；6－排气阀阀底。

图 2－1　燃烧室部件

二、燃烧室部件的工作条件

燃烧室部件具有相同的恶劣工作条件，均受高温、高压、腐蚀性燃气和冷却介质的作用，机械负荷和热负荷均很高。机械负荷和热负荷导致的应力超过屈服强度，会产生塑性变形，超过强度极限，会产生裂纹。一般材料受拉时的强度极限小于或等于受压时的强度极限，故裂纹一般产生在受拉应力侧。

机械负荷来源于工作循环中的气体作用力、机件连接件产生的预紧力和机件的运动惯性力。

①机械负荷中的气体力。气体力引起的机械负荷常用最高气体压力即最高爆发压力表示，记为 p_{max} 或 p_z。循环变化的气体力对机件产生脉动压应力，其变化的频率正比于转速，称为高频应力。气体力引起的最大应力的大小与最高爆发压力成正比，与燃烧室部件的高度（厚度）成反比。与燃气接触的触火面处为压应力，与冷却介质接触的冷水面处为拉应力。

②机械负荷中的预紧力。燃烧室部件中气缸套与气缸盖是固定不动的，为了保证柴油机在承受最高爆发压力时保持平衡，均需安装预紧力，安装预紧力产生一个固定不变的应力，大小与最高爆发压力成正比，与零件的高度（厚度）成反比。图 2－2 所示为气缸套机械应力示意图。

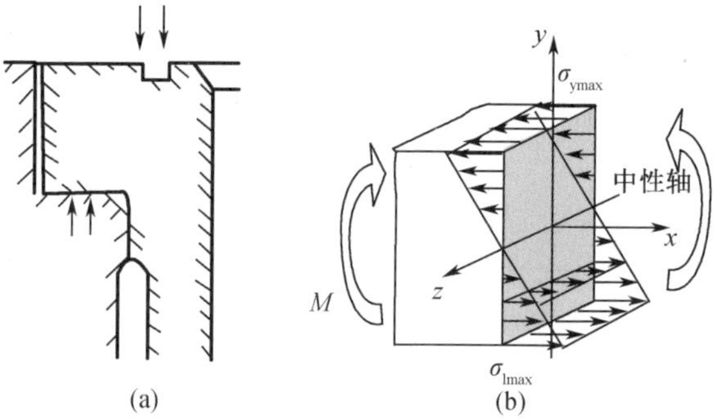

δ_{ymax}—最大压应力；δ_{lmax}—最大拉应力；M—扭矩。

图 2－2　气缸套机械应力示意图

③机械负荷中的惯性力。活塞不受安装预紧力,但受到往复惯性力。往复惯性力与曲轴转速的平方和活塞质量成正比。故高速柴油机活塞常选用密度较小的铝合金材料。

燃烧室部件还受到高温燃气带来的热负荷,包括热应力和热疲劳。

由图 2 - 1 可知,在燃烧室部件中排气阀温度最高,气缸套平均温度最低。评定柴油机热负荷最简单实用的指标是排气温度。但导致构件失效的是热应力。热应力是机件中各部分热胀冷缩互相牵制而在材料内部产生的应力。燃烧室部件中与燃气的接触面称为触火面,与冷却水的接触面称为冷水面。触火面受热面膨胀量大,但受冷水面的牵制,膨胀不到应有的尺寸,故触火面受压。冷水面受触火面的牵制,实际增加尺寸大于膨胀量,故冷水面受拉,如图 2 - 3 所示。温差越大,热应力越大。同样温差下,冷热面间壁厚越薄,则热阻越小,使热应力越小。故热应力与两侧温差成正比,与壁厚成反比。

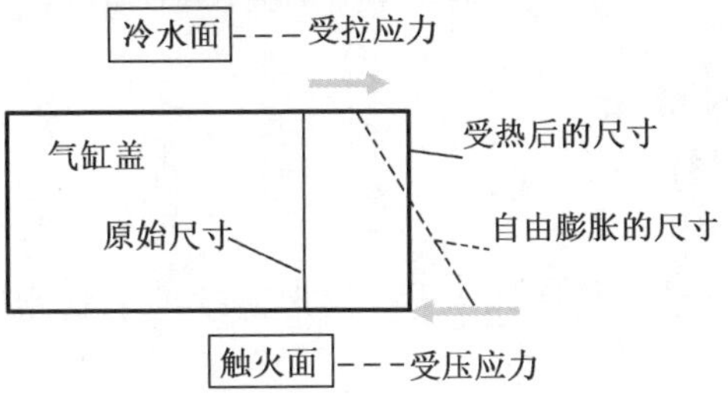

图 2 - 3　热应力示意图

燃烧室部件在交变的热应力作用下出现的破坏现象称为热疲劳。气缸盖受热面最常见的故障为底面裂纹,其产生的主要原因就是热疲劳。由于柴油机超负荷运行等原因,气缸盖受热面在高温和气体力作用下产生蠕变,产生缓慢的压缩塑性变形使实际尺寸小于原始尺寸。当气缸盖温度下降时,由于气缸盖是一个整体,受冷水面牵制,欲恢复原始尺寸而产生拉应力。受热面温度超过极限温度越多,柴油机运行时间越长,残余拉应力就越大,最终因应力的反复交变而使气缸盖出现疲劳裂纹,严重时可能经过一次冷热循环便出现裂纹。因此,柴油机操作要避免长时间超载运行和频繁启动、停车等。热应力变化周期与启动 - 停车或负荷变化周期有关,属低频应力。热疲劳引起的裂纹常从高温触火面开始,如柴油机气缸盖与气阀座孔之间,气缸盖与气缸套接合的圆角处、气口边缘、喷油器孔边缘等触火面处的裂纹。

此外,气缸盖还受燃气的高温腐蚀,气缸套受燃气的低温腐蚀,四冲程柴油机气缸套还受冷却水的穴蚀作用,故燃烧室部件是柴油机中工作条件最恶劣的部件。

三、燃烧室部件的结构特点

现代大型柴油机燃烧室部件普遍采用薄壁强背结构(图 2 - 4)。现代新型超长冲程柴油机的强化程度已达到相当高的水平,燃烧室部件的机械负荷和热负荷也已接近其材料能承受的极限。结构上,欲降低机械负荷应采用厚壁结构,欲降低热负荷应采用薄壁结构,两者相互矛盾。采用薄壁强背结构是兼顾机械应力和热应力的有效方法。所谓薄壁就是燃烧室部件的触火面与冷水面之间壁厚要薄,以减小热应力;而强背就是在薄壁的背面沿受力途径设置强有力的支承,以降低机械应力。在现有各种薄壁强背结构中,钻孔冷却是一种最理想的形式。由图 2 - 4 可看出,在气缸盖、气缸套和活塞上所钻出的冷却水孔的分布情况,冷却水孔道离触火面很近,这些水孔共同形成了一层热屏障,将燃烧室部件分为冷热两个区,热流几乎可以被限制在燃烧室壁表面与冷却水孔道的狭窄区域,热区很薄,形成良好的薄壁结构,从而减小热应力,而冷区很厚,形成强背结构,从而减小机械应力。

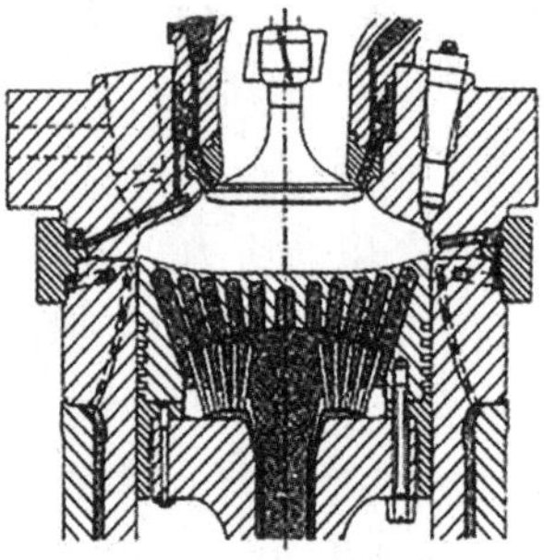

图2-4 燃烧室部件的薄壁强背结构

四、活塞组件的结构及检修

(一)活塞的结构与材料

1. 活塞的作用

活塞的作用是构成燃烧室、传递气体力。筒形活塞还承受侧推力。二冲程柴油机活塞则用于启闭气口。

①活塞与气缸、气缸盖等组成封闭的燃烧室空间。活塞通过运动来压缩气体,四冲程柴油机中活塞通过上行强制排出气缸内废气。

②活塞可传递燃气动力,将燃气压力通过连杆传递到曲轴。

③筒形活塞裙部承受连杆产生的侧推力,并对往复运动起导向作用。

④二冲程柴油机中,活塞头部启闭气口,控制换气,起到滑阀的作用。

2. 活塞的工作条件

活塞受高温、高压并具有腐蚀性的燃气作用,并在冷却不良、润滑不佳的条件下相对气缸套做往复变速直线运动,工作条件非常恶劣。

①活塞要承受燃气压力和往复惯性力所引起的带有冲击性的机械负荷。四冲程柴油机中活塞还承受侧推力,周期性改变方向的侧压力也使活塞不断撞击气缸套,引起活塞变形和气缸套振动。

②活塞顶部直接接触高温燃气,热负荷很高,各部分温差产生的热应力大。

③活塞做往复运动,活塞与气缸润滑状态差,因此摩擦功占柴油机总摩擦耗功的50%,使活塞磨损严重。

3. 活塞的要求和材料

活塞在如此恶劣的条件下工作,要实现其功能,应满足以下要求:强度高,以承受燃气压力和往复惯性力;刚度大,热膨胀系数小,以实现高温下封闭燃烧室及导向作用;导热系数大、散热快、冷却效果好,以降低热应力;减摩、耐磨,以减少磨损。对于中高速柴油机还要求活塞材料密度小,以减小惯性力。

活塞的材料主要有三种:铸铁(合金铸铁、球墨铸铁)、钢(碳钢、耐热合金钢)和铝合金。

①铸铁,铸造性好,易于浇铸形状复杂的燃烧室;耐磨性好,有利于在润滑不良的条件下运动;机械强度较高;线膨胀系数小,活塞与气缸间允许有较小间隙;导热系数优于钢,差于铝;价格最便宜。因此,铸铁是制造发动机活塞最基本的材料,但这种材料的活塞在工作

时产生的惯性力大，不适宜高速和大功率场合。

②钢，机械强度高，但耐磨性差，成本高；主要用于大功率、中低速柴油机。耐热合金钢热强度最高，常作为受热最严重的活塞头部材料。

③铝合金，密度小，为铸铁的1/3左右，导热系数比铸铁高2倍左右，利于散热。但其高温强度差，且铝合金的线膨胀系数大，所以活塞与气缸之间的冷态间隙要求较大，易造成冷车启动困难和冷车敲缸。铝合金活塞的冷车敲缸一般发生在启动或低负荷运转时，当活塞温度上升后会自动消失。故铝合金活塞的冷车敲缸不必处理。铝合金活塞的耐磨性也较差，成本较高。因此铝合金仅用于制造中小型高速柴油机的活塞，以减小往复惯性力。

活塞常用材料如表2-1所示。

表2-1 活塞常用材料

分类	构成	名称	常用材料
大型低速柴油机活塞	组合式	活塞头	耐热合金钢
		活塞裙	耐磨(合金)铸铁
中型强载柴油机活塞	组合式	活塞头	铸钢
		活塞裙	球墨铸铁
强化度低及小型柴油机活塞	一体	活塞本体	铸铁
小型高速柴油机活塞	一体	活塞本体	铝合金

4. 活塞的分类

活塞按冷却方式分为冷却式和非冷却式，按材料分为铸铁、钢和铝合金，按结构分为组合式和整体式，按应用场合分为筒形活塞和十字头式活塞。筒形活塞组由活塞本体(简称活塞)、活塞环和活塞销等组成，如图2-5所示。十字头式活塞组由活塞、活塞环、活塞杆和活塞冷却机构等组成，如图2-6所示。

活塞组
结构动画

图2-5 筒形活塞组

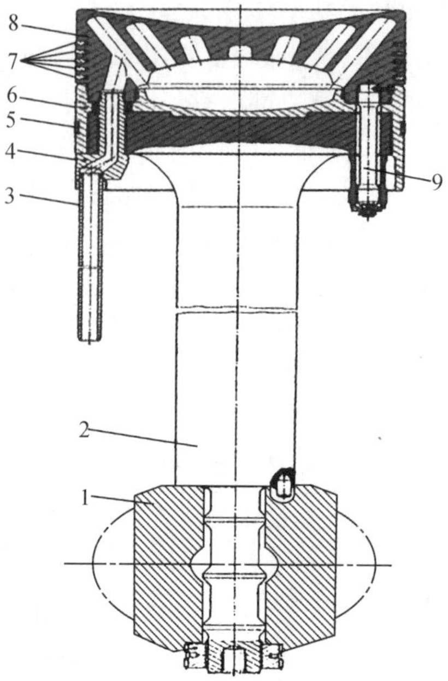

1—十字头;2—活塞杆;3—连接螺栓;4,5—活塞冷却机构;6—承磨环;7—活塞裙;8—活塞环;9—活塞头。

图2-6　十字头式活塞组

5. 活塞的结构

活塞由活塞头部和活塞裙部组成,如图2-7所示。活塞头部是指活塞环槽以上的部分,它由数条活塞环槽组成的环带区和顶岸(第一道环以上至顶面的距离,也称火力岸)两部分组成。活塞的作用是承受气体压力,与活塞环一道实现气缸的密封;通过活塞环,特别是第一环将活塞顶吸收的热量传给气缸壁。活塞裙部一般指活塞最后一道环槽以下的部分。其作用是与气缸壁接触,引导活塞在气缸内做往复运动,并承受气缸壁给它的侧推力。

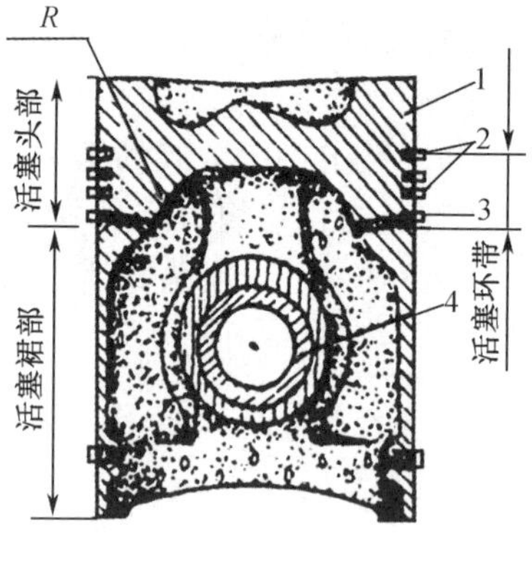

1—活塞本体;2—气环;3—油环;4—活塞销。

图2-7　活塞结构

活塞工作时的温度沿高度方向变化很大,引起各处热变形不一致,为了保证活塞在工作温度下,与气缸套间隙均匀,活塞在常温下加工成上小下大的宝塔形圆锥体。

活塞裙部在工作时发生不均匀变形,垂直活塞销孔方向变短,具体原因为:

①活塞销座附近,因金属堆积较多,受热时沿活塞销轴线方向膨胀量较垂直方向大,如图2-8(a)所示。

②在气体力的作用下,活塞发生塌腰变形,中间下凹,变形沿销轴方向增大,如图2-8(b)所示。

③在侧推力作用下,活塞裙部垂直销孔中心线的方向被压扁,如图2-8(c)所示。

为了防止活塞在气缸内"咬死",应使活塞在工作状态下接近圆形,与气缸盖套具有均匀的间隙,常将活塞销座附近制造成椭圆形,长轴在垂直活塞销座中心线方向。图2-9中,将裙部做成凹陷形，这种结构制造方便，但没椭圆形效果好。

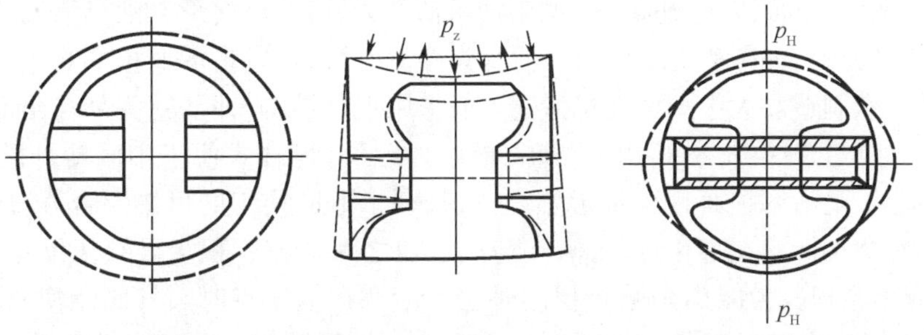

活塞变形示意动画

图 2－8 活塞裙部工作时变形

非冷却式活塞热量由活塞中心向四周传递，其中70%～80%的热量由活塞环（主要由第一道活塞环）传递给气缸套及冷却水。活塞头部的结构采用便于散热的形式，即活塞顶厚度大并沿半径方向逐渐增大，顶部内腔环带的过渡圆弧半径 R 较大（图 2－7）。这种结构即使散热面积大，散热路程短，也能使活塞顶具有足够的强度和刚度。这种结构由于热流密度大致相等，也称热流型活塞。中小型强载度较低的柴油机，由于活塞尺寸较小，热负荷较低，常采用非冷却式活塞。

图 2－9 活塞在销轴中心线方向内凹

强载度较高的柴油机须采用冷却式活塞。活塞常用的冷却方式有以下三种。

①喷射式冷却：滑油由连杆小端向上直接喷射到活塞顶部的内表面进行冷却或通过喷嘴对着活塞顶部的内表面进行喷射冷却，如图 2－10 所示。

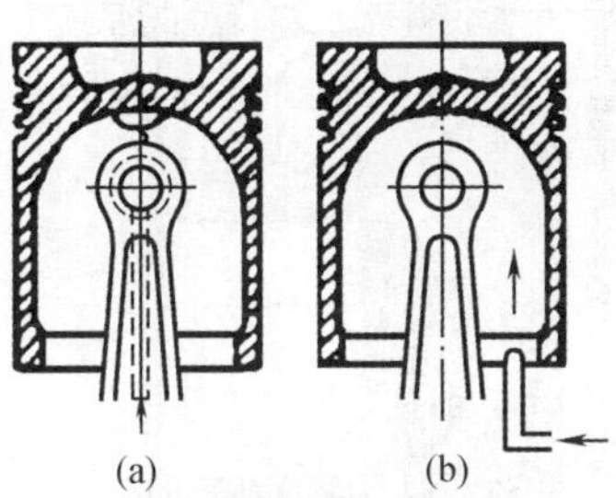

图 2－10 活塞的冷却方式

②腔室式冷却（也称循环冷却）：在活塞头部制成封闭的冷却腔室，滑油由小端轴承及活塞内部钻孔送入腔室进行冷却后排出。活塞工作时腔室充满滑油，由于腔室及其通道的流通截面小，滑油流速高，可获得较好的传热效果。

③振荡式冷却：冷却腔室的尺寸较大，一般充油 50%。冷却效果的好坏，取决于冷却液的循环流动速度和冷却液的惯性振荡幅度。活塞工作时，腔室不充满滑油，活塞运动的惯性使滑油对活塞顶内部产生强烈的冲刷作用，发动机转速越高，振荡冷却效果越好。这种冷却方式具有很好的传热效果。由于冷却效果好，目前大功率柴油机活塞多采用振荡式冷

却方式，有的还采用振荡式和喷射式组合的冷却方式。

活塞的
结构微课

下面以 Wärtsilä 32 型柴油机活塞为例，分析筒形柴油机活塞的结构特点。如图 2－11 所示。活塞头部 1 由铸钢制造，活塞裙部 6 由球墨铸铁制造。大中型柴油机活塞一般采用组合结构，即活塞头部与裙部分开制造，这样材尽其用，可节省成本。此外，组合式便于中间冷却腔 A 加工。活塞顶面是浅 ω 形燃烧室，有利于形成均匀的可燃混合气，促进燃烧。活塞在上止点时，活塞与气缸盖之间余隙容积会导致压缩比减小，会留存废气，是有害容积。为减少余隙容积同时避免活塞在上止点时与气阀相撞，设置避阀坑 C。为保证气缸的密封和润滑，活塞头部车有两道压缩环槽和一道刮油环槽，所配的活塞环表面镀铬。活塞头和活塞裙之间的空间为冷却腔，活塞采用滑油冷却，滑油由曲轴、连杆、活塞销和活塞裙中的通道送至环形冷却腔的四周，最后沿冷却腔的中央在重力作用下流回曲轴箱。这种先四周后中央的流动路线有利于减少触火面与冷水面的温差，降低热应力。活塞顶板和侧壁较薄，减少了热应力，体现薄壁。环形腔和中央冷却腔之间有较强的支撑，体现强背。冷却腔较大，采用振荡冷却，提高传热效果。活塞裙部沿销孔中心线方向铸造时采用内凹结构。另外，气体力通过活塞销座孔的上表面传递给活塞销，活塞销通过下表面将气体力传递给连杆小头，即活塞与活塞销承压面在上，活塞销与连杆小端承压面在下，故活塞销座孔与活塞销接触的上面部分做得长，下面部分做得短，这种上大下小的阶梯形结构，使受力更加合理。从连杆钻孔来的润滑油通过四个注油孔 B 流向活塞裙部与气缸套的接触面，保证活塞环与裙部的可靠润滑，将摩擦损失降低至最小。活塞裙较长，在工作中承受侧推力面积较大，可以减轻磨损。但活塞裙部在满足导向、承压性能前提下应尽量缩短，以减少摩擦耗功。

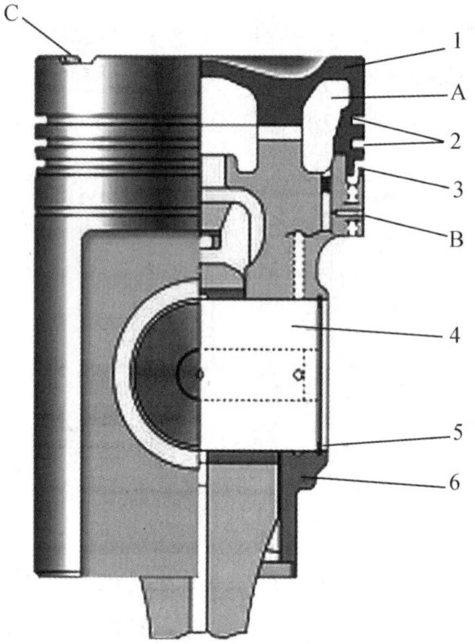

1—活塞头部；2—压缩环槽；3—刮油环槽；4—活塞销；
5—卡簧；6—活塞裙部；A—冷却腔；B—注油孔；C—避阀坑。

图 2－11　Wärtsilä 32 型柴油机活塞

图 2－12 所示为 MAN－B&W L－MC 型活塞，下面以此来分析十字头式活塞的结构特

点。活塞采用组合式，由于活塞裙部用螺栓固定在活塞头上，活塞头采用耐热合金钢承受高的热负荷和机械负荷，裙部采用耐磨合金铸铁。组合式可合理用材，方便制造。活塞头、活塞裙和活塞杆用柔性螺栓连接，提高抗疲劳强度。采用球面垫圈，防止因对中误差使螺栓承受附加弯曲力矩。十字头式活塞头的顶部是下凹的浅盆形，有利于扫气，有利于燃油和空气混合。顶部很薄，体现薄壁，内部支撑，体现强背。大型柴油机由于活塞尺寸大，热负荷大，常采用强制冷却方式，即滑油由外套管进入冷却腔四周，振荡冷却活塞后从中央由内套管流出，活塞加速和减速作用产生“鸡尾振荡”效应，提高传热效果。活塞顶部的环槽用于安装起吊工具。采用低置活塞环组，提高活塞顶岸高度，使活塞处于上止点位置时，柴油机的燃烧只发生在气缸盖和活塞顶组成的空间。气缸盖与气缸套的密封面下移，使密封面免受高温燃气的直接冲击，改善了柴油机气缸套的工况。由于活塞环位置的降低，活塞环处于温度较低的区域，离燃气区较远，减少了燃烧产物引起的活塞环与气缸套的磨粒磨损，改善了活塞环的工作条件和润滑性能，使活塞环组的工作性能提高。由于活塞裙部不承受侧推力，因而活塞裙部做得较短。在弯流扫气方式的十字头式柴油机中，活塞处于上止点附近时，如果活塞裙部短，则新鲜空气从扫气口直接经排气口流出，为此，须采用长的活塞裙部来封闭扫、排气口，避免新气流失。

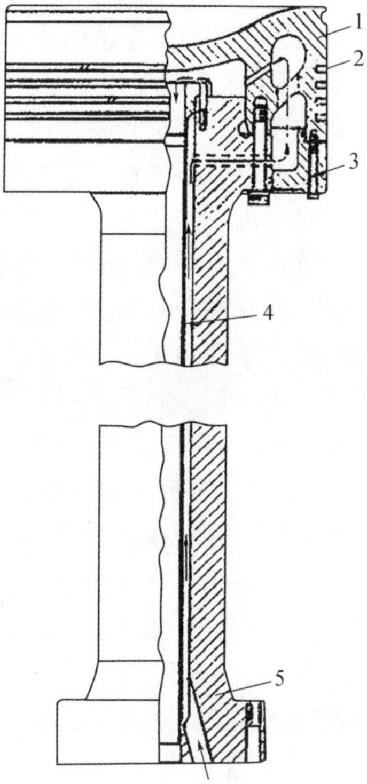

1—活塞头；2—活塞环；3—活塞裙；4—冷却油管；5—活塞杆。

图 2-12 十字头式活塞

（MAN-B&W L-MC 型）

（二）活塞环的分类、结构与材料

活塞环按功用分为气环（也称压缩环、密封环）、刮油环和承磨环三种。密封环的作用是密封与散热；刮油环的作用是刮油、布油；承磨环的作用是改善磨合。由于十字头式柴油机气缸采用注油润滑，所以一般只装气环，不装刮油环，在活塞裙较长的活塞上还装有承磨环。筒形活塞装设气环与刮油环，有些强载机型还装承磨环。是否有刮油环是区分十字头式与筒形活塞的一个标志。

1. 气环

气环是开有切口的金属圆环（图 2-5）。

①作用。气环的作用主要是密封和散热。密封是散热的基础，没有密封就不可能实现散热。此外，十字头式柴油机的气环还有布油的作用，四冲程柴油机的气环还有支撑活塞的作用。四冲程柴油机活塞外径略小于气缸内径，活塞在气缸内既有往复运动，还有在侧推力作用下的横向运动。气环在运动中始终与气缸壁及活塞环槽贴紧，对活塞有支撑作用。

②工况与要求。气环的工作条件非常恶劣。在高温高压的燃气压力、往复惯性力和摩擦力作用下，气环在环槽中做复杂的运动，如轴向运动、径向运动、回转运动、扭曲运动，产生各种振动，还要产生张合的交变运动。由于润滑条件差，易产生摩擦和磨损。对活塞环

的要求是弹性好，以便产生密封；摩擦系数小，以提高耐磨性；导热系数大，以耐高温；此外还要有足够的强度和热稳定性。为保护气缸套不被很快磨损，又保证活塞环有较长的寿命，活塞环的表面硬度比气缸套硬 10 ~20 HBS。需要注意的是，由于活塞环是连续磨损，活塞环的硬度虽比气缸套硬，但磨损速度比气缸套快。

③材料。气环材料一般为合金铸铁（如硼铸铁、高硅铸铁）、可锻铸铁、球墨铸铁。为了提高活塞环的工作能力，表面常采用如下措施：表面镀铬、氮化等提高硬度以提高耐磨性；松孔镀铬以提高表面储油性；内表面刻纹以提高弹性；外表面镀铜、磷化等以利磨合；外表面喷钼以防止黏着磨损。目前新型柴油机活塞环的外表面普遍采用陶瓷涂层技术，以提高活塞环的耐磨性和工作寿命。

④密封机理。如图 2 –13 所示，自由状态下的活塞环外径大于气缸套的内径，当活塞环装入气缸套后，弹性压缩，在弹力 p_0 的作用下，活塞环的外圆面与气缸套的内圆面贴合，形成第一次密封，活塞环与气缸套的接合面为第一密封面。第一次密封取决于活塞环的弹力，而活塞环的弹力取决于环的截面积尺寸，尤其是径向尺寸。工作时，气体压力形成第二次密封。在气体压力 p_A 的作用下，使环下端面紧贴于环槽上平面，此为第二密封面，同时，气体压力 p_R 作用在活塞环的内表面，大大增强了第一密封面的密封，形成第二次密封。由于气体压力 p_R 远远大于活塞环本身的弹力 p_0，故压缩环的密封主要靠第二次密封。第二次密封的作用比第一次密封更重要，但若没有第一次密封，则气体力作用在活塞环内、外圆柱面上，也就无法形成第二次密封。活塞环要密封燃气，但密封力由燃气提供，可见活塞环的结构设计是非常成功的。由于活塞环工作时，切口处留有间隙，会窜气，仅依靠一道环是无法可靠密封的。为此，活塞上要设多道密封环。目前新建高速柴油机一般装 2 道气环，中速柴油机装 3 道气环，低速柴油机装 4 道气环。密封环安装时各环的切口（搭口）应在圆周方向互相错开。一般 3 道环相邻环的切口错开 120°，4 道环与 2 道环的相邻环错开 180°，以形成“迷宫效应”。为了减少摩擦损失，在保证密封的前提下，活塞环的数量越少越好。一般气环的密封作用可由燃气压力在各道环槽中的变化情况看出。由图 2 –14 可见，第一道环的密封效果最为明显。这也是现代新型柴油机的密封环的数量趋于减少并强化第一道环的原因。

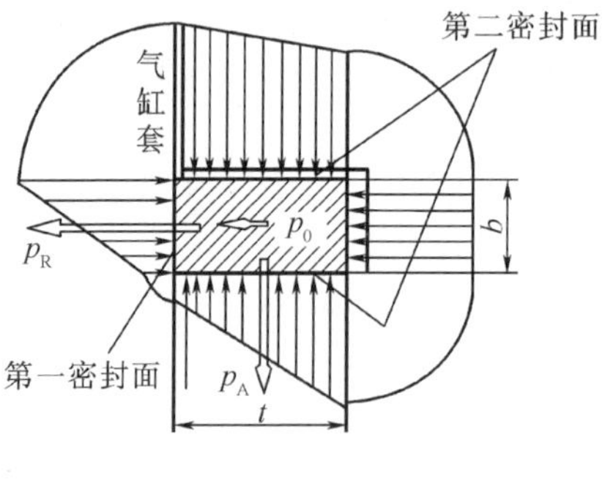

图 2 –13　气环的密封机理

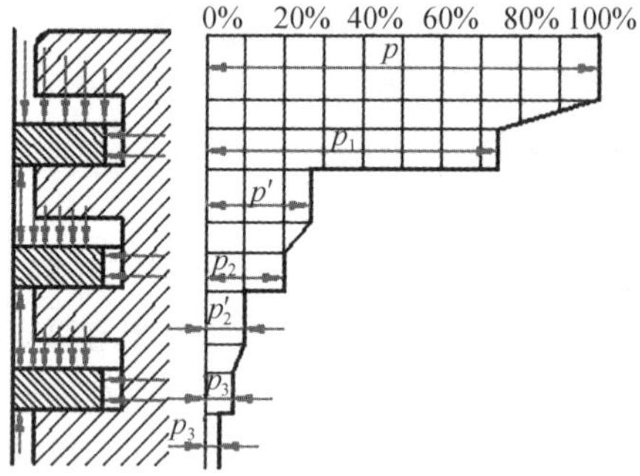

图 2 –14　气环的密封效果

⑤结构。气环按断面形状分为矩形环、锥面环、梯形环、扭曲环、桶面环等多种形式。

a. 矩形环的断面形状如图 2 –15（a）所示。矩形环的优点是结构简单、加工方便、应用最广；缺点是温度超过 200 ℃时容易结焦卡死。

b. 锥面环(又称倒角环)的断面形状如图 2－15(b)所示。锥面环的锥面角为 30′～1°35′。锥面环由于外圆工作表面为斜面,与缸壁接触后能形成楔形结构,可实现上行布油、下行刮油。其在工作初期只有下部的尖端部分与气缸套接触,由于接触面积小,比压大、密封性和磨合性好。但由于比压大易造成气缸套磨损,因此锥面环只适合于硬度较高的气缸套。另外,锥面环外圆面上受到气体压力的作用,分力使环内缩,降低了密封作用,一般不能作第一道环。锥面环上下不能装反,否则上行刮油至燃烧室,烧润滑油。

c. 梯形环的断面形状如图 2－15(c)所示。环的张缩运动能防止环的熔着和结焦。工作时,由于侧推力的作用,环从一侧压向另一侧,端面间隙的变化能把环槽中的积炭、积胶压碎并挤压出去,如图 2－16 所示。这种环的缺点是工艺复杂,特别是两侧面的精加工比较困难,常用于热负荷较高的柴油机的第一道气环。

d. 扭曲环的断面形状如图 2－15(d)(e)所示。扭曲环包括内切槽扭曲环和外切槽扭曲环。这种环由于断面形状不对称,工作时将发生碟状扭曲变形(图 2－17),使环的下棱边与气缸壁接触,具有锥面环的特点。环在环槽中呈盆状造成内外棱角同环槽上下侧面接触,有良好的气密和刮油作用。扭曲环在安装时也有方向要求,应注意内切槽环切槽朝上,外切槽环切槽朝下,如果装反会造成下行布油、上行刮油。

e. 桶面环的断面形状如图 2－15(f)所示。实践发现,运转良好的活塞环,运行后环的外圆面多呈凸圆弧形,所以后来新环也加工成外圆表面凸圆弧形的桶面环。其优点是活塞环接触面积小、密封性好、磨合性好、磨损小,对活塞晃动适应性好,但缺点是加工困难。桶面环常用于高速高负荷强化柴油机的第一道环。

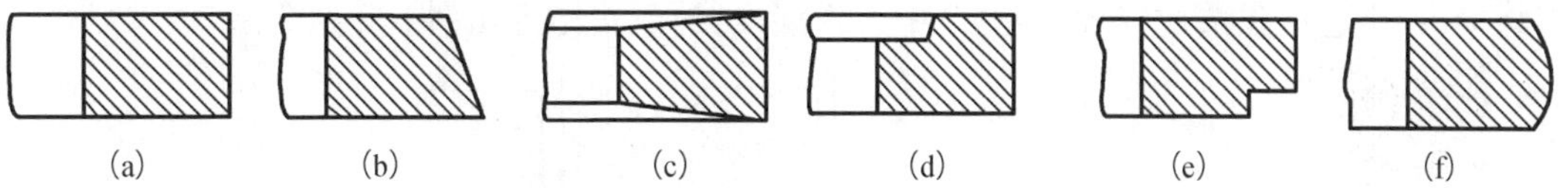

图 2－15　气环的断面形状

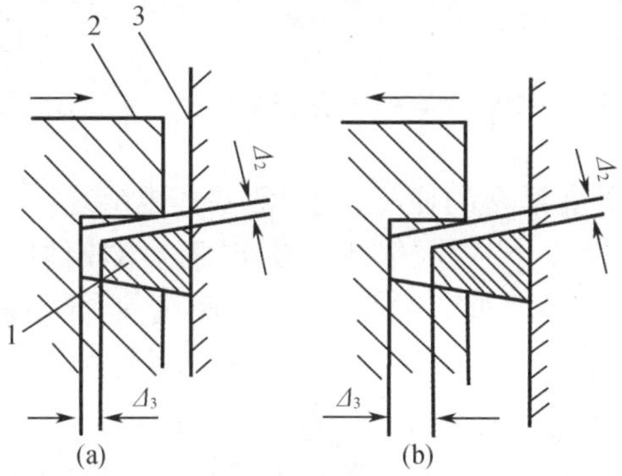

1—活塞环;2—活塞;3—气缸壁。

图 2－16　梯形环工作情况

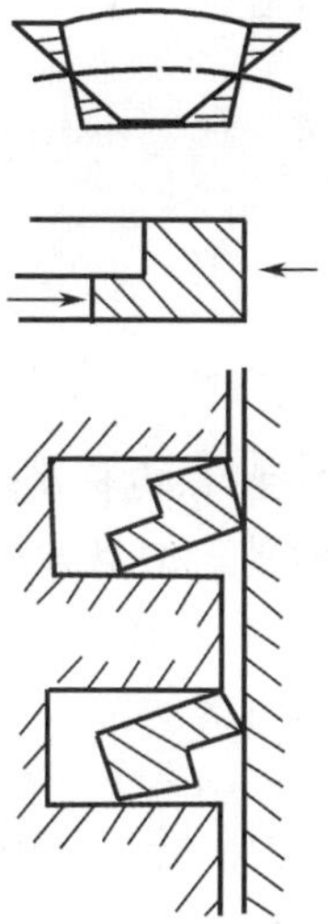

图 2－17　扭曲环的变形

梯形环、锥面环、扭曲环和桶面环多用在中高速柴油机中。

⑥搭口形式。气环的搭口形式如图2－18所示。常用的有直搭(切)口[图2－18(a)]、斜搭(切)口[图2－18(b)]和重叠搭口[图2－18(c)]等。直搭口式结构简单,加工容易。由于斜搭口式气流流通距离为两切面间垂直距离,相同的膨胀量情况下,斜搭口式的漏气面积小于直搭口式,故密封性较直搭口式好。直搭口式和斜搭口式相对重叠搭口式制造方便,广泛应用于中高速柴油机中。重叠搭口式的密封性最好,但制造困难,多用于大型低速柴油机中。为减少搭口处的漏气,相邻活塞环搭口应错开一定角度。对于斜搭口式的活塞环,相邻环的搭口方向要相反。

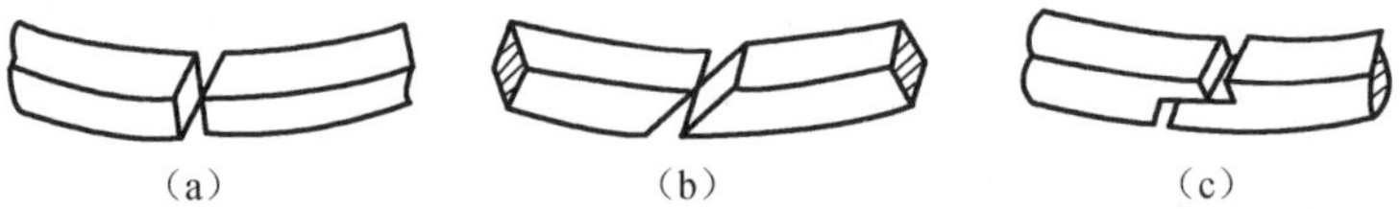

图2－18　气环的搭口形式

MAN B&W MC－C型柴油机的第一道活塞环采用重叠搭口,其与气缸套接触的工作面上开有4~6道倾斜浅槽,也称压力释放槽,此槽的作用是减轻第一道环所承受的气体力,使第一、二道环的负荷更加均匀。第二到第四道环采用斜切口。

⑦气环的泵油现象。在气体力、惯性力和摩擦力的作用下,当活塞环上平面与活塞环槽的下端面贴合,将润滑油刮入下部和内背隙内,如图2－19(a)所示。当活塞环的下平面与活塞环槽的上端面贴合时,滑油进入环槽上部,如图2－19(b)所示。如此重复,油从下一道环槽流到上一道环槽,最后泵到燃烧室燃烧,这就是泵油现象。泵油现象会增加滑油的消耗量,并引起结焦造成气环卡死,产生严重漏气,导致柴油机功率下降。

气环的泵油作用动画

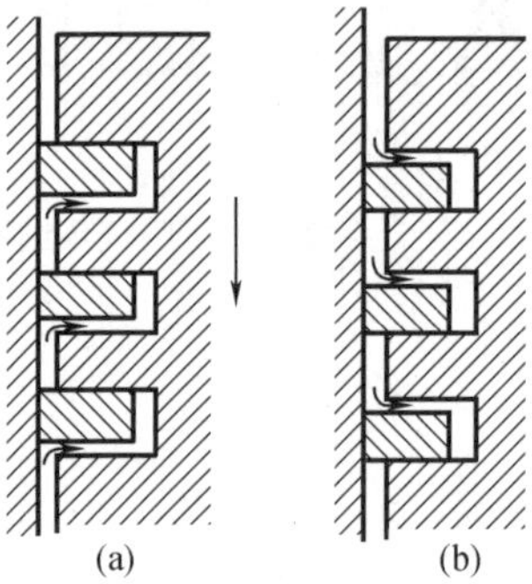

图2－19　气环的泵油原理

⑧ 环跳现象,也称跳环或飘环。通常随着活塞的往复运动,活塞环也随之产生上下运动,这是正常的。但当柴油机转速增高,负荷较小时,因气体力较小,就容易因惯性作用而引起气环不应有的在环槽中的上下运动,密封环不再紧压在环槽底面而是上行并悬浮在环槽中,这就是所谓的跳环(飘环)现象。跳环现象导致无法形成轴向密封,进而造成燃气泄漏。

⑨活塞环的“压入”现象。当活塞环的工作面与气缸壁贴合不好时,高压气体将从贴合不好处“楔入”而作用在环的外工作面上,把环压入槽内,当气缸内压力降低时,环靠本身的弹力又重新弹出的现象,称为“压入”现象。随着柴油机工作循环的进行,环长时间重复“压入”现象的作用就会因疲劳而断裂。

2. 刮油环

筒形活塞和气缸套之间是依靠曲柄销轴承将润滑油甩到气缸壁上进行飞溅润滑的。由于飞溅到气缸壁上的油过多,为避免泵油现象,筒形活塞须安装专门的刮油环。

认知活塞环
微课

图 2-20 所示为刮油环的刮油原理。工作时,刮油环被活塞带动上下运动时,其外缘棱边刮下的润滑油将经泄油孔泄漏到活塞内腔,滴回曲轴箱。

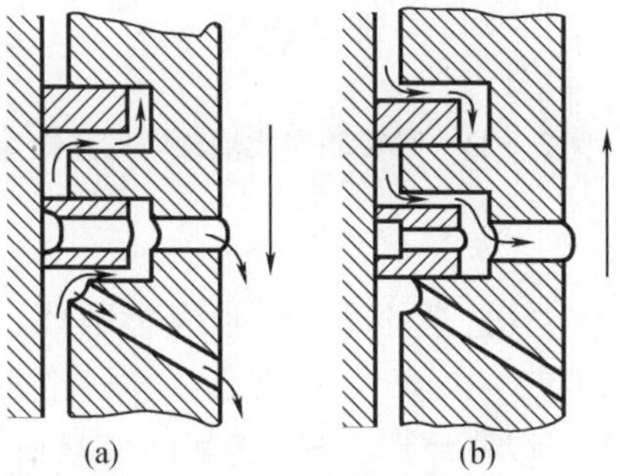

图 2-20 刮油环的刮油原理

刮油环的结构如图 2-21 所示。刮油环结构一般具有以下特点:一是刮油环处气体力很小,故其主要靠自身周向弹力与缸壁接触。刮油环外缘棱边都呈刃口形状,以减少环与缸壁的接触面积,增加接触比压,保证刮油效果;二是环与槽的轴向间隙较气环小,以减少泵油现象。图 2-21(a)所示为双刃矩形刮油环,其本身有径向泄油槽,应用广泛。图 2-21(b)(c)所示均属斜面环,图 2-21(c)所示又称单刃鼻形环。它们上行时有布油作用,下行时有刮油作用。装配时不能装反,否则起到泵油的作用。为了得到持久的较高的接触比压,刮油环有时采用弹簧胀圈式,其结构如图 2-22 所示。这种刮油环在内侧面衬以波形弹簧片或螺旋弹簧,借助弹力提高径向压力和刮油效果。

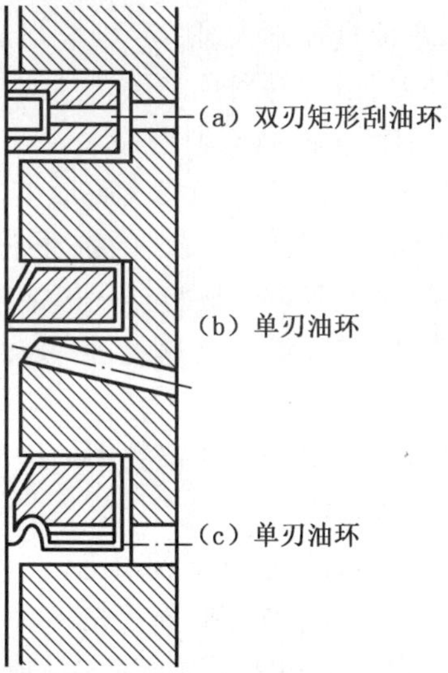

图 2-21 刮油环的结构

(a)波形胀圈环　　(b)螺旋胀圈环

图2-22　弹簧胀圈式刮油环的结构

3. 承磨环

十字头式活塞为改善活塞与气缸套的磨合而设置承磨环。超短裙活塞可不装承磨环，短裙活塞装1~2道，长裙活塞装2~4道。某些大缸径强载筒形活塞上也装承磨环。

承磨环加工时在活塞裙上开设燕尾形环槽，其截面形状如图2-23(a)所示，承磨环的青铜条分成3~4段敲进环槽中，段与段之间留有间隙；然后再将外圆面加工到工作尺寸，如图2-23(b)所示。承磨环的直径一般比活塞裙部直径大1 mm(高出0.5 mm)。运行时，先是承磨环与气缸磨合，承磨环逐渐磨平后，磨合过的气缸再与活塞裙部磨合。实践证明，裙部较长的十字头式活塞上安装承磨环后，活塞与气缸套的磨合拉缸大大减少。

承磨环运行中磨平后不必更换，若发现气缸套有不正常磨损和擦伤，或当承磨环出现单边严重磨损或碎裂时，在对气缸套进行修整的同时应换新承磨环。另外，气缸套、活塞换新时承磨环应换新。从承磨环的磨损情况可分析活塞的对中情况。

(三)活塞销的结构与材料

筒形活塞通过活塞销与连杆小端连接，故活塞销的作用是连接活塞与连杆，将活塞承受的气体力和惯性力传给连杆。

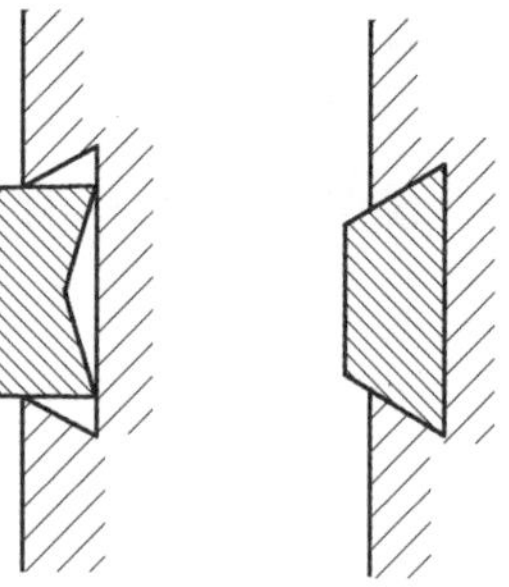

图2-23　承磨环

在柴油机工作过程中，活塞销要承受燃气的交变冲击力；活塞销受到结构位置的限制，活塞销直径不大，比压大；相对运动速度低，不易形成油膜，润滑条件差，很容易磨损。活塞销和与其相配的轴承是柴油机中工作条件最恶劣的摩擦副之一。

对活塞销的主要要求是强度高、韧性好、耐磨、质量小。因其受燃气的交变冲击力，则要求活塞销应具有较高的抗冲击韧性，又因其表面易磨损，则要求活塞销有足够的硬度。一般活塞销采用优质低碳钢或低碳合金钢制造，表面渗碳后淬火，再低温回火，使其表面硬而耐磨，内部韧性高、耐冲击。

为了减小质量，活塞销都做成中空的。活塞销中的径向孔用来输送润滑油，以冷却活塞头和润滑活塞销座及连杆小端轴承。

活塞销与连杆小端及活塞销座的连接方式有固定式、半固定式和浮动式三种形式。固定式连接是将活塞销固定在销座上。半固定式连接是将活塞销固定在连杆小端上。固定式和半固定式的优点是刚度大，不容易弯曲变形，缺点是易造成局部磨损。浮动式连接是在工作状况下，活塞销可在连杆小端和活塞销座中自由转动。其优点是结构简单、磨损均匀、载荷分布均匀、疲劳强度提高,因此在三者中应用最广。如果采用铝合金活塞,由于其线膨胀系数及工作温度都比活塞销高,为保证在热态下有合适的间隙,在装配时活塞销与活塞销座孔应有一定过盈,故应将铝合金活塞加热到 90~100 ℃,然后对好连杆小端孔,再将销轻轻推入销座中,切忌硬敲击,以免擦伤销和销座。为防止浮动式活塞销从销座中窜出刮伤气缸套,须采用轴向定位装置,常用的有弹簧挡圈(卡簧)和铝合金挡塞两种,如图 2-24 所示。

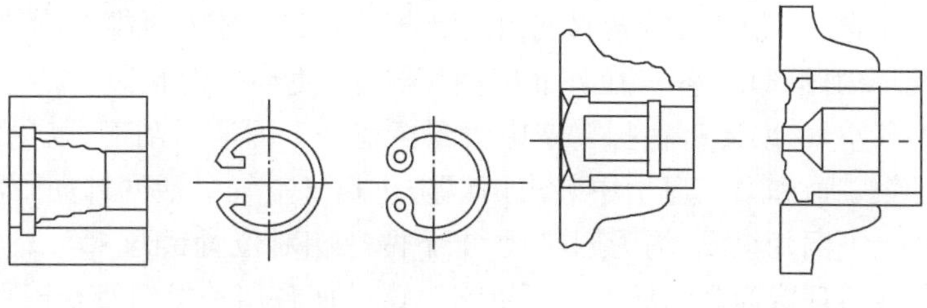

(a)弹簧挡圈(卡簧)　　(b)铝合金挡塞

图 2-24　防止活塞销轴向移动的装置

(四)活塞杆和填料函的结构与材料

1. 活塞杆

十字头式柴油机的活塞通过活塞杆、十字头与连杆小端相连。活塞杆用来传递压力,须具有较强的抗压能力和良好的压杆稳定性。

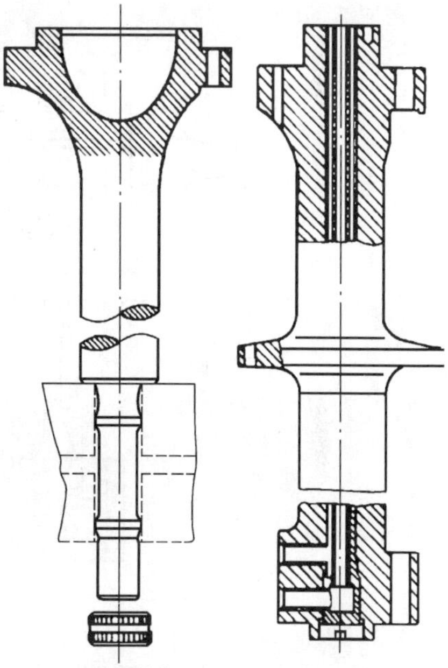

(a)实心结构　　(b)中空结构

图 2-25　活塞杆的结构

活塞杆的结构如图 2-25 所示。图 2-25(a)所示活塞杆的杆身为实心结构,上端法兰与活塞头和活塞裙定位连接,下端小圆杆与十字头相连,为保证正确安装,小圆杆由两个定位环带与十字头孔过渡配合,此外,还由定位销将杆身与十字头轴向位置固定。活塞杆螺母外缘带细齿,用扇形齿片和螺钉将其锁紧。图 2-25(b)所示活塞杆的杆身为中空结构,孔内插入冷却液进回流管,杆身上端有两个法兰,上法兰用于与活塞头定位连接,下法兰用于与活塞裙定位安装。活塞杆与十字头的定位连接通过杆身下端法兰实现。为与十字头对中定位,这种结构的法兰底端制出定位圆台。

2. 填料函

十字头式柴油机在气缸与曲轴箱之间设置横隔板(又称气缸底板)。活塞杆穿过横隔板上的孔做往复直线运动。为防止扫气空气和气缸漏下来的污油、污物漏入曲轴箱,以免加热和污染曲轴箱滑油,腐蚀曲轴与连杆等部件和防止曲轴箱的滑油溅到活塞杆而被带到扫气空间,污染扫气空气,须在横隔板上设置密封用的活塞杆填料函。

填料函的结构原理基本相同,图 2-26 所示为 S50MC-C 型柴油机活塞杆填料函结构。在横隔板中央的填料箱 2 为两半式,如图 2-27 所示,两者用螺栓固紧。在图 2-26 中,填料箱内装填料函,填料箱底部用螺栓 9 与法兰 8 紧固,法兰用螺栓固定在气缸横隔板 6 上。因此,在拆检活塞时,填料函可随活塞杆一起拆除。在活塞不拆除的情况下,也可从曲轴箱内拆下填料函进行检修。填料箱外表面上装有 O 形圈 4,用于阻止气缸横隔板上的污物沿填料箱装配孔进入曲轴箱。填料函分为上、下两组,上组用于密封扫气空气和刮掉活塞杆上的油污,故上组为密封环;下组用于防止润滑油进入气缸,故为刮油环。图 2-27 中共有 7 道环。最上一道是一个带斜刃的密封和刮油组合环 3,刮油环为两段式,密封环为四段式,每段为铜环或钢环的圆弧段,各自在外面用捆簧箍紧,使环的内孔紧贴活塞杆外圆表面。它除了能密封扫气空气外,还将在扫气室中溅到活塞杆上的油污刮下,以免进入其他密封环。自上而下的第二道和第三道槽中装设用以防止扫气空气沿活塞杆向下漏泄的密封环 5,每一道环皆由上下两片组成,均为四段式,上下两片相对位置错开 45°,外面都用两根捆簧箍紧。下面的四道环皆为刮油环 12,均为三段式,外面各用一根捆簧 6 箍紧,用以刮掉活塞杆上的滑油,其中头一道(即总数中的第四道)刮下的油较脏,由中间填料箱放残管引到机外,最后三道刮下的油流回曲轴箱。

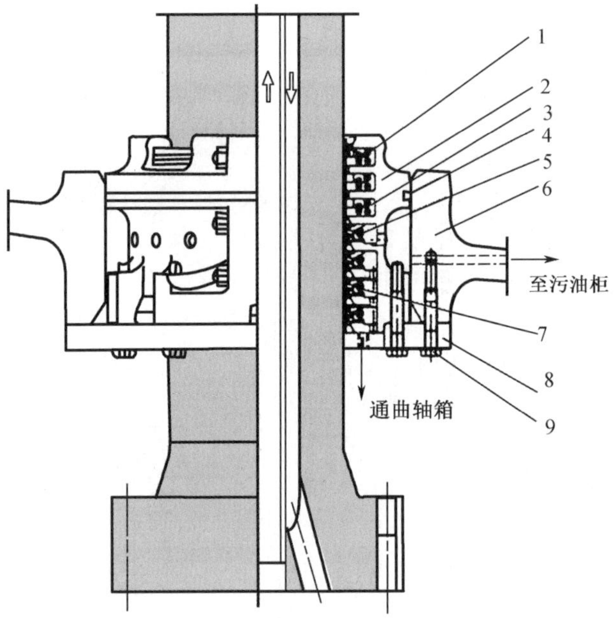

1—组合环;2—填料箱;3—密封环;4—O 形圈;5—刮油环;6—横隔板;7—捆簧;8—法兰;9—螺栓。

图 2-26　S 50MC-C 型柴油机活塞杆填料函的结构

一般每道刮油环及密封环都由三段铜环组成,外面用捆簧箍紧。各弧段之间在捆簧箍紧后应仍有间隙,为保证间隙,应按序号安装,不同组内不可以互换。使用磨损后环的内表面仍要与活塞杆的外圆面贴合,故使用后段间周向间隙逐渐减少。

(五)活塞的冷却机构

十字头式柴油机的活塞采用冷却水或润滑油来冷却,由于水冷却存在油水交叉污染的问题,所以现代柴油机基本采用润滑油冷却。输送冷却液的机构有套管式和铰链式两种。套管式密封性能优于铰链式。水冷却式只能采用套管式输送机构。输送机构将同时用于十字头润滑和活塞冷却的高压滑油送入十字头，滑油经十字头与活塞杆底部的钻孔进入活塞杆中的滑油管内部，再进入活塞头的冷却油腔的四周，冷却活塞后由冷却油腔中央经滑油管外的环形空间流出十字头。

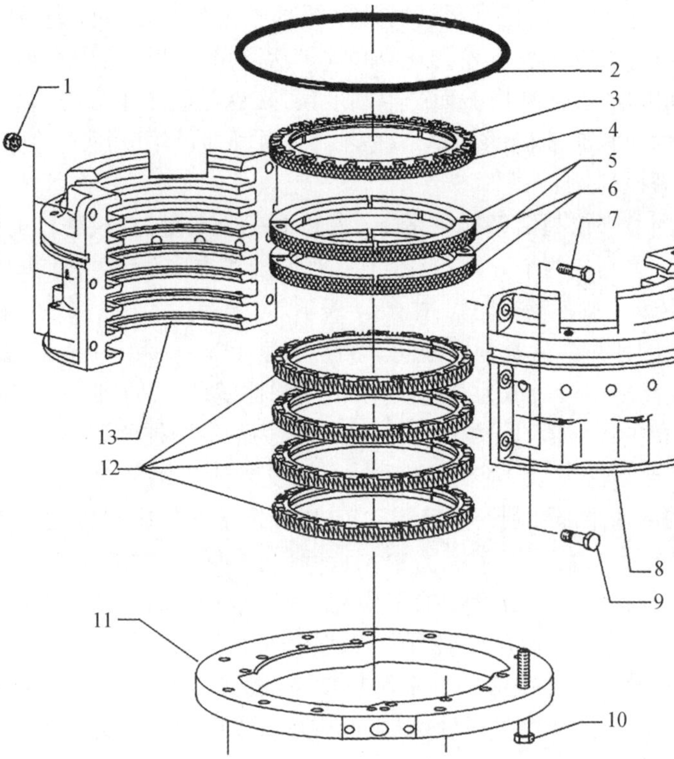

1—螺母；2—O 形圈；3—组合环；5—密封环；4，6—捆簧；7，9，10—螺栓；
8，13—填料箱；11—法兰；12—刮油环。

图 2－27 活塞杆填料函分解图

随着现代柴油机强化程度不断的提高，活塞的热负荷不断增加，只采用振荡冷却已无法满足冷却活塞的要求。目前现代十字头式柴油机活塞普遍采用喷射－振荡冷却。MAN 称之为插管喷射冷却技术，如图 2－28 所示。Wärtsilä 型柴油机则在其钻孔冷却活塞的每个钻孔中配有一个小喷嘴，将冷却油通过喷嘴直接喷射到活塞顶下部，并且在排出冷却腔之前，滑油仍在冷却腔内振荡，借助喷射和振荡的双重冷却效果，防止活塞被高温烧蚀。

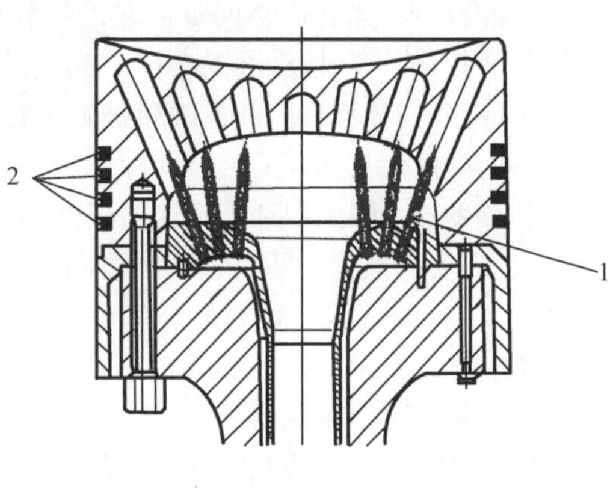

1—喷嘴；2—活塞环。

图 2－28 插管喷射冷却活塞

（六）活塞的常见故障检修

1. 活塞裙部磨损的检修

一般中小型柴油机的筒形活塞裙部外圆表面磨损左右方向较前后方向严重。这是由于运转中活塞裙部左右方向承受连杆侧推力的结果。大型十字头式柴油机活塞裙部不承受侧推力也不起导向作用，所以正常运转时活塞裙部外圆表面是不会磨损的，只有在活塞运动装置不正和拉缸等异常情况下才会发生磨损。活塞裙部外圆表面磨损后，裙部直径减小，活塞与气缸的间隙增大，活塞横截面产生圆度误差、纵截面产生圆柱度误差。这些都直接影响活塞的工作性能和柴油机的功率。在船舶上通过外径千分尺或游标卡尺测量活塞直径来检验活塞的磨损程度。

①测量部位。测量部位为活塞裙部的上、中和下三个高度，有减磨环的活塞应测量每道环的外径。每个位置测量两个方向：平行于活塞销轴线方向（首尾方向），用 $x-x$ 表示，垂直于活塞销轴线方向（左右舷方向），用 $y-y$ 表示。

②圆度、圆柱度的计算。活塞圆度是同一测量高度上 $x-x$ 和 $y-y$ 方向上半径之差的绝对值，取不同测量高度中最大值为圆度误差；活塞圆柱度是在活塞同一方向上，沿 $x-x$ 或 $y-y$ 方向上半径差值的绝对值，取两个方向的最大值为活塞圆柱度误差。

将计算的圆度与圆柱度误差与说明书或《船用柴油机活塞修理技术要求》（CB/T 3543—94）中规定的活塞裙部外圆磨损极限比较，以确定活塞的磨损程度，如果实测值超出极限值，则应修理或更换活塞。

活塞裙部外圆表面磨损不太严重时，采用光车裙部外圆，消除几何形状误差。光车后仍满足说明书规定的活塞与气缸间隙时可继续使用，否则依活塞材料不同采用不同的修理方案：铝合金活塞采用换新，铸铁活塞可采用热喷涂、镀铁等工艺恢复尺寸；铸钢活塞采用镀铁、堆焊金属等恢复尺寸；承磨环过度磨损、严重拉伤或松动时应换新。

2. 活塞环槽磨损的检修

①活塞环槽磨损的原因。活塞环槽端面磨损是活塞常见的损坏形式，尤其以铝合金活塞为多。环槽端面磨损主要是由环在环槽中的相对运动造成的，包括环在环槽中的上下往复运动、环的径向膨胀运动、环在环槽中的转动和扭曲运动；其次是由于新气中的灰尘硬质颗粒、燃气中的炭粒，尤其是燃用重油时的炭粒更大、更坚硬，这些硬质颗粒构成环与环槽端面之间的磨粒，加速环槽端面的磨损。此外，如果燃烧室的高温使活塞头部和环槽变形、材料性能下降、环与环槽端面间的油膜被破坏时，则环槽磨损更加严重。

环槽端面磨损使其与环的配合间隙增大，这将使活塞环的密封性下降，产生漏气，导致压缩压力和爆发压力降低。环槽端面磨损使环槽截面形状由矩形变为梯形或出现磨台，且以第一、二道环槽磨损程度重、速度快，如图 2－29 所示。一般活塞环槽端面的磨损率每 1 000 h小于 0. 01 mm 为正常磨损。

②环槽磨损的测量与修复。环槽磨损程度是利用样板和塞尺测量环槽高度的变化来确定的。样板是以新活塞的环槽高度为准制作的，也可用一只新活塞环作为样板。测量时，将样板水平插入环槽并紧贴环槽下端面，用塞尺测量样板与环槽上端面之间的距离，即环与环槽的配合间隙，称为平面间隙或天地间隙。测量值与说明书或相关标准进行比较，当测量值超过极限值时，说明环槽严重磨损，应予以修复。

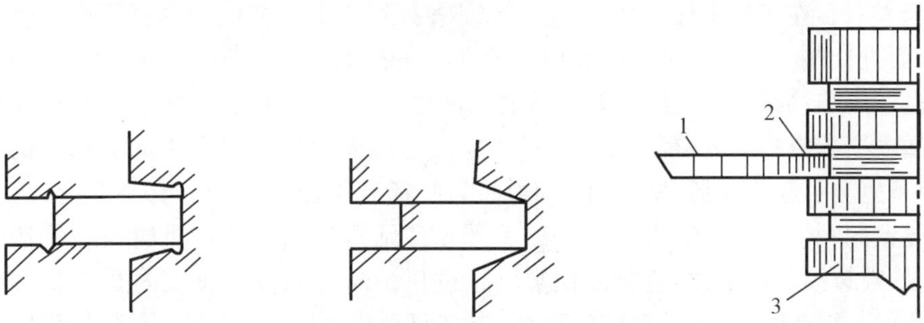

(a) 环槽磨损后的形状1　　(b) 环槽磨损后的形状2　　(c)环槽磨损测量

1—测量样板;2—测量部位;3—活塞。

图 2-29　活塞环槽的磨损及测量

根据环槽端面的磨损情况可选用以下方法进行修复:

a. 修理尺寸法。光车或磨削环槽端面,以加工后的修理尺寸配制相应加大尺寸的活塞环,保证平面间隙符合原有要求。

b. 恢复尺寸法。光车环槽端面后,采用喷焊、堆焊、镀铬等工艺恢复环槽原有尺寸。

c. 镶套修理。这是指在环槽端面镶垫环来恢复其原有尺寸。低速柴油机钢质活塞的环槽端面严重磨损时,可采用镶垫环的方法修复:首先光车环槽端面,消除几何形状误差,然后在环槽下端面镶耐磨垫环来恢复环槽原有尺寸和平面间隙。图 2-30 所示为活塞环槽镶垫环法。

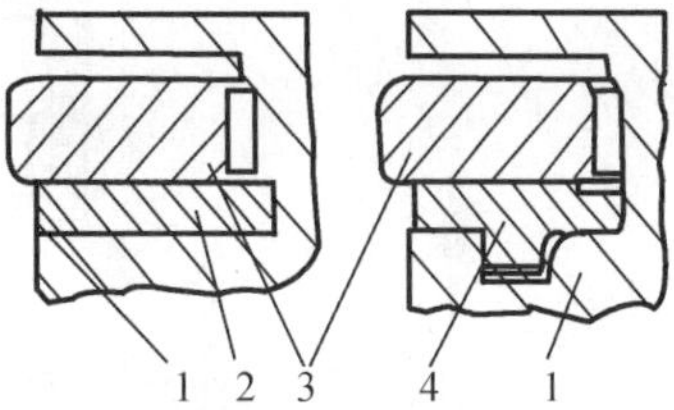

(a) 镶死环法　　(b) 镶活环法

1—活塞;2—死垫环 3—活塞环;4—活垫环。

图 2-30　活塞环槽镶垫环法

采用焊接工艺将垫环焊在环槽下端面上,形成永久性连接,这种垫环称为死垫环,这种方法称为镶死环法。此法连接牢固,使用中垫环不会脱落,但垫环磨损后则难以修复。

采用过盈配合将垫环镶在环槽下端面上,称为镶活环法。由于垫环不固死在环槽端面上,便于再度磨损后更换,但垫环容易松动脱落到气缸内引发事故。

3. 活塞销孔磨损的检查

活塞销孔的受力方向决定了其一般磨损规律是上下方向磨损量大于左右方向磨损量。活塞销孔直径应在离孔端约 10 mm 以内的位置用内径千分尺或内卡钳进行测量。每个位置应测量互相垂直的两个方向的数值,一个是平行于气缸中心线的垂直方向,另一个是与此方向垂直的水平方向。活塞销孔圆度值与圆柱度数值规定如下:销孔直径小于或等于 100 mm 时,两者均不大于 0.015 mm;销孔直径大于 100 mm 时,两者均不大于 0.02 mm。

4. 活塞裂纹与检修

活塞裂纹主要是活塞头部触火面裂纹和冷却侧裂纹。

活塞头部触火面产生裂纹是指在活塞顶面产生的径向或周向裂纹、起吊孔边缘裂纹及第一道环槽根部裂纹,如图 2-31 所示。活塞头部裂纹主要是由热应力引起的,同时还有机械应力的作用。柴油机运转时,活塞顶部温度分布不均匀:顶面中央或边缘温度最高,铸钢活塞可达 450 ℃,铝合金活塞可达 300~375 ℃;顶面冷却侧及第一道活塞环槽的温度一般在200 ℃左右。在正常工作条件下，活塞头部各处存在着温差应力和高压燃气作用的机械应力等，而且这些应力又都是周期性地发生在非正常工作条件下，如当喷油定时不正、燃油雾化不良或火焰接触活塞顶面时就会造成局部过热而引起过大的热应力；当柴油机超负荷运转或活塞顶部冷却不充分时也会引起热应力。过大的热应力会引起裂纹。柴油机频繁启动、停车也会引起热疲劳裂纹。活塞顶面裂纹还有可能是由于冷却不充分，活塞顶面散热不良导致的。例如水冷活塞冷却侧结垢严重或活塞顶面积炭严重时就会使活塞顶面局部过热，导致裂纹。通常，结垢层或积炭层超过0.5 mm时，就会使因过热产生裂纹的可能性急剧增加。因此，为防止活塞产生裂纹，应定期对柴油机进行吊缸检修，加强冷却水的定期处理等维修保养工作。此外，活塞顶面的起吊孔边缘和第一环槽根部常因应力集中产生裂纹。

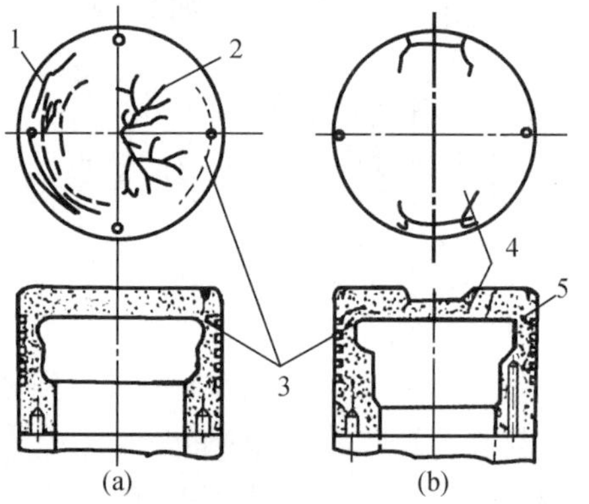

1—周向裂纹；2—径向裂纹；3—冷却侧裂纹；4—顶部尖角处裂纹；5—环槽裂纹。

图2－31　活塞头部裂纹

活塞顶面冷却侧、筒状活塞的活塞销座处裂纹主要是由过大的机械应力引起的，同时还会由设计不良、材质不佳和毛坯制造缺陷等导致这些部位存在应力集中而加速裂纹的产生。

活塞裂纹可通过观察或着色探伤进行检查。钢质、铝质活塞的顶部裂纹较轻，可采用焊补工艺进行修理，钢质活塞顶部裂纹严重时应局部更换。活塞环槽根部裂纹、活塞上穿透性裂纹及无法修理的冷却侧裂纹则应将活塞做报废换新处理。

5. 活塞顶部烧蚀的检修

①烧蚀的原因。首先由于活塞顶部直接与燃气和火焰接触，温度很高，尤其当喷油定时不正确或喷油器安装不良或冷却侧结垢使顶部局部过热，温度变得更高；其次，由于柴油机燃用的重油中含钒、钠过多，就会在活塞顶部温度高达550 ℃以上的部位产生高温腐蚀。此外，活塞材料过热时会发生氧化、脱碳。在以上因素的综合作用下，活塞顶部金属层层剥落使顶部厚度逐渐减薄，出现钒腐蚀的麻点或凹坑，其大小、深浅不一地分布于活塞顶部，这种现象称为活塞顶部烧蚀。烧蚀严重时可使活塞顶部烧穿。活塞顶部烧蚀使顶部厚度减薄、强度降低，甚至影响气缸压缩比，降低柴油机的工作性能。

②烧蚀的测量和修复。活塞顶部烧蚀的程度可用活塞顶部样板和塞尺进行测量。图2－32所示为MAN B&W S/L 60MC/MCE型柴油机活塞顶部烧蚀的测量。测量时，将样板置于活塞顶部，用塞尺测量样板与活塞顶部之间的最大间隙 t。测量时，还应使样板绕活塞轴线转动，每转45°角测量一次，取其中最大值 t 为测量值。当最大间隙超过15 mm时应换

新活塞。

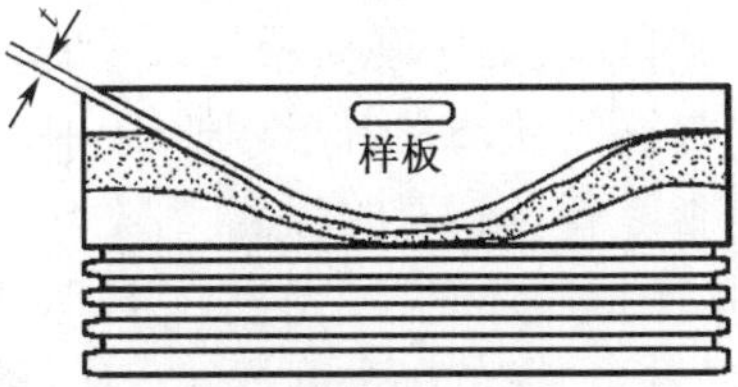

图 2-32 MAN B&W S/L 60MC/MCE 型柴油机活塞顶部烧蚀测量

在缺乏备件或应急情况下可采用以下措施对活塞进行修复:

a. 改变活塞的安装位置。当烧蚀尚不太严重,而且活塞结构又允许的情况下,改变活塞安装角度。例如,B&W 型柴油机活塞顶部烧蚀部位与喷油器方向相对应,燃油在此部位集中燃烧和采用冷却效果不良的油冷,致使该部位产生烧蚀。由于活塞结构允许,在产生不太严重的烧蚀时将活塞安装部位转过 90°角,使烧蚀部位避开喷油方向后,活塞可继续使用。

b. 焊补修理。烧蚀严重时(最大厚度接近规定值时)可采用堆焊工艺进行修补,焊后再进行机械加工来恢复活塞顶部形状。

c. 换新。当活塞顶部最大烧蚀厚度超过说明书规定值或使活塞顶部厚度减至设计厚度的一半时应将活塞做报废换新处理。

(七)活塞环常见故障及检修

活塞环是柴油机的易损零件,其主要损坏形式有:过度磨损、折断、黏着和弹力丧失等。活塞环的工作性能直接影响气缸和柴油机的工作性能。为此,应定期地通过扫气口检查来判断其工作情况。

1. 扫气口检查

通过扫气口检查活塞环等零件是获取柴油机运转过程中气缸工作信息的直接、简便和经济的方法。扫气口检查也可观察气缸注油量是否适当。

(1)检查方法

①准备。柴油机停车一段时间后,拆除扫气箱上操纵侧的气缸观察孔盖板,清洁观察孔;将一长柄强光灯泡伸入缸中进行观察。此工作应由两人配合进行,一人观察,一人记录。

检查中应使冷却水或冷却油保持循环,以便检查有无漏泄;关闭主启动阀和启动空气,并啮合盘车机;盘车使活塞处于下止点,并由此位置开始检查。为了观察清楚和判断准确,观察前必须把零件工作表面擦拭干净。

②观察部位。观察时,盘车使活塞上行至扫气口下方,自观察孔查看气缸壁和活塞头部;当活塞上行通过扫气口时,清洁并查看活塞头、活塞环和活塞裙工作表面;活塞继续上行,查看气缸套下部和活塞杆的情况。

(2)观察活塞环的工作状况

活塞环在气缸中有以下几种可能出现的状况,检查时应仔细观察、分析和判断。

①活塞环工作状态良好,活塞环与气缸工作表面光亮、湿润,环在环槽内活动自如,无

过度磨损痕迹,环的棱边可能尖锐但无毛刺。

②活塞环表面有局部轻微擦伤,且对应棱边尖锐有毛刺,对应缸壁也有轻微磨损。

③活塞环表面有纵向拉痕,是由燃油中硬质颗粒造成的。

④活塞环槽内如积炭较厚、较硬,使环黏着于环槽中,将会造成气缸密封不良。此时可用木棒触动活塞环以检查其是否黏着及黏着的程度。

⑤活塞环裂纹或折断,用木棒推压环时,环无张力,说明环已断裂。

⑥活塞环漏气,环表面干燥发黑,黑色区为漏气区,且缸壁上有大面积干燥发黑表面。

⑦润滑情况:观察缸壁和环上油膜是否充分,除第一道活塞环外的棱边上应有润滑油。如果第一道活塞环表面有半干半湿的润滑油膜存在,活塞环与缸壁表面油膜干净,则说明注油量适中。如果第一道活塞环表面干燥而活塞环与缸壁均出现磨痕,则说明注油量过少。如果发现活塞与活塞环槽内结炭、黏着现象较重,活塞与缸壁表面油膜污染变黑,气口因结炭堵塞较重,则说明注油量过多。如果活塞头、头几道环和环槽内有带颜色(稍白、黄、褐等色)的灰状堆积物,这是由气缸油碱性添加剂导致的,可引起气缸套严重磨损。气缸套内表面有白色或褐色部分,这是因气缸盖油碱性不足,由硫酸引起的腐蚀磨损导致的。

2. 活塞环磨损检测

活塞环随活塞在气缸内往复运动,使活塞环外圆工作表面磨损,环的径向厚度减小,活塞环的工作开口即搭口间隙增大,自由开口间隙变小;活塞环在环槽内运动,使环的上、下端面磨损,环的轴向高度减小,环与环槽的平面间隙增大。通常,柴油机正常运转时活塞环的正常磨损率为每1 000 h磨损0.1~0.5 mm,活塞环的寿命一般为8 000~10 000 h。

正常磨损的活塞环沿圆周方向各处的磨损均匀,并仍与缸壁完全贴合,所以,正常磨损的活塞环仍具有密封作用。但实际上,活塞环外圆表面多为不均匀磨损。

柴油机运转时,若活塞环迅速产生较大的不均匀磨损,磨损率超过正常值,则表明活塞环发生异常磨损。活塞环异常磨损大多是由维护管理不当造成的。例如,活塞环换新后磨合不良,甚至不进行磨合就投入使用工况运转;柴油机长时间超负荷运转;润滑油品质不佳或供油不充分;燃用劣质燃油、燃烧不良和冷却不足等。第一道活塞环的工作条件尤为恶劣,高温燃气使缸壁温度过高、滑油氧化、润滑条件变坏导致其异常磨损;高温使活塞头部和环槽过热变形,破坏环与环槽配合也会发生异常磨损。

活塞环磨损可通过测量搭口间隙和平面间隙来间接反映磨损情况,也可通过测量活塞环径向厚度和轴向高度来直接反映磨损量。

(1)搭口间隙测量

搭口间隙是活塞环处于工作状态时的开口大小。它是活塞环工作时的热胀间隙。搭口间隙较小,搭口处相互摩擦,发亮;搭口间隙过小,活塞环受热膨胀使环两端对顶,严重时引起拉缸、环卡死和折断;搭口间隙过大,会使燃气漏泄,环发黑。因此,相关说明书或标准中规定了搭口间隙的最小值(装配值)和极限值。

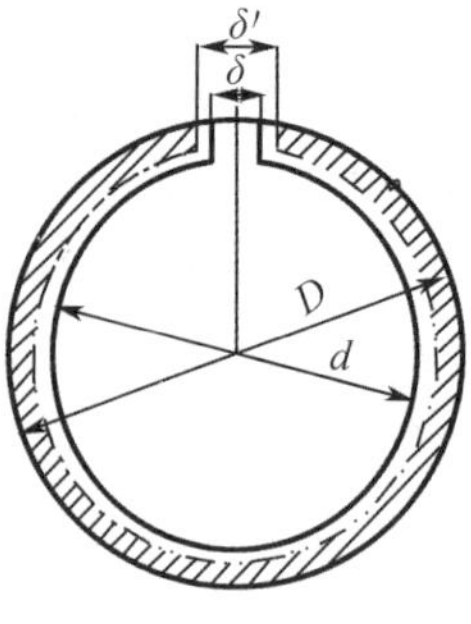

图2-33　活塞环外圆表面磨损与搭口间隙的关系

活塞环外圆表面磨损后,径向厚度减小,环的外圆直径减小,但弹力使环仍紧贴缸壁。因此,环的直径胀大与缸径 D 相等,内径 d 增大,使活塞环搭口间隙 δ 增大,变为 δ',如图2-33所示。

图 2－34 所示为活塞环搭口间隙测量示意图,测量方法如下:

①测量前,先将活塞自缸中吊出,取下活塞环并清洁环和气缸套内表面;

②将环依其在活塞上的顺序依次放在气缸套下部磨损最小的部位或气缸套上部未磨损的部位,用活塞顶面将环推成水平;

③用塞尺依次测量各道活塞环的搭口间隙;

④将测得的搭口间隙值与说明书或相关标准进行比较,超过极限间隙值,说明活塞环外圆表面已过度磨损,应予以换新。

一般要求活塞环搭口间隙值大于或等于装配间隙,小于极限间隙。

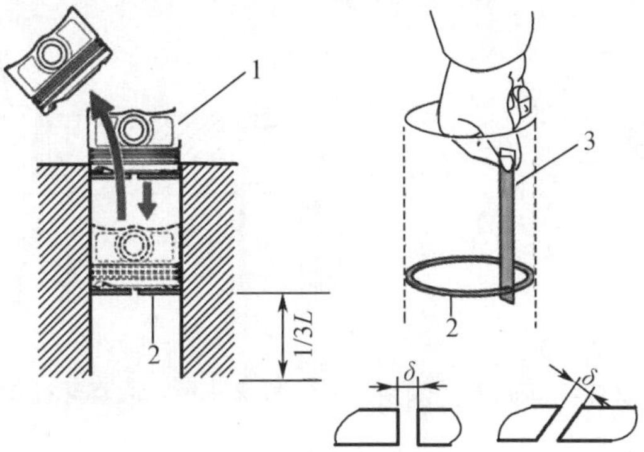

1—活塞;2—活塞环;3—塞尺;L—气缸套的长度。

图 2－34 活塞环搭口间隙测量示意图

(2)平面间隙测量

平面间隙俗称天地间隙,它是活塞环紧贴环槽下端面时环与环槽上端面之间的间隙。当活塞环与环槽端面磨损后将使端面配合间隙增大。平面间隙过小使环热膨胀受阻进而使环不能在环槽中运动,产生夹环现象,导致漏气和扫气箱着火;平面间隙过大会使燃气漏泄,还会引起活塞环对环槽的冲击,加速磨损,产生泵油现象。活塞环出现泵油现象的主要原因就是天地间隙的存在。说明书和相关标准中规定了平面间隙的最小值(即装配值)和最大值(即极限值)。

测量平面间隙的方法依活塞环尺寸大小分为两种,但不论哪种方法在测量前均须先将活塞自气缸中吊出,取下活塞环并分别清洁环和环槽,然后再测量平面间隙。

①大尺寸活塞环的平面间隙测量。将环依次装入各道环槽中,使环的下端面与环槽下端面紧贴,沿圆周上取几点,用塞尺测量平面间隙。

②小尺寸活塞环的平面间隙测量。因活塞环的尺寸和质量较小,测量者可一手持环,将环水平局部插入环槽,并使环与环槽下端面紧贴,另一手持塞尺测量。可在环与环槽的圆周上对应几处测量,如图 2－35 所示。

将实测的平面间隙取平均值,然后与说明书或相关标准比较,合适的平面间隙应大于或等于装配间隙,小于极限间隙。当实测平面间隙大于或等于极限间隙时,应修复环槽或换新活塞环;实测间隙变小说明环槽变形或因脏污影响了测量的准确性。通常第一道环的平面间隙较大,其他环依次减小。

测量活塞环的三大间隙微课

(3)活塞环径向厚度和高度测量

活塞环外圆磨损使其径向厚度减小,所以径向厚度也是衡量活塞环磨损情况的参数。可采用外径千分尺测量活塞环径向厚度和高度,如图 2-36 所示,图中 K 为高度,L_1 为径向厚度。测量时避开搭口附近 100 mm 范围。依柴油机说明书的规定,当活塞环径向厚度小于某定值时换新活塞环。例如,MAN B&W S/L 60MC/MCE 型柴油机活塞环的径向厚度最小值为 17 mm 时应换新活塞环(设计值为 20 mm)。

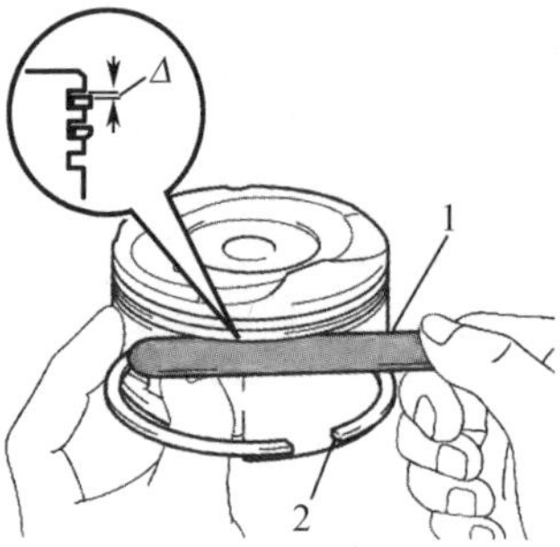

1—塞尺;2—活塞环。

图 2-35 小尺寸活塞环平面间隙的测量

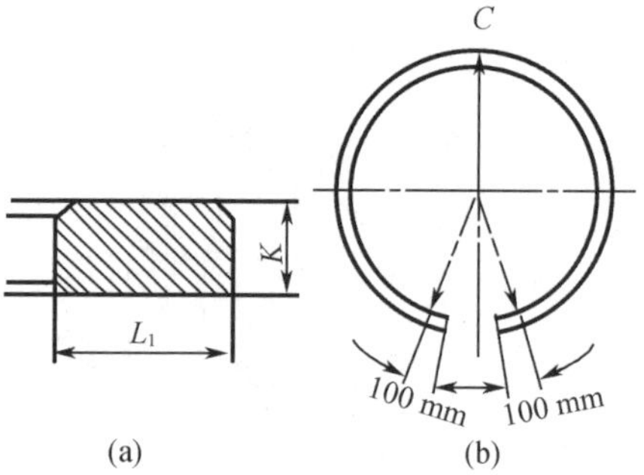

图 2-36 活塞环径向厚度和高度的测量

3. 活塞环的折断

活塞环折断是活塞环常见的损坏形式之一。一般多是第一、二道活塞环发生折断,断裂部位多在搭口附近。活塞环可折断成几段,也可能呈粉碎状,甚至失踪。活塞环折断会使气缸磨损加剧,二冲程柴油机的断环可能被吹至排气箱或扫气箱,乃至吹入增压器涡轮端打坏涡轮叶片,造成严重的事故。活塞环折断后应换新。

活塞环折断的原因很多,除材料缺陷、加工质量低外,主要是使用中维护管理不良和装配质量差所致。

(1)搭口间隙过小

搭口间隙小于装配间隙时,运转中活塞环受热温度升高,由于搭口处金属膨胀无充分的余地,使搭口两端对顶产生弯曲。通常折断发生在搭口附近,也有在活塞环搭口对侧折成两段。高增压柴油机燃烧室温度升高,如果搭口间隙过小更易折断。

(2)环槽积炭

燃气燃烧不良、缸壁过热使润滑油氧化或烧损均会使气缸中积炭严重。环槽下端面上的积炭较软时,活塞环在环槽中仍可活动和保持与气缸的密封性;当刮下的润滑油和金属屑混合,并在漏泄燃气作用下在环槽下端面上形成局部的坚硬积炭,而上端面受到周期性燃气压力的作用,使活塞环产生弯曲疲劳而折断,如图 2-37(a)所示。活塞环一处折断后燃气漏泄量增加,环槽积炭更加严重,加上活塞横摆时的冲击使环多处折断,呈多段状或碎块状,环槽和气缸的磨损更加剧烈。

(3)气缸套磨台

活塞组件与气缸套长期相对运动使气缸套磨损后在气缸套上部出现磨台。当活塞上行至上止点时,第一道活塞环碰撞磨台受到冲击而折断,如图 2-37(b)所示。

(4)环槽过度磨损

环槽下端面过度磨损后呈倾斜状。当活塞在上止点附近时,燃气压力作用使环紧贴于倾斜的环槽下端面,活塞环产生扭曲变形。随着活塞下行,燃气压力下降,环因扭曲变形程度减小而逐渐恢复水平状态。活塞环因周期性地扭曲与水平变形而产生疲劳折断,如图2-37(c)所示。

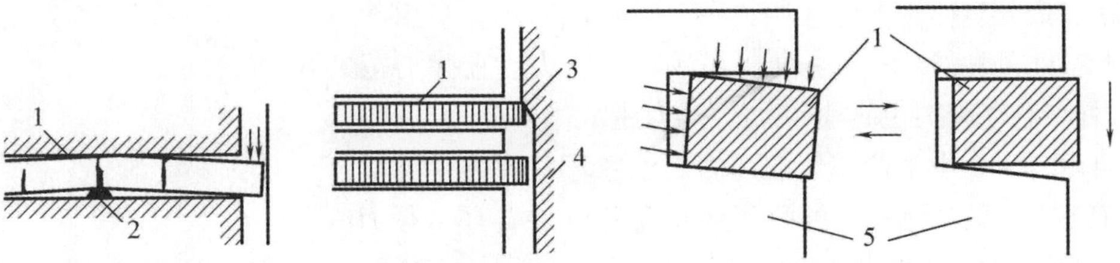

(a) 环槽积炭折断　(b)气缸套磨台折断　(c) 环槽过度磨损折断

1—活塞环;2—积炭;3—磨台;4—气缸套;5—活塞。

图2-37　活塞环的折断

(5)活塞环挂住气口

二冲程柴油机经常会发生活塞环挂住扫、排气口使环折断损坏。由于活塞环开口部位张力最大,受热变形大,而气缸套上气口之间的筋受热容易变形,当活塞运动时环与气口相遇,只要环开口处稍微挂住气口就会使环折断。

(6)活塞环径向胀缩疲劳

当活塞环弹力不足或气缸套过度磨损时,活塞环与气缸壁不能紧贴,发生“压入”现象。活塞环不断地径向胀缩以致疲劳折断。

4. 活塞环黏着

活塞环黏着(或称固着),是环槽内充满油污和积炭使活塞环不能自由运动的现象。活塞环固死在环槽内使其失去密封作用,引起窜气、柴油机功率下降、活塞环折断和气缸套磨损加重等问题。通常第一、二道环容易黏着,严重时活塞上所有的环均发生黏着。

活塞环黏着大多因活塞和气缸套过热、润滑油过多和燃气燃烧不良等造成。过热的活塞、气缸套使润滑油氧化或烧焦,燃气燃烧不良使缸中积炭严重,以致大量油污和积炭填满环槽,使环不能运动。

检查活塞环是否黏着可以从扫气口观察和用木棒推动活塞环来判断,还可以从活塞环表面发黑情况来判断,因为环黏着时会引起燃气下窜而使黏着的环表面烧黑。

黏着的活塞环应报废换新。换新时,首先应将活塞环从环槽中取出,一般来说不易取出,采用木棒轻轻敲击活塞环使之松动,或先用煤油浸泡使积炭变软后再用木棒敲击使之松动,再用专用工具将活塞环取出。取活塞环时切勿用扁铲、凿子等工具,以免损坏环槽。

防止活塞环黏着的关键是要防止气缸过热和润滑油过多,尤其防止多余的润滑油进入气缸上部。大型二冲程柴油机采用气缸注油器注油润滑,注油量可调节,故环黏着现象较少。但是由于缸径大、功率高,燃烧室温度高,如果活塞冷却不良就会使活塞头部变形,环槽随之变形,致使环卡死在环槽内,如图2-38所示。为防止环卡死在环槽内,可采用加强活塞冷却和适当增大平面间隙的措施。

5. 活塞环弹力丧失

活塞环经过长期使用产生不均匀磨损，或由于过热、黏着和材料疲劳等使其弹力部分或全部丧失，造成活塞环的密封作用下降或消失。

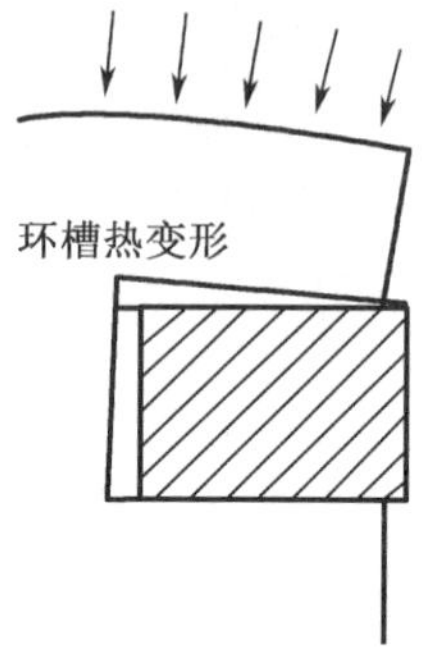

图 2－38　环槽变形造成环卡死

在船舶上，活塞环弹力的检查方法有以下几种：

①自由开口值法。活塞环自由开口是活塞环在自由状态下开口间的距离，其大小直接影响环的弹力。在弹力范围内，开口越小弹力也越小；反之，弹力越大。因此，可利用改变自由开口大小来调节环的弹力。活塞环的弹力受其材料和加工方法的限制。一般活塞环自由开口 a_0 与环直径 D 的关系为 $a_0=(0.10\sim0.13)D$，单位为 mm。实测活塞环的自由开口 $a_{实测}<a_0$ 或小于新环的自由开口，表明活塞环的弹力下降；若明显减小，表明活塞环弹力丧失。

②永久变形法。吊缸检修时，将自活塞上取下的活塞环进行清洁，人为使其自由开口闭合或扩大一倍，松开后测量变形后的自由开口大小。若活塞环弹性好，此时应恢复原形，若变形后的开口变化量超过 10% a_0 时，表明活塞环的弹力过小。

③对比法。这是用新旧环的弹力对比来检查弹力的方法。如图 2－39 所示，将新旧环竖立在一起，用力使环开口闭合，如旧环开口已闭合，而新环还有一定的间隙，表明旧环弹力不足。

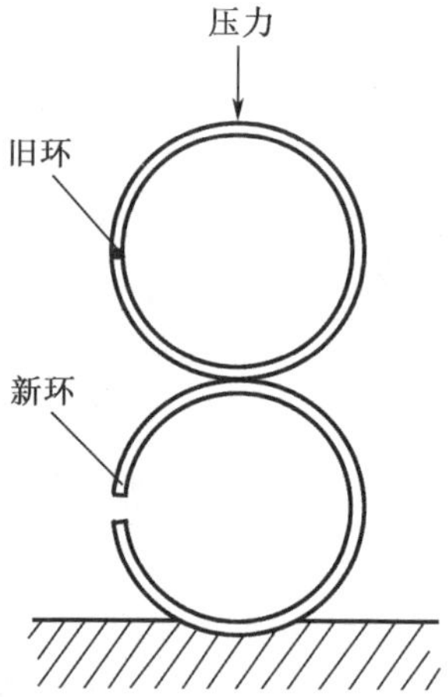

图 2－39　对比法检查活塞环的弹力

④装配法。吊缸后，将活塞环和气缸分别清洁干净，将环装入气缸并用手推动。一般正常弹力的活塞环是不容易装入气缸的，装入缸中也难以用手使之移动。但如果旧环易于装入缸中且轻轻触动环即沿缸壁移动，表明活塞环弹力过小。

活塞环弹力部分或全部丧失时应换新活塞环，但在无备件的情况下可采用应急方法暂时恢复环的部分弹力。具体做法是用小锤敲击活塞环内圆表面，敲击时自搭口对面部位开始重敲，然后逐渐向两侧敲击，用力逐渐减小，使环的开口增大，弹力增加。但应注意，敲击时不可用力过大，以免将环敲断。

6. 轮机员配换活塞环工艺

活塞环是易损件，损坏后一般采用换新处理，所以在船舶上轮机员配换活塞环工作是经常性的检修工作。为了保证装配质量，在配换活塞环时应注意以下问题。

(1) 新环的检查

使用活塞环的备件前应对其进行必要的检查：

①外观检查。清洁新环表面的油脂和锈痕，仔细观察活塞环有无变形和表面碰伤、裂纹等损伤。一般新环上有“直径×宽×高”的尺寸标记和区分上、下端面的标记。

②测量搭口间隙和平面间隙。间隙过小时应分别修锉搭口两端和环的上端面，切不可修锉选定的下端面，并防止修锉时损伤环表面和产生变形。

③测量环的径向厚度和环槽深度。要求环的径向厚度比环槽深度小 0.5 ~ 1.0 mm，否则修锉环的内圆表面使其符合要求。

④检查环的弹力。通过测量活塞环的自由开口来检查环的弹力。

(2)新环的安装

针对中、小尺寸的活塞环，在无专用工具的情况下用结实的绳子套在环的开口两端，用手拉绳将开口扩大装入环槽中，如图 2 – 40 所示；大尺寸活塞环应采用随机专用工具将环的开口张大装入环槽内，如图 2 – 41 所示。操作时，切勿使环的开口过分开大，以免活塞环变形或折断，尤其用手扩口时，用力不要过猛、过大。

图 2 – 40　用麻绳拆装活塞环

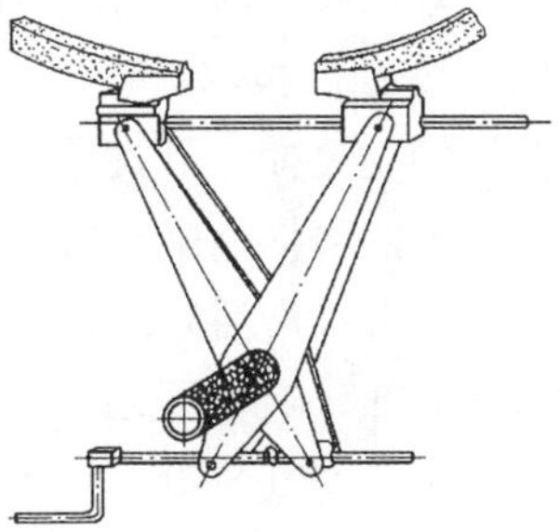

图 2 – 41　用专用工具拆装活塞环

活塞环上的记号通常都做在非密封面即内表面或上表面上。活塞环内表面上的记号(数字或英文字母)一定是字头向上的，切忌装反。活塞环的镀铬端面应为下端面。

大型柴油机活塞环尺寸一般相同，安装时应把新环装在第一、二道环槽中，旧环装在其他环槽中，既便于新环磨合又能发挥旧环的密封性。

装到活塞上的各道环的开口位置应错开，切勿使开口上下对齐，以免燃气下窜。

装好环的活塞在未吊入缸中之前，应放于木板上妥善保管，以免损伤活塞和活塞环的工作表面，这一点对于小型柴油机尤为重要。

(3)新环的磨合运转

活塞环换新后必须经磨合才能投入使用工况运转，一般需经 20 ~ 24 h 磨合运转。例如，MAN B&W S/L 60MC/MCE 型柴油机换新活塞环后的磨合运转为：在 2 ~ 4 h 转速逐渐增加至最大转速的 80%；保持 80% 最大转速运转 6 h；在 12 ~ 14 h 转速继续增加至全速，并且逐渐增加负荷。总计磨合时间为 20 ~ 24 h。在磨合期间应使气缸油供油量达最大值。

7. 验收活塞环

当活塞环备件难于订购或所有机型已不生产时，需到活塞环制造厂或修船厂配置。这时轮机员应对所配置活塞环产品按照活塞环的技术要求进行验收。验收活塞环时的主要技术要求如下：

①活塞环尺寸、形状和位置精度及表面粗糙度应符合图纸要求。

②活塞环的材料可用 HT250、HT300 或合金铸铁。活塞环的硬度和合金相组织应符合要求。活塞环的硬度应为 HB180 ~ 250，同一活塞环上硬度差不超过 HB20，并要求活塞环

的硬度比气缸套的硬度高 HB10～20,目的是既保护气缸套不被很快磨损,又保证活塞环有较长的寿命。

③活塞环外观检查。活塞环表面不允许有气孔、裂纹、疏松、夹渣、飞边和毛刺等缺陷,环两端面及内圆面上允许有一定大小的气孔。

④活塞环弹力检查,活塞环自由开口值应为(0.10～0.13)D(D 为活塞环直径)。

⑤活塞环密封性检查。采用漏光法检查活塞环的密封性。如图 2－42 所示,将活塞环放在规定直径的量规中或气缸中未磨损的部位,在环的下方用强灯光照射,自环的上方观察,要求一处漏光弧度不超过 30°,几处漏光弧度的总和不超过 90°,且搭口附近 30°范围内不允许漏光。漏光处的间隙:直径 $D \leqslant 500$ mm 的活塞环,用 0.03 mm 塞尺检查不应通过;$D > 500$ mm 的活塞环,用 0.04 mm 塞尺检查不应通过。这种间隙要求可以保证活塞环工作表面与气缸套内圆表面紧密贴合,从而使柴油机气缸燃烧室有较高的密封性。

(八)活塞销的检修

活塞销的主要损坏形式是磨损和裂纹。

1. 活塞销的磨损测量与修理

用外径千分尺沿活塞销轴线方向Ⅰ、Ⅱ、Ⅲ三个部位分别进行测量,如果活塞销与连杆小端轴承配合面较长,可增加两个测量部位Ⅳ、Ⅴ,如图 2－43 所示。测量每一部位横截面上两个相互垂直的直径 D_1、D_2,并计算出圆度误差和圆柱度误差,要求其最大圆度误差和圆柱度误差符合说明书或《船用柴油机活塞销修理技术要求》(CB/T 3542—94)中有关活塞销磨陨极限的规定。如超差,则磨损过量。磨损过度常采用镀铬、镀铁或其他方法修复,要求镀铬前活塞销表面粗糙度为 $Ra1.6$ μm,镀铬层厚度不大于 0.5 mm,镀后应进行机械加工。

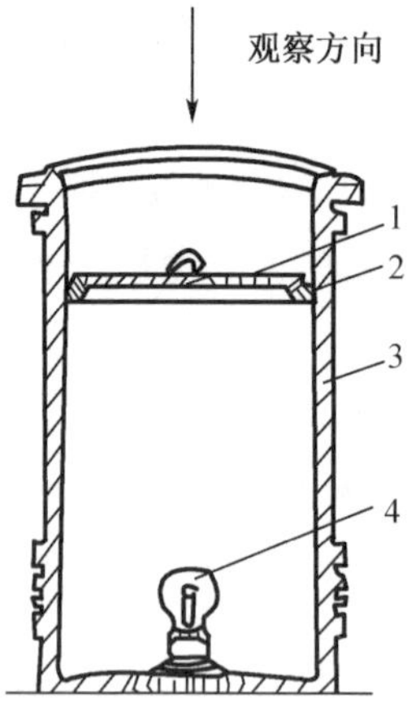

1—盖板;2—活塞环;3—气缸套;4—光源。

图 2－42　活塞环漏光检查

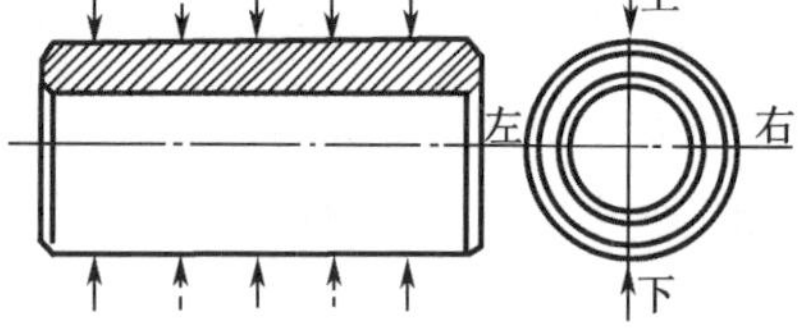

图 2－43　活塞销及其磨损测量部位

2. 活塞销裂纹的检修

活塞销虽小,但它是一个极为重要的零件,其上微小的裂纹可引起活塞销断裂,进而引起活塞运动部件打坏机体的严重事故(俗称连杆伸腿的波及性事故),为此对活塞销应进行检修:

①外观检查。观察活塞销表面有无擦伤、过热氧化变色、渗碳层剥落和表面裂纹等缺陷。若发现有肉眼能看到的裂纹，不论其长度和根数多少，均应报废后换新。

②磁粉探伤。磁粉探伤用于检查活塞销表面有无裂纹。工作表面不允许有裂纹和横向发纹，但允许有数量不多于5条的纵向发纹，同一截面上不多于2条。

活塞销出现表面裂纹和渗碳层剥落时应报废换新。

五、气缸的检修

（一）气缸的结构与材料

气缸套的认识微课

气缸由气缸体和气缸套组成。气缸体结构有单体式、整体式和分组式三种。单体式结构是每缸一个气缸体，特点是制造、维修方便，但结构不紧凑，常用于大型柴油机；整体式结构是所有气缸共用一个气缸体，特点是刚度好、结构紧凑，但废品率高，适于中小型柴油机。几个缸的缸体铸成一体的分组式结构，特点介于整体式与单体式之间，一般适用于大型柴油机。中小型柴油机的气缸体常做成整体式，而且与机架或曲轴箱制成一体，称为机体。由于气缸体在工作过程中不直接受燃气的作用，同时也没有摩擦磨损，因此气缸体多采用价格便宜的灰铸铁材料。但目前的新型柴油机为了减小质量、提高刚度，采用钢制焊接结构，并且将凸轮轴箱、扫气箱等与气缸体做成一个整体，使结构更加紧凑。

1. 气缸套的作用

柴油机中气缸套的作用主要有：

①组成燃烧室，其内圆柱面与缸盖、活塞共同构成燃烧室。

②传热，气缸套与气缸体形成冷却水腔，将活塞组件及本身的热量传给冷却水。

③在筒形活塞式柴油机中，其作为活塞往复运动的导向面，并承受活塞的侧推力，当侧推力改变方向时，活塞还撞击气缸套。

④在二冲程柴油机中，气缸套上开设气口，形成气流通道。

⑤有些十字头式柴油机，气缸下部空间兼作辅助扫气泵空间。

2. 气缸套的工作条件

①机械负荷。气缸套内表面受高温高压燃气压力，产生最大径向压应力，内表面水的压应力可忽略不计，如图2－44中的σ_r。在气体压力作用下，内表面周长会伸长，导致切向拉应力，外表面被动伸长，存在较小切向拉应力，如图2－44中的σ_1。另外气缸套还会受到安装预紧力的作用。

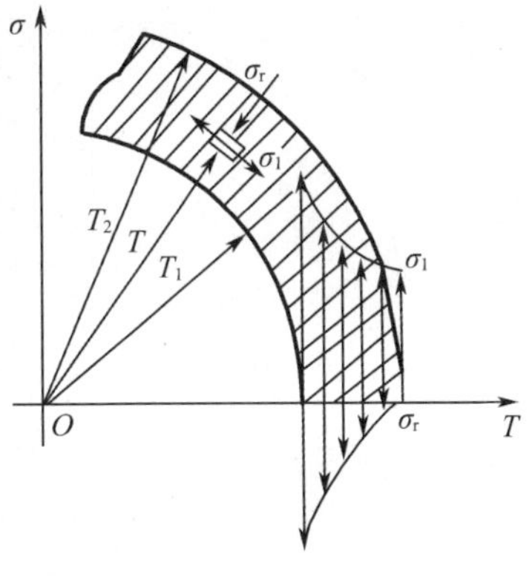

图2－44 气缸套内表面机械应力分布图

②热负荷。气缸套内外表面温差大，触火面（内圆表面）热胀受限，存在切向压应力，冷水面（外圆表面）冷缩受限，存在切向拉应力。应力大小与内外表面温差成正比。

③腐蚀。气缸套内表面受燃气的低温腐蚀，外表面受冷却水的穴蚀。

④磨损。在柴油机运转中，活塞往复运动速度在行程中点最大、止点位置为零。故止

点处活塞与气缸间只能形成极薄的油膜，处于边界润滑；活塞行程的中部，活塞与气缸套处于动液润滑；其他部位则处于半液体润滑状态。润滑不良导致气缸套易磨损。

3. 气缸套的要求

气缸套要承受燃气压力和侧推力（筒形柴油机），要求其抗压强度高；气缸套导向作用与接合面处气封和水封，要求气缸套有足够的刚度；传热功能要求其导热系数大，并采取水冷却。对于有腐蚀的工作条件要求其材料应耐蚀，对于有磨损的工作条件要求其表面清洁，硬度较高。气缸套内表面圆度和圆柱度要求较高，定位凸肩对内孔中心应有较高的位置精度。总之，在恶劣的工作条件下，要实现气缸套的功用，要求气缸套材料承压耐磨、耐腐蚀并具有足够的刚度。

4. 气缸套的材料

铸铁是最廉价的承压耐磨材料，气缸套常用的材料有灰铸铁、耐磨合金铸铁（高磷合金铸铁、硼铸铁、钒钛铸铁等）和球墨铸铁，有的高速柴油机的气缸套也采用氮化钢。其中灰铸铁最为常用，高磷合金铸铁常用于中、高速柴油机气缸套。为了提高气缸套的耐磨性和抗腐蚀性，可采用对气缸套内表面进行多孔性镀铬、氮化、表面淬火和喷镀耐磨合金等工艺措施。同种材料互溶性好，易发生黏着磨损，故气缸套与活塞环不能同时镀铬。

5. 气缸套的种类

干式和湿式气缸套动画

柴油机的气缸套分为湿式和干式。图2－45（a）所示为湿式气缸套，其外表面直接与冷却水接触，散热条件好、厚度大、制造和更换方便，但存在水的腐蚀和穴蚀，广泛应用于船舶柴油机中。图2－45（b）所示为干式气缸套，其外表面不与冷却水接触，无腐蚀和穴蚀；气缸中心距可减小，结构紧凑；壁薄，可节约材料，传热性能好，但刚度差；为保证气缸套与气缸体紧密贴合和良好的散热，气缸体内孔和气缸套外表面均需要精密加工，制造要求高；一般用于批量生产的小缸径高速柴油机。冷却水套式气缸套，气缸体不再与水接触，并使冷却水腔得到合理布置，常用于焊接式气缸体的柴油机中，以防焊缝遭受冷却水腐蚀。MAN B&W 的 S－MC－C 型如 5S60MC－C 柴油机采用冷却水套式气缸套。

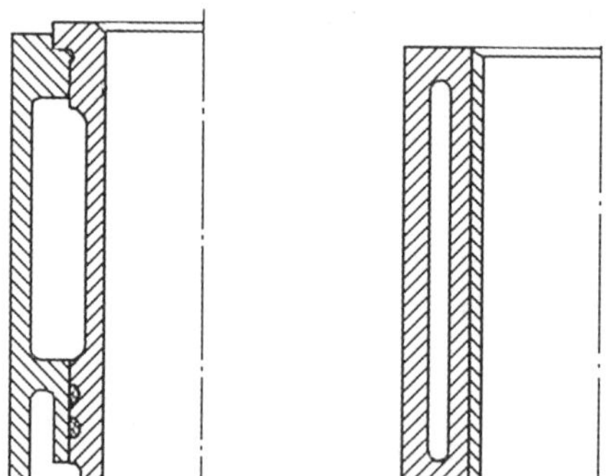

(a) 湿式气缸套　　(b) 干式气缸套

图2－45　气缸套的形式

6. 筒形柴油机的气缸结构

图 2－46 所示为筒形柴油机的气缸。气缸由气缸体 4 和气缸套 3 组成，气缸体（机体）的下部是曲轴箱，上部支撑气缸套。气缸套用上部的凸缘作轴向定位，由气缸盖 8 压紧，气缸盖与气缸套之间通常用紫铜垫圈或软钢垫圈密封燃气。气缸套的下部是不固定的，可自由伸长。通常气缸体与气缸套间形成冷却水腔 7。冷却水腔的密封常采用 O 形橡胶密封圈。密封圈漏水会使曲轴箱进水。气缸套上设有装密封圈的槽，密封圈是易损件，拉气缸套时密封圈应换新。但新型柴油机为了减轻低温腐蚀和气缸套穴蚀的作用，把冷却水腔上移，只对气缸套上部热负荷较大处进行冷却，而气缸套下部不再进行冷却；对气缸套下部的四周进行了很好的支撑，使气缸套能够更好地承受侧推力。近年来，新型中速柴油机气缸套结构的主要改进是在气缸套内部上端增加去炭环（也称防磨环），其尺寸略小于气缸套内径，可以除去活塞头顶岸的结炭，使气缸套的磨损率和滑油的消耗率下降。去炭环磨损后可单独更换。

如图 2－47 所示为 Wärtsilä 32 型大功率中速四冲程柴油机的气缸套和活塞。该气缸套由特种灰铸铁离心铸造而成。气缸套凸肩又高又厚并采用钻孔冷却，构成薄壁强背。高的凸肩既降低了气缸体高度，又保证了气缸套足够的刚度，防止柴油机工作时机体变形传到气缸套上表面而影响缸盖密封垫的密封。气缸套凸肩部分采用钻孔冷却，冷却水由分缸上部冷却水分配环 2 引入，经凸肩下部径向钻孔进入垂向钻孔，沿垂向钻孔流向凸肩上表面。垂向冷却水钻孔离气缸套内表面的位置应精确选择，以控制气缸套内表面的温度，减轻漆膜形成和低温腐蚀。气缸套上部靠凸肩轴向定位，下部可以自由膨胀。气缸套内部上端设有一个去炭环 1，其尺寸略小于气缸套直径，可以除去活塞头顶岸的结炭。去炭环磨损后可单独更换。该型号柴油机在气缸套的上下部位均有支撑，气缸套壁较厚，以便更好地承受侧推力。

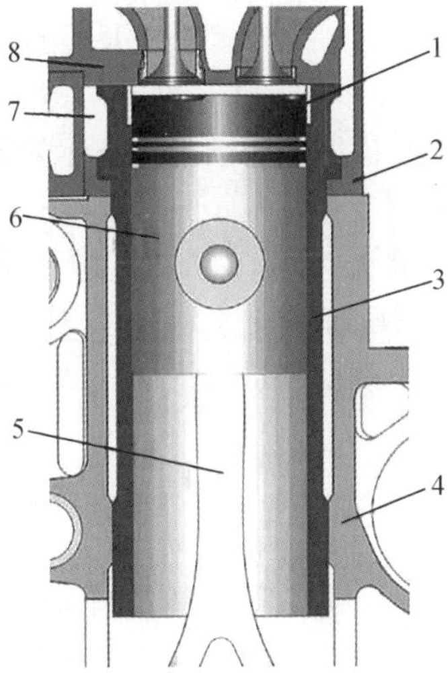

1—去炭环；2—水套；3—气缸套；4—气缸体；5—连杆；6—活塞；7—冷却水腔；8—气缸盖。

图 2－46　筒形柴油机的气缸

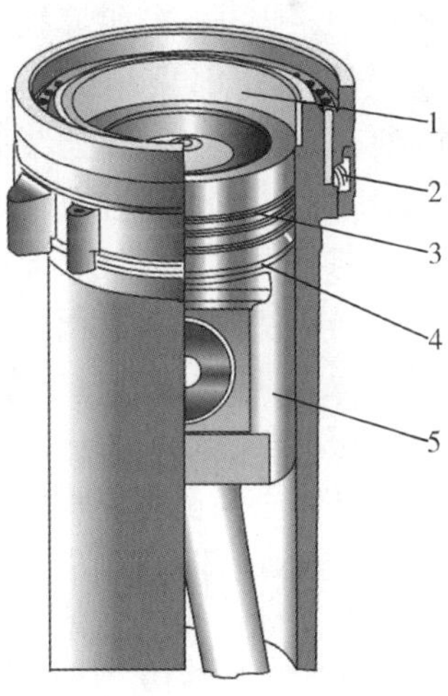

1—去炭环；2—冷却水分配环；3—镀铬陶瓷活塞环；4—裙部加压润滑；5—球墨铸铁活塞裙低摩擦结构。

图 2－47　Wärtsilä 32 型大功率四冲程柴油机的气缸套和活塞

四冲程筒形柴油机气缸套外圆面的左右侧面易出现穴蚀破坏。这种破坏以光滑的蜂窝状小孔群的形式出现。在大多数情况下，这些孔穴的直径为 1 ~ 5 mm，孔穴间距为 3 ~ 4 mm，但随着柴油机运转数的增加，孔穴加深，损伤区域扩大。有的柴油机甚至在运转不到一年的时间内，蚀孔即穿透气缸套，使冷却水漏到气缸内。

气缸套外表面产生穴蚀的根本原因是气缸套的振动。筒形活塞式柴油机的气缸套受到活塞侧推力的作用，当活塞侧推力方向发生改变时，活塞对气缸套产生撞击，引起气缸套横向振动，导致冷却水水腔体积发生变化；当冷却水腔体积增大时，在气缸套壁面附近产生低压区，在低压区产生水蒸气气泡和空气泡；当冷却水腔体积减小时，低压区又变为高压区，在高压下，气泡爆破，出现了瞬时的高压冲击波，冲击气缸壁。气泡爆破时的压力可从数十个大气压到数千个大气压，作用时间极短，根据实验测定，只有 0.001 ~ 0.003 s。气泡的反复形成与破裂，强大的冲击力反复不断地作用在极小的金属表面上，使金属表面不断剥落，形成空泡穴蚀。

防止穴蚀的措施有如下。

①降低气缸套振动的措施：增加气缸套壁厚；提高气缸支承刚度及增加支承数量对防止气缸套振动有很大作用，但必须考虑冷却水流的合理安排；减小气缸套轴向间距；适当减小活塞与气缸套装配间隙。实验证明，当活塞间隙由正常间隙减少 20% 时，排气冲程末期的气缸套振动将减少到原来的 1/10 ~ 1/70。

②提高气缸套抗穴蚀能力的措施：气缸套采用抗穴蚀材料，如球墨铸铁；提高外表面质量，外表面进行镀铬、渗氮、喷陶瓷、涂树脂等处理；冷却水腔结构合理，水流平顺；进行水处理以提高其消振能力等。

③管理中控制冷却水温不能过高、保证足够的水压，防止冷却水中有大量空气；保持冷却水腔清洁；控制柴油机的负荷与转速（振动频率正比于转速）等。

7. 十字头式柴油机的气缸结构

十字头式柴油机的气缸体一般是单体式，气缸体的下部设有横隔板，与活塞杆填料函一起将气缸和曲轴箱隔开。气缸套插入到气缸体上部的孔中，气缸套通过上部的气缸盖压紧在气缸体上，气缸套下部开有气口。

图 2 – 48 所示为 Sulzer RTA 型柴油机的气缸套与气缸体的组装图。气缸体为每缸一个的单体式结构，用铸铁制造。气缸体下部有横隔板（气缸底板）将气缸和曲轴箱隔开。底板上的孔 7 中装活塞杆填料函。气缸体在左右方向上设有通道 6 和 10。通道 10 平时由盖板盖住，在检修时打开，使轮机人员很容易接近活塞杆填料函、扫气口等部位，可对填料函、气缸套内表面、活塞及活塞环等进行检查，并对气口和活塞下部空间进行清洁。通道 6 和扫气箱相连，在活塞打开扫气口 11 时进行气缸换气。

气缸套和气缸体之间设有导水环 20，冷却水由冷却水入口 16 进入气缸体，经导水环 20 下部的进水孔 15 进入冷却水腔 19，再由下向上进入气缸套凸肩上的冷却水孔 22，最后汇集于冷却水导套 1 并由此进入气缸盖。为了防止冷却水漏泄，设有 O 形密封圈 5、17、21、24。17 和 21 用于密封冷却水腔 19 空间的冷却水，使空腔 18 中不会有水。O 形密封圈 5 用来阻止冷却水沿气缸套和缸体的间隙漏入活塞下部空间，同时也阻止扫气进入冷却水空间。为了监视这些密封圈工作状态，设有检漏孔 13 和 14。若 13 处漏水，说明 O 形密封圈 17 或 21 损坏应及时换新。若 14 处漏水，说明密封圈 5 的上面一道密封圈失效。若 14 处漏气，则说明密封圈 5 的下面一道密封圈失效。

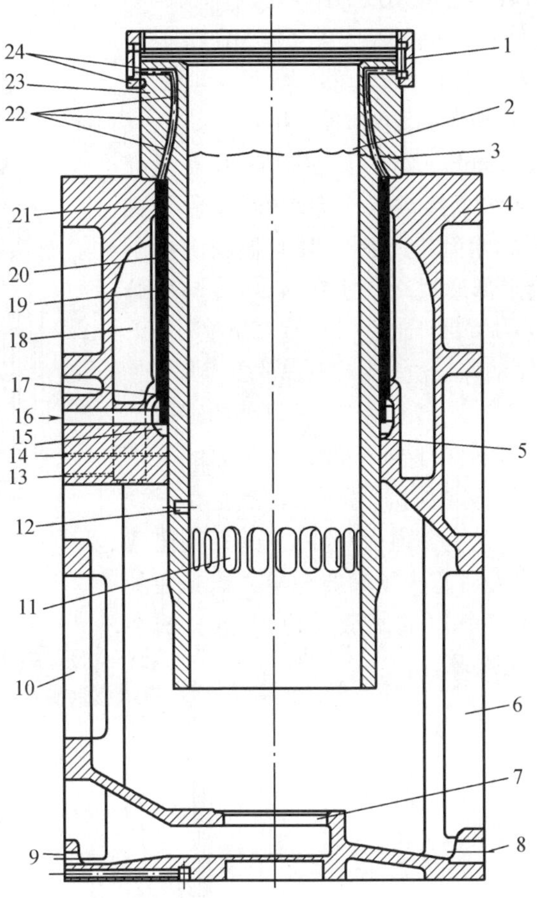

1—冷却水导套;2—布油槽;3—注油孔;4—气缸体;5,17,21,24—O 形密封圈;6—扫气通道;
7—填料函座孔;8,9—放泄孔;10—人孔;11—扫气口;12—闷头或传感器;13,14—检漏孔;
15—进水孔;16—冷却水入口;18—空腔;19—冷却水腔;20—导水环;22—冷却水孔;23—气缸套。

图 2-48 Sulzer RTA 型柴油机的气缸套与气缸体的组装图

图 2-49 所示是 MAN B&W 柴油机的气缸。左侧 S-MC 型是旧的结构,右侧 S-MC-C 型是改进结构。气缸体由贯穿螺栓固定到机架上平面。气缸体上部开有中心孔,孔中插入气缸套。气缸体的横隔板将气缸与曲轴箱隔开,气缸体下部形成扫气空间。气缸体在左右方向开设通道 B 和 C。通道 C 平时由盖板盖住,在检修时打开 ,轮机人员由通道 C 对填料箱、活塞及活塞环等进行检查,并对气口和活塞下部空间进行清洁。通道 B 和扫气箱相连,在活塞打开扫气口 A 时,扫气箱的空气进入气缸。气缸体上部安装气缸盖固定螺栓。新型 S-MC-C型柴油机的气缸体采用焊接结构,焊接结构相对铸造结构,质量减小,刚度增加,并且将扫气箱与气缸体制成一体,使质量和尺寸进一步减小,也使得柴油机的检修变得更加方便。

气缸套通过上部的气缸盖压紧在气缸体上,当气缸套受热时,可向下自由膨胀。由于现代十字头式柴油机向长行程化方向发展,气缸套变得更高,一般不会全部插入到气缸体中,因此在气缸套外部设有冷却水套。气缸套中部设有注油器接头,其内表面开有八字形润滑油槽,保证气缸油的均匀分布。气缸套的最下部是一圈扫气口,由活塞控制启闭。扫气口在水平和垂直方向有一定的角度,用以控制气流运动方向,使气流在进气时旋转形成气垫。与 S－MC 型柴油机相比,S－MC－C 型柴油机的 *S/D* 值更大,气缸套更高而气缸体更低。S－MC 型柴油机的冷却水由 W 处进入气缸体,然后进入冷却水套,而 S－MC－C 型柴油机,在气缸体内不设冷却水腔,冷却水直接进入冷却水套,避免气缸体焊缝处受腐蚀。在冷却水套上下两端装有橡胶圈用于密封冷却水。在气缸套上部通过冷却水接头,将冷却水送至气缸盖。由于气缸套的下部不用冷却,使气缸套中、下部有较高的温度,有利于消除气缸套中、下部的低温腐蚀。

S－MC－C 型柴油机与 S－MC 相比,最显著的特点是气缸套与气缸盖的密封面下移,这对于改善密封面的工作条件和气缸套的工作状况非常有利;另一个特点是在气缸套与气缸盖的密封面处设置了一道去炭环,它的直径比气缸套的内径略小,可以除去活塞头顶岸的积炭。积炭会刮除气缸壁上的润滑油,破坏气缸的润滑,加剧气缸套的磨损。如图 2－50 所示为去炭环。

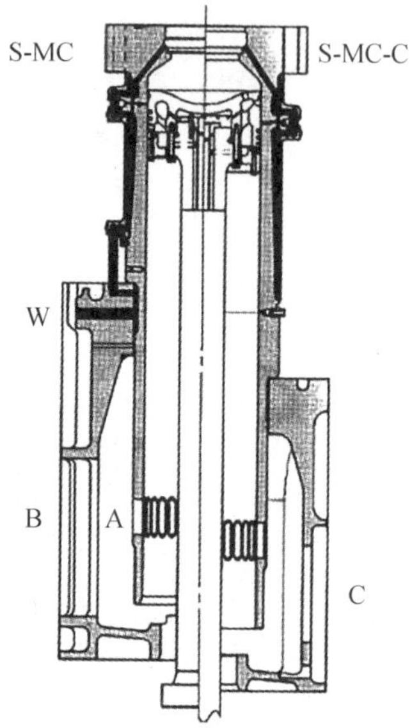

A—扫气口;B—扫气通道;
C—检修通道;W—冷却水入口。

图 2－49 MAN B&W S－MC 和 S－MC－C 型柴油机的气缸

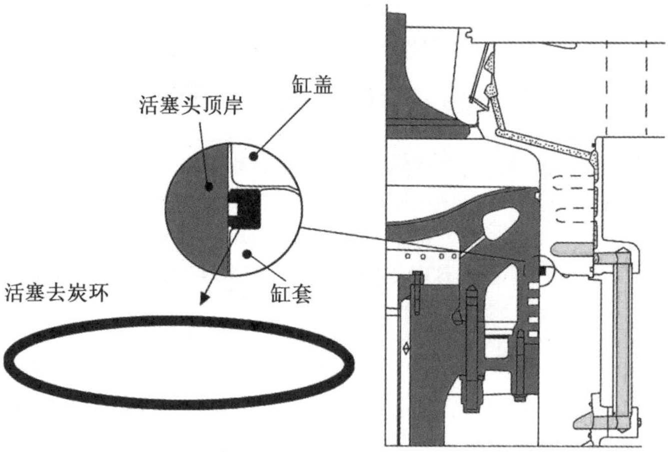

图 2－50 去炭环

(二)气缸套的检修

中国船级社对营运船舶保持船级的特别检验要求,对船舶主、副柴油机气缸套进行打开检验;柴油机说明书维修保养大纲要求 8 000 h 对气缸套进行一次检修;此外每当吊缸时均应检测气缸套的损坏情况。

常见的气缸套损伤形式主要有:内圆表面的磨损、腐蚀、裂纹和拉缸;外圆表面的穴蚀和裂纹。

(1)气缸套的磨损类型

气缸套的磨损可分为磨料磨损、腐蚀磨损和熔着磨损三种。

①磨料磨损是由于柴油机进气系统、燃油系统和润滑系统在运行时带入灰尘、机械杂质和燃烧产物，在活塞与气缸套做相对运动时，这些杂质成为两者之间的磨料。磨料与两摩擦面产生挤压、滚撞，使金属脱落而形成磨料磨损。磨料磨损的特点是气缸套表面沿活塞运动方向（纵向）有平行直线状的拉伤痕迹。进气系统、燃油系统和燃烧杂质在气缸上部造成较大磨损，而润滑系统则是在气缸下部造成较大磨损。减少磨料磨损的措施：确保燃油燃烧良好；保证燃油、空气、机油的清洁。

②腐蚀磨损是由于在燃料中含有硫分，硫分燃烧后生成二氧化硫和三氧化硫，它们和燃气中的水蒸气生成硫酸蒸汽、亚硫酸蒸汽，当气缸壁温度低于硫酸等的露点时，对气缸内壁产生腐蚀，使气缸套上部内表面局部脱落，形成疏松的细小洞穴。当柴油机在低负荷及冷车启动时，易出现低温硫酸腐蚀，尤其在润滑油不足时硫酸与金属接触，大大加速了腐蚀进程。腐蚀表面产生疏松的细小孔穴，这是腐蚀磨损的显著特征。同时，腐蚀产物又是磨料，形成磨料磨损。气缸壁的腐蚀磨损在气缸套上部最严重，原因是气缸套上部的油膜较薄，隔离和中和酸的能力低，虽然直接在此凝结的酸少，但活塞上行时把下部生成的酸刮到了上部。对于腐蚀磨损，常用的预防措施有选用低硫分的燃油，避免长时间低负荷运行，提高冷却水的温度使活塞上止点时第一环所处壁温以200 ℃左右为宜，选用高碱值的气缸油，将气缸润滑油孔设在气缸套的较高位置等。

③熔着磨损时气缸套的表面在显微镜下可以看到是由锯齿形的峰和谷组成的。在边界润滑的条件下，摩擦面间只有一层极薄的油膜，摩擦表面的尖峰会刺破油膜使摩擦面直接接触；或由于润滑条件差，局部高温等，使滑动表面缺乏充足的润滑油膜，也使摩擦表面间发生金属的直接接触。当两滑动表面在压力下有极微小部分的金属直接接触、摩擦时，便形成局部高温，使两者熔融黏着，而后活塞与气缸套相对运动又使黏结的金属撕开、脱落，逐步扩大形成熔着磨损。熔着磨损以活塞在上止点时第一道活塞环附近最严重。影响熔着磨损的因素很多，主要有气缸套、活塞、活塞环的材质，机械加工质量，尺寸和形状精度，气缸润滑油孔的布置，气缸油的供给数量和品质，气缸套表面的温度，装置对中情况等。熔着磨损严重时会引起柴油机拉缸事故，如图2－51所示。

以上三种磨损形式中，熔着磨损是一种破坏性最大的异常磨损。一旦发生这种磨损，气缸工作面立即遭到严重损伤，活塞与气缸很快报废。一般情况下三种磨损是同时存在并相互影响的，但是在一定条件下总是有一种磨损为主要形式。

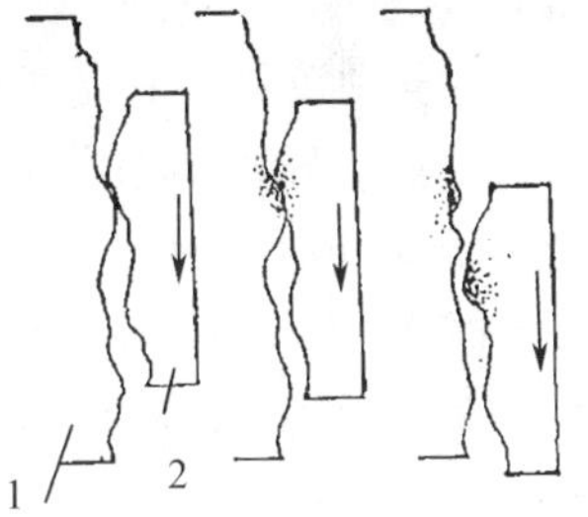

1—气缸套；2—活塞环。

图2－51 气缸套的熔着磨损

(2)气缸套磨损的规律

气缸套正常磨损的标志。柴油机的技术状态和使用寿命很大程度上取决于气缸的磨损情况。在正常工作条件下，气缸套磨损是不可避免的。气缸套正常磨损时，测量气缸套内径，计算最大圆度误差、最大圆柱度误差、最大内径增量或磨损率，这些参数应小于说明书或相关标准的规定值。其中，内径增量是个绝对指标，指缸径的最大增量。磨损率是单位时间内零件的最大磨损量，对于气缸套而言，磨损率是单位时间内半径的增量。气缸套的正常磨损率为：铸铁气缸套每1 000 h小于0.1 mm，镀铬气缸套每1 000 h为0.01～0.03 mm，正常磨损的磨屑直径小于1 μm。气缸套正常磨损的特点是：最大磨损部位在活塞上止点时第一道活塞环位置附近，并沿缸壁向下磨损量逐渐减小；气缸工作表面清洁光滑，无明显划痕、擦伤等磨损痕迹。图 2 – 52(a)所示为气缸套正常磨损后缸壁纵向截面磨损量示意图。

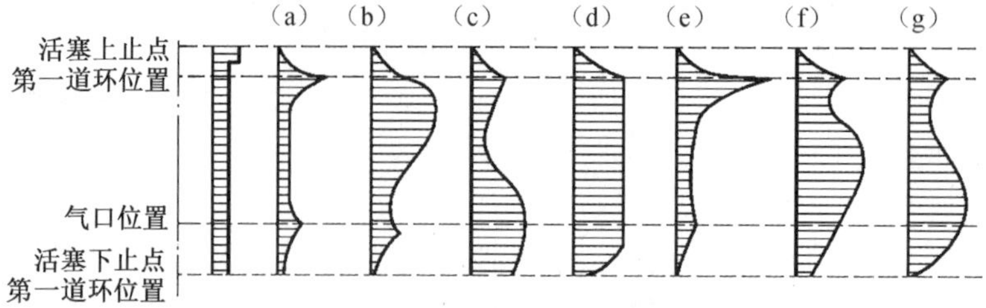

图 2 – 52　气缸套磨损后纵截面磨损量示意图

(3)气缸套正常磨损的特征

①第一道环对应上止点位置附近,由于活塞与气缸套的相对速度低、气体压力大、温度高,无法形成动液润滑,只能形成极薄的边界油膜,过薄的边界油膜被工作表面微凸峰刺破,或者是高温高压使油膜遭到破坏,黏着磨损较严重。

②进入气缸的新鲜空气携带灰尘,燃油或滑油燃烧生成的各种氧化物、炭粒和灰分,润滑油中的机械杂质及运动副的摩擦产物等均会引起磨粒磨损,气缸上部最为严重。

③燃油中硫分的燃烧产物对缸壁的硫酸腐蚀。这是因为气缸套上部的油膜较薄,隔离和中和酸的能力低,虽然直接在此凝结的酸少,但活塞上行时把下部生成的酸刮到了上部。活塞在上止点时第一道环对应缸壁处气缸套含酸量最大,为气缸套下部的 4 倍,造成气缸套上部严重的腐蚀磨损。这些原因导致活塞处于上止点时第一道环对应缸壁附近磨损严重。此外,筒状活塞由于横向侧推力的原因,气缸套左右舷方向的磨损大于首尾方向的磨损。

(4)气缸套异常磨损的特征

①气缸套和活塞环的磨损率均很高,大大超过正常磨损率。一般把铸铁气缸套磨损率每 1 000 h 大于 0.1 mm 及活塞环磨损率每 1 000 h 大于 0.5 mm 视为异常磨损。

②气缸套工作表面脏污,有明显的划痕、擦伤、撕裂,甚至咬缸和拉缸现象,或者缸壁表面发蓝,有明显的烧灼现象。气缸套工作表面形貌和金相组织发生变化。

③异常磨损的磨损产物颗粒较大。异常磨损的磨屑直径达 25 ~ 30 μm。

气缸套异常磨损在吊缸检修时可以直观判断,或通过测量缸径计算出的磨损率、缸径最大增量(或圆柱度误差)和圆度误差等来判断。

图 2 – 52(b) ~ 图 2 – 52(g)所示为气缸套异常磨损后纵截面磨损量的示意图。

图 2 – 52(b)(c)所示为典型的异常磨粒磨损。图 2 – 52(b)所示为气缸套上部因新气携大量尘埃进入气缸和燃烧不良产生大量积炭引起的磨损。图 2 – 52(c)所示为因润滑油净化不良、机械杂质过多,筒状活塞式柴油机气缸套润滑自下向上布油,造成的下部严重磨粒磨损。图 2 – 52(d)所示为上述两种因素并存时造成的严重磨损。图 2 – 52(e)所示为气缸套异常黏着磨损,特点是活塞位于上止点时第一道活塞环对应缸壁磨损异常增大,甚至出现大面积拉伤的拉缸现象。图 2 – 52(f)(g)所示是典型的腐蚀磨损。图 2 – 52(f)所示是燃油含硫量高或柴油机经常冷车启动,使气缸套上部产生严重的低温腐蚀,磨损量为正常磨损量的 1 ~ 2 倍。腐蚀产物脱落引发二次磨粒磨损,使气缸套中部磨损加剧,磨损量为正常磨损的 4 ~ 6 倍。图 2 – 52(g)所示是冷却水温过低,在气缸套下部形成严重的低温腐蚀磨损。

以上各种情况是典型的,原因是单一的,然而实船柴油机气缸套磨损情况则是复杂的,原因是多方面的。因此,在分析气缸套异常磨损原因时应依实际运转工况全面考虑,具体分析。

(5)气缸套异常磨损的原因

船舶航行期间,柴油机气缸套发生异常磨损主要是由管理工作中的问题引起的,在分析原因时应首先分析工作参数和维护管理工作对磨损的影响。

①燃油和燃烧的质量。燃油中的含硫量是气缸套产生腐蚀磨损的重要原因,燃油中含硫为0.7% ~1.0%时,磨损急剧增加。因为含硫量增加使硫酸凝结温度(即露点)升高,在气缸工作条件下更易发生腐蚀。含硫量高的燃油燃烧时生成较多的炭粒,并促进积炭的形成、加重磨粒磨损。燃油中含有较高的铝硅含量是引起气缸套产生磨粒磨损的重要原因。燃油中灰分含量高时,燃烧后生成金属氧化物或金属盐,增加气缸套的磨粒磨损。船用低速柴油机燃用劣质柴油对气缸套的磨损较燃用低硫柴油高2 ~3倍。劣质燃料油中的铝、硅以极硬的硅酸铝颗粒形式存在,严重增加了气缸套的磨粒磨损。燃油燃烧不良,如燃烧不完全、后燃等均会使炭粒增加而积炭严重。

②冷却水温的管理。气缸套冷却水温控制不佳使气缸套磨损增加。一般来说,气缸套冷却水出口温度过低,使气缸壁温度过低,硫酸腐蚀加重;冷却水出口温度过高,气缸壁冷却不良温度较高,致使气缸壁上油膜蒸发,滑油氧化,金属表面直接接触,导致黏着磨损。同时,气缸壁温度过高不仅其热负荷增加还影响活塞环的散热,使活塞环的磨损加重。实践证明,适当提高气缸套冷却水出口温度,使气缸套表面温度高于露点,不会产生液态凝酸,可有效地防止腐蚀,减少磨损。一般出口温度控制在85 ~95 ℃时气缸套磨损量较小。

③润滑油的管理。活塞环与气缸套工作表面间的边界油膜极薄,它有赖于润滑油中具有极性团的物质。合适的润滑油或含有极性添加剂的润滑油能够形成承受较高负荷的边界油膜。润滑油的其他品质,如抗氧化安定性、残炭值等也应有利于气缸润滑。柴油机燃用低质燃油时,气缸润滑油的碱值应与其匹配,以中和燃油燃烧时产生的酸,有效降低腐蚀磨损。因此,润滑油品质不良或不适,碱值不当或润滑油管理、使用不善,如油压不足,断油,长期使用不化验、不更换润滑油等,均会引起气缸套异常磨损。

上述因素中,直接影响柴油机气缸套磨损的因素是润滑油的管理。

(6)减少气缸套磨损的途径

减少气缸套磨损的途径主要有制造安装和运行管理两个方面。

①制造安装。制造安装时应选用耐磨材料,采用耐磨合金铸铁,如高磷合金铸铁、硼铸铁。合金化合物硬而耐磨,提高了铸铁的耐磨性。表面处理,对气缸套的内表面进行淬火、氮化、松孔镀铬等,提高表面的硬度从而提高耐磨性。松孔镀铬使气缸套的内表面除了有铬化物以外,还有微孔,可贮存润滑油,可减少摩擦从而提高耐磨性。安装时,保持活塞与气缸套之间的正常配合间隙。据统计,在气缸套磨损原因中由于活塞运动装置不正引起的磨损约占1/3,因此,应定期吊缸检测,调整活塞与气缸之间的配合间隙,保证活塞装置良好的对中性。

②运行管理。船舶航行期间,柴油机气缸套发生异常磨损的主要原因是润滑不良的问题,而这往往是轮机管理不良的结果,故防止和减少气缸套异常磨损的关键是提高轮机管理人员的水平。

a. 加强燃油和燃烧的管理。燃油质量及其燃烧质量对气缸套磨损影响很大,加强燃油品质的选择、净化处理和提高燃油雾化质量可有效地防止和减少腐蚀磨损和磨粒磨损。例如,选择含硫量低的燃油,严格控制燃油中的铝、硅等各种金属元素含量等,保证良好的气缸润滑条件。船舶主机运转期间,正确选用滑油品质,能减少气缸套磨损,防止产生异常磨损。

b. 加强气缸润滑的日常管理,气缸润滑油品质的选择、净化处理、定时定量供给、定期化验和换油、供油设备的维护保养等均应认真按规定执行。注意气缸冷却水温度。冷却水温度过高或过低均会加剧气缸套的磨损。冷却水温度过高,使气缸套油膜蒸发氧化,金属直接接触,引起黏着磨损;冷却水温度过低,易引起硫酸腐蚀磨损。

c. 加强冷却水的管理,控制气缸壁的温度,减少异常磨损及拉缸。冷却水管理包括定期进行投药软化水处理、注意水温的变化、注意调节水温保持在要求的范围内。

(7)气缸套磨损的检修

气缸套磨损使其工作性能下降,柴油机功率下降并导致其他零件的损坏。当气缸套磨损量超过其内径(0.4% ~0.8%)D(D 为缸径)时,将会导致漏气。气缸套磨损使其工作性能下降,柴油机功率下降并导致其他零件的损坏。气缸套的寿命决定了一台柴油机的大修间隔期。轮机员应依照说明书的要求和柴油机的运转情况对气缸套磨损进行检测,掌握和控制气缸套的磨损情况,防止过度磨损。

①气缸套内圆表面磨损测量。

目前,无论是船上还是船厂检测气缸套内圆表面的磨损情况均是利用一般的量具,如内径千分尺、内径百分表或随机专用内径百分表,通过测量缸径和计算圆度误差、圆柱度误差或内径增量、磨损率并与说明书或有关标准比较,最后做出能否继续使用的判断。通常,称测量出的最大值与标准值径(或上次镗缸直径)之差为气缸最大增量。

测量位置的选择。如图2-53所示测量气缸套内径是在沿气缸套纵向几个确定的测量点的横截面上测量首尾方向($y-y$,即平行曲轴方向,纵向)和左右方向($x-x$,即垂直曲轴方向,横向)的气缸直径所示。大型二冲程低速柴油机气缸套磨损测量部位一般在柴油机说明书中有明确规定,并有随机测量用的定位样板。测量时,只需将样板分别安放在气缸套的首尾方向和左右方向的位置上,依样板上的定位孔确定各测量截面,测量其相互垂直的两个缸径。图2-54所示为Sulzer RTA38/48型二冲程柴油机气缸套的测量位置和定位样板。

测量时应准确记录各测量点的数据,依此数据计算出各横截面的圆度并求出最大圆度;计算出首尾、左右两个纵截面的圆柱度并找出最大圆柱度;计算出内径增量;与上一次测量比较,确定两次测量的间隔时间,以便计算出这段时间内气缸套的磨损率。

将计算出的最大圆度、圆柱度或最大内径增量与说明书或相关标准比较,以确定磨损程度和修理方案。

②气缸套磨损的修复。

当气缸套磨损后各项指标均未超过说明书或相关标准的要求,只是气缸套内圆表面有轻微拉痕或擦伤时,可在船上由轮机员自行予以修复。

a. 对于轻微纵向拉痕(宽不大于0.2% D、深不大于0.5% D、数量不多于3条,D 为缸径),可用砂纸或油石打磨,使拉痕表面光滑后可继续使用。当气缸套内圆表面纵向拉痕超过上述规定时,则应送厂采用机加工方法予以消除或减轻。

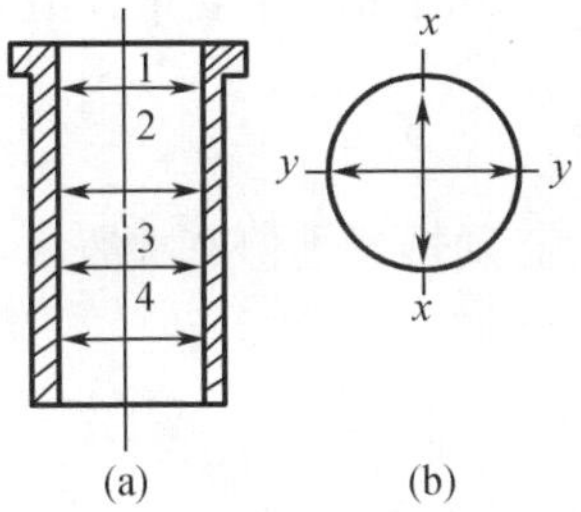

图 2-53　气缸套的测量位置

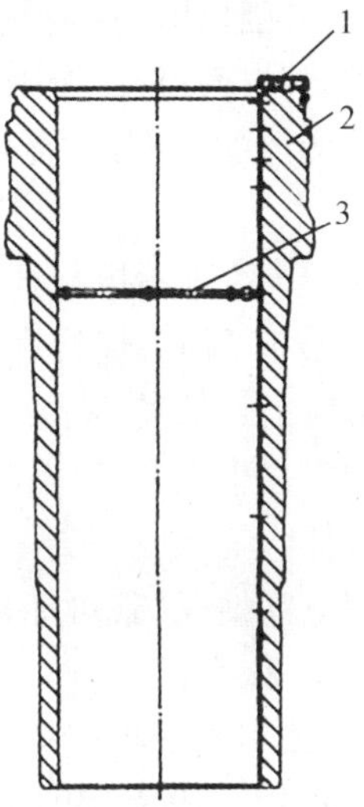

1—定位样板;2—气缸套;3—量缸表。

图 2-54　Sulzer RTA38/48 型二冲程柴油机气缸套的测量位置和定位样板

b. 对于较轻擦伤(深度 <0.5 mm)时可采用油石、锉刀或风砂轮等手工予以消除,使表面光滑后继续使用。

气缸套产生较大拉痕、擦伤、磨台和过度磨损时,应拆下气缸套送船厂修复,主要方法有:

a. 镗缸修复法。气缸套内圆表面产生较大拉痕、擦伤和磨台,或者气缸套的圆度、圆柱度超过标准,但内径增量尚符合标准时,采用机械加工(即镗缸修复)法消除其表面损伤和几何形状误差,但镗缸后的内径增量仍应在标准之内。

气缸套经过镗削后,表面有螺旋形加工刀痕。为了提高气缸壁的表面加工质量,达到气缸套加工的最终尺寸要求,延长柴油机的使用寿命,必须对气缸套表面进行最后一次精加工。

磨缸是用珩磨的方法加工气缸套表面。珩磨是一种高精度加工方法,主要加工工具是带砂条的珩磨头。珩磨头由磨缸机主轴带动旋转并做上下往复运动。珩磨头工作时是以气缸套本身进行定位的,它与主轴是挠性联结,因而可以消除磨头与气缸中心间的误差。经过珩磨,气缸套表面被砂条磨去一层薄薄的金属,其磨削方向在气缸表面留下相互交叉的网纹,相互交叉的网纹通常是 0.5~1.0 μm 的磨痕,它使工作表面既有较大的支承面又可在磨痕中贮油,有利于改善气缸的润滑状态及柴油机的磨合,如图 2-55 所示。

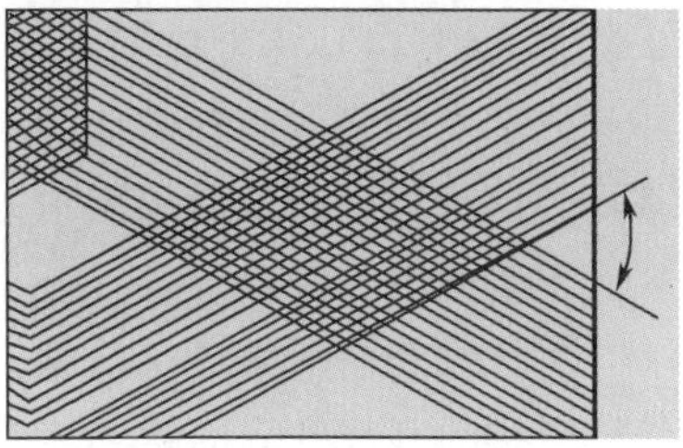

图 2-55　珩磨后的网状磨痕

b. 修理尺寸法。当气缸套内径增量超过标准时,在保证气缸套壁厚强度的前提下进行镗缸,消除气缸套内圆表面的几何形状误差和拉痕、擦伤、磨台等损伤,再依镗缸后的缸径配制新的活塞组件,以恢复气缸套与活塞之间的配合间隙。修理尺寸法改变原来尺寸,但保证原有的配合间隙,使配件管理变得麻烦。

c. 恢复尺寸法。当气缸套内径增量超标时，先镗缸消除气缸套内圆表面的几何形状误差和表面损伤，再根据气缸套壁厚要求增加的厚度可选用镀铬、镀铁或镀铁加镀铬的工艺，也可采用喷涂来消除增加的厚度，恢复气缸套原有的直径和与活塞之间的配合间隙。

六、拉缸

拉缸现象是指活塞环、活塞裙与气缸套之间相对往复运动，表面相互作用而造成的表面损伤。这种损伤程度有刮痕、烧伤和咬死等区别，故可划分为划伤、拉缸和咬缸，在广义上统称为拉缸。拉缸时的磨损率很高，可达正常磨损率的几十倍，甚至几百倍。严重拉缸即咬缸会造成严重的机损事故。

1. 拉缸的主要特征

如在运行中出现下列情况，就可能是出现拉缸现象，必须慢慢地停车检查。

①运转的声音不正常，发出“吭吭”声或“嗒嗒”声等。

②摩擦功增大，导致车速下降或自动停车。

③排气、冷却水和润滑油温度均明显升高。

④曲轴箱冒烟或着火。

⑤吊缸检查时可发现在活塞环、气缸套和活塞工作表面出现纵向条纹状损伤，细看时能看出熔融的粗糙表面，大多数情况下伴有暗红、发蓝等颜色的纵向拉痕，检测磨损量和磨损率远远超过正常值。

2. 柴油机拉缸种类

一般，柴油机拉缸事故多发生在柴油机运转初期的磨合阶段和长期运转以后。根据发生的时间和损伤特点，拉缸分为以下两类：

①柴油机运转初期的磨合拉缸。这种拉缸事故发生在新造或修理后的柴油机磨合阶段，损伤部位在气缸套和活塞环工作表面，严重时波及活塞裙外表面。

②柴油机运转中的拉缸。这种拉缸事故多发生在柴油机稳定运转较长时间（数千小时）以后，拉缸使活塞裙外表面烧伤、磨损和气缸套内上止点附近壁面严重磨损及气口筋部裂纹。铸铁气缸套与铝合金活塞发生拉缸时，可使活塞材料熔化并与气缸套表面焊接。

3. 拉缸的工艺原因

柴油机拉缸事故的根本原因是气缸套与活塞环工作表面间的油膜变薄或遭到破坏所致。当油膜变薄或局部破坏失去油膜时，使气缸套和活塞环配合表面的金属直接接触，发生黏着磨损，进一步发展和恶化即形成严重的拉缸事故。

使润滑油膜变薄和破坏的因素较多，除润滑油品质不佳、供油不足或中断、气缸套冷却不良、缸壁过热、超负荷等因素外，柴油机制造与安装精度和使用中的精度降低也是不容忽视的重要原因。所以，还应从工艺上分析拉缸的原因。

①气缸套与活塞环工作表面的粗糙度不合适容易引起柴油机运转初期的磨合拉缸。气缸套和活塞环的表面粗糙度对磨合过程有很大影响：表面质量太差，表面粗糙度值过大，表面太粗糙难以在较短时间内完成良好的磨合；若表面初始粗糙度值过小，表面太光洁，难以存油而使金属表面直接接触，会造成黏着磨损。新造或经修理的气缸套内表面粗糙度应符合以下要求：高速柴油机不超过 $Ra0.8\ \mu m$，中速柴油机不超过 $Ra1.6\ \mu m$，低速柴油机不超过 $Ra3.2\ \mu m$。

②活塞运动装置对中不良引起拉缸。新造柴油机活塞运动装置与气缸套对中性差，即安装精度低，或者由于长期运转使导板、滑块、轴承等磨损破坏了活塞运动部件在气缸中的

正确位置，致使柴油机运转中活塞在气缸中往复运动时产生摆动和敲击气缸，油膜被破坏导致拉缸事故。活塞与气缸之间的配合间隙反映了二者的对中情况，配合间隙过大、过小或分配不均都会导致拉缸：间隙过大，运转时燃气下窜，破坏油膜；间隙过小，金属表面直接接触甚至黏着，当活塞往复运动时产生拉缸；间隙分布不均，活塞运动部件在缸中倾斜，往复运动时产生摆动敲缸，破坏油膜，产生拉缸。

4. 防止拉缸的工艺措施

①保证活塞运动装置良好的对中性。新机在船上安装时应保证安装质量，保证活塞运动部件与固定部件之间的配合间隙符合说明书或规范要求，从而使其具有良好的对中性。运转中的柴油机应加强维护管理，减少导板、轴承等的磨损，加强定期检测，及时发现失中现象，防止由于对中不良导致拉缸。

②气缸套内圆表面采用波纹加工或珩磨加工。采用波纹加工或珩磨加工气缸套，不仅使其内圆表面具有合适的粗糙度，而且在表面上形成网状沟纹，这种具有网状沟纹的表面减小了活塞环与气缸套的接触面积，提高了单位面积压力，加速磨合；由于网状沟纹可以贮油，有利于润滑，尤其缺油时沟纹内的油可以补充，从而可以防止拉缸的产生。通常大型柴油机气缸套采用波纹加工：首先进行波纹切削，使表面呈波纹状，然后再进行珩磨，将波纹顶部磨去15%，这样的表面结构磨合效果最佳，拉缸发生率大大降低。中小型柴油机气缸套则采用珩磨加工或振动加工，以形成良好的抗拉表面。

③气缸套内圆表面强化处理。气缸套内圆表面采用松孔镀铬、喷钼、离子氮化处理等工艺来增强表面的耐磨性、抗咬合性，以提高气缸套的抗拉缸性能。

④活塞环外表面强化处理。采用镀锡、镀锌、镀铅等工艺，在活塞环外表面上镀覆一层5～10 μm的金属，可加快活塞环与气缸套的磨合，提高配合面的密封性，减少由于窜气破坏油膜引起的拉缸事故。活塞环外表面喷钼，可以提高抗咬合性能和耐磨性，这是因为钼的熔点高达2 640 ℃以及喷钼层多孔且孔分布均匀，贮油性好。

5. 拉缸时的应急措施

航行中，柴油机一旦发生拉缸事故，轮机员应沉着冷静地分析情况，积极设法采取可行的应急措施。根据拉缸程度、海况、海域或航道情况、柴油机结构特点等按说明书或自行决定应急措施。例如，当拉缸尚不严重，海面情况不允许停车检修或者距目的港（或任何港口）较近时，可简单地采取减缸（封缸）航行措施，在减缸航行时，必须降低柴油机负荷，通常以50%～60%的标定负荷功率和转速运转；在拉缸较为严重，如发生咬缸或自动停车时，虽距目的港较远，但海面平静，则可停车吊缸修理，若无备件，可采用完全减缸航行。

七、气缸盖的检查

（一）气缸盖的结构与材料

1. 气缸盖的作用、工作条件、材料和要求

气缸盖的作用是封闭气缸，与活塞和气缸套一起组成燃烧室；安装柴油机各种附件（喷油器、气阀、气缸启动阀、示功阀、安全阀、摇臂等）；有些机型还布置气道，开设水腔。从一些附件可以判别热机的类型，如汽油机有火花塞而柴油机有喷油器，四冲程柴油机气缸盖上有进气阀而二冲程无，二冲程柴油机直流与弯流的区别在于直流扫气的气缸盖上有排气阀，弯流没有排气阀。

气缸盖的认识微课

气缸盖的工作条件为：

①气体压力和四周安装预紧力使缸盖产生拱腰弯曲变形，导致冷水侧产生拉应力，触火面产生压应力，应力大小与爆压成正比，与气缸盖的高度成反比。

②气缸盖因温差膨胀不一致产生热应力，触火面受压，水冷侧受拉。热应力与壁厚成反比。

③气缸盖因热疲劳在触火面处产生拉应力。

④气缸盖受到燃气的高温腐蚀和冷却水的电化学腐蚀。

总之，气缸盖孔道多、壁厚不均、结构复杂，尤其是各阀孔之间的狭窄区域（称鼻梁区）应力集中严重。可以说，结构复杂使应力分布不均是气缸盖显著的特点。气缸盖是最复杂的零件之一。

要求气缸盖要有足够的强度防止开裂，足够的刚度以保证接合面的良好密封，良好的耐热性以承受高温。气缸盖与气缸套之间需加垫片密封，气缸盖和气缸套之间的密封是一种高温、高压的密封，从技术上讲难度较大，一般是采用合适的密封垫片，足够而均匀的接触压力来保证密封的。密封垫片的材料应耐热、耐腐蚀和抗压，并且还应有足够高的塑性与弹性。船用柴油机多采用紫铜或低碳钢密封垫片，现代大型船舶柴油机多采用低碳钢密封垫片。密封垫片的厚度会影响柴油机的压缩比。气缸盖的底板，特别是鼻梁区和高温部位须进行良好的冷却，气缸盖上各种阀件应方便拆装和维护，冷却水腔水垢应易清除。

气缸盖一般采用铸铁、铸钢和锻钢等材料制造。铸铁抗高温性好，铸造工艺好，价格低。合金铸铁是在铸铁中加入铬、镍、钼等合金元素，可提高强度和热稳定性。中小型四冲程柴油机由于体积小、阀件多，常采用铸铁制造，如 400 mm 以下用灰铸铁，400 mm 以上用球墨铸铁或合金铸铁。铸钢抗拉强度高、韧性好、高温强度好，不容易产生疲劳裂纹，但工艺性较铸铁差。大型低速柴油机采用铸钢或铸铁 - 铸钢组合式气缸盖（上下或内外）。强化机型的气缸盖多用性能更好的锻钢。

2. 柴油机气缸盖的组成和结构特点

（1）筒形柴油机气缸盖的组成和结构特点

6300 单体
气缸盖结构动画

筒形柴油机的气缸盖按气缸盖与气缸之间的数量关系分为单体式气缸盖、整体式气缸盖和分组式气缸盖。

①单体式气缸盖。这种结构是指每一个气缸设有一个气缸盖，即每缸一盖。其优点是制造容易，拆装维修方便，密封性好；缺点是气缸中心距大，增加了柴油机的长度和质量。单体式气缸盖普遍应用在大功率中低速柴油机以及强化度较高的高速柴油机上。图 2 - 56 所示为 Wärtsilä 32型柴油机气缸盖。

②整体式气缸盖。这种结构是指所有缸的缸盖连成一体。其特点是气缸中心距小，结构紧凑，柴油机的刚度提高，质量减小；但气缸盖易变形、密封性差、加工不便，局部损坏时会使气缸盖整体报废。整体式气缸盖一般用于缸径小于 150 mm 的高速柴油机中，如图 2 - 57所示。

③分组式气缸盖。这种结构介于单体式与整体式之间，即两缸或三缸一盖。图 2 - 58 所示为两缸一盖。分组式气缸盖一般用在缸径较大的中小型高速柴油机上，适于大批量生产、系列化程度高的柴油机。

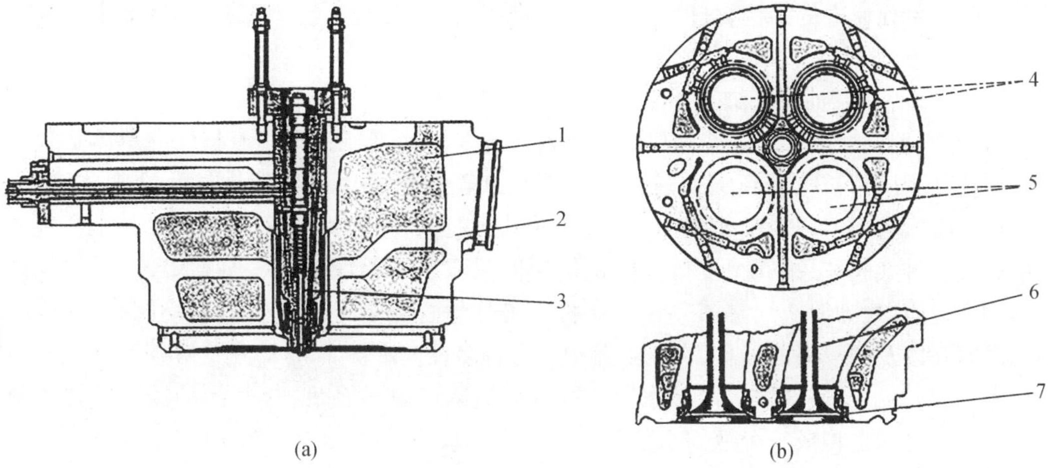

1—冷却水腔;2—气缸盖;3—喷油器孔;4—排气道;5—进气道;6—气阀;7—阀座。

图 2－56 Wärtsilä 32 型柴油机气缸盖

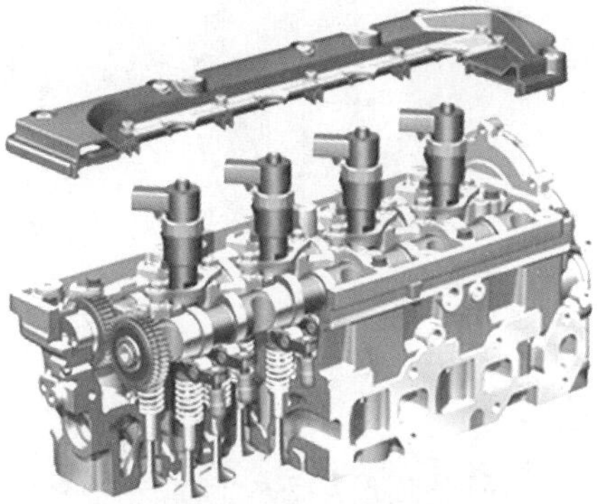

图 2－57 整体式气缸盖

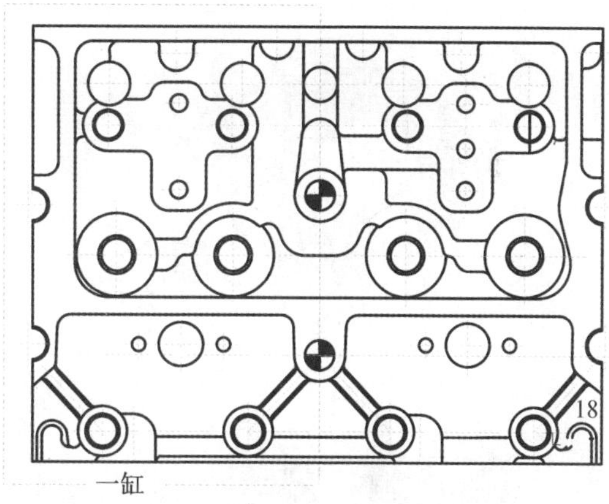

图 2－58 分组式气缸盖(两缸一盖)

四冲程筒形柴油机的气缸盖都设有进、排气阀和相应的进、排气道。根据每缸气阀数可分为双阀和四阀气缸盖。双阀指一个进气阀,一个排气阀,双阀的气缸盖,喷油器只能偏心布置。故强化程度高的中、高速柴油机普遍采用四阀机构(两个进气阀,两个排气阀,喷油器居中布置)。图 2－56 所示的 Wärtsilä 32 型柴油机气缸盖,是用球墨铸铁铸造的单体式气缸盖,四个角上有气缸盖螺栓孔,气缸盖螺栓通过液压拉伸器拧紧在气缸体上。图中 3 是喷油器安装孔,4、5 分别是排气和进气道,这种进、排气道左右分列的布置,减少了高温排气对低温进气的加热作用,使进气密度增加,有利于多进气。该气缸盖触火面很薄,并由来自边缘流向中心的冷却水有效冷却。在各阀中间的鼻梁区,采用钻孔冷却水道,增强了该处的冷却效果。排气阀座也通过钻孔冷却水道直接冷却。采用较厚的中隔板和较高的气缸盖高度实现了“强背”,并通过气道壁对底板的支撑,减小底板所承受的机械应力。阀座 7 由具有良好耐磨性能的合金铸铁制造,进、排气阀 6 表面镀有耐热的司太立合金,阀杆镀铬,如使用重油,可使用镍钼合金的排气阀。气缸盖上采用多管道集合元件代替了传

气缸盖的拆装与检查微课

统柴油机上单独元件的结构,可以实现使空气进入气缸、废气排至排气系统、冷却水从气缸盖排出等多项功能。

(2)十字头式柴油机气缸盖的组成和结构特点

目前,大型低速十字头式柴油机的气缸盖普遍采用气口－气阀直流扫气的单体式气缸盖。现代高增压超长行程新型低速柴油机的气缸盖普遍采用单体锻钢钻孔冷却式结构。图 2－59 所示为 MAN B&W S－MC－C 型柴油机气缸盖,整体为圆形,由锻钢制造。在气缸盖中央设有排气阀孔,排气阀及排气阀机构用四只双头螺栓固紧在气缸盖上,这样使气缸盖结构变得简单,为锻造气缸盖创造了条件。另外气缸盖上还设有气缸启动阀孔、安全阀和示功阀孔以及两只喷油器孔,在气缸盖中钻有许多径向冷却水孔 2,在气缸盖底部设有冷却水套,它与气缸盖底部构成冷却水腔。排气阀装入气缸盖孔后,排气阀的插入气缸盖部分与孔内壁之间也构成一个冷却水腔。这两个冷却水腔通过钻出的冷却水孔 2 相连通。冷却过气缸套的水,通过冷却水套上的四个通道进入冷却水腔。由冷却水腔进入钻孔 2 冷却气缸盖底面后,再进入阀孔与阀壳间的冷却水腔,以冷却排气阀座,最后由三个垂直孔 3 流入排气阀壳的上部冷却腔,冷却排气通道后排至冷却水出口管。

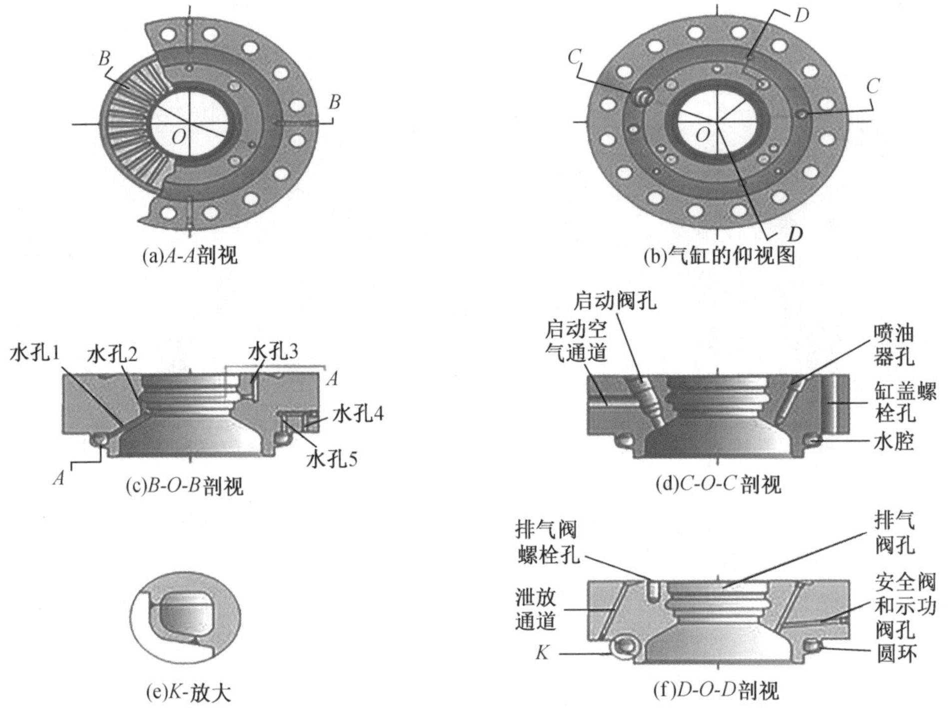

图 2－59　MAN B&W S－MC－C 型柴油机气缸盖

由图 2－59 可见,这种气缸盖高度较大,但冷却水孔离燃烧室却很近,充分体现了“薄壁强背”的设计思想,使热负荷和机械负荷都保持在比较低的水平上,提高了工作的可靠性。气缸盖底面是燃烧室壁面的一部分,而且图中所示的气缸盖底面为倒锥形,这种倒锥形燃烧室有利于换气和燃烧。两只喷油器对称布置,有利于油雾形状和燃烧室形状的配合,确保了油、气有良好的混合性能。气缸盖底最下部的内圆柱形壁面,使缸盖和气缸套的接合面下移,使接合处不受火焰的直接冲击,对接合面起到保护作用。冷却水由接合面的外部进入气缸盖,消除了冷却水通过接合面漏入气缸内部的可能性,且冷却过气缸套的水是通过沿周向均布的四个通道进入缸盖,确保了燃烧室部位的冷却较均匀。

图 2-59 所示的气缸盖由 8 个固定在气缸体上的双头螺栓和螺母压紧在气缸套的顶部,这些螺栓在圆周上均匀分布,螺栓的固紧是用气缸盖自带的液压拉伸器完成的。气缸盖与气缸套之间用软钢垫圈密封。

(二)气缸盖裂纹的检查

气缸盖常见的损坏形式有底面和冷却侧表面的裂纹、冷却侧表面的腐蚀、气阀座面和导套的磨损等。

1. 气缸盖裂纹的部位

气缸盖由于受到高温高压的燃气产生的交变负荷的作用以及热疲劳和应力集中,会产生各种裂纹。一般来说,气缸盖裂纹以发生在气缸盖触火面居多,特别是触火面应力集中及金属堆积的地方,一般产生在气缸盖底面阀孔的边缘过渡圆角处和阀孔之间。触火面的裂纹主要是由低频热应力引起的。Sulzer RD 和 RND 型柴油机气缸盖裂纹大多发生在中央小缸盖底面上喷油器孔、启动阀孔和安全阀孔四周圆角处,且沿径向扩展;在大缸盖底面上产生圆周向裂纹,如图 2-60(a)所示。目前,柴油机气缸盖多为钻孔冷却式结构,冷却效果较好,一般较少产生裂纹。

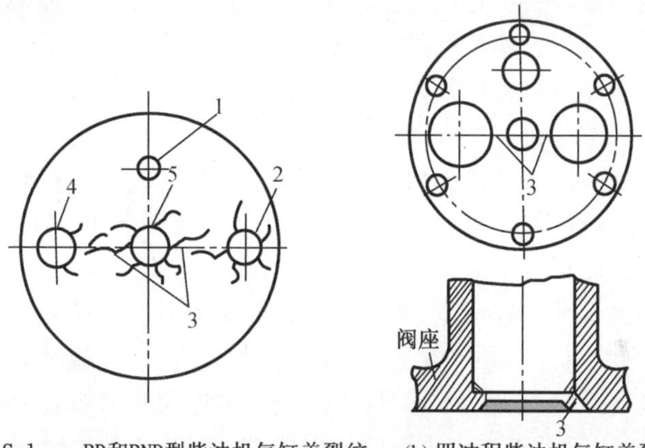

(a) Sulzer RD和RND型柴油机气缸盖裂纹　(b) 四冲程柴油机气缸盖裂纹

1—示功阀;2—启动阀孔;3—裂纹;4—安全阀孔;5—喷油器孔。

图 2-60　气缸盖底面裂纹

船用四冲程柴油机气缸盖结构复杂,底面上分布着进、排气阀孔,喷油器孔和示功阀孔等,气缸盖的强度被严重削弱,且由于各处壁厚不等、温度不均,以致在底面孔之间、阀座面上容易产生径向裂纹。触火面阀孔间区域(俗称鼻梁处)是裂纹最容易发生的部位,如图 2-60(b)所示。

除了触火面外,气缸盖冷却侧有时也会产生裂纹。对于老式气缸盖,因其冷却侧有环形冷却水道,一般多在冷却水道的环形筋的根部有应力集中处产生裂纹,并且沿圆周方向向深度(即向底面)扩展,甚至使气缸盖裂穿漏水或在阀孔壁上产生裂纹,如图 2-61(a)所示。对于新式钻孔冷却的气缸盖,在冷却水侧钻孔处产生裂纹,并且扩展至底面,如图 2-61(b)所示。这种裂纹是由淡水中的防腐剂浓度不合适和不良燃烧或者是钻孔冷却区的微生物腐蚀引起的。某新造船舶主机运转六个月后产生了上述裂纹。水冷侧受热应力和机械应力共同作用产生裂纹的特点是只有一条主裂纹，交变气体力与电化学腐蚀同时作用引起的裂纹有两条以上，但没有分支。交变应力与氢化（材料中氢气压力升高使金属材料自动开裂）共同作用，有两条以上裂纹且有分支。

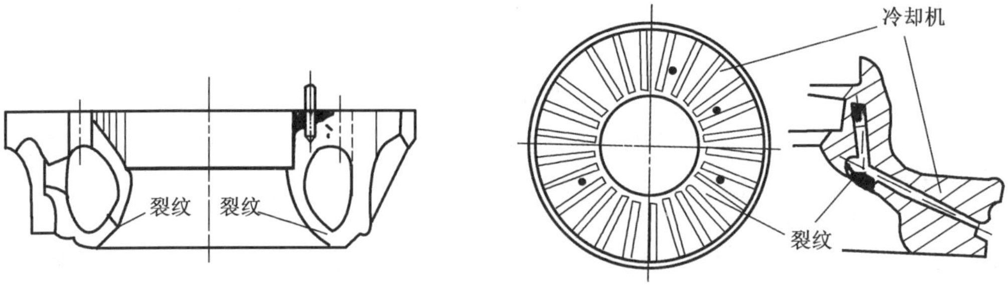

（a）气缸盖环形冷却水侧裂纹　（b）气缸盖冷却水侧钻孔处裂纹

图 2-61　气缸盖冷却侧裂纹

2. 气缸盖产生裂纹的原因

气缸盖产生裂纹的根本原因是热应力和机械应力周期作用引起的热疲劳、机械疲劳或高温疲劳，或者是综合的疲劳破坏。在柴油机运转中气缸盖产生裂纹的直接原因是轮机员的操作管理不当、维护保养不良所致，而设计不合理、材料内部缺陷和加工制造问题不是首先要检查的，因为，一般来说合格的产品才能出厂。

①操作管理不当。轮机员操作管理不当会造成零件过热，机械应力或热应力过大而引起机械疲劳或热疲劳。柴油机冷车启动或启动后加速太快，使气缸盖等零件触火面与冷却面的温差过大，热应力增加；柴油机频繁启动、停车或长时间超负荷运转使机械应力和热应力增加；冷却和润滑不良或中断、停车后立即切断冷却水等都会使零件过热，热应力增加。

②维护保养不良。轮机员未能按照说明书维修保养大纲的要求进行定期吊缸检修，不能及时发现问题和加强保养；柴油机长期运转，对冷却水不进行投药处理或处理不当致使冷却水腔积垢严重，影响零件散热产生过大的热应力；安装气缸盖时未能按照说明书的要求上紧气缸盖螺栓或各个螺栓受力不均，使气缸盖产生过大的附加应力等。

因此，轮机员在轮机管理工作中应按照规定操作、保养，不使零件因管理不正确产生过大的机械应力或热应力而损坏，这也是衡量轮机员业务素质和技术水平的标准。

3. 气缸盖裂纹的检验

航行中可根据下列现象判断燃烧室组成零件有无穿透性裂纹：

①柴油机运转中，轮机员可根据气缸或活塞冷却水压力表指针波动或膨胀水柜水位上下波动判断零件有无穿透性裂纹。因为当气缸盖或气缸套有穿透性裂纹时，燃烧室中的高压燃气就会沿裂缝进入冷却水腔，使冷却水系统的压力升高，压力表指针的读数增加和膨胀水柜水位升高；当气缸排气后压力低于冷却水压力，冷却水自裂缝进入气缸大量漏泄，造成冷却水压力急剧降低，压力表指针的读数和膨胀水柜水位则迅速降低。此外，还可从冷却水温升高，淡水消耗量增加，扫气箱有水流出，膨胀水柜的透气管有气泡冒出和冷却水中有油星等现象进一步判断。至于是气缸盖还是气缸套裂穿则需进一步检查。

②启动前进行转车和冲车时，轮机员应打开示功阀观察有无水汽或水珠喷出。如有水汽或水珠喷出，表明燃烧室零件有穿透性裂纹或喷油器冷却水漏泄。此种情况应进一步检查和处理，否则缸内积水较多直接启动就会造成水击事故。

③曲轴箱(或循环油柜)中滑油量不正常增多或润滑油水分明显增加,或滑油迅速乳化变质,均表明燃烧室组成零件有穿透性裂纹使冷却水大量漏入。

④吊缸检修时,轮机员应认真仔细观察各个零件,如发现活塞、气缸套或气缸盖工作表面有锈痕,或活塞顶部积水等,说明燃烧室组成零件有穿透性裂纹。

为了提高气缸盖的工作可靠性和使用寿命,在维护管理中应注意下列事项。

①在柴油机投入运行前,彻底清洗冷却水腔,保证水路畅通。

②柴油机运转中适时清除水垢和铁锈,保证传热条件良好。

③控制冷却水的质量,按说明书的规定控制好冷却水的温度、温差和流量。

④柴油机避免长时间超负荷运转,防止过热。

⑤当采用外源驱动冷却水泵时,柴油机停车后,不应过早停止冷却水循环,以避免产生冷却水“过后沸腾”现象;启动柴油机时,应避免暖机不足而过猛增加负荷。

【技能点】

一、气缸套磨损量的测量

1. 训练目标与要求

①量缸表正确使用;

②掌握气缸套内径的测量方法;

③正确计算圆度、圆柱度及磨损量。

2. 训练设备

气缸套或拆去活塞连杆组件的气缸套、与缸径相应量程的内径量表(俗称量缸表)、相应量程的外径千分尺。

3. 训练步骤

(1)准备工作

①内径量表的安装。安装时,按所要测量的缸径选用合适的可换量头,使要测的缸径值在活动量头与可换量头两端距离的最大量程内,缸径的磨损量一般不超过 1 mm,为了使内径量表具有测量最大缸径的能力,转动可换量头,使两量头间距比缸径公称值大 1 ~ 2 mm 为宜,然后拧紧滚花螺母紧固可换量头;将百分表装到表杆上,使百分表指针有 0.5 mm 左右的读数,确保百分表与表杆接触,然后将固定百分表壳的紧固螺栓适当拧紧。

②外径千分尺校零。校零时,擦净外径千分尺的两测量面(量砧),使用随机提供的校准棒,检验外径千分尺微分筒最小刻度线是否与固定套筒上的水平线重合,同时微分筒边缘与固定套筒上的最小刻度线的右边缘恰好相切。如果最小刻度线不重合,要重新调整。调整方法是:先松开固定套筒上的顶丝,用随机的专用小扳手插入固定套筒最小刻度线背面的小孔,扳动固定套筒,使固定套筒水平线和微分筒的最小刻线对齐,然后紧固顶丝;最小刻度线未对齐,也可记住此数值,在测量时减去此原始误差。

③将外径千分尺两测量面距离调至缸径的公称尺寸后锁住,用内径量表测量调好缸径值的外径千分尺,转动百分表面使大指针对“0”,记下百分表小指针的读数,并复查可换量头是否紧固。

注意:也可将内径量表放入已清洁的气缸套下部,距底部 $1/3L$(L 为气缸套总长)处,即气缸套磨损最小部位,也可将气缸套上部未磨损部位(活塞上止点以上未磨损过的部位)去除积炭,擦拭干净,将装配好的内径量表放入气缸套上部调零,作为该缸磨损量测量依据。

④清洁气缸套内表面，确定测量部位。一般按说明书要求的测量部位进行测量，无说明书时，可参考以下四个位置进行气缸套磨损测量：

a. 当活塞位于上止点时，第一道活塞环所对应的缸壁位置；

b. 当活塞位于行程中点时，第一道活塞环所对应的缸壁位置；

c. 当活塞位于行程中点时，末道刮油环所对应的缸壁位置；

d. 当活塞位于下止点时，末道刮油环所对应的缸壁位置。

每个高度位置测量左右与前后两个方向，如图 2－62 所示。

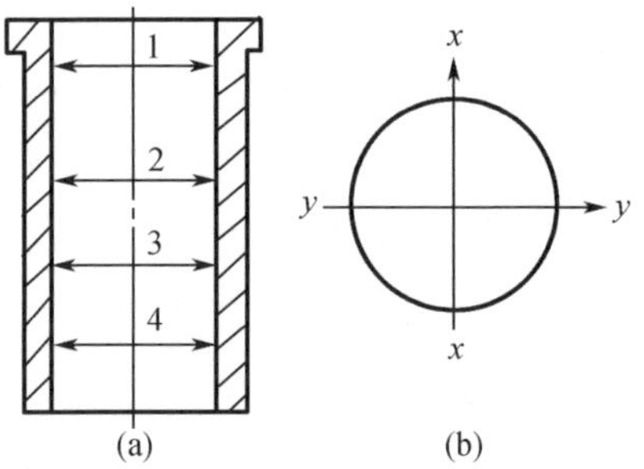

图 2－62　气缸套的测量位置

(2)用内径量表测量缸径

①用右手握住内径量表表杆上的胶木部位，左手两指使表的定心架压在气缸套壁面，为了减少量头磨损，先将活动量头放入缸内，如图 2－63 所示。

②将定心架放在要测量的部位，右手握住表杆前后摆动，使可换量头沿气缸套母线做上、下移动，观察表面大指针的偏转，到表针刚要反转时，表杆立即停止摆动，这时百分表的读数为最小值，即要测量的缸径，如图 2－64 所示。

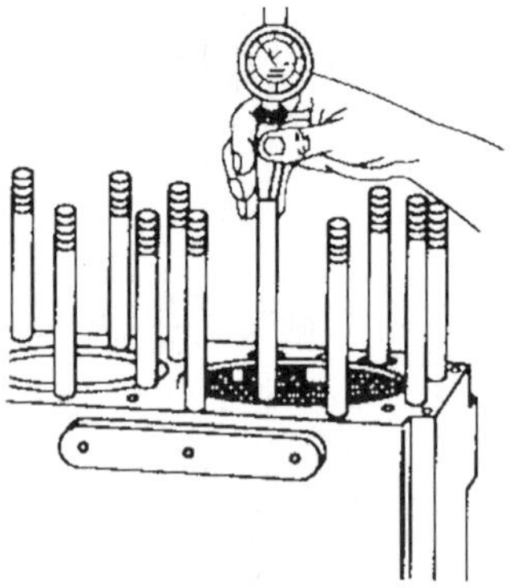

图 2－63　气缸套内径的测量

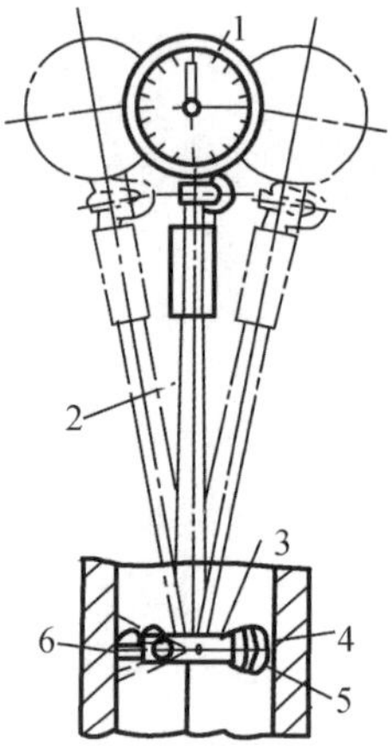

1—百分表；2—表杆；3—三通管；4—活动量头；5—定心架；6—固定量头。

图 2－64　内径量表的读数

③记下百分表上的读数。百分表小指针每偏转 1 格为 1 mm，大指针每偏转 1 格为 0.01 mm，偏转的正负可在测量前用手按动活动量头观察大指针的转动方向来确定，不可搞反。如用手按压活动量头，两量头之间距离减小，此时大指针转动的方向即为数值减小的方向。

④同理，测量、记录其余位置的读数并计算实际缸径值。

(3)圆度、圆柱度与磨损量的计算

①圆度：同一测量高度上，计算 $x-x$ 和 $x-y$ 方向上半径之差的绝对值，取不同测量高度中最大值为圆度误差；

②圆柱度：计算 $x-x$ 方向，取最大半径减去最小半径，同理，计算 $y-y$ 方向，取两方向

的最大值为圆柱度误差。

③磨损量:用本次气缸套测量的最大直径减去名义直径或上次测量直径,差值即为磨损量。

将计算的圆度、圆柱度与磨损量与说明书或相关标准的要求做比较,以确定磨损程度。

二、活塞环的测量

1. 训练目标与要求

①测量工具的选取、使用正确得当;

②正确测量活塞环的天地间隙,搭口间隙。

2. 训练设备

气缸套(拆去活塞连杆组件的柴油机也可)、活塞、活塞环、专用工具或麻绳(粗布条)、塞尺等。

3. 训练步骤

(1)测量活塞环搭口间隙(闭合间隙或切口间隙)

①准备工作,清除气缸套内表面的积炭、油污等,必要时用刮刀修刮缸口,并用细油石打磨,再用干净的棉纱擦拭干净。

②将活塞环放入气缸磨损量最小的部位,并检查放平;握住活塞环开口的对边,将活塞环压入气缸套下部 1/3 处(此处磨损最小,且便于测量),当然,最好是放入新气缸套内测量,再用活塞把活塞环推平,使活塞环的平面与气缸中心线相垂直。

③测量搭口间隙,用塞尺插入环开口间,塞尺能拉动,又有点阻力,则塞尺的厚度即为测量的搭口间隙。当用一片塞尺偏薄时,可将两片塞尺重叠起来测量。

④正常活塞环搭口间隙应满足装配间隙≤搭口间隙 < 极限间隙。当搭口间隙小于装配间隙时,应用细平锉在搭口端面进行细心修锉,并随时对搭口间隙进行测量。待间隙合格后,对修锉的端面进行轻微修锉倒角,以免尖角毛刺拉伤气缸套。当搭口间隙超过极限值时,应报废活塞环,如图 2-34 所示。

(2)测量活塞环天地间隙(也称轴向间隙或平面间隙)

①清洁活塞环槽、活塞环及塞尺。

②将活塞环依次装于各道活塞环槽中,使活塞环下端面紧贴活塞环槽下端面上,如图 2-35 所示。

③用塞尺沿圆周 3~4 个位置测取天地间隙,取平均值作为天地间隙。

④活塞环轴向间隙应符合要求:过大,泵油严重,还会引起活塞环对环槽的冲击而加速磨损,应进行更换;轴向间隙过小,会使活塞环卡死在环槽中而失效。过小时应在车床上适当车宽活塞环槽,车削中必须注意在活塞环槽底部留有过渡圆角,或者在平面磨床上将活塞环的高度磨低。

【效果检测】

扫描二维码,进行过关测试。

任务二　曲柄连杆部件检查

【任务引入】

请为二冲程大型柴油机连杆和四冲程柴油机连杆确定合适的形状和工艺，并分析原因。

【知识结构】

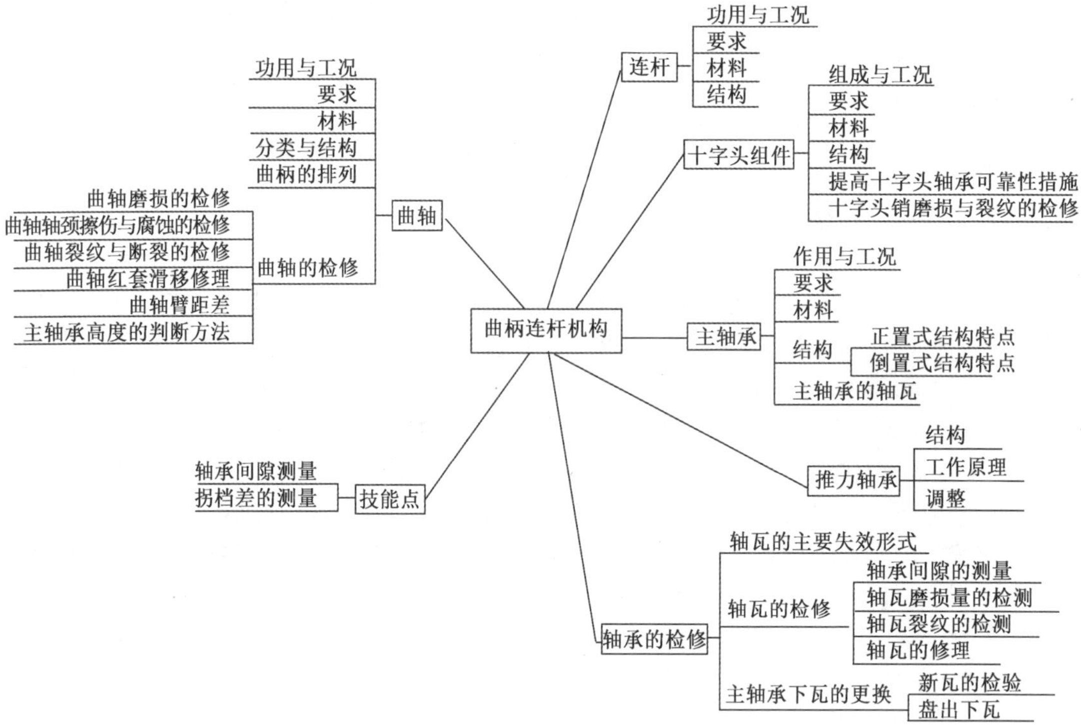

【知识点】

一、连杆结构

1. 连杆的作用、工作条件、要求及材料

连杆的作用是：

①连接，连杆用于连接活塞或十字头与曲轴；

②转换，连杆用于实现活塞的往复变速直线运动与曲轴的匀速回转运动之间的转换；

③传递，连杆用于把作用在活塞上的气体力和惯性力传给曲轴，使曲轴对外输出扭矩、输出功。

连杆的运动方式包括：

①小端的往复直线运动；

②大端的回转运动；

③杆身的复杂平面运动，杆身上任一点的轨迹，都近似椭圆。

连杆工作过程中的受力包括气体压力、往复惯性力和离心惯性力。惯性力与转速的平方成正比，故柴油机飞车时，连杆所受惯性力陡增，造成连杆损坏。以上各力大小和方向不断变化，易引起连杆疲劳破坏。由图 2－65 可知，活塞加速度在上止点 ±75°曲轴转角范围内，加速度方向向下，其余范围内加速度方向向上，则在上止点 ±75°曲轴转角范围内往复惯性力向上。连杆受拉还是受压取决于气体力与惯性力的合力。四冲程柴油机在进排气上止点前后，气体压力小于惯性力，连杆受拉。图 2－66 所示为某二冲程非增压柴油机活塞上的作用力，由图可知，只在上止点前很小区域内，气缸内压力小于往复惯性力，连杆受拉，且拉力较小，一般忽略不计。二冲程增压柴油机连杆始终受压。故一般认为二冲程柴油机连杆的受力状态是始终受压，四冲程柴油机连杆的受力状态是拉压交替。此外，在连杆摆动平面内，受连杆本身运动惯性力的影响，小端竖直向上，大端离心，引起附加弯矩（称连杆力偶），在摆动平面内（柴油机的横向）的弯矩远大于摆动平面垂直平面，导致连杆弯曲变形，如图 2－67 所示。

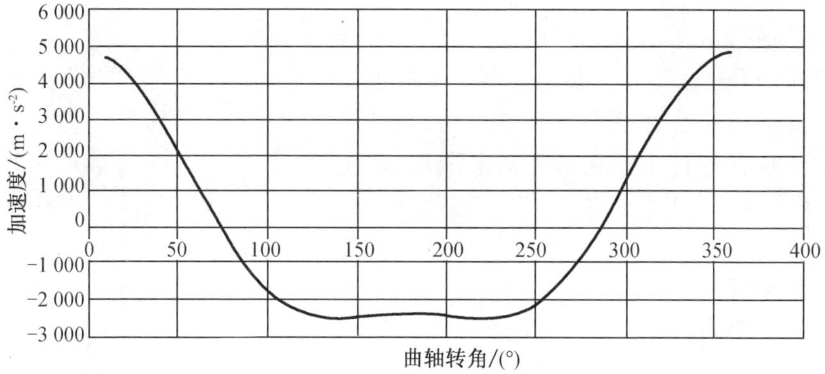

图 2－65 活塞加速度曲线

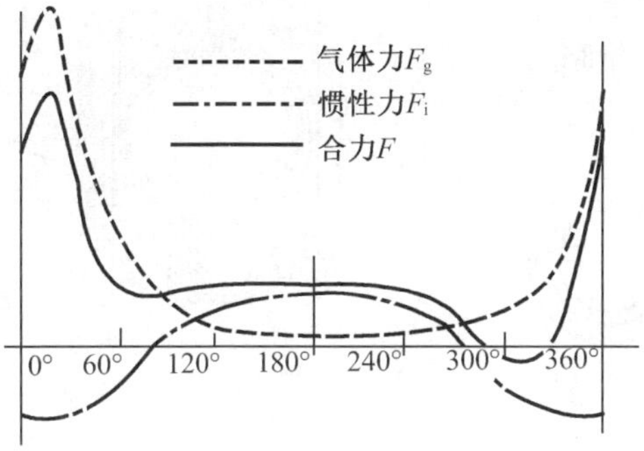

图 2－66 某二冲程非增压柴油机活塞上的作用力

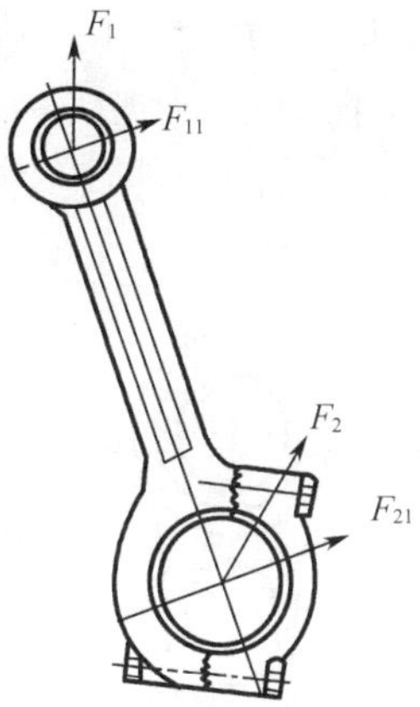

图 2－67 连杆力偶示意图

连杆损坏会导致整机损坏，还有可能发生安全事故。气体力和惯性力均为周期性交变循环，故要求连杆耐疲劳，即应有足够的强度，尤其是抗弯强度和疲劳强度，杆身不能有微小的裂纹。气体力具有冲击性，故要求连杆抗冲击，即要有较好的韧性。连杆还应有足够的刚度，防止连杆杆身弯曲和大小头孔变形。因此，连杆应具有良好的综合机械性能。中高速柴油机用连杆质量要小以减少惯性力。连杆尽可能短，以减小惯性力，也可降低发动机高度和质量；短连杆还可增大摆角，有利于润滑油膜；但短连杆导致压力角大，传动效率低。连杆受压，故要求其稳定性要好。此外，连杆连接活塞销(或十字头销)与曲柄销，故大小端孔中心线平行度应满足要求。连杆还应易于加工、拆装维修方便、成本低。

柴油机连杆常用优质碳素钢或合金钢锻造而成。低速十字头式船用柴油机连杆常用优质碳素钢35、40或45，杆身为圆形截面，自由锻；中高速筒形柴油机连杆常用优质合金钢，如35CrMo、40Cr、42CrMo等，杆身为工字形截面，模锻。

筒形柴油机连杆微课

2. 筒形活塞式柴油机连杆和连杆轴承的结构特点

筒形活塞式柴油机连杆组件由连杆、连杆螺栓、连杆轴瓦、小端衬套等组成。连杆又分为连杆小端、连杆杆身和连杆大端三部分，如图2-68所示。

(1)连杆小端

连杆小端通过活塞销与活塞相连，将作用于活塞上的气体压力和往复惯性力传给连杆。连杆小端结构与尺寸受活塞的限制，采用整体式结构，与杆身一体锻造。工作时连杆小端在活塞销上摆动，比压大、润滑油条件差。为改善磨损，连杆小端孔中以一定的过盈量压入耐磨衬套，连杆小端的材料为锡青铜或铅青铜等耐磨合金。

连杆小端常用的润滑方式有飞溅润滑与强制润滑两种方式。强制润滑将连杆大端润滑油通过连杆杆身中孔道引至连杆小端，连杆小端内孔表面开有油孔和油槽。对于需要冷却活塞的柴油机，这路润滑油还可用于活塞的冷却。现代中速强载柴油机，由于机械负荷很高，为增大连杆小端下部的承压面积，采用阶梯形的连杆小端[图2-70(a)]或锥形连杆小端[图2-69(b)]。

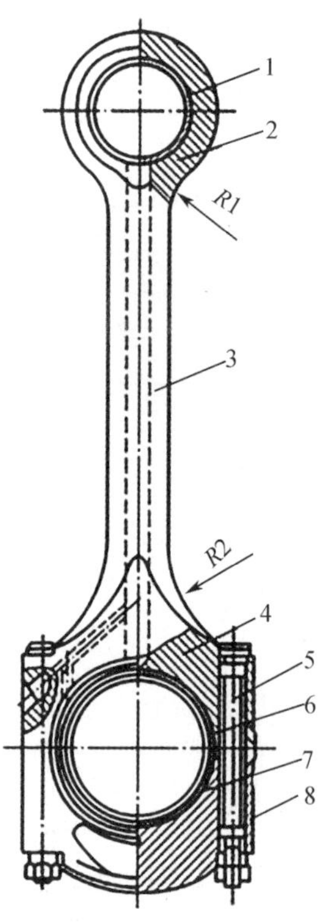

1—小端轴套；2—小端；3—杆身；
4—大端轴承座；5—连杆螺栓；
6—上轴瓦；7—下轴瓦；8—轴承盖。

图2-68 连杆组件

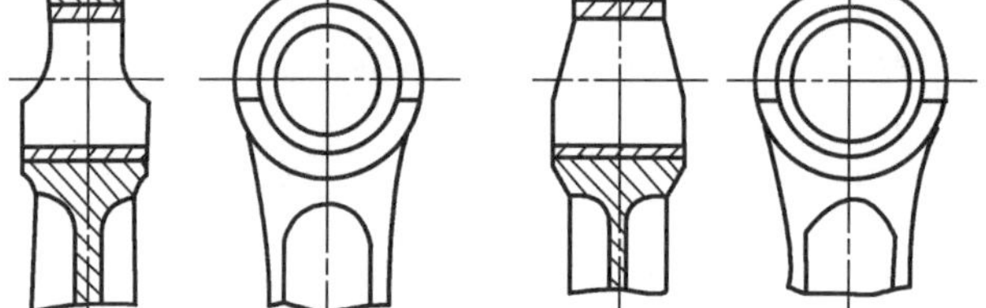

(a) 阶梯形　　(b) 锥形

图2-69 现代中速强载柴油机连杆小端的结构

(2)连杆杆身

连杆杆身是指连杆大端与连杆小端间的部分。连杆杆身的主要区别为截面形状。连杆杆身截面形状如图2-70所示。由自由锻造、毛坯制成的圆形截面连杆杆身，主要用于小批量生产的大型低速柴油机中，具有质量大和材料分布不合理的缺点，弯曲导致应力大的两边材料少，弯曲导致应力为零的中间处材料多。矩形截面连杆杆身材料分布较圆形截面材料分布合理。工字形截面连杆杆身材料为三者中材料利用最合理、抗弯能力最强、同样负载下质量最小，但形状复杂，适于模锻毛坯制造工艺，常应用于大批量生产的中高速柴油机。有的连杆杆身中钻有油孔，作为把润滑油在大小端输送的通道。

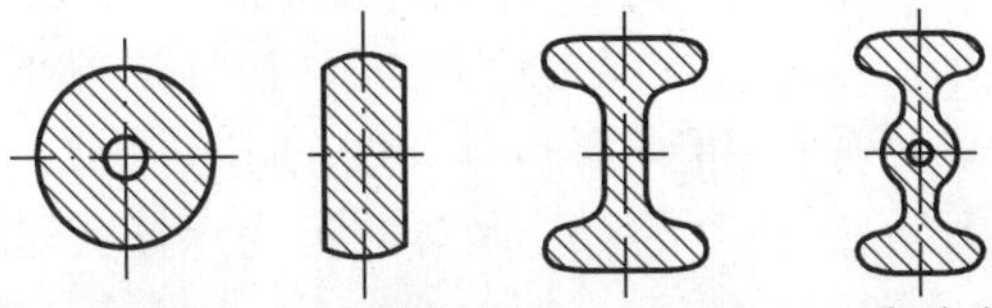

（a）圆形　（b）矩形　（c）工字形　（d）杆身有油孔

图 2－70　连杆杆身截面形状

为使应力分布均匀，连杆杆身应当从小端到大端逐渐加粗。为了减少应力集中，连杆杆身与连杆大、小端采用大圆角半径过渡，参见图 2－68 中的 $R1$ 与 $R2$。

（3）连杆大端

连杆大端也称曲柄销轴承。为了便于装拆，连杆大端制成上、下两半的剖分式结构，用螺栓连接。连杆大端有车用式大端和船用式大端（也称海军式大端）两种。车用式大端与船用式大端的区别在于杆身是否与大端孔制成一体。连杆大端与杆身制成一体的称为车用式大端；连杆大端与杆身分开的为船用式大端。车用式大端按切口形式分为平切口、斜切口和阶梯形切口三种。

Wärtsilä 32 型柴油机连杆采用船用式大端，如图 2－71 所示。连杆杆身 1 由合金钢锻造，圆形截面，中间钻孔，将滑油从连杆大端送到连杆小端，来润滑连杆小端轴承和冷却活塞。连杆大端与杆身分开，连杆大端用连杆螺栓 2 紧固于连杆杆身下端凸缘上。这种结构可以通过改变杆身与大端之间的下脚板垫片 3 的厚度来调节连杆长度（连杆大、小端中心距），以保证各缸压缩比相同。Wärtsilä 32 型柴油机连杆下脚板垫片材料为铝合金板，材质软，易于贴合。连杆盖 5 与连杆大端通过连杆螺栓 6 相连。船用式大端结构的优点是由于连杆大端轴承不从气缸吊出，吊缸高度减小，便于将活塞连杆组件从气缸内吊出，给检修工作提供了方便；有利于加大曲柄销直径，降低轴承比压；可以调整压缩比（通过改变连杆下脚板垫片的厚度，该垫片也称为压缩比调整垫片）。船用式大端结构的缺点是尺寸与质量小。随着柴油机强化程度的提高，曲柄销承载力愈来愈大，曲柄销直径与缸径之比在增大，所以新型筒状活塞式柴油机的连杆广泛采用船用式大端，连杆大端横向尺寸可以大于缸径。

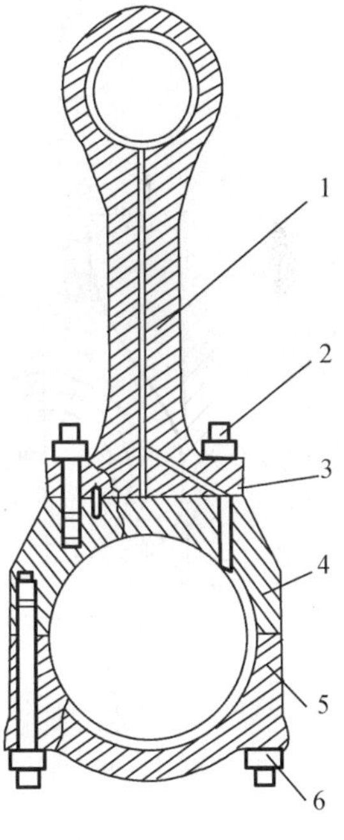

1—连杆杆身；2，6—连杆螺栓；3—下脚板垫片；4—连杆大端；5—连杆盖。

图 2－71　Wärtsilä 32 型柴油机连杆

车用大端的特点是结构紧凑、质量小。图 2 – 72 所示为车用式大端的斜切口与平切口。平切口剖分面垂直于连杆中心线，为了能将连杆杆身从气缸中拉出，曲柄销直径与气缸直径之比在 0.72 以下。平切口连杆质量小、加工方便。斜切口剖分面与连杆中心线呈 30° ~ 60°夹角，根据直角三角形斜边大于直角边，对于同样的气缸直径 D，斜切口的曲柄销孔 dp1 可以做得更大。采用斜切口连杆大端即使将曲柄销直径增大到气缸直径的 0.85 倍，仍然可以保证活塞连杆组件通过气缸进行装拆，这样就降低了轴承比压并增加了曲轴的刚度。

斜切口的缺点是加工麻烦，沿切口方向有切向力，使连杆螺栓承受剪切力。为了使连杆螺栓不受剪切力，连杆大端必须采用能够承受切向力的定位方式。锯齿形定位方式有较多的抗剪切断面，抗剪切能力强、定位可靠、尺寸紧凑，但为保证有足够高的齿形精度和贴合度，加工精度要求高，目前应用较为广泛。斜切口连杆大端要注意安装方向，当活塞位于上止点时，开口（上部）应对着曲轴正转方向的前方。此时，上部斜切口就在旋转方向的前方。图 2 – 73 所示为 Wärtsilä 20 型柴油机阶梯形切口连杆，阶梯形切口是斜切口的一种变形，该连杆采用锯齿形定位，避免连杆螺栓受剪切力。Wärtsilä 20 型柴油机连杆由合金钢锻造而成，由于转速较高，为减小连杆惯性力，增大抗弯模量，采用工字形截面，杆身钻孔以润滑连杆小端和冷却活塞。连杆小端采用上薄下厚的阶梯形结构，提高承载能力。

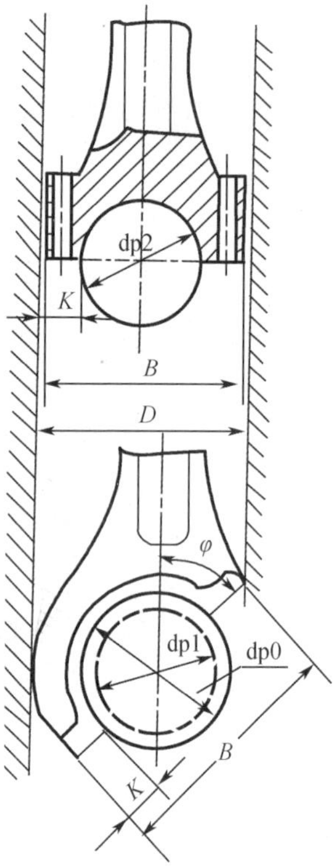

1—连杆杆身；2，6—连杆螺栓；3—下脚板垫片；4—连杆大端；5—连杆盖。

图 2 – 72　车用式大端斜切口与平切口

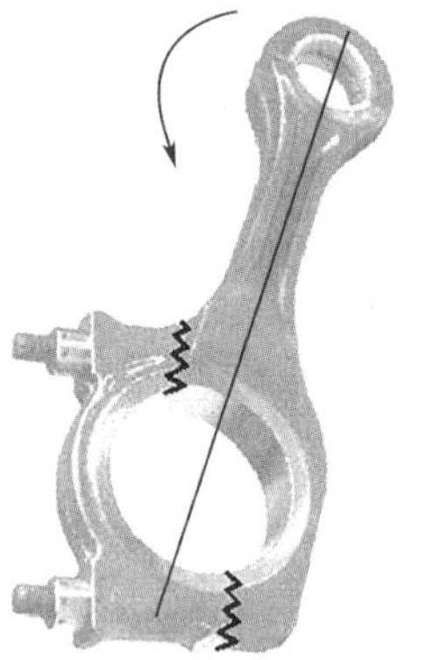

图 2 – 73　Wärtsilä 20 型柴油机阶梯形切口连杆

(4)气缸单元

筒形柴油机向模块化方向发展。气缸单元是包括气缸盖、气缸套、冷却水套,以及气缸里的活塞、连杆的一个模块,如图2－74所示。

拆装气缸单元时,首先拆下气缸盖上的进、排气管,冷却水管和燃油管,然后安装起吊工具,接着拆下连杆杆身与大端盖间的连杆螺栓。为了防止连杆摆动碰伤气缸体,应安装连杆固定夹具,松开气缸单元与机体间的固定螺栓,利用起吊工具可将气缸单元整体吊出。气缸单元吊出后,放在专用的可翻转的工作台上:工作台翻转180°后,可将气缸内的连杆与活塞从气缸中抽出;工作台复位,气缸盖从上部拆下,并拆出气缸套。气缸单元作为一个整体进行拆装与更换,气缸单元所有的零部件均可在机外进行检修,使柴油机拆检更加方便快捷。

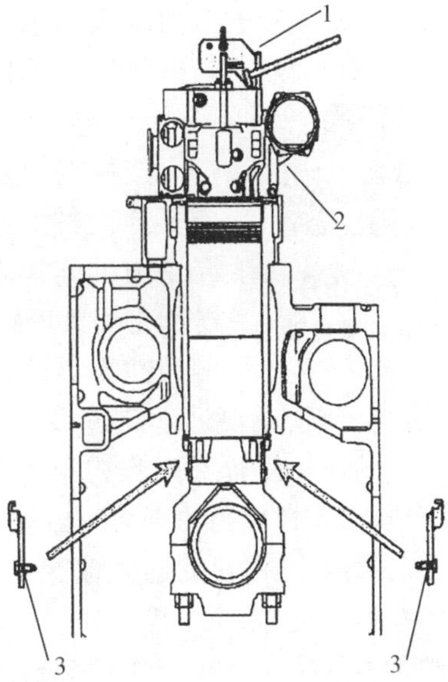

1—起吊工具;2—气缸单元;3—连杆固定夹具。

图2－74 气缸单元

(5)V形柴油机连杆

V形柴油机一根曲柄销安装两根连杆,共用主轴颈,故可缩短曲轴长度,整机长度变短,结构紧凑,单位质量功率大,但结构变得复杂。

根据两个连杆相互连接方式,可把V形柴油机连杆分为并列连杆、叉形连杆和主副连杆三种形式。

①并列连杆,指同一列左、右两气缸的连杆并排地装在同一曲柄销上。其优点是左右两气缸的连杆结构完全相同,可以通用;两个活塞连杆组运动规律完全相同,动力性能一样。其缺点是左、右两排气缸中心线沿轴向错开一段距离,使曲轴长度增加,导致刚度降低。由于这种连杆结构简单、通用性好,船用V形四冲程中速柴油机多采用。

②叉形连杆,如图2－75所示,中央连杆2的大端插在叉形连杆1的中央。叉形连杆大端采用特殊的厚壁轴瓦3,内表面浇铸有铜铅合金,外表面中部镀铬硬化。中央连杆大端内采用普通的薄壁轴瓦,左右两个连杆气缸中心线处于同一平面内,无须轴向错开。叉形连杆大端结构和制造工艺比较复杂,大端刚度不高,轴承润滑条件差,加工维护比较麻烦,应用很少。

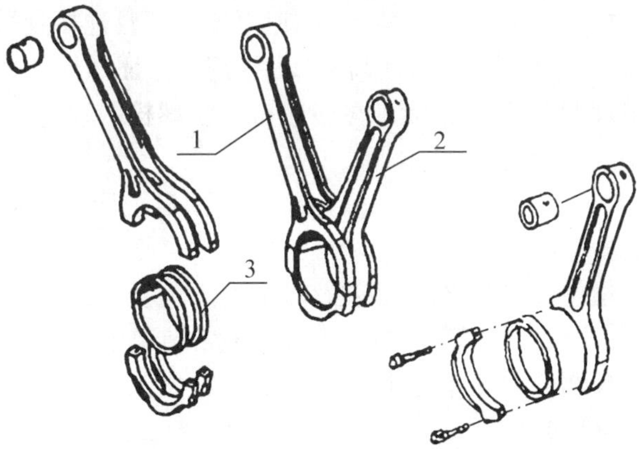

1—叉形连杆;2—中央连杆;3—厚壁轴瓦。

图2－75 叉形连杆

③主副连杆(关节式连杆),如图 2－76 所示。主连杆 5 直接连在曲柄销上,副连杆 7 通过圆柱销(副连杆销 9)与主连杆大端轴承 3 相连。其优点是气缸中心线在同一平面内,且只有主连杆大端与曲柄销相连,故结构紧凑,轴向尺寸缩短,曲轴刚度增加。其缺点是两排气缸运动规律有差别,且副连杆在主连杆上产生附加弯矩,副连杆销的载荷较高,其连接螺栓易出现裂纹。新机型基本不用这种连杆。

连杆组件
与连杆螺栓动画

(6)连杆螺栓

连杆螺栓是连杆大小端轴承的重要连接件。连杆螺栓装配时受到预紧力的作用。预紧力应保证各剖分面之间紧密贴合,使它们在最大往复惯性力等的拉伸作用下也不致分离,因此,预紧力要远远超过最大往复惯性力。二冲程柴油机的连杆螺栓在工作中只受安装预紧力的拉伸作用,气体力和惯性力的合力一般使连杆螺栓产生压缩变形;而四冲程柴油机的连接螺栓在工作中除受安装预紧力的拉伸作用外,还在排气冲程后期和进气冲程前期受到惯性力的拉伸作用。连接螺栓工作条件最恶劣的时刻发生在换气上止点,柴油机转速越高,螺栓受拉力越严重,所以通常连杆螺栓断裂的事故几乎全部发生在四冲程柴油机中。除此之外,连杆螺栓还受到连杆大端变形所产生的附加弯矩作用。

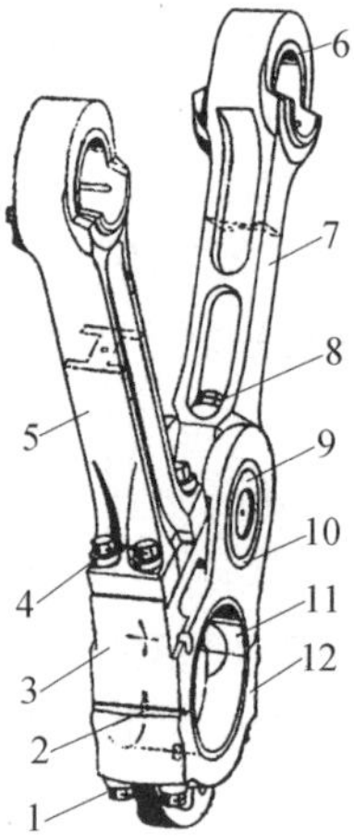

1,4,8—螺栓;2—定位销;3—大端轴承;
5—主连杆;6,10—套筒;7—副连杆;
9—副连杆销;11—大端轴瓦;
12—大端轴承盖。

图 2－76　主副连杆(MAN VV40/54)

连杆螺栓在众多螺栓中最受轮管人员的重视。连杆螺栓一旦断裂必将产生严重的机毁事故。因此,必须在材料选用、结构设计、加工工艺、装配质量及维护管理等各个方面来保证连杆螺栓的工作可靠性,一般采取如下措施:

①连杆螺栓通常选用优质合金钢制造,如 35CrMo、40Cr 等。只在低速柴油机中才用优质碳钢材料,如 45 号钢。

②连杆螺栓结构上采用耐疲劳的柔性结构,即适当增加螺栓长度,减小螺栓杆部的直径,杆身最小直径等于或小于螺纹最小直径,以增加螺栓的柔度,以通过螺栓变形来减小交变应力幅值;螺纹采用精加工细牙螺纹;在螺纹、退刀槽与杆身连接处采用大圆角平滑地过渡,表面要仔细磨光,以减小应力集中,提高其疲劳强度;保证螺栓和螺母支撑平面与螺纹中心线垂直,以减小附加弯曲应力;上紧螺母时应有防止螺栓跟转的结构,螺母上紧后应有防松装置,如开口销锁紧、止动垫片锁紧等。

③连杆螺栓的预紧力、紧固方法和步骤都应按柴油机说明书的规定进行。预紧力过大、过小,或各螺栓的预紧力不均,都可能降低它的工作可靠性。另外,当发现连杆螺栓有损伤、裂纹或残余伸长量超过规定值,都必须及时更换。

连杆螺栓拉断是柴油机工作时最严重的事故。通常情况下,连杆螺栓不是一下子损伤的,而是由于某些因素长期存在没有及时发现,引起材料疲劳而产生的。因此,在拆装过程中应特别注意对连杆螺栓的检查。

①拆下的连杆螺栓认真清洗后,要仔细检查螺纹和螺栓圆角处有无裂纹、损伤。

②检查螺栓有无残余变形。检查方法是测量螺栓的长度并与标准螺栓长度相比较,其

长度不得超过标准长度的0.3%。

③用专用工具上紧，在柴油机说明书中明确规定了紧固时的次序及预紧度。一般用螺栓的伸长量、液压拉伸器的油压、扭力扳手的扭矩或螺帽的旋转角度来衡量，这些方法也用于其他重要螺栓预紧力的控制。注意螺栓的拧紧度不可由螺栓直径变化量来衡量，且要避免各螺栓紧度不一。正确固紧是避免连杆螺栓疲劳断裂这类事故发生的最重要措施之一。

(7)连杆轴瓦

筒形柴油机的连杆轴瓦一般采用薄壁轴瓦，壁厚为(0.02 ~0.05)D (D 为轴承直径)，要求外表面有高的光洁度，使轴瓦与轴承贴紧，增加承载能力和导热能力，提高工作可靠性，连杆轴瓦上还分布有油槽和油孔。连杆轴瓦的定位方式主要有销钉定位和定位唇定位两种，如图2 -77所示。

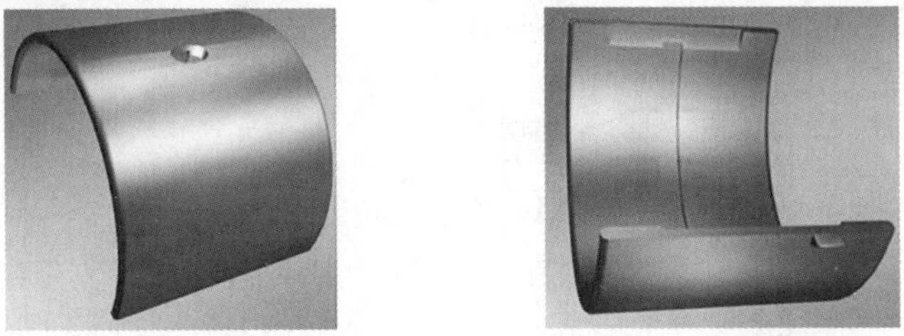

(a) 销钉定位　　(b) 定位唇定位

图2 - 77　连杆轴瓦定位

3. 十字头式柴油机连杆的结构特点

(1)十字头式柴油机连杆的结构

十字头式柴油机连杆微课

大型低速十字头式柴油连杆也由连杆小端、杆身和连杆大端组成。连杆小端装十字头销，连杆大端装曲柄销。由于十字头式柴油机连杆通常承受压应力，此外，其运动速度较低、惯性力较小、连杆力偶较小，为便于加工，杆身通常做成圆形中空截面。中间油孔将滑油从连杆小端送至连杆大端，避免在曲柄销上钻孔。

连杆大小端与杆身的连接方式有三种：

①连杆大小端与杆身完全分开制造，连杆大端轴承与杆身间有垫片可调整压缩比。

②连杆小端轴承座与主杆锻成一体，连杆大端与主杆分开制造，连杆大端轴承与杆身间有垫片可调整压缩比，结构较紧凑，杆身可缩短，适合于较长冲程机型。

③连杆大小端轴承座均与杆身锻成一体，连杆最短，适合于超长冲程机型，以降低发动机高度。由于连杆长度缩短，增大了十字头轴承的摆动角，使轴承的润滑条件得到了改善。但不能用上述方法调整压缩比，一般可在活塞杆与十字头销之间增减垫片来调整压缩比。需要说明的是，只有长期处于低负荷运转下的柴油机才需要提高压缩比，对于正常运转的柴油机，一般不需要调整压缩比。

(2)十字头式柴油机连杆轴承

连杆轴承一般由轴承座、轴承盖、轴瓦和连杆螺栓组成。十字头式柴油机连杆小端为便于拆装均采用水平剖分面，并用螺栓连接，有分岔式连杆小端(图2 -78)和全支承式连杆小端两种形式(图2 -79)。全支承式连杆小端承载面积大，有利于降低小端轴承比压。十字头轴承由于比压大，无法构成动液润滑，是柴油机中工作条件最差的轴承，一般采用静液润滑。十字头销轴承的下瓦必须开设布油槽。

连杆轴瓦有厚壁轴瓦和薄壁轴瓦，两者的区别在于厚度不同。厚壁轴瓦的壁厚在10 mm以上，大型低速机的轴承壁厚可达20～50 mm，其中合金层厚度为3～6 mm。这种轴瓦在使用时，必须经过拂刮并用垫片调整轴承间隙。由于厚壁轴瓦在浇铸时常出现厚度不均或冷却不均的情况，易引起疲劳裂纹。

薄壁轴瓦，在壁厚为3～6 mm时，合金层厚度为0.5～1.0 mm；壁厚为0.8～3 mm时，合金层厚度为0.25～0.75 mm。这种轴瓦在上、下瓦之间没有调整垫片，也不允许拂刮轴瓦，损坏后应换新。薄壁瓦与轴承座有一定的过盈量，瓦孔不可锉削，否则会造成轴瓦松动。因为薄壁轴瓦尺寸和质量小、造价低、互换性好，最突出的优点是耐磨和疲劳强度高，所以新式低速机的十字头轴承、大端轴承及部分机型的主轴承均有采用薄壁轴瓦的趋势，但要求轴承座与轴颈有较高的加工精度。

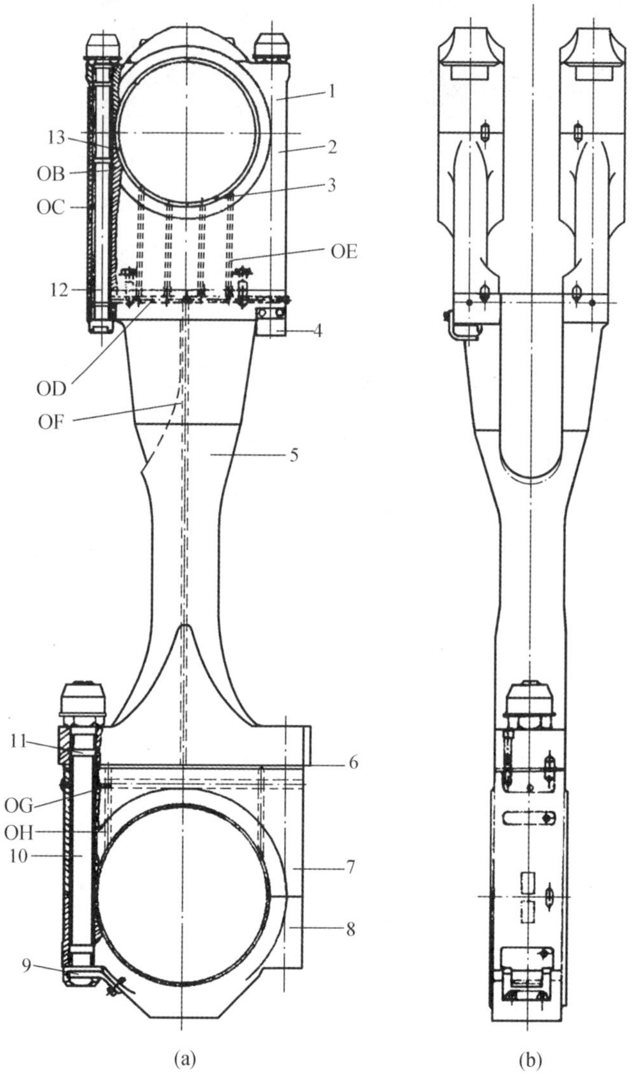

1—小端轴承盖；2—小端轴承座；3—薄壁轴瓦；4，10—连杆螺栓；5—杆身；6—垫片；
7—大端轴承座；8—大端轴承盖；9—锁紧装置；11—定位环带；12—固定螺栓；13—输油槽。

图2－78　RTA－T－B型柴油机连杆

图 2 – 78 所示的 RTA – T – B 型柴油机连杆，小端轴承座 2 采用分岔式，杆身 5 为圆形截面中间钻油孔，大、小端连杆螺栓 4 与 10 均为紧配螺栓，用于保证轴承盖与轴承座之间的紧固配合。该型柴油机的连杆螺栓采用柔性结构来提高疲劳强度。

图 2 – 79 所示为 MAN B&W 公司的 L – MC/MCE 型柴油机连杆。其大小端轴承座与杆身锻成一体，连杆大端采用车用式大端，长度短，结构紧凑；连杆小端采用全支承结构，相配的十字头销短而粗，刚度好；下瓦设有纵横布油槽。

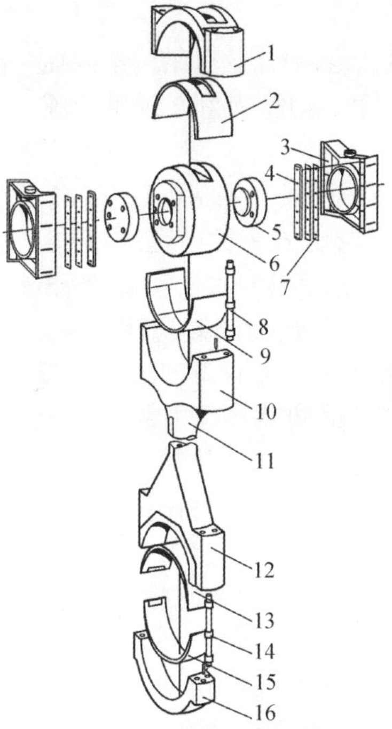

1—连杆小端轴承盖；2—连杆小端上瓦；3—滑块；4—导轨；5—耳轴；6—十字头销；7—调整垫片；8，14—连杆螺栓；9—连杆小端下瓦；10—连杆小端轴承座；11—杆身；12—连杆大端轴承座；13，15—连杆大端轴瓦；16—连杆大端轴承盖。

图 2 – 79 L – MC/MCE 型柴油机连杆

二、十字头组件结构与检修

1. 十字头组件的组成、工况、要求和材料

十字头组件是船用十字头式柴油机的特有部件。如图 2 – 80 所示，十字头组件由十字头销 3（十字头本体）、滑块 4、导板 5 与十字头轴承（连杆小端轴承）等组成。十字头组件将固定于活塞上的活塞杆下端通过十字头销与连杆小端轴承连接起来，并将活塞所受的动力传给连杆与曲轴。曲柄连杆机构工作过程中产生的侧推力则由十字头销两侧的滑块传递给固定于机架两侧的导板，十字头导板对活塞运动起导向作用，由于远离燃烧室，故十字头滑块与导板间隙应小于活塞与气缸套的间隙。十字头组件改善了活塞与气缸套的工作条件，保证了活塞中心与气缸中心保持良好的同轴度。

认知十字头组件微课

十字头组件工作条件恶劣。十字头销承受周期性的气体爆发压力，尺寸受限制，比压大，特别是十字头销与轴承，因单向受力及连杆小端只做摆动，不易形成良好的油膜，易磨损。

十字头销要有足够的强度、刚度、耐冲击性、耐磨性和高的表面光洁度，一般采用优质中碳钢如40号钢、45号钢或中碳合金钢40Cr。十字头销的表面往往采用滚压或镀铬等方法来提高其耐磨性。滑块和导板要求具有足够的抗压强度、刚度和耐磨性，滑块为铸钢件，导板则由铸铁制成。

2. 十字头组件的结构

十字头销一般为粗而短的中空圆柱，这种结构不但提高了刚度，而且可增加销表面的线速度，有利于轴承油膜的形成。

十字头和活塞杆的连接方式有两种，如图2－81所示。其中图2－81(a)所示的连接方式为锥面定位，用海底螺母固紧。这种连接方式由于活塞杆穿过十字头，所以连杆小端只能采用分叉形式，承压面减少，现应用很少。图2－81(b)所示的连接方式则是借活塞杆下部的凸缘用螺栓和十字头相接。这种连接方式可将整个十字头的下半圆柱面作为十字头轴承的承压面积，从而使轴承的比压降低，工作条件得到改善。为了提高可靠性和便于维修，有的柴油机把十字头本体（指活塞杆穿过十字头本体连接的结构）设计成对称的，当十字头销表面受到某些损伤时，可将本体旋转180°继续使用。

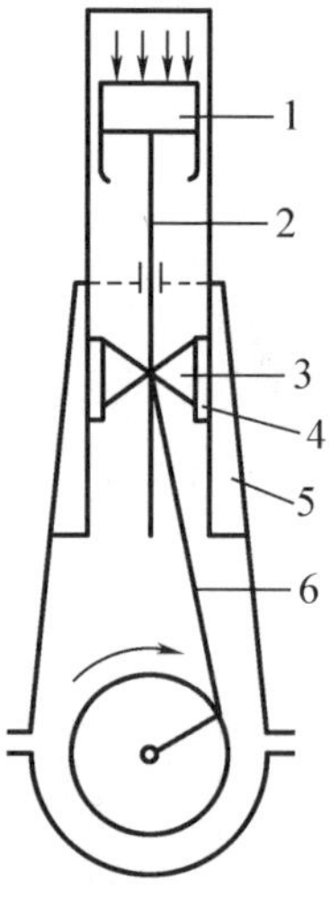

1—活塞；2—活塞杆；3—十字头销；4—滑块；5—导板；6—连杆。

图2－80　十字头组件

十字头滑块的结构形式有三种：圆筒形滑块、单滑块和双滑块。图2－82所示为这三种滑块的结构示意图。

图2－82(a)所示为圆筒形滑块结构，这种结构虽然易于保证工作气缸和导板的对中，不需拂刮调整，但由于筒形导板要布置在连杆摆动平面上，而且左右都有，所以使柴油机其他部件的布置维修和拆装都很不方便。这种结构一般只在特殊情况下使用。

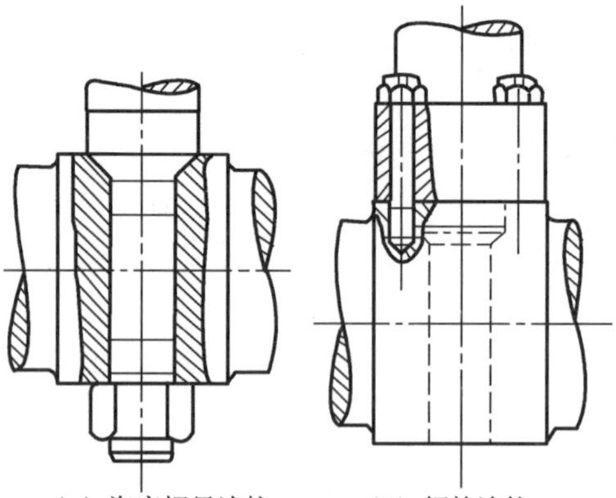

(a) 海底螺母连接　　(b) 螺栓连接

图2－81　十字头与活塞杆连接方式

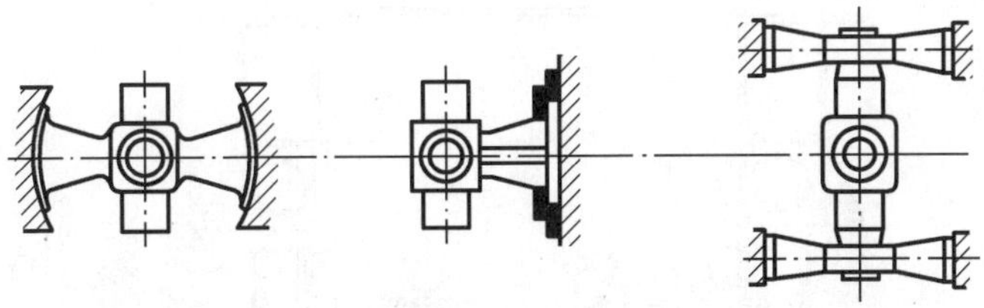

图 2－82　三种十字头滑块的结构示意图

图 2－82(b)所示为单滑块结构。它只有一块滑块,用螺钉紧固在十字头本体上。滑块的正面与机架上的正车导板相配,背面由面积较小的反转工作面与倒车导板相配。正、倒车导板固定后从两侧包围滑块,从而承受两个方向的侧推力,所有的滑块和导板均布置在同一侧。这种结构的特点是布置较紧凑,受力也较合理(柴油机正转时正车导板承受膨胀冲程侧推力,倒车导板承受压缩冲程侧推力,较大的侧推力有较大的承压面)。但由于导板和滑块布置在连杆运动平面上,曲轴箱空间较小,因此,维修和拆装时不如双滑块结构方便。另外,倒车导板承压面积小,倒车时工作可靠性下降。

图 2－82(c)所示为双滑块结构,这种结构在十字头销的两端各套上一个滑块。每一滑块的两侧工作面上都浇铸有减磨合金,并开设油槽。润滑用的滑油来自十字头。滑块沿着装在机架上的导板滑动,并把侧推力传给它们。双滑块结构的特点是:无论柴油机是正转或反转、膨胀行程或压缩行程,滑块的承压面都是一样的,工作比较平稳可靠;同时,由于滑块布置在十字头的两侧,曲柄箱中的连杆运动平面空间较大,便于维修和拆装。但另一方面由于这种结构有四个滑动面,工作时应保证四个面都和气缸中心线平行,因此,对制造、安装和校中的要求较高。此外,滑块和十字头的总质量也较大。

双滑块结构在三种结构中应用最广泛。图 2－83 所示的双滑块机构中,改变导板背面的垫片厚度可以调整十字头(或活塞)的横向间隙与位置(左右方向),改变小导板 3 的垫片厚度,可以调整十字头(或活塞)的纵向间隙与位置(前后方向)。

图 2－84 所示为 MAN B&W S－50MC－C 型柴油机的十字头组件,该组件采用双滑块四导板结构,两滑块 4,12 活动安装在十字头销 6 两端。十字头轴承盖中间开有切口,方便十字头与活塞杆通过上部四只螺栓连接。轴承盖采用无轴瓦结构。下部轴承座为全支承结构,采用有轴瓦结构。轴瓦是在钢质瓦背(如 08 号钢)上浇有白合金,最上面是一层极薄的锡层,用于提高磨合性。活塞杆与十字头间有垫片 9,用于改变柴油垫片的厚度来调整柴油机的压缩比。套管 10 固定在滑块 12 的上端,滑块上安装有平衡重 11 来平衡套管的质量。活塞冷却油的出油管 5 安装在另一滑块 4 上,出油管在机架内设置的开槽油管内滑动,润滑油被导入各缸的控制装置以检查流回油柜的滑油温度和流量。十字头本体中有滑油输送孔,将套管输送来的滑油一部分送去冷却活塞,一部分送去润滑十字头轴承和导板与滑块滑动配合面,还有一部分经连杆中的钻孔送去润滑曲柄销轴承。滑块滑动表面浇铸白合金。十字头由机架上的导板导向,由固定在滑块上的导轨限位。导轨 3 可调整十字头横向位置,导轨 13 可调整十字头轴向位置。十字头轴承与轴承盖通过四只螺栓固定。

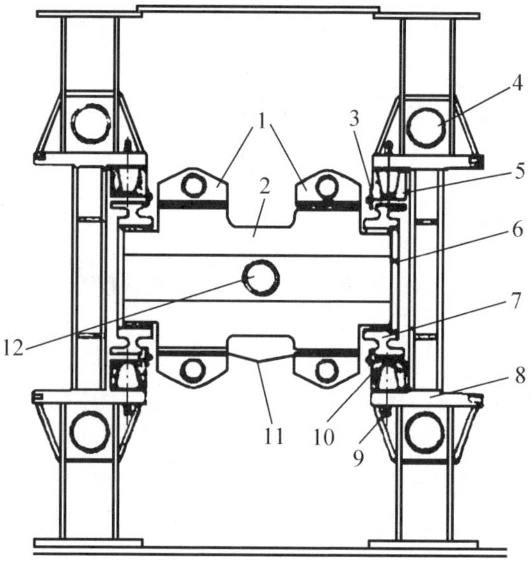

1—连杆小端轴承座;2—十字头销;3—小导板;4—贯穿螺栓;5—正车导板;6—止动盖板;7—滑块;
8—机架;9—导板固定螺栓;10—倒车导板;11—连杆小端轴承薄壁轴瓦;12—活塞杆插入孔。

图 2-83　双滑块机构

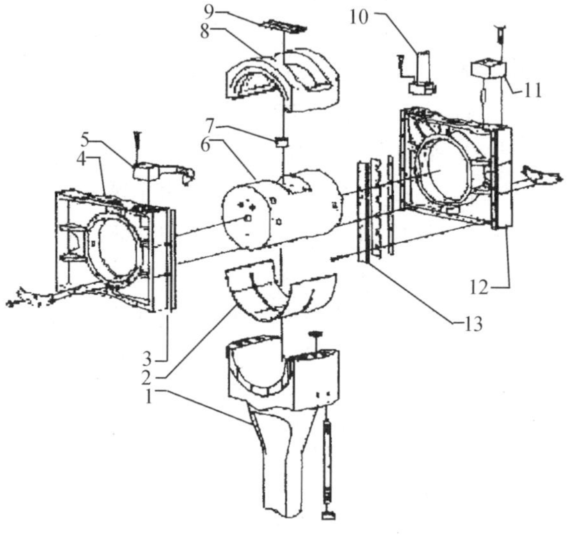

1—连杆;2—下轴瓦;3,13—导轨;4,12—滑块;5—出油管;6—十字头销;
7—导环;8—轴承盖;9—垫片;10—套管;11—平衡重。

图 2-84　MAN B&W S-50MC-C 型柴油机的十字头组件

3. 提高十字头轴承可靠性的措施

十字头轴承比压大、润滑条件差、单向受力且受力不均。统计数据表明,十字头轴承是柴油机各种轴承中发生故障最多的轴承。十字头轴承是柴油机安全运转的薄弱环节,可采取以下措施来提高其可靠性。

①降低轴承比压:加大轴颈直径,有的柴油机十字头销直径已达到气缸直径的96%;短而粗的十字头销构成刚性结构;增大十字头销的直径可提高刚度,还可提高十字头销表面速度,有利于润滑油膜的形成。此外,采用全支承下瓦、增大包角,也可降低轴承比压。

②使轴承负荷分布均匀:除了降低轴承比压的平均值外,还要避免局部比压过高现象,尽量使轴承负荷均匀分布。对于分岔式十字头轴承[图2-85(a)],在气体爆发压力下,十字头销的变形与连杆小端轴承座变形不一致,使得两轴承内侧边缘出现局部负荷峰值而极易受到破坏。为使轴承负荷分布均匀,可采用图2-85(b)所示的自整位轴承的弹性结构,这种结构两轴承座均为不对称的工字形的弹性结构。其轴承座面的中心线 M 与腹板中心 S 向内侧偏离一个距离 e,在气体爆发压力下,工字形轴承座能自动适应连杆小端及十字头销的变形,使轴承支承面的负荷均匀分布;也可采用反变形法,在检修时对图2-85(a)所示的轴承内侧稍多拂刮些,即可减轻变形后负荷不均的程度。

③保证良好的润滑与冷却:滑油由专用升压泵升压,通过冷却机构送至十字头销和十字头轴承,在十字头轴承减磨合金表面上开制油槽和油孔,以便润滑油进入实现静液润滑。轴承油槽的布置和形状,对于润滑油膜的形成和轴承承载能力有很大的影响,槽数太多,将使承压面削弱太多,承载能力下降,槽数太少,则布油不均匀。十字头轴承下瓦承压区必须合理地开设数目合适的纵横布油槽。轴向油槽不能开到边缘,以防止滑油流失,破坏静液润滑,但也不能将滑油封闭在轴承中或使滑油从轴承中流出的数量不足,否则无法保证良好的冷却效果,有些机型通过开小直径泄油槽来加强冷却。油槽边缘应开有楔形斜面,防止锐边刮去滑动表面上的润滑油。为了获得最佳油膜厚度,楔形斜面的角度和长度必须合适。十字头销与轴瓦的间隙要合适,如间隙太大,油压不易建立,油膜不易形成;间隙太小,轴颈不易浮起,热量不易带走,轴承容易抱轴。

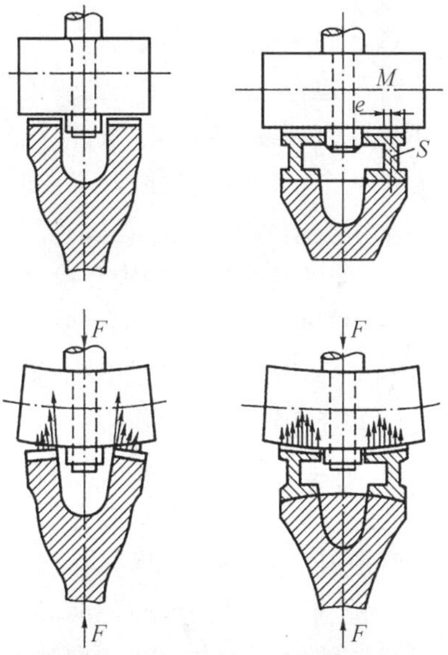

(a) 分岔式十字头轴承　(b) 自整位轴承

图2-85　自整位轴承示意图

④采用薄壁轴瓦提高疲劳强度:厚壁轴瓦因其浇铸时易出现厚度不均或冷却不均的情况,易引起疲劳裂纹,采用薄壁轴瓦可提高疲劳强度。

⑤提高十字头销表面光洁度:提高十字头销表面清洁度,除了可防止十字头销微小凸峰破坏油膜,还可提高十字头销的疲劳强度。

4. 十字头销的检修

柴油机运转时,十字头销承受周期性弯曲作用力,并具有冲击性,十字头销颈表面受到摩擦与磨损。十字头销的主要损坏形式是表面磨损和裂纹。

(1)十字头销的磨损检修

①十字头销的磨损测量。采用外径千分尺测量十字头销颈A、B的直径,如图2-86所示。计算其圆度、圆柱度误差,并应符合《船用柴油机十字头修理技术要求》(CB/T 3538—94)中关于十字头销颈直径磨损极限的规定。十字头销圆度误差过大(即失圆)容易引起十字头轴瓦的裂纹。

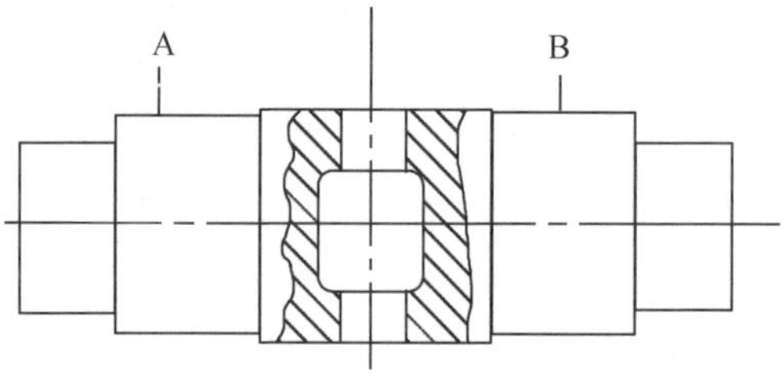

图 2-86　十字头销磨损的测量部位

②十字头销磨损的修理。十字头销颈外圆表面过度磨损后，可采用镀铬工艺修复。镀层表面不允许有麻点、发纹等缺陷。十字头销颈圆柱度误差超过规定值时，可采用机械加工的方法进行修复。

(2)十字头销颈裂纹检修

外观检查，检查十字头销颈工作表面、过渡圆角附近有无裂纹、较深的拉痕等损伤。一般不允许有裂纹、拉痕等。过渡圆角附近表面不允许有发纹，其他表面不允许有横向发纹，只允许有个别的纵向发纹。必要时做无损探伤检查，如磁粉探伤。

十字头销颈外圆表面、过渡圆角附近表面产生裂纹并超过规定要求时，应报废换新。

三、柴油机曲轴的结构及检修

认知曲轴微课

曲轴是柴油机中最重要的零件之一，其结构复杂，加工质量要求高，制造工艺难度大，造价高达柴油机造价的 20% 左右。

1. 作用

①转变，通过连杆将活塞的往复运动变成回转运动。

②汇集，把各缸所做的功汇集起来向外输出，这是曲轴最主要的作用。

③驱动，带动柴油机的附属设备。在曲轴带动的附属设备中，柴油机的喷油泵、进排气阀凸轮轴、启动空气分配器等均因正时的要求，必须由曲轴来驱动。离心式调速器要根据柴油机转速的变化自动调节柴油机喷油量，也必须由曲轴带动。中小型柴油机中，曲轴还带动滑油泵、燃油泵、冷却水泵、空气压缩机等。

2. 工作条件

①受力复杂。各缸交变的气体力、往复惯性力和离心力以及它们产生的弯矩和扭矩，这些力和力矩不仅随曲柄转角变化，还随柴油机的负荷变化，曲轴在这些力的作用下产生弯曲和扭转变形，受到复杂的交变应力。

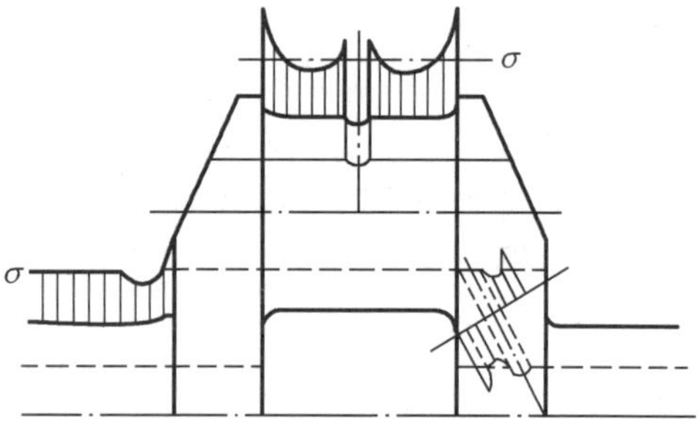

图 2-87　曲轴的应力集中

②应力集中严重。曲轴形状复杂、截面变化大，使曲轴内部应力分布极不均匀，以致在曲柄臂和轴颈的过渡圆角处及润滑油孔周围产生严重的应力集中现象，其中以曲柄臂与曲柄销的过渡圆角处最为危险，如图 2-87 所示。

③附加应力大。曲轴形状又细又长，刚性很差，是一个弹性体，它在各种力的作用下会产生扭转振动、横向振动和纵向振动。当曲轴的自振频率较低时，在发动机工作转速范围内可能出现共振，使振幅大大增加，产生很大的附加应力。

④轴颈磨损严重。曲轴轴颈表面在高比压下高速运动，轴颈和轴承间摩擦力大，磨损严重。在润滑不良、机座或船体变形、轴承间隙不合适、超负荷运转或经常启停柴油机时，轴颈的磨损会明显加剧。

3. 要求

①曲轴应具有足够的强度（尤其是疲劳强度），保证工作可靠；足够的刚度，变形小，轴承负荷均匀；一定的冲击韧性；良好的综合机械性能。

②轴颈应具有足够的承压面积来降低轴承比压，有较高的耐磨性并应允许多次车削修理，有较高的加工精度和光洁度。

③具有合理的曲柄排列和发火顺序，以及兼顾动力均匀、主轴承负荷低、平衡性好、扭转振动小和有利于增压系统的布置。此外，还应减少曲轴的负荷，使柴油机运转平稳，并改善轴系的振动情况等。

4. 材料

曲轴常用的材料有优质中碳钢、中碳合金钢和球墨铸铁。一般大型低速柴油机的曲轴常用优质碳钢制造，并采用组合式曲轴，轴颈用优质碳钢，如45号钢，曲柄臂用铸钢制造，如ZG270－450；船用中高速柴油机采用整体式曲轴，采用优质中碳钢或中碳合金钢制造；对于强载度不高的中高速柴油机可使用球墨铸铁制造。合金钢采用调质处理，其余材料正火处理，以提高曲轴的综合机械性能。为提高曲轴的轴颈表面的耐磨性和疲劳强度，采用表面淬火或渗氮工艺。表面喷丸、滚压可有效提高曲轴的疲劳强度，但因喷丸时须保护轴颈表面，故较少采用。统计资料显示，球铁曲轴经圆角滚压后疲劳强度可提高80%～200%，钢曲轴经圆角滚压后疲劳强度可提高70%～150%。

5. 曲轴的结构

如图2－88所示，曲轴由若干单位曲柄6、自由端、飞轮端以及平衡重7等组成。单位曲柄是曲轴的基本组成部分，它由主轴颈3、曲柄销1（也称连杆轴颈）和曲柄臂2组成。主轴颈是粗大的圆柱体，曲柄销是较小的圆柱体，曲柄臂形状复杂，将主轴颈和连杆轴颈连接起来，各段主轴颈的理论中心线在同一根直线上。曲轴的首尾两端设有法兰，飞轮端的动力输出法兰10通常设定时齿轮，并通过飞轮输出柴油机功率。现代大型柴油机曲轴通常与推力轴一体锻造。扭振减振器械一般装在自由端。超长行程柴油机的曲轴自由端普遍装有轴向减振器。

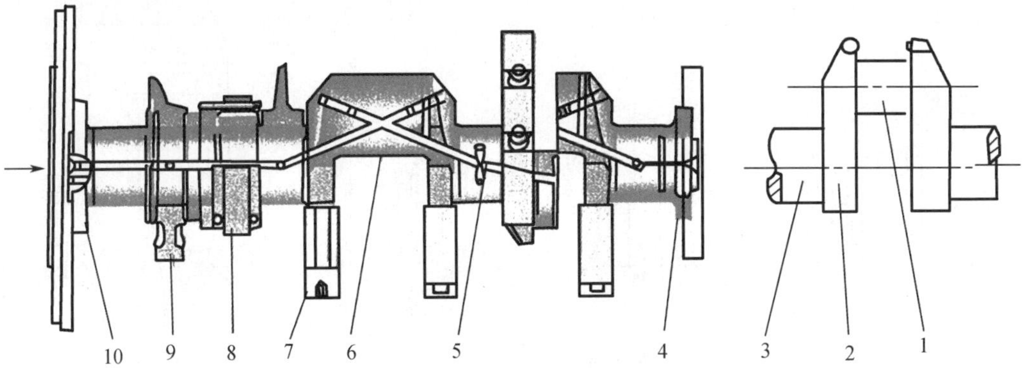

1—曲柄销；2—曲柄臂；3—主轴颈；4—首端法兰；5—油道；
6—单位曲柄；7—平衡重；8—传动齿轮；9—主轴承；10—动力输出法兰。

图2－88 曲轴的组成

(1)曲轴的类型

船用柴油机曲轴按结构形式的不同,常见类型分为以下三种。

①整体式曲轴:整根曲轴由整体锻造或铸造而成,优点是结构简单、质量小、工作可靠,在中高速柴油机中广泛使用,随着制造业的发展,逐渐扩大到大型低速柴油机领域。

②组合式曲轴:将曲轴的不同部分分开制造,然后应用一定的连接工艺组合成一个整体。组合式曲轴普遍应用于大型低速柴油机中。采用组合式主要是为了制造方便,解决曲轴制造设备能力的限制问题。曲轴的组合方式可分为套合式和焊接式。套合式曲轴与孔是过盈配合。套合式曲轴的套合方法有"红套"法和"冷套"法。"红套"法是将孔加热发红,孔径热胀,将轴颈轻松套入,冷却后,孔收缩与轴颈牢固结合。"冷套"法是用液压将孔胀大,将轴颈套入,放掉液压油后,孔弹性收缩后,与轴颈牢固结合。根据套合的程度,套合式曲轴又可分为半套合式和全套合式。半套合式主轴颈单独锻造,曲柄销与曲柄臂铸成一体,然后再套合成整根曲轴,如图2－89(a)所示。全套合式是指曲柄的三个组成部分(主轴颈、曲柄销以及曲柄臂)都单独制造,然后用套合法结合成整根曲轴,如图2－89(b)所示。

图2－90所示是L－MC型柴油机的焊接式曲轴。焊接工艺是近代曲轴制造工艺中的一个重要成就。它不仅消除了大件锻造的困难,而且还能使曲轴的质量较套合式结构有大幅度降低。对比图2－89和图2－90可知,套合式曲柄臂要比主轴颈多一个最小壁厚,而焊接式曲柄臂底部能与主轴颈外圆接近齐平,当活塞处于下止点时,焊接式十字头不会碰到曲轴,从而使连杆长度得以缩短,使发动机高度大为降低,这对超长行程十字头式柴油机更为明显。

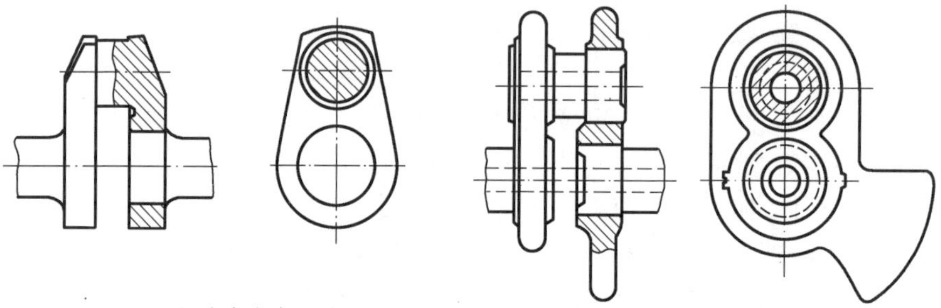

(a)半套合式　　(b)全套合式

图2－89　半套合式与全套合式

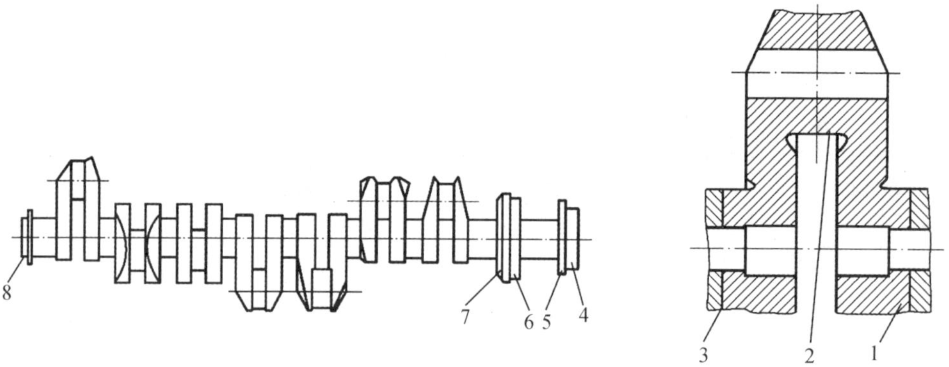

(a)曲轴整体图　　(b)局部放大图

1—主轴颈;2—曲柄销;3—焊接接缝;4—功率输出端;

5—飞轮固定法兰;6—推力环;7—主动链轮固定法兰;8—自由端法兰;

图2－90　L－MC型柴油机的焊接式曲轴

③分段式曲轴:先分成两段制造,然后再用法兰连接成整根曲轴。一般用于气缸数较多的曲轴,如 9～12 缸直列式柴油机常采用分段式曲轴。

(2)筒形柴油机的曲轴结构

筒形柴油机一般采用锻造曲轴或整体式铸造曲轴。锻造曲轴用于船用中高速强载柴油机,强化程度不太高的柴油机采用铸造曲轴,以降低成本。筒形柴油机一般转速较高、行程较短,故主轴颈与连杆轴颈有一定的重叠度,增加了曲柄臂的强度。曲柄销与主轴颈一般采用空心结构,以减小曲轴的质量。空心曲柄销还可以减小曲轴的不平衡回转质量和离心惯性力。轴颈与曲柄臂交界处横截面积急剧变化,应力集中严重,为此,应增大过渡圆角的半径来减少应力集中,从而提高疲劳强度,但这样会减少轴颈的有效承载面积。曲轴的首尾两端都设有法兰,首端法兰用于带动辅助设备和扭振减振器,动力输出端(尾端)装有飞轮并向外输出动力。为了减少柴油机振动对定时齿轮的影响,在动力输出法兰内侧设有传动齿轮,用于凸轮轴传动。为了润滑曲柄销轴承以及活塞销,筒形柴油机曲轴上钻有润滑油道,把由主油道送至主轴承的滑油引至曲柄销轴承。油孔处存在应力集中,合理选择油孔的位置,使应力对轴颈的疲劳强度的削弱减至最小,另外,油孔应倒角并抛光,以减少应力集中。中小型柴油机为加工方便常采用斜油孔,如图 2－91(a)所示,大型柴油机多采用直油孔,如图 2－91(b)(c)所示,其直油孔处应力较小。

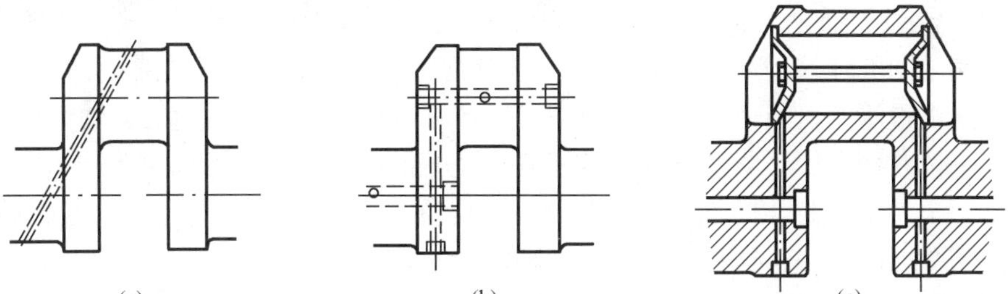
(a) (b) (c)

图 2－91 曲轴的润滑油孔

图 2－88 所示为 Wärtsilä 46 型柴油机的曲轴。它将整根曲轴(所有单位曲柄、自由端和输出端)一起锻造出来,并经过全面的机械加工,曲轴内钻孔,将滑油送至主轴承和曲柄销轴承;在每一个曲柄臂上设有平衡重 7,平衡曲柄销的离心惯性力;曲轴的主轴颈与连杆轴颈有很大的重叠度,保证曲轴的刚度和曲柄臂的强度;曲轴的首尾两端均设有法兰,可在任一端安装轴带发动机。

(3)十字头式柴油机的曲轴

大型低速十字头式柴油机由于曲轴尺寸较大,一般采用组合式曲轴;对于缸数较多的柴油机,曲轴分段制造,然后用法兰对接起来。由于十字头式柴油机的长行程化,曲柄半径相应增大,使曲轴的曲柄臂变长,主轴颈和曲柄销没有重叠度,曲轴刚度较差,易产生轴向振动,现代大型超长行程柴油机曲轴的自由端装有轴向减振器。增大轴颈与曲柄臂相连接的过渡圆角半径,能减少应力集中,但使轴颈有效承载面积减小。为了解决这一对矛盾,现代新型超长行程低速柴油机在轴颈与曲柄臂相连接处一般采用车入式圆角,圆角设在曲柄臂范围内,在增大过渡圆角半径时,轴颈的有效工作长度不用缩短,如图 2－92 所示。曲柄销和主轴颈一般都采用空心结构,以减轻曲轴的质量,在曲柄臂上一般不装平衡重。十字头式柴油机曲柄销轴承的润滑油由十字头处送入，通过连杆内的钻孔输送下来，油从上往下流，这样，曲轴不必钻孔，保证了曲轴的强度。曲轴的尾端设有推力环以组成推力轴承承受螺旋桨的推力，缸数较少的柴油机通常在推力环的外部设有齿轮或链轮的齿圈用于凸轮轴传动。对于缸数较多的柴油机，曲轴和凸轮轴之间的传动齿轮或链轮设在柴油机的中部。对于新型的电控柴油机，由于取消了凸轮轴，传动齿轮或链轮也就相应取消了。

目前在低速柴油机曲轴结构方面一项较新的技术是采用不等曲柄间距结构，相应的柴油机气缸间距也是不等的，这样可以明显缩短机器长度、减小机器质量。典型的做法是，曲轴前端的曲柄间距较后端的曲柄间距小，因为前端曲柄传递的扭矩小，曲柄臂可较薄，曲柄间距因而减小。这种不等曲柄间距有两种做法：一种是曲轴前一段各曲柄的间距与后一段不同，另一种是从前向后各缸的曲柄间距都不同。例如，MAN 公司的 12K90ME/ME - C MK9 型柴油机，前端 6 缸的气缸间距为 1 480 mm，而后端 6 缸的气缸间距为 1 588 mm，这一措施使一台 12K90ME/ME - C MK9 型柴油机总长减少半米多，质量减小 25 t。

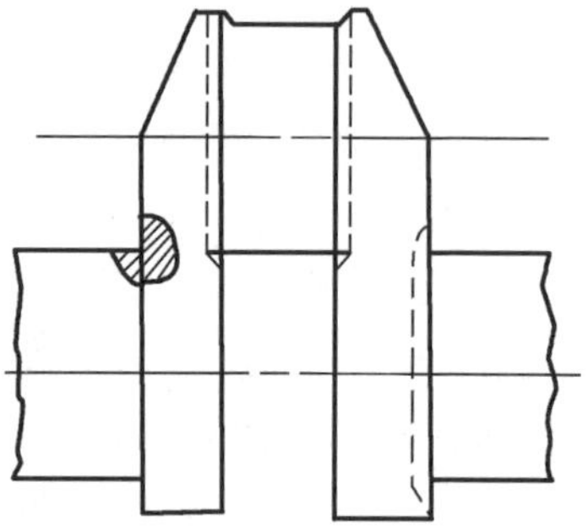

图 2-92　车入式圆角

图 2-93 所示为 S-MC-C 型柴油机曲轴。锻钢曲轴由单位曲柄、自由端（首端）和功率输出端（尾端）三部分组成。曲轴为半组合式，可以是焊接式或半套合式。曲柄臂和主轴颈及曲柄销之间的连接处采用车入式圆角过渡，圆角处经过冷滚压加工，以提高由轴的疲劳强度。自由端法兰 5 用来驱动辅助设备或轴带发电机。自由端法兰后为轴向减振器活塞 4，若干个单位曲柄 3 用于柴油机各缸的正常工作，推力环 2 的前后两侧都装有推力块（图中未示出），以传递螺旋桨的推力和为曲轴轴向定位。推力环的外圈用来安装主动链轮，以便通过链条驱动凸轮轴。这种推力轴和曲轴制为一体，并将推力轴承和主动链轮组合在一起的形式，缩短了柴油机的长度，使布置更为紧凑。

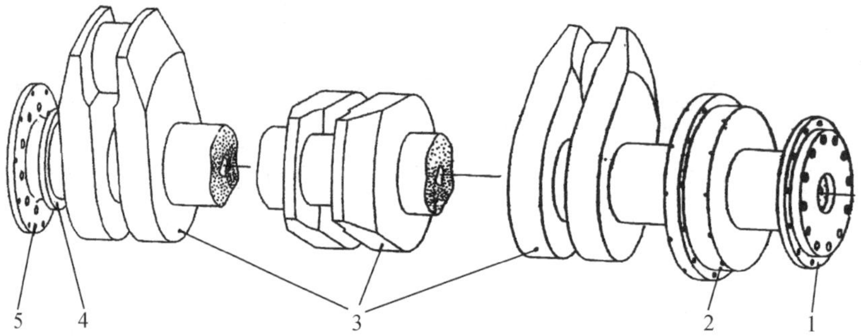

1—功率输出端法兰；2—推力环；3—单位曲柄；4—轴向减振器活塞；5—自由端法兰。

图 2-93　S-MC-C 型柴油机曲轴

曲轴的
发火顺序微课

(4) 曲柄的排列

曲轴的曲柄以气缸的号数命名。气缸的排号方法有两种：一种是从曲轴自由端排起；另一种是从功率输出端排起。我国和大部分国家是从曲轴自由端排起，即靠近曲轴自由端的为第一缸，并面向飞轮端判断转向。曲柄的排列由气缸的发火间隔角和发火顺序决定。一般应考虑下列原则：

①柴油机的动力输出要均匀，即发火间隔角要相等。相邻发火的两个缸的曲轴夹角，直列式二冲程柴油机为 $360°/i$，直列式四冲程柴油机为 $720°/i$，其中 i 为柴油机气缸数。

②尽量避免相邻气缸连续发火，连续做功的两缸相隔尽量远些，最好是在发动机的前半部和后半部交替进行。这样一方面可以减少主轴承连续载荷，另一方面避免相邻两缸进气门同时开启而发生抢气现象，可使各缸进气分配较均匀。

③应使柴油机有良好的平衡性，减少振动。柴油机在往复惯性力与往复惯性力矩、离心惯性力与离心力矩的作用下会产生振动。曲轴布置尽可能对称、均匀，使引起振动的力和力矩减至最小。

④要注意发火顺序对轴系扭转振动的影响。发火顺序不同，各段轴上扭矩的分布情况也不同，对轴系扭转振动的影响也不同，要力求减轻轴系扭转振动。

⑤在脉冲增压式柴油机中，为了防止排气互相干扰，各缸的排气管要分组连接。

一般上述原则不能同时满足，应在满足主要原则的基础上，尽量兼顾其他要求。

如图 2-94 所示，对于二冲六缸程柴油机，气缸发火顺序可定为 1—6—2—4—3—5。相邻发火的两个缸的曲轴夹角为 $360°/6=60°$，满足发火间隔角相等的要求，并且在首尾两端轮流发火，还满足脉冲增压时排气互不干扰的要求，采用脉冲增压时，将气缸 1、2、3 连在一根排气管，气缸 4、5、6 连在另一根排气管，同组气缸的排气间隔（即发火间隔）为 120°，而二冲程柴油机的排气持续角也为 120°左右。但 3 缸与 4 缸相邻气缸连续发火，不满足上述第②条原则。综合分析，这个发火顺序还是可以的。

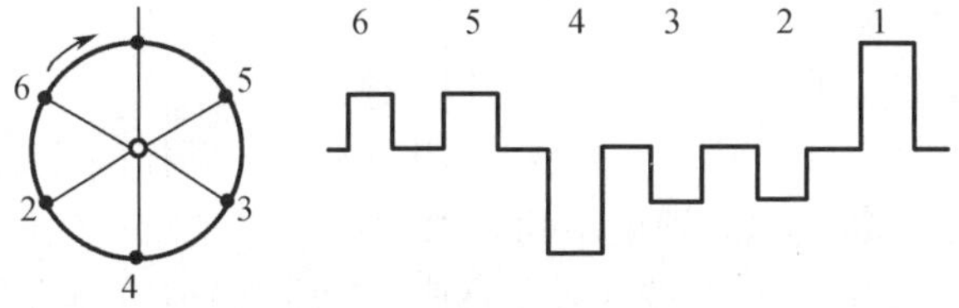

图 2-94 二冲程六缸柴油机的曲轴的排列及曲柄

对于直列式四冲程四缸柴油机，其曲柄对称布置于同一平面内，相邻做功气缸曲柄夹角为 $720°/4=180°$，各缸工作顺序有 1—3—4—2 和 1—2—4—3 两种。直列式四冲程六缸柴油机中应用较广的一种工作顺序为 1—5—3—6—2—4，其曲柄排列如图 2-95 所示。相邻工作两缸的曲柄夹角为 $720°/6=120°$，动力输出均匀，满足上述原则①；相邻两缸不连续发火，首尾轮流发火，满足上述原则②和⑤。曲柄均匀布置在互成 120°的三个平面内，平衡性好，引起振动的力和力矩减至最小，满足上述原则③与④。可见，1—5—3—6—2—4 曲柄排列能较好地满足各项原则。如布置成 1—3—5—2—4—6，则无法满足上述原则⑤的要求。

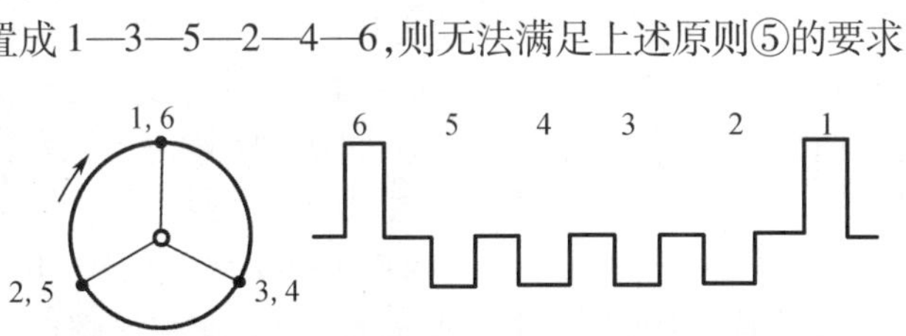

图 2-95 四冲程六缸柴油机的曲轴的排列及曲柄

对于V形柴油机普遍采用插入式发火。插入式发火就是两列气缸的发火顺序及发火间隔彼此完全相同，而总的发火顺序则由这两列的发火顺序根据气缸间的夹角关系进行穿插形成。例如V形四冲程八缸柴油机，每列四缸，两列共用主轴颈，逆时针为正车方向。每列的发火间隔都是720/4 = 180°，发火顺序都是1—2—4—3。为了避免混乱，第Ⅰ列加下标Ⅰ，第Ⅱ列加下标Ⅱ，气缸夹角为γ。如果气缸1_{II}发火顺序比1_{I}落后γ，其总的发火顺序和曲柄排列如图2-96(a)所示。如果1_{I}发火后过γ角4_{II}发火，则1_{II}比1_{I}落后$360° + \gamma$，符合首尾间隔发火，则对轴承负荷有利。此种情况总的发火顺序如图2-96(b)所示。

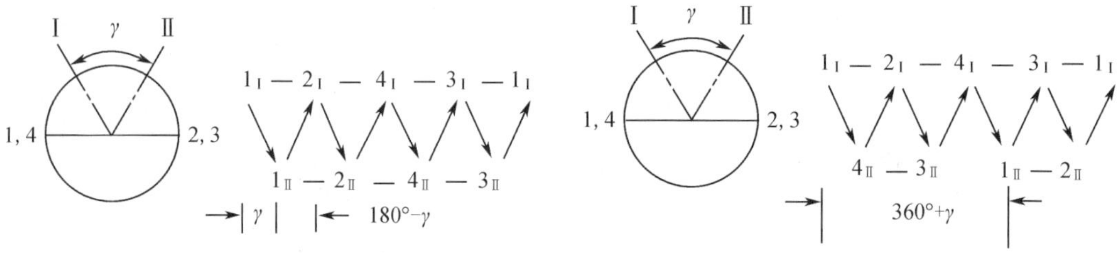

(a)1_{II}比1_{I}落后γ　　(b) 1_{II}比1_{I}落后$360°+\gamma$

图2-96　V形柴油机曲柄排列

6. 曲轴的检修

曲轴的损伤形式主要有：轴颈磨损、折断、腐蚀、裂纹和红套滑移等。对于曲轴的变形和断裂可通过测量曲轴臂距差予以控制。

(1)曲轴磨损的检修

曲轴磨损的部位是轴颈处，包括主轴颈与曲柄销。

轴颈磨损有周向和轴向，均为不均匀磨损。周向不均匀磨损的原因是每个循环中轴颈上所受力的大小和方向不断变化。轴向不均匀磨损的原因是轴颈受到气体力和运动部件质量作用产生弯曲，以及活塞运动部件安装不良或失中等，使轴颈在长度方向受力不均。

周向不均匀磨损的结果是圆度超差，进而使轴与轴瓦的配合间隙发生变化，影响油膜的建立；轴向不均匀磨损的结果是圆柱度超差，进而使轴承负荷纵向分布不均，引起活塞运动部件的失中。故运转中的曲轴圆度、圆柱度误差应符合说明书或相关标准的规定。

曲轴磨损的规律是：

①直列式柴油机(一般不特别指出均为直列式柴油机)曲柄销磨损较主轴颈大些，原因是曲柄销负荷大于主轴颈负荷，而承压面积比主轴颈小。单缸柴油机中曲柄销负荷是主轴颈的两倍。V形柴油机恰好相反，由于两列气缸共用主轴颈，故主轴颈磨损大于曲柄销磨损。

②轴颈磨损比轴瓦要慢。主轴颈的硬度高于轴瓦，故主轴承的磨损比主轴颈的严重。

③周向不均匀磨损中，二冲程柴油机，爆发压力大于惯性力，连杆受压，因此曲柄销外侧所受的摩擦力较大，曲柄销外侧的磨损大于内侧的磨损(靠近主轴颈为内侧)。主轴颈的磨损则是远离曲柄销的一侧大。原因是主轴颈受力方向与曲柄销受力方向相反。对于四冲程柴油机，曲柄销内侧(靠近曲轴轴心线的一侧)磨损大于外侧(即远离曲轴轴线的一侧)。四冲程柴油机在运转时，曲轴在一个工作循环中，只有在燃烧冲程内，气体力大于离心惯性力，连杆受压，曲柄销外侧才受到作用力而使之磨损，而在其余三个冲程期间，由于连杆大端所产生的离心惯性力大大超过往复运动部分的力，从而迫使连杆具有与曲柄销脱

离的倾向,这使得连杆大端轴承经常压在曲柄销的内侧。主轴颈受力方向与曲柄销受力方向相反,所以在靠近曲柄销一侧,主轴颈磨损也较大。

磨损判别指标为圆度与圆柱度。采用外径千分尺或游标卡尺来测量圆度与圆柱度。

曲柄销测量步骤如下:

①将待测的曲柄销转至上止点或下止点位置并清洁。

②测量位置为如图 2-97(a)所示的两个方向与三个截面位置,即曲柄销颈两端分别距曲柄臂 10~30 mm 的两个截面及其中央截面;测量每个截面内的垂直与水平方向的直径,并记录读数。

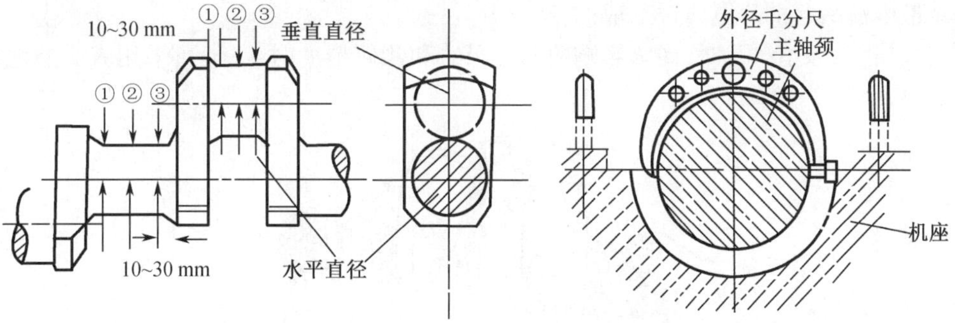

(a) 测量部位　(b) 专用外径千分尺测量主轴颈直径

图 2-97　曲轴轴颈的测量

③计算每个截面的圆度误差和两个纵截面内的圆柱度误差,利用同一横截面的测量值差值的一半计算出圆度误差;利用同一纵截面的测量值差值的一半计算出圆柱度误差;分别取最大值。

④最大轴颈圆度和圆柱度误差小于或等于说明书或规范要求。

如果最大轴颈圆度和圆柱度误差大于说明书或规范要求,则必须进行修理。

测量主、副柴油机各道主轴颈须拆去主轴轴承螺栓、上瓦、下瓦,最后清洁主轴颈。测量步骤如下:

①将 1 号缸曲柄销或与待测主轴颈相邻任一曲柄销转至上止点位置;

②测量图 2-97(a)所示的两个方向三个截面位置,采用图 2-97(b)所示的随机专用外径千分尺或通用外径千分尺测量,并记录读数;

③计算各横截面的圆柱度误差和各纵截面的圆柱度误差,分别取最大值;

④最大轴颈圆度和圆柱度误差小于或等于说明书或规范要求。

如果最大轴颈圆度和圆柱度误差大于说明书或规范要求,则必须进行修理。

曲轴磨损的修理方法如下:

①修理尺寸法。在保证曲轴强度和几何形状、位置精度的前提下,选用最小的加工余量车削曲轴轴颈。轴颈尺寸减少量大于 $0.01d$(d 为轴颈直径)时应进行强度校核。修理时一般先修主轴颈(主轴颈的圆度及圆柱度误差可在车间用车削或磨削加工的方法消除),再修曲柄销。在船上可以采用装配机原地车削或磨削的方法,也可以人工锉削。无论采用哪种方法均应保证轴颈圆度、圆柱度和表面粗糙度符合要求,尤其对于手工锉削修理后的曲轴更要严格检测。

②恢复尺寸法。在消除曲轴轴颈的表面损伤及圆度、圆柱度误差后,可采用电刷镀、热

喷涂(如镀铁、镀铬)等工艺,将轴颈尺寸恢复至原来的尺寸,保证安装间隙。镀铬强度好、硬度高、耐磨性好,但镀层薄、生产率低。镀铁强度、硬度低于镀铬,但镀层厚,生产率高,故常用于过度磨损或恢复过度磨损尺寸,经济性和效果均好。国内已成功地采用无刻蚀镀铁工艺修复大量各类曲轴,尤其可用于要求较大厚度镀铁层的曲轴。

③换新。当轴颈过度磨损且接近最小极限直径时,换新。

(2)曲轴轴颈擦伤与腐蚀的检修

曲轴轴颈表面擦伤、划痕与拉毛等,主要是由润滑油中的机械杂质或磨损产物引起的。轴颈表面的腐蚀凹坑、锈斑、烧伤等是因润滑油中含水分和酸过多产生的电化学腐蚀或漏电等杂散电流引起的静电腐蚀造成的。

当擦伤、腐蚀不严重时,尚未影响曲轴的尺寸和几何精度时,一般可采用人工原地修磨予以消除,如图 2-98 所示。

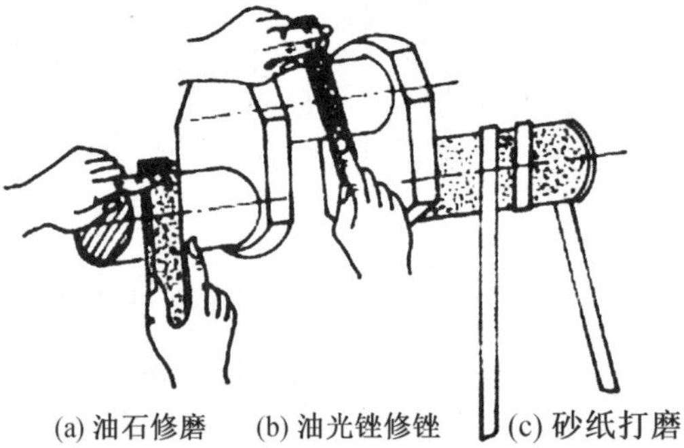

(a) 油石修磨　(b) 油光锉修锉　(c) 砂纸打磨

图 2-98　轴颈表面擦伤、腐蚀的修复

①较浅伤痕,可用油石打磨消除伤痕后,再用砂纸打光。

②轻微擦伤,可用麻绳或布条敷细砂纸(0 号或 00 号)缠于轴颈表面,人工往复拉动磨去伤痕,如图 2-98(c)所示。

③较深擦伤,采用油光锉轻轻修锉,消除伤痕后再用砂纸打光。

当轴颈表面有轻微擦伤和几何形状误差时,可采用专用磨光夹具进行修磨,如图 2-99 所示。其中图 2-99(a)适用于小型柴油机曲轴;图 2-99(b)(c)适用于大中型柴油机曲轴。

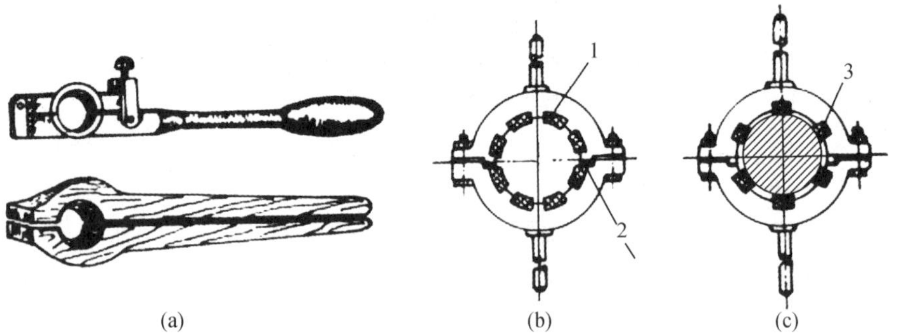

(a)　(b)　(c)

1—铅条;2—垫片;3—羊毛毡。

图 2-99　曲轴轴颈磨光夹具

曲轴轴颈修磨前,应用黄油将轴颈上的油孔堵塞,以免落入脏物。修磨时注意不要破坏轴颈的几何形状精度。虽然修磨量很小,不会影响轴承间隙,但其几何形状误差和表面粗糙度应符合标准要求。钳工修磨过的曲轴一定要抛光。

(3)曲轴裂纹与断裂的检修

曲轴的裂纹由弯曲、扭转和弯曲－扭转导致,如图2－100所示。疲劳损坏断面示意图如图2－101所示。

①弯曲疲劳破坏的机理、原因、部位、时间及纹理。弯曲疲劳裂纹首先产生在曲柄销圆角或主轴颈圆角处,或逐渐扩展成横断曲柄臂的裂纹,或形成垂直轴线的裂纹。原因是轴颈不均匀磨损导致主轴承不同轴度受到交变弯曲应力。由于轴承的不均匀磨损要经过一定的运转时间,故弯曲裂纹多发生在曲轴长期运转后。弯曲裂纹的断面与轴线垂直,裂纹为波浪形。

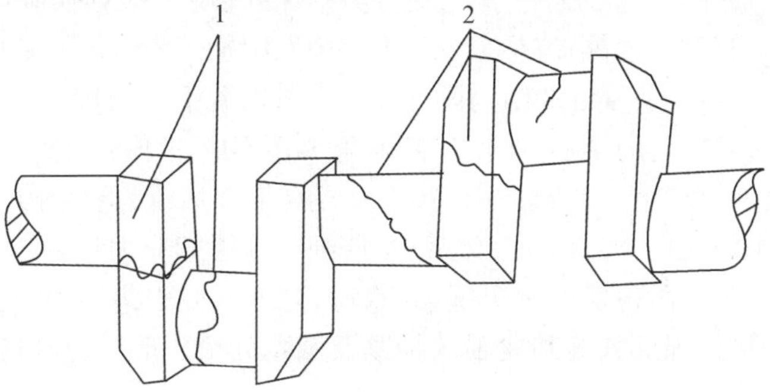

1—由弯曲而产生的断裂;2—由扭转而产生的断裂。

图2－100 疲劳损坏的形式

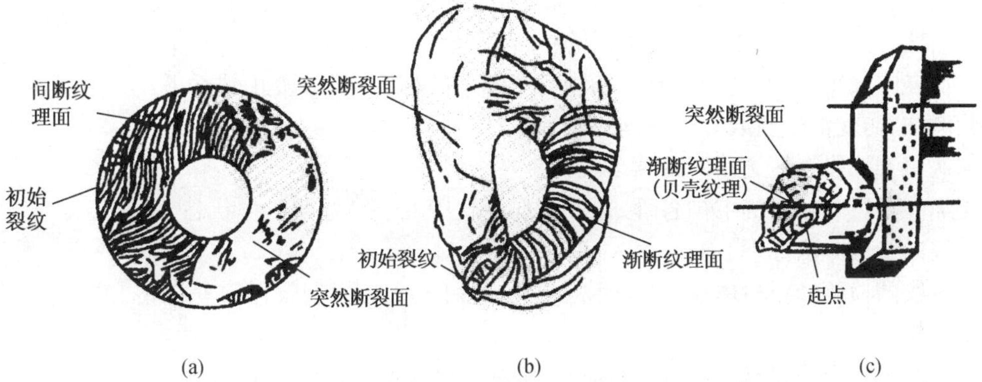

图2－101 疲劳损坏断面示意图

②扭转疲劳破坏的机理、原因、部位、时间及纹理。扭转疲劳裂纹多产生在油孔处或过渡圆角处,并在轴颈上沿着与轴线成45°的两个方向扩展。扭振应力过大或附加交变扭转应力是主要原因。发生的部位一般在油孔、圆角处。扭转疲劳破坏的时间一般在运转初期。裂纹的纹理是断面与轴线成45°,裂纹线为螺旋线。

③弯曲－扭转疲劳破坏的定义、机理、原因及纹理。由弯曲与扭转共同作用造成的疲劳破坏称为弯曲－扭转疲劳破坏。这种破坏常常是由于主轴承不均匀磨损造成曲轴上产生弯曲疲劳裂纹,继而在弯曲与扭转的共同作用下使裂纹扩展、断裂,最后断裂面与轴线成45°角。弯曲－扭转疲劳破坏可分为以弯曲疲劳为主或以扭转疲劳为主,原因是这种破坏由

弯曲、扭转或两者合成的交变应力所引起的，一般情况下，弯曲应力是两者中的主要因素。纹理是断面上自疲劳源起约2/3的面积为贝壳纹理区，呈暗褐色；剩余1/3的面积为最后断裂区，断面凹凸不平，晶粒明亮。圆形波纹状纹理是弯曲疲劳造成的，放射状纹理是扭转疲劳造成的，两种纹理交织成蛛网状。

一般可根据断口形貌和部位及发生时间来判断曲轴断裂的性质。曲轴断裂的主要损坏形式是弯曲疲劳破坏。原因是扭振应力的计算和测量十分精确，只要柴油机运转时避免在临界转速运转和扭转过载，扭振减振器不发生故障，不飞车，通常不会出现扭转疲劳破坏。另外，弯曲应力集中系数大于扭转应力集中系数。弯曲应力难于精确计算和控制，柴油机运转中，曲轴的各道主轴承磨损是很难掌握和计算的，由它引起的曲轴变形和附加弯曲应力也就难以精确计算和控制了。故弯曲疲劳损坏远多于扭转疲劳损坏。

防止曲轴疲劳破坏的根本措施是减少应力集中和附加应力，即消除或减少疲劳裂纹源和降低交变应力。具体要从零件的结构设计和制造方面着手。结构设计方面，避免截面突变，尽可能地加大过渡圆角的半径；曲柄过渡圆角半径不应小于曲柄销直径的5%，否则就会产生严重的弯曲应力集中。制造方面，首先要提高毛坯质量，毛坯中的各种缺陷易形成裂纹源，减少材料中的气孔、夹渣、微裂纹等，这些缺陷可引起应力集中；其次要提高零件表面加工精度，零件加工表面粗糙度等级低，太粗糙，易导致应力集中；要提高零件表面疲劳强度。常采取化学热处理渗氮等和曲轴的轴颈及圆角处滚压等预存压应力方法来提高零件表面疲劳强度。

加强曲轴的维护保养，对减少曲轴的疲劳破坏，延长曲轴的使用寿命和柴油机的正常运转十分重要。

①定期检测曲轴臂距差，监控曲轴轴线状态和监控主轴承下瓦的磨损情况，以防止曲轴的弯曲疲劳破坏；检测主轴颈与下瓦的贴合情况。

②加强主轴承润滑，定期检测主轴颈与主轴承的配合间隙，防止轴承下瓦过度磨损；注意化验滑油，防止油变质或有水使油孔腐蚀。

③避免柴油机在转速禁区持续运转。

④加强扭振减振器的维护管理，保证其在运转中处于良好的工作状态。

裂纹的检修方法如下。

①裂纹的检验。粗检用观察法；细检用无损探伤法，表面裂纹用磁粉探伤，内部裂纹用超声波探伤。

②裂纹和断裂的修理。裂纹较小时可通过修锉打磨，除去裂纹，并与其他表面光滑过渡，然后再经着色探伤或磁粉探伤确认裂纹是否已消除；较大或较深裂纹时应换新。大型曲轴一般为组合式，可采用局部换新；小型整体式曲轴应全部换新。曲轴裂纹严重或已断裂时的应急措施是焊补，然后拆除该缸对应的活塞连杆后封缸运行以降低断裂曲轴的负荷，封缸运行后的柴油机应降负荷运行。

(4)曲轴红套滑移修理

红套又称热套，是实现零件过盈配合的一种工艺，利用金属材料的热胀冷缩特性把轴和孔装配在一起。常温下轴的直径大于孔的直径，二者直径的差值为过盈量。为了使曲轴传递一定的扭矩，红套时必须有一定的过盈量，使曲柄臂孔对主轴颈或曲柄销颈产生足够的紧固力。过盈量过小，曲轴传递扭矩时轴与孔就会松动，原有配合位置发生变化，即发生红套滑移；过盈量过大，过大的紧固力使轴孔配合面产生塑性变形甚至裂纹，降低曲轴传递扭矩的能力。中国船级社《钢质海船入级与建造规范》中规定组合式曲轴红套过盈量 δ 限制在最小过盈量 δ_{min} 和最大过盈量 δ_{max} 之间。

为了产生一定过盈量须将曲柄臂上的孔加热至一定温度(依理论计算求出),一般在保证足够过盈量的前提下使加热温度尽量低一些。

曲轴红套时应保证以下技术要求:曲柄间轴向距离(即主轴颈长度)和曲轴轴向长度应符合图纸要求;曲柄夹角符合要求;主轴颈与曲柄销颈的平行度符合要求。

组合式或半组合式曲轴的主轴颈与曲柄臂套合处相对位置发生错动的现象称为曲轴红套滑移。曲轴红套滑移将直接影响滑移曲柄以后的各缸定时、燃烧和功率。滑移方向即滑移曲柄相对主轴颈转动方向,滑移方向不同将使曲柄夹角增大或减小。曲轴红套滑移主要因曲轴受到过大的冲击扭转作用引起。过大的扭矩超过了曲柄臂对主轴颈的紧固力,就会产生松动和相对运动。船舶航行中螺旋桨打到礁石、缆绳、冰块或气缸中发生咬缸、水击、超负荷等,都会产生过大的扭矩;曲轴红套质量不佳,如过盈量太小、加热温度不足、配合表面太粗糙或不清洁等均会使紧固力不足,即便正常运转也会产生滑移。

①曲轴红套滑移的检查。曲轴发生红套滑移时的征兆是柴油机气缸定时不正,严重时有后燃、冒黑烟现象;柴油机剧烈振动;停车后不能再启动等。在船上,轮机员可把红套时所画的曲柄臂中心线(即曲柄对称线)或曲柄臂上的安装拐档表的冲孔作为检查红套滑移的标志,检查它们相对主轴颈纵向垂直平面的位置变化便可确定滑移的方向和角度。

②曲轴红套滑移的修理。航行中曲轴发生红套滑移时,若滑移角度不大,可重新调整定时、降低负荷运转,待到港后再进行修理。滑移不严重时在港进行原地修理,采用加热曲柄臂(如用氧乙炔焰)或用冷却主轴颈(如用液氮、液氢)的方法,并同时对曲轴施加扭矩使之反向转动滑移角度后复位;进厂修理时则更换主轴颈和重新进行红套修复。

(5)曲轴臂距差

柴油机曲轴主轴颈由主轴承支撑,新机因各道主轴承孔中心在同一直线上,坐落于主轴承上的曲轴中心线也呈直线状态。柴油机长时间运转后,各道主轴承下瓦产生不同程度的磨损,各道主轴承位置高低不等,坐落其上的曲轴的轴线将发生弯曲变形。柴油机正常运转情况下,曲轴轴线状态主要取决于主轴承下瓦的高低;反之,曲轴轴线状态也反映了各道主轴承的高低,也就是反映了各道主轴承下瓦的磨损情况。

曲轴拐档差
微课

①曲轴臂距差的概念。运转中的柴油机主轴承高低不等使位于其上的曲轴产生弹性变形,整根曲轴的变形为宏观的整体变形,而在每一个曲柄上的变形为局部的微量变形,曲柄微量变形是曲柄臂之间的距离在曲轴回转一周中产生的微量变化。曲轴的整体变形难以测量,微量变形可通过臂距差来测量,故常通过测量曲柄臂距的微量变化来了解曲轴整体的轴线状态。

研究曲轴变形时,为了简化问题,便于分析曲柄的微量变化,对运转中的曲柄做以下规定:主轴颈与曲柄臂之间为刚性连接,夹角为 90°并保持不变;主轴颈、曲柄销和曲柄臂均为刚性件,运转中形状不变,曲柄销长度不变;曲柄销与两曲柄臂之间的夹角 α、β 不仅相等且变化相同,即保持 $\alpha=\beta$,如图 2-102 所示。

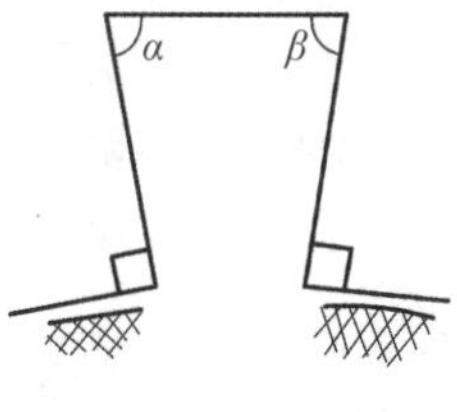

图 2-102　曲轴的变形假设

下面讨论曲柄微量变形、曲轴整体变形与主轴承高低的关系。

当曲轴发生整体变形时，即发生轴线的弯曲变形时，可通过分析曲轴的任一曲柄的微量变形来讨论整体变形与轴承高低的关系。如图 2－103(a)所示，当曲柄的两个主轴承低于相邻主轴承时，该曲柄的两个主轴颈轴线向下弯曲呈“塌腰”形。此时，将曲柄销转至上止点位置时，曲柄的两臂张开，臂距增大；曲柄销转至下止点时，曲柄的两臂收拢，臂距减小。同样，将曲柄销分别转至左、右平位置时，曲柄臂距亦有相同的变化。

如图 2－103(b)所示，当曲柄的两个主轴承高于相邻的主轴承时，该曲柄的两个主轴颈轴线向上弯曲呈“拱腰”形。此时，将曲柄销转至上止点位置时，曲柄的两臂收拢，臂距减小；曲柄销转至下止点位置时，曲柄的两臂张开，臂距增大。同样，将曲柄销转至左、右平位置时，曲柄臂距亦有相同的变化。

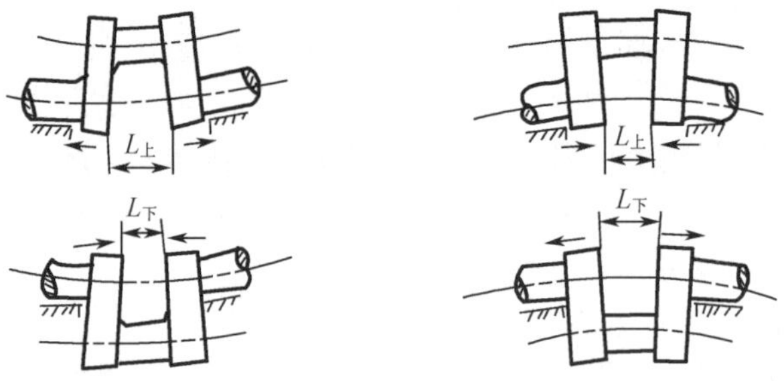

(a) 主轴承低时呈“塌腰”形　　(b) 主轴承高时呈“拱腰”形

图 2－103　主轴承高低对曲柄轴线和臂距的影响

曲柄的两个曲柄臂之间的距离称为臂距值，用 L 表示，俗称拐档值。曲轴回转一周中，曲柄销分别在上、下止点位置或左、右平位置时，曲柄的臂距值变化称为臂距差，俗称拐档差，用 Δ 表示，则有

$$\Delta_{\perp} = L_{上} - L_{下} \tag{2-1}$$

$$\Delta_{-} = L_{左} - L_{右} \tag{2-2}$$

式中　$\Delta_{\perp}$、Δ_{-}——垂直平面、水平平面内的臂距差，mm；

$L_{上}$、$L_{下}$——曲柄销在上、下止点位置时的臂距值，mm；

$L_{左}$、$L_{右}$——曲柄销在左、右平位置时的臂距值，mm。

根据图 2－103 可以得出：

$\Delta_{\perp} = L_{上} - L_{下} > 0$，即 Δ 为正值，曲柄轴线呈“塌腰”形；

$\Delta_{\perp} = L_{上} - L_{下} < 0$，即 Δ 为负值，曲柄轴线呈“拱腰”形。

结论　通过测量曲柄臂距的微量变化可了解曲轴整体的轴线状态，进而判断主轴承的位置。在垂直平面内，当曲柄的两个主轴承较低时，曲柄轴线呈“塌腰”形或下弧线弯曲，即呈“︶”形时，该曲柄的臂距差 $\Delta_{\perp}$ 为正值；当曲柄的两个主轴承较高时，曲柄轴线呈“拱腰”形或上弧线弯曲，即呈“︵”形时，该曲柄的臂距差 $\Delta_{\perp}$ 为负值。当将“$L_{上} > L_{下}$”如表 2－2 中竖向写时，大于号与塌腰形“︶”一致，故可用形象法来判断曲轴的形状，如表 2－2 所示。

表 2－2 臂距差、轴线状态与主轴承位置的关系

图形	臂距差 $\Delta_{\perp}$	$\Delta_{\perp}$ 与轴线状态和轴承位置的关系	
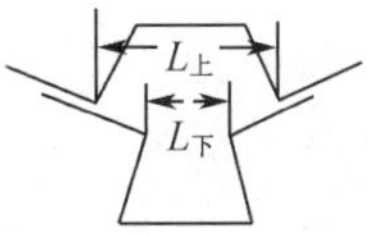	+	低	$L_上$ ∨ $L_下$
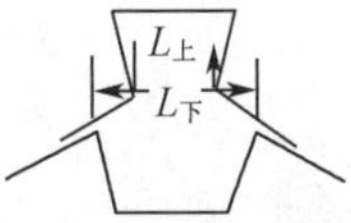	－	高	$L_上$ ∧ $L_下$

同样，在水平平面亦可得出：

$$\Delta_{-}=L_{左}-L_{右}>0，曲柄轴线呈“)”形；$$

$$\Delta_{-}=L_{左}-L_{右}<0，曲柄轴线呈“(”形。$$

结论 在水平平面内，当曲柄的两个主轴承位置偏右时，曲柄轴线呈右弧线弯曲或右拱形，即呈“)”形时，该曲柄的臂距差 Δ 为正值；当曲柄的两个主轴承位置偏左时，曲柄轴线呈左弧线弯曲或左拱形，即呈“(”形时，该曲柄的臂距差 Δ 为负值。同理，当 $L_{左}>L_{右}$ 时，“>”号形状与右拱形“)”是一致的，当 $L_{左}<L_{右}$ 时，“<”号与左弧形“(”是一致的。

臂距差值的符号表明曲轴轴线弯曲变形的方向，臂距差值的大小表明曲轴弯曲变形的程度。

柴油机运转中各道主轴承产生不均匀磨损，引起曲轴的整体与局部的变形。曲轴回转一周中曲柄臂的时张时合的微量变化，使曲柄销颈与曲柄臂连接处的过渡圆角部位产生时拉时压的交变应力。曲轴长期运转使之因无数次的重复变化而产生疲劳裂纹或断裂。微量变形越大，臂距差值越大，表明曲轴的弯曲变形越严重且附加弯曲应力也越大，当弯曲应力超过材料的许用应力时，曲轴就会产生裂纹或断裂。

主轴承的磨损在运转过程中是无法直接测量的，通过测量曲轴臂距差可了解主轴承的磨损情况和曲轴轴线的弯曲程度，并用修刮主轴承的方法把臂距差调整到允许的范围内，以防止曲轴的疲劳破坏。因此，曲轴臂距差值关系到曲轴的使用寿命。

②曲轴臂距差的测量。测量曲轴臂距差时应采用专门的量表，即臂距表，也称拐档表或拐档表。拐档表及其安装位置如图 2－104 所示。

测量前，根据曲柄臂距大小选择合适量程的可换衡量杆，并装于拐档表，然后将两量头装于曲柄臂上的冲孔（也称样冲眼）中，如图 2－104 所示。

曲轴臂距差值测量点一般均设在距曲柄销轴线 $(S+D)/2$ 处（S 为活塞行程，mm；D 为主轴颈直径，mm）。为了便于迅速、准确地装表，一般在制造曲轴时在曲柄臂内侧中心对称线上 $(S+D)/2$ 处打上样冲孔，即图中 A 点，作为固定的测量点。有的大型柴油机为便于测量或避开轴孔套合处，将测量点设在曲柄臂下边缘 B 点。由于曲柄臂上距曲柄销中心线距离不等，臂距值也不等，“塌腰”变形上止点时，测量点距曲柄销中心线越远，臂距值越大；“拱腰”变形上止点时，测量点距曲柄销中心越远，臂距值越小。由于曲轴臂距差的正负表明曲轴弯曲变形的方向，则当不考虑正负时，不论是“塌腰”还是“拱腰”，测量点距曲柄销中心线越远，臂距差的测量值越大。在 B 点测量的臂距差值 Δ_B 大于在 A 点测得的臂距差值

Δ_A。目前国内外均以$(S+D)/2$为测量点制定臂距差标准，故须将 B 点的Δ_B换算成 A 点的Δ_A值后方可使用标准，具体可按下式换算：

$$\Delta_A=\Delta_B\cdot\frac{OA}{OB}\quad(\mathrm{mm})\qquad(2-3)$$

式中 OA——曲柄销中心点 O 至测量点 A 的距离，mm；

OB——曲柄销中心点 O 至测量点 B 的距离，mm。

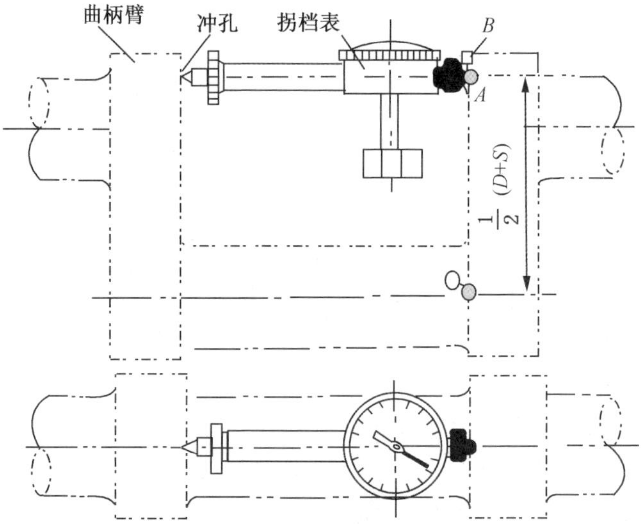

图 2-104　拐档表及其安装位置

为了测量准确，应尽量消除影响测量精度的因素，准确反映曲轴的轴线状态，故须满足以下测量条件：

a. 在柴油机冷态时进行测量。柴油机热态是指刚停机时的状态。柴油机停机后立即测量，机件热态使臂距差的测量值不准确，且随着温度的不断降低先后测量时的温度影响不同，所以测量值不稳定。而在冷态下，即在环境温度下，臂距差的测量值准确、稳定，也便于操作。

b. 在夜间、清晨或阴雨天气测量。海水、气温直接影响船体变形，进而影响曲轴臂距差值。轮机员测量曲轴臂距差值时应注意环境温度的影响，避免船舶在太阳暴晒下测量。

c. 在船舶装载条件相同的条件下测量。船舶装载条件不同船体变形不同，如空载与满载时的曲轴臂距差不同。为了便于比较，应在相同的装载条件下进行测量。通常新造船舶和修理船舶都在空载条件下测量臂距差。

对测量的要求：

a. 一次装表完成所有测量。臂距表安装后，应完成曲轴回转一周中各要求位置臂距值的测量，测量过程中不允许改动臂距表的位置。

b. 柴油机正车运转进行测量。测量曲轴臂距差应按柴油机正车运转方向进行，使测量值符合实际情况，精度高。

记录数据时的要求：

a. 曲轴未装连杆。曲轴回转一周，记录曲柄销转至 0°，90°，180°，270°四个位置的臂距值。

b. 曲轴已装连杆。由于曲轴转至下止点时，连杆和拐档表的位置干涉，不能安装拐档表测量曲柄销在下止点时的臂距值。故生产中用曲柄销位于下止点前后各15°位置，即距上止点165°和195°位置的臂距值$L'_{下}$和$L''_{下}$的平均值代替下止点（180°）位置的臂距值$L_{下}$，即$L_{下}=(L'_{下}+L''_{下})/2$。盘车至195°处装表，并将表的指针调至零值后，依次测量195°，270°，0°，90°，165°五个位置的臂距值，并记录读数。

现场记录测量读数依所选用的基准有两种不同的方式。

a. 按曲柄销位置记录测量值（销位法）：

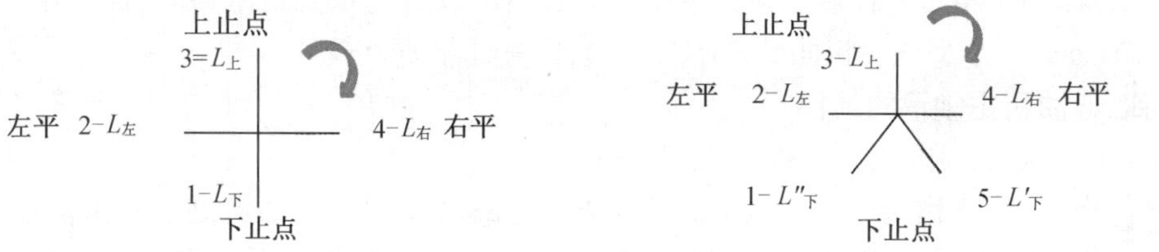

b. 按拐档表位置记录测量值（表位法）：

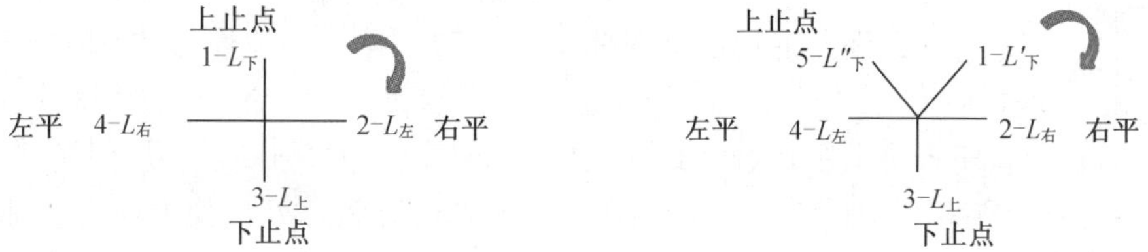

以上两种记录方式不同，记录数据位置相反，按公式$\Delta_{\perp}=L_{上}-L_{下}$、$\Delta_{-}=L_{左}-L_{右}$计算时，须注意$L$是曲柄销处于所在位置时拐档值。

曲轴臂距差的精度与拐档表的精度、表的安装精度、读数误差和测量技术等有关，可用以下方法检测测量精度：将测得的上下止点臂距值和左右平臂距值之和比较，二者差值在±0.03 mm内，即$(L_{上}+L_{下})-(L_{左}+L_{右})<\pm 0.03$ mm，表明测量基本准确。如果几次测量结果均超过±0.03 mm，表明曲轴存在严重变形。必须指出，以上方法仅是测量者用来粗略判断测量的准确性，而非衡量臂距差的准确，切勿混淆。

测量曲轴臂距差后，应对所测数值按柴油机说明书和有关标准进行分析与判断并分析曲轴弯曲变形方向和变形程度，判断臂距值是否超过标准，确定主轴承高低并进行处理等。

柴油机说明书的曲轴臂距差随柴油机机型、结构、尺寸和计算方法的不同而异，各类柴油机说明书中均对其曲轴臂距差测量方法、安装值和极限值有明确规定。

中华人民共和国船舶检验局《海上营运船舶检验规程》（1984）中规定了曲轴臂距差测量点在$(S+D)/2$处。曲轴与轴系连接后冷态下的臂距差标准如表2-3所示。

表2-3 曲轴臂距差标准　　单位：mm

状况	每米活塞行程的臂距差	
经修理试车前、后	≤0.125	
营运中的允许范围	0.125~0.25	>0.25 应限期修理
最大极限	<0.30	>0.30 应立即停航修理

《船舶柴油发电机组原动机修理技术要求》(CB 3364—91)、《船用柴油机曲轴修理技术要求》(CB/T 3544—94)分别对船舶副柴油机和船舶主柴油机曲轴臂距差做出规定。

CB 3364—91 规定:曲轴臂距差测量点在$(S+D)/2$处,曲轴与发电机连接后冷态臂距差标准为正常值不大于0.000 125S,即$\frac{1.25S}{10\ 000}$;修理中飞轮端控制值不大于0.000 15S,即$\frac{1.5S}{10\ 000}$;飞轮端如为弹性连轴节可适当放宽至不大于0.000 175S,即$\frac{1.75S}{10\ 000}$。

测量曲轴臂距差是针对船舶大中型柴油机曲轴状态的重要技术检验,而对于活塞行程小于200 mm的小型柴油机曲轴则不必检验,因其曲轴刚性较好。

四、柴油机主轴承的结构

1. 主轴承的作用、工作条件、要求及材料

认知主轴承微课

①作用。主轴承对曲轴起支承和减磨作用。主轴承决定着曲轴轴线,使曲轴在转动中以小的摩擦和磨损传递动力。小型机最后一道主轴承起止推定位作用,可防止曲轴发生振动、倾斜和摇摆时的轴向窜动。

②工作条件。主轴承承受曲轴传来的气体力和惯性力的作用,机械负荷大;承受主轴颈的摩擦,由于主轴承合金硬度低于主轴颈,主轴承磨损较主轴颈严重。主轴承工作表面与主轴颈工作表面之间的相对运动速度很高,除了会造成主轴承磨损外还会使主轴承发热。滑油在使用中的氧化变质,还会使主轴承遭到腐蚀。

主轴承中心线与气缸中心线垂直并相交的准确性,决定着曲轴、连杆、活塞和气缸之间的正确位置关系。主轴承刚性不足,会引起曲轴弯曲、轴承与轴颈产生不均匀磨损和过度磨损。主轴承的损坏将直接影响活塞在气缸中的工作,严重时会发生机械敲缸和拉缸事故,也有可能使曲轴挠曲变形过大甚至折断。

③要求。主轴承要具有足够的刚度及正确而固定的位置,以保证曲轴轴线位置,因为主轴承刚度不足,会引起曲轴弯曲变形,导致主轴承产生不均匀磨损和过度磨损;具有足够的强度来承受轴承负荷;在工作温度下具有足够的热强度和热刚度;能均布滑油并散走摩擦热量;具有良好的耐磨性和耐腐蚀性。

④材料。轴承盖与轴承座的材料与机座相同,为钢或铸铁。轴瓦为钢背加轴承合金。轴承合金一般采用巴氏合金(白合金)或高锡铝合金。白合金具有较好的表面性能(抗咬合性、嵌藏性和顺应性等)、耐腐蚀和耐磨性能,但耐热性和疲劳强度较低;40高锡铝合金在一些新型柴油机中薄壁轴瓦中使用,这种轴承材料具有较低的温度敏感性和很强的抗疲劳能力,可以大大提高主轴承工作的可靠性。

2. 正置式主轴承的结构特点

船舶柴油机的主轴承几乎都是滑动式主轴承,只有个别高速柴油机的主轴承采用滚动式主轴承。滑动式主轴承按主轴承盖布置的情况可分为正置式和倒置式两种。正置式又分为连接螺栓固紧和撑杆螺栓固紧两种。

(1)连接螺栓固紧的正置式主轴承

图2-105所示为连接螺栓固紧的正置式主轴承,其主要由轴承座、轴承盖、轴瓦及轴承螺栓等组成。轴承座1设在机座横隔板上,与机座成一整体,刚度好。轴承盖3正置于机座横隔板的轴承座上方,用两只(或四只)螺栓4紧固于轴承座,轴承盖两侧与机座(机身)内侧配合面A均须精加工,以便于安装定位,确保轴承座与盖同心。另外,主轴承运转时,还

可将轴承受到的横向力传给机座,使螺栓4免受剪切力的作用。在轴承盖和轴承座的孔中装有上轴瓦2和下轴瓦8。接合面之间有垫片6,增减垫片厚度可以调整轴承与轴颈间隙,合适的间隙有利于形成动液润滑。轴瓦内表均浇铸有减磨合金层7,具有减磨效果。轴承盖中央有润滑油管接头,用来引入压力润滑油。上轴瓦有进油口和周向布油槽B,将润滑油引入轴与轴承之间,以实现动液润滑。承压的下轴瓦内表面无布油槽,可增大承压面积和保持油膜状态完整。上、下轴瓦接合面处的内表面开有轴向浅槽C,将润滑油分布到轴向方向,同时可贮存润滑油中杂质,故又称垃圾槽。轴承盖与轴承座材料相同,为增加刚性,采用工形截面结构并且有筋肋支撑。

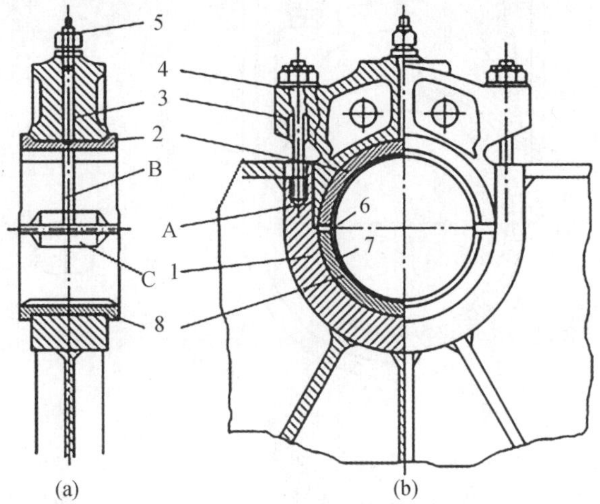

1—轴承座;2—上轴瓦;3—轴承盖;4—螺栓;5—滑油管;6—垫片;
7—减磨合金;8—下轴瓦;A—配合面;B—周向布油槽;C—垃圾槽。

图2-105 连接螺栓固紧的正置式主轴承

由连接螺栓固紧的正置式主轴承,因主轴颈尺寸的影响,两侧轴承螺栓之间的距离较大,故柴油机的横向尺寸也较大,轴承盖中部所受的弯矩也大,容易变形和开裂,特别是在采用贯穿螺栓连接的柴油机中,若轴承螺栓的间距大,则相应的贯穿螺栓的间距也大,增加了机座横梁的弯曲变形与应力。

(2)撑杆螺栓固紧的正置式主轴承

图2-106所示为柴油机撑杆式主轴承的一种结构。它由轴承盖,上、下轴瓦和撑杆螺栓等组成。撑杆螺栓8位于轴承盖7的上面,上端顶在机架15上,下端把轴承盖和轴瓦向下压紧在轴承座11上。由于两根撑杆的间距不受主轴颈的影响,则撑杆螺栓的间距可以缩小,贯穿螺栓间距也随之缩小。撑杆螺栓的两端是球面,分别嵌入轴承盖和机架上的球形凹坑内,对中性好。

采用撑杆螺栓固定主轴承的优点是:相关零件均受压力;减小贯穿螺栓的间距,减小柴油机横向尺寸;减小主轴承盖所受弯矩,减小轴承座横梁弯矩;提高主轴承和机座横梁的刚度。要注意的是撑杆螺栓的上紧工作应在所有的贯穿螺栓按规定全部上紧之后才能进行,并在贯穿螺栓拆卸之前进行拆卸。

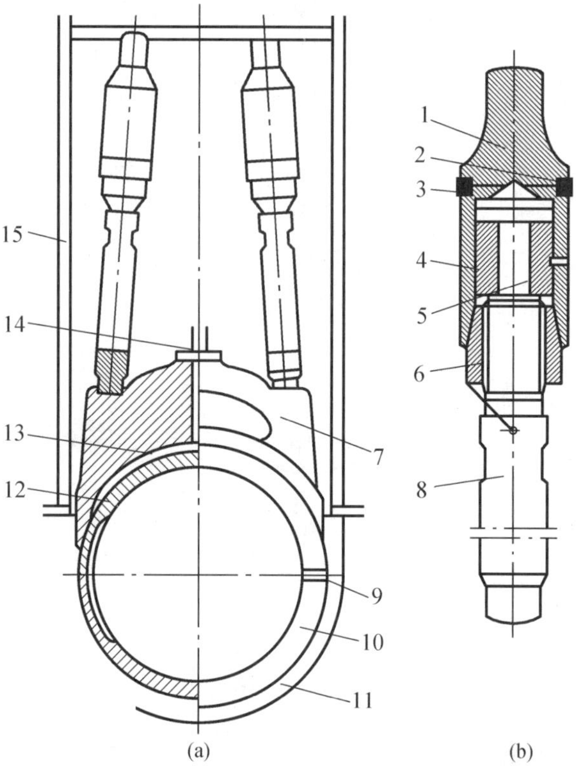

1—液压油缸；2—放气阀；3—螺塞；4—液压活塞；5—螺栓；6—螺母；7—轴承盖；8—撑杆螺栓；9—垫片；10—下轴瓦；11—轴承座；12—上轴瓦；13—轴出油槽；14—滑油管；15—机架。

图 2－106　撑杆式主轴承

3. 倒挂式主轴承的结构特点

现代筒形柴油机为了减小质量，在结构上普遍采用无机座结构，即将气缸体与机架做成一体。将轴承设在机体的横梁上，用倒挂螺栓 1 把轴承盖倒挂在机体上以支承曲轴，这种结构的主轴承称为倒挂式主轴承，如图 2－107 所示。采用倒挂式主轴承可以省去机座，机体底部只需装一个轻便的油底壳 7，可减小柴油机的质量和缩小柴油机尺寸，也可减小机座变形对轴线的影响。这种主轴承目前广泛应用于中高速柴油机中，也是当前筒形活塞式柴油机主轴承的主流结构。由于轴承盖受到气体力和惯性力的作用，轴承盖和其连接螺栓应该有足够高的疲劳强度。对于中小型柴油机，倒挂式主轴承的轴承盖只采用倒挂的连接螺栓紧固；对于大功率中速柴油机，轴承盖除用倒挂螺栓紧固到机体上之外，还用横向螺栓把轴承盖侧面与机架紧固在一起，使机体下部类似于封闭式结构，提高了主轴承与机体的刚性，避免了柴油机工作时机体下部张开而造成的较大“塌腰”变形，同时防止横向振动，因此可满足柴油机增压度提高的需要。大功率中速机倒挂式主轴承结构在拆装和维修曲轴时，需将整个机体倒置，这使拆装、维修曲轴不太方便。

4. 主轴承的轴瓦

现代中小型柴油机主轴承大多采用薄壁轴瓦，新式大型低速柴油机的主轴承采用厚壁轴瓦仍很普遍，但有向薄壁轴瓦发展的趋势，这主要是由于薄壁轴瓦虽刚度低、容易变形，但能通过轴承座和瓦壁厚度的加工精度来保证轴承孔的尺寸和几何精度，而且疲劳强度高，并且尺寸和质量小、造价低、互换性好。

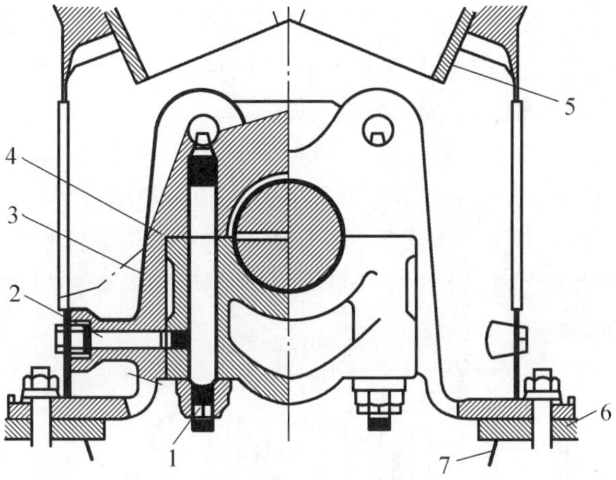

1—倒挂螺栓;2—横向螺栓;3—机架;4—轴承盖;5—气缸套;6—垫片;7—油底壳。

图 2-107 倒挂式主轴承

两半式主轴承的厚壁轴瓦如图 2-108(a)所示(下瓦)。厚壁轴瓦的优点是壁厚、刚度大,可以保证轴承孔的尺寸精度和几何精度,对轴承孔的加工要求较低;在上、下瓦接合面之间有调整垫片,可调整轴承间隙;轴瓦损坏后可以重浇合金或拂刮修复等。其缺点为因厚易出现疲劳裂纹,疲劳强度低。

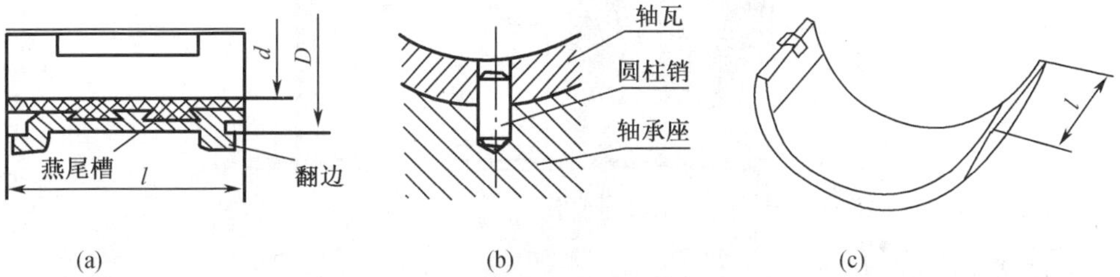

图 2-108 两半式主轴承的轴瓦形式

为保证合金与瓦背结合牢靠,在锻钢瓦背内表面开有燕尾槽,浇铸时合金即嵌入槽内。下轴瓦不开布油槽。上轴瓦有径向油孔和周向油槽,其作用是使得上部油管引入的润滑油通过上轴瓦的油孔和油槽流至下轴瓦,上下轴瓦内侧铣有油槽,也称垃圾槽,贮存滑油以便更好地把滑油分布到轴承的全部范围内,同时也起着沉积机械杂物的作用,油槽的宽度约为轴瓦的2/3,其两端要留有一定边缘,以防止大量滑油外流。轴瓦的卷边用来防止它的轴向移动。为了防止轴瓦在轴座中转动,以致阻断润滑油路,刮伤轴瓦和轴颈表面,轴瓦要在瓦座中采取周向定位措施。对于厚壁轴瓦用定位销实现周向定位,如图 2-108(b)所示;薄壁轴瓦则在轴瓦的接合面处冲压出一个小凸肩(或称定位唇)如图 2-108(c)所示,在轴承座和轴承盖的相应位置铣出凹槽(或称定位槽),轴瓦的小凸肩即可镶嵌在凹槽中,以此来实现周向定位。

五、推力轴承的结构、原理及调整

船舶柴油机通过轴(推力轴、中间轴和艉轴)带动螺旋桨旋转。螺旋桨桨叶在旋转时给水轴向的作用力，而水对螺旋桨桨叶也产生轴向的反作用力。作用在螺旋桨上的轴向力就是使船舶前进的推力（或后退的拉力）。螺旋桨的这个推力（或拉力）通过艉轴、中间轴和推力轴作用到推力轴承上，并经过推力轴承作用到船体上。当推力轴与曲轴直接连接起来时，曲轴还由推力轴承进行轴向定位。

1. 推力轴承的结构与工作原理

推力轴承主要由推力轴、推力环、正倒车推力块和调整垫圈等零件组成。现代新型超长行程柴油机的推力轴与曲轴一体锻造，推力轴承座一般与柴油机机座制成一体，推力轴承设置在最后两道主轴承之间，如图 2－109 所示。对于中速柴油机的推进装置，由于需要设置减速装置，推力轴承一般单独设置。

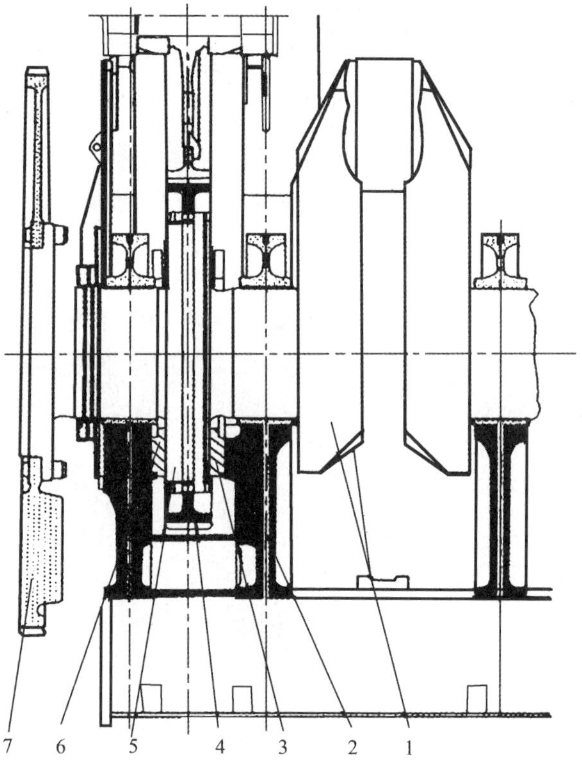

1—曲轴；2—机座；3—正车推力块；4—主动齿轮；5—推力环；6—倒车推力块；7—飞轮。

图 2－109　推力轴承（RTA－T 型柴油机）

图 2－109 所示为 RTA－T 型柴油机推力轴承，这种推力轴承的推力轴与曲轴锻为一体，推力环 5 的外圆法兰固定于传动凸轮轴的主动齿轮 4，使柴油机轴向尺寸减小。推力轴承主要由正车推力块 3、倒车推力块 6、推力环 5 和其他一些部件组成。正倒车推力块各 7 块（一般 6～12 块），沿圆周方向排列，排成约占 2/3 圆周的扇形面。位于主机端的一排、承受主机正车时轴向推力的推力块称为正车推力块；位于飞轮端的一排、承受主机倒车时轴向推力的推力块称为倒车推力块。柴油机正车运转时，螺旋桨的轴向推力通过艉轴和中间轴传到推力环，推力环通过正车推力块和调节圈将推力传给柴油机机座，并通过地脚螺栓传给船体，从而推动船舶克服水的阻力前进。推力环与推力块之间由滑油润滑，滑油来自主轴承润滑系统。为了使滑油不至于从轴颈处漏出机外，在轴颈上设有油封。

推力轴承的关键部件是推力块,图 2-110(a)所示为一种推力块的立体图。推力块的结构随机型不同虽然不完全相同,但工作原理是一样的。推力块为一个扇形块,靠近推力环的工作面上浇有减磨合金 2,在进油边缘 4 处有圆角或小斜面 3。调节圈一侧有高、低两个面支承凸肩 1 和底位面 6。高、低面相交的棱边为工作时的摆动支承刃 7,工作时它与调节圈工作面靠在一起。推力块两个侧面上都有凸块 5,起着推力块间的支撑和定位作用。推力轴承在正常情况下是液体动压润滑。图 2-110(b)所示为启动时工况。图 2-110(c)所示为工作工况,推力块绕支承刃偏转一个小角度,使推力块工作面与推力环 8 的工作面间形成楔形空间,产生动力油压。推力环的推力通过动力油压传递到推力块上,再经过支承刃传递到调节圈上,再传到机座和船体上。

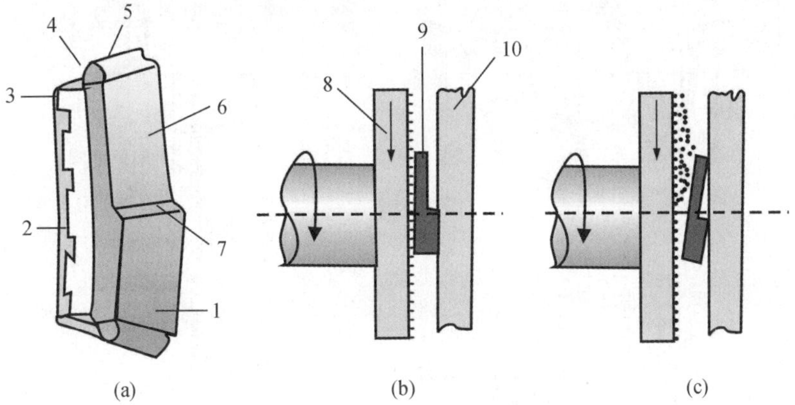

1—支承凸肩;2—减磨合金;3—小斜面;4—进油边缘;5—凸块;
6—底位面;7—摆动支承刃;8—推力环;9—推力块;10—调节圈。

图 2-110 推力块结构及油楔作用原理

MAN 公司在其 9~12 缸的大缸径 MC/ME 柴油机上采用了一种新型 360°推力轴承,如图 2-111 所示。与传统的 240°推力轴承比较,该柴油机推力环的直径以及推力轴承的长度都减小了,推力轴承的质量虽减小了,但柴油机机座后部的强度也提高了。这种推力轴承只使用一种结构形式的推力块。根据前后侧推力的不同,推力环前侧使用 12 块推力块(360°),后侧使用 8 块推力块(240°)。360°推力轴承的推力环所受作用力作用线在曲轴中心线上,而不像传统的 240°推力轴承的推力环所受的作用力偏离曲轴中心线,改善了曲轴的受力条件。推力轴承结构的这种改进,使其性能和可靠性得到了提高,而造价并没有增加。此外,其推力环的结构也有所改进,即采用弹性推力环结构,在推力环上加工出环槽,优化了轴承负荷分布,减小了轴承的最大压力及油膜压力,使油膜厚度增加。由于推力块上的负荷分布得到了改善,因而减小了推力块的面积以及推力环的尺寸。

图 2-111 MC/ME 型柴油机的推力轴承

2. 推力轴承的间隙调整

推力轴承的间隙调整包括周向间隙调整和轴向间隙调整，如图 2 – 112 所示。

①压板间隙的测量与调整。在图 2 – 112(a)中，正、倒车推力块在左右两侧均用压板 6 定位。当推力块互相紧靠在一起后，在左、右侧压板与推力块处留有一定间隙 i_1 与 i_2。周向间隙保证了推力块绕支承刃摆动的灵活性，两侧 i_1 与 i_2 间隙之和要符合说明书的规定，其数值可通过增减压板处的垫片来调整。

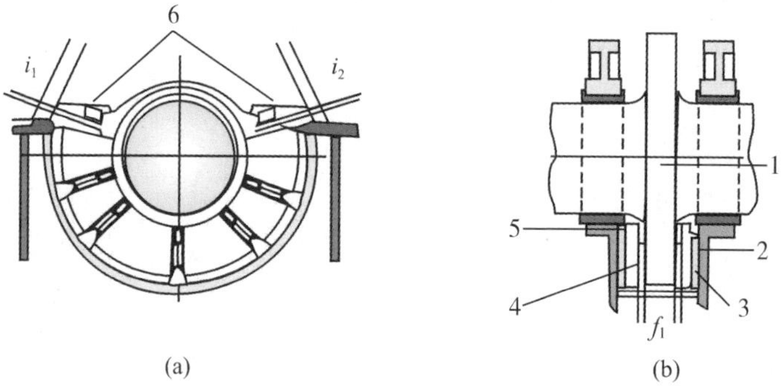

1—推力环；2，5—调节圈；3，4—推力块；6，7—压板(止动器)。

图 2 – 112　推力轴承的间隙调整简图

②推力块与推力环轴向间隙的调整。在图 2 – 112(b)中，推力块和推力环中间有一定的间隙，以保证形成油膜，实现全液膜液体动压润滑。该间隙由正、倒车推力块背面的调节圈 2 与 5 进行调整，该垫圈同时也可用来调节曲轴与主轴承之间的轴向相对位置。测量时用力把推力环压紧在正车推力块上时，用塞尺测量出在倒车推力块与推力环间的间隙(也可在推力环任意自由状态下测量正、倒车推力块和推力环之间的间隙，然后相加得出)，此间隙应符合说明书要求。如不符合，可通过调节圈进行调整。作为临时性应急措施，也可在调节圈后加垫片进行调整。在安装推力块时，调节圈应按下述要求进行调整：当推力环与正、倒车推力块之间各为 1/2 装配间隙时，靠近推力轴承的最后一个曲柄的中心线，应向推力轴承方向偏移一个规定的数值。这样做是为了补偿曲轴在运转中的热膨胀，从而尽可能地使各曲柄臂与主轴承之间的间隙保持均等。为了适应柴油机工作时曲轴受热伸长的需要，距推力轴承越远，连杆大端轴承的轴向间隙应越大。

六、轴承的检修

轴承是船用主、副柴油机或其他辅机的易损件，在每年的机损事故中轴承损坏居首位。轴承损坏主要是轴瓦上的耐磨合金层的损坏。轴瓦的主要失效形式有过度磨损、裂纹和剥落、腐蚀和烧熔。

1. 轴瓦的主要失效形式

(1)轴瓦的过度磨损

过度磨损是轴瓦最普遍的失效形式。柴油机运转一段时间后使主轴承下瓦、十字头轴承下瓦和曲柄销轴承上瓦过度磨损，轴瓦的过度磨损将会使轴承间隙增大，引起冲击，加剧磨损。造成轴瓦过度磨损的原因主要有维护管理不良，具体表现如下：

①润滑油净化不良,含机械杂质和水分较多;

②轴颈表面的粗糙度等级太低、几何形状误差过大和曲轴变形等;

③柴油机启、停频繁和长时间超速、超负荷运转;

④其他日常维护不善,甚至违章操作等。

以上各点不是使轴承润滑油膜不能建立,就是由于磨粒、轴颈表面状态不良或过大的轴承负荷破坏已形成的油膜,造成轴瓦的异常磨损。

(2)轴瓦的裂纹和剥落

裂纹和剥落主要发生在白合金厚壁轴瓦上。最初由于种种原因在轴瓦工作表面产生微小疲劳裂纹,随着柴油机的继续运转轴瓦上的裂纹扩展、延伸,以致使轴瓦上的耐磨合金呈片状脱落,即剥落。造成轴瓦裂纹和剥落的原因主要是机械疲劳,与轴承受力、轴瓦合金材料及管理等因素有关,具体表现如下:

①白合金材料的疲劳强度低,在交变载荷作用下容易产生疲劳裂纹;

②轴颈的几何形状误差过大和轴瓦过度磨损都会使轴瓦受到过大的冲击负荷,使轴瓦产生裂纹;

③柴油机超负荷使轴承负荷过大造成轴瓦裂纹;

④轴瓦浇铸质量差,如合金层与瓦壳接合不良或二者间嵌有异物等,在交变载荷作用下使轴瓦产生裂纹和合金层剥落;

⑤龟裂是白合金轴瓦容易产生的疲劳损坏,如十字头轴瓦的龟裂就较为严重,目前虽然对十字头轴承和连杆小端的结构进行了各种改进,但龟裂仍时有发生。

龟裂是由于柴油机运转时轴瓦受到周期性交变负荷作用,特别在轴承负荷过大和轴向负荷分布不均匀时,使轴与瓦之间难以建立连续而又分布均匀的润滑油膜,以致局部产生金属直接接触,经过一段时间运转后在轴瓦表面局部产生细微裂纹,称为发裂。发裂在柴油机台架试验时就可能产生。轴瓦的发裂会使润滑油渗入,在轴承负荷作用下滑油无处逸出,形成油楔,在油压作用下,使裂纹逐渐扩展、延伸并且彼此连接成封闭网状,这种裂纹称为龟裂。实践证明,轴瓦产生发裂后仍可继续运转很长时间,直到发展成龟裂报废。十字头轴瓦龟裂如图 2-113 所示。

图 2-113 十字头轴瓦龟裂

(3)轴瓦腐蚀

轴瓦腐蚀包括电化学腐蚀和漏电引起的腐蚀。润滑油中含水或滑油氧化、燃气或燃油的混入使滑油变质都会使轴瓦工作面产生宏观或微观电化学腐蚀麻点。船上的杂散电流是由电器漏电引起的,它使轴瓦内外表面产生局部麻点的静电腐蚀。

(4)轴瓦烧熔

轴瓦合金烧熔是滑动轴承常见的严重损坏,主要是:轴承间隙过小、润滑油油压不足或失压使油膜不能建立;轴颈表面太粗糙或几何形状误差过大等破坏油膜。油膜不能建立或被破坏均使轴与瓦的金属直接接触,干摩擦产生高温使合金熔化。故轴瓦烧熔的直接原因是轴承严重发热。

2. 轴瓦的检修

(1)轴承间隙测量

①塞尺法。用长塞尺自轴承端面直接插入轴颈与轴瓦之间进行测量。图 2－114 所示为 MAN－B&W 型柴油机随机专用长塞尺测量主轴颈与主轴承的轴承间隙。测量时拆去轴承盖上的滑油进油管和盖内的油管,用长塞尺从端面插入进行测量。一般每运转 3 000 h 检查 1 次。塞尺平直,而轴承间隙为弧形,使测量值小于实际间隙,所以轴承间隙应为测量值加上 0.05 mm 的修正值,如图 2－115 所示。此法简便,但精度不高且使用时受轴承结构的限制,可作为轴承间隙的粗检。

②压铅法。这是指利用置于轴承间隙处的铅丝在轴承螺栓上紧后被压扁的厚度来反映轴承间隙实际大小的测量方法。压铅法适用于厚壁轴瓦的轴承间隙检测。此法精度高,但操作麻烦。

具体测量步骤如下:

a. 拆去主轴承上盖和上瓦或连杆大端轴承的下盖和下瓦。

b. 选直径为(1.5～2.0)Δ(Δ 为轴承装配间隙),长度为 120°～150°轴颈弧长的铅丝 2～3条。在轴颈首、中、尾位置沿圆周方向安放铅丝,并用牛油黏住,如图 2－116 所示。铅丝的塑性和直径对测量精度影响很大。铅丝直径小于轴承间隙,铅丝未被压扁,轴承间隙不能测出;铅丝直径过大,上紧螺栓后铅丝被压入白合金层内,亦不能准确测量。例如,主轴承装配间隙为 0.2～0.25 mm,可选用直径为 0.3～0.5 mm 的铅丝。

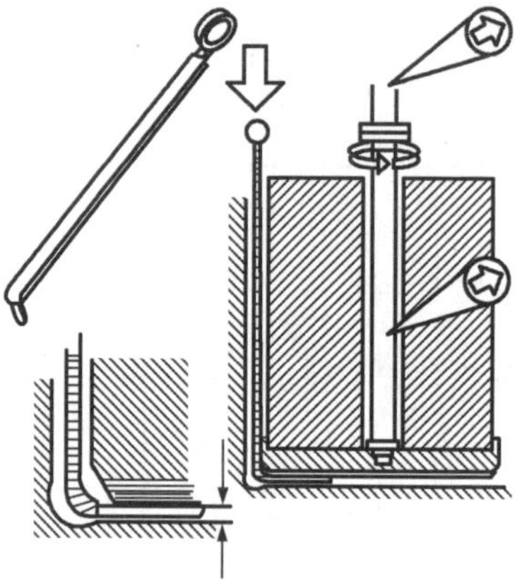

图 2－114　MAN－B&W 型柴油机随机专用长塞尺测量轴承间隙

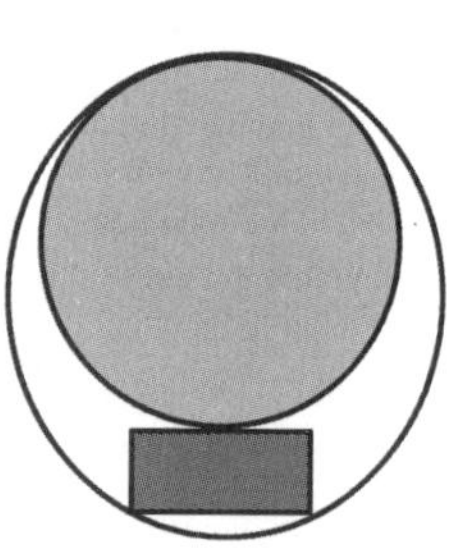

图 2－115　修正原理示意图

c. 装好主轴承上盖和上瓦,按要求上紧螺栓至规定位置,此时切勿盘车。

d. 打开轴承,取出铅丝进行测量和记录。注意铅丝对应的测量位置,切勿弄混。

e. 用千分尺测量铅丝和中间和两端的厚度。中间厚度为轴承间隙值,两端厚度为轴承两侧间隙,应小于轴承间隙,且两端间隙差不超过 0.05 mm。

③比较法。中高速柴油机主轴承和连杆大端轴承多采用薄壁轴瓦。通常采用内、外径千分尺分别测量轴、孔的对应部位直径,两直径之差即为轴承间隙。一般应测量对应于曲柄销在上、下止点位置时的轴、孔直径,且在轴向首、中、尾三处测量求其平均值进行比较。

(2)轴瓦磨损量检测

十字头式柴油机承压轴瓦易磨损,主要是主轴承的下瓦和连杆大端轴承的上瓦。

主轴承厚壁瓦下瓦磨损量可用桥规测量主轴颈下沉量的方法或直接测量下瓦厚度并与新瓦厚度比较来确定。桥规法测量时,须拆主轴承,将桥规置于机座上平面并紧贴,用塞尺测量桥规测量基准面与主轴颈之间的距离,如图 2－117 所示。新型的船用低速柴油机主轴颈的下沉量采用专用测深千分尺在主轴承与曲柄臂之间或主轴承上盖滑油管内测量。

连杆大端轴承上瓦的磨损量可直接测量轴瓦的厚度并与新瓦厚度进行比较来确定。

薄壁轴瓦当其轴承间隙超过说明书或相关标准时即表明其下瓦或上瓦磨损严重,无须测量磨损量,应报废换新。

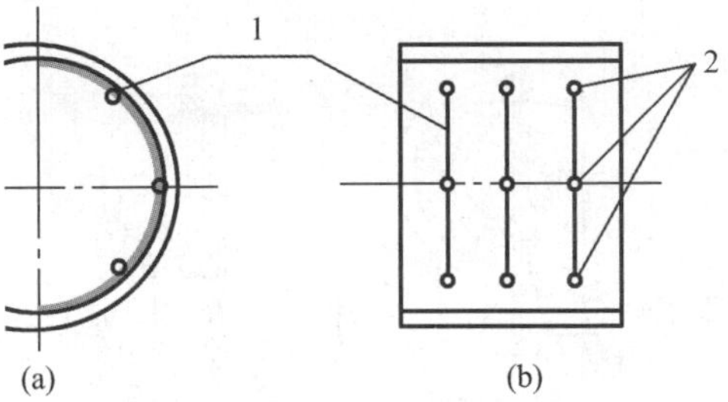

1—铅丝;2—测量点。

图 2－116 压铅法测量主轴承间隙

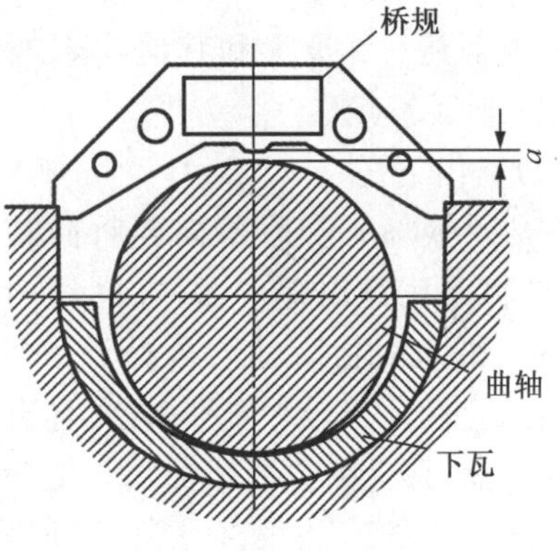

图 2－117 桥规法

(3)听响法或渗透探伤法检测

轴瓦合金层浇铸质量不高就会使接合面局部有裂缝,运转后就会产生合金层脱落现象,为此对厚壁轴瓦备件可采用听响法或渗透探伤法进行检测。

轴瓦工作表面可用放大镜或渗透探伤法检验有无裂纹。

(4)轴瓦的修理

轴瓦的修理主要是针对厚壁轴瓦的修理,依损坏的形式和程度不同修理的方法有局部修刮、焊补和重浇合金。厚壁轴瓦的合金层损坏可采用喷涂工艺进行修复,要求涂层与轴瓦结合牢固。

①局部修刮。轴瓦工作表面上的小面积擦伤、腐蚀或早期裂纹可用刮刀进行局部修刮,并使修刮处与周围瓦面圆滑过渡。滑油中含水量较多时会使瓦面上生成黑色氧化锡硬壳,也可用刮刀刮去。

②焊补。轴瓦局部裂纹、局部合金剥落、局部腐蚀等均可采用焊补方法进行修理。焊补是用氢氧焰或焊烙铁将轴瓦损坏处合金熔化,用与轴瓦合金牌号相同的焊条焊补。为保证焊补质量,焊前清洁轴瓦表面很重要,应将轴瓦表面用汽油或煤油清洗、擦干并修刮露出金属光泽。焊烙铁焊补是将整个轴瓦加热至 160 ~ 180℃,用氯化锌($ZnCl_2$)和氯化氨

(NH_4Cl)的饱和水溶液涂抹损坏处,然后用焊烙铁熔化白合金焊条进行焊补。

焊烙铁焊补方法简单实用,是常用的一种修理轴瓦裂纹的方法。焊补后应进行退火以消除应力,最后进行机械加工达到要求的尺寸和形位精度。焊补修理不仅节约合金材料且可缩短修理工时。

③重浇轴瓦。具有下列情况之一者,均应熔去轴瓦上的合金,重新浇铸牌号相同的白合金:轴瓦合金烧熔;轴瓦过度磨损,合金层厚度小于2 mm;轴瓦合金脱壳或大面积剥落;轴瓦合金龟裂,扩展到轴瓦端面或裂纹深及瓦壳。需要注意的是,当龟裂面积较大并扩展至轴瓦端面或合金剥落时,轴瓦应报废换新。

3. 主轴承下瓦的更换

柴油机运转中轴承损坏是不可避免的。其轴瓦损坏后,船上条件下只能更换备件。因此换瓦是轮机员经常性的检修工作。换瓦就是新瓦的安装工艺过程,其质量仍然是保证轴承安全可靠运转的关键。薄瓦安装工艺较为简单,以下介绍厚壁瓦安装过程及应注意的问题。

(1)新瓦的检验

检查下瓦有无变形和其他缺陷,如合金层与瓦壳的贴合情况、油槽和垃圾槽情况,测量并记录轴瓦厚度。

(2)盘出下瓦

在船上换新轴瓦时不需要将曲轴吊起,只要将下瓦盘出即可,并以同样的方法将新下瓦盘入瓦座,然后再拆下一个轴瓦。旧瓦应从瓦口较厚的一端或有定位唇的一端盘出,否则会损坏轴瓦。主轴颈的下瓦座盘出的方法很多,随机型而异。例如,中小型柴油机利用曲轴主轴颈上的润滑油孔,在孔中插入销钉盘车即可顶出下瓦。也可利用专用工具取出主轴承下瓦,这种方法是将盘瓦工具固定在曲柄臂上,工具尖端部分卡在下瓦端部接合面上,盘车时,工具随曲柄一同转动,同时振动下瓦随之转出,如图2-118所示。Sulzer RD、RND型柴油机采用液压千斤顶将主轴颈抬高0.10~0.15 mm后转出下瓦。为了便于盘瓦,通常在新瓦瓦背上镀覆0.002~0.003 mm的锡或铜,且镀层均匀光滑,或在新瓦瓦背上均匀涂以固体润滑剂二硫化钼。

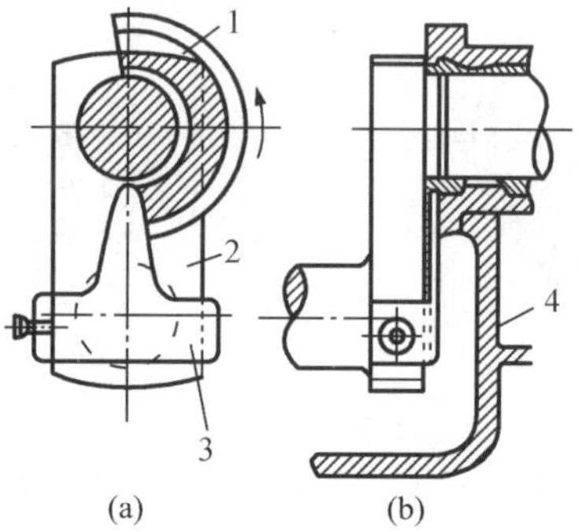

1—下瓦;2—曲柄臂;3—专用工具;4—机座。

图2-118 专用工具取出主轴承下瓦

(3)滑动轴承的安装要求

为了保证滑动轴承安全可靠地运转,轴承的安装质量和与轴的配合最为重要。滑动轴承在安装过程中应符合下列要求:

①轴瓦与轴承座孔的配合面应贴合良好。安装轴瓦时主轴承下瓦的安装最为关键,应使下瓦外圆面与轴承座孔内圆而贴合紧密并均匀接触,用0.05 mm塞尺插不进。配合面贴合紧密,运转时轴瓦工作可靠,不会产生变形和裂纹,利于散热。

厚壁轴瓦的下瓦装入轴承座内,其配合面贴合情况可用在瓦座面涂色油后与轴瓦互研进行检查。若瓦背色油沾点少,说明接触不良,可采用铜锤敲击或修锉轴承座面来处理。要求在25 mm×25 mm面积内沾点不少于三个点,即小型柴油机的瓦背与瓦座接触面积不少于 85%，大中型柴油机不少于 75%。

薄壁轴瓦与轴承座的紧密配合是通过轴瓦与轴承座孔的过盈配合来实现的。由于轴瓦装入轴承座孔内，上、下瓦接合面均高出轴承座接合面 Δ，也就是轴瓦外圆周长较座孔周长大 4Δ，如图 2－119 所示。螺栓上紧前，在轴承剖分面处有 2Δ 的间隙；螺栓上紧后，间隙消失，借助薄轴瓦的弹性形变和过盈量使轴瓦紧压在轴承座孔中，两者配合面紧密贴合。薄壁轴瓦在自由状态下具有一定的弹性，所以在瓦口处会产生弹性变形，使瓦口处直径较轴瓦名义直径增大，二者之差为瓦口的扩张量。《船用柴油机曲轴修理技术要求》对瓦口扩张量的推荐值为：无翻边瓦为 0.3～1.0 mm；翻边瓦为 0.1～0.4 mm。因此，轴瓦内孔尺寸越大，轴瓦壁越薄，弹性越好，因此扩张量应取上限。

②轴颈与轴瓦应在一定的角度内均匀接触。柴油机主轴颈与主轴承下瓦应在机体中心线两侧 40°～60°均匀接触，如图 2－120 所示；曲柄销颈与连杆大端轴承上瓦应在连杆中心线两侧 60°～90°均匀接触。

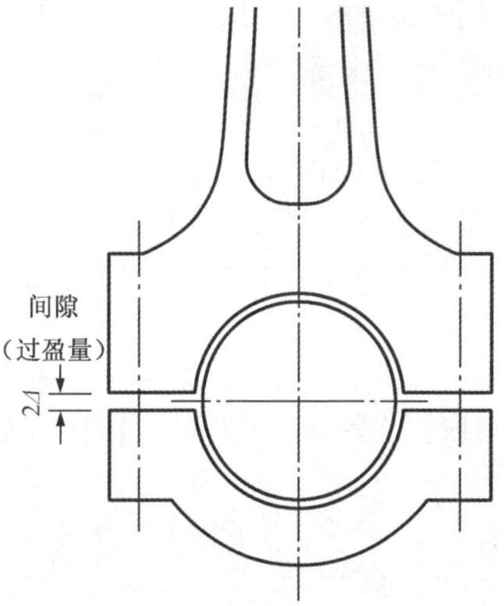

图 2－119 薄壁轴瓦与轴承座孔的过盈配合

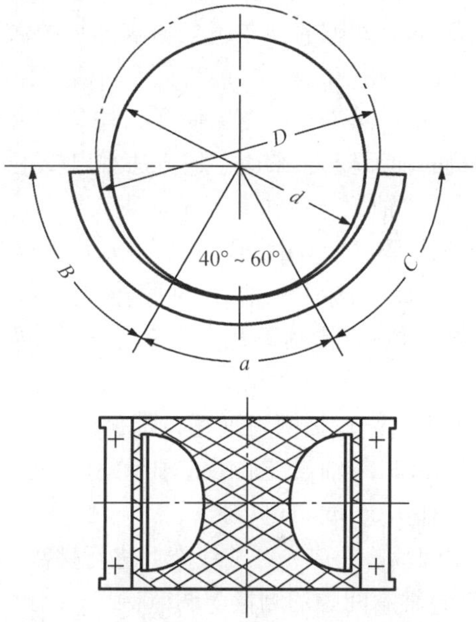

图 2－120 曲轴轴颈与轴瓦的接触角

③轴承间隙应符合要求。轴与轴瓦之间的径向最大配合间隙称为轴承间隙。合适的轴承间隙是形成润滑油膜，实现液体动压润滑的重要条件。轴承间隙过小，油膜不能建立，轴与轴瓦金属的直接接触，产生大量的热量，以致金属熔化；间隙过大，润滑油流失并产生冲击，使轴瓦合金层产生裂纹、破碎。所以要求轴与轴瓦之间的轴承间隙 Δ 在安装间隙 $\Delta_{安}$ 和极限间隙 $\Delta_{极}$ 之间，即 $\Delta_{安} \leqslant \Delta < \Delta_{极}$。

柴油机说明书和柴油机修理技术标准中对主轴颈与主轴承、曲柄销颈与连杆大端轴承的轴承间隙均有具体规定。

(4)新瓦的安装

新瓦须按安装要求进行安装。

安装前应先检查新瓦有无变形，因为轴瓦备件在放置过程中可能产生变形，如将变形的轴瓦装入轴承座中将贴合不良。在色油检查时出现以下情况：

在下瓦背的两侧面有色油沾点，而瓦背底面无沾点，说明下瓦瓦口产生向外张开的变形，在底部产生间隙 δ，如图 2－121(a)所示，此时新下瓦卡在轴承座上，没有“落底”。

在下瓦背的两侧面无色油沾点，而在瓦背底面有沾点，说明新瓦瓦口产生向内收拢的变形，在瓦口两侧产生间隙 β，如图 2－121(b)所示。瓦口收拢时新下瓦在瓦座内“晃荡”。

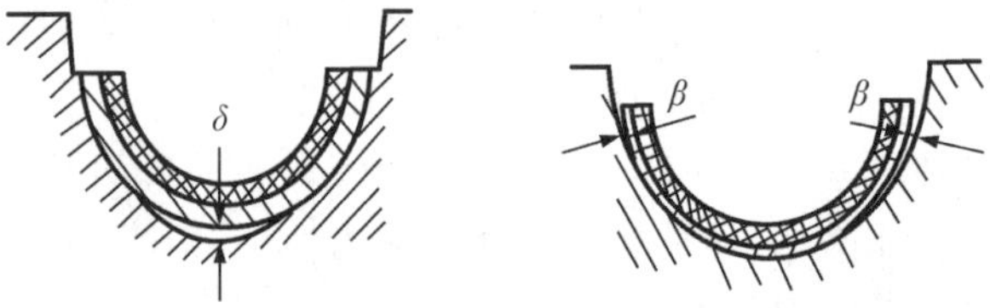

(a) 瓦口扩张变形　　(b) 瓦口收拢变形

图 2－121　新瓦瓦口变形对其安装的影响

不论是瓦口扩张还是瓦口收拢，都会因柴油机运转时爆发压力的不断冲击而使下瓦合金碎裂，同时间隙的存在还会影响轴承的散热。故瓦口扩张时，应修锉瓦背两侧或用铜锤敲击瓦口外侧使之收拢，再与瓦座对研，直到沾油均匀为止。瓦口收拢时，小型柴油机尺寸小，可用木槌敲击瓦口内侧使瓦口均匀向外扩张，与瓦座对研后沾点均匀为止。大型低速柴油机的轴瓦较大，采用上述方法难以校正，故通常用细锉刀修锉瓦背两侧。

(5)主轴颈与主轴承下瓦拂刮

当下瓦与轴承座贴合情况合格后，再检验主轴颈与之接触的情况并应符合要求。检验时，在轴上均匀涂上色油，使轴回转与瓦互研后，观察下瓦色油沾点的多少和分布情况。如不合格，用刮刀拂刮下瓦上的色油沾点，再次使轴回转，检查沾点和拂刮，直到符合要求为止。

下瓦两侧垃圾槽附近瓦口部位的拂刮应注意：拂刮过量，造成漏油，影响油膜建立；拂刮不足，瓦口与轴颈接触引起轴承发热，甚至在瓦口处咬死。因此，一般瓦口两侧与主轴颈之间要有 0.05 mm 的间隙。

主轴承上瓦应先开油线然后进行拂刮。

(6)轴承间隙的测量与调节

以上检验合格后应检测主轴颈与主轴承装配后的配合间隙，即轴承间隙。当所测轴承间隙与说明书或相关标准不符时，可抽减或增加上下轴瓦配合面间的垫片进行调整。

厚壁轴瓦上下瓦接合处有一组黄铜或紫铜垫片，其形状与接合面形状相同并且不应妨碍曲轴的回转及瓦口处的垃圾槽。垫片的厚度均为 0.05 mm 的整数倍，如 0.10 mm，0.15 mm等，便于间隙调整。调整时使用垫片的数量应尽量少，两边的垫片数目和厚度应相同。

调整轴承间隙时，轴瓦两边要同时抽减或增加厚度和数目相同的垫片，以免安装后轴承上盖上瓦歪斜和轴承间隙变化。

【技能点】

一、柴油机曲柄臂距差的测量

1. 训练目的及要求

训练目的：正确掌握柴油机曲轴臂距差的测量方法和步骤，掌握拐档表的操作方法，并通过曲轴臂距差的数据，正确分析曲轴的轴线状态。

要求：

①量具的选取、使用正确得当；

②盘车方向、装表位置正确；

③拐档表调校、安装正确；

④正确测量与读取拐档值；

⑤拐档值记录方法正确；

⑥测量数据分析与结论正确。

2. 训练设备

6300 柴油机一台；拐档表一只；手电筒一只。

3. 训练步骤

(1)准备工作

①拐档表的准备。检查拐档表的灵敏度，用手指按动拐档表一端的顶尖，看表上的指针摆动是否灵活，放松后指针能否回到原来的位置，必要时在活动部位加 1 ~ 2 滴润滑油；对于配重式拐档表，装好配重；根据所测曲柄臂距差的大小，选择一根长度合适的测量杆（可换量头），使装配长度比臂距大 1 ~ 2 mm，将锁紧螺帽带上，并将测量杆旋入拐档表的接头上。

②将柴油机各缸的示功阀打开，所测缸曲轴箱道门打开。

③确定盘车方向，以柴油机正车运转方向作为测量时的盘车方向。

(2)拐档表在曲柄臂上的安装

①确定表的安装位置。根据已经确定的盘车方向，如果曲轴未装连杆，则将曲柄销转至下止点；如果曲轴安装了连杆，则把曲柄销按正车方向转到下止点后 15°左右，作为安装表的位置，也就是第一个测量位置。

②找到该缸曲柄臂上测量孔的位置（一般在曲柄销对面，距曲柄销轴线为 $(S+D)/2$ 处的曲柄臂上，有样冲眼），并进行清洁。

③手拿拐档表，先使固定顶头顶在一只样冲眼上，接着使活络顶头顶在另一只样冲眼上，然后，将拐档表活络顶头端的可换量头旋出 1 ~ 2 mm（观察表盘指针转动 1 ~ 2 圈即可），然后上紧可换量头上的滚花螺母。拐档值变化一般小于 1 mm，可换量头旋出 1 ~ 2 mm 的目的是使拐档表两顶头间距离大于被测值，使之具有测量能力。用手将整个拐档表拨转 2 ~ 3 转，观察表指针有无摆动，确认安装牢固后，把拐档表表盘指针调至“0”刻度，即测量的第一个数据为 0。

拐档表的安装和测量部位如图 2 - 122 所示，图中顺时针方向为正车方向。

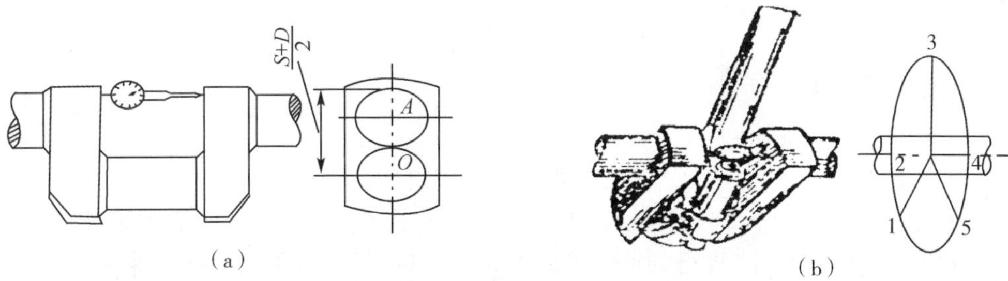

图 2 - 122 测量臂距差的位置

(3)臂距差的测量与记录

沿着转向依次盘车至相应位置并记录读数,只能正向盘车,不能反转。读取拐档表。拐档表大指针每偏转 1 格为 0.01 mm,当曲轴量表的触头向表内压入时,表盘上的指针顺时针方向转动,表明臂距减小,记作“负”值,以“ - ”号表示;当曲轴量表的触头外伸时,表盘上的指针逆时针方向转动,表明臂距增大,记作“正”值,以“ + ”号表示;

①不带连杆臂距差的测量位置。

未装活塞连杆机构时,曲轴回转一周,测量曲柄销转至 0°,90°,180°,270°四个位置的臂距值。

②带连杆臂距差的测量位置。

曲轴已装活塞连杆机构时,由于曲轴转至下止点时,活塞连杆机构位置恰好居中,不能安装曲轴量表。故生产中用曲柄销位于下止点前、后各 15°位置,即 165°和 195°位置的臂距值平均值代替下止点(180°)位置的臂距值。因此盘车至 195°处装表,并将表的指针调至零值后依次测量 195°,270°,0°,90°,165°五个位置的臂距值。

现场记录测量读数,依所选用的基准不同有两种方式:

①以曲柄销位置为基准记录臂距值(销位法)。

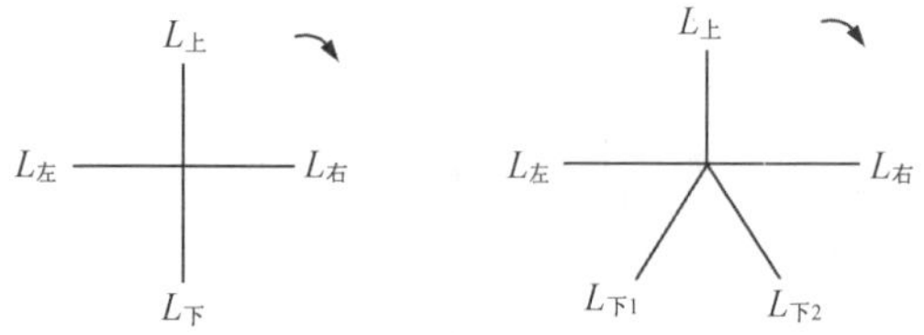

(a) 不带连杆　　(b) 带连杆

②以曲轴量表位置为基准记录臂距值(称表位法)。

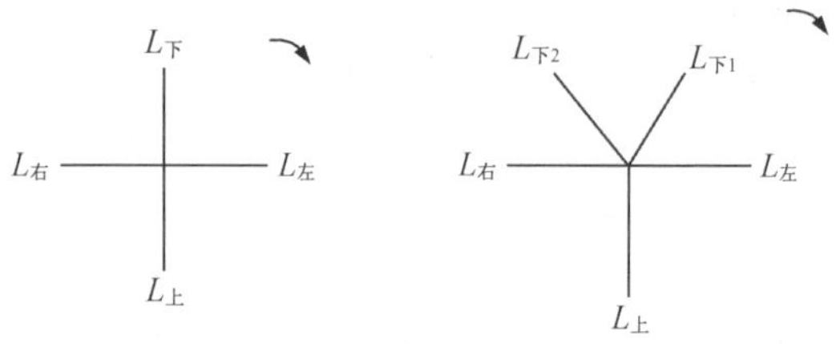

(a) 不带连杆　　(b)带连杆

(4)臂距差 Δ 的计算与分析

垂直平面臂距差为

$$\Delta_{\perp} = L_{上} - L_{下}$$

水平面臂距差为

$$\Delta_{-} = L_{左} - L_{右}$$

柴油机曲轴臂距差允许极限数值。柴油机曲轴臂距差允许极限数值可见表 2 - 3。轮机人员在现场工作时若不方便查表,也可按经验公式计算;新造或大修后的柴油机臂距差应不大于 0.000 1S,航行中许可的臂距差应不大于 0.000 2S,其中 S 为活塞冲程。

二、柴油机主轴承间隙的检测

1. 训练目标及要求

①测量方法选择正确。

②量具的检验熟练，测量操作程序正确。

③工艺方法符合技术规范。

④测量数据记录正确。

⑤根据检查结论进行状态分析、结论正确。

2. 训练设备

桥规、外径千分尺、塞尺、铅丝等。

3. 训练步骤

①塞尺法。测量时，用塞尺自轴承端面直接插于轴颈与轴瓦之间进行测量。由于塞尺面是平直的，而间隙为圆弧形，这就使得在测量时测量出的数值要小于实际值，所以在记录时要将轴承径向间隙的测量值加上 0.05 mm，以对塞尺的数值进行修正。

此法虽简单，但不准确。其测量结果与操作者的经验有很大关系。它适用于端面便于测量的轴承，可用于作为轴承间隙的初步检查，如图 2－123(a)所示。

②压铅法。压铅法是根据铅丝在主轴承螺栓上紧后被压扁的厚度来确定轴承间隙大小的测量方法。其测量方法精度高，但操作较麻烦。新刮削的轴瓦一定要用此法检验轴承间隙。其测量步骤如下：

a. 拆去主轴承上盖及上瓦。

b. 选取直径为 1.5～2.0 倍轴承装配间隙的软铅丝。

c. 截取软铅丝 2～3 条，每条的长度为轴颈 120°～150°弧长。

d. 将铅丝沿轴向按首、中、尾位置放在轴颈上，并用牛油黏住，如图 2－123(b)所示。

e. 装好轴承上瓦及上盖，按规定用扭力扳手上紧螺栓，并记下螺母上紧位置。

f. 重新打开轴承，取出铅丝进行测量并做好记录。注意铅丝应与所测轴承及测量位置对应，切勿弄混。

g. 用千分尺测量铅丝的两端及中间位置的厚度。中间厚度为轴承径向间隙，两端厚度为轴承两侧间隙，通常小于径向间隙。两侧间隙差不应超过 0.05 mm。

③主轴承间隙调整。当所测轴承径向间隙与说明书或规范要求不符合时，通常采取抽减或增加轴承垫片的方法予以调整。但是在任何情况下不得采用改变主轴承螺栓的上紧程度来调节间隙的错误做法。在厚壁轴瓦的上下瓦之间的接合面处有一组黄铜或紫铜垫片。当轴承间隙过大时，抽减接合面处的垫片，则间隙变小；当轴承间隙过小时，增加接合面间的垫片，则间隙增大。通过上述调整方法使轴承间隙至合适值。对于垫片和调整方法应注意以下几点：

a. 在船上，轮机员制作的轴承垫片，要求形状合理，符合轴承结构形状，且轴运转时垫片不得碰到轴和不影响垃圾槽及油路；

b. 垫片厚度一定要制成 0.05 mm 的整数倍，如 0.10 mm、0.15 mm 等，以便于调节间隙。两边垫片数目应尽量少；

c. 调整垫片时，应使轴瓦两边的垫片增减数目和厚度相同，以免造成轴承上盖歪斜而使间隙发生变化。

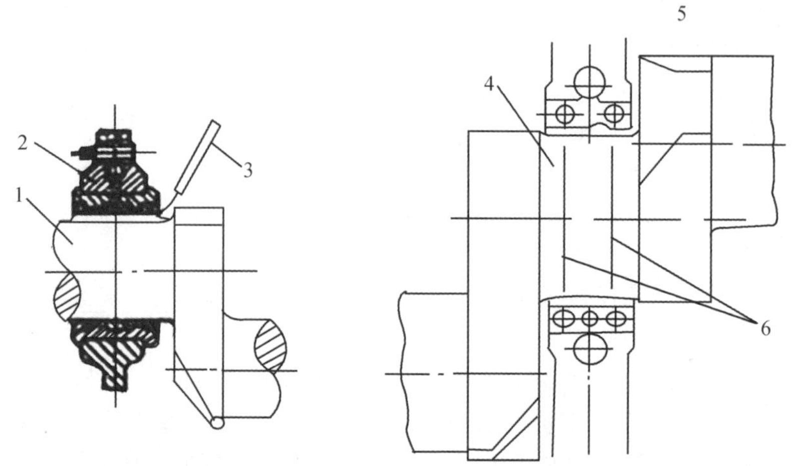

（a）塞尺法　　（b）压铅法

1,4—主轴承;2—轴承上盖;3—塞尺;5—主轴承座;6—铅丝。

图 2－123　主轴承间隙测量

【效果检测】

扫描二维码,进行过关测试。

任务三　固定部件的结构与管理

【任务引入】

MAN B&W 公司在固定部件改进设计中采用三角形导板结构的机架和双贯穿螺栓结构,试分析结构的优点。

【知识结构】

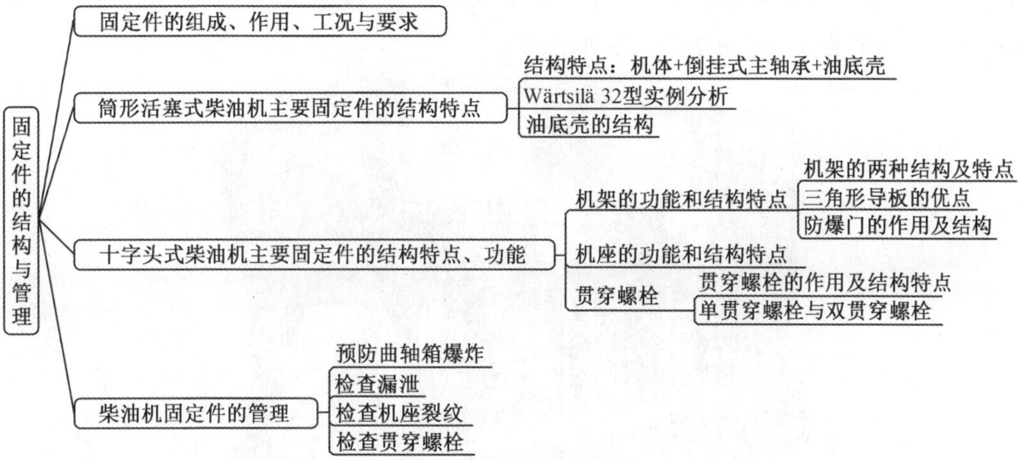

【知识点】

一、固定部件的组成、作用、工况与要求

柴油机主要固定部件包括气缸盖、气缸套、气缸体、机架、机座、贯穿螺栓和主轴承等。它们构成柴油机的骨架，用来支撑柴油机的运动机构和辅助设备，并形成柴油机的工作和运动空间。

固定部件的工作条件为：

①承受气体力；

②承受运动件的惯性力。

③承担整机质量；

④承受动力转矩输出时引起的倾覆力矩；

⑤承受紧固件的安装预紧力；

⑥承受水、油和燃气的腐蚀。

固定部件要有足够的刚度，以实现对运动件的支撑和导承作用，刚度是固定部件的最重要的要求。固定部件要有足够的强度，防止裂纹和损坏。在满足刚度和强度要求的前提下，要求机架、机座尺寸小、质量小。此外，机架、机座的结构要便于内部运动机件的拆装和检修。机架和机座的各接合面、检修道门要密封性好，防止漏水、漏油和漏气，避免漏泄造成浪费、污染甚至出现事故。此外，固定部件要工艺性好，结构简单，便于制造加工。

二、筒形活塞式柴油机主要固定部件的结构特点、功能

筒形活塞式柴油机由于尺寸较小，对固定部件的要求除了保证刚度和强度外，还要求结构紧凑，故其对发动机尺寸、质量方面的要求更加严格，以期获得最大的单位尺寸功率输出和单位质量功率输出。

筒形活塞式柴油机的气缸体、机架和机座的组合形式有三者分开制造，用贯穿螺栓连接的结构；有机架与机座制成一体，气缸体单独制造的结构；也有气缸体与机架制成一体（称为机体），去掉了机座代之以轻便油底壳的结构（图 2 – 124）。前两种与低速二冲程柴油机一样，采用正置式主轴承结构，而第三种则采用倒挂式主轴承结构。气缸体与机架造

在一起的机体结构和倒挂式主轴承结构具有结构紧凑、质量小、刚性好等优点，但对铸造和加工的要求较高。以前这两种结构常用于尺寸较小的中高速柴油机上，但随着铸造和加工技术的发展，现代新型中速船用柴油机普遍采用这两种结构，包括目前世界上缸径最大的 Wärtsilä 64 型中速柴油机也采用这两种结构。

1—进入柴油机；2—来自滑油泵；3—去低温淡水泵；4—来自低温淡水泵；5—空气冷却器；6—滑油冷却器。

图 2－124　Wärtsilä 32 型中速柴油机的机体

图 2－124 所示为 Wärtsilä 32 型中速柴油机的机体。它由球墨铸铁铸造，所有缸共用一个机体。机体的上部设有与气缸数相对应的圆孔用以安装气缸套，上部两侧还设有凸轮轴箱和进气总管。另外，所有的油水管路设置在机体之内，避免了油、水、气的漏泄，使之成为外部光洁的真正无管路的发动机。

主轴承盖也是由球墨铸铁制造的，它从下部安装并把曲轴倒挂在机体上，由轴承螺栓液压上紧，在主轴承盖的侧面还有两根提高主轴承盖刚度的横向螺栓，也采用液压上紧。

在柴油机的底部是由薄钢板焊接的油底壳。在每个主轴承的下方设有液压撑杆，可用来顶起或降下主轴承盖。润滑各主轴承及冷却活塞的滑油也通过这个撑杆输送。为了确保柴油机的振动不传到机外，该柴油机采用弹性底座。

油底壳是具有倒挂式或隧道式主轴承结构的柴油机所特有的部件，其主要功用是：封闭曲轴箱，防止脏物进入而污染滑油；收集和贮存（湿式气缸套）润滑油；测量滑油温度，观察油位，有的还可加热滑油。常见的油底壳是由钢板焊接或由铸铁、铝合金浇铸组成的。油底壳结构比较简单，上边四周平面用螺钉与机体下平面相连接，连接处安装防漏垫片。在油底壳上设有油标尺插孔、放油口、油温表接口等，油尺上常有三根刻线，分别为静满、动满和最低油位。图 2－125（a）所示为 Z12V90B 型柴油机的油底壳。该油底壳由钢板焊接而成，中间装有防泡板以消除润滑油落入油底壳时产生的泡沫，泡沫会影响润滑系统的正常工作；在底部还装有两排蛇形铜管，首尾两端与预热蒸汽系统相通，用于柴油机在低温启动前通入蒸汽，预热滑油，降低黏度减少摩擦阻力，方便柴油机启动。图 2－125（b）所示为 135 柴油机的油底壳，较深部分是为了保证润滑油具有一定深度，在船舶摇摆时，保证滑油泵能吸到滑油。

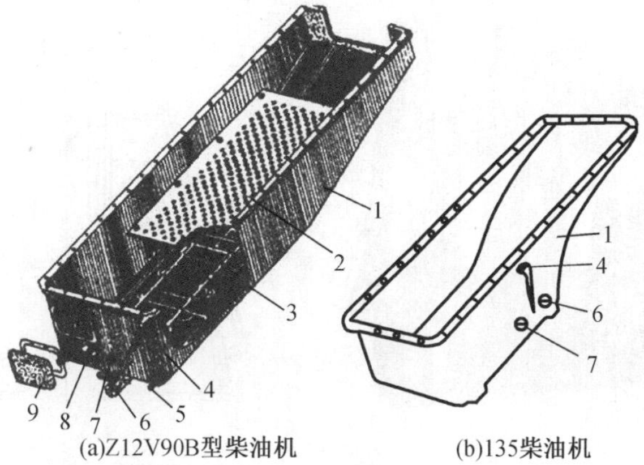

1—壳体;2—防泡板;3—机油预热管;4—油标尺插口;5—预热管接口;

6—放油管;7—油温表接口 ;8—手摇泵接口;9—观察盖。

图 2 - 125 两种柴油机的油底壳结构

三、十字头式柴油机主要固定部件的结构特点、功能

十字头式柴油机中,气缸体、机架和机座分开制造,由贯穿螺栓连成一刚性整体,如图2 - 126所示。

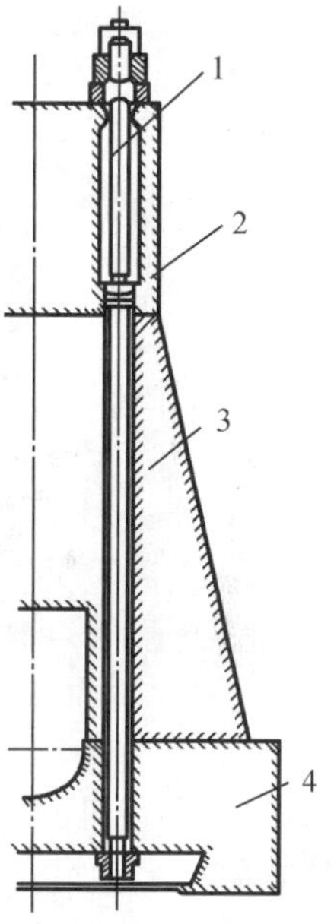

1—贯穿螺栓;2—气缸体;

3—机架;4—机座。

图 2 - 126 十字头式柴油机的固定部件结构示意图

1. 机架的功能和结构特点

机架是柴油机的支架,具有支撑气缸体、与机座组成曲柄箱以及安装导板来承受侧推力、为十字头导向等作用。大型低速柴油机的机架有 A 字形和箱形机架两种主要形式。图 2 - 127 所示为 A 字形机架,其属于单片装配式结构,通过在铸造的 A 字形架上覆板制造而成。这种结构的机架由于加工制造复杂,刚性和密封性较差,目前已很少使用。大型十字头式柴油机目前普遍采用箱形机架,如图 2 - 128 所示。箱形机架由上面板 5、底板 4、横向隔板 8 和左、右侧板 3 焊接而成,具有结构紧凑、质量小、刚性好的优点。机架内设有十字头滑块导板 7,用以导向并承受侧推力。侧板 3 上开有检修通道,通过它可以检查主轴承、曲轴及连杆大端轴承的工作状态。机架的背面设有防爆门。由于整个机架为刚性整体,接合面少,因此加工、制造容易,找正定位方便,安装简单,也改善了曲轴箱的密封性。MAN 公司的 MC 系列柴油机和 Wärtsilä 公司的 RTA 系列柴油机都采用箱形机架。MAN B&W S/K80ME/MC - C和 K90ME/MC - C 柴油机采用了三角形的导板结构,如图 2 - 129 所示。导板背部由竖向整板支撑,取代了以前的水平加强筋,从顶部到底部形成连续的三角形结构,使结构应力降低、加工容易、制造成本低、竖向刚度均匀,改善了滑块表面的工作条件。

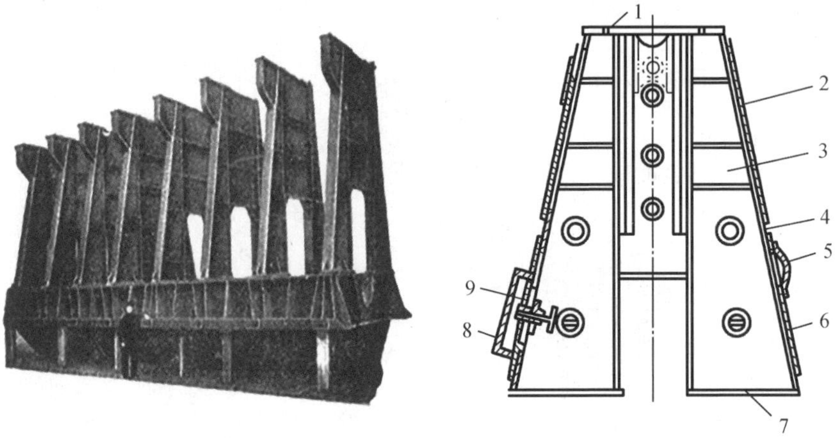

1—上横梁;2—加强板;3—面板;4—倾斜支板;5—检查孔盖;6—道门;7—下横梁;8—防爆门;9—防护罩。

图 2-127 A 字形机架

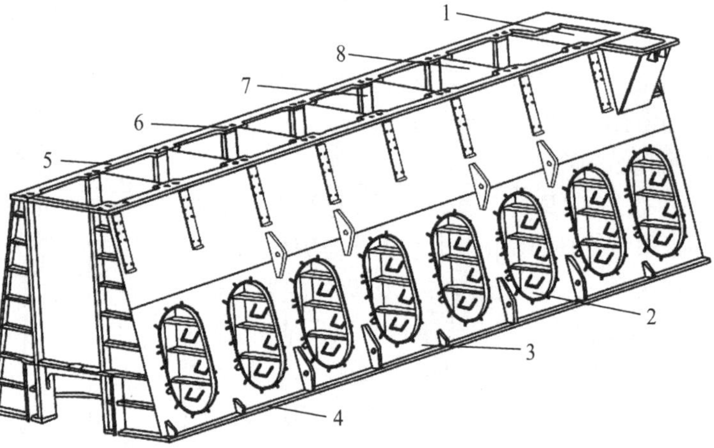

1—链条传动箱;2—道门;3—侧板;4—底板;5—上面板;6—贯穿螺栓孔;7—滑块导板;8—横向隔板。

图 2-128 箱形机架

防爆门是柴油机的安全保护装置。防爆门的作用有二:一是爆炸前释放曲轴箱内气体;二是避免二次爆炸。如图 2-130 所示,防爆门主要由阀座 3、阀盘 1、密封圈 2、弹簧 6、弹簧座 5、螺栓 4 和阻焰器 7 等组成。当曲轴箱内油气压力低于弹簧 6 的预紧力时,阀盘 1 在弹簧力的作用下与阀座 3 贴合,防爆门处于关闭状态。当曲轴箱内油气压力高于弹簧预紧力时,克服弹簧力,将阀盘压向弹簧座 5,油气通过阻焰器 7 排向大气,防止曲轴箱爆炸。当油气压力下降后,阀盘在弹簧力的作用下落座,防爆门自动关闭,防止二次爆炸。如果不装防爆门,则初次爆炸产生的真空使新鲜空气通过打开的道门进入曲轴箱,曲轴箱内高温热源和很浓的油气与新鲜空气混合后将导致带有爆震的第二次更强烈的爆炸。阻焰器是当曲轴箱内油气爆燃时,能使冲出的火焰降温、降压、阻焰和灭火的装置。旋紧螺钉时弹簧预紧力变大,弹簧预紧力出厂时设定,不可随意变动,根据《船用柴油机曲轴箱防爆门》(CB 3451—92)的规定,弹簧预紧力须保证曲轴箱内压力不大于 0.02 MPa。

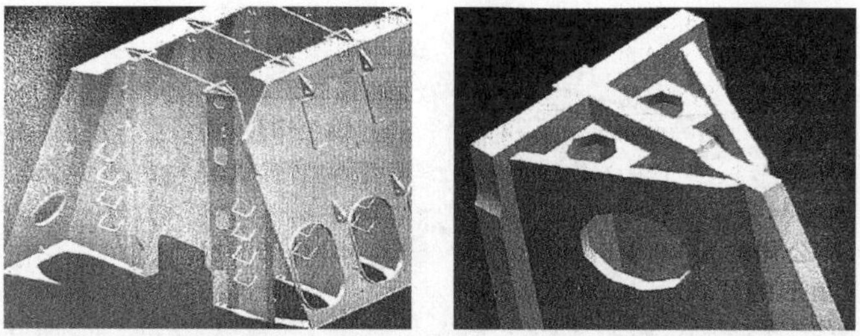

（a）具有三角形导板结构的机架　　（b）三角形导板结构

图 2－129　三角形导板结构的机架

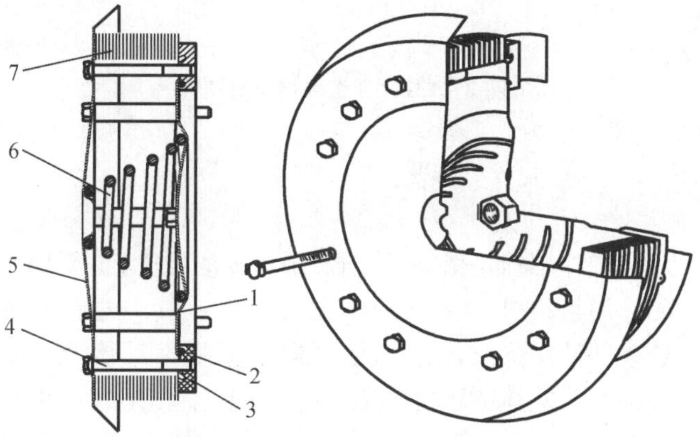

（a）结构图　　（b）主体图

1—阀盘；2—密封圈；3—阀座；4—螺栓；5—弹簧座；6—弹簧；7—阻焰器。

图 2－130　防爆门

2. 机座的作用和结构特点

机座的作用如下：

①承受整台柴油机的质量和倾覆力矩；

②安放曲轴，并留有曲柄回转空间；

③集中、贮存滑油并形成密闭空间。

机座是柴油机的基础，也是柴油机装配时的基准件。对机座的最基本要求同机架一样，要有足够的刚度。

中小型柴油机机座通常采用铸铁浇铸的整体结构。大型低速柴油机多采用深型焊接单壁机座，如图 2－131 所示，该机座主要由两侧的纵梁和带铸钢轴承座的横梁焊接而成。每侧纵梁为单层结构，称单壁机座，机座设计得较高，以提高刚性。支撑曲轴的是横梁上焊有铸钢的主轴承座，可提高刚性。轴承盖用四个螺栓安装在轴承座上，螺栓采用液压上紧。轴承座孔在机座中位置较低，便于给主轴承盖定位。机座与船体之间垫有环氧树脂或铸铁的垫块，用于调整机座上平面的高度与水平度。

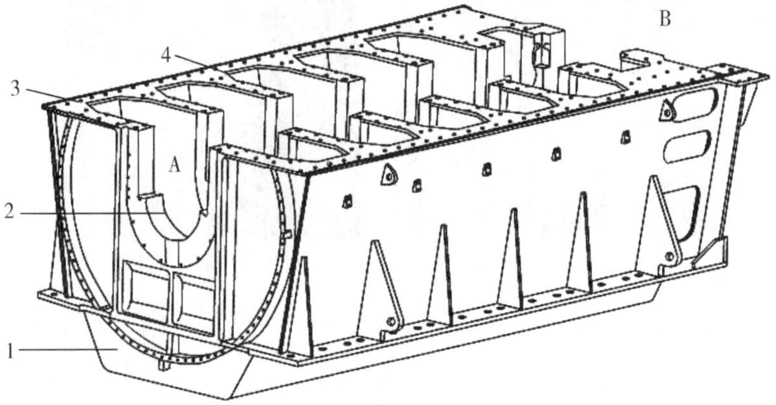

1—油底壳;2—主轴承座;3—纵梁;4—横梁;A—自由端;B—功率输出端。

图 2-131　深型焊接单壁机座

3. 贯穿螺栓

贯穿螺栓动画

贯穿螺栓是柴油机最长、最重要的螺栓,主要用于大中型柴油机,它的作用是将机座、机架和气缸体三者或其中两者连成一个刚性整体,使这些部件由受拉状态变为受压状态,提高其承受机械负荷的能力,并提高柴油机整体的刚度。需要注意的是,贯穿螺栓并不起定位作用,在被连接的两个固定部件之间应有定位销或定位螺栓,以便装配时对中和防止柴油机运转时这些机件之间产生横向移动。

机架、气缸体与机座等截面形状复杂,如果在接合面处用短螺栓连接,会使受力不均,很难精确计算应力。机架、气缸体与机座材料不适于受拉。如果采用的是铸铁件,材料的抗压能力远远大于抗拉能力,如果是焊接件,焊缝受压不受拉。采用贯穿螺栓将固定部件连成一体,当拧紧贯穿螺栓时,螺栓会稍稍伸长,而被连接的固定部件则受压缩。当气缸中产生最大爆发压力时,虽然螺栓被拉长,被连接的固定部件也有所回伸,但仍始终保持被压状态,承受压应力。采用贯穿螺栓结构,用以承受原本由固定部件承受的由气体力产生的拉应力,而这些固定部件只承受压应力,使固定部件材料的性能得到了合理利用,工作更加可靠,另外,还提高了柴油机的整体刚度。贯穿螺栓由于结构简单,可通过精确设计计算并选用优质钢来承受拉应力。

贯穿螺栓结构如图 2-132 所示。由图可见,贯穿螺栓 1 位于主轴承两边相等距离处。在贯穿螺栓的两头,车有螺纹,配置上螺帽 2 和下螺帽 5,螺帽上紧后将机座、机架和气缸体三者压紧在一起。在顶端还有供液压拉伸器拉伸使用的附加螺纹头。

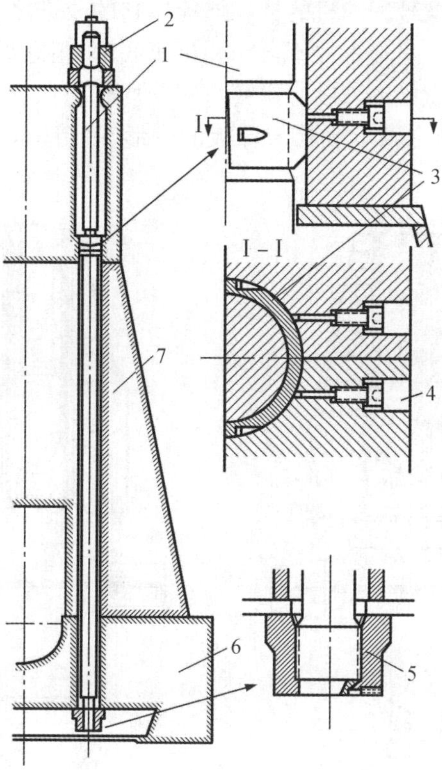

1—贯穿螺栓;2—上螺帽;3—防震夹箍;4—支头螺钉;5—下螺帽;6—机座;7—机架。

图 2-132　贯穿螺栓

大型低速柴油机的贯穿螺栓又细又长,容易因横向振动而断裂,为改变贯穿螺栓振动频率(使振动频率提高),防止发生共振,通常在其中部装有防震夹箍3,在水平方向有两个支头螺钉,在贯穿螺栓完全上紧后将其顶紧在气缸体上,在使用中,支头螺钉不能松动。大型低速柴油机贯穿螺栓都采用液压拉伸器上紧和松开,以螺栓的伸长量来衡量其预紧度的大小,预紧度的大小要符合规定,以保证发动机工作时固定机件不产生拉伸应力,维持各连接件的紧密性,保证运动机件的正常工作。贯穿螺栓要按一定的顺序均匀上紧,上紧顺序是从中央到两端交替成对上紧,并分为两个阶段进行,每个阶段应达到的螺栓伸长量或油泵压力应符合说明书的规定,如图 2-133 所示。贯穿螺栓上紧后,应检查螺帽、垫圈与气缸体上支撑面之间的贴合状况,要求不能插入 0.05 mm 的塞尺。通常用测量曲轴拐档差的方法来验证贯穿螺栓的紧固质量。应定期检查贯穿螺栓的预紧力。新发动机运转使用一年后,应全部检查一次,以后应定期检查,一般每四年检查一次。

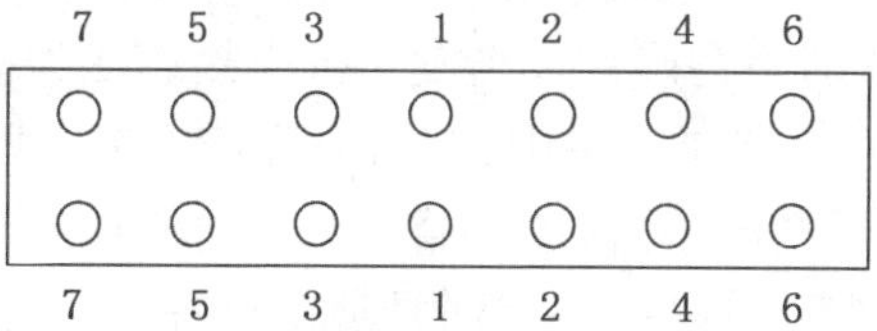

图 2-133　贯穿螺栓上紧顺序

图 2－134 所示为两种型号柴油机的贯穿螺栓。它的改进之处在于将原来的 2 根单贯穿螺栓变成 4 根双贯穿螺栓；贯穿螺栓不再插到机座底部，用螺母拧紧，而是拧入机座顶部螺栓孔，这大大缩短了贯穿螺栓的长度。研究与实践均表明：这种双贯穿螺栓的结构，可以减少上紧贯穿螺栓而引起的主轴承座孔与导板的变形，改善滑块的工作状态，简化机座与主轴承座的焊接过程。

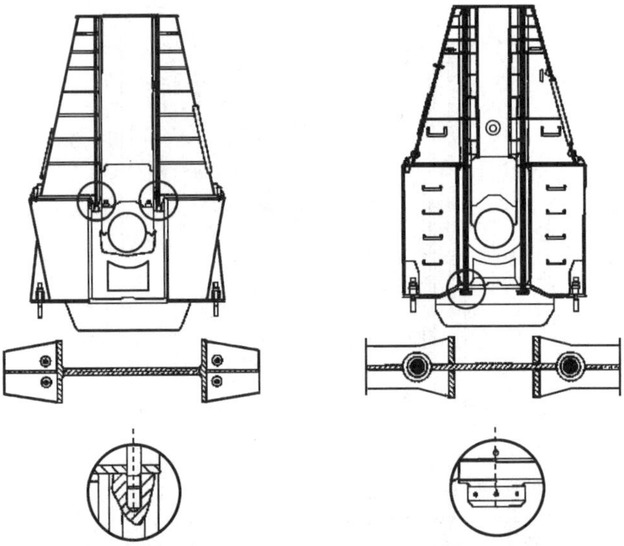

(a)S-MC-C双贯穿螺栓　　(b)S-MC单贯穿螺栓

图 2－134　S－MC－C 型柴油机的双贯穿螺栓和 S－MC 型柴油机的单贯穿螺栓

四、柴油机固定部件的管理

机架、机座和贯穿螺栓的主要故障有曲柄箱爆炸、机座疲劳裂纹、贯穿螺栓断裂和滑油漏泄。在机架、机座和贯穿螺栓的管理活动中，应注意下列事项：

①严防曲轴箱爆炸。曲轴箱上的防爆门（安全释放阀）要定期进行功能检测，运转中应经常触摸曲轴箱，若发现过热要及时查找原因。

②曲轴箱各壁面道门和密封盖板很多，要及时处理各种漏泄现象，以免造成严重事故。特别是机座周围和油底壳漏泄滑油，容易造成滑油流失和润滑系统失压，因此更要密切注意。这可通过曲轴箱及机座周围是否有漏泄现象和柴油机周围舱底水中含油多少进行判断。

③机座是整台柴油机的基础，承受很复杂的应力，容易出现疲劳裂纹。主轴承座孔周围形状复杂，易出现应力集中，更是裂纹的多发区。机座内表面和滑油接触，正常情况下滑油本身基本没有腐蚀性，但滑油变质后会使机座遭受腐蚀，这种腐蚀在柴油机停止运转时由于污物停滞比柴油机运转时更为严重。当发动机由热态变为冷态时，机座表面有凝水出现也会产生腐蚀作用。腐蚀处有应力集中，会造成强度下降，成为裂纹发源地。焊接机座的焊接不良处、铸造机座的铸造缺陷区、由于船体变形而使机座受到较大附加应力的地方，也都有可能出现裂纹。所以对机座内、外表面要定期检查。柴油机的不平衡力和力矩都作用于底脚螺栓上，船体变形有可能使底脚螺栓受到剪切力的作用，所以要定期检查底脚螺栓有无松动和断裂。

④贯穿螺栓断裂的事例并不罕见,贯穿螺栓断裂除与制造质量、各缸最大爆发压力严重不均、机座与机架严重变形、贯穿螺栓发生横向振动有关外,还与上紧力不均或过大有密切关系。贯穿螺栓都是用液压专用工具紧固的。为了防止贯穿螺栓受到附加弯曲应力,贯穿螺栓要与螺栓孔同心,两边螺母不能偏斜。上紧时要严格按顺序进行,不准单根上紧和放松,一定要成对进行。紧固时要分两个阶段,每个阶段应达到的螺母伸长量或液压专用工具的泵油压力要符合说明书的规定。贯穿螺栓的固紧情况要定期检查。

【效果检测】

扫描二维码,进行过关测试。

【案例展示】

主机连杆螺栓断裂、伸腿

1. 相关知识引导

通常情况下,连杆螺栓的断裂是由于某些因素长期存在,没有及时发现,引起材料疲劳而产生的。在拆装过程中应特别注意连杆螺栓的检查。

①拆下的连杆螺栓应认真清洗后,仔细检查螺纹和螺栓圆角处有无裂纹、损伤。

②检查螺栓有无残余变形。检查方法是测量螺栓的长度并与标准螺栓长度相比较,其长度不得超过原长度的2%。

③选用螺栓时,以用手把螺母旋上时觉得既吃力但又能旋进去为好,如旧螺栓需换新时,螺栓同螺母应成套更换,允许使用锉刀修整螺纹以使螺帽轻松拧入。

④拧紧连杆螺栓螺母时,应按照制造厂说明书规定的扭力均匀拧紧,避免螺栓松紧度不一。

⑤按规定,控制螺栓运转时间。

2. 案例表述

某轮主机为中速柴油机 KAWASAKI – MAN 10V52/55A,标定功率为 7 540 kW,标定转速为 434 r/min。1995 年 1 月 7 日 14:20,靠泊利特尔顿港的 XSK。船长发出“根据港口安排计划,预计 8 日早晨开船”的通知后,轮机部决定利用停泊的这段时间,对主机 A5 缸进行常规吊缸。21:15 时吊缸工作结束,22:25 时接到驾驶台通知“货已装好,要提前备车离港”。轮机部值班人员按常规做备车的各项工作后,也进行了冲、试车检查。

22:50 时启动主机,转速在 230 r/min;23:00 时主机加速到 434 r/min(额定转速);23:10时主机转到驾驶台遥控时,突然听到“嗵!嗵!”的异常声响。轮机长立即按下应急停车按钮,23:11 时主机停车。

主机停车后,轮机长命令大管轮立即安排人员打开主机 A5 缸道门检查,发现 A5 缸两只连杆螺栓已断裂飞脱,活塞卡在气缸套上部,连杆下端甩出,打坏气缸套和 A5 与 B5 连接处的缸体，而且嵌在其中。后进一步确认损坏情况包括：

①1 根副连杆及 4 根螺栓；

②A5 缸气缸套碎裂，气缸套底部位置处机架打坏、铰链销咬死、缸头损坏；

③B5 缸气缸套下部打坏、活塞下部敲坏；

④因大量冷却水进入滑油系统，致使滑油变质。

该轮为此进厂修理，耽误船期 13 天。

3. 案例分析与处理

①从断裂的连杆螺栓来看，No. 1 螺栓的螺母未松脱、螺栓在螺纹的根部平整断裂；No. 2螺栓的螺母松动了一个螺母的距离，并在螺栓中部弯曲和根部拉断。这说明因两根螺栓受力不均，造成 No. 1 螺栓先断，No. 2 螺栓后断，导致连杆甩离打坏其他部件。

②两根螺栓受力不均的主要原因是两根螺栓的预紧力不同，在主机运转中产生交变应力，最终造成两根螺栓先后断裂。

在事后调查中了解到，A5 缸吊缸装复时，由大管轮在曲柄箱内扶着连杆对准螺栓，待连杆顺利放到位后，大管轮将 No. 1 、No. 2 螺栓的隔套分别装上，然后旋上螺母并用拨杆上紧，再装上液压拉伸工具，按要求用油泵压到 110 MPa，由三管轮分别用拨杆上紧螺母。大管轮先做了一次检查，而轮机长做最后确认检查时，大管轮已关闭 No. 1 螺栓螺母上的液压拉伸器软管，而三管轮此时还要检查 No. 2 螺栓螺母的上紧情况，为此大管轮又把 No. 1 上的软管接上，但轮机长已关掉通往 No. 2 螺栓螺母上的油压阀。当油压泵至 110 MPa 时，大管轮重新检查 No. 1 螺栓螺母的松紧时，却错误地朝着松的方向旋松了螺母，然后再立即上紧。这样“阴错阳差”不一致的上紧操作，导致了 No. 1 、No. 2 两根螺栓上紧力度的不一致。

4. 经验与教训

①中速柴油机因连杆螺栓上紧力不平衡，导致的机损事故已不少。该机型的连杆 No. 2 螺栓处在内侧，看不到，在安装、上紧操作时比较困难。很容易在上紧和测量拉伸量时出现错误，操作人员更要高度重视。

②使用液压拉伸器上紧螺栓时，各个螺栓一定要同时上紧，避免螺栓上紧力度不均匀，埋下事故隐患。

③吊缸是比较大的检修项目，要有比较充足的时间。应避免在开航前赶时间仓促吊缸，致使轮机人员的心理压力过大，出现不应有的疏忽。

④主机吊缸后，在试车和初始运转中，应该多安排人员检查、倾听运转声音，如有异常，尽早发现，及早解决。

5. 拓展提高

①安装连杆螺栓时，如何确保预紧力、紧固方法和步骤完全符合要求？

②柴油机进行拆装保养时，连杆螺栓如何进行无损探伤？

③如何检查运行中柴油机的连杆螺栓的工作状况？

项目三　喷射设备检查与调整

【项目描述】

喷射设备定时、定量、定压地将燃油喷入气缸，通过燃油的燃烧将化学能转换为热能，通过燃气的膨胀将热能转换为机械能。喷油泵供油提前角和喷油器启阀压力直接影响柴油喷油时刻及雾化质量，进而影响柴油机的动力性、经济性及排放。检查与调整喷射设备是 STCW 公约马尼拉修正案和《中华人民共和国海船船员适任考试和发证规则》（2020 年）中的关键技能。本项目通过完成燃油选用，喷油泵与喷油器的拆装、检查与调整来达到有关柴油机的燃油喷射设备的操作与管理的适任标准要求。

一、知识要求

1. 理解燃油的主要性能指标，了解燃油的分类，掌握船用劣质燃油的使用与管理要点；
2. 掌握喷油泵、喷油器的主要结构特点，理解喷油泵、喷油器的工作原理；
3. 掌握回油孔式和回油阀式喷油泵的结构特点、检查方法和维护管理要点；
4. 熟悉喷油器的结构特点和维护管理要点；
5. 了解燃油的喷射过程及可燃混合气的形成和燃烧过程。

二、技能要求

1. 具备根据船舶柴油机具体情况和外界环境，合理选用燃油品种的能力；
2. 具备喷油泵的拆装、检查、调整能力；
3. 具备喷油器的拆装、检查、调整能力。

三、素质要求

1. 具有自主学习，主动建构自身的经验和知识素养；
2. 具有将定性思维与定量思维相结合的素养；
3. 具有团队意识和协作精神。

【项目实施】

任务一　燃油的选用

【任务引入】

某货轮发动机型号为 6ESDZ43/82B，航至北美时柴油滤器总是堵塞，试分析原因并给出解决措施。

【知识结构】

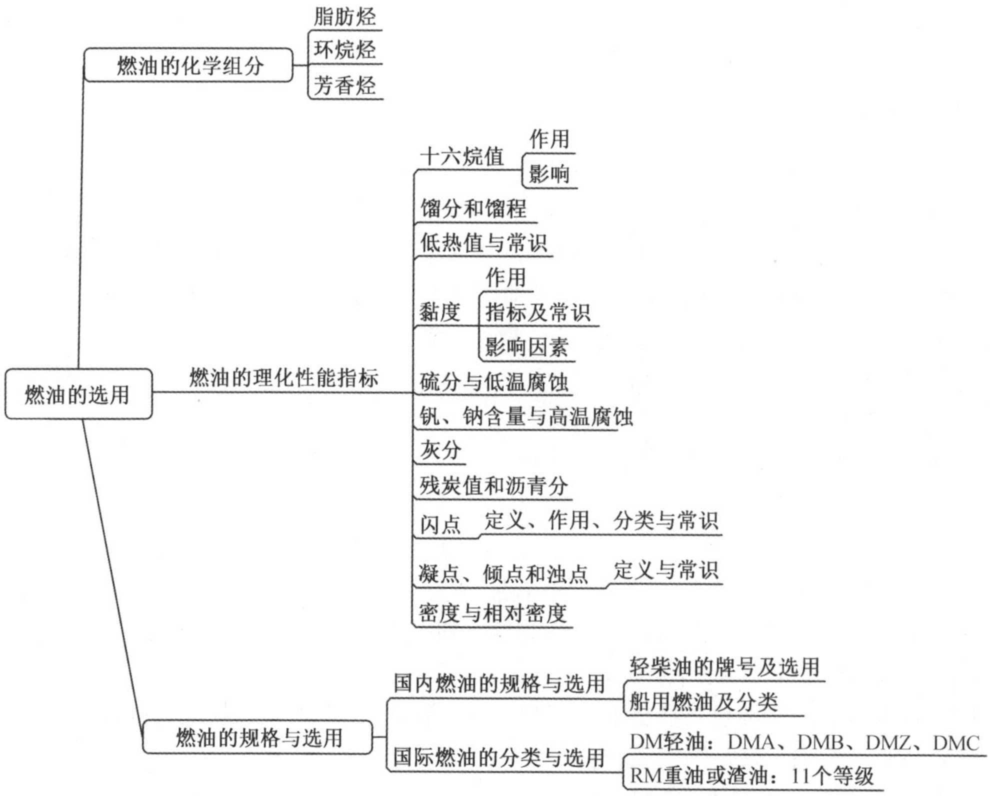

【知识点】

一、燃油的化学成分

燃油的燃烧过程直接影响柴油机的经济性、动力性、可靠性和排放，而柴油机的燃烧过程又受到燃油品质的影响。要全面深入地了解柴油机的燃烧过程，就必须先了解燃油。

柴油机燃油主要由石油提炼而成。石油主要由化学元素碳和氢组成，按质量计算，其中碳占83% ~87%，氢占11% ~14%。此外，还有硫占0.01% ~2%，氧占0.1% ~1.2%，氮占0.2% ~1.1%及少量灰分（钒、钠、钙、镁等有机盐类）。

碳氢化合物简称烃，石油是烃类的混合物。组成柴油机燃油的烃按分子中碳原子的排列结构形式不同，可分为脂肪烃、环烷烃和芳香烃。

1. 脂肪烃

脂肪烃是一种链状结构的烃，根据碳和氢的饱和程度不同可分为烷烃、烯烃、炔烃。

烷烃（C_nH_{2n+2}）是一种饱和烃，按碳原子多少，以甲、乙、丙……为序名，碳原子超过十的，则以数字为序，如甲烷（CH_4、天然气的主要成分）、十六烷（$C_{16}H_{34}$）等。烷烃由于碳氢原子数的比值[$n/2(n+1)$]小，故密度小、热值高、发火性能好、易自燃，适于作为压燃式内燃机的燃料。另外由于烷烃是饱和结构，因此性质稳定、不易变质，十六烷烃被作为柴油自燃性的衡量标准。

烯烃(C_nH_{2n})和炔烃(C_nH_{2n-2})的碳氢原子数的比值分别为1/2和$n/2(n-1)$,均比烷烃大,故热值较低、发火性能较差,不适于作为柴油机的燃料,但适于作为点燃式内燃机的燃料。另外由于这两种烃碳键不饱和,因此性能不稳定、易于氧化,氧化后生成大分子的胶质。

2. 环烷烃

环烷烃(C_nH_{2n})是一种碳原子环状结合的饱和烃。这种烃由于具有环状结构,在高温下不易破裂,其着火性能比常用的烷烃差,密度比烷烃大,热值略小。

3. 芳香烃

芳香烃(C_nH_{2n-6})是一种碳原子环状结合的不饱和烃。这种烃性质最稳定,自燃点最高,最不易着火,燃烧中容易积炭,不宜做柴油机燃料,但芳香烃是优异的点燃式发动机燃料。它含氢量较少,故密度大,热值较低。例如,α-甲基萘,其十六烷值为零。

上述这些烃的一个显著差异是沸点不同,石油是这些烃的混合物,故可用蒸馏(蒸发和冷凝)的物理方法,在不同的温度下将石油分馏出汽油、煤油、柴油(包括轻柴油和重柴油)、重油等石油燃料产品。

二、燃油的理化性能指标

燃油的化学成分决定了燃油的质量,燃油的质量可由其理化性能指标来定量衡量。燃油常见的理化性能指标如下。

1. 十六烷值

十六烷值是评定燃料自燃性的指标。柴油是在柴油机压缩行程末期,在燃烧室的高温高压空气中自行发火的。在无外源点火的情况下,柴油自行发火的性质叫自燃性。这种自行发火的最低温度叫自燃温度。

自燃性用一种标准燃料作为评定的基础。标准燃料是由正十六烷$C_{16}H_{34}$和α-甲基萘配制而成。正十六烷最易自燃,是自燃性好的标准,定其十六烷值为100;α-甲基萘最不易自燃,定其十六烷值为0。柴油的自燃性介于正十六烷和α-甲基萘之间。当被测定柴油的自燃性与所配制的标准燃料的自燃性相同时,则标准燃料混合液中所含正十六烷的体积百分数即定为被测柴油的十六烷值。例如,10号柴油的十六烷值为50,即表示10号柴油的自燃性与含十六烷为50%的标准燃料的自燃性相同。

燃料的十六烷值越高,自燃性越好,柴油机工作柔和且易于低温启动。但燃料的十六烷值也不能过高,一方面会增加燃油费用,另一方面燃料容易在高温下裂化成游离碳,继而聚合成碳烟,柴油机排气冒黑烟,经济性下降。如果燃料的十六烷值过低,则燃烧推迟,使柴油机启动或低速运转时难以发火。由于燃烧推迟,当积聚过多的柴油一下全部燃烧时,又导致柴油机运转粗暴。因此,柴油机要求其燃料的十六烷值适当。柴油机转速越高,燃烧时间则越短,十六烷值相对越高。一般高速柴油机的十六烷值为40~60;中低速柴油机的十六烷值为40~50。对于燃用重油的大型低速柴油机,只要其十六烷值不低于25,即可保证正常工作。实际使用中,一般燃油都能满足中低速机燃料的十六烷值要求,因此除轻柴油外,在燃油规格中均不对重柴油、燃料油的十六烷值做出规定。

2. 馏分和馏程

馏分和馏程是柴油蒸发的性能指标。把燃油放在装置中蒸馏,馏出(蒸发)第一滴油品的气体温度称初馏点,蒸馏到最后的气体最高温度称终馏点(也称干点)。在一定温度范围内燃油所能蒸发的百分数称馏分。每个馏分的初馏点和终馏点称该油品的馏程。它用燃料馏出某一百分比的温度范围来表示。通常是50%馏出温度表示该油品的平均蒸发性能。例如,国产10号轻柴油规定:50%的馏出温度不高于300 ℃;90%的馏出温度不高于355 ℃。

由于喷入气缸内的燃料是在汽化后才能着火燃烧,因此燃料的蒸发性能将影响在滞燃期中燃料的蒸发量,从而影响燃烧过程。轻馏分燃料(250 ℃以下蒸馏出的成分)的蒸发速度比重馏分(350 ℃以上蒸馏出的成分)快,可与空气较快地混合燃烧,燃烧较完全,启动性能也较好。但轻馏分在滞燃期中,其大部分都能蒸发完毕,故在发火时,同时参与燃烧的燃料多,致使柴油机工作粗暴。反之,重馏分燃料则会因雾化不良,蒸发缓慢而燃烧不完全,使排气冒黑烟,容易积炭。因此,质量好的柴油机燃料应是轻、重馏分都很少,馏程较窄,在250~350 ℃蒸发的馏分最多。

3. 热值

1 kg燃油完全燃烧时放出的热量称为燃油热值或发热值,用H表示,单位是kJ/kg。一般用实验方法测得的热值包括了燃气冷却后,燃烧产物中的水蒸气凝结放出的潜热,所以又称为高热值Hh。在柴油机中,废气在500~600 ℃的高温下从排气管流出,不可能利用这项潜热,所以一般计算热效率时,以扣除这项潜热后的热值为基础,这样的热值称为低热值Hu。我国规定,重柴油的基准低热值$Hu = 42\ 000$ kJ/kg,轻柴油的基准低热值$Hu = 42\ 700$ kJ/kg。国际标准化组织(ISO)规定轻柴油的基准低热值$Hu = 42\ 707$ kJ/kg。

4. 黏度

黏度是燃油内摩擦力的度量,反映燃油流动时分子间阻力的大小。

黏度是燃油的重要物理特性之一,影响燃油的流动性、过滤性及喷雾质量。燃油黏度过高,会使流动及滤清困难、喷雾恶化、燃烧变坏。高压油泵的柱塞偶件和喷油器针阀偶件靠燃油润滑,如果燃油黏度过低,则会使高压油泵的柱塞偶件和喷油器针阀偶件的漏油量增加以及由于润滑不好而加快磨损这两对精密偶件。

液体的黏度值有绝对黏度和相对黏度(条件黏度)。绝对黏度包括动力黏度和运动黏度。直接采用黏度计测定动力黏度μ与运动黏度υ是很困难的。黏度常间接测量。用黏度计测得的液体黏度叫相对黏度。由于测量条件的不同,各国采用的相对黏度有所不同,美国采用赛氏黏度,用SSU表示;英国采用雷氏黏度,用R表示;我国和一些欧洲国家采用恩氏黏度,用E表示。

(1)动力黏度

动力黏度是指两个相距为1 m,面积为1 m^2的液层,相对运动速度为1 m/s时所产生内摩擦力的数值,国际单位为Pa·s。动力黏度值直接表征流体黏性的大小。

(2)运动黏度

国际单位中的流体黏度常用运动黏度表示,运动黏度为同温度下动力黏度与密度的比值。单位为速度和位移的乘积,故称为运动黏度。国际单位为m^2/s或mm^2/s。1 mm^2/s称为厘斯,记作cSt。

(3)恩氏黏度

用恩氏黏度计测得的相对黏度称恩氏黏度。将200 cm^3的被测液体装入恩氏黏度计容器中,在某一测定温度t时,测定液体在自重作用下流过所需的时间t_1,与同体积的20 ℃蒸馏水流过同一小孔所需时间t_2($t_2 = 50 \sim 52$ s)之比值,即是液体在温度t时的恩氏黏度,单位为°E。

ISO 规定燃油的黏度值等于 50 ℃时的运动黏度（mm^2/s）。压力和温度对燃油的黏度有很大影响。燃油的黏度随压力的增大而增加，随温度的升高而降低。燃油的黏度随温度而变化的特性称为黏温特性。黏度随温度变化小，则黏温特性好。对于柴油机和燃油辅锅炉，常通过加热来降低燃油的黏度，从而使燃油满足流动和良好雾化的要求。

5. 硫分

硫分是燃油中所含硫的质量百分数。燃料中的硫以硫化物形式存在，是一种有害成分。液态硫化物（如硫化氢等）对燃油管路、容器和喷射系统的设备有腐蚀作用。硫化物燃烧时，燃油中所含的硫分将生成 SO_2、SO_3，燃油中的氢燃烧后生成水蒸气。SO_2、SO_3 和水蒸气在温度降到各自的露点（缸内条件下露点为 160～180 ℃）以下，就会凝结成亚硫酸和硫酸，对金属有强烈的腐蚀作用，故由硫酸引起的腐蚀称低温腐蚀或"冷"腐蚀。硫的氧化物沉积于积炭中形成坚硬物质，会加剧气缸、活塞等零件的磨损。因此，柴油中的含硫量应严格控制。轻柴油硫分很少，重柴油硫分相对较多，重油中硫分很高，有时高达 3%～4%。

6. 灰分

灰分是在规定条件下燃油完全燃烧后所剩残留物的质量百分数。灰分会加剧燃烧室部件的磨损，应尽量减少燃油中的灰分。

7. 钒、钠含量

钒、钠是燃油中非常有害的成分。钒、钠燃烧后会生成低熔点的化合物，当缸壁和排气阀表面温度过高超过这些化合物的熔点时，它们就会熔化附着在金属表面上，并与金属发生氧化还原反应而腐蚀金属，由于该腐蚀只发生在高温条件下，故称为高温腐蚀。为避免高温腐蚀应将缸壁与排气阀的表面温度控制在 550 ℃以下。

船用燃油中，如在压载舱与燃油舱转换、洗舱等过程中混入海水，将使钠含量大大升高而导致严重的高温腐蚀。

8. 残炭值和沥青分

残炭值是指燃油在规定试验条件下加热至全部蒸发后，所留下炭渣占试验油质量的百分数。它表示燃油在燃烧过程中形成炭渣的倾向。残炭值不能表示气缸中实际生成结炭的多少，只反映了燃油燃烧时形成结炭、结焦的倾向。残炭值中包含了机械杂质和灰分。当燃用残炭值较大的燃油时，将在燃烧室产生较多的结炭使传热系数减小，热阻增加，引起过热、磨损，从而缩短柴油机的维修周期，严重时会造成柴油机部件损坏。

沥青分表示沥青占燃油质量的百分数。沥青悬浮于燃油中呈胶状，不易分离，很难燃烧，导致后燃冒黑烟，易在气缸中和喷油器喷孔处产生积炭，增加气缸磨损，使喷油器偶件咬死。

9. 闪点

燃油蒸气与空气的混合气同火焰接触而闪火的最低温度称为燃油的闪点。它是衡量燃油的挥发成分引起爆炸或火灾危险性的指标。根据测试仪器的不同，闪点分为开口闪点和闭口闪点。开口闪点高于闭口闪点，常用的是闭口闪点。重质燃油闪点高于轻质燃油。按国内外船舶建造规范规定，船舶使用的燃油闪点（闭口）不得低于 60 ℃。从防爆、防火的观点出发，倾倒燃油或敞开容器的环境温度应低于燃油闪点 17 ℃。

10. 浊点、倾点和凝点

浊点、倾点和凝点是说明燃油低温流动性和泵送性的重要指标。

燃料开始析出固态结晶的温度称为浊点。燃料尚能够流动的最低温度称为倾点。国外常使用倾点。燃油冷却到停止流动时的最高温度称为凝点。当温度自浊点不断降低，燃油会形成网络状结晶，液态烃类均匀地分布在结晶网中，使燃料失去流动性，达到凝固。轻柴油的牌号就是其凝点的数值。

通常，燃油倾点 > 浊点 > 凝点。燃油的浊点高于凝点 5 ~ 10 ℃，燃油的倾点高于凝点 3 ~ 5 ℃。燃油温度低于浊点时，滤清器及管道堵塞，中止供油。燃油温度低于凝点，无法泵送。从使用观点出发，浊点比凝点更重要。燃油的使用温度至少应高于浊点 3 ~ 5 ℃。

11. 密度与相对密度

燃油的密度随温度的升高而下降。燃油的密度 ρ 是指在某温度 t(℃)时单位体积的质量。单位是 kg/m^3 或 g/cm^3。在 20 ℃时的密度称为标准密度 ρ_{20}。燃油在 20 ℃(国外为 15.6 ℃)时的密度与 4 ℃(国外为 15.6 ℃)时水的密度的比值称为相对密度。

在装载燃油时应根据燃油的密度和油舱的舱容计算装载量，需要注意的是应根据装油温度对密度进行修正。喷油泵的油量调节机构位置不变，则供油量的容积不变，当换用不同密度的燃油时，燃油的质量会发生改变。故当更换不同密度的燃油时，为保证燃油的质量不变，则应调节油量调节机构。

燃油的性能指标如表 3 – 1 所示。选用燃油的主要依据是影响燃油燃烧性能的指标。

表 3 – 1　燃油的性能指标

性能指标作用	性能指标
影响燃烧性能	十六烷值、馏程、热值、黏度等
影响燃烧产物	硫分、灰分、钒钠、残炭值、沥青分等
影响燃油管理	闪点、密度、凝点、倾点、浊点、黏度等

三、燃油的规格与选用

选用柴油时，必须根据工作温度的高低来确定所选柴油的牌号。

1. 国内燃油的规格与选用

我国的柴油机燃油分为普通柴油(原称轻柴油)和船用燃料油(原称重油)两类。

(1)普通柴油

我国普通柴油的规格是根据凝点来编号的。国家标准《普通柴油》(GB 252—2011)将普通柴油按凝点不同分为 10 号、5 号、0 号、– 10 号、– 20 号、– 35 号及 – 50 号七个等级，也就是说它们的凝点分别高于 10 ℃、5 ℃、0 ℃、– 10 ℃、– 20 ℃、– 35 ℃和 – 50 ℃。

普通柴油在柴油机燃料中质量最好，价格最高，适于中高速柴油机如发电柴油机、救生艇柴油机。选用普通柴油要根据当地冬天最低环境温度而定，最低环境温度应高出凝点温度 5 ℃以上。救生艇柴油机一般选用 – 10 号轻柴油，应急发电柴油机和高速发电柴油机可用 0 号轻柴油。

(2)船用燃料油

国家标准《船用燃料油》(GB 17411—2015)按照《石油产品，燃料(F 级)分类》(ISO 8216 – 1:2010)将船用燃料油分为 D 组(馏分燃料)和 R 组(残渣燃料)两大类。其中馏分燃料分为 DMX、DMA、DMZ 和 DMB 等四种；残渣燃料分为 RMA、RMB、RMD、RME、RMG 和

RMK 等六种。馏分燃料按照硫含量分为Ⅰ、Ⅱ、Ⅲ三个等级；RMA 和 RMB 类残渣燃料按照硫含量分为Ⅰ、Ⅱ、Ⅲ三个等级；RMD、RME、RMG 和 RMK 按照硫含量分为两个等级。

2. 国际燃油的分类与选用

长期以来，国外船用燃油基本上分为四类：

①轻柴油（MGO），相当于国产轻柴油（－35 号），常用于救生艇柴油机和应急发电柴油机。

②船用柴油（MDO），常用作发电柴油机和柴油主机机动操纵时的燃料。

③中间燃油（IFO），是由渣油与柴油调制而成的掺合油，根据对黏度的不同要求决定两者的混兑比例，主要用作各类大功率中速柴油机及低速柴油机。

④船用燃油（MFO），也叫 C 级锅炉油，主要用于锅炉，也可以用于最新型的大功率中速柴油机和大型低速柴油机。

为了规范燃油的分类与规格，国际标准化组织制定了船用燃料油标准即 ISO 8217（2010），现在执行的是 2010 年修订的标准。该标准中将燃油分为两个等级，即 DM 级和 RM 级。DM 级是指蒸馏燃油，也就是轻油，共分为四个等级；RM 级是指重油或渣油，共分为十一个等级。

DMX 为船用应急柴油。该类柴油的自燃性指标即十六烷值较高，且浊点最高为－16 ℃，因此，在环境温度低至－15 ℃时，也无须对其进行预热处理。此油品适用于救生艇柴油机、应急设备柴油机和高度自动化燃油锅炉。

DMA 为船用轻柴油，通常称之为轻柴油，LDO 或 MGO，是一种高品质蒸馏燃油，不含渣油成分，其主要性能指标（密度、黏度、倾点、水分）明显好于船用柴油 DMB 和船用重柴油 DMC，此油品适用于中高速柴油机和生活用炉灶。

DMZ 级油与 DMA 级油基本相同，只是前者最低黏度稍高。

DMB 为通用柴油，习惯称之为船用柴油 MDO。此油品含有极少的渣油成分，其黏度与倾点的允许值已分别达 11.0 cSt/（40 ℃）和 6 ℃（夏季），因此，该油品在环境温度较低时，需要进行预热处理并采取沉淀、过滤、分离等方法，除去油品中的水分和机械杂质，减少危害程度。

RM 级是指残渣燃料油，也称船用渣油或重油。其中 RMA 10 是以前的 DMC 级油，为船用重柴油，也称掺合（船用）柴油。该油品的主要成分仍然是直馏油，但含有一定比例的燃料油。

【效果检测】

扫描二维码，进行过关测试。

任务二　喷油泵的拆装与检查

【任务引入】

某货轮主机为6ESDZ43/82B型。某日航行中15:20时，当值轮机员巡回检查中发现，主机第2缸高压油泵齿条处有油断续地喷出，而该缸排温只有240 ℃，很不正常，估计油泵本体导套筒腔与齿条腔之间的密封圈已破坏。轮机员将情况报告船长后，船长同意停车调换备油泵，后经检查，确实密封圈损坏。

【知识结构】

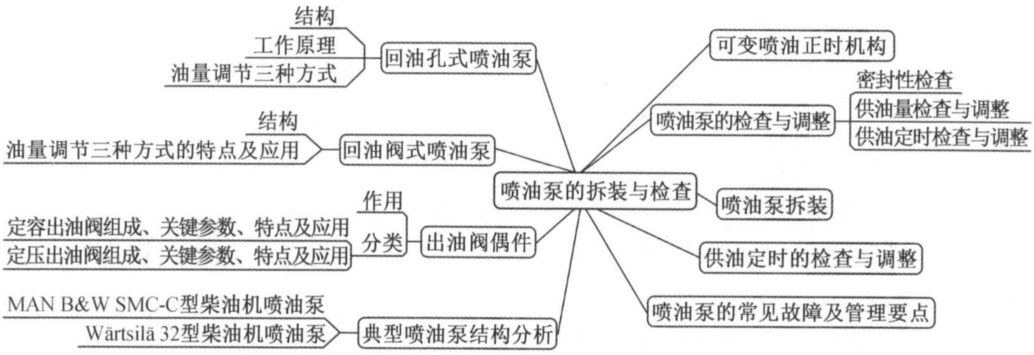

【知识点】

一、回油孔式喷油泵的基本结构

喷油泵是柴油机的心脏。其作用是按照柴油机发火顺序和负荷大小，在规定时刻将定量的柴油以一定压力按合理的供油规律送到喷油器。由于柴油压力很高，喷油泵都采用柱塞式的结构。根据喷油器的油量调节机构形式不同，它可以分为回油孔调节式和回油阀调节式两大类。前者在柴油机中广泛应用，特别在沿海及内河船舶上各类中小型柴油机中，后者主要用于大型柴油机。回油孔调节式喷油泵又称波许泵(Bosch)，根据其结构可分为单体泵和组合式两种。两者结构与工作原理基本相同，前者用于较大功率柴油机，后者用于中小功率多缸柴油机。

柱塞泵式燃油喷射系统动画

回油孔式喷油泵结构动画

图3－1所示为回油孔调节式喷油泵结构图。柱塞泵通常由泵体、泵油机构、油量调节机构及柱塞传动机构组成。泵油机构是柱塞泵的主体机构，在多缸泵中称为分泵，包括柱塞偶件(柱塞与柱塞套筒)和出油阀偶件(出油阀与出油阀座，也称排油阀偶件)。所谓偶件一般为成对选配、配合面精细研磨且不可互换的两个零件。柱塞在套筒中往复运动并在高压下保持良好的密封性，但允许有微量漏油以润滑配合面。图3－1中的柱塞1[图3－2(a)]上部有三个

槽,分别是直槽 a、斜槽 b 及环形槽 c。柱塞下方有横销 d,也称凸耳,嵌入齿套 9 的切槽 E 中[图 3－2(b)]。柱塞套筒 2 上有进、回油孔,均与喷油泵本体 4 中的低压油相通。进油孔是圆柱形,腰圆形的回油孔由定位螺钉 8 固定,防止套筒转动。调节机构由齿条、齿圈与导销 17 组成。齿套 9 的上部是小齿轮 10(有的柱塞泵将 9 与 10 做成一体,称齿圈),小齿轮与调节齿条 21 相啮合[图 3－2(b)],拉动齿条、转动齿圈,通过横销可转动柱塞,从而调节供油量。齿条上有刻度,喷油泵本体上固定着指示片 22,由指示片对正的齿条刻度可知供油量。导销也称导向防卡销,卡在齿条部件的长槽内,防止齿条移动时发生歪斜而卡住齿圈。传动组件除由弹簧上座 11、下座 14、弹簧 12、导程筒 13 和卡簧 15 组成外,还应包括图 3－3 中的滚轮、滚轮体(也称顶头)、调节螺钉和锁紧螺母。传动组件的作用是传动,在油泵凸轮作用下,驱动柱塞上行压油,柱塞的下行吸油则靠柱塞弹簧的弹力,柱塞弹簧通过弹簧下座将柱塞推向下方,并使滚轮与凸轮轴上的凸轮保持接触,如图 3－3 所示。导程筒对柱塞与弹簧的运动起导向作用。卡簧对导程筒起限位作用,并防止柱塞与弹簧从泵体中脱落。

喷油泵的
拆装微课

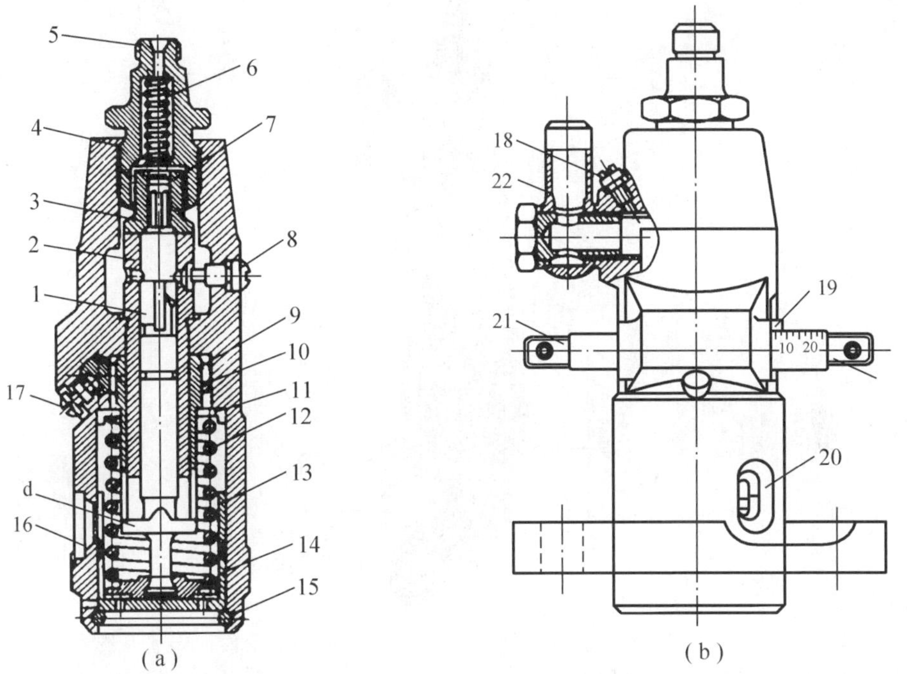

1—柱塞;2—套筒;3—排油阀座;4—喷油泵本体;5—出油管接头;6—排油阀弹簧;7—排油阀;
8—定位螺钉;9—齿套;10—小齿轮;11—弹簧上座;12—弹簧;13—导程筒;14—弹簧下座;
15—卡簧;16,20—观察窗孔;17—导销;18—放气螺钉;19—进油管接头;21—调节齿条;22—指示片。

图 3－1 回油孔调节式喷油泵结构图

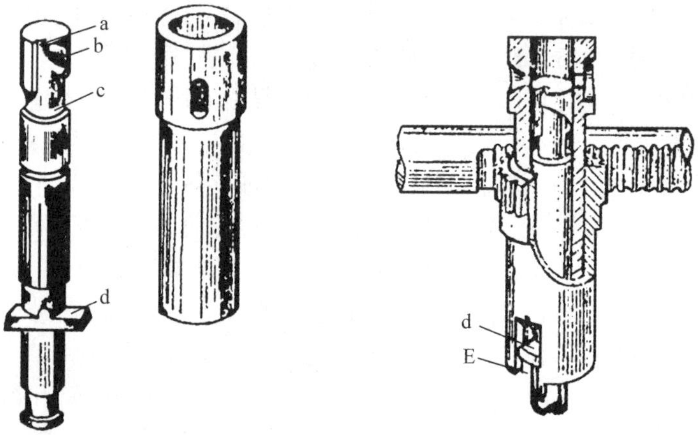

（a）柱塞与柱塞套筒　　（b）油量调节机构

a—直槽；b—斜槽；c—环形槽；d—凸耳；E—切槽。

图 3-2　柱塞偶件及油量调节机构

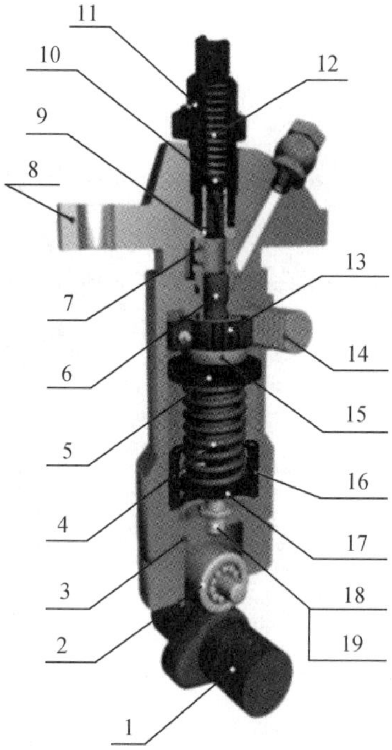

1—凸轮轴；2—滚轮；3—滚轮体；4—弹簧；5—上承盘；6—柱塞；7—柱塞套；8—泵体；9—出油阀座；10—出油阀；11—管接；12—弹簧；13—齿圈；14—齿条；15—转动套；16—导筒；17—下承盘；18—调整螺钉；19—锁紧螺母。

图 3-3　喷油泵立体结构图

二、回油孔式喷油泵的基本工作原理

1. 吸排油原理

①进油。在弹簧力作用下，柱塞从最高点下行至最低位置时，燃油自进油腔（低压油腔）经进、回油孔被吸入套筒内腔，如图 3-4(a)所示。

②回油。当柱塞从最低位置被喷油泵凸轮顶动开始上行时，部分燃油经回油孔流回进

油空间，直到柱塞上部端面将回油孔关闭，柱塞上方形成密闭空间，燃油才开始受压缩，此处对应喷油泵的“几何供油始点”，如图3－4(b)所示。柱塞从最低位置到供油始点的这一段行程，称为“前无效导程”，也称“前导程”。图3－3中调整螺钉主要用来调整柱塞前导程，也可微量调节供油提前角，以补偿喷油泵各零件的制造安装误差及磨损导致的各缸供油量的不均匀性，调整时应注意避免使柱塞运行至最高点时碰到排油阀座。

③供油。在油泵凸轮作用下，柱塞继续上行，油泵持续供油。当柱塞斜槽下边缘打开回油孔时，柱塞上部的高压燃油即经柱塞头部的直槽和斜槽，与回油孔相通而流回进油空间，此处为喷油泵的“几何供油终点”，如图3－4(c)所示。从供油始点到供油终点柱塞上行的供油行程(从柱塞上边缘遮住回油孔开始到其斜槽的下边缘打开回油孔为止的这一段行程)称为柱塞的有效行程。

④回油。此后，在油泵凸轮作用下，柱塞再上行至行程最高位置，燃油则流回进油空间，如图3－4(d)所示。柱塞从斜槽打开回油孔至运行到最高点的行程，称为“后无效行程”。

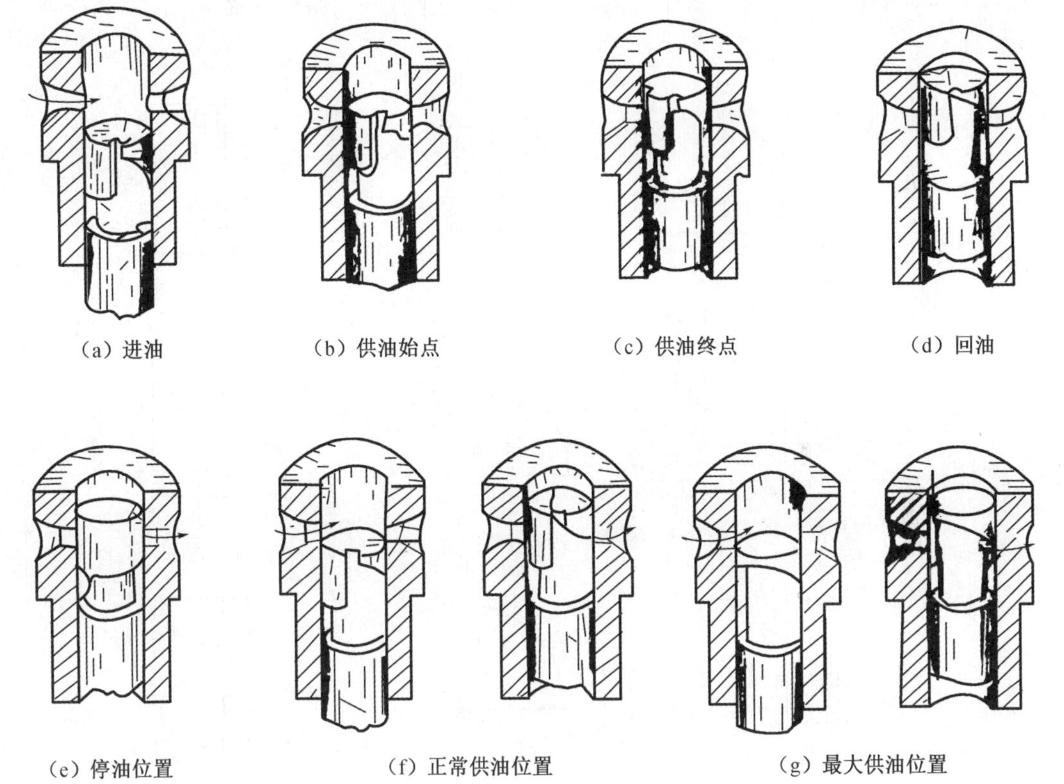

图3－4 回油孔式喷油泵工作原理

2. 油量调节原理

供油量大小主要取决于柱塞的直径和柱塞的有效行程。柱塞的斜槽边缘与套筒上回油孔的相对位置决定了柱塞的有效行程，决定了供油量，同时也决定了供油的持续时间。转动柱塞就改变了柱塞斜槽边缘和回油孔的相对位置，也就改变了柱塞的有效行程、喷油泵的供油量和供油持续时间，故斜槽的作用是调节供油量。如使直槽对准回油孔时，低压油腔始终通过回油孔、直槽与柱塞上方高压油空间相通，柱塞上行时无法构成密闭空间，无法提供高压油，故直槽的作用是停油。当柱塞上行，使环形槽与回油孔相通时，柱塞上方油与低压油腔相通，油压下降，故环形槽的作用是卸油。

转动柱塞，回油孔越靠近直槽，柱塞有效行程越小，供油量越小。图 3－4(e) 所示位置为停油位置，直槽对着回油孔。图 3－4(f) 所示位置为正常供油位置。图 3－4(g) 所示位置为最大供油位置。通常供油量由零到最大，柱塞只转动很小的角度，因此供油量的调节是十分灵敏的。

在柱塞直径一定时，柱塞有效行程愈长，供油虽然愈大，供油的延续时间也愈长。但如果供油延续时间过长，则会引起后燃。因此，供油量较大的柴油机，必须选用较大的柱塞直径。

3. 油量调节的三种方式

喷油泵的供油量取决于柱塞上行时的有效供油行程。供油量的调节有三种方案。

图 3－5 所示分别表示终点调节、始点调节及始终点调节三种油量调节方式的喷油泵柱塞头部结构及其调节特点。三种不同的调节方式取决于柱塞上斜槽位置。

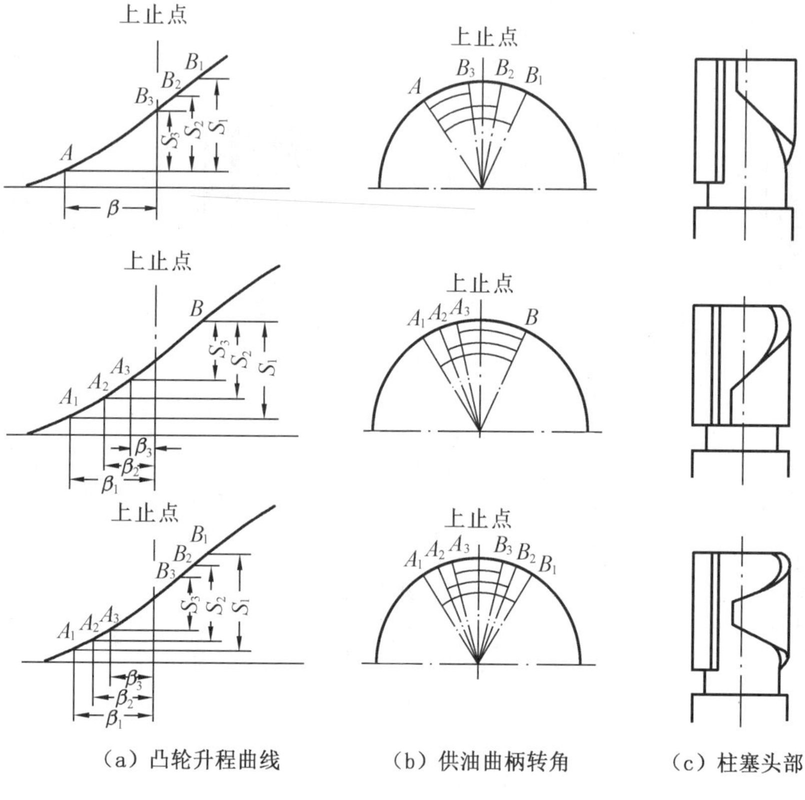

图 3－5　三种油量调节方式及其柱塞头部结构

图中 A、A_1、A_2、A_3 代表供油始点；B、B_1、B_2、B_3 代表供油终点；S_1、S_2、S_3 代表柱塞的有效行程；β、β_1、β_2、β_3 代表几何供油提前角。

①终点调节式。由图 3－5 第一行可见，柱塞头部上端面为平面，斜槽在下。这种结构无论将柱塞转到什么位置，其上端面遮住回油孔上边缘的时刻即几何供油始点 A 是不会改

变的。但其下边缘打开回油孔的时刻即几何供油终点 B_2 随负荷改变。负荷大时,油门拉杆顺时针(针对此图)转动柱塞,供油终点滞后成 B_1,供油量增大;负荷小时,供油终点提前至 B_3,供油量减少。故这种调节方式称为终点调节式。

②始点调节式。由图 3-5 第二行可见,柱塞头部斜槽在上。用柱塞头部斜槽封闭回油孔开始进油,环形槽打开回油孔供油结束。这种结构不论供油量多少,曲柄转到 B 点就停止供油。但供油始点随供油量的增加而提前,即供油提前角增大,故称始点调节式。负荷较小时,由于供油提前角减少,使燃烧后移,经济性变差。

③始终点调节式。如图 3-5 第三行,柱塞头部上、下各有一个螺旋斜槽。始点和终点都随供油量的变化而改变。负荷减少,供油量减小,始点滞后,终点提前;负荷增加供油量增大,始点提前,终点滞后。

供油提前角对燃烧质量有较大影响,供油提前角影响定容燃烧过程所占的比例。供油提前角越大,上止点时燃烧的燃油增加,热效率高,爆发压力高,柴油机经济性、动力性好,但工作粗暴。最佳供油提前角应随柴油机转速的增高而相应增大。发电柴油机(船舶辅机)为了保持发电频率保持不变,正常运转时负荷改变,但转速不变,故发电柴油机应选用终点调节式。与螺旋桨直接相连的船用柴油机(船舶主机)正常工况为变速、变负荷。当负荷增大时柴油机转速提高,相应要求喷油提前角增大,选用始点调节式或始终点调节式较为合理。现代高增压船舶主机受最高压力的限制,通常均采用减小供油提前角的调整措施。此时在标定负荷时供油提前角已经较小,如仍采用始点调节式或始终点调节式喷油泵,则在低负荷时供油提前角变得过小,将造成后燃现象,引起热效率下降,排温升高,经济性变差。故现代高增压船舶主机多采用终点调节式。

在采用单体式喷油泵的多缸柴油机上,各喷油泵的油量调节齿条都连接在一根共同的油量调节杆上,通过操纵台上的油量手柄(俗称油门)控制供油量。拉动油量手柄,各缸喷油泵的供油量同时改变,实现了柴油机的油量总调。为保证各缸喷油泵的供油量相同,一般在各喷油泵调节齿条和油量调节杆的连接处装有调节螺钉。旋转调节螺钉就能对某缸的供油量进行单独的增减调节。

三、回油阀式喷油泵

回油孔式喷油泵由于有斜槽、直槽和环形槽,故密封性较差;另直槽与斜槽中的压力油使柱塞易发生单面磨损。故燃油压力高的大型柴油机常采用回油阀式喷油泵。

1. 结构

由图 3-6 可知,回油阀式喷油泵的柱塞上不加工斜槽、直槽和环形槽,柱塞只起单纯的泵油作用。泵体上增加进、回油阀,阀控制泵的有效供油行程即控制供油量,阀由柱塞通过摆杆驱动。

2. 工作原理

回油阀式喷油泵是由进、回油阀的启闭来实现的供油量的改变。与回油孔式喷油泵相同,回油阀式喷油泵按供油量调节方式的不同也有始点调节式、终点调节式和始终点调节式三种方式。

图 3-6 中上方实线 S 为对应于三种调节方式的柱塞位移线,虚线 V 为柱塞运动速度线,S_1、S_2、S_3 为柱塞升程。

(1)始点调节式

图 3-6(a)所示为始点调节式。进(回)油阀 7 与柱塞 3 处于偏心轴 11 的两侧。当柱

塞位于凸轮1的基圆时,柱塞处于最低位置时,摆杆10的右端和顶杆8处于最高位置,进油阀被顶开,柱塞上方与低压油腔相通。随着凸轮转动,柱塞3从最低位置上行,到一定位置时,摆杆的右端和顶杆8下降到刚刚脱开进油阀时,进油阀在弹簧力作用下关闭。柱塞上方构成密闭空间,这时柱塞上部的燃油开始被压缩,这就是喷油泵的几何供油始点(进油阀关闭时刻)。此时,在进油阀和顶杆之间刚刚出现间隙。柱塞继续上行,此间隙不断增大,当柱塞上升到最高位置时,间隙达到最大值,泵油终止。柱塞有效行程为柱塞从进油阀关闭时刻运动至最高位置所走过的距离。柱塞的有效行程与进油阀和顶杆之间最大间隙值成正比。最大间隙越大,表示柱塞有效行程越长,油泵供油量越大。调节此间隙就可调节喷油泵的喷油量。但无论怎样改变此间隙,供油终点永远是柱塞处于最高位置的时刻,供油始点却随着供油量的增大而提前,故此种结构喷油泵称为始点调节式喷油泵。

(2)终点调节式

图3-6(b)所示为终点调节式原理图。进(回)油阀7与柱塞3并列在偏心轴的同一侧。当柱塞处于凸轮1基圆时,柱塞处于最低位置时,顶杆也在最低位置,回油阀与顶杆间间隙最大。此时回油阀处于关闭位置,柱塞上方构成密闭空间,当柱塞从最低位置一开始上升,泵腔内的燃油即被压缩,此为几何供油始点。随着凸轮转动,柱塞继续上行,回油阀与顶杆间间隙逐渐减小。当回油阀与顶杆间间隙刚刚为零,然后回油阀被顶杆顶开,高压油腔与低压油腔相通,供油结束,此为几何供油终点。柱塞有效行程为柱塞从最低位置运行到回油阀打开时刻所走过的行程。可见,进油阀和顶杆之间的最大间隙值与柱塞有效行程成正比。故可通过改变这一间隙值来改变喷油量,间隙越大,柱塞有效行程越大,则供油量越大。但无论怎样改变此间隙,供油始点始终是柱塞处于最低位置的时刻,供油终点却随着供油量的增大而滞后,故此种结构的喷油泵称为终点调节式喷油泵。

(3)始终点调节式

图3-6(c)所示为始终点调节式原理图。进、回油阀分列在偏心轴的两侧,左边一个为回油阀,控制供油终点;右边一个是进油阀,控制供油始点。始点调节式与终点调节式可看作始终点调节式的特殊情况。当柱塞处于凸轮1的基圆时,柱塞处于最低位置时,右边顶杆处于最高位置,进油阀处于开启状态,左边顶杆处于最低位置,回油阀处于关闭状态,与顶杆之间有最大间隙。随着凸轮转动,柱塞从最低位置上行,泵腔内的燃油通过进油阀回流,进油阀随顶杆下降。当柱塞上行到一定位置时,进油阀关闭,而回油阀与顶杆之间仍有间隙,也处于关闭状态,则此时即为油泵的几何供油始点。柱塞继续上行,至回油阀打开时,柱塞上方的高压油经回油阀与低压油腔相通,供油结束,此为供油终点。柱塞有效行程为进油阀关闭到回油阀开启期间柱塞上行的距离。此后,柱塞上行到最高位置,泵腔内燃油通过回油阀流回低压油腔。接着弹簧4使柱塞从最高位置下行,直至柱塞最低位置(凸轮处于基圆),泵腔一直处于充油过程。这种结构的喷油泵当增大进、回油阀的最大间隙值,柱塞有效供油行程增加,进油阀关闭时刻提前和回油阀开启时刻滞后,即同时改变供油始终点,故称为始终点调节式。

由此可见,改变进、回油阀与顶杆之间的间隙(以下称为"间隙")就可以调节供油量的大小。一般调节供油量有两种方法:一是总调;二是单独调节。总调时,用燃油手柄控制偏心轴,偏心轴的圆心为摆杆的支点,转动偏心轴11,改变摆杆10的支点位置来改变间隙值,从而改变柱塞的有效供油行程;当偏心轴顺时针转动,摆杆的支点右移时,进油阀关闭时刻提前,而回油阀的开启时刻推迟,供油持续时间增加,逆时针转动则反之。单独调节时,转动调节螺钉，按顺时针方向将螺钉旋进，间隙增大，喷油量增大，反之喷油量减少。

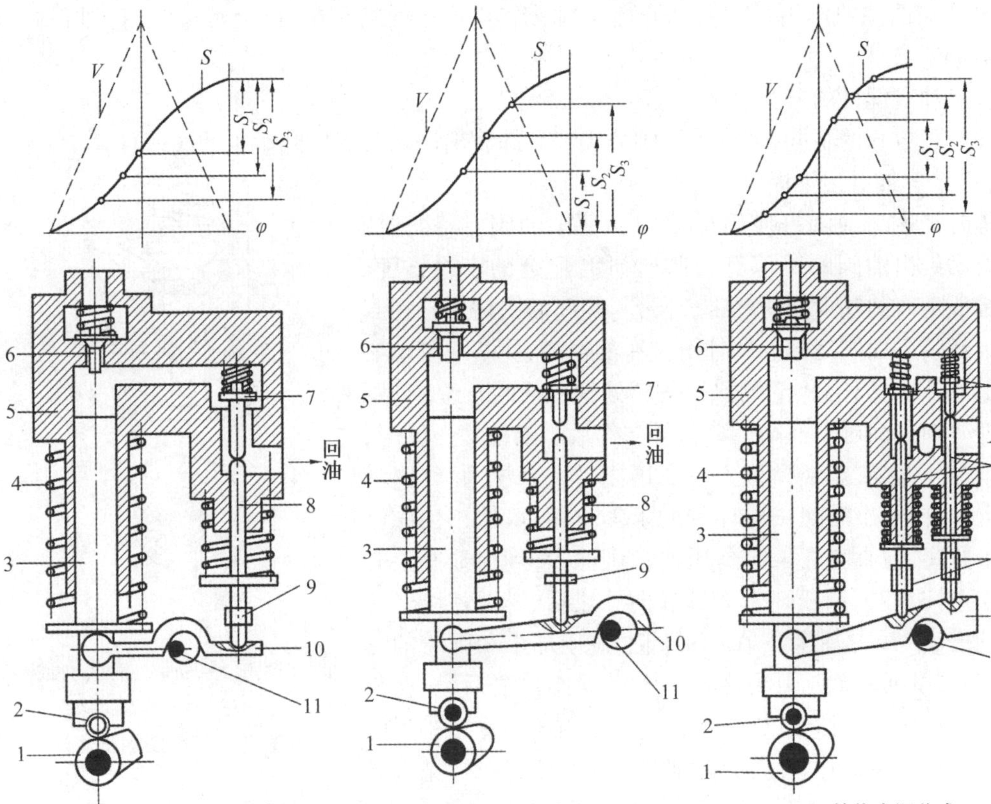

1—凸轮；2—滚轮；3—柱塞；4—弹簧；5—泵体；6—出油阀；7—进(回)油阀；
8—顶杆；9—调节螺钉；10—摆杆；11—偏心轴。

图3-6 回油阀式喷油泵结构与原理

3. 特点及应用

与回油孔式喷油泵相比，回油阀式喷油泵有如下特点：

①密封性能好。由于其柱塞无槽，且与套筒有较长的密封面，故密封性能较好，足以保证较高的喷油压力。

②耐磨性好。由于柱塞上没有直槽与斜槽，不承受侧推力，所以柱塞及套筒磨损比较均匀，使用寿命较长。

③体积大，结构复杂。回油阀式喷油泵的体积较大，结构比较复杂，造价较高且管理麻烦，不适用结构紧凑的高速及中速柴油机，一般用于大型低速柴油机。

四、出油阀偶件的作用及卸载方式

出油阀也称排油阀，是装在喷油泵内控制高压燃油排出的单向阀。出油阀偶件是喷油泵中的另一对精密偶件，由排油阀7和排油阀座3(参见图3-1)组成。出油管接头5将排油阀座紧压在柱塞套筒的顶部。排油阀座和出油管接头之间有一密封垫圈，用以防止高压燃油向下漏入低压油腔和沿管接头螺纹间隙渗漏到泵外。

认识出油阀微课

1. 出油阀偶件的作用

出油阀偶件的作用是使供油开始及时、迅速、停油干脆利落，也就是蓄压、止回和减压（也称卸载）作用。

2. 出油阀偶件的分类

按卸载方式的不同，可将出油阀分为等容卸载出油阀及等压卸载出油阀两种。

（1）等容卸载出油阀

等容卸载出油阀是使用最多的一种出油阀，结构如图3－7所示。出油阀的头部有与阀座研磨配合的密封锥面。密封锥面下有圆柱形减压环带，环带与阀座的圆柱形孔密封配合。环带下面阀尾部的圆柱上铣有四个槽，使断面呈十字形（图3－7中的 $A-A$ 剖视图），沟槽处构成油的通道，外圆弧面即导向柱面对出油阀运动起导向作用。当柱塞压油时，泵腔中油压升高，克服弹簧力及高压油管残余压力，将出油阀向上顶，由于出油阀减压环带的阻隔作用，虽然出油阀已离开了阀座，但泵腔并未向高压油管供油，直到出油阀上升 h 距离（图3－7），减压环带离开导向孔之后，燃油才能经过四个铣槽流入高压油管。在出油阀上减压环带和弹簧的作用下，油泵供油时刻延迟到出油阀上升 h 距离之后，从而使喷油泵获得较高的初始供油压力，起到了蓄压的作用。当柱塞有效行程结束，回油孔开始泄油时，减压环带先行进入导向孔，将泵腔与高压油管分隔开来，避免高压油管的燃油倒流入泵腔，出油阀起到了止回的作用，提高了循环供油量，减少了喷油延迟时间。出油阀继续下降距离 h（h 应从锥面中间密封带算起），使高压油管中的容积增加 $\pi d^2h/4$（d 为减压凸缘外径），使管中燃油压力因容积增大而迅速降低（为喷油压力的1/10左右），喷油迅速停止，缩短了燃油喷射过程的滴漏阶段并可避免重复喷射，此为出油阀的减压作用。因为这种卸载容积在柴油机各种转速下都是不变的，所以称等容卸载出油阀。卸载容积是等容卸载出油阀的关键参数。

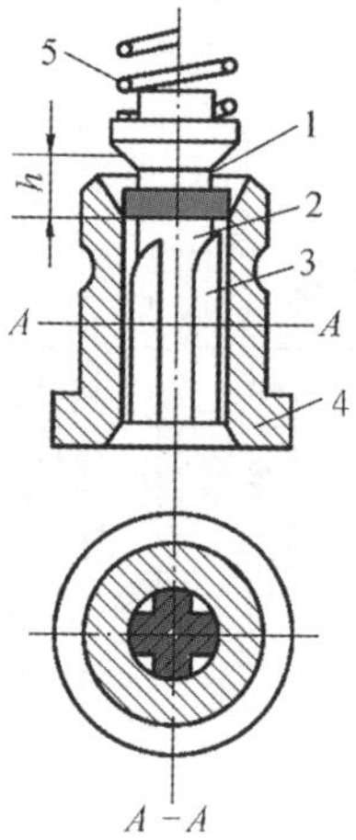

1—排油阀；2—导向柱面；3—铣槽；4—排油阀座；5—排油阀弹簧。

图3－7　等容卸载出油阀

等容卸载出油阀有以下特点：

①结构简单，应用广泛；

②缩短燃油喷射过程的滴漏阶段并可避免重复喷射；

③低负荷时易穴蚀；

④由于这种出油阀卸载容积恒定，因而在柴油机工况变化时高压油管中的残余压力相应变化，低负荷时可能因过分卸载而造成高压油管的低压，形成穴蚀。

等容卸载出油阀是利用减压环带降压卸载，经长时间使用后，因减压环带磨损，使其卸载能力降低，严重时，减压环带无法密封，使出油阀的减压作用消失导致二次喷射。

（2）等压卸载出油阀

等压卸截出油阀上无减压环带，但在其内部设有一个由卸载弹簧1控制的卸载阀2，其结构如图3－8所示。当柱塞供油时，油压须高于出油阀弹簧压力才能向高压油管供油，出油阀起到了蓄压的作用。当柱塞不供油时，出油阀在弹簧力作用下自动落座，能有效地防止高压油管中的燃油倒流入泵腔，起止回作用；当出油阀关闭后，若高压油管中的油压高于卸载阀的开启压力，则卸载阀开启使燃油倒流入喷油泵工作空间。卸载阀的压力一般低于二次喷射压力，故出油阀起到减压即防止二次喷射的作用。

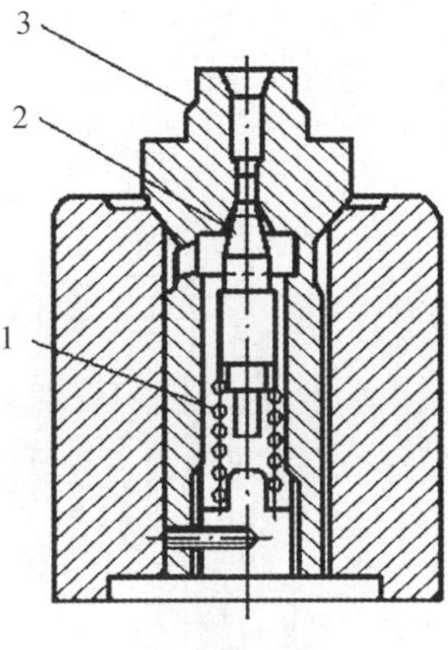

（a）柱塞阀

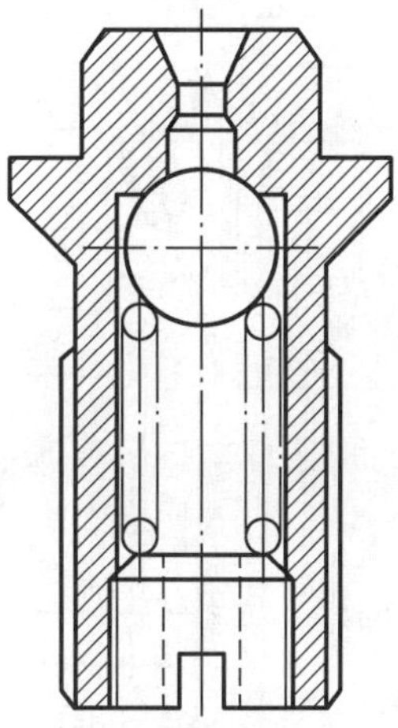

（b）球阀

1—卸载弹簧；2—卸载阀；3—出油阀。

图 3－8 等压卸载出油阀

等压卸载出油阀在柴油机工况变化时高压油管中的残余压力不变，不但可避免重复喷射而且可避免穴蚀，但阀中有阀，结构复杂。等压卸载出油阀在中高速大功率柴油机中使用较多。

等压卸载出油阀的关键参数是卸载弹簧的预紧力。等压卸载出油阀利用卸载弹簧控制卸压阀进行卸载，当长时间使用后，因卸载弹簧的弹性变小，同样变形量情况下，弹簧压力减少，故卸载能力增强。

五、典型喷油泵结构分析

图 3－9 所示为 MAN B&W SMC－C 型柴油机不带可变喷正时机构（VIT）的喷油泵。喷油泵的主要零件是由柱塞 8 和套筒 9 所构成的偶件。柱塞上设有直槽、斜槽和环形槽，套筒上开有两个圆孔。柱塞中部与调节齿圈 10 用键连接，齿圈 10 与齿条 1 啮合，拉动齿条可转动柱塞，以调节柴油机的循环供油量。调节齿条 1 上有刻度线，用以指示喷油泵供油量。喷油泵上设有进、回油孔，柴油机运转和停车状态下都可以使燃油在油泵内进行循环。因此，柴油机停车和机动航行时都不需换油。喷油泵供油由凸轮通过滚轮顶动柱塞上行完成。柱塞弹簧使柱塞与凸轮保持接触并使柱塞下行完成吸油动作。多缸柴油机中各缸喷油泵齿条 1 通过机械连接方式与油门拉杆相接，通过燃油手柄（或调速器）拉动油门拉杆可实现对供油量的总调；油门手柄不动时，调节油泵齿条 1 与油门拉杆的连接位置可实现对喷油泵供油量的单调。喷油泵上部为吸油阀和空气刺破阀 3 的组合阀。组合阀的基本结构如图 3－10所示。图 3－9 中，当柱塞下行时，燃油通过进油口 7 进入燃油低压腔 A，通过柱塞套筒上的回油孔进入燃油高压腔 B，当柱塞上行，油压上升并经高压油管接口 4 流出。图 3－10 中，若吸油阀上部的空气刺破阀通入压缩空气，则控制柱塞 8 下移，使吸油阀始终处于开启位置，燃油高压腔 B 与燃油低油腔 A 通过吸油阀相通，喷油泵不能供给喷油器高压油，柴油机停车。该型柴油机在正常停车、紧急停车、安保系统动作停车、高压油管漏油检测停车时，空气刺破阀都会接通控制空气。如果吸油阀在关闭状态卡死，对柴油机正常运行无影响，但应急停车

时该缸无法及时断油。如果吸油阀在开启状态卡死，则喷油泵将无法向高压油管供高压油。

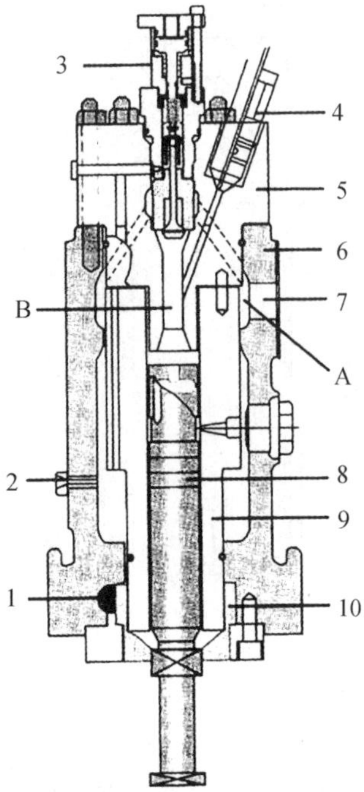

1—齿条；2—燃油循环口；3—空气刺破阀；
4—高压油管接口；5—泵盖；6—泵壳；7—进油口；
8—柱塞；9—套筒；10—调节齿圈；
A—燃油低压腔；B—燃油高压腔。

图3－9　MAN B&W SMC－C 型柴油机喷油泵

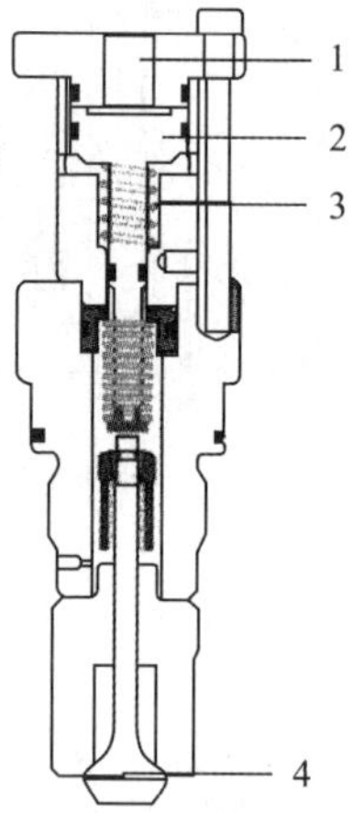

1—空气接口；2—空气活塞；3—弹簧；4—吸油阀。

图 3－10　组合阀的基本结构

图 3－11 所示为 Wärtsilä 32 型柴油机喷油泵。其基本结构与上述喷油泵大致相同，也是通过凸轮、滚轮顶动柱塞上行完成压油，靠弹簧使柱塞下行来完成吸油。所不同的是该喷油泵在上端盖上设有两个出油阀（主出油阀和引出油阀）。在供油初期，少量燃油首先通过引出油阀进入喷油器，而在主喷射阶段则通过主出油阀使大量燃油迅速喷入气缸，这样既可以使柴油机在燃气燃烧初期工作比较柔和，又可以控制整个喷射和燃烧过程不致太长。

六、可变喷油正时机构

柴油机的供油定时是影响燃烧质量的重要因素。柴油机的最佳供油定时是在额定工况下确定的。当柴油机负荷或转速改变时，如果喷油泵不仅供油量改变，供油提前角也随之改变，则柴油机非额定工况的性能必将得到改善。因而，当代新型船用低速二冲程柴油机的喷油泵上设有 VIT 机构。

1. VIT 机构的作用

VIT 机构在柴油机部分负荷运行时可以提高最高爆发压力，改善在部分负荷运行时的经济性能。当柴油机在高负荷运行时，VIT 机构又能控制最高爆发压力，使之不超过标定值，降低机械负荷，提高可靠性。

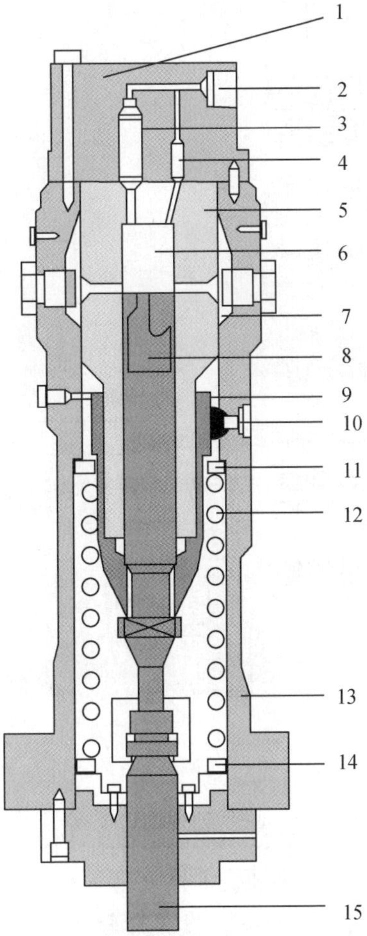

1—上端盖;2—高压油管接头;3—主出油阀;4—引出油阀;5—套筒;6—高压腔;7—低压腔;8—柱塞;
9—调节齿圈;10—调节齿条;11—上弹簧盘;12—弹簧;13—泵体;14—下弹簧盘;15—顶头。

图 3－11 Wärtsilä 32 型柴油机喷油泵

2. VIT 机构的类型

(1)MAN B&W L－MC/MCE 型柴油机的 VIT 机构

图 3－12 所示是 MAN B&W L－MC/MCE 型柴油机回油孔终点调节式喷油泵的 VIT 机构。由图 3－12(a)可知,其 VIT 机构由位置传感器、位置伺服器、喷油正时调节齿条和正时齿套螺母等组成。齿套螺母(见放大图)内部与喷油泵导程筒下部的梯形螺纹相旋合,外部与供油正时调节齿条相啮合。该油泵有两根齿条,下方一根是供油量调节齿条,通过转动柱塞改变供油量;上方一根是供油正时调节齿条,通过套筒升降改变供油定时。位置伺服器为气动执行元件,其活塞杆通过定时调节杆与正时调节齿条相接。控制信号来自位置传感器。位置传感器由调速器的调速轴(调节轴)控制。当负荷变化时,调速器的调速轴在改变供油量的同时通过杠杆改变位置传感器的控制空气压力,从而改变位置伺服器的活塞位置,通过活塞杆,拉动供油正时调节齿条,转动齿套螺母,齿套螺母转动时会带动套筒在泵体内升降,达到改变供油正时的目的。

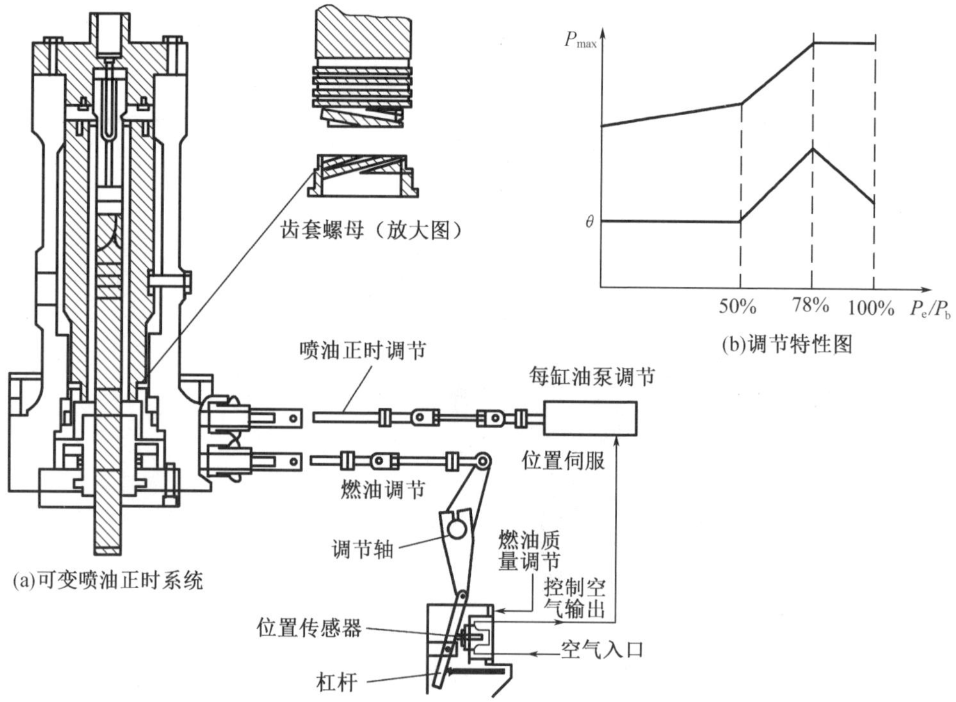

图 3－12　MAN　B&WL－MC/MCE 型柴油机的 VIT 机构

图 3－12(b)所示为该型柴油机 VIT 机构的调节特性图。低负荷时，即当柴油机在 50% 标定功率以下时，该 VIT 机构失效，供油提前角 θ 基本不变；部分负荷时，即负荷高于负荷 50% 而低于 78% P_b 时，供油提前角 θ 随负荷的增大递渐增大，爆发压力也随之逐渐增高至最大值，部分负荷的经济性得到提高；高负荷时，即当负荷大于 78% P_b 而小于标定负荷时，随着负荷增加，供油提前角 θ 减小，以保持爆发压力不变，减少机械负荷，提高可靠性。由此可见，此种 VIT 机构在 78% P_b（调正转折点）时具有最大的供油提前角 θ，最大爆发压力 p_z，节油率最大。

(2)Sulzer RTA 型 VIT 凸轮机构

图 3－13 所示为 Sulzer RTA 型柴油机回油阀始终点调节式喷油泵的 VIT 机构。该机构主要由特殊形状的 VIT 凸轮和燃油质量调定杆组成。VIT 凸轮设在一个十字形摇臂的右端。十字摇臂左端与调速器油量调节轴相连，上端与喷油泵回油阀偏心轴等相连，下端与拉伸弹簧相连。柴油机负荷改变时，调速器油量调节轴即带动十字摇臂转动，使喷油泵进、回油阀偏心轴同时转动，从而通过改变供油始、终点来改变供油量。同时，利用 VIT 凸轮改变进油阀关闭时刻，改变供油提前角。当负荷降至 85% 标定负荷时，VIT 凸轮使供油提前角最大。负荷小于 85% 标定负荷时，通过提高供油提前角来提高经济性；大于 85% 标定负荷时，通过减少供油提前角来降低爆发压力。不同品质燃油由于滞燃期不同，要求供油提前角不同，通过燃油质量调定杆，改变 VIT 凸轮位置来调节供油提前角。

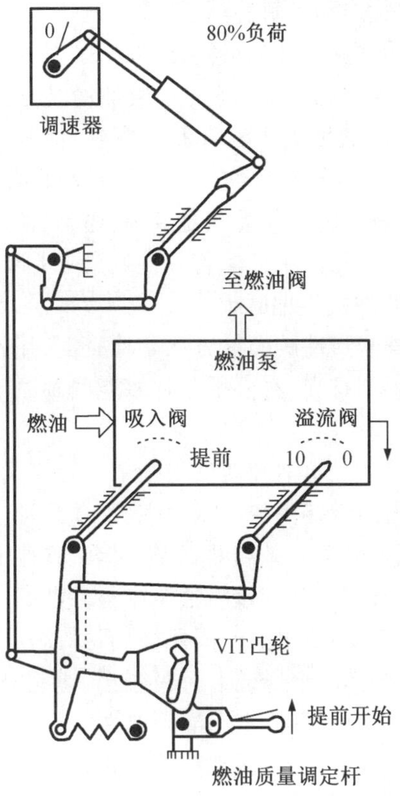

图 3-13 Sulzer RAT 型柴油机回油阀始终点调节式喷油泵的 VIT 机构

(3)采用特殊线型的柱塞斜槽

对于中小型回油孔式喷油泵,因结构受限,柱塞头部常采用特殊线型的双斜槽结构来实现可变喷油定时,如图 3-14 所示。双斜槽结构可在转动柱塞改变供油量的同时自动调节供油定时。这种方法结构简单,但须对斜槽的线型进行优化设计和特殊加工。

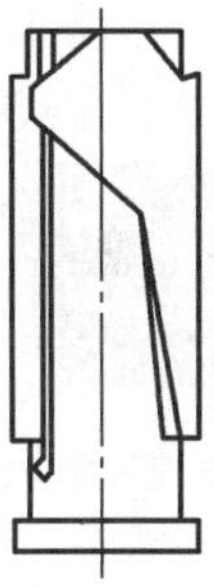

图 3-14 双斜槽 VIT 机构

采用 VIT 机构,针对不同负荷采取提高爆压又限制爆压的措施,这是改善柴油机经济性和可靠性的重要措施。由于电子控制比 VIT 机构更灵活有效,故目前电控正逐渐取代 VIT 在柴油机中的应用。当 VIT 机构发生故障不能正常调节时,应将 VIT 机构固定在标定负荷位置,此时柴油机相当于无 VIT 机构。

七、喷油泵的检查与调整

喷油泵的功用是定时、定量、定压并按一定供油规律向喷油器提供燃油,所以对它的检查应着重在密封性、定时及供油量这三方面。

1. 回油孔式喷油泵密封性检查

喷油泵的密封性主要取决于柱塞偶件和出油阀偶件的密封性。

(1)简易试验法

在船上,对于拆卸下的柱塞套筒偶件和出油阀偶件的密封性粗检,常用简易试验法。

该法简单、方便,包括滑动试验法和密封性试验法。

①滑动试验法,是检查偶件密封性的最简便的方法,常用于柱塞－套筒、针阀－针阀体的圆柱配合面密封性检验。检查时,用滤净的轻柴油清洗和润滑偶件,使偶件与水平面呈45°倾斜放置,把柱塞(或针阀)抽出1/3配合面长度后,使其在自重作用下自由滑下,且柱塞(或针阀)在套筒(或针阀体)内转至任何位置滑下时均没有阻滞现象。

若下滑速度缓慢、均匀,表明配合面无明显磨损,密封性较好;若下滑速度较快或很快,表明配合面磨损较大或严重,密封性不良。若将柱塞(或针阀)转动90°再次试验,柱塞(或针阀)下滑缓慢、均匀,表明偶件发生偏磨损。

②密封性试验法,是检查密封性的简易方法。检查时,用拇指将套筒孔上端堵死,把柱塞从上极端位置向下拉,若感到有吸力,松手后柱塞能回到原位,便认为密封性尚可。

(2)油压降法检查

油压降法检查包括综合检查、出油阀偶件与柱塞－套筒偶件单独检查。

①综合检查,在喷油泵出油管接头装上压力表,手动泵油,当油压达到说明书规定压力时,停止泵油,使柱塞处于1/2以上有效行程位置不动,观看压力表。若在规定时间内(一般不少于30 s)压力保持不降,则可判定该喷油泵密封性良好。

若无压力表,可用闷头将喷油泵出油口闷死,然后撬动柱塞泵油,燃油在密闭空间因容积减少应压力升高。如果柱塞不能上行或上行极缓慢,说明喷油泵不漏油,密封性良好;反之,说明喷油泵密封不良时,则应分别检查出油阀偶件和柱塞偶件的密封性。

②出油阀检查,操作步骤基本同上,区别在于停止泵油时放松泵油手柄,此时柱塞自然下行,这时若压力表读数保持不变,则认为出油阀密封性良好;若发现压力下降,则说明出油阀密封不良。

③柱塞－套筒检查,取出出油阀重复上述步骤①。若压力表读数符合说明书的要求,则柱塞－套筒偶件密封性良好;若压力下降很快,则说明柱塞－套筒偶件漏油。

2. 回油孔式喷油泵供油正时的检查方法

供油提前角
检查微课

(1)冒油法(油面波动法)

由于油的压缩性很小,柱塞上行压油,油压迅速上升,出油阀打开,出油接头处冒油,油面波动,此时即为实际开始供油时刻。根据飞轮上的刻度,即能读出供油提前角度值。对于多缸柴油机可按照发火次序依次检查。冒油法多用于中小型柴油机,组合式油泵只需检查第一缸供油提前角即可,其余由油泵凸轮间夹角保证。对于柱塞直径较大、喷油时间较短的柴油机,因误差较大而不宜采用冒油法。

(2)光照法

对于大型回油孔终点调节式喷油泵,若套筒上进、回油孔在同一高度,可用光照法检查供油正时。如图3－15所示,把柱塞套筒定位螺钉拆下,用手电筒照射螺孔处,缓慢盘车,从对侧进油孔中观察柱塞的运动。当柱塞上行到刚好将回油孔遮住看不到光线时,立刻停止盘车,此时从飞轮上的刻度即可读出该泵的供油提前角。

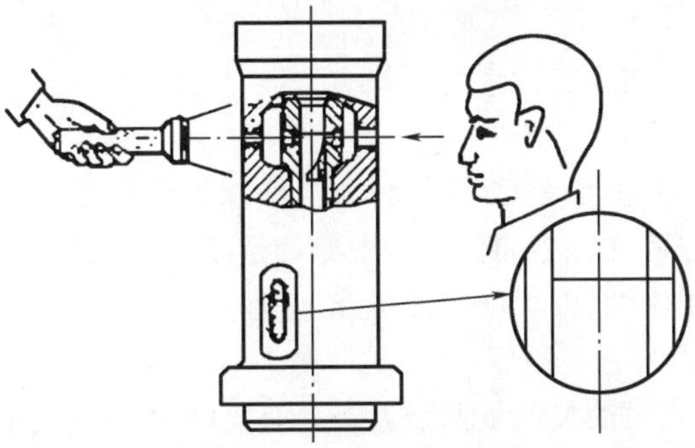

图 3－15 供油提前角的检查

(3)标记法

有的喷油泵在泵体下部设有观察窗孔,在泵体的观察窗上和导程筒外表面分别刻有横线。盘车时,观察窗孔上的横线与导程筒上横线正对平齐的瞬间即为该泵的供油始点。这时根据指针对应飞轮上的刻度即可读出该泵的供油提前角。

3. 回油孔式喷油泵供油定时的调节

(1)转动凸轮法

各种形式的柴油机,油泵凸轮轴都是由曲轴按 1∶1(二冲程)或 1∶2(四冲程)速比传动的。无论齿轮传动或链传动,只要改变油泵凸轮轴的相位,即改变了燃油凸轮的相位,喷油泵的供油正时均发生变化。如整体式凸轮轴(小型机)调节整机的供油正时,可松开油泵凸轮轴连接法兰盘,转好调节角度后再重新连接。此法的规律是:欲增大供油提前角,应顺正车方向转动油泵凸轮或逆正车方向转动曲轴飞轮;反之,相反。还有一种更简便的方法,即先松开油泵凸轮与喷油泵传动轴间连接,转动油泵凸轮至供油瞬间,转动飞轮至规定供油提前角,然后将油泵凸轮与喷油泵传动轴连接即可。对于装配式凸轮轴(大中型),调节单缸供油正时,可直接转动燃油凸轮的安装相位。

供油提前角
调整微课

(2)升(降)柱塞法

此法多用于中小型柴油机回油孔式喷油泵。通过调整调节螺钉的高度(图 3－3),使柱塞在套筒内升降,改变柱塞上边缘与回油孔的相对高度,从而改变了凸轮的有效工作段,供油定时随之改变,柱塞上升供油提前;反之,则滞后。调节后须紧固锁紧螺母。必须指出,调节螺钉不可伸长过多,以防柱塞在最高位置与排油阀相撞;亦不可缩短过多,以免滚轮落在凸轮基圆上时调节螺钉与喷油泵导程筒(导筒)脱离接触,导致工作中发生撞击。

(3)升(降)套筒法

此法多用于大中型柴油机回油孔式喷油泵。套筒上升时,正时滞后;反之,则提前。套筒的升降有三种途径:

①套筒上端设有一组调节垫片,减少垫片,即提升套筒。

②泵体下端设置多个调节垫片,增加垫片,套筒升高,供油提前角减小;反之,供油提前角增大。

③套筒上设有螺旋套,用齿条拉动使套筒升降。

在上述三种供油正时的调节方法中,升降套筒与柱塞两种方法,在改变供油定时的同时也改变了凸轮的有效工作段,使喷油泵的供油规律受到影响,故通常仅用于对供油提前角进行微量调节。

4. 回油孔式喷油泵供油量的检查与调整

(1)零油位的检查与调整

当回油孔式喷油泵柱塞直槽正对回油孔时,柱塞虽做往复运动但建立不起油压,柱塞的有效行程为零,这个位置称为零油位。检查与调整零油位是确保油量手柄置于停车位置时,各喷油泵能立即停止供油,以保证柴油机能迅速停车。

零油位的检查方法如下:

①对线法。回油孔式喷油泵油量调节齿条上有反映供油量大小的刻度线,只要喷油泵安装正确,将油量手柄置于停车位置,各泵指示片都应指到调节齿条的零油位刻度线。当齿条在小于刻度“2”时,应保证供油量为零。

②对孔法。取出排油阀偶件,将油量手柄置于停车位置时,柱塞直槽应对准套筒回油孔。因为直槽有一定的宽度,回油孔有一定的直径,所以零油位有一小区间供调整用。

③压油法。拆下高压油管,将油量手柄置于停车位置,用一字头起子撬柱塞,使柱塞上下运动,这时应无油面上升现象。

一般地,只要喷油泵是按照安装标记装配的,就可以保证零油位正确,若不准确,可以重新组装。误差不大时,可通过旋转油量调节杆与齿条连接处的调节螺钉来调节。

(2)各缸供油量均匀性的检查与调整

检查、调整各缸喷油量的均匀性,是为了保证当油量手柄位于标定供油位置时各喷油泵柱塞的有效行程相等。否则,会使各缸供油量不同,负荷不均匀,致使柴油机在高负荷时,某些缸会因供油过多而超负荷,而在低负荷时,某些缸可能因供油太少而不能正常燃烧,使柴油机运行严重不稳定,甚至自行停车。

通常规定在标定工况下,多缸柴油机各缸供油量的不均匀度不得超过2% ~3%。

①各缸均匀性检查。各缸供油量均匀性检查方法中量杯法较准确。量杯法常用于在油泵试验台上的油量调整。在柴油机上应用此法检查供油量均匀性时,应把喷油器拆卸下来安置在量杯上,然后盘车(或人工泵油)使喷油泵工作,柴油经喷油器喷入量杯。盘车到一定转数后(如100转),比较各量杯中的油量,求出供油量的不均匀度。不均匀度可用下式计算:

$$H = \frac{2(b-m)}{b+m} \times 100\% \qquad (2-5)$$

式中 H——不均匀度;

b——最大供油量,mL;

m——最小供油量,mL。

②各缸均匀性调整。各喷油泵供油量均匀性的调整方法,随油量调节机构的形式和与油量调节拉杆的连接方式而异。

a. 单体式喷油泵供油量均匀性的调整。对于喷油泵齿条用调节拉杆连接油量调节杆的结构形式,改变调节拉杆的装配长度,即可改变某缸喷油泵齿条的移动量,从而改变了供油量。若各喷油泵齿条通过调节螺钉单独与油量调节杆相连,则可通过调节螺钉对各泵的供油量进行单独调整,使各泵的齿条均调节到同一刻度上。这样就能保证各缸供油量基本上均匀。但初步调节后,还需要启动柴油机,根据各缸热力参数如排气温度、燃烧压力以及测取的示功图对供油量进行最后的调整。

b.组合式喷油泵供油量均匀性的调整。对于油量调节机构为齿轮－齿条式的组合泵，其调节方法是打开喷油泵侧盖板，旋松小齿圈的定位螺钉，用小钉插入油量控制套筒上部小孔内，转动套筒以带动柱塞旋转，从而改变柱塞斜槽与回油孔的相对位置，即调整了柱塞的有效行程。转动套筒时，应注意套筒增减油的转动方向。调好后，旋紧定位螺钉。

(3)标定供油量的检查

在试验台上把喷油泵的油量调节齿条或调节拉杆移到标定供油量位置，然后测量50次、100次或200次的泵油量，测量值应符合说明书中的规定。在船上可用手动泵油进行近似测量。喷油泵的累计循环喷油量用量杯测量。在测定喷油泵供油量的同时，应检查油量调节齿条的刻度数，以供在使用中或重新拆装喷油泵时参考。

5.回油阀式喷油泵供油定时的检查与调节

对于回油阀式喷油泵，进油阀关闭决定供油始点，检查供油定时，即检查进气阀关闭时刻对应上止点TDC的曲轴转角。下面以回油阀始终点调节式喷油泵为例，说明其供油定时的检查步骤。

①拆下进油阀上方的弹簧。

②将燃油手柄置于标定供油位置，盘车至凸轮最高位置，在进油阀上方安装专用千分表并把表的读数调为“0”(即为进油阀关闭位置)，如图3－16所示。

③盘车至凸轮基圆，千分表读数最大。继续正车盘车，当进油阀千分表读数降为0.02 mm时为进油阀关闭时刻，停止盘车。此时，飞轮上的刻度即为供油提前角。

如供油定时不正确，应酌情调节进油阀杆下方的调节螺钉。旋进调节螺钉，与顶杆间隙增大，则提前供油，供油提前角增大；旋出调节螺钉，供油提前角减小。

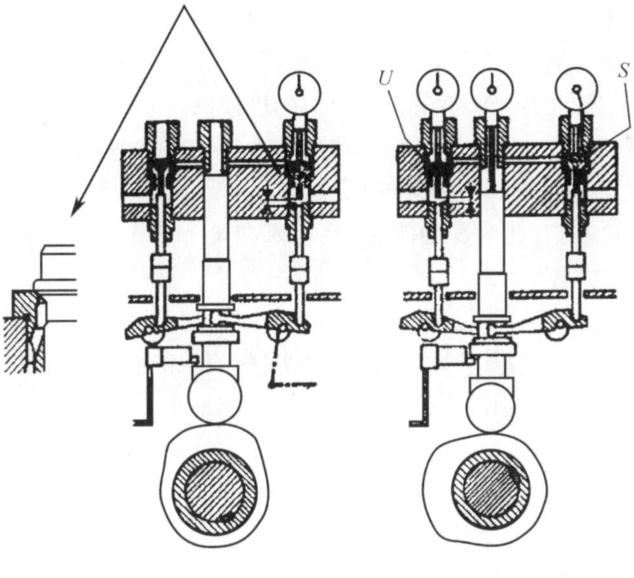

(a)　　(b)

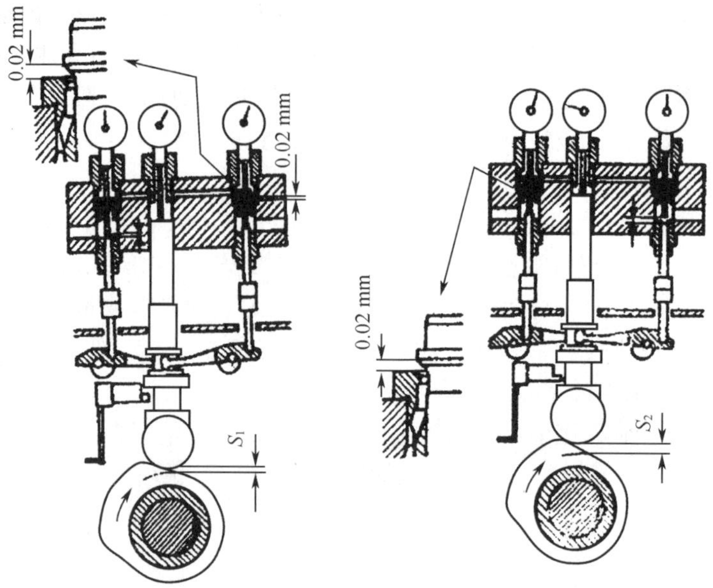

(c) (d)

图 3-16 回油阀始终点调节式喷油泵供油量的测量

6. 回油阀式喷油泵零位检查与调整

回油阀式喷油泵的供油终点取决于回油阀打开时刻,供油始点取决于进油阀关闭时刻。故喷油泵的供油量取决于进、回油阀的关闭、开启状态。当燃油手柄置于停车位置时,只要在柱塞上行的全行程中进、回油阀不同时关闭,即不供油,零位准确。为此,对此种喷油泵的零位检查应首先测定进、回油阀的关闭、开启时刻,然后再检查其零位。下面以回油阀始终点调节式喷油泵为例,说明其零位检查步骤,如图 3-16 所示。

①拆下进、回油阀上方的弹簧,拆下柱塞上方的出油阀。

②将燃油手柄置于停车位置,盘车至凸轮最高位置,在进油阀上方安装专用千分表并把表的读数调为"0"(即为进油阀关闭位置)。

③继续盘车至凸轮基圆,此时回油阀关闭,柱塞在最下方。在回油阀上方安装专用千分表,并把表的读数调为"0"。

④正车盘车,当进油阀千分表读数为 0.02 mm 时为进油阀的关闭时刻,停止盘车。

⑤检查回油阀上方千分表,其读数应为某一规定数值(如在 0.8 mm 以上)时,表明回油阀处于开启状态。此时表示该油泵零位正确。说明柱塞整个上升行程中进、回油阀没有同时关闭的时刻即不供油。

如零位不正确(如回油阀千分表读数小于 0.8 mm)应调节进、回油阀杆下方的调节螺钉。

7. 回油阀式喷油泵供油量均匀性检查与调整

将油门手柄置于标定供油量位置,通过测量各柱塞的有效行程加以判断回油阀式喷油泵供油均匀性。下面以回油阀始终点调节式喷油泵为例,说明供油量均匀性的检查方法。

①按上述零位检查中①、②、③步骤在进、回油阀及柱塞上方安装专用千分表并调零。

②正车盘车,当进油阀千分表读数为 0.02 mm 时为供油始点,停止盘车。此时进油阀

开始关闭,即油泵开始供油,柱塞上方千分表的读数 S_1 为无效行程,如图 3 - 16 (c)所示。

③正车盘车至回油阀上方千分表读数为0.02 mm 时为供油终点(回油阀开启),停止盘车。柱塞上方千分表的读数为 S_2,如图 3 - 16(d)所示。

④柱塞有效行程 $S_e = S_2 - S_1$。各缸喷油泵应具有相等(差值小于0.2 mm)的有效行程 S_e 才能保证各缸供油均匀。

回油阀式油泵各缸供油量用回油阀下面的调节螺钉进行调节。旋进调节螺钉,油量加大;旋出调节螺钉,油量减小。

可见,测量供油提前角时,只需要一个千分表安装在进油阀上方,测定进油阀关闭的时刻即可;当检查零位时,需要两个千分表分别安装于进、回油阀上方,测定进油阀关闭时刻(0.02 mm),回油阀的开启高度是否超过规定值(如超过0.8 mm);当测量供油泵的供油均匀性时,则需要三个千分表,分别安装于进、回油阀和柱塞上方,测量从进油阀关闭到回油阀开启的柱塞行程(有效行程)。

八、喷油泵的主要故障及管理

喷油泵的故障主要发生在柱塞与套筒和阀与阀座偶件中。

1. 柱塞 - 套筒偶件的常见故障

柱塞 - 套筒是高压油泵中的一对重要偶件,其作用是保证高压油泵准确的正时、足够的供油压力、精确的供油量和可靠的工作。在工作中,柱塞 - 套筒偶件承受燃油的高压作用、腐蚀作用及燃油中杂质的磨损。柱塞 - 套筒偶件要求硬度高、耐磨耐蚀、偶件热膨胀系数相近、尺寸稳定性好,否则易卡死。偶件材料为滚动轴承钢如 GCr15,低合金刃具钢、高速钢等,并通过淬火 + 冷处理 + 低温回火或氮化等来提高硬度和耐磨性;配合表面间隙在 0.002 ~0.003 mm,常通过分组配对研磨来达到,故偶件不具备互换性,偶件中一个零件损坏,须成对更换。

高压油泵工作一段时间后,柱塞 - 套筒偶件主要产生以下损坏。

(1)圆柱配合面的过度磨损

柱塞 - 套筒偶件的工作表面发生磨损,特别是柱塞螺旋槽附近的工作表面,如图 3 - 17 所示。配合面的磨损将使配合间隙增大,泵油压力降低,进而影响喷油压力,导致雾化不良,燃烧恶化;各缸油泵的柱塞 - 套筒偶件的磨损不同、泵油压力不同、各缸喷油量不等,以致各缸功率不等,柴油机各缸功率不平衡。

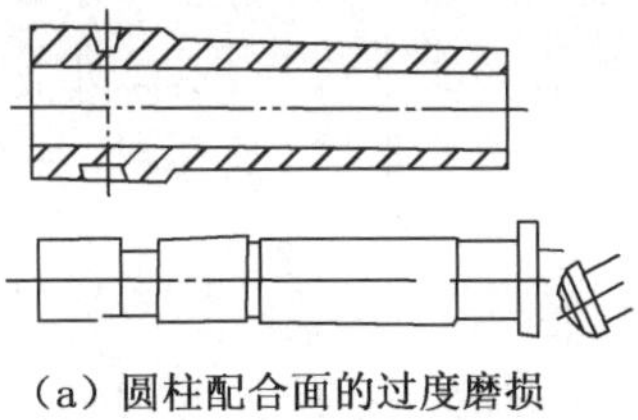
(a) 圆柱配合面的过度磨损

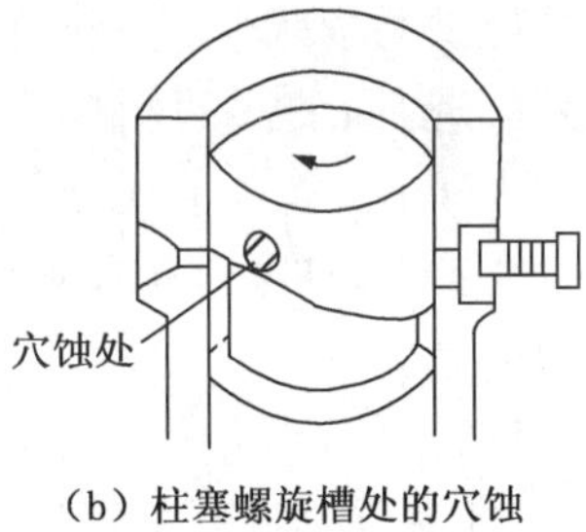

(b) 柱塞螺旋槽处的穴蚀

图 3 - 17 柱塞 - 套筒偶件的磨损

(2)柱塞工作表面的穴蚀

柱塞螺旋槽附近的工作表面易发生穴蚀。燃油喷射终了时,螺旋槽的边缘将回油孔打开的瞬间,套筒内的高压油急速冲出,使套筒内压力骤然降低;螺旋槽边缘的油压低到该处温度对应的饱和压力时燃油汽化形成气泡;随后的高压使气泡溃灭,强大的冲击波作用在螺旋槽附近的工作表面,使金属剥落,产生穴蚀。

(3)圆柱配合面上的拉痕及偶件咬死

柱塞－套筒偶件圆柱配合面还会产生纵向拉痕,偶件卡紧甚至咬死。这两种情况主要是由于燃油净化不良、燃油中含有较多坚硬的机械杂质、配合间隙过小和偶件材料热处理不当引起的。

2. 阀与阀座偶件的常见故障

喷油泵中阀与阀座有出油阀－阀座(图3－18),回油阀式喷油泵还有进、回油阀偶件。阀与阀座在工作中受到燃油的腐蚀和冲刷作用。要求阀件有足够的表面硬度和抗冲击性能。一般选用优质合金钢并进行渗碳或氰化处理。阀偶件的密封面须配对研磨,不允许互换。密封带的宽度不应大于0.4~0.5mm。

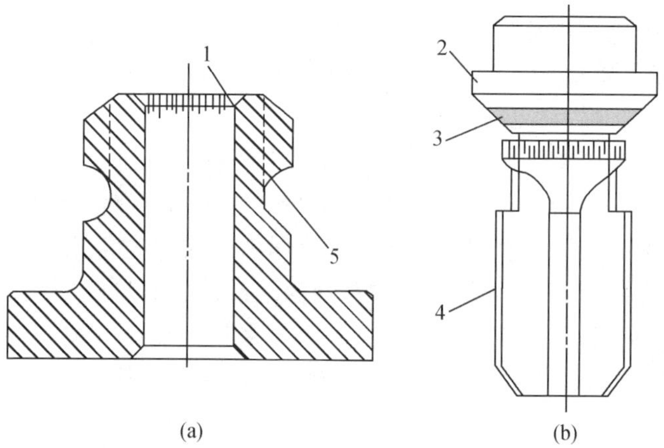

1,3—密封锥面;2—出油阀;4—导向面;5—阀座。

图3－18 出油阀－阀座偶件

阀与阀座偶件的主要损坏形式有:

①密封面过度磨损。进、回油阀过度磨损,导致燃油漏泄,喷油压力降低,影响雾化和燃烧,还会导致供油量减少。出油阀过度磨损时,使密封性能下降,高压油回流,喷油压力下降,使喷油延迟和循环供油量减少。这种锥面磨损可通过研磨修复。

②阀杆卡紧、咬死。进、回油阀的阀杆在阀开启或关闭位置咬死,导致喷油泵停止供油,单缸熄火。出油阀打开时,阀杆卡死,则出油阀的功能无法实现,如出油阀处于关闭状态,则可能导致油压过高,导致柱塞等相关零件损坏。阀杆卡紧、咬死可能的原因有润滑不良,受热不均或阀杆变形等。

3. 喷油泵的管理要点

①备车时应对各缸油泵逐个进行手动泵油,以便润滑柱塞偶件并观察柱塞及相关运动件能否正常运转。此外,还应检查喷油泵油量调节机构动作的准确性和可靠性。

②长期停车之后或喷油设备经拆检重新装复之后,应注意喷油设备及燃油系统放气。喷油设备各处不得有燃油漏泄。

③运转中应注意高压油管的脉动状态。高压油管无脉动或脉动微弱,往往是柱塞或针

阀在开启位置咬死或喷油器弹簧折断所致；若脉动突然增强，喷油泵有异常声响发出，则多为喷油器喷孔堵塞或针阀在关闭位置咬死所致；若脉动频率或强度不断变化，则柱塞有卡滞现象。

④在柴油机运转中如需单缸停油，则应使用喷油泵专门停油机构抬起该油泵柱塞。不可关闭喷油泵燃油进出口阀，以免柱塞由于断油缺乏润滑而卡死。

⑤注意缸内燃烧过程的变化。从排烟颜色、排气温度、示功图等的不正常变化，判断喷油设备的工作状况，必要时应酌情进行调整。

【技能点】

一、拆装喷油泵

1. 训练目标与要求

①掌握喷油泵拆装要点；

②熟练拆装喷油泵；

③正确使用钳工台等拆装工具。

2. 训练设备

单体泵、一字头起子、钳工台、旋出油阀专用工具等。

3. 训练步骤

(1)拆装准备

喷油泵是精密部件，不允许随意拆卸，一般在喷油泵有故障或达到检修周期时，才拆卸。拆卸前要预先准备好工具，清洗用轻柴油，钳工台上衬上软金属片。

(2)拆喷油泵

①拆卸出油阀，参见图 3 – 3，把油泵正夹于台钳上，注意不可太紧，能固定不动即可，拆下出油管接头，将出油阀弹簧取出，将专用工具旋在阀座上，将出油阀座和密封垫片拉出。

②拆卸柱塞偶件，松开台虎钳，将泵体倒立在平台上，左手向下压导程筒，右手插入销子，固定导程筒，右手用螺丝刀取下泵底的卡簧，左手护住卡簧，防止卡簧蹦出伤人。下压导程筒取下销子，留心观察柱塞螺旋槽方向与横销安装方向和泵内调节齿套和调节齿条的啮合标记，取出导程筒、弹簧座、弹簧、柱塞和齿圈。

③将泵体正置，拧出齿条限位螺钉，取出齿条拉杆；旋出定位螺钉后，用手指或铜棒将柱塞套筒由下往上顶出；把柱塞小心地插入套筒内，一起放置于清洁的煤油或轻柴油中。注意拆卸时不得碰伤偶件的工作表面，更不允许互相调换。

(3)喷油泵的装复

装配前，将喷油泵所有零件用轻柴油或煤油清洗干净。偶件配合面应使用软毛刷或软布进行擦洗。清洗干净后用清洁纸或丝绸擦干，经清洁后的偶件配合面禁止用棉纱或破布去擦拭，以防灰尘或纱头进入偶件配合间隙内引起卡滞。清洗后的偶件放于清洁的专用容器中保存。

①装入套筒。套筒从泵体上部装入，套筒上左侧的圆形孔为进油孔，右侧的腰圆孔为回油孔。安装时，套筒上的腰形定位孔与泵体上的定位螺丝孔对准，拧入带密封垫片的定位螺钉。切记不能将两孔装反，若定位螺钉堵住圆形进油孔，会造成油量调节机构失效。套筒装好后，检查能否使柱塞套筒上下移动 1 ~ 2 mm 和左右微动。如能，则安装正确，说明套筒未产生安装变形。

②按定位标记装入调节齿条和齿套。将泵体倒置，把供油齿条插入齿条孔内。齿条上打有记号的齿应位于喷油泵调节齿套孔的中央，然后将调节齿套放入泵体中，并使齿套的齿圈上有记号的齿对正齿条上有记号的齿谷，否则会造成各缸供油量不一致。

③按顺序装入上弹簧座（上承盘）、弹簧，然后将下弹簧座（下承盘）卡住柱塞尾端，使柱塞横销上的标记对准套筒直槽上的标记，从而保证柱塞上的斜槽处于柱塞套筒回油孔侧，插入柱塞使柱塞上的横销落入调节齿套的切槽。

④装入弹簧导程筒（导筒），左手拇指用力压下导程筒，右手装入卡簧。注意，为了便于拆时从泵体上的缺口取出卡簧，安装时卡簧的开口不要对准泵体上的缺口。装好后用力压导筒，导筒可以顶动柱塞。如导筒不动，其原因一般是柱塞上的横销没有落入调节齿套的切槽中，这时，可慢慢拉动齿条，转动齿圈，直到柱塞上的横销落入调节齿套的切槽，导筒能推动为止。正置喷油泵，复查调节齿条处于停车位置，柱塞回油直槽是否对准回油孔，复查调节齿条的拉动是否灵活可靠。

⑤正夹喷油泵于台钳上，从泵体上部依次装入出油阀座、密封垫片、出油阀、出油阀弹簧，按说明书要求拧紧出油阀紧座。过松，会漏油；过紧，会使柱塞套筒变形，柱塞运动发生阻滞。

二、供油定时的检查与调节

1. 训练目标与要求

①掌握冒油法和标记法检查供油提前角；

②掌握转动法调整供油提前角；

③正确使用盘车工具。

2. 训练设备

柴油机、盘车工具、手电筒、螺丝刀等。

3. 训练步骤

（1）供油提前角的检查

对于一台既定的柴油机，其喷油定时是由供油定时来保证的。

①供油定时检查与调整前的准备。检查供油定时应先检查飞轮的“0”位指针（即飞轮壳上的上止点指针位置）的准确性；检查燃油供给系统，打开油柜到系统的截止阀，确保系统内充满燃油；松开油泵的放气螺钉，用手动泵泵油驱气，直到放气螺钉孔排出的燃油中不含气泡为止，然后旋紧放气螺钉。

②用冒油法检查供油定时。将喷油泵齿条置于供油位置，将第一缸的高压油管接头旋开，并移开一定位置。

按曲轴工作转向转动飞轮，使指针对准飞轮上的“0”刻度，此时若略微转动飞轮，1 号缸进、排气阀均应不动作（对于四冲程柴油机，如同时观察与 1 号缸曲柄在同一平面的另一个气缸的进、排气阀应处于进、排气重叠角位置，即进、排气阀均开启，进、排气阀均在动），则说明 1 号缸活塞位于压缩冲程上止点附近。

反向转动飞轮 $30°\sim50°$，用棉纱头吸去多余的柴油，使油面保持在出油阀接头内孔倒锥下部。也可在 1 号缸喷油泵出油管接头上拧上带玻璃管的接头来观察供油始点。

按曲轴工作转向缓慢、均匀转动飞轮，同时密切注视出油阀座孔中（或玻璃管中）油面的情况，油面刚一波动的瞬间即刻停止盘车，此时即表示 1 号缸开始供油。根据上止点指针所指飞轮刻度便可得到供油提前角。

③标记法检查供油定时。如图 3－19 所示，油泵出厂时，当油泵供油瞬间，对应导程筒

上定时线1(制造导程筒时加工好),在泵体上刻下定时线2,以后盘车时,刻线1与2重合的瞬间即为喷油泵的供油始点,对应的曲轴角度即为供油提前角。

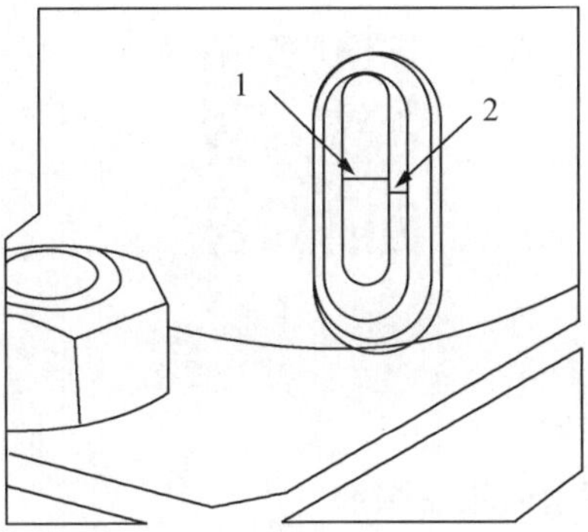

1—导程筒上定时线;2—泵体上定时线。

图3-19 单体式高压油泵定时记号

(2)供油提前角的调整

①组合式喷油泵转动法调整供油提前角。松开联轴器接盘上的两个螺钉,使油泵凸轮与曲轴飞轮脱开。

用手抓住(或用管子钳钳住)油泵侧的结合器接盘。当需要提前(或滞后)时则反工作转向(或顺工作转向)缓慢转动飞轮,使油泵传动轴侧的接合器接盘相对于油泵凸轮轴转过一个所需的角度。传动轴接盘上刻有分度线,说明书中说明每格相当于曲柄转角数。然后将两个螺钉拧紧,再按上述方法重复检查一遍,直到供油提前角符合规定值范围为止。

也可以转动飞轮使1号缸活塞位于压缩冲程上止点,再反工作转向转动飞轮,使飞轮壳上的上止点指针对准飞轮上的规定供油提前角。然后打开油泵前盖板,拧下喷油泵与传动轴接合器盘上的两个螺钉,用手反工作转向转动油泵凸轮轴40°~60°,使1号缸分泵柱塞与对应的凸轮基圆相接触;再按油泵凸轮轴工作转向缓慢均匀地转动,当1号缸分泵出油阀座孔中的油面刚一发生波动的瞬间,立即停止转动;把接合器接盘上的两个螺钉拧紧,即调整完毕。为可靠起见,应重新转车进行检查,查看供油提前角是否符合要求。

②单体式油泵转动凸轮法调整供油提前角。此法适用于组合式凸轮轴。调整时,可转动凸轮,改变凸轮与凸轮轴之间的相对位置,从而改变凸轮与曲轴的相对位置,达到改变供油提前角的目的。当凸轮与固定在凸轮轴上的座套用端面齿相啮合固定时,可松开锁紧螺母来转动凸轮轴。

8300型柴油机为四冲程柴油机,油泵凸轮端面为180个齿,则凸轮相对座套转动一个齿,供油提前角改变4°,因为正、倒车共用一个喷油凸轮,若正车供油提前,则倒车供油就会落后。

当喷油凸轮采用无键液压安装在凸轮轴上时,则需要将160~180 MPa的高压油压入凸轮环形槽,胀开凸轮内孔,使凸轮在轴上浮动。转动凸轮改变凸轮与轴的相对位置,从而达到调整供油提前角的目的。

【效果检测】

扫描二维码,进行过关测试。

【案例展示】

连续三个缸的高压油泵齿条处发生喷油

一、事情经过

某货轮主机为6ESDZ43/82B型。某日航行中15:20时,当值轮机员巡回检查中,只见主机第2缸高压油泵齿条处有油断续地喷出,而该缸排温只有240 ℃,很不正常,估计油泵本体套筒腔与齿条腔之间的密封圈已破坏。轮机员报告船长后,船长同意停车调换备油泵。随即将换下的油泵解体检查,并没有发现任何异样,密封圈也没有损坏。到20:00左右,第4缸又出现上述情况,而且喷出的油带乳白色,估计泵体有裂纹,于是又要求停车换备用油泵。在换油泵时,发现泵座下的顶杆机构内与第2缸一样积满污油,当即清除。装后,运转恢复正常,后再解体换下的油泵,亦没有发现泵体有裂纹,仅是在套筒腔内,同样积有较多污油。第二天05:30时,同样情况在第5缸又出现了,所不同的是随喷油一段时间后就间断地喷水,估计是因为缸头上污油水进入了顶杆机构内,于是把该缸头上排污管接头旋出,放完污水,不久喷水现象停止了。因航线较短,不久货轮即抵港,后把各排污管拆下通清,此故障没有再发生。

二、分析与处理

该主机油泵顶杆机构的排污管与缸体上部泄水管及缸头排气阀等处的排污管,全部汇集到一根总管排入污油舱。因在这一航次前,主机第1缸曾吊缸,缸头水封O形圈安装不当,发生漏水严重,以致把缸头上的污油等大量地带入排污总管,天冷污油进入总管后易凝结将总管堵塞。又因油泵套筒的筒底部开有四个泄流小孔,当套筒上下往复运动时,使留存在泵体内的积油,不但不能从污油管流入污油柜,反倒从压入阻力较小的齿条间隙缝中挤压喷出。当套筒下行时,因排放污油管堵塞,在油泵顶杆积油腔内产生瞬间的背压,迫使顶杆相应发生瞬间阻力,而此时正好是高压油泵吸油阶段,由于鸡心形燃油泵凸轮决定了油泵柱塞在下死点时,吸油时间很短,因此这些因素相互作用后就使该缸的喷油量减少,所以排温也随之下降。

三、经验与教训

使用渣、重燃油,须注意加强清洁工作,尤其是冬季航行在北方航线上,更应注意管路中易生析蜡引起故障。

建造新船时或修船中,应考虑排污管连接到总管处,总管直径适当放大一些,以免堵塞之患。

任务三　喷油器的检查与调整

【任务引入】

某发电柴油机因启阀压过低,导致雾化不良、功率下降并冒黑烟,请检查启阀压力并调整。完成任务,须知道何谓启阀压力、测试工具如何使用、检查与调整操作要点。

【知识结构】

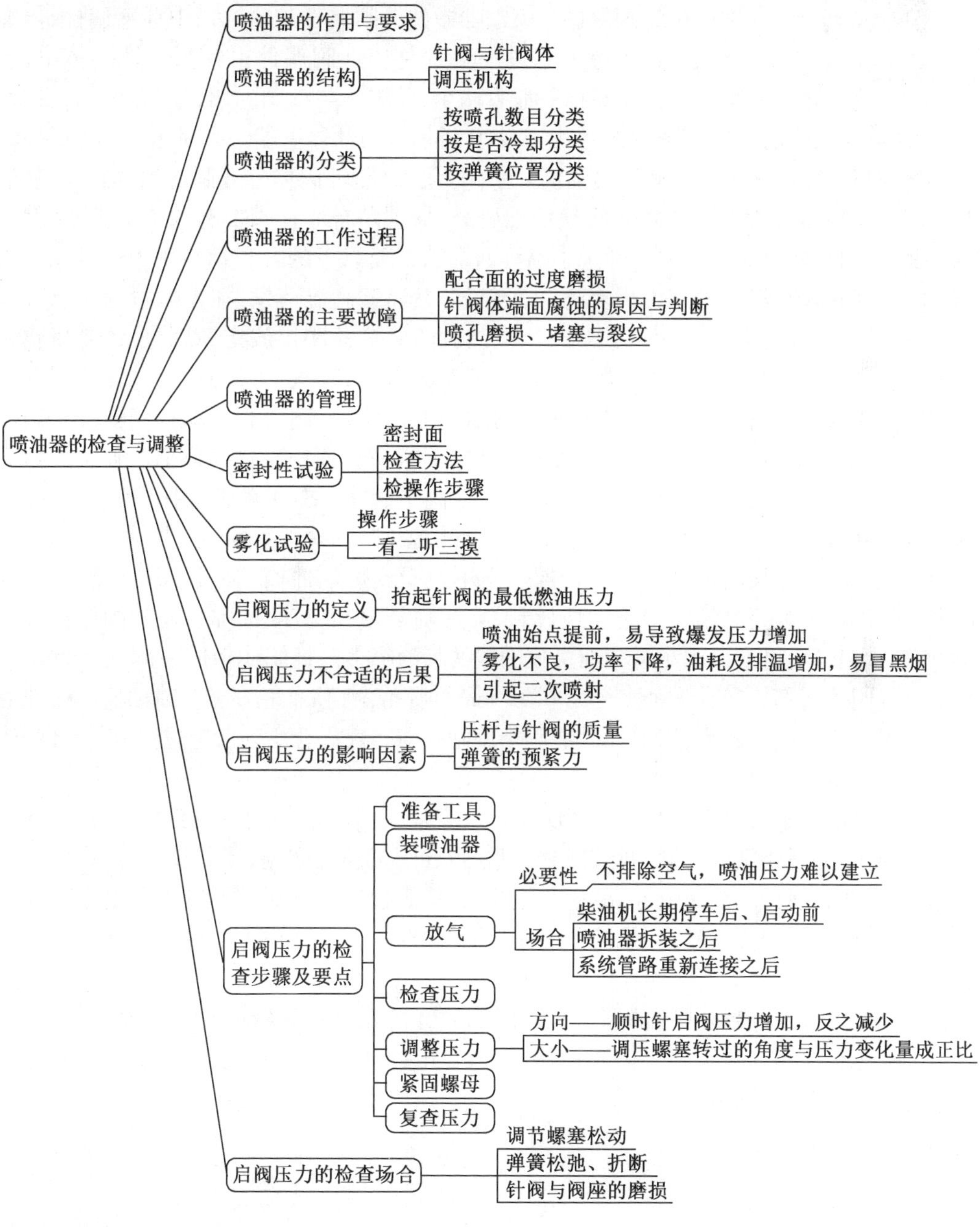

【知识点】

一、喷油器的作用与要求

喷油器装在柴油机气缸盖中,喷油器的主要作用是燃油雾化。将燃油分散成细粒的过程称为雾化。喷油器头部与高温燃气接触。对喷油器的要求:一是保证良好的雾化质量和合理的油束形状;二是喷油开始和结束利落,无滴漏、无二次喷射等异常喷射现象。

二、喷油器的结构与工作原理

喷油器拆装微课

船用柴油机多使用闭式喷油器,也称液压启阀式喷油器。图3－20所示为135型柴油机的闭式喷油器的组成。喷油器中的主要部件是针阀偶件。喷油器中的针阀偶件与喷油泵中柱塞偶件、出油阀偶件合称燃油系统三大偶件。针阀偶件由针阀与针阀体组成。喷油器的密封面一般有四个:针阀体与针阀的圆锥密封面和圆柱密封面,针阀体与泵体的端平面密封面,如图3－20所示。喷油器下端钻有喷孔并伸入燃烧室的零件称为喷油嘴或雾化头。对于喷油嘴(也称雾化头)与针阀体分开制造的,则还有喷油嘴与针阀体端平面密封面。密封面间须精细研磨,保证贴合。针阀上有两个圆锥面,大的为承压面,小的为密封面。喷油器针阀小圆锥面即密封面以下的容积称为压力室容积。喷油结束时,针阀关闭,但压力室中仍有燃油,此部分燃油靠高温蒸发,在无喷射的状态下进入燃烧室内燃烧,雾化不良,不完全燃烧,使柴油机的经济性和排放指标恶化,还使喷孔处结焦积炭。因此,压力室容积应尽量减小。针阀上圆柱密封面也为导向面,对针阀上下运动起导向作用,并允许有少量燃油经导向部间隙往上回流,以润滑和冷却针阀偶件。调压弹簧13通过推杆15将预紧力传至针阀,将针阀以圆锥密封面压在针阀体上。弹簧的弹力可由调压螺钉10控制,并用锁紧螺母12防松。针阀尾柄插入推杆底部孔中,针阀升程受到本体端面限制,正常值为0.45 mm。针阀体中下部的腰圆环形槽为储油腔,喷油器本体4中燃油通过针阀体中细长斜油孔流入储油腔。它不但受到燃油冲刷、腐蚀,而且还受到缸内的高温燃气作用。大型柴油机多烧劣质燃料,喷油嘴易损坏,故喷油嘴多与针阀体分开制造,方便喷嘴损坏后更换。中小型柴油机喷油器的喷油嘴多与针阀体做成一体,135型柴油机喷油器针阀体下部均布有4个直径为0.35 mm的喷孔,喷射锥角150°。喷油器中喷孔的数目与位置应与燃烧室匹配,以保证燃油雾化良好并与空气混合均匀。定位销16使针阀体与喷油器本体中油道对正。

当高压燃油自进油管接头6经高压滤器5过滤后,由本体内孔进入储油腔,作用在针阀的大圆锥面上,克服弹簧的预紧力将针阀抬起。当针阀一离开阀座,小圆锥面也承受油压,承压面突然增大,使针阀快速升起,减小节流损失,使燃油迅速地经喷孔喷入气缸。喷油泵停止供油后,储油腔油压突然降低,当作用在喷油器针阀大、小锥面上油的压力低于弹簧压力,针阀落座停止喷油,此压力叫作闭阀压力。可见,该喷油器依靠燃油本身的压力来开启针阀,所以称之为液压启阀式喷油器,另外,闭阀后针阀把高压油空间与燃烧室隔开,所以这种喷油器也称为闭式喷油器。需要说明的是,在电控喷射系统中喷油器是电磁式的,其针阀开闭由电磁阀来控制。

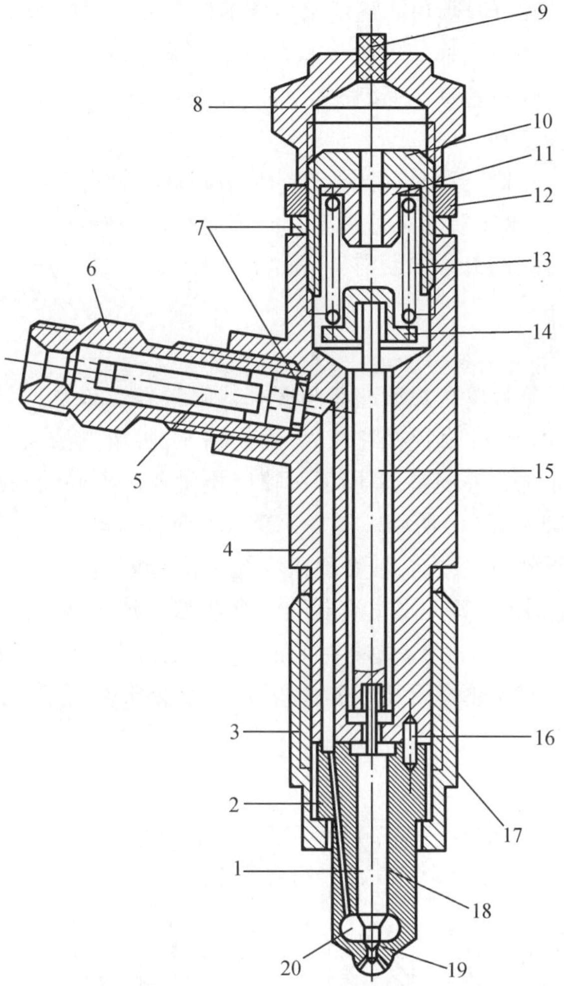

1—针阀;2—针阀体;3—紧帽;4—喷油器本体;5—高压滤器;6—进油管接头;7—垫圈;8—护帽;
9—防污塞头;10—调压螺钉;11—弹簧上座;12—锁紧螺母;13—调压弹簧;14—弹簧下座;15—推杆;
16—定位销; 17—上端密封平面;18—圆柱导向面;19—圆锥密封面;20—环形储油槽。

图 3－20 135 型柴油机的闭式喷油器的组成

喷油器中有两个重要参数,一个是启阀压力,一个是针阀升程。所谓启阀压力是燃油抬起针阀的最低压力,如图 3－21所示。启阀压力取决于弹簧预紧力,由于摩擦力及重力的原因,启阀压力略大于弹簧预紧力。由于启闭过程中弹簧力不变,启阀时油压仅作用于针阀的大锥面上,而闭阀时油压作用于大、小锥面,故启阀压力应大于闭阀压力。弹簧的预紧力是影响启阀压力的主要因素。

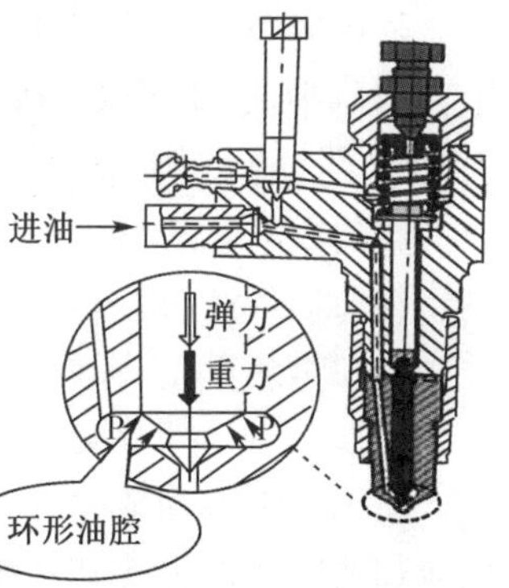

图 3－21 启阀压力示意图

启阀压力对柴油机的影响较大。启阀压力直接与喷油时刻有关。启阀压力过大,喷油推迟;启阀压力减小,喷油提前。启阀压力对雾化质量影响很大。雾化质量表示燃油喷散成雾的程度,一般用油粒的细度和均匀度表示。启阀压力越高，燃油流出喷嘴时的流速越快，喷出的燃油与空气碰撞后越细、越均匀，雾化质量越好。

喷油器启阀压力的检查与调整微课

调整启阀压力的场合有：喷油器长期使用后，启阀压力可能因调节螺钉松动、弹簧松弛、折断或卡滞、顶杆与针阀磨损或卡滞等原因而变动。

针阀升程是针阀上升的最大距离，升程过小，节流损失大，升程过大，落座时加重针阀与针阀体密封锥面的撞击磨损。有的喷油器设有针阀升程限制器。

三、喷油器的分类

1. 按喷孔数目分类

闭式喷油器按喷孔数目分为单孔式喷油器与多孔式喷油器。单孔式只有一个喷孔，位于喷油嘴中央，油束分布不均，喷孔直径相对较大，不易堵塞，喷出的油束穿透力强，雾化后油粒较大，启阀压力较低，雾化效果较差，多用于对喷射质量要求不高的使用分隔式燃烧室的小型高速柴油机上，如图 3－22(a)所示。图 3－22(b)所示为单孔喷油器中的轴针式喷油器，其优点是自洁性好，即每喷一次油，轴针出入喷孔一次，能防止喷孔内外的结炭堵塞。图 3－22(c)所示多孔式喷油器。多孔式喷油器的喷孔数目一般为 4～12 个，孔径 0.15～1.0 mm。其孔径相对较小，启阀压力较高，喷射的油粒细、锥角大、雾化质量较好。喷孔角度应使喷出的油束形状与燃烧室形状配合良好。多孔式喷油器多用于开式和半开式燃烧室的大中型中低速柴油机上。

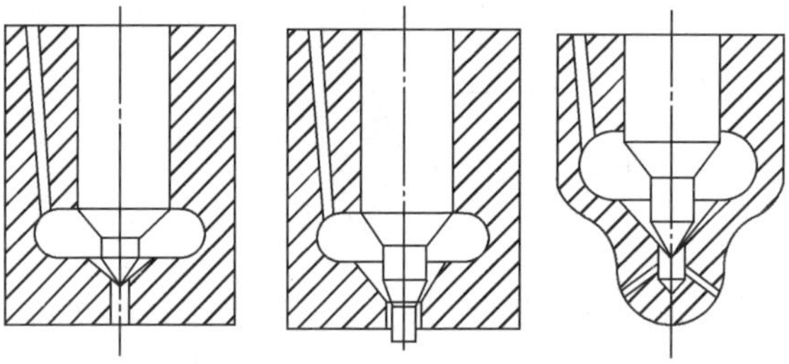

（a）单孔式　　（b）轴针式　　（c）多孔式

图 3－22　喷油器结构示意图

2. 按调节弹簧的位置分类

闭式喷油器按弹簧位置分弹簧上置式和弹簧下置式。弹簧上置式喷油器［图 3－23(a)］，调节弹簧位于顶杆上方，弹簧预紧力通过长顶杆加在针阀上，因而针阀的运动惯量较大，运动惯量过大，关闭滞后，会导致针阀关阀压力降低，易造成关阀时滴漏与雾化不良。弹簧下置式喷油器［图 3－23(b)］，顶杆在调节弹簧的上方，运动件质量减少，针阀运动惯量较小，降低了惯性力对喷油规律的影响，故下置式喷油器也称低惯量喷油器。

3. 按是否冷却分类

喷油器按冷却情况分冷却式和非冷却式。对于强化程度较高的中低速柴油机，普遍使用冷却式喷油器。冷却式喷油器使用单独设置的冷却系统，在针阀体内部布置冷却液流道，也称为内部冷却；常以淡水或柴油作为冷却介质对喷油器进行强制冷却。淡水导热系数大，冷却效果好，但密封要求高；用燃油冷却无须专门密封，系统较为简单。

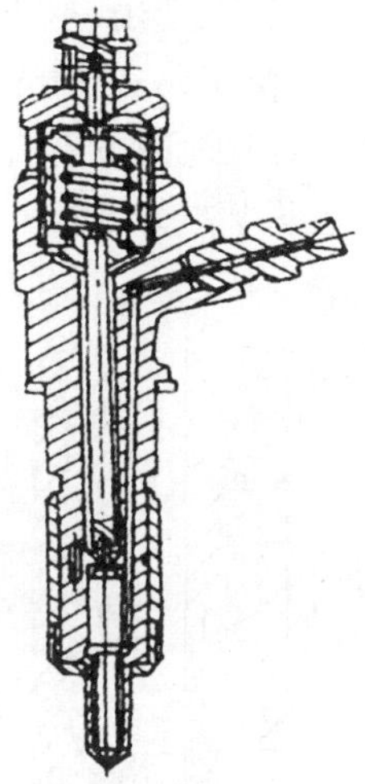

(a) 弹簧上置式　　(b) 弹簧下置式

图 3-23　喷油器分类

图 3-24(a)所示为钻孔冷却。冷却腔由四个钻孔组成。孔的端部用闷头堵死。图 3-24(b)所示为冷却水套式,冷却液从专门的孔道进入冷却水套外的冷却腔内,冷却后经另一通道(图中未画出)流出。

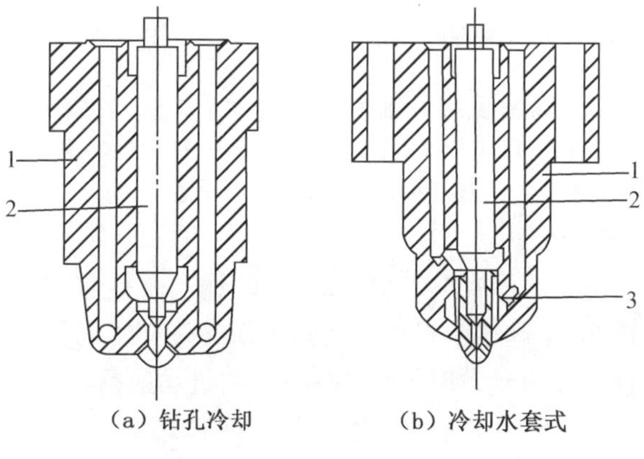

(a) 钻孔冷却　　(b) 冷却水套式

1—喷油器本体;2—针阀;3—冷却水套。

图 3-24　内部冷却式喷油器

图 3-25 所示为 MC 型柴油机非冷却多孔式喷油器。喷油器外壳由喷油器体 11 和喷油器接头 3 组成。针阀体与喷油嘴通过定位销 1 定位,防止喷嘴位置变化影响油束方位。喷油器体上有 2 个阀,上部是止回阀,下部是针阀。止回阀由止回阀阀体 8、止回滑阀 7、止推座 6 和滑阀弹簧 5 组成。以上各零件用锁紧螺母 4 紧固在一起。燃油由喷油器接头进入。当柴油机不喷射时,由电动输油泵供给小于 2 MPa 燃油,止回阀关闭,滑阀 7 封闭燃油下行通道,止推座 6 的旁通孔开启,燃油经此旁通孔在喷油器体内循环冷却后排至混油柜。当柴油机喷射时,高压油泵供油,大于 2 MPa 油压使止回滑阀上行,关闭旁通孔,同时止回阀开启,燃油向下进入针阀偶件 10 的油腔内。在燃油压力达到启阀压力时,针阀开启,燃油喷入气缸。当喷油结束时,油压低于闭阀压力时,针阀先行关闭。当油压低于 2 MPa 时,止回阀关闭,燃油循环冷却回

路重新接通。喷油器启阀压力由弹簧 9 预紧力预先确定,使用中不能进行调节,如需调整则应解体喷油器后换用专用弹簧垫片来改变预紧力。MAN B&W 公司的此喷油器针阀下部采用小压力室结构,压力室的容积只有原来的 15% ,可以有效地减少有害气体排放并提高经济性。MAN B&W 公司新开发的滑动型喷油器的压力室容积基本为零。

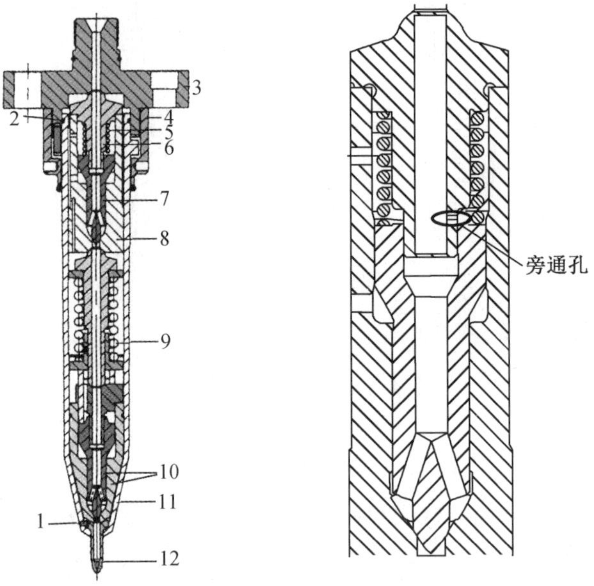

（a）喷油器结构图　　（b）止回阀放大图

1—定位销;2—O 形密封圈;3—喷油器接头;4—锁紧螺母;5—滑阀弹簧;6—止推座;
7—止回滑阀;8—止回阀阀体;9—弹簧;10—针阀偶件;11—喷油器体;12—喷油嘴。

图 3 – 25　非冷却式喷油器

无冷却式喷油器结构上不但省略了单独的冷却系统,而且通过燃油循环在柴油机备车期间可对喷油器进行预热,在运转期间对喷油器冷却并兼有驱气作用。更重要的是柴油机在停车状态下燃油一直循环流动,使柴油机在停车和机动航行工况下一直使用重油,不必换用轻柴油。Sulzer RTA 型柴油机也采用类似的非冷却式喷油器结构,非冷却式喷油器常与无出油阀的喷油泵配合使用。新型 MAN B&W 柴油机喷油器为减轻滴漏,针阀下部设有切断杆伸入喷油嘴内。

需要说明的是,一般的喷油器在喷射燃油的过程中,燃油对喷嘴产生一定的冷却作用,通常的小型柴油机和热负荷不高的柴油机无须再进行专门的冷却。

四、喷油器的检查与调整

为确保喷油器的喷油质量,须对喷油器的启阀压力、密封性及雾化质量进行检查并做相应调整。

1. 启阀压力的检查与调整

见技能点。

2. 密封性检查

喷油器密封性检查包括针阀与针阀体圆柱面和针阀与阀座锥面两处密封性的检查,一般在喷油器雾化试验台上用油液降压试验法来检查。

阀偶件圆柱配合面密封性油液降压试验法。试验前必须先排除系统内的空气。在试验台上，缓慢泵油，使油压缓慢上升至略低于启阀压力，停止泵油后，以油压在规定范围内下降的时间长短来判断针阀密封性的好坏。此速度大于规定范围时，说明针阀与针阀体柱面的间隙大，因密封不良而产生漏油，致使压力降低较快。在检查柱面密封性的同时亦可检查锥面的密封性，即在上述操作中停止泵油时，若喷孔处只有轻度潮湿而无燃油滴漏者为密封性良好；如有油液聚集现象，说明针阀锥面密封不良。

3. 多孔闭式喷油器雾化试验

喷油器无论快喷（每分钟 120 次），慢喷（每分钟 20 次），均应有良好的雾化质量。手动泵油，观察喷出油束的形状、数目、油滴细度和分布情况。雾化良好时，各油束分布均匀，没有局部密集现象或油滴漏出，而且每次喷油从开始到终了都很迅速、明确、有清脆的“吱吱”声，在连续几次喷油后，喷油嘴上不滴油，但允许有湿润。

五、喷油器的主要故障及管理

1. 喷油器的主要故障

喷油器的主要故障发生在针阀偶件。针阀偶件工作条件除受高压，带腐蚀性燃油冲刷外，还受到燃烧室高温燃气的作用，以及落座时的撞击。一般选用硬度高、耐磨性好，有一定韧性、疲劳强度好的材料，如滚动轴承钢、低合金刃具钢等，并经淬火 + 冷处理 + 低温回火处理。针阀偶件的故障主要如下。

（1）圆柱配合面和锥形配合面的过度磨损

针阀偶件圆柱配合面过度磨损，使配合间隙增大、喷油压力降低和雾化不良。通常圆柱面的配合间隙为 0.02 ~ 0.04 mm。各缸喷油器针阀偶件磨损程度不同使各缸喷油量不等，从而影响柴油机功率平衡和低负荷运转的稳定性。圆柱配合面磨损主要是由燃油质量不佳引起的。在有些大型柴油机的喷油器上端面有专设的回油管，管理中可通过此管的回油量判断针阀柱面的磨损情况。

针阀偶件的锥形配合面是重要的密封面。在正常工作时，为了密封和迅速切断燃油，要求：针阀的锥角 θ' 较针阀体座面的锥角 θ 大 0.5° ~ 1°，如图 3 - 26（a）所示；针阀偶件锥形配合面上狭窄的环形密封带（称为阀线）的宽度 h 为 0.3 ~ 0.5 mm，而且环带应位于针阀锥面的上边缘，如图 3 - 26（b）所示。环带太宽，密封性差；环带越窄，锥面的密封作用和燃油喷射终了时切断燃油的性能就越好，但接触面上压强大，易磨损。环带位置偏上，以保证针阀升起时燃油有足够大的流通面积，减少节流损失。柴油机运转一段时间后，针阀偶件的锥形配合面会产生过大的磨损，使针阀下沉、环形密封带变宽、不连续或模糊不清，针阀升程加大，如图 3 - 26（c）所示，针阀与阀座的撞击力增加，加剧磨损。针阀锥形密封面磨损将引起燃油滴漏、喷孔结炭。针阀锥面磨损可通过喷油器雾化质量检查来加以判断。

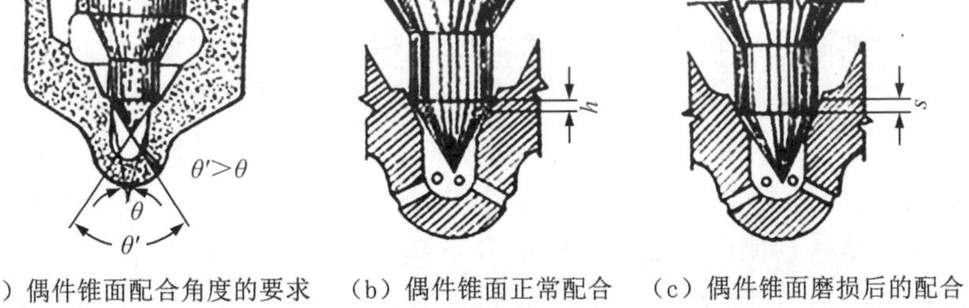

（a）偶件锥面配合角度的要求　（b）偶件锥面正常配合　（c）偶件锥面磨损后的配合

图 3 - 26　针阀与针阀体偶件的配合

(2)针阀体端面腐蚀

针阀体的结构不同,有的针阀体两端均为平面,一端平面与带喷孔的喷油嘴接合,另一端面与喷油器本体接合;有的针阀体头部带喷孔,也就是与喷油嘴制成一体,另一端为平面,与喷油器本体端面相接合。

针阀体端面腐蚀主要是由冷却水腐蚀引起的。针阀体端面腐蚀可以从喷油器冷却水循环水箱中有油星、油迹等现象进行判断。

(3)喷孔磨损、堵塞与裂纹

针阀体或喷油嘴头部分分布着细小的喷油孔,孔径一般为 0.12 ~ 1.0 mm,喷油孔数目为 1 ~ 12 个。喷油器的喷油孔直径、数目和分布随机型而异。

喷油器工作一段时间后,由于高速、高压燃油的冲刷使喷油孔磨损,孔径变大,将破坏与燃烧室的匹配情况,雾化质量下降,当喷油孔直径增大 10% 时(用专用工具测量),应报废换新;喷油孔堵塞主要是由积炭引起的。喷油孔内外积炭主要是由喷油嘴冷却不良过热引起的。喷油嘴外部尖端积炭的主要原因是喷油嘴滴漏。这主要是针阀密封不良导致。喷油孔积炭不仅破坏了油束与燃烧室的匹配关系,而且此结炭引起火焰逐渐移近喷油孔,并加重了喷油孔的堵塞,形成恶性循环,最后使喷油孔堵塞。喷油孔堵塞使喷射持续期加长,后燃严重并出现二次喷射。

喷油器裂纹主要是由高温引起的。

图 3 - 27(a)所示为针阀体或喷油嘴外表面的积炭,可采用钢丝刷清除。清除喷油孔周围积炭时切勿损伤喷嘴,如喷油孔被积炭堵塞应采用专用通孔工具或钻头疏通喷油孔。图 3 - 27(b)所示为喷油孔的通孔工具通针。通孔时,切勿用力过猛,以免通针或钻头断在喷油孔内。

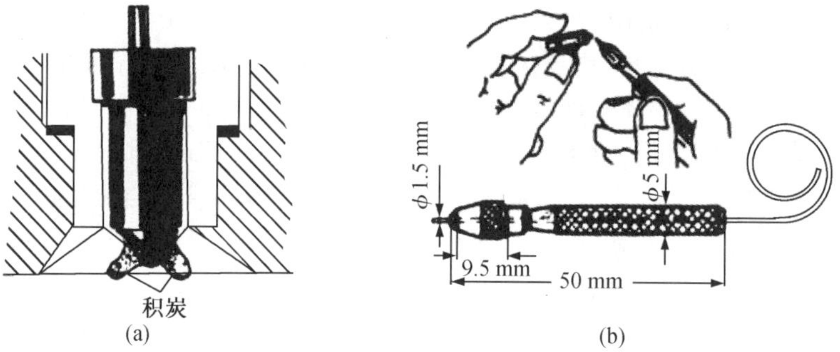

图 3 - 27　针阀体喷油孔积炭和通孔工具

2. 喷油器的管理

①对喷油器适时进行拆检与试验,查出隐患和缺陷,及时排除。特别是喷油孔堵塞将引起后燃和二次喷射,故更须适时拆检。拆检时须注意清洁,清洗要求同喷油泵,只准使用轻柴油或煤油。偶件配合面应使用软毛刷或软布进行擦洗。清洗干净后用清洁纸或丝绸擦干,经清洁后的偶件配合面禁止用棉纱或破布去擦拭,以防灰尘或纱头进入偶件配合间隙内引起卡滞。清洗后的偶件放于清洁的专用容器中保存。

②应注意喷油器冷却系统的工作状况,确保喷油器可靠冷却,防止过热。水冷却的喷油器应定期检查喷油器冷却水循环柜内的水质变化,如混有柴油,则表示喷油器内有漏油现象。

③喷油器装入气缸盖前应检查与缸盖配合座面的密封性,必要时需清洁与研磨,以防止燃气漏出时烧毁喷油器;喷油器在缸盖上的固紧螺母不可预紧过度,应按说明书规定的预紧力或按固紧螺母上的标线预紧。

④注意缸内燃烧过程的变化,如从排烟颜色、排气温度、示功图等的不正常变化来判断喷油设备的工作状况,必要时应酌情进行调整。

【技能点】

一、喷油器启阀压力的检查与调整

1. 训练目标与要求

①能正确检查喷油器的启阀压力;

②能熟练调整启阀压力;

③正确使用雾化试验台。

2. 训练设备

喷油器、一字头螺丝刀、活动扳手、雾化试验台、台虎钳等,如图 3 – 28 所示。图 3 – 29 所示为本实验用喷油器的内部结构剖面图。

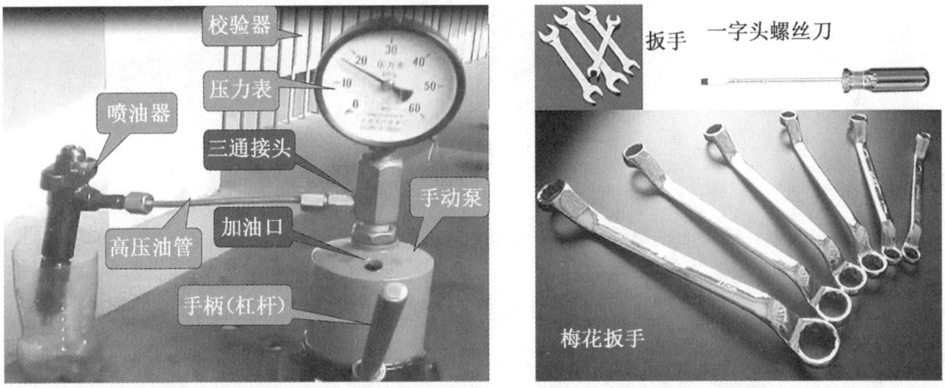

(a) (b)

图 3 – 28 设备与工具

3. 训练步骤

①准备工作。加油口加入柴油,将工具放于工作台,读取说明书规定的压力为 20.6 ~ 21.58 MPa。

②安装喷油器,排气。将喷油器接到高压油管,注意高压油管处的接头螺母不要拧紧,不用工具用手拧即可。压手柄几次,当高压油管接头处滴油时,由于空气的密度比油小,表明油路中已无空气,排气结束,用扳手固紧高压油管接头。如果喷油器油路中的空气较多,喷油压力将难以建立。当空气混入喷射系统时,需要放气,常见场合有:柴油机长期停车后,喷油泵、喷油器拆装后,燃油管路重新连接后。

③缓慢泵油约每分钟 20 次,注意压力表指针向高压方向移动情况,在喷油压力开始下降的那一瞬间,记下压力表上的最高读数,即为喷油器的起阀压力。

④若此压力表读数与规定喷油压力不符,用扳手将回油管接头螺母和固紧螺母松开。

⑤转动调节螺钉进行调节,直到满意为止。注意观察转动方向与压力增减关系,观察转动圈数与压力数量变化间的关系。

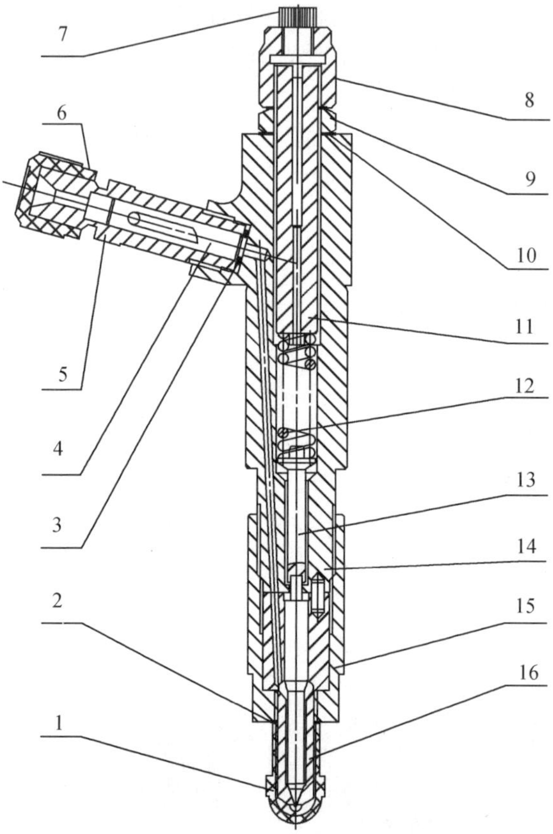

1—护帽;2,3—垫圈;4—燃油滤芯;5—进油管接头;6—防污盖;7—防污螺帽;8—回油管接头;9—固紧螺母;
10—垫圈;11—调节螺钉(塞);12—弹簧;13—顶杆(压杆);14—本体;15—喷油器紧帽;16—针阀偶件。

图 3-29 喷油器的内部结构剖面图

⑥在台虎钳上用扳手锁紧螺母,用一字头螺丝刀顶住调压螺钉,以防调压螺钉跟转。注意扳手用力的方向应指向操作者一侧,以防意外伤害。

⑦复查启阀压力。

喷油器检查与修复微课

二、喷油器密封性试验与雾化试验

1. 训练目标与要求

①能正确检查喷油器圆柱与圆锥面密封情况;

②能正确根据雾化情况判断雾化质量;

③正确使用雾化试验台。

2. 训练设备

喷油器、扳手、雾化试验台、白纸等。

3. 训练步骤

①准备工作。加油口加入柴油和工具放于工作台,读取说明书规定的压力为 20.6 ~ 21.58 MPa。

②安装喷油器,排气。同技能点一"喷油器启阀压力的检查与调整"。

③检查喷油泵密封性。检验锥形面密封性时,要求在燃油压力比规定的启阀压力低 2 MPa的油压作用下,在 10 s 内不得有渗漏,允许针阀体孔周围稍微潮湿,但不允许有油液

聚集现象;试验圆柱配合面密封性时,按每分钟 10 次的速度泵油,使油压缓慢上升至略低于启阀压力,停止喷油,以油压在规定时间内下降的时间长短来判断圆柱配合面的密封性的好坏。反复进行几次,如降落速度过快则说明针阀与针阀体之间间隙偏大、密封不良,产生漏油。例如,135 型柴油机喷油器压力从 20 MPa 下降到 15 MPa,时间应不少于 15 s。观察其油压燃油进入喷油器,允许将喷油器启阀压力调整到比规定值高 2 ~ 3 MPa。在启阀压力的油压作用下检查针阀偶件的渗油现象,以手背擦拭针阀头部喷油孔周围,手背应无油,表明针阀偶件圆柱配合面密封良好。

④雾化试验。喷油器雾化试验是对其偶件密封性的综合检验。

试验时,将启阀压力调至规定值,然后以每分钟 40 ~ 80 次的速度进行喷雾试验。手动泵油时细心观察:一看,喷出燃油的形状、数目、喷出的燃油应成雾状,无肉眼可见的飞溅油粒组成的连续油柱和局部浓稀不均匀的现象;二听,喷油开始和终了时声音清脆,喷油迅速、利落;三摸,喷油开始前和终了后,不得有渗漏,用手摸喷油孔处,允许喷油孔周围稍微潮湿现象。当针阀直径大于 10 mm 时,允许喷油孔周围有油液聚集现象,但不得有油滴漏。

为检查喷油孔是否堵塞,可在喷油嘴下放一张白纸,向白纸喷油,然后根据纸上油迹分布情况来判断。

图 3 – 30 所示的雾化状况分布反映了不同的成因。图 3 – 30(a)所示雾化不良,是由于喷油孔部分堵塞产生滴油现象;图 3 – 30(b)所示为针阀动作不良产生喷雾方向偏单,油粒粗大;图 3 – 30(c)所示为针阀锥形面磨损,密封性差,在喷雾的同时有滴油现象;图 3 – 30(d)所示为正常喷射,雾化良好,雾花均匀分布,喷油孔周围无滴油现象。

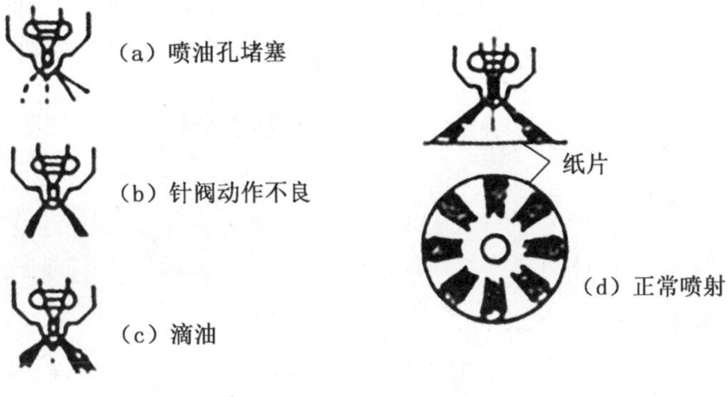

图 3 – 30 喷油器雾化试验的几种情况

【效果检测】

扫描二维码,进行过关测试。

任务四　燃油喷射过程

【任务引入】

开式燃烧室具有启动性能好、经济性好的优点，但空气扰动较少，试提出保证雾化质量的措施。

【知识结构】

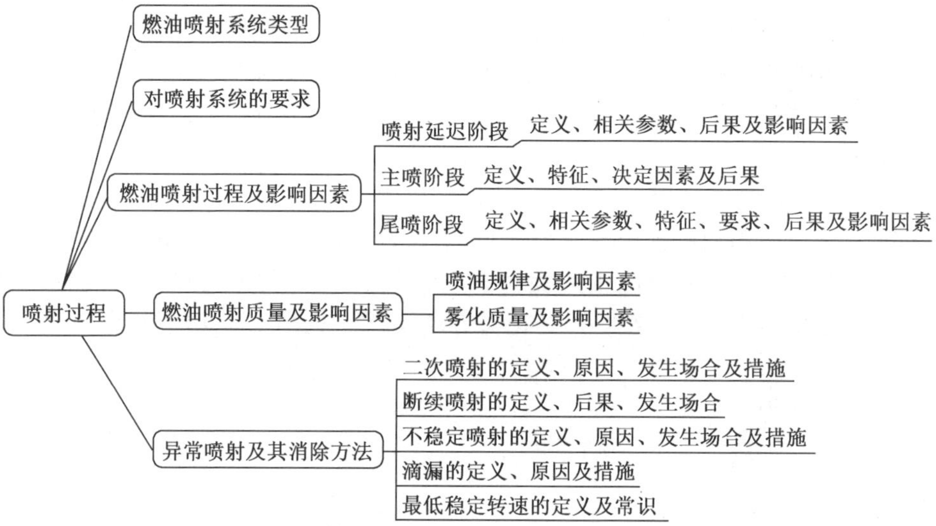

【知识点】

一、燃油喷射系统类型

柴油机的喷射系统有四种类型，应用最为广泛的是柱塞泵式喷射系统，最有前景的是电控喷射系统。

1. 柱塞泵式喷射系统

船用柴油机大多数采用柱塞泵式喷射系统。该系统属于直接喷射系统，也称急压式喷射系统，如图 3－31 所示，由高压喷油泵、喷油器（俗称喷油嘴）和连接它们的高压油管等组成，简称“泵管嘴”系统。高压油管采用无缝钢管制成。相关造船规范要求 2002 年 7 月 1 日后建造的国际航行船舶高压油管应设有漏油防护及报警装置。

由于高压油管的存在，使该系统布置灵活，但难以实现高压喷射和理想的喷油规律。该系统的特点是结构简单、管理方便、工作可靠，但在低负荷、低转速时喷射质量和各缸均匀性较差。

2. 泵－喷油器式喷射系统

泵－喷油器式喷射系统是将喷油泵和喷油嘴合装在一起，成为一个单独的部件。其优点是省去了高压油管,减小了高压下燃油压缩性和高压油管的膨胀导致的燃油压力波动现象;可产生高达100~150 MPa的喷射压力;可准确控制喷油的开始与终了时刻;不产生滴油现象。这种系统适用于顶置式凸轮轴的小型高速柴油机。

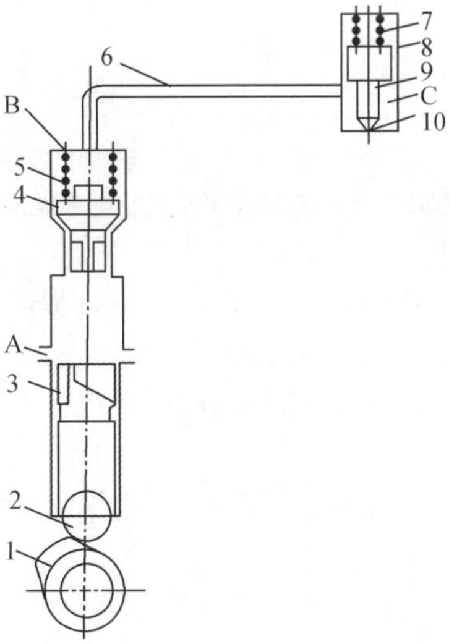

1—凸轮;2—滚轮;3—柱塞;4—出油阀;5—出油阀弹簧;6—高压油管;7—喷油器弹簧;
8—喷油器;9—针阀;10—喷油孔;A—油孔;B—出油阀空间;C—喷油器空间。

图3-31 柱塞泵式喷射系统

3. 蓄压式喷射系统

蓄压式喷射系统也称定压喷射系统、间接作用式喷射系或共管式喷射系统。喷油泵产生的高压燃油不直接作用在喷油器上,而是预先贮存在一个高压蓄压器中,蓄压器容积远高于柴油机工作循环喷油量,以保证在喷射持续期间喷孔处的喷射压力基本不变。喷油器的启闭由其他控制单元控制。其优点是喷射压力高,喷油持续期短,喷射压力波动小,喷射压力与转速无关,可改善低速运转性能,但设备复杂,各缸供油均匀性难以保证,可靠性较差。

4. 电控喷射系统

20世纪70年代,能源危机、排放污染和飞速发展的电控技术等原因,催生了电控喷射系统。它借助于电子控制单元(ECU),通过对喷油定时、喷油量和喷射率在内的喷油规律实行最优柔性控制,完善柴油机的燃烧,使柴油机具有较好的经济性能和较低的废气排放,达到合适喷射。

电控喷射系统以蓄压式喷射系统为基础,图3-32所示为电子控制的蓄压式喷射系统原理图。高压共轨3的压力及柴油机工况由传感器1检测后送至ECU,ECU根据柴油机工况按预存的最佳方案控制电磁式喷油器4的工作。最佳的喷油定时由电磁阀通电时刻来决定,喷油量由共轨压力和电磁阀开启的持续时间来共同确定。电磁喷油器的外形与机械喷油器相似,只是针阀的启闭是利用电磁阀来控制的,启闭动作迅速。

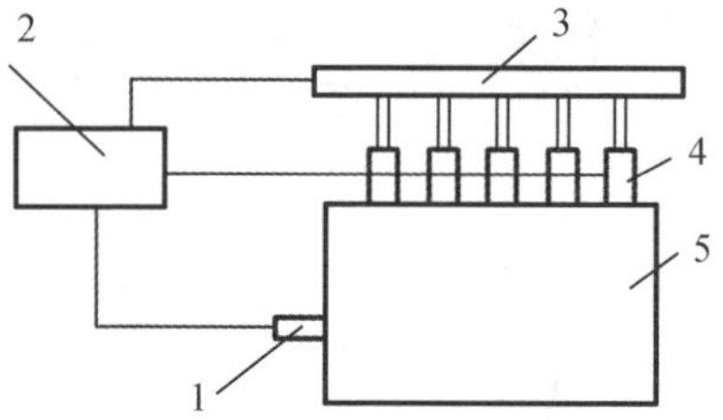

1—传感器;2—ECU;3—高压共轨;4—电磁式喷油器;5—柴油机。

图 3-32　电子控制的蓄压式喷射系统原理图

该系统本质上是喷射适时,该喷射系统有以下优点:提高所有运转工况的经济性;提高对不同燃油品质的适应能力;改善柴油机的低速运转性能及操纵性能;降低柴油机排气中的有害成分。电控喷射系统目前已广泛应用在船舶主机中。

二、对喷射系统的要求

柴油机对喷射系统有定时、定量与定质的要求,简称“三定”,即定时喷射、定量喷射和定质喷射。

1. 定时喷射

柴油机在一定的转速和负荷情况下,均有一个最佳的喷油时间。在这一时间喷油能够使得循环在上止点后 10°~15°曲轴转角内达到最大燃烧压力,这时柴油机的经济性最好,并且运转平稳,燃烧噪声较小。因此,应根据柴油机机型和转速选择合适的喷射时间。

2. 定量喷射

对于每一个柴油机的运转工况(一定的转速和负荷组成一个工况),精确控制每个循环的燃油量,且喷油量能随工况的变化而自动变化。在工况不变时,应能保持各循环之间供油量不变,这样可以使发动机运转平稳。

3. 定质喷射

燃油喷射系统必须提供足够的喷油压力以保证良好的雾化混合和燃烧效果;为使燃油与空气充分均匀混合,喷束的形状和分布应与燃烧室的形状相适应;还应有正确的喷油规律来满足燃烧过程的要求。

此外,还要求喷射系统工作稳定可靠、无泄漏并便于管理等。

三、燃油喷射过程及影响因素

燃油的喷射过程微课

喷射过程是指从喷油泵开始供油到喷油器停止喷油的过程。

1. 喷射过程的三个阶段

图 3-33 所示为喷射过程示意图,其反映了喷油泵出油阀出口端的燃油压力、喷油器入口端的燃油压力以及喷油器针阀升程 h_u 随横坐标曲轴转角的变化情况。图 3-33(a)所示为喷油泵出油阀出口端的燃油压力变化曲线 $p_H=f(\varphi)$,图 3-33(b)所示为喷油器入口端燃油压力变化曲线 $p_\varphi=f(\varphi)$,图3-33(c)所示为喷油器针阀升程曲线 $h_u=f(\varphi)$。根据这些曲线的变化特点可把喷射过程(从供油始点 O_H 到喷油终点 K_u)划分成以下三个阶段。

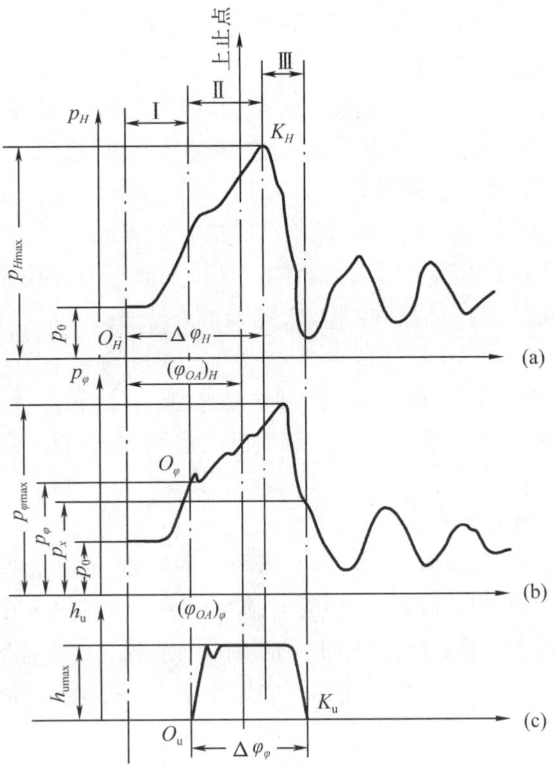

图 3 - 33　喷射过程示意图

(1)喷射延迟阶段Ⅰ

喷射延迟阶段指从供油始点 OH 到喷油始点 O_u,即从出油阀开启到针阀开启。由于燃油的可压缩性、高压油管的弹性以及高压系统的节流等原因,油压上升较缓慢,使从喷油器喷出的始点总是滞后于喷油泵供油始点,对应的曲轴转角称喷射延迟角。喷油泵开始供油时,对应的曲柄离上止点的曲轴转角称为供油提前角 $(\varphi_{OA})_H$。喷油器开始喷油时,对应的曲柄到上止点之间的曲轴转角称为喷油提前角 $(\varphi_{OA})_\varphi$。供油提前角等于喷油提前角与喷射延迟角之和。

从使用上能够进行检查和调整的是供油提前角,但对柴油机燃烧时刻有直接影响的是喷油提前角。喷射延迟阶段的长短直接影响着喷油提前角的大小。影响喷射延迟阶段的主要因素包括高压油管特性参数(如长度、内径等)、喷油器针阀启阀压力、柴油机工况、喷油泵出油阀与喷油器针阀的结构特点、燃油的可压缩性等。高压油管的长度对延迟期的影响最大,高压油管越长,喷射延迟角越大。启阀压力越大,喷射延迟角越大。转速越高,喷射延迟越大。需要说明的是喷射延迟角与燃油的黏度无关。

(2)主要喷射阶段Ⅱ

主要喷射阶段指从喷油始点 O_u 到供油终点 K_H,即从针阀开启到喷油泵停止泵油。主喷阶段由于瞬时供油量大于喷油量,喷油压力不断升高,燃油在高压下喷入气缸,雾化效果较理想。这一阶段长短主要取决于柴油机负荷,负荷越大,这一阶段越长。主要喷射阶段过长,会使燃烧过程延长,降低了柴油机的热效率,甚至产生燃烧不良而冒黑烟。主要喷射阶段过短，必然使喷射延迟阶段喷油量多，在发火瞬间气缸内积累了过多的燃油，以致气缸内的压力升高过快而使柴油机工作粗暴，甚至发生燃烧敲缸。

(3)尾喷阶段(滴漏阶段)Ⅲ

尾喷阶段指从供油终点 K_H 到喷油终点 K_u，即从喷油泵停止泵油到针阀关闭。喷油泵停止供油时，原来压缩的燃油在低压下膨胀，高压油管在低压下收缩以及系统的节流作用，使喷射系统中的压力下降但下降速度慢。在这一过程中，针阀保持开启，但喷射过程中压力下降，燃油雾化不良，甚至产生滴漏现象。所以一般希望尾喷阶段越短越好。影响尾喷阶段的主要因素与影响喷射延迟阶段的相同。从供油始点 O_H 到供油终点 K_H 曲轴所转过的角度 $\Delta\varphi_H$ 称为供油持续角。从喷油始点 O_u 到喷油终点 K_u 曲轴所转过的角度 $\Delta\varphi_{H\varphi}$ 称为喷油持续角。

现代柴油机随着功率的不断提高，供油量越来越大，延长了喷射的持续期，造成后燃，使柴油机热效率下降，热负荷增高。现代柴油机改进喷射过程的目标之一就是设法缩短喷射持续期。

2. 喷射过程的影响因素

喷射过程的影响因素主要有三点：一是压力波的影响，在燃油喷射的过程中，高压油管内的压力一般为 60 ~ 70 MPa 或更高，而喷射结束后油管中的剩余压力不足它的 1/10；二是柴油机每循环喷油量远小于高压系统内所充满的燃油量，在此情况下，燃油的可压缩性也是喷射过程的一个重要影响因素；三是在压力剧变的条件下高压油管的弹性所产生的容积变化对喷射过程也有一定的影响。

燃油具有流动惯性、压缩性，高压油管具有弹性，导致在高压油管中出现压力波。图 3 – 34所示为压力波传播示意图。当油泵柱塞上部的油压顶开了出油阀，在柱塞上面产生的一个压力波便会沿着高压油管以音速(1 400 ~ 1 600 m/s)传到喷油嘴。如果这个压力波峰值不足以克服喷油嘴的针阀弹簧压力时，此压力波就会反射回来，再与后继的压力波相遇，压力增加，再反射到喷油嘴，如此重复至压力超过针阀弹簧压力后，针阀顶开而喷油。可见高压油管中压力随时间及位置而变化。在针阀关闭后，油管中的压力仍然往复波动，如果压力波的峰值超过启阀压力，将再度开启针阀，会造成异常喷射(如二次喷射)并引起燃烧恶化，如果峰值不大，由于燃油的内部及与管壁间的摩擦力，压力波越来越弱，最后稳定于剩余压力附近。

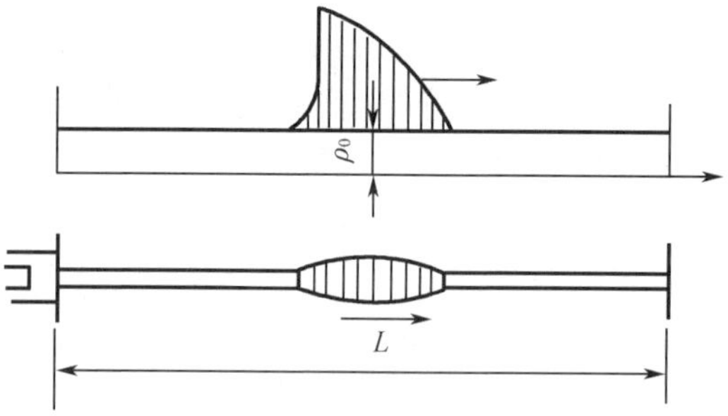

图 3 – 34　压力波传播示意图

高压油管内壁因压力波而产生波动穴蚀。当系统中某处的压力下降到等于或低于该温度下的燃油蒸汽的压力时，就形成气泡，当压力高于燃油蒸汽压力时，气泡就破裂，同时局部产生非常高的压力,金属表面不断受到这种压力的作用而脱落,形成的麻点状和针孔状的小洞。

压力波可能引起喷油器异常喷射或造成喷油元件损坏,而且还会在燃油系统内部产生穴蚀。

四、燃油喷射质量及影响因素

燃油的喷射质量包括两方面的内容:一是燃油的喷油规律;二是燃油的雾化质量。

1. 喷油规律及影响因素

柴油机的一些重要性能,如扭矩、调速性能、耗油率和排放等,都与燃料的供油规律和喷油规律有关。

(1)供油规律和喷油规律

供油规律是喷油泵单位凸轮轴转角(或单位时间)的供油量随凸轮轴转角(或时间)的变化规律。与凸轮有效工作段升程曲线规律相同。取决于柱塞的直径和凸轮的型线。可由喷油泵几何参数计算得到,故也称几何供油规律。

喷油规律是喷油泵单位凸轮轴转角(或单位时间)的喷油量随凸轮轴转角(或时间)的变化规律。合理的喷油规律是先慢后快,即初期喷油量要少,使柴油机工作柔和,着火后喷油率要很快上升,中间喷油量要多,后期喷油量要少且断油迅速。某些柴油机使用分级喷射技术较好满足合理喷油规律的要求。喷油规律的影响因素较为复杂。喷油规律受供油规律影响,图 3-35 为某柴油机的供油规律和喷油规律曲线。横坐标为凸轮轴转角 φ,纵坐标 $dg_p/d\varphi$ 为单位凸轮轴转角的供油量,$dg_n/d\varphi$ 为单位凸轮轴转角的喷油量。由图可见,由于燃油压力波的影响,喷油开始时刻比供油开始时刻滞后 9°凸轮轴转角,喷油持续角比供油持续角延长约 4°凸轮轴转角,喷油速率的峰值小于供油速率的峰值。

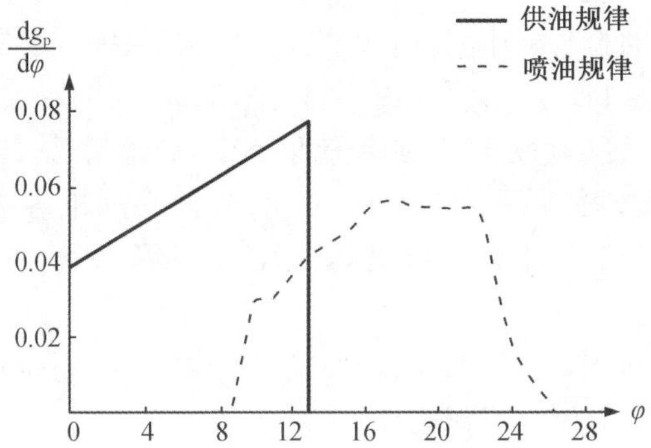

图 3-35 某柴油机的供油规律和喷油规律曲线

(2)喷油规律的影响因素

喷油规律与很多因素有关,如油泵凸轮外形、供油系统的类型、柱塞直径、高压油管的长度与刚度、油嘴的结构、喷油孔的孔数与孔径、射油压力、转速、负荷,以及其他结构与运转因素。

①凸轮型线和有效工作段。喷油规律主要取决于供油规律,供油规律取决于柱塞运动规律,柱塞运动规律取决于凸轮型线。在柱塞的有效行程和供油始点相同时,凸轮外形对

喷油规律的影响如图 3 - 36 所示。从图中两条曲线的比较可知,外形较平的凸轮油压上升较慢,喷射延迟角和喷油持续角均较大。

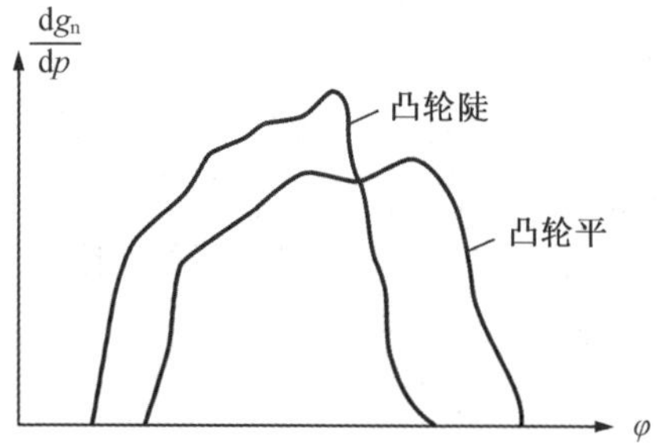

图 3 - 36　凸轮外形对喷油规律的影响

对柴油机工作过程来说,最好选择外形较陡的凸轮,凸轮转过同样转角柱塞升程较大,喷射延迟角和喷油持续角越小,使燃烧过程越早结束,有利于柴油机的经济性与动力性的提高,但过于陡的凸轮外形也会使柴油机工作粗暴并使柱塞传动机构的负荷过大。

凸轮的有效工作段是柱塞供油有效行程所对应的那段凸轮型线。对于同一凸轮可以通过供油定时的调节来改变其凸轮的有效工作段,即改变所对应的位置,一般把凸轮的有效工作段选在柱塞高速部分,提高喷油速率、减少喷油持续角、提高雾化质量。

②柱塞直径与喷孔直径。当每循环供油量和柱塞速度不变时,柱塞直径加大,使供油速率增大,喷射延迟角和喷油持续角均减小,有利于燃烧过程在靠近上止点后结束,改善了柴油机的经济性。在增压柴油机中,通常加大柱塞的直径,以增加循环供油量,缩短喷油持续期。为防止燃烧粗暴,常采取相应的调整措施,如减小供油提前角等。

喷油器的孔数不变而直径减小时,由于节流作用增强,喷油压力增加,此时雾化质量较好,但也容易产生重复喷射现象。此外,由于阻力增加,使喷油持续角加大,喷油速率减小。

③高压油管尺寸(长度、直径)。供油提前角不变,油管越长,压力波峰值到达喷油器时间越长,喷射延迟角越大,喷油提前角变小,因此,多缸柴油机各缸高压油管长度应相等。在各缸油管长度不一的柴油机上,为保证各缸喷油提前角一致,油管较长的气缸其供油提前角应相应增大。

高压油管内径对燃油流动阻力影响较大,进而影响到喷射延迟阶段的长短:油管内径越小,流动阻力越大,喷射延迟阶段越长。

④柴油机负荷与转速。当柴油机的负荷及喷油正时不变而转速增高时,相同时间对应曲轴转角增加,由于压力波传递时间不变,喷射延迟角和喷油持续角增大,而单位凸轮转角的喷油量减少即喷油速率减小。当柴油机转速和喷油正时不变而增加负荷时,其喷油始点基本不变而终点后延,使喷油持续角增大。

2. 燃油的雾化质量

(1)油束的形成及特性

燃油在高压下喷入气缸并形成细微油滴的过程称为燃油的喷雾或雾化。雾化可大大增加燃油蒸发的表面积,从而加速燃油的吸热和汽化过程,加速燃油与空气的混合,创造发火和燃烧的必要条件。雾化过程中后进入的燃油速度比先进入的要大,后进入的油滴将先进入的油滴推向两边,后浪推前浪般地逐渐形成一个接近圆锥形的油束(也称喷柱)。油束在中间部分油滴密集且直径较大,边缘油滴分散且直径较小。通常在油束外部的细小油粒最先蒸发并与空气混合成可燃混合气。燃油油束示意图如图 3-37 所示。图中 L 为油束射程,β 为油束锥角,油束射程和锥角表达了油束的几何形状。油束射程表示喷柱前端在压缩空气中贯穿的深度,油束射程应与燃烧室相匹配。油束锥角是油束外缘之间的夹角,表示油束的扩散程度。油束锥角 β 大表示扩散能力强、油粒细,燃油与空气的接触面积大,有利于混合气的形成。β 的大小主要与喷油器的结构、喷油压力等有关。油束射程和锥角反映了油束的几何形状。

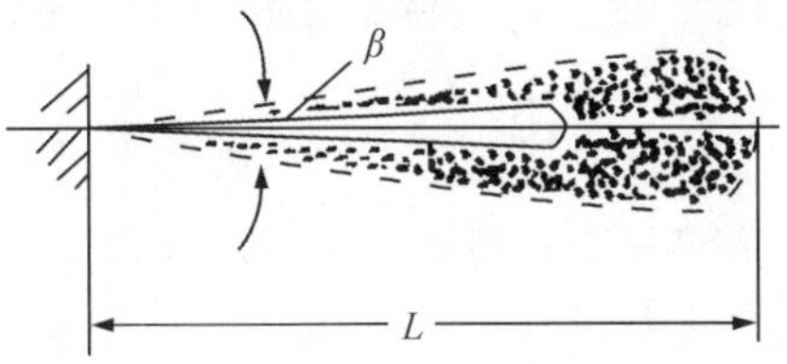

图 3-37 油束的形状示意图

燃油的雾化质量即燃油油滴的细度及均匀度。燃油被粉碎得越细小越均匀,表面面积越大,有利于从空气吸热和油滴的汽化,雾化质量越好。油雾包括不同尺寸的油滴,其直径从 5 ~250 μm。雾化的细度可用油粒的平均直径或用索特平均直径(所有油粒总体积与总面积之比)来表达。油粒雾化的均匀度是油粒直径变化的范围。油粒直径变化范围越小,则雾化越均匀。对雾化细度与均匀度的要求随着柴油机的转速与强载程度的增加而提高。

燃油的喷雾质量由油束的射程,油束锥角及雾化质量来衡量。细度好、均匀度好、燃油在空间分布好是燃油喷雾良好的标志。

(2)油束特性的影响因素

雾化质量和油束的几何形状构成了油束特性。油束特性的主要影响因素有喷油压力、喷油孔直径、燃油品质和喷射背压等。

①喷油压力。燃油的喷射压力越大,油束的锥角 β 和射程 L 均增大,在喷油孔中燃油扰动越大,受到阻力也越大。雾化细度和均匀度都提高,但喷油压力过大,由于 L 过大,雾化细度过小,反而使燃烧粗暴,冒黑烟和结炭。

②喷油孔直径。实验表明,油嘴孔径减小时,射程 L 减小,油束锥角 β 增大。喷柱中的油滴就变得更细、更均匀。对于一定喷油器,喷柱的形状和分布应与燃烧室形状相匹配,所以无论因磨损或局部堵塞使喷油器喷孔直径减小,都破坏了喷柱和燃烧室的配合,不利于可燃混合气的形成。

③燃油品质。影响雾化质量的燃油品质主要是燃油的黏度与密度,其中黏度影响更大。当燃油黏度与密度增加时,由于流动性较差,雾化质量显著下降。为此,船用燃油常通过加热来降低黏度,满足雾化质量的要求。

④喷射背压。喷射背压即气缸内压缩终点的空气压力。背压越高,空气密度越大,油束所受阻力越大,雾化质量提高,油束锥角增大但油束射程减小。

⑤油泵转速。油泵转速提高时,油泵柱塞的移动速度也增加,喷油压力上升,因此油泵

转速与喷油压力对雾化质量的影响类似。而电子喷射柴油机则具有独立的喷射压力控制，转速变化对其没有影响。

五、异常喷射及其消除方法

燃油喷射系统正常喷射的特点是：每一个工作循环的喷射过程中，高压油管的剩余压力基本相同，喷油器针阀只启闭一次，针阀升程曲线基本呈梯形。与正常喷射特点不同的喷射为异常喷射。常见的异常喷射有二次喷射、断续喷射和不稳定喷射。

1. 二次喷射（重复喷射）

在喷油泵供油结束，喷油器针阀落座后又第二次开启再次喷射的现象称二次喷射，也称重复喷射。二次喷射的危害之一是使喷油持续期延长、后燃严重、排温升高、零部件过热、经济性降低；危害之二是由于燃油是在降低了的压力下喷入气缸的，因而雾化质量降低，易形成不能很好燃烧的大油滴，形成积炭，排气冒黑烟。二次喷射通常出现在高速、高负荷工况，高速、高负荷时高压油管中剩余压力与启阀压力过于接近，压力波动时易导致二次喷射。判断二次喷射最可靠的方法是测量喷油器针阀的升程曲线。

一般船用中低速柴油机在正常工作时不应发生二次喷射。但当喷油器喷油孔部分堵塞、出油阀减压作用减弱、高压油管长度增加和内径变大或刚性变小、喷油器启阀压力过低、高转速大负荷工况时易产生重复喷射。

二次喷射的内在原因是高压系统中的燃油压力波动引起的。因此，为防止重复喷射，要避免在主喷射之后喷油器处重新出现高的压力。预防措施如下：

①选用较小长度和内径的高压油管，以减少压力波动；

②增大喷油器喷油孔流通能力；

③适当增大出油阀减压卸载能力；

④增加出油阀弹簧刚度；

⑤适当提高喷油器启阀压力。

2. 断续喷射（波动喷射）

喷油泵一次供油期间，喷油器针阀多次起落而且升程不足，喷射无力，这种现象称为断续喷射。断续喷射的原因是喷油泵供油量过小，针阀在压力波作用下开启后，针阀上升，喷油孔的流通能力过大，造成局部压力迅速下降，针阀迅速下落关闭。但在完全落座后，新的压力波经多次反射后又将针阀抬起。使喷油系统在一次供油过程中产生多次喷油，处于断断续续的喷射。故柴油机在低速低负荷时容易产生继续喷射。断续喷射对柴油机的燃烧过程无明显影响，只是增加了针阀偶件的磨损。

消除断续喷射的措施是增大负荷与转速，使喷油泵的最小供油率不低于发生断续喷射的临界供油率，并尽可能减少燃油高压系统的压缩容积，减少压力波动来防止断续喷射。一般不采取降低针阀启阀压力的方法。

3. 不稳定喷射

喷油泵持续工作而循环喷油量不断变动的喷射过程称为不稳定喷射。不稳定喷射是断续喷射的极端情况。由于柴油机低速运转而出现断续喷射，如果转速再进一步降低，供油量进一步减少，造成高压油管中的剩余压力在各循环不相等，就有可能导致各循环喷油量不等，使柴油机转速不稳定。不稳定喷射的极端情况是隔次喷射（也称间歇喷射）。当某循环喷油造成剩余压力过低时，下一循环的所有供油量进入高压油管后仍不能达到启阀压力，则无油进入气缸，等再下一循环的燃油进入高压油管后，方能开启针阀，即喷油泵供油两次而喷油器只喷油一次。不稳定喷射和隔次喷射多发生在柴油机低负荷运转时,或喷油设备中偶件过度磨损时。不稳定喷射可导致柴油机转速不稳,甚至低于最低稳定转速而停车。消除不稳定喷射的措施与消除断续喷射的措施相同。图3-38所示为正常喷射与异常喷射针阀升程图。

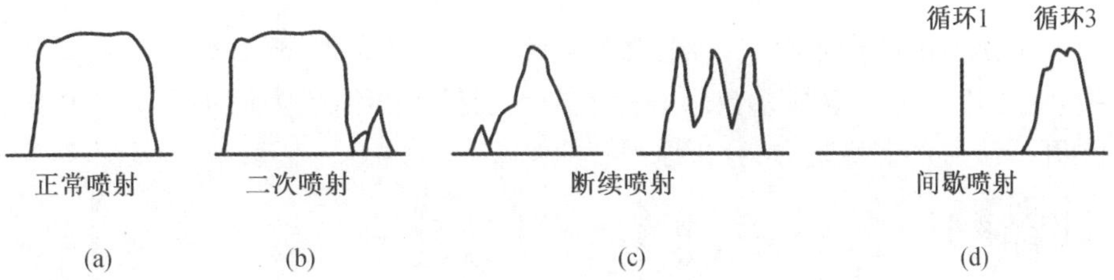

图3-38 正常喷射与异常喷射的针阀升程图

4. 滴漏

滴油现象不是由于喷油器针阀偶件密封不良而引起的滴漏,而是在针阀偶件密封正常情况下,在针阀关闭后仍有燃油自喷油孔流出。发生滴漏时,由于燃油流出速度和压力均很低,燃油不雾化,集结在喷油孔处形成结炭,堵塞喷油孔。

滴漏发生的原因在于因针阀座下部至喷孔间容积即压力室容积过大,以及由于出油阀减压卸载能力不强,使高压油管中的油压下降缓慢,造成针阀不能迅速落座。因而增强出油阀卸载能力或提高针阀落座速度如增加针阀弹簧预紧力,可防止滴漏现象。

5. 最低稳定转速

从理论上讲各缸喷油量应相等,但实际上,由于加工误差与磨损,使各缸喷油量不可能相等。当柴油机正常运转时,因油量较多,各缸供油不均现象不明显。但当船舶主机在低速(低负荷)运转时,由于喷油量很少,供油不均现象就比较突出。严重时可导致个别缸不能发火、转速不稳,甚至自动停机,因而船用主机都有一个各缸能够连续均匀发火的最低转速,称为最低稳定转速。按我国有关规定,船用低速柴油机的最低稳定转速应不高于30% n_b(标定转速),中速柴油机的最低稳定转速应不高于40% n_b,高速柴油机的最低稳定转速应不高于45% n_b。

【效果检测】

扫描二维码,进行过关测试。

任务五　可燃混合气的形成

【任务引入】

半开式燃烧室能够利用空气涡动，降低对喷射系统的要求，具有燃油消耗率低、启动方便、柴油机工作柔和过量空气系数小等优点。大型低速柴油机为何不采用半开式燃烧室，而是采用开式浅盆形燃烧室，试分析原因。

【知识结构】

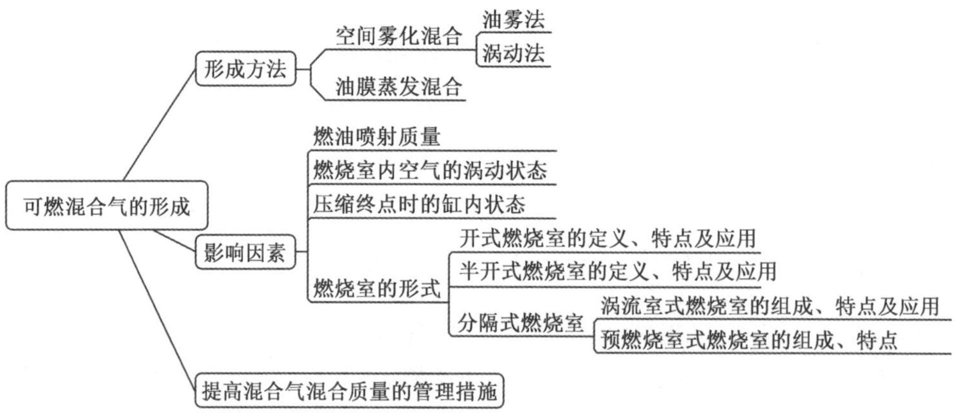

【知识点】

一、过量空气系数

1 kg 燃油完全燃烧所需的最低空气量称为理论空气量。1 kg 柴油的理论空气量是 14.3 kg。在柴油机的实际工作过程中，燃烧过程是在很短的时间内完成的，不可能使每个燃料分子都能与缸内空气中的氧分子发生反应，因此为了保证燃料能完全燃烧，1 kg 燃料完全燃烧所需要的实际空气量 L 应大于理论上所需要的空气量 L_0。两者之比称为过量空气系数，记作 α，则 $\alpha = L/L_0$。显然，$\alpha > 1$。

α 值对柴油机的工作性能有很大影响。当柴油机吸入气缸的空气量一定的情况下，α 值越小，气缸容积利用率高，可以向气缸多喷油，发出更大的功率，平均有效压力高，柴油机强化程度高。但由于这时燃烧不充分，因此柴油机经济性较差、气缸热负荷较大、排气温度较高、可靠性差。α 大时则相反。可见，α 是反映混合气形成和燃烧完善程度及整机性能（包括负荷大小、经济性优劣、可靠性高低以及排气污染程度等）的指标。在保证完全燃烧和热负荷允许的情况下，应尽量减少 α 值。

二、可燃混合气的形成方法

柴油机内可燃混合气的形成对柴油机的燃烧过程有着决定性的影响，因而也影响着柴油机的动力性、经济性和有害排放。可燃混合气是燃料的蒸汽与空气的混合物，其组成和状态应保证它易于在气缸内发火燃烧。可燃混合气的形成过程取决于缸内气体流动、燃油的雾化质量和燃烧室形状等。柴油机中由于燃烧室的结构形式不同，混合气形成的方法也不同，分为空间雾化混合法和油膜蒸发混合法。

1. 空间雾化混合法

空间雾化混合法指将可燃混合气在燃烧室空间形成的方法。喷入空气中的燃油呈细小液滴,与热空气混合形成不均匀的气、液相混合物,然后小油滴在高温下蒸发,与空气形成比较均匀的混合气。空间雾化混合时燃油必须喷向燃烧室空间,与燃烧室形状配合。如果燃油喷到燃烧室壁面,燃烧时由于缺少空气易冒黑烟和结炭。空间雾化混合主要取决于燃油的喷雾特性(雾化质量和油束的几何形状)和缸内空气的运动状态两方面因素。根据对油束特性和空气涡动的依赖程度不同,空间雾化混合法又分为油雾法(主要依赖燃油的喷雾,油找气)和涡动法(主要依赖空气涡动)。油雾法在油与气的双方混合中,起主导作用的是油,对喷射设备的工作要求较高,一般采用高压多孔喷射。柴油机性能对喷射设备工作的变化以及对燃油品质很敏感,主要应用于船用大中型低速柴油机。中小型高速机多采用涡动法,较少依赖燃油的喷雾,对喷射设备的要求较低。

空间雾化混合法是一种传统的混合气形成方法,船舶柴油机绝大部分采用此方法形成混合气。

2. 油膜蒸发混合法

大部分燃料(约占95%)以油膜状态分布于燃烧室壁面上,在壁面温度的影响下迅速蒸发,在高速气流作用下,油膜逐层蒸发,与空气迅速混合,这种混合法称为油膜蒸发混合法。油膜蒸发混合法的特点是工作柔和、对喷射系统要求较低、受供油系统和进气系统影响较大、燃烧过程稳定性较差,且冷启动较困难。该混合法要求燃油喷射到壁面形成油膜、燃烧室壁面要有合适的温度并有强烈的空气涡动,在实践中具备上述三个条件比较困难,故这种方法未得到广泛应用,目前仅用在小型高速机的球形燃烧室中。

实际上混合气的形成,上述两种方法兼而有之。如某小型高速柴油机中,先喷入少部分燃油采用油膜蒸发混合,后喷入大部分燃油采用空间雾化混合。着火前先喷入燃烧室壁上燃油不先燃烧;待以空间雾化形成的混合气着火、缸内温度上升后,再分层分批地投入燃烧。这样既可以减少着火前的混合气形成量,又可以提高中后期混合速度。

目前绝大多数柴油机可燃混合气的形成以空间雾化混合为主,只有球形燃烧室以油膜蒸发为主。

三、影响混合气形成的因素

1. 燃油喷射质量

燃油的喷射质量包括燃油的雾化质量和喷油规律两项评估指标。燃油的雾化质量表明了油粒细碎、均匀及与燃烧室的适应程度;喷油规律表明了油滴在喷油期间的数量分布情况。若油粒细碎、均匀,油束形状合理,且喷油规律接近理想的喷油规律,则燃油的喷射质量高。对于空间雾化的船用大中型低速主机而言,燃油喷射质量是关键影响因素。

2. 燃烧室内空气的涡动状态

在燃烧室造成强烈的空气涡流有利于良好混合。空气涡流对任何一种混合方法均有利,对于采用涡动法的中小型高速机更是关键影响因素。空气涡流有进气涡流、挤压涡流、压缩涡流和燃烧涡流,各涡流强度依次增强。

3. 气缸状态

缸内压缩终点的温度与压力,既影响雾化质量也影响可燃混合气的形成。

4. 燃烧室类型

对于不同的燃烧室,其形成的空气涡流的强弱及涡动方式会有很大区别,因而影响了可燃混合气的形成。

四、燃烧室

燃烧室的设计与混合气的形成和燃烧有着密切关系，可分为直接喷射式燃烧室和分隔式燃烧室。直接喷射式燃烧室按其结构特点又分为开式、半开式、球形油膜式等多种。分隔式燃烧室又分为涡流室式和预燃室式两种。

1. 直接喷射式燃烧室

这种燃烧室燃油直接喷射到燃烧室空间，主要靠喷射油束与燃烧室形状相互配合，使燃油与空气均匀地混合。

(1)开式燃烧室

开式燃烧室是由气缸盖底面、活塞顶面及气缸套内壁面形成的统一空间，涡流运动弱，活塞顶做成浅凹坑形，如图 3－39 所示。这种燃烧室在船用低速柴油机和大中型四冲程柴油机中得到了广泛使用。图 3－39(a)和图 3－39(b)所示为倒锥形气缸盖，用于二冲程柴油机。倒锥形燃烧室压缩过程形成挤压涡流，有利于混合气的形成和燃烧。图 3－39(a)用于二冲程弯流扫气式柴油机；图 3－39(b)用于二冲程直流扫气式柴油机；图 3－39(c)和图 3－39(d)分别为浅盆形和浅 ω 形活塞顶和平底气缸盖，用于大中型四冲程柴油机。

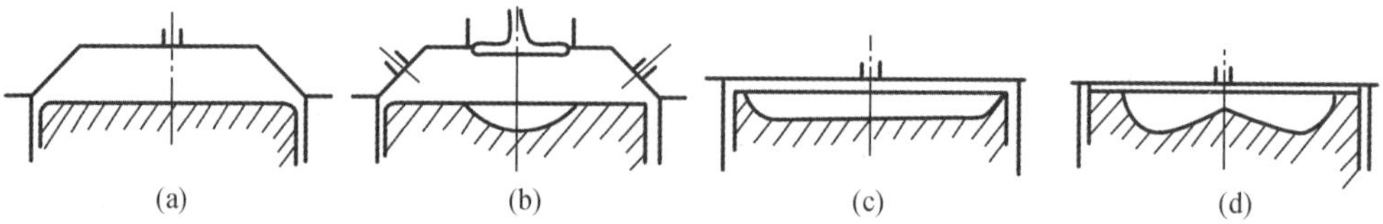

图 3－39　开式燃烧室

开式燃烧室燃油直接喷入气缸，混合气形成采用空间雾化混合法，其特点是：

①燃烧室基本上是一个统一空间，形状简单、结构紧凑、相对散热面积小(指燃烧室表面积除以燃烧室容积)、传热损失小。由于气缸内气流涡动小，气流节流损失小，因此这种结构燃油消耗率最低，柴油机具有良好的启动性和经济性。

②混合气的形成主要依靠燃油的喷射雾化，对喷雾质量要求较高，须采用高压多孔喷射，通常喷射压力不低于 20～40 MPa。

③这种燃烧室由于是均匀的空间混合，在滞燃期内形成的可燃混合气较多，因此最高燃烧压力 p_z 和压力升高率($\lambda = p_z/p_c$)都较高，易导致柴油机工作粗暴。燃烧直接在活塞顶上进行，使活塞直接承受较大的热负荷和机械负荷。燃烧温度高也容易冒黑烟和产生较多的 NO_x；为适应油找气，过量空气系数 α 较大，排气中的有害成分 NO_x 较多。

④这种燃烧室对柴油机转速变化及燃油质量特别敏感。喷雾质量随转速降低而降低，燃油黏度对雾化影响较大。如果向气缸加入新鲜的空气时，造成空气涡流，就能改善燃烧室内的混合气形成。二冲程柴油机扫气口倾斜一定角度布置，增强进气涡流，既有利于扫气，又有利于混合气的形成。

(2)半开式燃烧室

小型高速柴油机由于转速高，同样转角下混合气形成和燃烧时间极短，如果采用开式燃烧室，喷射压力过高导致喷射系统制造困难，另外，小型柴油机过量空气系数不可能大，故小型高速机一般采用半开式燃烧室，也称为深坑燃烧室。半开式燃烧室的燃烧室分成两部分：活塞顶面到气缸盖底面之间的余隙容积和位于活塞顶部或气缸盖底部的凹坑容积，而且两者没有明显分开。在压缩末期，当活塞接近上止点时，活塞顶部四周空气被挤入活塞顶部的凹坑内，产生挤压涡流。当活塞下行时，活塞顶部凹坑内的气体又外流到活塞顶部的四周，产生逆挤流。混合气的形成靠喷雾质量和压缩过程空气在活塞顶的深凹坑内产生挤压涡流，这两方面的作用，促使燃油与空气均匀混合。开式燃烧室对燃油系统要求低，但对空气涡流的要求明显增强而半开式燃烧室保持开式燃烧室燃油消耗率低、启动方便的优点，并使柴油机工作柔和、过量空气系数小。应用最多的是 ω 形燃烧室，一般在高速小型机上使用，如图 3－40 所示。

球形燃烧室也称 M 过程燃烧室，如图 3－41 所示。球形燃烧室属于半开式燃烧室，但混合气靠油膜蒸发形成。将燃油顺气流方向沿燃烧室壁面喷射，形成油膜，逐渐地蒸发、燃烧，其中一小部分先雾化完成点火准备形成火源，再点燃大部分已蒸发形成的可燃混合气。其特点是对喷射系统要求低、工作柔和、噪声小、排烟少、空气利用率高、过量空气系数小，但启动时燃烧室壁面温度低、蒸发混合燃油量少、冷启动困难，且由于空气涡流跟不上负荷突变，突变负荷性能差。当每循环供油量多时，油膜厚，影响混合气的形成，故这种结构的燃烧室应用较少，球形燃烧室具有很高的理论意义。

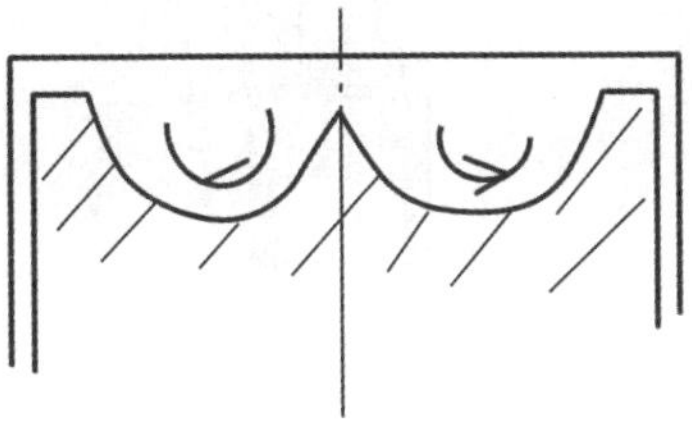

图 3－40 ω 形燃烧室

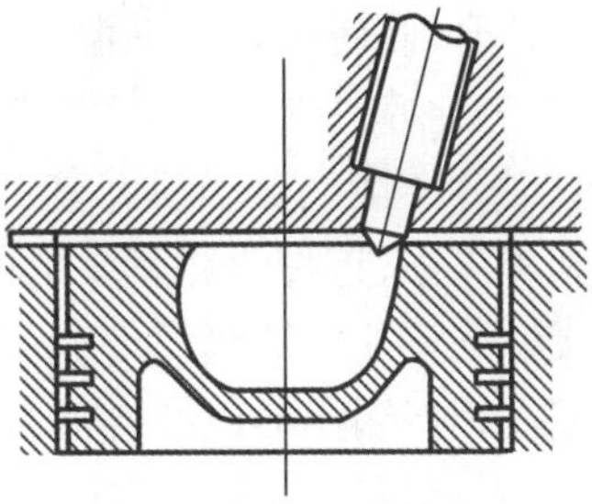

图 3－41 球形燃烧室

2. 分隔式燃烧室

分隔式燃烧室被明显隔成两部分：一部分在气缸盖与活塞顶之间，称为主燃烧室；另一部分位于气缸盖内，称为涡流室或预燃室（副燃烧室）。两者以一条或数条通道相连接。

（1）涡流室式燃烧

如图 3－42 所示，副室（涡流室）设在气缸盖内，呈球形或圆柱形，涡流室容积占整个容积的 60% ～80%，主燃烧室与副室以狭小的切向通道连通。这种燃烧室混合气的形成主要依赖压缩涡流。压缩冲程，活塞上行，将主燃烧室中的空气经通道切向压入涡流室，产生压缩涡流。喷油器安装在涡流室内，在压缩冲程末期，燃油顺着涡流方向喷入涡流室，被冲散形成可燃混合气。当涡流室中的少量可燃混合气燃烧后，其压力、温度升高，带着涡流室中未燃烧的大部分燃料、空气以及燃气，一起经通道冲入主燃烧室，形成二次涡流，并与主燃烧室中的空气进一步混合燃烧。

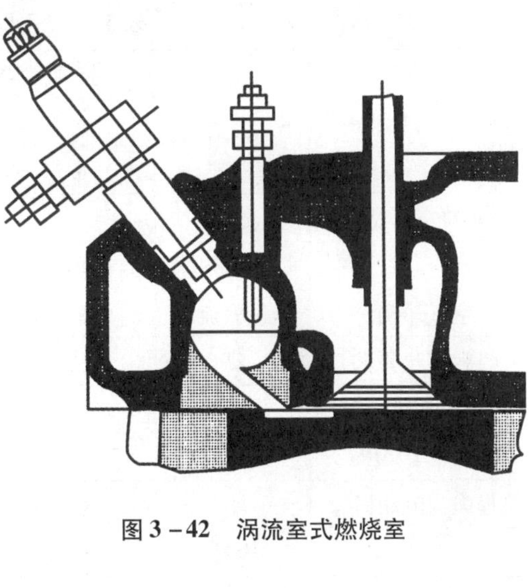

图 3－42 涡流室式燃烧室

涡流室式燃烧室对喷雾质量要求不高，一般多采用轴针式喷油嘴，喷油压力也较低。由于压缩涡流随转速升高而加强，所以更能适应小型柴油机的高速化。另外，这种燃烧室有工作平稳、有害气体排放少等优点，但因涡流室式燃烧室的热损失、节流损失和流动损失较大，存在着启动困难、经济性差等缺点。为了改善启动性能，涡流室中装有电热塞和保温块。

(2)预燃室式燃烧室

如图 3 – 43 所示，这种燃烧室也由主燃烧室和副燃烧室组成。副燃烧室设在气缸盖，称预燃室，形似瓶状，预燃室容积占总燃烧室容积的 20% ~40%。主燃烧室和副燃烧室以单孔或多孔直通道相连，通道面积远小于涡流室式燃烧室。由于连接通道与预燃室不相切，所以在压缩冲程末期气流不会产生压缩涡流，但空气经通道后在预燃室中会产生一定湍流。燃油在压缩行程末期全部喷入预燃室，借助空气湍流形成少量可燃混合气。可燃混合气燃烧后，预燃室中的压力和温度迅速升高，将预燃室中混合气高速推入主燃烧室，并在主燃烧室中形成燃烧涡流，使大部分燃油在主燃烧室混合燃烧。由于预燃室工作温度高，影响使用寿命和可靠性，这种燃烧室应用较少。

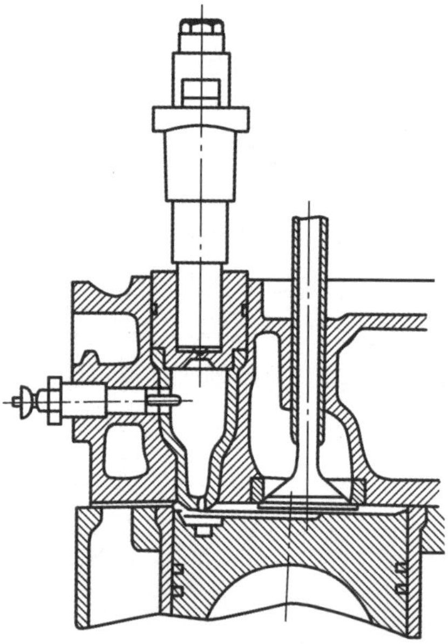

图 3 – 43　预燃室式燃烧室

涡流室式燃烧室靠压缩涡流形成可燃混合气，预燃室式燃烧室靠燃烧涡流形成可燃混合气，均有空气涡流作用，空气涡流具有热混合作用，能加速燃前混合，可燃混合气的形成主要取决于空气振动。故分隔室燃烧室共同的优点是柴油机运转平稳，对燃油系统要求不高，对转速、燃油品质敏感性较小，所需过量空气系数较小，有害气体 NO_x 排放较小；共同的缺点是存在节流损失和散热损失，燃油消耗率高，启动困难。瓦锡兰双燃料主机为减少 NO_x 排放，就采用分隔式燃烧室，其 NO_x 排放不需经机外处理就能达国际海事组织的 TierⅢ的标准。不同燃烧室特点比较如表 3 – 1 所示。

表 3 – 1　不同燃烧室特点比较

项目	直接式燃烧室			分隔式燃烧室	
	开式	半开式		涡流式	预燃式
		ω 形	球形		
燃烧室形状	简单	一般	一般	复杂	复杂
混合气形成方法	空间雾化	空间雾化为主	油膜蒸发	空间雾化为主	空间雾化
空气运动	进气涡流弱	进气涡流较强	进气涡流最强	压缩涡流	燃烧涡流
燃料雾化要求	高	较高	一般	较低	低
喷油嘴	多孔	多孔 4 ~ 6	孔 1 ~ 2	轴针	轴针
启阀压力/MPa	20 ~ 40	18 ~ 25	17 ~ 19	10 ~ 15	8 ~ 13
热损失与流动损失	小	较小	较小	大	最大
启动	容易	较易	难	难	最难

五、提高混合气形成的管理措施

为提高可燃混合气的形成质量，应着重采取下述管理措施：

①保证良好的换气质量，如进气压力和温度的检查与调节、进排气管道的清洁、进排气阀定时的检查与调整等。

②保证良好的气缸热状态，如压缩压力的检查、活塞环工作状态的检查、气缸冷却的调节等。

③保证良好的喷油质量，如油品的检查与正确处理、喷油设备的检查与调整等。

④保证良好的燃烧室条件，如定期进行吊缸检查和清洁、气缸盖密封性检查、冷却空间水垢的清除等。

【效果检测】

扫描二维码，进行过关测试。

任务六　燃烧过程

【任务引入】

某发电柴油机排温升高，冒黑烟，试提出解决措施，并从燃烧角度分析产生的原因。

【知识结构】

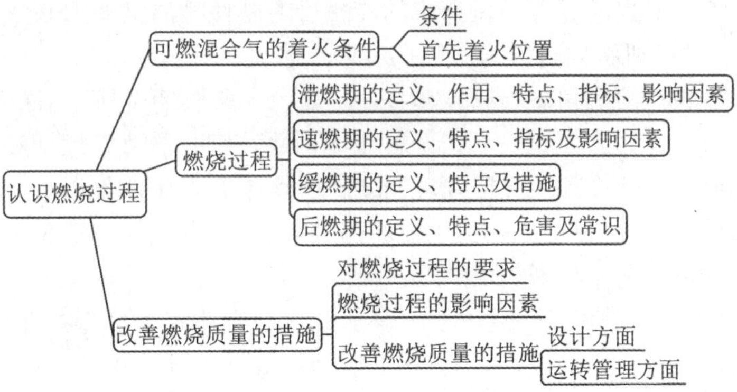

【知识点】

一、可燃混合气的着火条件

燃烧过程微课

燃烧过程包括可燃混合气自行着火(自燃)和稳定燃烧(火焰的传播)两个过程。实验表明,柴油机可燃混合气首先着火的部位是在油束核心与外围之间混合气浓度适当($\alpha \approx 1$)且温度足够处。在油束外围油粒较小、蒸发较快、浓度适当,但温度较低;在油束核心处又因浓度太大而不会首先着火。可燃混合气的着火一般是多点同时着火且各循环的着火点也不尽相同。形成着火点后,火焰向四周传播形成稳定的燃烧。传播路径与速度取决于可燃混合气的状态(混合气过浓或过稀会使传播中断)和空气的扰动。

二、燃烧过程

气缸内压力和温度是综合反映燃烧过程的最重要参数,工程上研究燃烧过程最简便、最常用的方法是测量展开式示功图。图 3 - 44 是柴油机典型的展开式示功图。图中压力 p 曲线反映燃烧过程压力随曲轴转角的变化关系,AB 及其右侧虚线组成纯压缩曲线,另外,图中还画出了温度 T 的曲线,即燃烧过程温度随着曲轴转角的变化曲线。根据气缸内压力和温度的变化,柴油机的燃烧过程分为四个阶段。

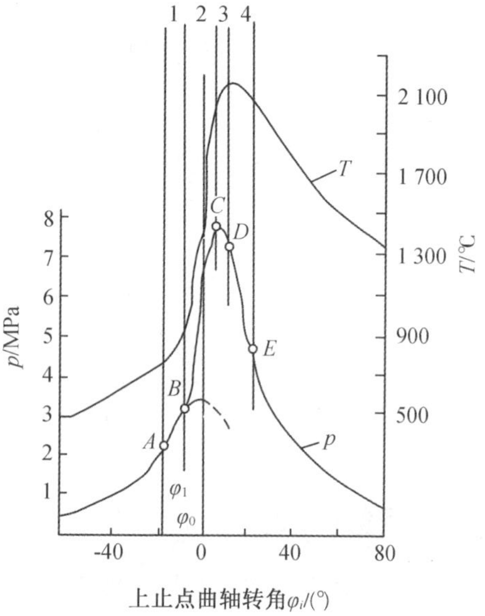

图 3 - 44 燃烧过程 $p-\varphi$ 和 $T-\varphi$

1. 滞燃阶段(AB)

第一阶段为滞燃期,是从喷油始点 A 开始到着为点火点 B 为止。滞燃期的作用是为燃烧做准备。喷入气缸的雾化柴油,从缸内高温空气中吸收热量,蒸发、扩散并与空气混合进行燃烧前的物理准备,燃油分子和氧分子进行预氧化中间反应的化学准备。滞燃期间喷入气缸的燃油量称滞燃量,要求滞燃阶段喷到缸内的燃油量要合适、量太多,一旦发火燃烧,压力就会突然升高,使柴油机工作粗暴,量太少,不易启动。一般低速机的滞燃量为循环喷油量的 15% ~30%,高速机可达 80% ~100%。柴油机缸内着火为不同部位多点着火。

滞燃期的长短可用滞燃角 φ_i 或滞燃时间 τ_i 表示。滞燃期过短,燃油刚离开喷油器就立即燃烧,油气混合不均匀,使燃烧不完全冒黑烟;如滞燃期过长,滞燃期喷油量太多,一旦发生燃烧,缸内压力急剧增高,使柴油机工作粗暴,严重时发生燃烧敲缸,并损坏机件。通常,滞燃期过长是引起燃烧过程恶化的主要原因,所以应尽可能缩短滞燃期,但并不是越短越好。适当减少供油提前角可减少滞燃期。

燃油在滞燃期内没有产生明显的燃烧,焰前氧化反应的放热量与物理准备的吸热量基本相等,所以气缸内的压力和温度基本与压缩压力和温度相同。由图 3 - 44 中可见,AB 段与压缩线重合。滞燃期内形成的可燃混合气的数量决定了后续速燃期燃烧的急剧程度,对燃烧质量影响最大。

2. 速燃阶段(BC)

第二阶段为速燃期,从气缸内发火点 B 开始到出现最高压力 C 点为止。速燃期中,滞燃期喷入缸内的燃油和速燃期喷入的部分燃油几乎同时燃烧,且活塞在上止点附近,燃烧接近于等容状态下进行,导致燃烧室中温度和压力迅速上升,缸内压力约在上止点后 10°~15°曲轴角度达到最高爆发压力。

评价速燃期优劣的重要参数不是最高爆发压力,而是平均压力增长率 $\Delta p/\Delta\varphi$,它反映速燃期中压力升高的急剧程度,体现柴油机燃烧过程的柔和性。$\Delta p/\Delta\varphi$ 小的柴油机工作柔和、燃烧平稳、无敲击声。$\Delta p/\Delta\varphi$ 大的柴油机工作粗暴,常伴有敲击声,即为燃烧敲缸。一般柴油机 $\Delta p/\Delta\varphi < 0.4$ MPa/(°)CA。速燃期进行的强烈程度决定着燃烧过程的平稳性。

速燃期的燃烧速率很难直接用控制该燃烧期燃油与空气混合速度的办法来加以掌控,故速燃期亦称为不可控燃烧期,但速燃期的燃烧情况与滞燃期的长短有关,亦称预混合燃烧阶段。滞燃期越长,缸内积聚并完成燃烧准备的柴油越多,导致燃烧开始后气缸压力急剧升高,造成发动机工作粗暴、爆燃(即燃烧敲缸)。常通过控制滞燃期的长短来控制速燃期。

3. 缓燃阶段(CD)

缓燃期是从最高压力点 C 到最高温度点 D。在这一阶段,随着燃烧的进行,燃烧产物增加,氧气量减少,燃油分子在氧气不充分的条件下有可能出现不完全燃烧,燃烧速度逐渐降低,燃烧速度取决于喷入气缸的燃油分子寻找氧分子的速度,故也称扩散燃烧阶段。持续放热使热量积聚,使缸盖内气体温度达到最大值,燃气最高温度 1 700~2 000 ℃一般出现在上止点后 20~35°CA。缓燃期间,一方面燃烧导致压力升高,另一方面,由于活塞下行,容积增大导致压力下降,故缓燃期的特点是近似为等压燃烧,缓燃期的长短取决于柴油机负荷的大小,称为可控燃烧期。为了改善此阶段的燃烧质量,应设法加强燃烧室内空气的扰动,以加速混合气的形成。

速燃阶段和缓燃阶段燃烧燃油高达循环燃油量的 80% 左右,构成燃油明显燃烧时期,两者统称为主燃期。主燃期的长短主要取决于柴油机的负荷。

4. 后燃阶段(DE)

后燃期从最高温度点 D 开始到燃烧基本结束点 E 为止。后燃阶段是燃烧过程在膨胀过程中的继续。由于处于膨胀行程,燃烧在极为不利的条件下缓慢进行,在此期间,缸内压力、温度逐渐下降,热效率下降,后燃期释放的热量转化机械能比例下降,未转化的热量使排温和冷却水温度上升,热负荷增加。故后燃期的存在有以下危害:排气温度升高、热负荷增加、热效率下降、可靠性降低。因此后燃期越短越好。柴油机的后燃期不可避免,原因是:一是在缓燃期中难免有一部分燃油因遇不到足够的氧分子而来不及燃烧或燃烧不完全;二是部分燃烧产物在高温下发生逆化学反应,这些燃烧产物只能在活塞下行、气缸内温度下降后才能重新进行燃烧。缩短后燃期的措施是加强燃烧室内空气运动,改善混合气的形成。一般柴油机在低负荷运转时后燃期将缩短,低速机的后燃期短于高速机。喷油器雾化不良、滴漏、气缸漏气、换气不良、喷油太晚等,均使后燃增加。

三、改善燃烧质量的措施

燃烧质量直接影响柴油机热能转换为机械能的数量,对柴油机的动力性、经济性和可靠性都有重要的影响。燃烧过程的要求是:滞燃期尽量缩短,工作平稳、不粗暴;后燃期尽可能短,燃烧迅速及时;主燃期燃烧完全、空气利用率高。

1. 燃烧过程的影响因素

(1)燃油的品质

燃油的物理化学性能,如自燃性、蒸发性和流动性等对可燃混合气体的形成和燃烧过程均有很大影响。其中十六烷值对燃烧过程的影响最大。十六烷值高,自燃性好、滞燃期短,可以使柴油机工作柔和,但过高时,燃油在高温下易裂化成游离碳,继而聚合成碳烟,排气冒黑烟,使柴油机经济性下降;反之十六烷值低,自燃性差、滞燃期长、燃烧过程粗暴(即燃烧敲缸)。此外,柴油黏度越高,雾化质量越差,滞燃期也越长。

(2)缸内工质状态

工质状态主要指压缩终点的空气温度、压力和扰动。其中压缩终点的温度对燃烧过程的影响最大,压缩终点的温度越高,滞燃期越短,柴油机工作越平稳。

(3)喷油提前角

喷油提前角是从喷油开始时刻至活塞到达压缩上止点所对应的曲轴转角。喷油提前角适当增大,使定容燃烧比例增多,热效率与功率增加,经济性与动力性变好。但喷油提前角过大,缸内气体的压缩压力和温度都不够高,燃油不易发火,启动性变差;还使滞燃期过长,上止点前喷入油量多,柴油机工作粗暴,爆发压力大,机械负荷过大,可靠性下降。故现代船用柴油机不再采用增加供油提前角来提高经济性。在高增压柴油机中使燃烧平稳的主要措施是减小供油提前角。喷油提前角过小,则由于活塞下行,缸内温度和压力开始下降,也使滞燃期增长,并使燃烧过程后移,最高燃烧压力降低,排温升高,后燃期增长,燃油机的功率和有效热效率均下降。为了保证发动机具有良好的性能,必须选择最佳喷油提前角。最佳喷油提前角是指柴油机在转速和供油量一定的条件下,能获得最大功率及最小燃油消耗的喷油提前角。当燃油品质变化较大时,应依据爆压和排气温度通过试验确定柴油机最佳喷油定时,从而满足燃烧平稳后燃少的要求。喷油提前角与柴油机的机型和转速有关,增压机型应小于非增压机型,低速机应小于高速机。

(4)雾化质量

雾化质量直接影响燃烧过程的各个阶段。燃油雾化质量好将使滞燃期缩短,柴油机工作平稳,且燃油细粒易与空气充分混合,容易使燃油完全燃烧,后燃期短。船用大型低速柴油机的雾化质量主要取决于喷油设备。喷油设备的工作状况可根据排气烟色来判断,如当喷油器针阀因关闭不严而漏油时,将使后燃严重,燃油不完全燃烧生成碳烟,排气为黑烟。

(5)转速与负荷

转速与负荷反映柴油机运转工况。发动机的转速提高,通过活塞环的漏气损失和散热损失减少,使压缩终了空气的温度和压力提高,并加强了缸内气体扰动;转速提高使喷油压力相应提高,使燃油的雾化和与空气的混合得到改善,因而缩短了滞燃期,有利于燃烧。但是,随转速的提高,滞燃期所对应的曲柄转角(滞燃角 $\varphi_i = 6n\tau_i$)增大了,在这段滞燃角内喷入气缸的燃油增多,从而使速燃期的压力和压力增长率增大。同时由于滞燃角 φ_i 的增大,燃烧过程后延,从而使后燃加长。转速增加使滞燃期缩短,滞燃角增大,后燃严重。因此,当转速增加时,喷油提前角也应相应增大。一般高速柴油机都装有离心式喷油提前角自动调节器以满足上述要求。

柴油机的负荷对滞燃期有着间接的影响。随着柴油机负荷的增加,每循环喷油量增加,燃烧室的温度将大幅度上升,有利于混合气体的形成,使滞燃期缩短,发送机工作柔和。但当负荷过高时,过量空气系数 α 值过小,使得燃烧不良,后燃期加长,废气中出现碳烟,排气温度升高,经济性下降,对发动机的寿命也有一定影响。负荷越大,缓燃期越长。

(6)喷油规律

喷油规律对燃烧过程也有很大影响,凡是影响喷油规律的因素均影响燃烧过程。影响喷油规律的主要因素有喷油泵凸轮有效工作段的几何形状、高压油管尺寸及柴油机的负荷和转速等。

2. 改善燃烧质量的措施

(1)设计方面

①采用特殊形状的燃油凸轮,保证初期喷射速度低,而后期喷射速度增加并在短时间内完成喷射;

②采用油膜蒸发方式,以保证燃烧柔和;

③采用分级喷射,即同一气缸有两个油泵柱塞,初期由一个柱塞供油,随后由两个柱塞同时供油;

④采用变压缩比活塞,低负荷时采用高压缩比,缩短滞燃期,提高经济性;

⑤采用可变喷油定时,随负荷改变而改变供油提前角。

(2)运转管理方面措施

①确保换气质量良好。及时清洗进、排气口和进、排气通道,保证正确的气阀定时。

②确保燃油喷射系统正常工作。确保喷油泵有合适的供油定时和供油量,喷油器具有合适的启阀压力和良好的雾化状态,并避免不正常喷射。

③良好燃油品质。注意燃油的黏度与十六烷值。当换用不同燃油时应根据最高爆发压力的数值来调整供油提前角。

④控制气缸压缩温度。测量各缸压缩曲线,可判断各缸的压缩状态。运转管理中应注意活塞环和气缸套的磨损情况,避免燃烧室漏气。另注意气缸的冷却是否合适。

⑤强化日常例行管理。注意观看排气温度。如果某一缸的排温低于平均值,则往往是该缸喷油量过少。如果某一缸的排气温度高于平均值,要么该缸喷油量过多,要么喷油设备出现故障而出现后燃现象,注意观看排气颜色。柴油机排气的正常颜色是隐约可见的淡灰色。如冒黑烟,常常由于燃烧不完全炭黑导致,再结合排温判断哪一缸不正常,一般燃烧不正常的气缸排温要比正常气缸高。也就是说,排气温度增高着重表示后燃增加,而烟度增高着重表示不完全燃烧加重;测量气缸最高爆发压力。最高爆发压力过高,可能喷油泵的供油提前角过大;定期测量各缸示功图。根据示功图判断分析各缸燃烧情况,检查各缸的均匀性。

【效果检测】

扫描二维码,进行过关测试。

任务七 热平衡与排放控制

【任务引入】

柴油机正常烟色是淡灰色的,如果烟色呈现蓝色、黑色或白色,试分析形成这几种烟色的原因及应采取的措施。

【知识结构】

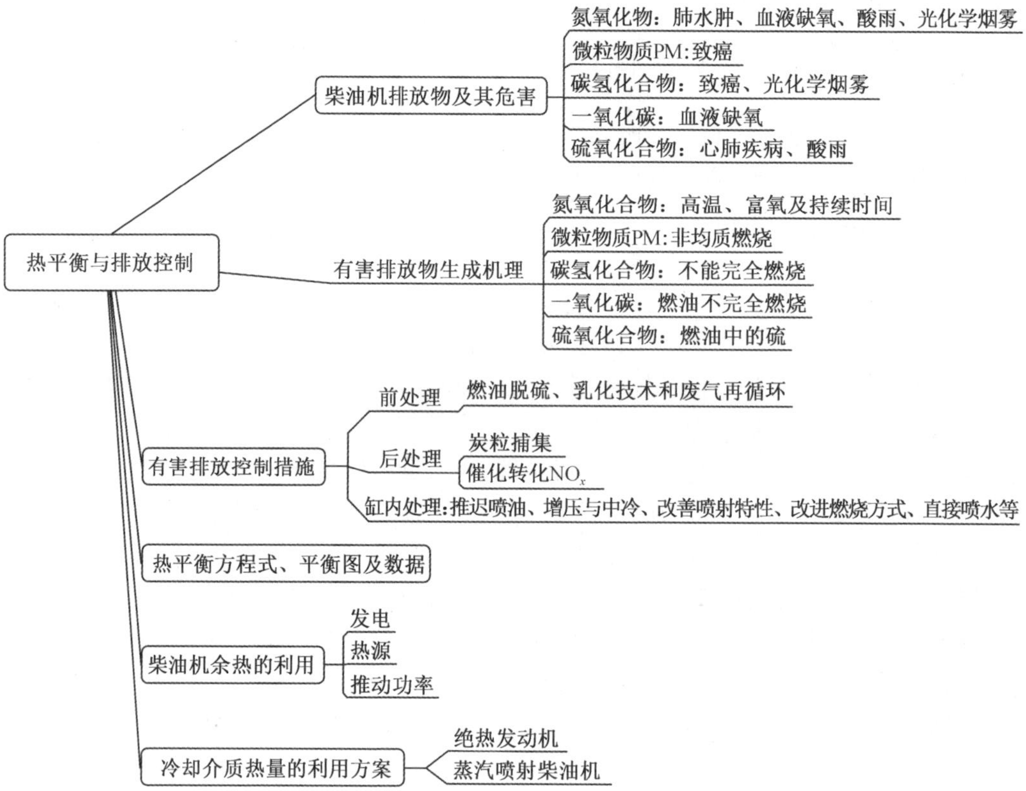

【知识点】

一、柴油机热平衡

燃油在气缸中燃烧所放出的热量并不能全部转化成有效功,只有 40% ~55% 的热量能转化为有效功,其余的 45% ~60% 的热量转化为各种形式的损失。将单位时间内燃油的热量转化为有效功、废气带走的热损失、冷却介质带走的热损失以及其余热损失的热量的利用与分配情况称为柴油机的热平衡。柴油机热平衡可表明有效功及各项损失在总热量中的比例。

1. 热平衡方程式

柴油机的热平衡可以清楚地表明柴油机对燃油所放出热量的利用情况,显示出各项热损失的大小,从而为改善柴油机的经济性、利用柴油机余热以及有关冷却设备的设计提供必要的依据。通常柴油机的热平衡可用热平衡方程式来表示。

柴油机中燃油的总热量大致分为四部分，其热平衡方程式如下：

$$Q_T = Q_e + Q_W + Q_r + Q_s \tag{3-1}$$

式中 Q_T——燃油在气缸中发出的总热量，kJ；

Q_e——柴油机自曲轴中输出的有效功的总热量，kJ；

Q_W——冷却水带走的总热量，kJ；

Q_r——废气带走的总热量，kJ；

Q_S——其余热损失，即没有包括在上述三项内的热损失，如热辐射损失、不完全燃烧损失、带动辅助机械的功的热当量、未被冷却水带走的摩擦热和热平衡计算的误差热当量等，kJ。

为了更直观地表示各项热量在燃烧总热量中所占的比例，还可以用百分数来表示，即将上式各项均除以 Q_T并乘上100%，则柴油机的热平衡又可表示为

$$q_T = q_e + q_w + q_r + q_s = 100\% \tag{3-2}$$

式中，q_e实际就是有效热效率 η_e。

2. 热平衡图

为了清晰、形象地把热平衡方程式中各项热量的分配和转移情况表现出来，可绘制热平衡图，又称热流图。

图3－45(a)是12K98ME/MC柴油机标准机型的热平衡图，当主机运行在最大持续功率时，柴油机的热损失以废气和空冷器的热损失最大，分别占输入能量的25.5%和16.5%。通过采用动力涡轮系统，使部分废气旁通进入动力涡轮，并带动发电机供电，可产生最大持续功率的4.9%的可用输出功率，从而使柴油机的输出总效率达到54.2%，如图3－45(b)所示。此外，通过使用废气锅炉和利用气缸套水，可以使柴油机总的热效率达到60%以上。

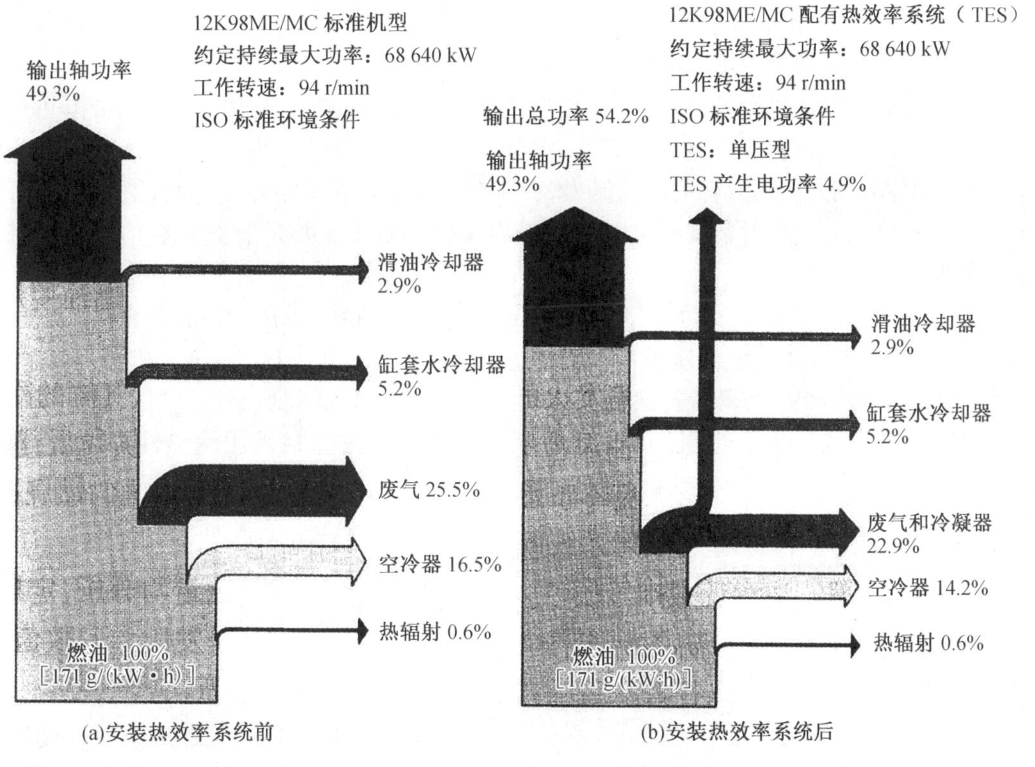

图3－45 安装热效率系统前后12K98ME/MC柴油机标准型的热平衡图

3. 热平衡数据

不同形式的柴油机，其各部分热量的分配是不同的，同一台柴油机的各种不同工况下的热平衡情况也是不同的。在稳定情况下运转时，柴油机热平衡可用实验的方法求出。

柴油机在标定工况下热平衡数据一般为：

$q_e = 30\% \sim 50\%$；$q_r = 25\% \sim 40\%$；$q_w = 10\% \sim 30\%$；$q_s = 2\% \sim 10\%$。

4. 余热的利用

从以上的热平衡分析中可以看出，柴油机废气和冷却水带走的热量大约占燃料总发热量的50%，与有效功的热量相当，甚至还要大，研究回收这部分热量对提高柴油机的热效率和燃料的利用率及降低排放标准意义十分重大。例如，废气涡轮增压器就是利用废气中的部分热能，提高柴油机进气密度，进而提高柴油机功率和热功率。

废气和冷却水是不同品位的热能，应按照“各尽其能”的原则进行合理利用。废气的温度较高，在涡轮出口处一般都为300～400 ℃，属于较高品位的热能，热量较大，可利用程度较好，是目前船用柴油机中废热利用最好的一项热损失，一般适合用于作动力回收；冷却水的温度较低，一般不超过85 ℃，属于低品位热能，虽热量较大，但由于温度低，可利用程度较差，只能用于生活、供暖、制冷等。目前余热回收大致可分为以下几种系统：

①作为热能利用的节能系统，如以废气余热作为废气锅炉的热源，产生蒸汽，利用冷却水余热作为淡水发生器、舵室加热等系统的热源。

②作为电源利用的节能系统，如利用废气驱动的发电机系统，以主机冷却水作热源的氟利昂涡轮发电系统。

③作为推动功率利用的节能系统，如从废气或冷却水余热回收的电能带动电动机，通过齿轮或皮带输入主推进系统，即所谓轴带电动机系统。从废气余热回收的电能有时通过辅助螺旋桨输入主推进系统，叫作辅助推进系统。

5. 冷却介质热量的利用方案

通过对柴油机热平衡的分析，可清楚地看到尽量减少或充分利用冷却介质带走热量的重要性。冷却介质带走的热量数量较大，如能尽量减少或充分利用，会带来巨大的经济效益。但其温度较低，转化为有用功的能力较差，在利用上存在一定难度。目前，国内外研究的绝热发动机和蒸汽喷射柴油机分别为尽量减少冷却水带走热量和充分利用冷却水带走热量的典型方案。

①绝热发动机（“陶瓷发动机”）。其基本设想为，取消原有的以水、油为介质的强制循环冷却系统，实现发动机燃烧室的绝热工作，提高发动机的经济性。早期的绝热发动机采用无机黏结剂将绝热工程陶瓷衬套（块）黏附于气缸内表面、活塞顶部及气缸燃烧室等热接触部位表面的方法减少散热损失。现代的绝热发动机通常直接采用耐热性好、导热系数小、膨胀系数低的高级陶瓷合成材料制造气缸盖、气缸体和活塞等受热部件。绝热发动机在取消冷却水后，排气能量大量增加，需要一个良好的能量回收系统加以利用。高效率动力涡轮就是复合回收系统中的关键部件，直接影响到绝热机的整机性能。

②蒸汽喷射柴油机。蒸汽喷射柴油机可以理解为一种蒸汽机与柴油机相结合的复合式发动机。蒸汽喷射柴油机的基本原理为：柴油机按正常的循环工作，冷却水流经增压器、活塞、气缸套和气缸盖后变为高温水，再使高温水流经排气管中的加热器和过热器使之成为高压水；高压水经过高压水管接到安装在气缸盖上的蒸汽喷射器，在缸内柴油着火后蒸汽喷射器开启，高压水瞬间变为蒸汽喷入气缸，与燃气一起推动活塞做功。循环计算结果

和初步的样机试验情况表明，蒸汽喷射柴油机的冷却水带走热量的利用率较高，其循环有效热效率有望提高6% ~7%。

二、柴油机的排放控制

船舶承担着95%以上的世界贸易运输量，柴油机由于动力性高、经济性好在船舶主动力装置中占有绝对优势。然而与此同时，柴油机的排放也给大气和海洋环境造成了严重污染。据统计，船舶柴油机的 NO_x 排放占全球 NO_x 排放的7%，SO_x 排放占全球 SO_x 排放的4%，CO_2排放占全球 CO_2排放的2.7%。鉴于柴油机有害排放物对大气和海洋的污染，为了有效控制排放，世界各国相继以法规的形式进行强制性限制。国际海事组织（IMO）海洋环境保护委员会（MEPC）于1997年通过了《MARPOL 73/78 防污公约》的附则Ⅵ《防止船舶造成大气污染规则》，MEPC 于2008年10月对附则Ⅵ进行修订，定义了包括三个级别（即 Tier Ⅰ、Tier Ⅱ和 Tier Ⅲ）的 IMO 船用柴油机排放法规体系。欧美设立了排放控制区 ECA（emission control area），执行比 IMO 标准更为严格的排放标准。我国于2016年发布了《船舶发动机排气污染物排放限值及测量方法（中国第一、二阶段）》（简称“船机标准”）。第一阶段和目前欧洲实施的标准相当，NO_x 限值要求已高于 Tier Ⅱ，第二阶段和美国第三阶段实施的标准相当。

1.柴油机排放物及其危害

柴油机燃料主要成分是碳氢，当燃料完全燃烧时，如果不考虑燃料中的杂质，只会产生水蒸气和 CO_2。一般认为 CO_2 对人类和环境无直接危害，但积聚在大气中的 CO_2会产生温室效应。由于燃料中往往含有杂质和添加剂，且在气缸中混合和燃烧时间极其短暂，燃料与空气混合的不均匀程度较严重，不可能完全燃烧，这就使柴油机排气成分中含有大量的有害气体。在高温缺氧时燃料易发生裂解、脱氢生成碳烟和颗粒排放物，在高温富氧时生成各种氮氧化合物（HC），不完全燃烧时生成 CO，在低温及混合气过稀的条件下生成未燃碳氢化合物，此外，燃油中含有的硫在燃烧过程生成硫氧化物。我国有关标准将废气中的有害成分、CO_2和碳烟统称为排放物，简称排放。排放包括柴油机燃料完全燃烧产物 CO_2、H_2O、NO_x、SO_x，不完全燃烧的产物有 CO、HC 等。在柴油机的废气中，N_2占76.2%，CO_2占4.5%，O_2占14.0%，H_2O 占5.1%，这四种占排气体积总量的99.8%；其余占体积总量的0.2%，具体为 NO_x 占 $1\ 500 \times 10^{-6}$，SO_x 占 600×10^{-6}，CO 占 60×10^{-6}，HC 占 180×10^{-6}；PM 占120 mg/Nm^3。

（1）氮氧化物（NO_x）

NO_x是 N 与 O_2在600 ℃以上高温时相互作用形成的，包括 NO、NO_2、NO_3、N_2O、N_2O_3、N_2O_4、N_2O_5等。在柴油机排出的 NO_x中，NO 约占90%，NO 是无色无臭气体，只有轻度刺激性，直接毒性不大，但 NO 排入大气后会逐渐被氧化成 NO_2。NO_2是一种红棕色有毒气体，对眼、鼻、呼吸道和肺有强烈刺激，浓度较高时会使人因肺水肿而很快死亡，同时 NO_2与血红蛋白的亲和力比氧高30万倍，对血液输氧能力的障碍远高于 CO。故对柴油机而言，要控制的主要是 NO 的排放量，而对人体直接有害的是 NO_2。另外，NO_x在大气中反应时会生成硝酸，成为酸雨的主要来源之一。

（2）微粒物质（PM）

美国环境保护局（EPA）定义是：PM 指经空气稀释后的排气，在低于51.7 ℃温度下在涂有聚四氟乙烯的玻璃纤维滤纸上沉积的除水以外的物质。微粒被证明是对人体健康极有害的一种排放物，90%以上微粒的直径小于1μm，可长期悬浮于大气中，不仅可被直接吸入人体,而且可通过食用被微粒侵害的动植物食品后进入人体,造成肺组织的伤害。柴油机排出的颗粒中,尺寸在0.3μm左右的对人体危害最大。1992年,世界卫生组织正式将柴油机微粒列为可能的致癌物质。

(3)碳氢化合物(HC)

HC是一种复杂的混合物,其中的醛类和多芳香烃已确认为致癌物质。另外,HC又是形成光化学烟雾的重要物质,在太阳光紫外线作用下与NO_x(特别是NO_2)进行光化学反应,形成一种毒性较大的浅蓝色光化学烟雾。光化学烟雾由臭氧、醛和PAN等组成,其中臭氧最具破坏力,臭氧具有极强的氧化力,使植物变黑,橡胶发裂,人体患肺气肿;而醛对眼睛、上呼吸道、中枢神经等都有危害。PAN的毒性介于NO与NO_2之间。光化学烟雾最早出现于1940年美国的洛杉矶,导致400多人因五官中毒、呼吸衰竭而死。

(4)一氧化碳(CO)

CO是无色无味的气体,燃烧时呈蓝色火焰,毒性很大。它极易与人体内担负输送氧的血红蛋白结合,降低人体和动物的血液输氧能力,且要比氧与血红蛋白具有更强的亲和力,强200~300倍。因而,当人体吸入CO后经肺进入血液,导致人体内部缺氧,严重时导致窒息死亡。一般情况下,当CO浓度在大气中达到10×10^{-6}时,人就会发生慢性中毒现象,出现贫血、心慌、呼吸道病变、恶化等症状。当CO浓度在大气中达到30×10^{-6}时,人在4~6 h就会发生中毒事故;若CO浓度达到120×10^{-6}时,人在1 h内就会死亡;浓度在1%时,人只能活2 min左右。CO在大气中可停留1~3年,其累积浓度易超过限制值,故要警惕CO浓度。

(5)硫氧化合物(SO_x)

SO_x是燃油中的硫分燃烧的产物,主要包括SO_2和SO_3。SO_2具有刺激性,直接危害人的眼鼻和喉黏膜,对呼吸道系统有害,可导致心肺疾病。SO_2进一步氧化成SO_3,与水作用生成硫酸并形成酸雨。酸雨是由SO_x引起的主要危害。

通常将SO_x、CO、NO_x等直接从柴油机排出的有害成分称一次有害排放物。CO_2、光化学烟雾等称为二次有害排放物。CO_2不会对环境产生直接危害,但大量的CO_2积聚相当于在地球和外层空间形成一个绝热层,使地球热量无法向外层空间传出,形成温室效应,使地球表面温度升高、冰川融化、陆地淹没、病毒泛滥、不加控制终将给人类带来灭顶之灾。地球上可引起温室效应的气体还有水蒸气、CH_4和CFCs。其中,CH_4的温室效应是CO_2的20倍。由于碳氢燃料的大量使用,CO_2目前是全球变暖的主要原因。控制全球温度升高,必须大幅度削减二氧化碳排放。2011年的南非德班世界气候大会提出了“在21世纪内全球温度升高不超过2 ℃”的奋斗目标。

2. 柴油机有害排放物生成机理

(1)NO_x

NO_x($NO+NO_2$)的生成来源有两方面:一方面与空气中存在的氮、氧元素有关;另一方面,在燃料中也可能存在微量的氮化物。前者产生的氮氧化物称为热氮氧化物(thermal NO_x),后者称为燃料氮氧化物(fuel NO_x)。柴油机排放中的NO_x主要是热氮氧化物,其形成的机理相当复杂,目前已被广泛接受的理论称为采尔道维奇(Zeldovich)原理。应用他的化学反应部分平衡和平衡理论及化学反应动力学研究中获得的有关化学反应速度数据,不仅可以用来解释热氮氧化物的生成机理,而且还能使热氮氧化物的生成速度的预测成为可能。

根据采尔道维奇原理,如果可燃混合气在氧气过剩区燃烧,NO的生成反应可用以下基本公式表示:

$$O_2 = 2O$$
$$O + N_2 = NO + N$$
$$N + O_2 = NO + O$$
$$N + OH = NO + H$$

氧气在高温分解时产生氧原子,分子状态的氮气与原子状态的氧碰撞,或氧分子与氮原子碰撞生成 NO。

NO 的生成规律:

①NO 的生成率随温度的提高而呈指数函数急剧增加。当温度低于 1 800 K 时,NO 生成率极低;到 2 000 K 时就达到很高的速率。大体呈现的规律是温度每提高 100 K,NO 的生成率几乎翻 1 倍。

②高的氧浓度。高的氧浓度是 NO 生成的必要条件,即使在高温下,但如果氧浓度低,NO 的生成也受抑制。

③较长的滞留时间。由于 NO 的生成反应比燃料的燃烧反应慢,故只有很少一部分 NO 产生于很薄的火焰反应带中,大部分 NO 在火焰离开后的已燃气体中生成;如果反应物在高温环境停留时间不足,则 NO 达不到平衡含量,使 NO 排放减少。

故柴油机燃烧过程中决定 NO_x生成率大小的三个主要因素是:高温、富氧和氮与氧在高温下停留的时间长短。直喷式燃烧室由于滞燃期燃油量多,燃烧时最高温度和最长的焰后反应时间使 NO 生成量增加,故直喷式燃烧室生成的 NO_x浓度明显大于分隔式燃烧室。

(2)HC

柴油机的气态排放物中,HC 是最复杂的有害物质。到目前为止,已经从 HC 中分离出 200 多种化合物,包括燃油中的未燃烃类、裂解反应和再化合反应的产物、燃烧和氧化反应的中间产物等。有研究认为,碳氢化合物 HC 中烷烃、烯烃和芳香烃占绝大部分。

碳氢化合物的生成机理很复杂,它是由多种因素形成的。其根本原因是烃类在空气中不能燃烧或不能完全燃烧。具体原因如下:局部温度或瞬时温度过低、压力过低、混合气过浓或过稀超出了浓燃极限或稀燃极限、燃烧组织不良、窜机油等,这主要取决于发动机的设计和运行工况。如在怠速或小负荷下,由于温度较低、浓度较稀,使 HC 排放较高。

(3)SO_x

燃料中硫分在燃烧时发生氧化作用,生成 SO_x,其中大部分形成 SO_2。SO_x 的生成主要取决于燃油的硫含量。控制 SO_x 排放,最直接的方法就是减少燃料中硫的含量,通过控制燃烧过程达不到减少 SO_x 排放的目的。

(4)CO

CO 是燃油不完全燃烧的产物,主要是燃料燃烧时,缺氧或温度过低或反应物停留在适合反应条件的时间过短。在燃烧室中,生成 CO 的部位主要是富油区、稀燃熄火区和稀火焰区。富油区因严重缺氧使 CO 不能充分燃烧,特别是满负荷或超负荷时更为严重,这是 CO 的主要来源,故在高负荷时,CO 排放较高。稀燃熄火区和稀火焰区混合气过稀,化学反应不稳定,因燃烧不能继续,生成的 CO 氧化中断,常发生在低负荷时或气流运动过强时。

柴油机由于过量空气系数较大,HC 和 CO 的浓度在柴油机排气中一般都很低,只有在接近冒烟界限时,才急剧增加。

(5)PM

PM 的组成主要取决于柴油机的排温:当排温较低时,PM 的组成主要是有机可溶成分;

当排温较高时,PM 的组成主要是碳烟。柴油机排气中的颗粒物按颜色分为黑烟、蓝烟和白烟。柴油机的烟色成为燃烧是否完全的最明显的标志。冒烟的根本原因就是非均质燃烧,非均质燃烧是指燃烧室中的混合气不均匀,或局部缺氧、或局部燃烧温度异常(过高或过低)的燃烧。烟色不同,具体形成的机理也不同。

黑烟是燃油不完全燃烧生成的碳烟,主要是燃油高温下缺氧热裂产物,具体原因如下:

①柴油机负荷过重或工况变化大,导致缺氧;

②喷油泵各缸供油不均匀或喷油器雾化不良如喷油器滴漏,导致非均质燃烧;

③喷油太迟,后燃严重;

④空气不足,应检查扫气泵间有否变动,进气消声器是否堵塞,进排气口有否积炭及油泥;

⑤气阀正时或气阀间隙不正确,气阀密封不良;

⑥活塞与气缸套严重磨损。

白烟是由水蒸气及未经燃烧的燃油和滑油以液滴状态组成的,直径 1μm 以上。白烟形成的主要原因如下:

①燃烧室漏水或油中有水,水在气缸内被燃烧放出的热量加热成水蒸气,从排气管排出形成白烟;

②在低负荷及低温启动时燃烧不良。

蓝烟是由燃烧不完全的燃油与滑油凝结呈微粒状态而形成的,直径 0.4 μm 以下。蓝烟形成的主要原因如下:

①长期低负荷运行,活塞与气缸套间隙过大;

②气缸内滑油过多,如刮油环安装不正确,气缸油过多。

3. 柴油机有害排放控制措施

针对柴油机有害排放的控制措施很多,但控制排放往往会影响柴油机的经济性。故在采取排放控制措施时,应选取一个最佳的折中方案。降低柴油机排放的控制措施可分为机前处理、机内处理和机后处理三种。一般遵循先机内净化,后机外净化的原则。

(1)机前处理

机前处理是对燃油或空气在进入气缸前进行预先处理,以减少缸内工作过程的有害排放物。如对燃油去硫、减少芳香烃含量、精细过滤、乳化、加添加剂及对空气喷水、废气再循环及采用代用燃料等。

船用柴油机废气中氧化硫排放物的多少主要是由燃油中的硫分所决定的,燃油中的硫分在柴油机燃烧过程中氧化为硫氧化物。为了满足 MARPOL 公约附则Ⅵ的要求,特别是在 SO_x 控制区内,目前还没有任何一种机内处理方法可以抑制硫化物生成,因此预先对燃油去硫,降低燃料含硫量是减少废气中 SO_x 的唯一有效方法。当然,进行脱硫处理后,燃料的价格也会上升,燃料费用增加。《MARPOL 73/78 防污公约》附则规定的另外一种除去废气中 SO_x 的方法是水洗,但是在每一条船上装设庞大的 SO_x 处理设备,不论从经济角度还是从环保角度都是不可取的。采用其他清洁燃料可以满足 MARPOL 公约附则Ⅵ的要求,如用液化天然气(LNG)作燃料,船舶的硫化物可实现 100% 减排,另外,氮氧化物可减排 80% ~90%,二氧化碳可减排 15% ~20%。但考虑到所需的 LNG 储罐的体积,大型远洋以 LNG 为燃料还需时日。

乳化技术是在燃油中掺水(油包水)或在进气管中喷水。因水蒸气的汽化潜热和比热较大，可降低缸内温度，当乳化油滴表面的油一旦燃烧，油内的水珠即被加热汽化，体积急剧膨胀，瞬间把油滴爆开（即二次雾化），产生微爆效应。二次雾化使油滴碎裂成更细小的雾状油滴，此时油滴比表面积大，可与空气中的氧充分接触燃烧，缩短燃烧时间，使重油燃烧充分，提高了热效率，消除了黑烟，提高经济性。二次雾化细小的水滴可以抑制空气中的N_2的氧化反应，大大降低了NO_x和碳烟污染物。但乳化油可能造成气缸部件锈蚀及水沾污滑油等问题。

废气再循环（EGR）是将排气管中的一部分废气引入进气管与新气混合后再进到气缸中，用废气中的N_2和CO_2降低O浓度，抑制缸内的燃烧，降低燃烧室中的温度，从而减缓了NO的生成速度，有效地降低NO排放。但EGR在高负荷时由于减少了供氧量，使碳烟排放增加，同时使柴油机的油耗率增加，功率不降。EGR对于燃用重油的低速柴油机，由于产生的颗粒较多，会带来磨损等问题，必须在EGR的管路上安装一个水洗器来除去颗粒。EGR是在燃烧后将排出气体的一部分导入气缸，使其再度燃烧的技术，主要目的为降低排出气体中的氮氧化物（NO_x）。废气中的主要成分为三分子的CO_2，其比热容大，升高相同的温度能吸收更多的热量，破坏氮氧化物形成的高温条件；能降低O_2的浓度，具有稀释效应；EGR中CO_2·H_2O等成分在燃烧过程中分解的吸热效应也在一定程度上降低缸内的燃烧温度，具有分解效应。这三个方面都在一定程度上削弱了缸内燃烧过程中高温、富氧的NO_x生成条件，从而降低了NO_x排放的生成破坏氮氧化物形成的富氧条件。大比例的冷却EGR被看作一种有效的控制发动机排放的策略。然而，柴油机的燃烧质量会随着EGR率的增大而降低，EGR燃烧质量的降低会造成碳烟颗粒生成量和油耗率的增加。此外，在小负荷工况下，EGR容易导致燃油的不完全燃烧，严重影响燃烧的质量，因此小负荷工况下一般不建议采用EGR。

EGR系统的主要组成部件分为EGR阀、中冷器、风机、管路、自动控制系统等，如图3－46所示。

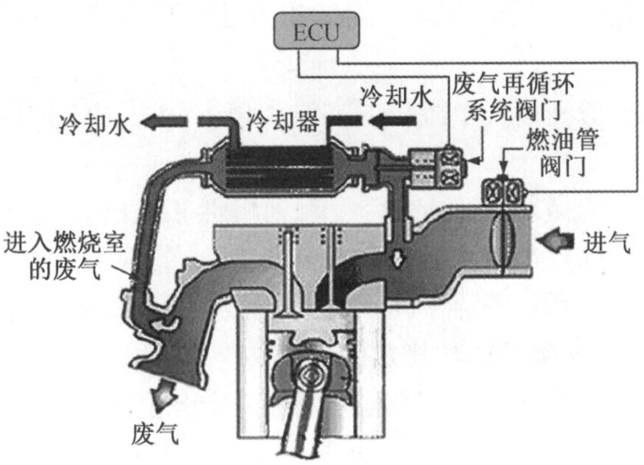

图3－46 EGR装置

（2）机内处理

机内净化途径和措施主要是改善燃烧以生成较少的污染物。

①推迟喷油提前并提高喷油速率。在柴油机上缩小供油提前角，推迟喷油可以有效地抑制NO_x的排放，该方法简单易行。推迟喷油提前，会降低燃烧时的最高温度，同时缩短氮、氧在高温下的停留时间，从而抑制NO生成，但往往会牺牲燃油经济性并增加PM中的黑烟

以及 HC。补救措施是适当提高喷油速率而使喷油终点保持不变。

②增压及增压中冷。增压可以大幅度提高进气的密度,可使柴油机的功率提高 30% 以上。同时,由于过量空气系数大,燃烧完全及泵气过程做正功,因而燃油经济性也好于非增压柴油机。也正是由于增压柴油机的过量空气系数较大,PM 的产生容易被抑制,CO 和 HC 排放也会进一步降低。但进气增压后温度会升高,可达 150 ℃,压缩终了的温度相应升高,使燃烧温度也升高,加之这时的富氧燃烧,会造成 NO_x 排放量升高。采用增压中冷的方法使进气温度降低,一方面提高进气密度,进一步提高功率,最主要的作用则是控制 NO_x 排放的恶化。

③改善喷油系统和喷油特性。减少压力室容积的喷油器可明显减少 HC 和颗粒排放。高压喷射(大于 150 MPa)改善雾化质量,促进燃油与空气的混合,可显著降低碳烟,但仅提高喷射压力会导致 NO_x 排放量的增加。高压喷射再加上合理的喷油规律如多段喷油、预喷等,可使 PM 和 NO_x 排放(滞燃期喷油量减少)同时降低。20 世纪 90 年代出现的电控共轨喷射系统,既可实现高压又可实现预喷射,可以灵活控制喷油规律,可在不同的工况下自动调整有关参数以实现排放物的最佳控制。

④改进燃烧方式。直喷式燃烧室经济性好但污染物排量大。分隔式燃烧室因其副室最高温度低,主室存在强烈气体涡流,所以其污染物如 NO_x、HC 及碳烟等排量均较低,但由于节流损失和散热损失,其经济性较差。

⑤直接喷水(DWI)。采用双喷油嘴,一个喷油,一个喷水,水油比 0.4 ~0.7,将油水分层喷入气缸,通过水分蒸发带走热量来降低燃烧温度,从而降低 NO_x 排量。喷水系统可随时开关,而不影响柴油机的运转。

(3)机后处理

排气后处理是对排出的废气在进入大气环境前进行处理,使废气中的有害成分含量进一步降低。柴油机排气后处理,一种是对碳烟等微粒的捕集;另一种是采用催化转化(SCR)的方法使 NO_x 还原成 N_2 和 O_2。

①对碳烟等微粒的捕集。对碳烟微粒的捕集方法主要有水洗法、静电分离法、离心分离法及微粒过滤法等。

a. 水洗法是通过水来清洗排气中微粒的方法。该方法占用体积很大,且只能降低微粒排放的 10% 左右。

b. 静电分离法是首先使微粒带电,然后吸附到极性相反的金属电极板上,从而将排气中的微粒分离开。同样其缺点是要达到较高的分离效率,装置的体积需要很大。

c. 离心分离法是将排气引入到旋风器中,利用微粒的离心力,将微粒从排气中分离。其特点是分离效率不高,只能降低微粒排放的 10% 左右。

d. 微粒过滤法常采用蜂窝微粒捕集器,当排气时,炭粒就被堵在进口信道的壁面上。蜂窝状陶瓷捕集器对碳烟的过滤效率可达 90% 以上。但微粒捕集器只能将微粒从排气中过滤出来,收集在捕集器里,本身不能清除微粒,如果不定期清洗,微粒的堆积会增加排气的流动阻力,增加排气背压,影响发动机的性能。

②催化转化。催化转化法的工作原理是使废气在 300 ~400 ℃的温度下,以氨或尿素还原剂将废气中的 NO_x 还原为 N_2 和 O_2。如果废气温度过高,氨会被烧掉;反之,温度过低,反应速度太慢,而且硫酸铵凝结会破坏催化剂。故催化转化适于稳定高负荷的工况,而不适于近岸的机动航行和低负荷工况。同理,由于四冲程柴油机废气温度高于二冲程,故催化转化装置应安装在四冲程柴油机的废气涡轮增压器之后,即所谓的低压催化转化装置,对

于柴油机的工作没有太大的影响。而对于二冲程柴油机，催化转化装置应安装在废气涡轮增压器之前，即所谓的高压催化转化装置，对于柴油机的工作有较大的影响。为了补偿气流流过 SCR 装置产生的压差，必须使用高效的废气涡轮增压器。由于催化转化装置具有很大的热容量，在柴油机启动和加速过程中，必须将催化转化装置旁通，以保证涡轮增压器的正常工作。在柴油机降速时，应使催化转化装置出来的部分废气从涡轮增压器旁通。利用催化还原法可使排气中 NO_x 含量降低至 5%。故催化还原法是大幅降低 NO_x 排放的最有效措施。催化转化主要有选择性非催化还原(CSNCR)、非选择性催化还原(NSCR)、选择性催化还原(SCR)、NO_x 催化分解、等离子体放电等。

柴油机有害排放控制措施中前处理会增加柴油机的辅助系统，而后处理技术成本昂贵，故机内处理是船用柴油机 NO_x 排放的主要措施。表 3－2 所示为目前降低 NO_x 排放物的主要方法及效果。

表 3－2　降低 NO_x 排放物的主要方法及效果

降低 NO_x 的技术	方法及作用	NO_x 降低率/%	油耗增加率/%	存在问题
乳化燃料	使用油水乳化燃料，通过水的蒸发降低燃烧温度	40～50	0～1.5	发生燃油爆震；燃料喷射系统的耐久性降低；用含硫燃料时有硫酸腐蚀；燃料的稳定性问题；船用时必须有造水装置
燃料和水分层喷射	自同一喷孔，按燃料一水一燃料顺序喷射.通过水蒸发降低燃烧温度	40～50	0～1.5	燃料喷射系统复杂；用含硫燃料时有硫酸腐蚀；船用时必须有造水装置
向气缸内喷水	将水喷入气缸，通过水蒸发和燃烧场的热容量增加来降低燃烧温度	50～60	1～2	必须有喷水装置和喷水期控制装置；用含硫燃料时有硫酸腐蚀；船用时必须有造水装置
调整燃料喷射期	延迟燃料喷射期，降低燃烧温度	20	3	烟尘浓度增加
进气加湿	提高进气温度(通过提高进气温度和在进气中喷水雾，增加进气中水蒸气)，通过燃烧场的热容量增加来降低燃烧温度	25	1～2	用含硫燃料时有硫酸腐蚀；船用时必须有造水装置
废气再循环	进气中混合一部分排气，通过燃烧场的热容量增加来降低燃烧温度	60	1.5	烟尘浓度增加；气缸套、活塞环的磨损增加；机油恶化；进气系统腐蚀、污染
多孔燃料喷射	从多个微细喷孔喷射燃料，通过促进空气导入喷雾，降低燃烧温度，缩短高温滞留时间	20～30	0～1.5	需要多个燃料喷射器
SCR 式排烟脱氮	以 NH_3 作为还原剂，用催化剂脱氮选择接触还原 NO_x	90	0	还原剂价格高，运转成本高；二冲程低速柴油机排气温度低，必须采取措施

【效果检测】

扫描二维码,进行过关测试。

【案例展示】

主机冒黑烟

参加人员:按船舶值班编制,选择 6 名学生分别担任轮机长、大管轮、当班轮机员、机工长、电机员、值班机工。

模拟场景:某轮船龄 16 年,主机型号为 B&W 7K62EF,船舶从印尼装载 16 800 t 棕榈油前往印度。船舶驶离印尼杜麦港,主机从 HALF AHEAD 到 FULL AHEAD,转速从 90 r/min 到102 r/min。

时间:2016 年 12 月 10 日早上 11:30;

船位:驶离印尼杜麦港 2 h 后;

海况:偏东风 2 级,微浪,海况清爽;

当班人员:三管轮、值班机工;

经过:当主机从 HALF AHEAD 到 FULL AHEAD,转速 100 r/min 时,排温上升,功率下降,冒黑烟。

轮机长马上打电话给驾驶台:"船长,主机排温升高,冒黑烟,须马上减速。"并对当班轮机员和大管轮说:"到现场,查出哪一缸喷油器有异常现象?"接着把主机拉回 SLOW AHEAD,主机降到 70 r/min。

轮机长、大管轮和三管轮到机舱,摸了高压油管,发现第 2 缸高压油管脉动很微弱。

轮机长:"经过观察,第 2 缸喷油器出现异常,应该是针阀处于开启位置卡死,或弹簧弹力严重不足或断裂,喷油启阀压力下降,导致雾化不良,燃烧持续时间增加,应该对第 2 缸喷油器拆检。"果然,拆开后,第 2 缸喷油器弹簧断裂,更换新的弹簧。加车后(即主机从 HALF AHEAD 到 FULL AHEAD),转速恢复到 100 r/min,轮船慢慢恢复正常航行。主机排温下降,功率恢复,不再冒黑烟。

轮机长打电话告诉驾驶台:"主机已恢复正常,可海速航行。"

请你运用所学喷油器的知识对造成案例中现象的其他可能原因进行补充:______________

项目四　换 气 机 构

【项目描述】

通过分析柴油机换气过程、理解柴油机换气机构组成及工作原理,完成柴油机气阀的拆装、研磨与密封性检验和气阀间隙的检查与调整,达到 STCW 公约马尼拉修正案中有关柴油机换气机构的操作与维护管理方面的适任要求。

一、知识要求

1. 掌握柴油机换气过程的基本规律;
2. 掌握柴油机换气机构的组成和主要设备的基本结构原理;
3. 掌握柴油机换气机构的检查、调整和维护管理要点。

二、技能要求

1. 具备柴油机气阀的拆装、研磨与密封性检验能力;
2. 具备柴油机气阀间隙的检查与调整能力。

三、素质要求

1. 培养学生通过查阅资料获取新知识的习惯;
2. 培养学生手脑并用、善于分析总结的习惯。

【项目实施】

任务一　换气过程及评定指标

【任务引入】

某轮主机为 6ESDZ76/160 型。该机自厂修约一年后,发现第 6 缸排气转阀开始发生轻微的敲击声,不久情况越来越严重。停车后打开转阀箱上的检查口旋塞,用检查规插入检查,发现转阀定时已经滞后 8°。

进一步检查原因,发现是该缸的转阀连接杆内的轴承铜套磨损严重造成的。由于船存铜套已用完,只好将转阀的轴与连接杆结合牙嵌之处拆下,把轴朝旋转方向退后 1 牙(1 牙相当于 6°曲轴转角)暂作过渡,开航后敲击声基本消除,另电告船公司申请备件。

【知识结构】

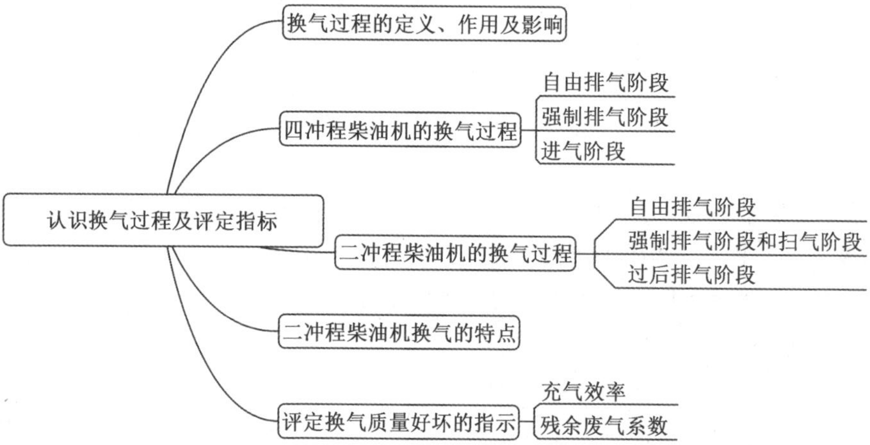

【知识点】

一、四冲程柴油机的换气过程

气体更换的过程称为换气过程，包括进、排气过程。四冲程与二冲程柴油机的最大区别就在于换气过程。换气过程的作用是更换工质，根本目标是使进气更多，排气更彻底。换气过程的完善程度直接影响着柴油机的动力性、经济性、可靠性和排放性能。

按换气过程中气缸内和排气管中压力变化的特点，将四冲程柴油机从排气阀开到进气阀关的整个换气过程分为图 4－1 所示的三个阶段，即自由排气阶段、强制排气阶段和进气阶段。

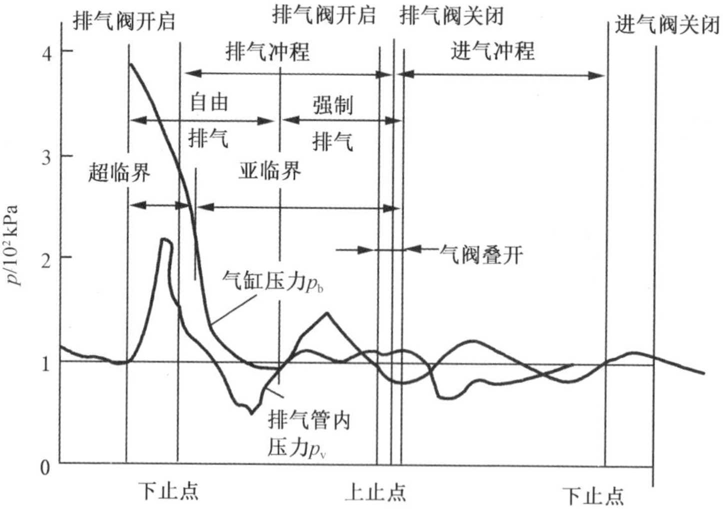

图 4－1　四冲程柴油机的换气过程曲线

1. 自由排气阶段

从排气阀开启到气缸内压力达到或接近排气背压为止称为自由排气阶段。实际柴油机的排气门是在下止点前30°～80°曲轴转角开启的,称之为排气提前。当排气门开启初期,缸内压力与排气管压力之比大于或等于临界压力比,废气以超临界状态流动,由于膨胀不完全,将伴随有刺耳的振声,故常需在排气管上装设消声器。在超临界范围内,废气流过排气阀最小截面处的流速等于该处气体状态下的音速。流量只取决于气缸内的气体状态和排气阀最小截面积的大小,与排气管内的气体状态无关。随着废气的不断流出,气缸内的压力迅速下降,排气管内压力很快上升,当缸内压力与排气管压力之比小于临界值,废气以亚音速自由排出。此时废气的流量取决于气缸内气体与排气管内气体压力差的大小。到某一时刻,气缸内气体压力与排气管内气体压力接近相等,自由排气阶段结束。自由排气阶段应在下止点后10°～30°结束。

2. 强制排气阶段

从自由排气结束到排气阀关闭这一阶段称为强制排气阶段,在这一阶段中缸内废气被上行活塞强制推出。由于要克服排气阀及通道处的流动阻力,气缸内的平均压力仍略高于排气管内的平均压力。活塞接近上止点,废气流出还有一定的速度,排气阀滞后关闭,利用排气的流动惯性实现惯性排气(过后排气)。

3. 进气阶段

进气阀打开到进气阀关闭称为进气阶段。实际柴油机的进气阀是在上止点前开启的,称为进气提前。进气阀刚打开时,气缸内气体压力高于大气压力,由于进气阀开度很小,并且在气缸中存在一个排气流,所以一般废气不会倒流入进气管。当进气阀开启后,其进气的通路截面逐渐扩大,非增压柴油机活塞下行到上止点后,当缸内压力低于进气管压力时才真正开始进入气缸。在进气行程末期,进气阀滞后关闭,在进气气流的惯性作用下新鲜空气仍可继续进入气缸。但如果关闭滞后角过大,可能发生新鲜空气倒流出气缸并使有效压缩比减少。

在该阶段的初期可利用进、排气阀叠开实现燃烧室扫气(一般只有增压四冲程柴油机才能实现燃烧室扫气)。

二、二冲程柴油机的换气过程

1. 二冲程柴油机的换气过程

二冲程柴油机的换气过程是从排气口(或排气阀)打开到排气口(或排气阀)完全关闭的过程,如图4－2(a)所示。根据换气过程中气缸内压力 p 的变化特点,可以把整个换气过程分为三个阶段。

①自由排气阶段(BR)。从排气口(阀)开启点 B 到缸内压力与扫气压力 p_k 相等为止的这一阶段,称作自由排气阶段。在此阶段中废气主要借缸内与排气管中的压力差($p-p_r$)经排气口高速流入排气管。在此阶段根据气缸内外压差是否超过临界值,同样也分为超临界阶段和亚临界阶段。从图4－2可看出,扫气口在 D 点打开,此时,缸内压力稍高于扫气压力,其主要出发点一是减小气口高度,使行程失效系数减小,提高气缸利用率;二是增加

膨胀功。由于扫气口的打开过程需要时间,另外,废气向排气管流动具有惯性,故扫气口打开时,新气不会立即进入气缸,废气也不会进入扫气箱导致扫气箱着火。

②强制排气和扫气阶段(RC)。从扫气开始 R 点到活塞经下止点再上行在 C 点关闭扫气口为止的阶段,称作强制排气和扫气阶段。在此阶段主要靠新气与缸内废气的压力差,利用新气把废气从气缸中扫出。显然,在此阶段内新气与废气发生掺混,并有部分新气经排气口排出。

③过后排气阶段(CE)。从扫气口关闭的 C 点到排气口关闭的 E 点为止的阶段,称作过后排气阶段。在此阶段缸内的部分新气将经仍开启的排气口排至排气管,因而这是一个损失新气阶段。此阶段越短越好。

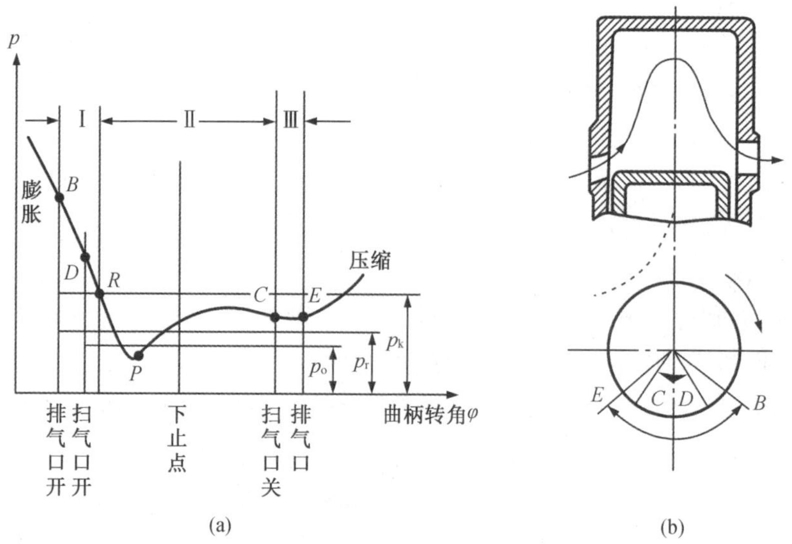

图 4－2　二冲程柴油机的换气过程曲线

2. 二冲程柴油机换气的特点

①二冲程柴油机换气的时间远少于四冲程柴油机。二冲程柴油机的压缩和膨胀过程与四冲程柴油机是相同的,它之所以能在两个冲程内(即曲轴回转一周的时间里),完成一个完整的工作循环,是因为其吸气过程(扫气过程)和排气过程分别是在压缩过程的初期和膨胀过程的后期进行的,即将进气过程和压缩过程在一个活塞行程中完成,而膨胀和排气过程也是在一个活塞行程中完成,因而省略了两个冲程。在二冲程柴油机中没有单独的进气和排气过程,其进气和排气过程几乎重叠在下止点前后约 120°～150° CA 内同时进行。

②二冲程柴油机的换气主要是依靠进、排气口(阀)之间的压差,用新鲜空气驱赶废气的扫气方式,新气的进入和废气的排除过程同时进行;因此二冲程柴油机在换气终了时缸内残留的废气较多,换气质量没有四冲程柴油机好。

③二冲程柴油机为实现扫气所需的气体压力差较大,空气的消耗量也较大,在换气过

程中所消耗的功较多。

④二冲程柴油机的气缸容积不能被充分利用。

三、评定换气质量的指标

1. 充气系数 η_v

充气系数也称充气效率与充量系数，是指每一工作循环进入气缸的实际充气量 G_0 与在进气状态 p_0、T_0（二冲程机为扫气压力 p_s、扫气温度 T_s，增压机为 p_k、T_k）下充满气缸工作容积 V_s 的理论充气量 G_s 的比值，即

$$\eta_v = G_0/G_s \tag{4-1}$$

实际上，进气终了时气缸内压力低于环境压力，温度高于环境温度，所以充气系数都小于1。充气系数表征了柴油机换气过程的完善性，η_v 越高，换气过程越完善。一般四冲程柴油机的 η_v 为0.75～0.90，二冲程回流扫气柴油机的 η_v 为0.75～0.80，二冲程直流扫气柴油机的 η_v 为0.80～0.90。

2. 残余废气系数 γ_r

残余废气系数指每循环进气终了时，气缸内残余废气量 G_r 与实际进气量 G_0 之比值，即

$$\gamma_r = G_r/G_0 \tag{4-2}$$

残余废气系数表示气缸内废气清除的干净程度。γ_r 越小，表明气缸内废气清除得越干净，新鲜空气相对含量较高，有利于燃烧的进行。

【效果检测】

扫描二维码，进行过关测试。

【案例展示】

排气阀严重烧蚀

1. 相关知识引导

排气阀烧蚀是柴油机最常见的故障之一，主要原因是排气阀密封不良，造成高温燃气泄漏，出现局部严重过热，甚至熔穿金属材料。造成排气阀密封不良的原因通常有：

①阀盘受热不均使密封面产生热变形导致漏气；

②高温、腐蚀性燃烧产物堆积于密封面使表面金属脱落、密封面烧蚀；

③密封锥面金属硬度不够，产生凹坑漏气；

④气阀间隙调整不当导致密封不良。

排气阀与阀座一旦因密封不严而形成缝隙，高温高压腐蚀性燃气就会对缝隙形成冲刷作用，加速密封面烧蚀。

2. 案例表述

某轮主机为广柴 8320 型柴油机，燃烧的是 180 cSt 型重油。该轮在出厂后不到两年的时间内不断地出现排气阀烧蚀漏气（航行中判断排气阀出现烧蚀漏气的现象为排温迅速升高并且不能通过调油门来使排温下降）。所有更换下来的排气阀都须送到专业厂家加工修复后返船重复使用。有的排气阀使用不到 100 h 就要更换，航行中主机只能调低油门，降速航行，以控制排温不能超 390 ℃。船员不断查找各种原因，包括气阀间隙、喷油定时、排气阀装配质量、喷油器、燃油燃烧质量、增压器及其辅助设备的检查与调整等。

3. 案例分析与处理

经过调查发现，当船舶航行在热带区域，该主机以“前进四”运转时，增压空气压力非常低，只有 0.4 MPa（说明书中是 1.2 MPa），而且发现凡是排气温度超 390 ℃时，排气阀就容易烧穿，而且主机运行在“前进四”时，排温都要超过 390 ℃。可见，该轮排气阀容易烧穿是因为增压空气压力过低、燃烧不良、排温过高从而导致了恶性循环。在给主机增压器另加一套临时辅助鼓风设备后，在同等油门下增压压力提高到 0.8 MPa，各缸排温下降了 20 ℃，主机以“前进四”航行完全没有问题，再也没出现排气阀短期内烧穿的问题。

4. 经验与教训

①该轮送岸加工的排气阀密封面合金硬度不完全符合要求，运行时排温超 390 ℃时，排气阀都比较容易烧蚀。

②据调查，在役的广柴 8320 柴油机增压器与主机匹配都存在问题，在高负荷运转时增压空气压力过低、燃烧不良、排温过高、排气阀容易烧蚀等现象。

③该轮采取“给主机增压器另加一套辅助鼓风设备”的临时措施，有效解决了广柴 8320 柴油机存在的问题，但不是一种长效机制。

5. 拓展提高

①如何有效提高排气阀密封面合金硬度？

②如何有效解决柴油机高负荷运转时增压空气压力过低、燃烧不良、排温过高、排气阀容易烧蚀的问题，并形成一种长效机制？

任务二　换气机构检查与调整

【任务引入】

请分辨进、排气阀，并从阀盘直径、气阀锥角加以分析。

【知识结构】

- 换气机构检查与调整
  - 气阀机构的组成、功用、工作条件和结构
    - 气阀机构的分类
      - 不带阀壳式的特点及应用
      - 带阀壳式的特点及应用
    - 气阀
      - 作用、工况、要求、材料
      - 组成、阀面锥角的影响与常识
      - 阀盘直径的影响与常识
      - 与阀座的三种配合形式的特点及应用
      - 阀线的定义及常识
    - 气阀导管
      - 作用、材料
      - 气阀导管与气阀杆间隙的影响
    - 气阀弹簧
      - 作用、结构
      - 大小旋向不同的两弹簧的优点
    - 旋阀机构
      - 分类
        - 旋转帽式的组成、工作原理及应用
        - 推进器式的组成、工作原理及应用
    - 阀座的钻孔冷却与空气槽
  - 气阀传动机构
    - 作用
    - 分类
      - 机械式气阀传动机构
        - 组成、作用
        - 气阀间隙的定义、影响、测量与调整
      - 液压式气阀传动机构的组成、作用、特点及应用
  - 凸轮轴及其传动机构
    - 凸轮轴的作用、工况、材料、类型
    - 凸轮轴传动机构
      - 作用
      - 类型
        - 齿轮传动机构的组成、特点及应用
        - 链传动机构的组成、特点、应用及维护
  - 气机构的故障和管理
    - 气阀机构的故障
      - 阀面与阀座磨损和腐蚀的表现、原因及影响
      - 阀面与阀座烧损的原因
      - 阀杆卡紧的原因
      - 阀杆和阀盘断裂的部位及原因
      - 气阀弹簧断裂的原因
      - 阀壳裂纹的原因
    - 气阀机构的维修与管理
      - 气阀间隙测量和调整
        - 阀面与阀座烧损的原因
        - 阀杆卡紧的原因
        - 阀杆和阀盘断裂的部位及原因
        - 气阀弹簧断裂的原因
      - 气阀定时的检查与调整
      - 气阀和阀座的铰(磨)削、研磨与更换
  - 技能点
    - 柴油机气阀的拆装、气阀研磨及密封性检验
    - 柴油机气阀间隙检查和调整
    - 气阀定时的检查和调整

【知识点】

一、柴油机换(配)气机构的作用及组成

非增压四冲程柴油机的进气系统由空气过滤器、进气总管和支管以及控制进气过程进

行的气阀式配气机构组成；排气系统由控制排气过程进行的气阀式配气机构、气缸盖内的排气道、排气支管和总管以及消音器等所组成。图 4 –3 所示为进气管结构图，进气管的作用是储存气体，保证各缸进气量一致，一般用铸铁制造。新鲜空气通过空气滤清器过滤后进入进气总管，然后经进气支管，由进气道法兰进入气缸盖中进气道。当进气阀打开时，气体便进入气缸。图 4 –4 所示为排气管结构图。排气管一般也用铸铁制造，作用是废气排出的通道。当排气阀打开，气缸内的废气通过排气道经排气管，流到排气外管，再排至大气。图 4 –5 中，进、排气管通过进、排气法兰螺栓安装到气缸盖。

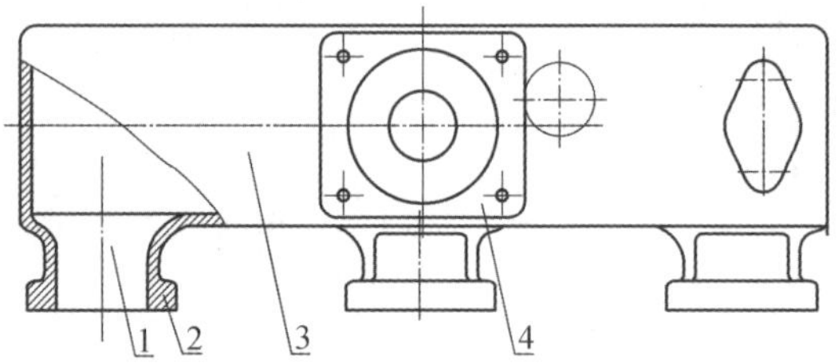

1—进气支管；2—进气道法兰；3—进气总管；4—空滤器接口法兰。

图 4 –3　进气管结构图

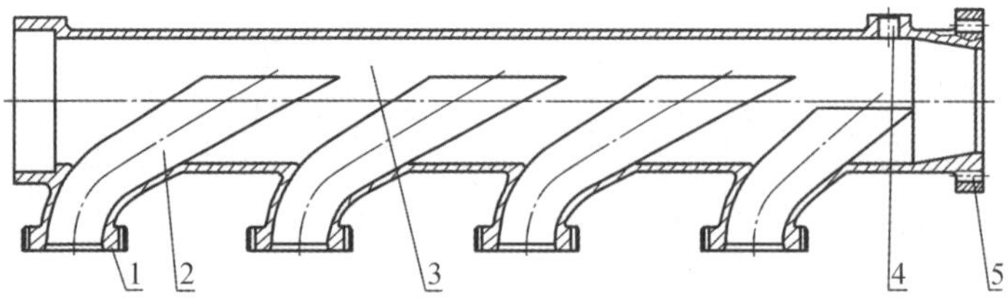

1—排气道连接法兰；2—排气支管；3—排气总管；
4—传感器接口；5—增压器接口法兰。

图 4 –4　排气管结构图

非增压二冲程柴油机的配气系统，由设在气缸套中下部的扫(排)气口取代了进(排)气阀，扫(排)气口的启闭由柴油机的活塞控制；为提高扫气压力，设有扫气泵和使扫气压力稳定的大容量的扫气箱。对于采用排气阀排气的排气系统，其组成与上述四冲程柴油机相同。

废气涡轮增压柴油机配气系统的组成特点是在非增压柴油机基础上，增设废气涡轮增压器，有的还设有空气冷却器。

扫气箱是二冲程柴油机的专用的零部件，扫气箱的作用是储存压缩空气。另外保证各个缸的进气量一致，保证各缸进气的均匀性。非增压柴油机空气先通过空气滤清器过滤，然后由扫气泵吸入并提高压力，通过扫气压力将废气扫出气缸。增压柴油机则通过空气滤清器，然后进入压缩机，有的再进入空气冷却器，再进入扫气箱。

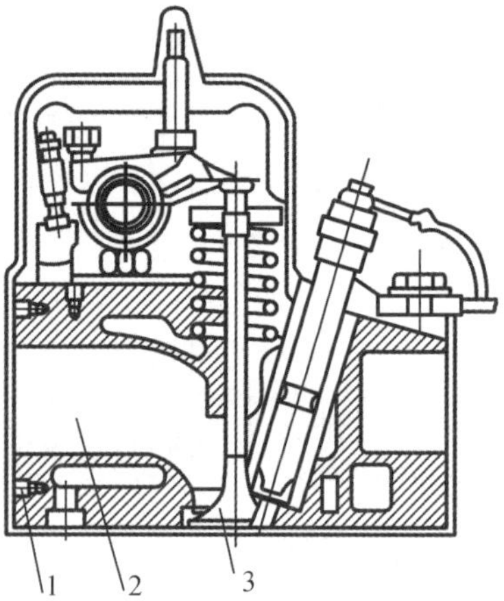

1—气道法兰螺栓孔；2—气道；3—气阀。

图 4 –5　气道与气阀

空气冷却器一般通过冷却水来冷却增压后的空气，降低空气的温度来增加进气密度，进一步提高进气量，从而提高柴油机的功率。另外，降低进气温度后使燃烧温度随之下降,使氮氧化物排放减少。图 4 -6 所示为壳管式空气冷却器,冷却芯组为带翅片的黄铜管,端盘侧板等用 HT200 制造,管板锡黄铜铜制造,翅片管与管板及侧板与端盖均采用硬钎焊连接。总装后水腔做 0.45 MPa 水压试验、0.05 MPa 气密试验,历时 30 min 不得渗漏。空气在有翅片的管外,冷却水在管内流动。通过冷却水将 180 ℃的空气冷却到 50 ℃。

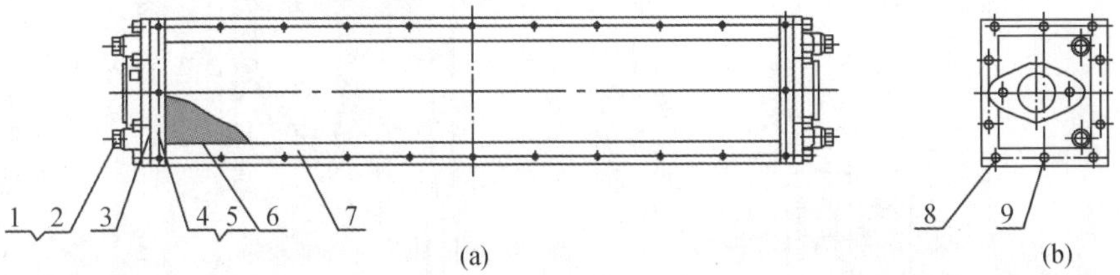

1—放泄螺塞;2—铜垫片;3—端盖(数量 2);4—端盖垫片(数量 2);5—管板(数量 2);6—冷却芯组(翅片管);7—侧板(数量 2);8,9—螺钉。

图 4 -6　壳管式空气冷却器

四冲程柴油机采用气阀式换气机构。现代船用低速二冲程柴油机大都采用气口 - 气阀式换气机构。换气机构的任务是保证柴油机在工作过程中按规定的时间开启或关闭各气缸的进气阀(或进气口)和排气阀(或排气口),使尽可能多的新鲜空气进入气缸,并使膨胀终了的废气从气缸尽可能排净,保证柴油机工作过程的连续和完善。换气机构工作得好坏直接影响到柴油机的换气质量,进而影响柴油机的燃烧过程和做功能力。因此,正确地设计和维护管理好换气机构,对于保证柴油机良好的工作性能和使用寿命具有重要意义。

换气机构通常由气阀机构、气阀传动机构、凸轮轴和凸轮轴传动机构组成。图 4 -7 给出了四冲程柴油机换气机构组成简图。

四冲程柴油机配气机构工作原理动画

气阀到凸轮传动关系如图 4 -8 所示。曲轴通过凸轮轴传动机构,带动凸轮轴转动。凸轮转至升程段,通过挺柱 2、推杆 3 使摇臂 5 转动,压下气阀 8;当凸轮转至回程段,在重力作用下,挺柱等下行,与凸轮保持同步运动。在弹簧 6 的弹力作用下气阀上行关闭。

二、气阀机构的组成、功用、工作条件和结构

气阀机构由气阀、气阀弹簧、气阀导管和阀座等零件组成,如图 4 -8 所示。

认知气阀微课

1. 气阀机构的分类

柴油机的气阀机构按其结构特点分为不带阀壳和带阀壳两类。

不带阀壳的气阀机构直接装在气缸盖上,故结构简单,但检修时必须拆下气缸盖,多用于中小型柴油机,如图 4 -9 所示。

气阀机构的组成动画

带阀壳的气阀机构(图 4 -10)是将气阀、气阀弹簧、导管、阀座等零件装在阀壳上形成一个整体,然后把这个总成装入气缸盖的阀壳孔中。这种结构使气缸盖结构简化,为大型强化柴油机采用锻造气缸盖创造了条件,但增加了阀壳,气阀机构较复杂;维修管理方便,若阀壳式气阀出现伤裂、过度磨损等故障,修理时可不必拆卸气缸盖,只需拆下阀壳就可取出气阀机构,维修管理气阀机构较为方便;有利于构成冷却水腔。这种结构常用于大功率中低速柴油机。

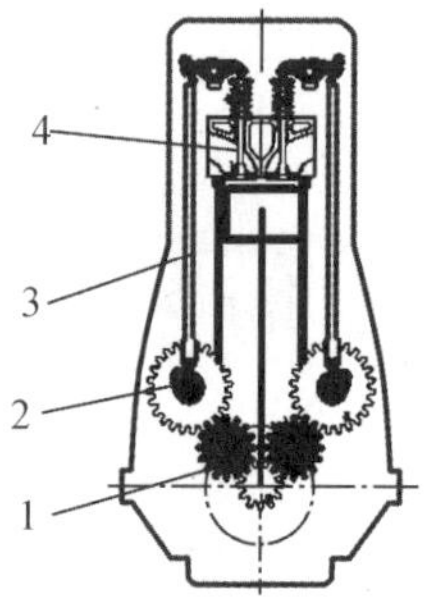

2—凸轮机构;1—凸轮传动机构;
4—气阀机构;3—气阀传动机构。

图 4－7　换气机构的组成

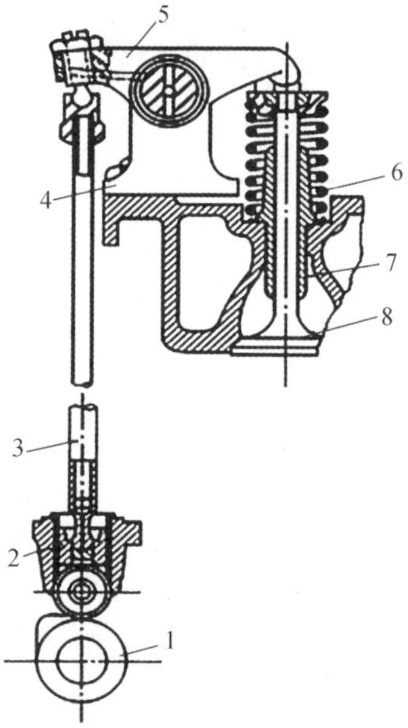

1—凸轮轴;2—挺柱;3—推杆;4—摇臂座;5—摇臂;
6—气阀弹簧;7—气阀导管;8—气阀。

图 4－8　气阀到凸轮的传动关系

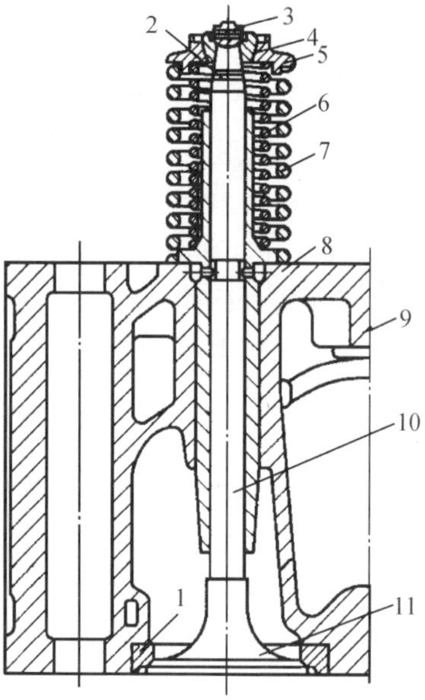

1—气阀座;2—卡簧;3—撞击块;4—卡块;5—弹簧座;
6,7—气阀弹簧;8—导管;9—气缸盖;10—阀杆;11—气阀阀盘。

图 4－9　不带阀壳的气阀机构

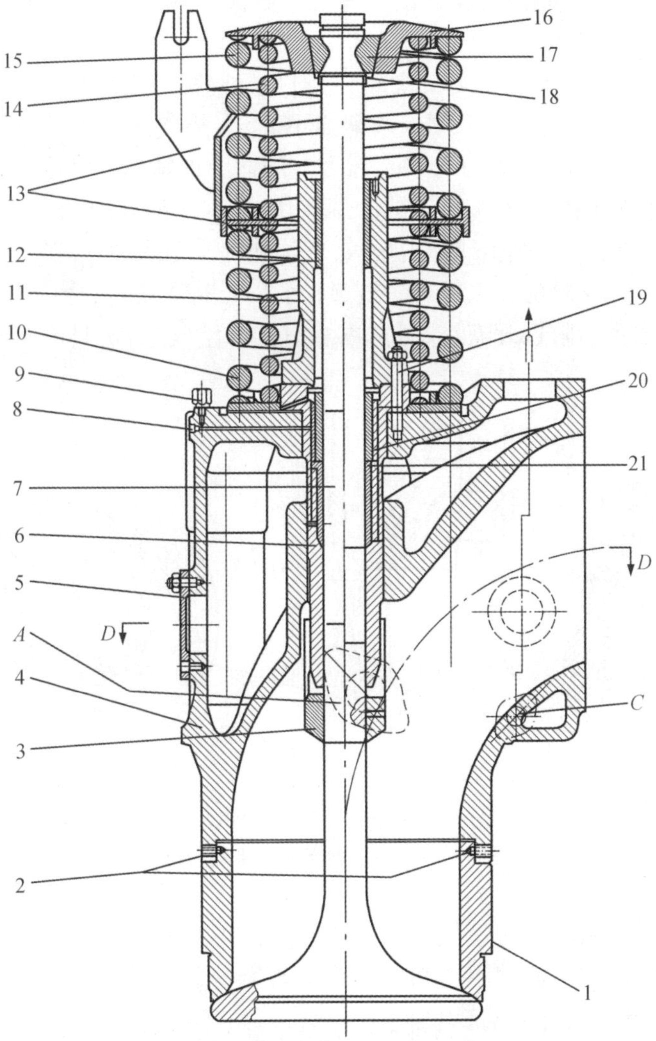

1—阀座;2—锁钉;3—保护罩;4—阀壳;5—盖板;6,11—气阀导管;7—气阀;
8—螺塞;9—加油塞;10,14,15—气阀弹簧;12,20,21—衬套;13—中间弹簧盘及其导架;
16—弹簧盘;17—卡块;18—卡环;19—螺栓。

图4-10 二冲程柴油机阀壳式气阀机构

2. 气阀

气阀是进排气的开关。气阀与阀座暴露在高温高压的燃气中,特别是排气阀盘还受到高速流动的废气冲刷,对于船用增压柴油机,排气阀阀盘平均温度高达650~800 ℃,阀杆温度为150~250 ℃。进气阀在进气时有新鲜空气的冷却,其阀盘平均温度也在450~500 ℃,阀杆温度为100~120 ℃。气阀在关闭时与阀座发生撞击和磨损。阀杆与导杆之间有摩擦磨损。对机械式气阀传动机构,气阀的阀杆端部与摇臂有磨损。燃油(特别是重油)中含有的硫及微量的钒、钠氧化物使气阀与阀座产生高温腐蚀。气阀和阀座受高温、撞击、腐蚀、磨损,气阀在如此恶劣的工作条件下要实现开关进、排气的功能,要求气阀高温下应有足够的强度抵抗断裂,足够的刚度防止热变形,保证气阀与阀座的密封性,足够的硬度提高耐磨性,较高的韧性以抵抗撞击;另外,外形合理,对气流阻力小,导热散热性好。这些要求中最重要的是在任何情况下都应保持良好的气密性。若失去气密,必将导致气阀头部过热、烧损,使柴油机无法正常工作。

为满足高温下综合机械性能好的要求,材料上气阀都采用耐热材料,一般进气阀采用合金调质钢如 35CrMo,负荷大时采用气阀钢如 $4Cr_9Si_2$,排气阀一般采用气阀钢如 $4Cr_9Si_2$,负荷大时采用镍基耐热合金钢如 $4Cr_{14}Ni_{14}W_2Mo$,阀面上堆焊钴基硬质合金,阀杆部分则进行氮化和镀铬处理,对机械式气阀传动机构,阀杆顶部一般堆焊 60 号钢,淬火后 HRC≥50,顶部也有安装硬质合金钢的阀帽或撞击块,这些均能提高耐磨性。阀座则采用合金铸铁或耐热合金钢,一般阀座材料与缸盖材料的热膨胀系数应基本相同。图 4-11 中阀座采用钻孔冷却,并在阀座密封面附近开有空气槽,内存有扫气空气,当密封面漏气时,可避免产生高温排气的烧蚀。

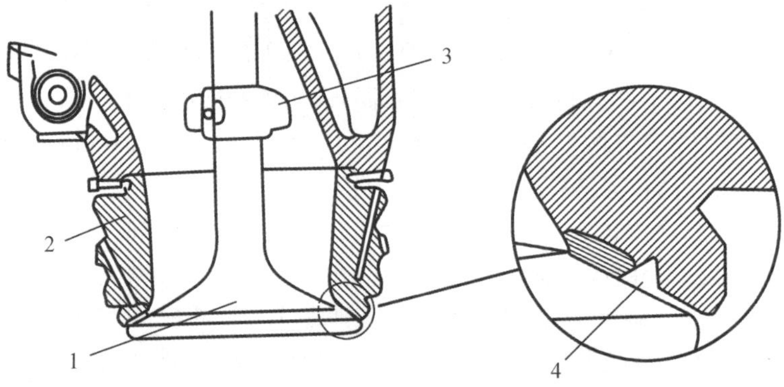

1—排气阀;2—阀座;3—转翼;4—空气槽。

图 4-11 MC 型柴油机排气阀座

气阀由阀盘、阀杆组成,阀盘与阀杆间用大圆弧过渡,以减小流动阻力和应力集中。阀杆上部开有环形槽,用于安装锥形锁块,将弹簧与气阀连接。

阀盘直径越大,气体流通面积越大,故一般进、排气阀如果阀盘直径不等,为了多进气,大直径的一般是进气阀。船用柴油机广泛采用平底的阀盘形状。

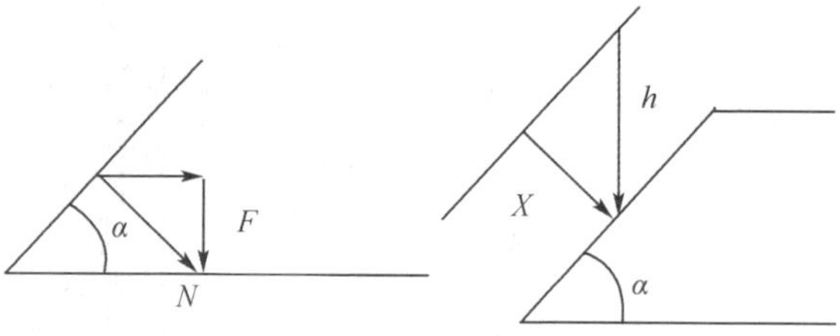

(a) 阀面压力　　(b) 流通面积

图 4-12 阀面压力与流通面积

气阀锥面与底面之间的夹角 α 称为阀面锥角。阀面锥角 α 一般做成 30°或 45°。由图 4-12(a)可知,气阀受气体力 F 相同的情况下,$N = F/\cos\alpha$,锥角大,比压就大,易消除积炭,密封好,但磨损较大,适于排气阀。另外,锥角增大,气阀对中性好。由图 4-12(b)可知,相同的气阀升程 h,流通宽度 $x = h\cos\alpha$,锥角小,气流通过截面大,流动阻力小,适于进气阀,增大进气量。故当两气阀锥角不同时,一般进气阀用 30°锥角,排气阀用 45°锥角。为了便于制造和维修,大多数柴油机的进、排气阀都加工成 45°的阀面锥角。

气阀的阀面与阀座间常通过锥面进行密封,密封带是气阀阀盘与阀座相接触的很窄的一圈接触线,即阀线。阀线宽度对气阀的密封性、耐磨性及散热都有影响。阀线运行一段时间便会磨宽，并在使用中不断加宽。阀线宽度应适当(1.5~2.5 mm)，过宽密封性差，过窄比压大，有利密封，但气阀散热差，阀面磨损较快。

根据锥角间关系，气阀的阀面与阀座在座面的配合上有三种方式。如图4－13所示。

①全接触式：阀面与座面锥角相等，接触面大、耐磨、传热性好，但因比压小，故易结炭，气阀落座时，敲击产生麻点；多用于小型高速机上；阀线宽度一般为1.5~2.5 mm。

②外接触式：阀座锥角比阀面锥角大0.5°~1°，接触带1~2 mm；接触面小，密封性好，阀面与座面内侧不与燃烧时的气体接触；阀盘在高压燃气作用下发生拱腰变形，使内侧阀面与座面接触，减少了接触应力，增加了散热；多用于强载中速机上。

③内接触式：阀面锥角比阀座锥角大0.2°~0.5°；接触面小，密封性好，接触面因离燃烧室远些，温度低，钒、钠腐蚀小；阀盘在高温和高压燃气的作用下会发生周边翘曲的热变形和机械变形，使外侧阀面与座面接触，减少了接触应力，增加了散热；用于燃用劣质燃油(含钒、钠较多)的长行程低速柴油机。

阀座在气缸盖上的安装使用较多的固定方式是将阀座过盈压入气缸盖中，常将阀座放入液氮等中冷却后，装入气缸盖。

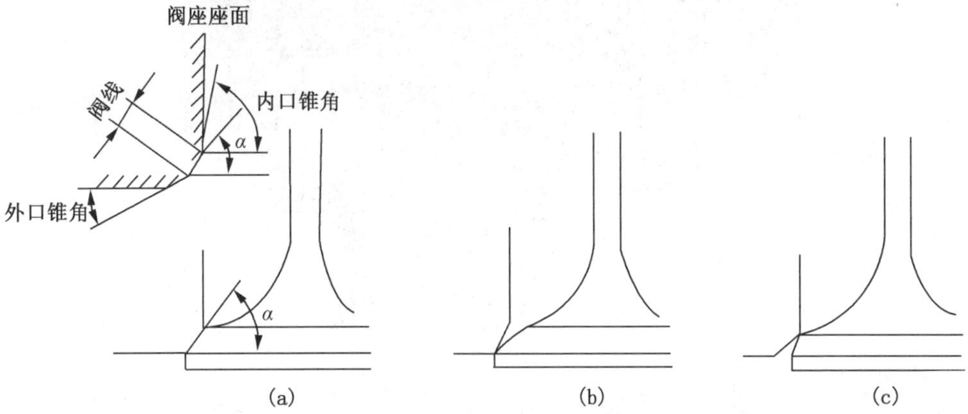

图4－13 阀与阀座的配合方式

3. 气阀导管

气阀导管的作用是导向与传热。气阀导杆与阀杆配合，引导气阀做往复直线运动，将阀杆的热量传给冷却介质，气阀经导管散发的热量约占总散热量的25%。机械式气阀传动机构中，承受摇臂引起的侧推力，润滑条件较差，易磨损。为方便磨损后更换，一般把导管单独制造，然后把它压入气缸盖的导管座孔中，材料为耐磨材料铸铁或青铜。

装配和更换时，气阀导管与阀杆之间的配合间隙要符合柴油机说明书规定的安装间隙和磨损极限。间隙过小，气阀动作迟滞，甚至会使阀杆热膨胀后卡死在导管中；间隙过大，则散热不良，还会使阀杆在导管中横向振动加剧和漏气，特别是漏气会造成烟灰和气缸盖面的润滑油窜入此间隙，造成温度进一步升高，润滑油结胶、焦化，阀杆也会被卡死在导管中。

4. 气阀弹簧

气阀弹簧承受频繁的交变负荷作用，气阀弹簧采用弹性极限高、抗疲劳性能好的材料，如65Mn、50CrVA等冷拔弹簧钢，并经淬火和中温回火处理。弹簧表面还经镀铜、镀锌、发蓝、喷丸等处理，来提高耐蚀性和疲劳强度。气阀弹簧的作用是使气阀关闭，使气阀跟随凸轮运动。大多数柴油机装有内径不同的两根弹簧。总的负荷由两根弹簧分担，每根负荷小、尺寸小、应力低，提高抗疲劳能力。两根弹簧因自振频率不同，互相干扰，可以起到减震的作用；一根折断，另一根还可防止气阀落入气缸。两根弹簧旋向相反，以防止折断的弹簧卡入到另一根弹簧内；还可减少阀在开关时由于弹簧产生的扭转而发生的自动研磨，增加工作的可靠性。

5. 气阀锁夹

气阀杆大都是通过剖分式的锁夹（卡块）与气阀弹簧上承盘连接，锁夹的内圆孔紧抱住阀杆端部的卡块槽部分。阀杆与弹簧承盘的连接方式有两种：如图 4－14(a)所示的连接方式阀杆在装锁夹处直径骤变，应力集中严重；图 4－14(b)所示的连接方式装锁夹处直径采用圆弧过渡形状，应力集中减弱，但圆弧加工麻烦。有的阀杆在装锁夹处下面开有细圆槽，用来装配保险卡簧，以防锁夹连接失效时气阀落入气缸。

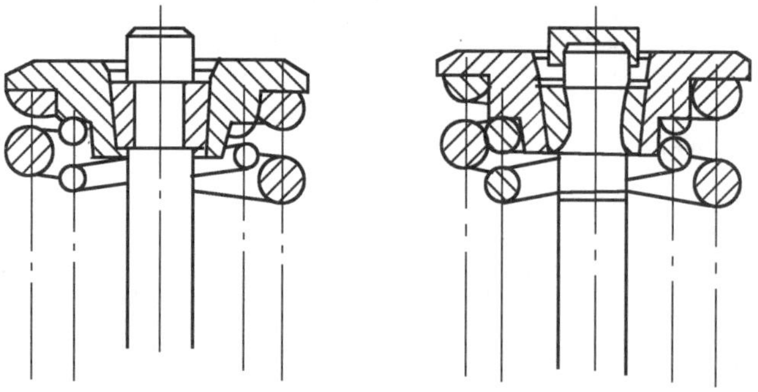

图 4－14 阀杆与弹簧承盘连接

6. 旋阀机构

在强载柴油机中，除冷却外，在排气阀上多装有旋阀器（使排气阀在开关过程中慢慢转动）（图 4－8），其主要目的是：

①可减少阀面与阀座上的积炭，减少磨损，贴合严密；

②使阀盘均匀受热与受力，以改善阀盘的热应力与机械应力；

③消除阀杆与导管之间的积炭，防止阀杆卡死。

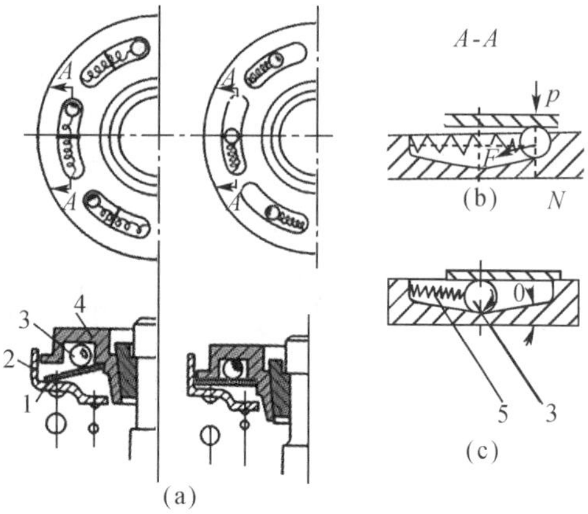

1—碟形弹簧；2—旋阀器环；3—钢球；
4—旋阀器本体；5—回位弹簧。

图 4－15 旋转帽式旋阀器

旋阀器有旋转帽式、推进器式、棘轮式、杠杆式等。中高速柴油机主要采用旋转帽式，如图 4－15 所示。这种旋阀器由旋阀器本体 4、回位弹簧 5、钢球 3、碟形弹簧 1 和旋阀器环 2 组成。在本体中开有若干中间凹入的腰子槽。如图 4－15(a)中 $A-A$ 剖视图所示。在气阀关闭时，钢球被回位弹簧 5 推向凹槽的一端。当摇臂压下气阀时,气阀弹簧被压缩,在不断增大的弹簧弹力作用下,碟形弹簧被压平,压力 p 的一个分力 F 使钢珠克服回位弹簧力沿倾斜底面下滑至中间最低位置,钢珠的摩擦力推动着旋阀器本体4、卡块和气阀一起转动一个角度。钢珠移到最低位置后,转动就停止。当气阀关闭时,碟形弹簧对钢球的压力消失,钢球在回位弹簧作用下,沿倾斜底面回复到最高的原始位置。如此,开启一次,旋阀器转过一个角度,由于其只在开启过程中慢慢转过一个角度,故不会增加气阀与阀座的磨损。

现代船用低速二冲程柴油机燃用劣质燃油,在排气阀上多装有推进式旋阀器。推进式旋阀器如图4-11所示,在排气阀的阀杆上装转翼3,当排气阀打开时,排气气流冲击转翼,使转翼带动阀杆绕轴线转动,使排气阀转动。排气阀转动的角速度随废气量变化,即随柴油机负荷而变。

三、气阀传动机构的功用、原理及结构形式

气阀传动机构将凸轮的运动传给气阀。气阀传动机构按传动形式可分为机械式和液压式。

1. 机械式气阀传动机构

机械式是传统的气阀传动机构,广泛应用在各型柴油机上。一般由滚轮、顶头、顶杆、摇臂、摇臂轴和摇臂座等零件组成。

顶头将凸轮的回转运动变为往复运动,把凸轮的推力传给顶杆,并承受凸轮的侧推力。顶头的底部装有滚轮,滚轮使滑动摩擦转变为滚动摩擦,从而降低磨损并使磨损均匀。

顶杆是直接顶动摇臂的杆件。为减小运动惯性力,提高抗弯能力,要求顶杆轻、刚性好,故顶杆常用无缝钢管制成。当气阀卡死时,易造成顶杆弯曲。顶杆弯曲后经校直可继续使用。顶杆两端铆接或焊接经硬化处理的钢制端塞。端塞的顶面常制成凸、凹球面,顶头及摇臂构成球形铰链。球面铰式滑配,对中性好,使顶杆在倾斜状态下也能正常工作。

摇臂的作用是将顶杆的往复运动改变方向传给气阀。摇臂绕摇臂轴转动,摇臂轴安装在摇臂座内,摇臂座固定在气缸盖上。为减轻摇臂重量并保持足够的刚度,摇臂截面常制成"工"字形、"T"字形等。后臂端装有调节螺钉和锁紧螺母,用来调节摇臂与气阀之间的间隙即气阀间隙。在柴油机冷态时,气阀关闭时,气阀机构和传动机构之间的间隙,称气阀间隙。气阀间隙是为了保证柴油机运转中气阀及传动件受热后有伸长的余地。

气阀间隙过小会导致如下结果:

①气阀工作时,受热向下膨胀,会使气阀关闭不严,造成气阀漏气,严重时导致阀盘与阀座烧损;

②柴油机功率与经济性下降;

③影响气阀正时,使气阀早开晚关,开启持续时间变长。

气阀间隙过大会导致如下结果:

①影响气阀正时,使气阀迟开早关,开启持续时间变短。

②摇臂与阀杆(非阀与阀座)撞击严重,磨损加快,有噪声。气阀间隙由调节螺栓调整,调整气阀间隙时,要求滚轮落在凸轮基圆上,摇臂、顶杆(推杆)、顶头(挺柱)之间保持接触,以保证气阀处于关闭状态。气阀间隙是在运行时使气阀有受热膨胀的余地,故增压机气阀间隙应大于非增压机,二冲程机应大于四冲程,同一机型排气阀应大于进气阀。为减小磨损有相互运动的部位均需润滑。

2. 液压式气阀传动机构

液压式气阀传动机构如图 4 – 16 所示，由顶头和两个液压传动器和油管组成。在气阀、顶头上端各设液压传动器，二者之间通过油管连通。图中顶头处的液压油缸由顶头 3、顶杆 4、套筒 5、柱塞 6、安全阀 7 和补油阀 8 等组成。气阀处的液压油缸由缓冲销 10、柱塞 11、套筒 12 等组成。空气弹簧装置由活塞 13、气缸 14 等组成。由空气瓶来的减压后的空气（一般为 0.7 MPa），经单向止回阀进入空间 N。当 N 空间压力小于 0.7 MPa，外部空气经单向止回阀，可以向 N 空间补气。压缩空气压力过低，气阀关闭速度慢，严重时气阀不能关闭，导致气阀不能很好地跟随凸轮的运动。

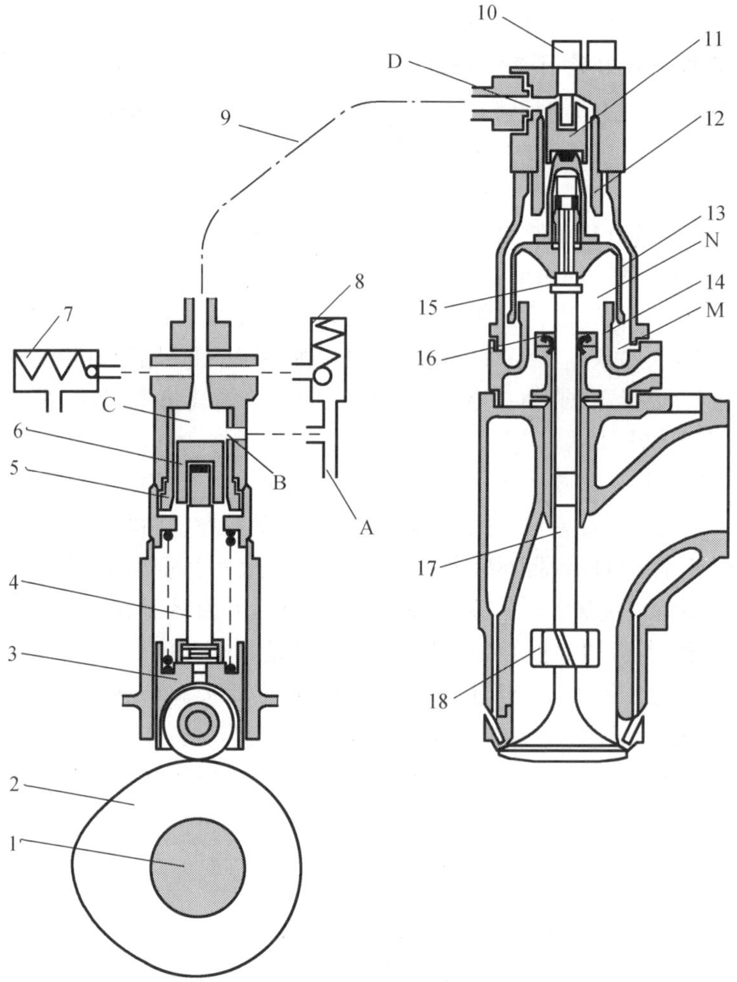

1—凸轮轴；2—凸轮；3—顶头；4—顶杆；5—套筒；6—柱塞；7—安全阀；8—补油阀；
9—油管；10—缓冲销；11—柱塞；12—套筒；13—活塞；14—气缸；15—卡环；16—弹簧板；
17—气阀；18—转翼；A—补油管；B—补油孔；C、D—油空间；M、N—气空间。

图 4 – 16　液压式气阀传动机构和气阀机构

液压式气阀传动机构气阀开启靠液压传动器的油压，关闭靠“空气弹簧”的回复力（压缩后的气体压力）。当凸轮 2 转动时，通过顶头和顶杆，驱动柱塞 6 上行，C 空间的油压升高并经高压油管9进入气阀顶部液压油缸的D空间。作用在柱塞11上的油压使柱塞下行，并推动活塞13下行，使气阀17打开并将N空间内的空气压缩（相当于弹簧被压缩）。随着凸轮转动，柱塞6下降，C空间的油压降低，D空间的油回流到C空间。当D空间的油压低于N空间的气压，气阀在气压（相当于弹簧压缩变形后产生的反弹力）推动下关闭。液压柱塞11上行，缓冲销10进入柱塞11的孔中将孔中的油挤出，由于油的阻尼作用，阀落座缓慢，减轻阀与阀座的撞击。液压传动机构在运行时，经套筒和柱塞间隙漏泄的油，由补油管A和补油阀8补充。液压式气阀传动机构液压油系统的补油阀漏泄的后果是油量减少，这样气阀上部液压传动器柱塞下行距离减小，从而导致气阀开度减小。液压油由十字头轴承的滑油经减压后供给。当油压过高时，油经安全阀7泄掉。当开阀阻力大时会引起油压过高；当气阀卡死，气阀上部液压传动器柱塞卡死均会导致背压过高引起安全阀开启。当N空间没有压缩空气时，油压推动柱塞11下移，气阀被打开，直到卡环15落在弹簧板16上时，气阀停止下行，从而避免气阀与活塞发生撞击。

液压气阀传动机构的优点是尺寸、质量小，布置自由，拆装方便，气阀不承受侧推力（无摇臂），阀与阀座撞击小，噪声小（由于油的阻尼作用）；缺点是密封困难（有压力），调试麻烦（油的压缩性及油管的弹性）。

目前，液压气阀传动机构普遍用于超长行程低速柴油机的排气阀中。

四、凸轮轴及其传动机构

1. 凸轮轴

凸轮轴的作用是控制气阀的开启与关闭。凸轮与滚轮之间的接触为线接触，在工作中受到气阀传来的冲击性和交变性载荷，凸轮工作表面产生摩擦和很高的接触应力。当接触应力过高时，工作表面会发生疲劳破坏，产生麻点或金属剥落。因此凸轮的工作表面必须具有较高的耐磨性和疲劳强度。凸轮型线决定于气阀打开、关闭的时刻和气体流通截面的大小，为使凸轮型线保持不变，凸轮刚度要好。凸轮轴常采用优质碳钢、合金钢或球墨铸铁制造，工作表面应进行表面淬火、渗碳（适于低碳钢）等硬化处理，以提高耐磨性。

凸轮轴有整体式和装配式两大类。整体式凸轮轴是将凸轮与轴锻或铸成一体，适用于小型机。装配式凸轮轴是轴和凸轮分开制造，再根据定时的要求将凸轮紧固在轴上，改变这种凸轮轴上凸轮的周向位置，就可改变气阀定时，并且任何一个凸轮损坏时可以单独更换，常用于大型柴油机中。大型柴油机的凸轮轴很长，一般分成几段组装而成，为使柴油机结构简单，一般控制进、排气阀和喷油泵的凸轮装在同一根轴上。

装配式
凸轮组件动画

2. 凸轮轴传动机构

凸轮轴传动机构是位于曲轴与凸轮轴之间，用以使曲轴按一定速比和定时关系驱动凸轮轴回转的机构。四冲程柴油机的曲轴与凸轮轴的传动比为2∶1，二冲程柴油机的曲轴与凸轮轴的传动比为1∶1。凸轮轴的转向取决于凸轮轴的传动机构和凸轮在凸轮轴上的布置情况，可以与曲轴转向相同，也可以与曲轴转向相反。

齿轮正时
传动动画

凸轮轴传动机构的结构形式与柴油机的类型、凸轮轴的安装位置等因素有关。常见的有齿轮式（图4－17）和链式（图4－19）。四冲程柴油机一般采用齿轮传动，结构紧凑。大型低速二冲程柴油机当凸轮轴布置在机架中部，与曲轴距离较近时，采

链传动动画

用齿轮传动;当凸轮轴布置在气缸体中部,与曲轴距离较远时,采用链传动。

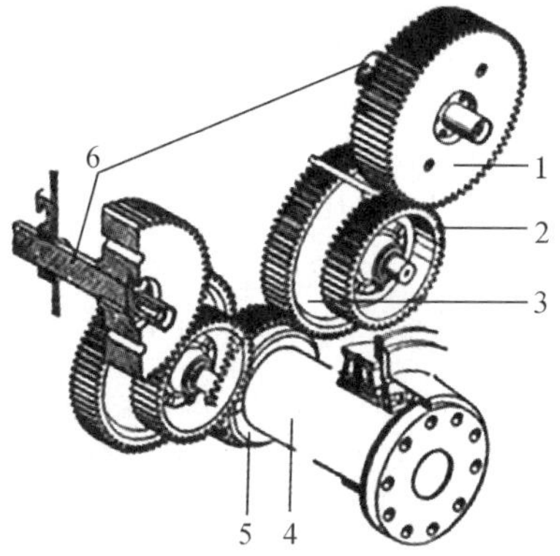

1—定时齿轮;2,3—中间齿轮;4—曲轴;5—主动齿轮;6—凸轮轴。

图 4-17　齿轮传动

齿轮式凸轮轴传动机构由安装在曲轴 4 上的主动齿轮 5、凸轮轴 6 上的定时齿轮 1 以及介于两者之间的一个或几个中间齿轮 2、3 所组成。为保证柴油机各定时正确,在互相啮合的齿轮上打有标记,安装时必须对正记号,如图 4-18 所示,否则使定时改变,影响柴油机的正常运行。为减小磨损,常对各传动齿轮轴承处及其啮合位置进行润滑。飞轮端处于柴油机整个轴系的中部,运转时振动幅度相对较小,中小型柴油机凸轮轴传动机构为了减少曲轴扭振的影响,保证传动比准确可靠,凸轮轴传动机构通常安装在飞轮端。凸轮轴传动齿轮拆修后,在无齿轮啮合标记情况下,安装步骤为:先安装全部齿轮,盘车并用千分表触头压在第一缸弹簧上座,千分表指针刚动时刻对应的飞轮刻度为开启提前角,拆下中间齿轮,盘车至气阀提前角对应的飞轮刻度,安装中间齿轮。

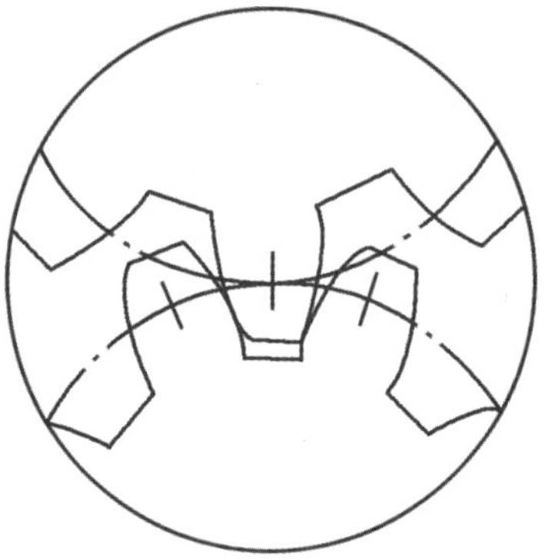

图 4-18　齿轮啮合记号

图 4-19 所示为链式凸轮轴传动机构。它是由安装在曲轴上的主动链轮 1、凸轮轴上的定时链轮 4 以及介于两者之间的惰轮 3、张紧机构 5、张紧轮 6、橡胶导轨 7、链条 2 等组成。橡胶导轨防止链条工作时由于磨损松弛而产生的横向晃动和敲击。中间惰轮增大了链条与链轮间的包角,并缩短链条的跨度,减小链条的振幅。有的惰轮还带动调速器。链条张紧装置用来调节链条的松紧程度,保证链条与链轮啮合正常,传动平稳。张紧轮可装

在正车转动时链条的紧边或松边。通常老机型多位于紧边，新机型为方便张紧链条，多位于松边。张紧链条时要边盘车边张紧。链条应按啮合记号装在链轮上，保证定时正确。

柴油机定时传动链条，在链节距磨损伸长后，可采用张紧轮张紧；链条伸长后，去掉适当数量的链节；链条重新张紧后定时会发生变化。若链条长度增加 1.5% 应换新。

链传动机构结构较简单、紧凑，布置方便，工作时噪声较小；在柴油机换向时可避免齿轮传动中可能产生的齿间间隙累积误差，故链传动在正、倒车运转时都能得到准确的定时；对于轴线的不平行度与中心距误差不敏感；在大型低速柴油机中广泛应用。链传动机构的缺点是润滑不好、磨损快，磨损后造成链节距伸长、松弛、易脱链，须经常检查，此外，工作时链条容易产生晃动，润滑也不方便。

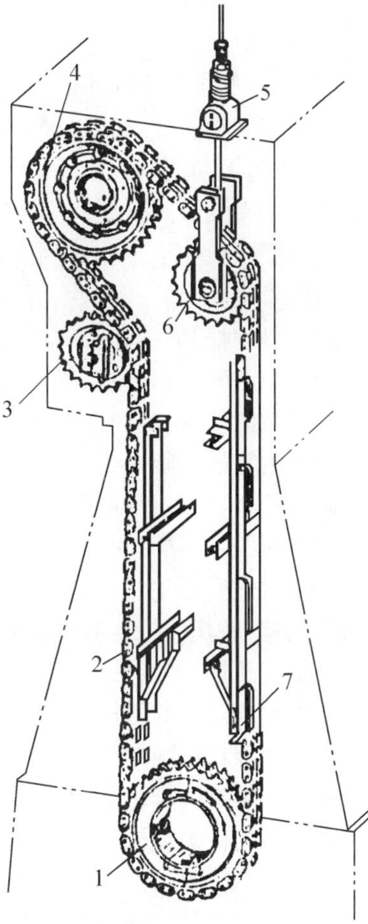

1—主动链轮；2—链条；3—惰轮；4—从动链轮；5—张紧机构；6—张紧轮；7—橡胶导轨。

图 4－19　凸轮轴的链条传动机构

五、换气机构的故障和维修管理

1. 气阀机构的故障

①阀面和阀座磨损和腐蚀。燃气中的固体颗粒、气阀积炭等冲刷或落到接合面上时，阀与阀座撞击会造成阀面和阀座的密封面上有伤痕；燃油中的硫、钒和钠腐蚀会造成阀面和阀座的密封面上出现麻点。磨损将使气阀的密封性变坏，产生漏气，使柴油机功率下降，严重时甚至不发火，启动困难。

②阀面与阀座烧损。烧损一般发生在排气阀与阀座。直接原因是阀与阀座接触面密封不良，排气阀关闭不严，火焰从不密封的部分穿出而烧伤排气阀与阀座。具体原因有：阀座扭曲、偏斜、倾斜和失圆都会造成大面积烧损；气阀导管间隙过小或过大，使阀杆卡阻、变形，阀盘不能落座，使密封面发生均匀烧损；阀面变形，阀面与阀座严重积炭而漏气；阀面与阀座过度磨损，引起伤痕和麻点处漏气而烧损。

③阀杆卡紧。阀杆卡紧的原因有：

a. 阀杆与导管间隙过小，使阀杆膨胀卡紧，间隙过大使滑油结焦，沉积物增多也会卡住；

b. 阀杆中心线不正（倾斜或偏斜），造成卡死，这还将使气阀与阀座关闭不严密而发生漏气，甚至影响气阀的正常启闭；

c. 后燃或滑油高温结焦、滑油量过多或过少、温度过高等均会使阀杆卡死在导管中。滑油量必须适中，最好使用滑油和柴油的混合油。

④阀杆和阀盘（头）断裂。阀杆的断裂大多是由于阀的启闭频繁撞击引起金属疲劳，以及高温下金属的机械强度降低所造成的。阀杆和阀盘断裂将使柴油机立即停止工作，并可

能会击碎气缸和活塞。断裂通常发生在阀盘和阀杆的过渡处或在阀杆上端支撑弹簧盘的圆槽处。阀盘的断裂则是由于阀盘变形局部应力过大、高温下金属的机械强度降低、气阀机构振动、阀盘堆焊材料不同而开裂等原因造成的。阀杆断裂主要是气阀间隙过大、摇臂与气阀杆撞击、气阀机构振动等原因造成的。

⑤气阀弹簧断裂。气阀弹簧断裂的原因除材质、加工、热处理不符合要求或保管中锈蚀外,大多是因为振动造成的。

⑥阀壳产生裂纹。阀－壳产生裂纹通常是由于安装时将固定螺栓拧得太紧造成的,因为这样会使阀壳在柴油机工作时因受热膨胀而在其中产生很大应力。阀壳裂纹将会使冷却水喷入排气管中。因此,固定阀壳螺栓不能拧得过紧,虽然这可能在运转初期出现少量漏气,但工作一段时间后,漏气将自动消失。

2. 气阀间隙的测量和调整、气阀定时的检查和调整

①气阀间隙的测量和调整。气阀间隙是指柴油机在冷态闭阀状态下,机械式气阀传动机构中的摇臂端与气阀阀杆之间的间隙。留有此间隙的目的是使柴油机运转时气阀机构受热后有膨胀的余地,防止气阀关闭不严而漏气。若气阀间隙过小,则气阀受热后会因无充分膨胀余地而关闭不严;间隙过大,会使撞击加重,造成大的噪声和磨损。

当气阀正时发生变化时,直接影响到柴油机的正常运转。因此,必须对气阀间隙定期进行测量和调整,使其保持良好的工作状态,保证柴油机换气过程的顺利进行。气阀间隙应在冷态下进行测量,其测量方法为:

盘车使滚轮与凸轮的基圆接触,同时在摇臂的顶杆端略加力将摇臂压下。这时,摇臂另一端的阀杆端部将出现间隙,用塞尺测量此间隙值并与标准值比较,若不符合,则可通过摇臂一端的调节螺钉进行调节,间隙调好后锁紧螺母应锁紧。

②气阀定时的检查和调整。柴油机在运行过程中气阀定时会由于种种原因而发生变化,气阀定时的改变均会导致换气质量的下降,进而影响柴油机的燃烧过程和功率的发挥。因而应按时对气阀定时进行测量和调整。

气阀定时的测量与调整只有在气阀间隙符合要求时才能进行,气阀定时的测量方法随机型而异。一般采用千分表法,把千分表置于排气阀壳上,表的测量触头与气阀弹簧座接触,并有一定读数,然后缓慢盘车,当表的指针刚刚移动的时刻,即为排气阀的开启时刻,马上停止盘车,此时飞轮上相应的角度就是排气阀的开启角度。当发现正时与给定值不符时,就要进行调整,通常调节凸轮在凸轮轴上的安装位置。

3. 气阀和阀座的铰(磨)削、研磨与更换

发现气阀与阀座的密封性变差后,应研磨气阀和阀座。判断气阀是否可继续研磨修理的主要依据是阀盘厚度。小型柴油机阀座座面与气阀阀盘密封面发生严重磨损时,要用专用工具铰刀修整,应该分别依据阀面和阀座锥角进行加工,加工时要将铰刀导向杆插入导管孔中,来保证阀与阀座的同心度,如果两者不找正,将影响相互配合的密封性。然后用专用磨床研磨,再用细研磨砂对研。研磨后阀面上应研出暗色连续等宽度阀线。中大型柴油机的阀座和气阀都配有专用研磨工具。在阀座换新、使用新的或修理的阀、阀座面损伤时,要用专用工具研磨阀座。为防止研磨面上出现颤痕,磨具或阀壳下要垫橡胶块。

气阀与阀座的磨损量超过规定者应予以换新。对气阀阀座是过盈配合的气缸盖,实船拆卸阀座的常用方法是敲打出或破坏掉阀座。安装阀座时,应该首选冷却阀座,利用阀座冷变形收缩,将其装入气缸盖的座孔中。

【技能点】

一、柴油机气阀的拆装

1. 训练目标与要求

①工具的选取、使用方法正确；

②拆、装操作程序正确；

③工艺方法符合技术规范；

④工具整理放置整齐。

2. 训练设备

四冲程柴油机、气阀拆卸工具、润滑油等。

3. 实操步骤

(1)不带阀壳的四冲程柴油机气阀拆卸

①首先将气缸盖从柴油机上拆卸下来，找一平整地面用木板垫平放稳。

②将气阀拆卸工具套在气阀杆上方，向下用力压缩气阀弹簧，使气阀卡块松动。

③从上弹簧座中取出两半的气阀卡块，注意不要让卡块弹出，防止伤人。

④取下拆卸工具，再依次取出上弹簧座、气阀弹簧、下弹簧座，有些柴油机有旋转器，旋阀器一般安装在上弹簧座中。然后将气缸盖翻转一面(密封面朝上)，由气阀座中抽出进、排气阀(注意各缸进、排气阀的位置不要相互混淆)。

(2)不带阀壳的四冲程柴油机气阀安装要求

气阀的装配程序与拆卸时相反，但在安装时应注意以下几个问题：

①安装气阀时，要对各部位进行清洁并加注适量的润滑油。

②检查气阀杆与导筒之间有无卡滞、松动现象，上下应能活动自如。

③进、排气阀一般不能互换，注意切不可搞错。

④要防止阀杆上的锥形卡块在安装时错位，气阀装上后要将卡块装好，防止因气阀弹簧断裂而导致气阀掉入气缸内。

⑤卡块安装前应检查，确保其上面无疲劳裂纹。

二、柴油机气阀间隙检查和调整

1. 训练目标与要求

①检查工具选取正确；

②检查操作程序熟练；

③工艺符合技术规范；

④测量准确。

船舶柴油机气阀间隙的调整微课

2. 训练设备

柴油机、塞尺、扳手、一字头螺丝刀等。

3. 实操步骤

柴油机进、排气阀间隙的具体数值可以参见柴油机的使用说明书。测量气阀间隙的工具是厚薄规(塞尺)如图 4－20 所示。

图 4－20　气阀间隙的调整

气阀间隙的单缸调整法操作如下：

①盘车使测量缸的顶头滚轮落在凸轮的基圆位置上（应该在冷车时进行），即气阀处于关闭位置。

②用手压动摇臂的顶杆端，这时在摇臂的气阀杆端就会出现一个间隙 x。

③把塞尺（其厚度取气阀间隙规定值）插入气阀杆与摇臂前端的间隙 x 内。用手拉动塞尺，当感觉到稍有阻力（但仍能拉动），这时的间隙值最佳。如果感觉塞尺很松动或很紧时，则应对气阀间隙进行调整。

④调整时，用扳手松开摇臂上的锁紧螺母，把塞尺插入气阀杆与摇臂前端的间隙 x 内，用螺丝刀拧紧（或拧松）摇臂上的调节螺钉，同时用手拉动塞尺，当感觉到稍有阻力（但仍能拉动）时，将锁紧螺母拧紧，同时用螺丝刀固定调节螺钉，防止转动。

⑤再用塞尺复查一次气阀间隙。如间隙不合适，则再重新进行上述调整操作，直到满足要求为止。

其余气阀均照此法进行调整。

需要说明的是，在实际工作中，判断气阀处于关闭状态还有以下两种简易的方法：

①转动气阀的顶杆，如可轻松转动，说明此时气阀处于关闭状态。

②观察高压油泵柱塞弹簧的压缩情况，如柱塞弹簧被压缩，说明在供油，则进、排气阀应处于关闭状态。

为了提高调整效率，实现气阀间隙的“快速调整”，出现了两次盘车调整所有气阀间隙的两次调整法。两次调整法基于如下原则：可调整气阀间隙的气阀必须处于关闭状态，则当活塞处于压缩上止点的气缸，其进气门和排气门均关闭可调；处于进排气上止点的气缸，其进气门和排气门均开启不可调；处于进气行程后期和压缩行程的气缸，排气门关闭可调；处于做功行程和排气行程前期的气缸，进气门关闭可调。

下面以某 6 缸四冲程柴油机为例，讲述两次调整法的步骤。

某 6 缸四冲程柴油机正车转向为右旋，发火顺序为 1—5—3—6—2—4—1，则发火间隔角为 720°/ 6 ＝ 120 °，曲柄排列如图 4－21 所示。

①按柴油机正车方向转动飞轮，使第 1 缸的进排气阀均处于压缩上止点。

盘车至飞轮 0°刻度对准固定指针，即 1，6 缸同时到达上止点位置。此时，如果第 1 缸的进、排气阀不动而第 6 缸进排气阀在一上一下运动，或第 1 缸的气阀顶杆能转动，或第 1 缸高压油泵的柱塞弹簧处于压缩状态，则可断定第 1 缸处于压缩上止点，第 6 缸则处于换气上止点。

②画出曲柄排列展开图。

a. 首先画两个坐标轴，横坐标为曲轴的转角，纵坐标表示过程；

b. 横坐标任取一长度代表一个工作循环的曲轴转角。四冲程柴油机为 720°CA。然后将该长度分成四份，每份为 180°CA，原点处为上止点 TDC，然后在距 180°CA 处标为下止点 BDC，360°CA 处标为上止点，依次类推。从原点处开始标上进气行程、压缩行程、做功（即燃烧膨胀）行程，排气行程。

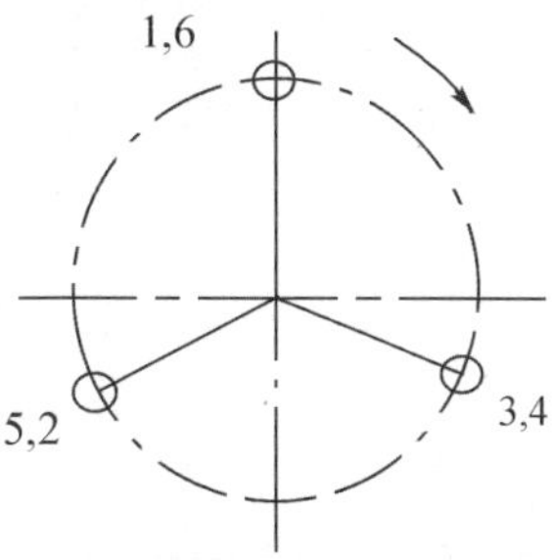

图 4－21　曲柄排列图

c. 再将整个长度分成 6 等份，每份 720°/6 = 120°CA，等分点处画上竖线。

d. 将第 1 缸标注于压缩与燃烧冲程的上止点，然后将第 5 缸标注于第 1 缸左边 120°，即第 5 缸再过 120°CA 到达发火上止点，千万不能标在右边。然后依据发火次序 1—5—3—6—2—4，将第 3 缸标在第 5 缸左边 120°CA，将第 6 缸标于第 5 缸左边 120°CA，原点与最右边 TDC 是重合的。将第 6 缸同时标注于最右边的 TDC，然后第 2 缸标注于第 6 缸左边 120°CA 处，第 4 缸标于第 2 缸左边 120°CA 处。图 4－22 所示为第 1 缸压缩上止点时曲柄排列示意图。

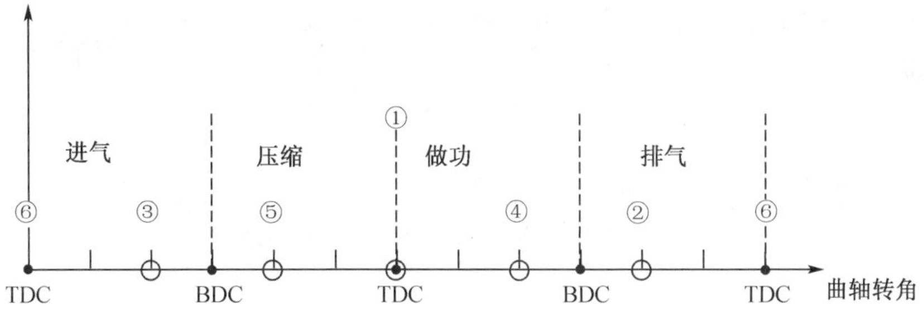

图 4－22　第 1 缸压缩上止点时曲柄排列展开图

e. 从图上直接读出各缸的状态，并整理成表 4－1。当第 1 缸处于压缩上止点时，可调整的缸数也可归纳成口诀“调 3—2—1，中间隔 2”，从第 1 缸起，可调 3 缸气阀，隔 2 缸（不好调气阀间隙），再调 2 缸气阀，再隔 2 缸，接着调 1 缸。其示意图如图 4－23 所示。

表 4－1　1 缸位于压缩上止点时，各缸工作过程及气阀状态

发火顺序	1		2		3		4		5		6	
工作状态	压缩上止点		排气前期		进气后期		膨胀后期		压缩前期		换气上止点	
气阀状态	进气阀	进气阀	进气阀	进气阀	进气阀	排气阀	进气阀	排气阀	进气阀	排气阀	进气阀	排气阀
	关	关	关	开	开	关	关	开	开	关	开	开
能否检查	√	√	√	×	×	√	√	×	×	√	×	×

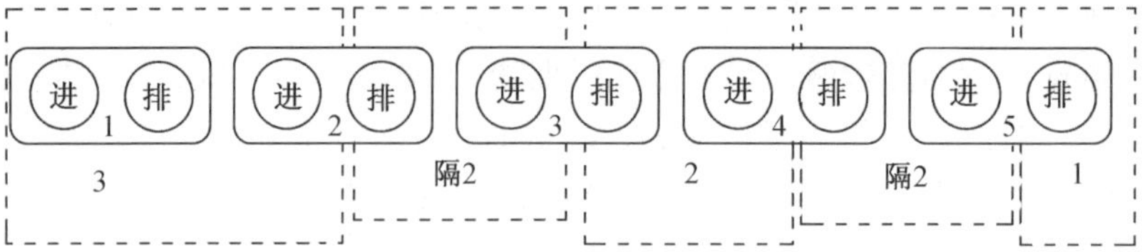

图 4－23　第 1 缸压缩上止点时“3—2—1，中间隔 2”示意图

③检查调整表 4－1 和图 4－23 所列出的气阀间隙。检查调整方法同单缸调整法。

④曲轴顺时针方向转 360°，将第 6 缸转到压缩上止点。

⑤画出第 6 缸压缩上止点时，曲柄排列展开图，如图 4－24。从图上直接读出各缸的状态，并整理成表 4－2。

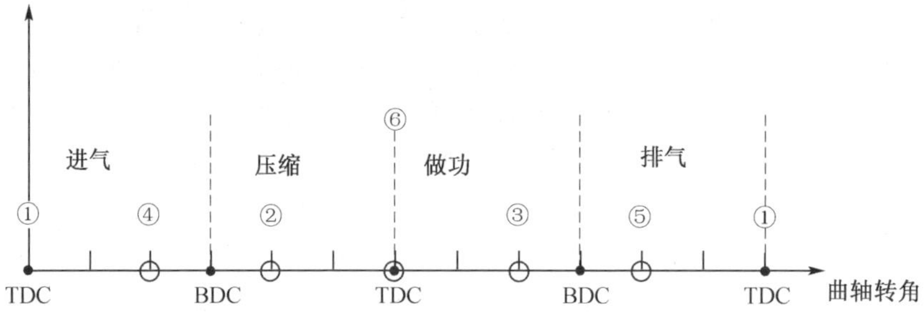

图 4－24　第 6 缸压缩上止点时，曲柄排列展开图

⑥检查调整表 4－2 所列出的气阀间隙。

至此，柴油机在首次盘车后仅再次盘车 360°，也就是盘车角度为 360°～720°，便可将所有气阀检查调整完毕。

表 4－2　6 缸位于工作上止点时，各缸工作过程及气阀状态

发火顺序	1		2		3		4		5		6	
工作状态	压缩上止点		排气前期		进气后期		膨胀后期		压缩前期		换气上止点	
气阀状态	进气阀	进气阀	进气阀	进气阀	进气阀	排气阀	进气阀	排气阀	进气阀	排气阀	进气阀	排气阀
	开	开	开	关	关	开	开	关	关	开	关	关
能否检查	×	×	×	√	√	×	×	√	√	×	√	√

三、气阀定时的检查和调整

1. 训练目标与要求

①检查工具选取正确；

②正确检查与调整气阀定时；

③操作符合技术规范。

2. 训练设备

柴油机、磁性表架、百分表、划针、卷尺、盘车工具等。

3. 实操步骤

柴油机在运行过程中气阀定时会由于种种原因而发生变化，气阀定时的改变均会导致换气质量的下降，进而影响柴油机的燃烧过程和输出功率。故应按时对气阀定时进行测量和调整。

（1）千分表测量调整法

①气阀间隙会影响气阀定时，在测气阀定时前应先调整好气阀间隙。

②按曲轴工作转向盘车，使第一缸气阀处于关闭状态。固定好磁性千分表的架座及千分表，使千分表的测量触头与气阀弹簧盘接触，并使千分表有一读数，确保千分表能灵敏反映弹簧盘的运动，然后转动千分表盘，使读数回零。

③缓慢盘车，观察千分表，当千分表指针刚刚移动，在飞轮指针处用划针在飞轮上划线做标记，并用卷尺测量此处距飞轮上止点的弧长，除以飞轮周长，计算相应的曲轴转角，即为该气阀的开启角。

④继续盘车，千分表指针刚回到原位时停止盘车，在飞轮指针处用划针在飞轮上划线做标记，并用卷尺测量此处距飞轮下止点的弧长，除以飞轮周长，计算相应的曲轴转角，即为该气阀的关闭角度；其他缸类似。

⑤若定时有偏差，可盘车至气阀刚开启的时刻，拆下传动齿轮中的中间齿轮，再将飞轮盘车至说明书规定的定时位置，最后装复中间齿轮即可，如图 4－17 所示。

（2）转动顶杆法

①调整气阀间隙。

②按曲轴工作方向盘车（即转动曲轴飞轮），使第一缸处于关闭状态；然后缓慢盘车，用手绕顶杆轴线转动顶杆，感觉有阻力瞬间，马上停止盘车，此时飞轮指针与相应止点间的角度就是气阀的提前开启角。

③继续盘车，当顶杆由不能转动变为刚能转动瞬间，停止盘车，此时飞轮指针与相应止点间的角度就是气阀的滞后关闭角。

④其他缸类似。

（3）气阀定时调整

①大角度调整。当气阀相位角与说明书规定值相差较大时，则应改变凸轮定时齿轮与曲轴主动齿轮间的相互啮合位置；根据需要改变的角度及凸轮每个齿对应角度值确定拔齿的个数。如已知凸轮定时齿轮 52 个齿，须提前 15° 曲轴角度，则应拔凸轮定时齿轮的齿数为

$$Z' = \frac{15}{2} \times \frac{52}{360} = 1.1 \quad (\text{个})$$

拔齿时，先将凸轮定时齿轮拉出，与中间齿轮脱开，然后顺工作方向转过 1 个齿，再把凸轮定时齿轮推入，与中间齿轮重新啮合，此时将气阀角度提前了 360°/26 = 13.8°CA；再次检查气阀相位角。

②微量调整。当气阀相位角与说明书规定范围相差较小时，可借助于气阀间隙进行微量调整。减少气阀间隙，则气阀提前开启，滞后关闭；增加气阀间隙，则气阀推迟开启，提前关闭。需要注意的是，经过微量调整后气阀间隙仍应在说明书规定的范围内。

【效果检测】

扫描二维码,进行过关测试。

【案例展示】

气阀间隙调整不当导致排气阀损坏

1. 相关知识引导

气阀间隙通常是指柴油机气阀同时关闭时,顶杆与摇臂之间的间隙。调整气阀间隙一般要遵循以下原则:

①柴油机处在冷态下调整;

②各缸按发火顺序来进行调整;

③调整时按正车方向盘车;

④判断进排气阀同时关闭是以喷油器开始喷油时刻或者以飞轮标识该缸到达上止点时为准。

除了遵循以上原则外,还要细读柴油机的说明书按要求进行。

2. 案例表述

某轮主机为 B&W6K74EF 型,某航次开始时单缸排温升高,判定排气阀漏气,通过调低该缸油门来维持主机运行,到后来发展到 4 个缸排气阀严重漏气,排温超出报警值,增压器喘振,被迫停航检修。排气阀拆出后,发现其阀面及阀座均因受高速气流的冲刷而侵蚀严重,只好换用备件,开航后不久发现排气阀仍漏气。于是电告公司,公司机务部门派有关专家至船了解情况,查阅资料、说明书等,得知在更换排气阀后调整气阀间隙方法不对,没有先开动凸轮轴润滑油泵,后按说明书规定的方法进行调整,该故障随即消除。

3. 案例分析与处理

气阀从冷态向热态转变时,凸轮与滚轮之间、摇臂与阀杆之间的间隙将会随热胀而减少,为此须预先留有一定间隙。由于该机排气阀采用的是液压凸轮顶升机构,液压缸内在无油压情况下,它与顶杆间的油垫未起,因此在冷态时油泵未启动,顶杆未抬起情况下调整好的间隙,仅是摇臂和顶杆之间的间隙(约 0.50 mm),没有考虑留下油泵启动后的油垫间隙(约 0.50 mm),当主机启动运行后,排气阀在热态情况下因气阀间隙消失而不能闭合。劣质燃油的使用又使阀面和阀座很快冲蚀烧坏,并逐渐扩大,使压缩压力下降和燃烧恶化,车速下降,若再增加油量来提高车速,将会使后燃更加严重,增压器供气匹配失调,引起喘振等一系列不良后果。

4. 经验与教训

①主管轮机员必须熟悉柴油机各项操作规程,每一步关键性操作要严格按柴油机说明书进行。

②每一位主管轮机员接管以前没接触过的设备时,一定要摸清设备的工作原理及其工作特点。此案例中,气阀间隙的调整就不能按老式柴油机来操作。

③柴油机在运行中用简易的方法就可以判断气阀间隙是否符合要求:用手旋转顶杆头上的旋转帽,很紧不能转动,说明气阀不能关闭,间隙过小;如果旋转帽过于松动,气阀间隙可能过大。

5. 拓展提高

①气阀间隙过大和过小会产生怎样的故障现象？导致怎样的后果？

②机械式气阀传动机构与液压式气阀传动机构有何不同？气阀间隙调整时应注意什么问题？

③运行中的四冲程柴油机如何有效监控气阀间隙？在什么情况下需要调整气阀间隙？

项目五　增压器维护

【项目描述】

通过对增压柴油机的学习，达到 STCW 公约马尼拉修正案中有关柴油机换气与增压系统与设备的操作与维护管理方面的适任要求。

一、知识要求

1. 掌握柴油机增压的基本原理、基本方法、增压方式和增压系统的类型及特点；
2. 熟悉废气涡轮增压器的结构原理；
3. 掌握增压器的日常管理与操作要点。

二、技能要求

1. 具备废气涡轮增压器的拆装与主要配合间隙的检测能力；
2. 具备增压器的常见故障分析处理能力和日常操作与维护管理能力。

三、素质要求

培养学生获取柴油机换气与增压新技术、查阅资料自主学习、建立创新意识、系统分析问题和解决问题、总结规律和积累经验、严谨做事和积极开拓的能力。

【项目实施】

任务一　增压系统

【任务引入】

采用废气涡轮增压后柴油机工作过程得到改善，燃油消耗量下降、功率增加，而且排放也得到改善。但增压器涡轮端受废气的冲刷，易脏污。试完成增压器运行中的清洗。

【知识结构】

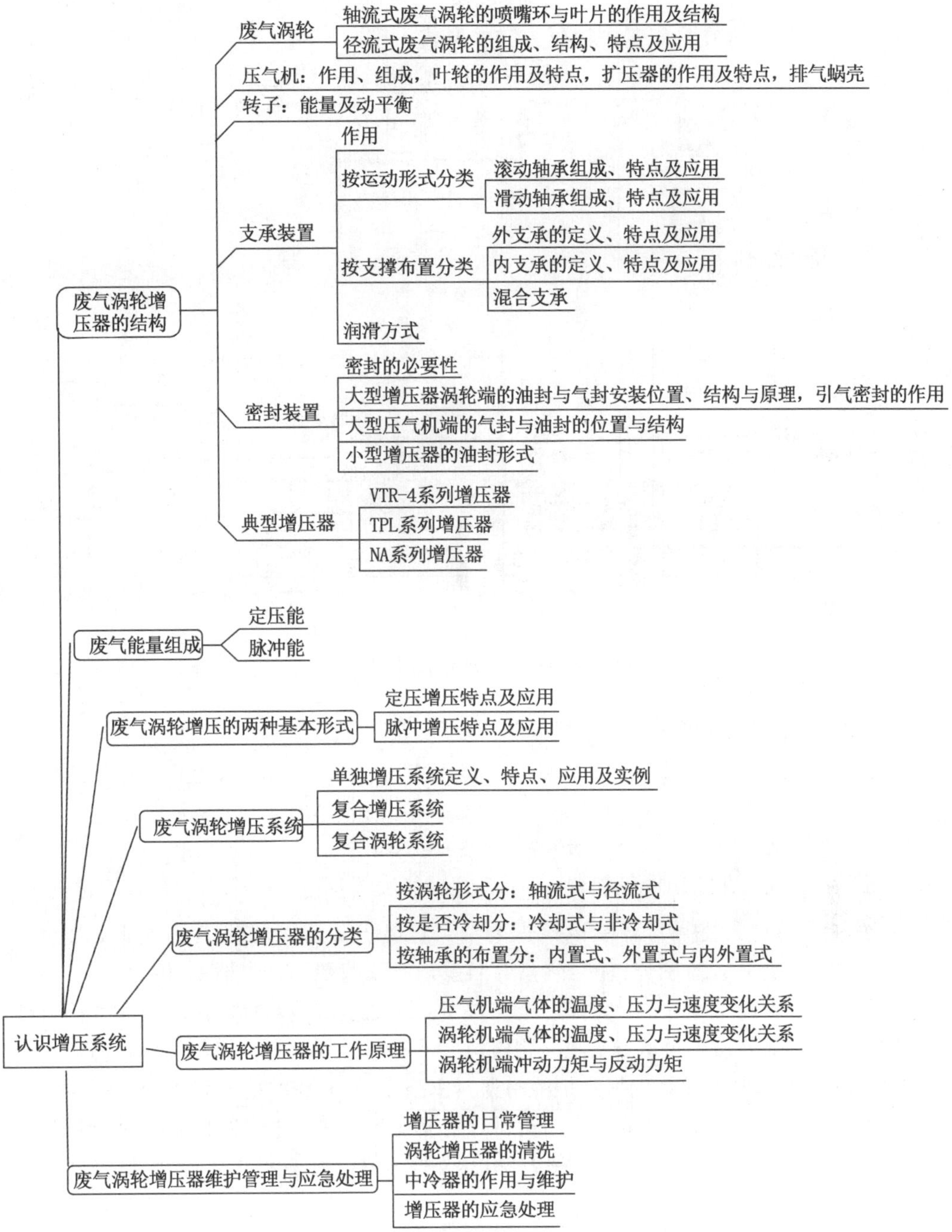

【知识点】

柴油机的脉冲增压与定压增压特点微课

一、废气能量分析及其在涡轮增压器中的利用情况

柴油机废气所含热量占燃油燃烧放热量的30%～37%。在涡轮增压系统中，废气从气缸中排出后，先后在排气管及涡轮机内进

行膨胀,废气能量的变化情况可以用膨胀过程中状态的变化加以表示,如图 5-1 所示。废气总的可用能取决于废气的状态及流量,由脉冲能 E_1 和定压能 E_2 组成。E_1 是由 $b-e-5-b$ 围成的面积,是缸内气体由压力 p_b 膨胀到涡轮前气体压力 p_r 的可用能,以一种脉动的速度能的形式进入排气管,在排气管中以压力波的形式出现。E_2 是 $e-f-i-g-e$ 围成的面积,是气体在涡轮内由压力 p_r 膨胀到大气压力 p_0 的膨胀能,也称势能。定压能 E_2 持续时间长于脉冲能 E_1,故一般 $E_2>E_1$。随着增压度增加,定压能 E_2 所占的比例越来越大。

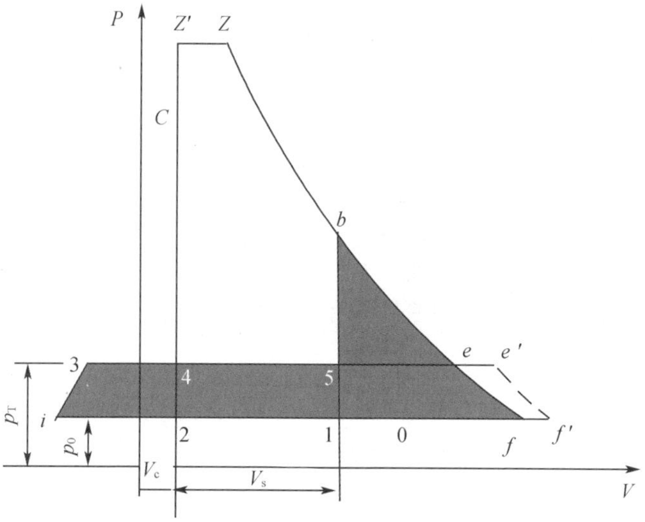

图 5-1　废气中的能量组成

二、废气涡轮增压的两种基本形式

根据对废气能量的利用方式的不同,废气涡轮增压有定压涡轮增压和脉冲增压两种基本形式。

1. 定压涡轮增压

如图 5-2 所示,在定压涡轮装置中,所有气缸的废气都进入一个大而粗直的排气总管,涡轮机接在排气总管之后。

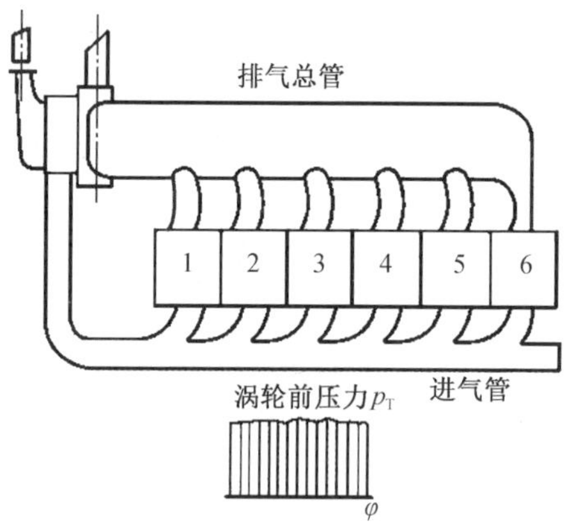

图 5-2　定压废气涡轮增压系统

定压涡轮增压中,废气从气缸流入排气总管时流道截面变化很大,产生节流及漩涡,废

气能量中脉冲能 E_1 中的大部分被耗损，小部分转变为热能，加热了排气管中的废气，使废气的容积增大，温度升高，一般可升高 150 ~ 250 ℃。从 E_1 回收的这部分能量（只占 E_1 的一小部分）的大小等于图 5 - 1 中由 $e-e'-f'-f-e$ 围成的面积，当然，远小于损失掉的可用能 $b-e-4-b$ 围成的面积。由于排气总管的容积较大，各缸排入废气进入后迅速膨胀、扩散并稳定下来，只引起微小的压力波动，总管相当于稳压箱。废气以基本不变的速度和压力冲击涡轮叶片，故定压增压式涡轮工作稳定，效率高。可见，定压增压废气从排气口（阀）至废气涡轮段能量 E_1 损失较大，在废气涡轮中做功的过程能量 E_2 损失小。

目前大型低速高增压柴油机大都采用定压涡轮增压。由于定压增压主要利用了废气能量中的定压能，当柴油机在低负荷或启动时，废气能量本身就小，涡轮发出的功率小于压气机需要的功率，故常另设电动辅助泵来满足扫气的需要。

2. 脉冲涡轮增压

如图 5 - 3 所示，脉冲涡轮增压系统排气管又细又短，弯头要少，内腔成流线型，并使涡轮尽量接近排气口，管子通道截面差不多与排气门通道相当，以减少节流及旋涡，从而充分利用脉冲能 E_1。在设计良好的情况下，脉冲增压可利用脉冲能 E_1 的 40% ~ 50%。排气阀与排气口开启后，排气管中的压力迅速升高，瞬间接近气缸压力。此后即随着气缸内压力的下降而下降，形成脉冲压力波，故称为脉冲涡轮增压。脉冲增压不仅可以利用脉冲能外，还可利用废气的定压能，但由于涡轮前压力波动大，涡轮效率较低，定压能 E_2 利用率较低。

在多缸机的脉冲涡轮增压系统中，如各缸排气排入一根排气管，会产生扫、排气的互相干扰，某缸正在进行扫气而另一缸正在排气，排气压力波就会传到扫气缸的排气口，使该缸的排气背压升高，从而影响该缸扫气的正常进行，严重时甚至出现废气倒灌入扫气箱。若每缸各自向单独的排气管排气，又会使涡轮供气间断，效率降低。所以应对排气管合理分组。分组的原则是避免同组内各缸的扫、排气互相干扰。对于四冲程柴油机，完成一个工作循环需 720°CA，排气延续时间可近似认为是 240°CA，所以同一组的最多允许缸数为 $i=720°/240°=3$。对于二冲程柴油机，完成一个工作循环需 360°CA，排气延续时间可近似认为是 120°CA，所以同一组的最多允许缸数为 $i=360°/120°=3$。所以脉冲增压最适合于气缸数是 3 的倍数（3、6、9、12 缸）的柴油机。

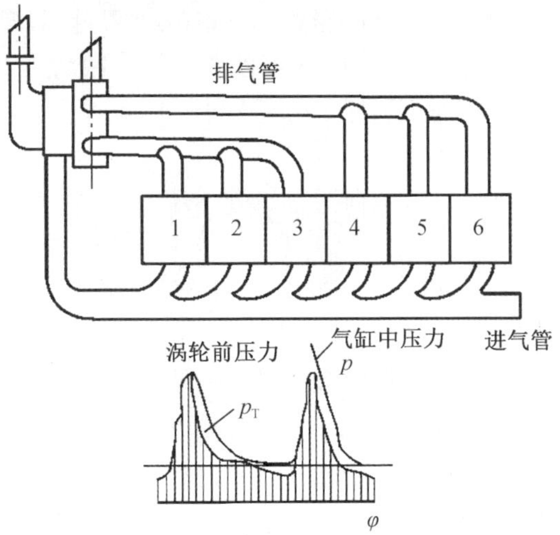

图 5 - 3　脉冲废气涡轮增压系统

对于6缸机,如果发火顺序为1—5—3—6—2—4,则可知每缸发火间隔角120°CA,1—3—2连一根排气管,5—6—4连一根排气管,每两缸间正好相差240°CA,满足脉冲增压排气互不干扰又保证涡轮供气不间断。

在低、中增压气缸数是3的倍数柴油机中多采用脉冲涡轮增压。

3. 两种增压方式的比较

(1)废气能量的利用

低、中增压时,脉冲增压能量利用优于定压增压。脉冲涡轮增压不仅利用废气的压力能E_2而且能够有效地利用废气的脉冲能E_1。而定压涡轮增压只利用了废气的定压能E_2,大部分脉冲能E_1浪费掉了。

高增压时,定压增压能量利用优于脉冲增压。随着增压压力的提高,排气总管内废气压力不断提高,气缸内废气压力与排气总管压差减少,脉冲能所占总废气能量的比例越来越少。当废气进入涡轮机时,脉冲增压废气状态不稳定,废气在涡轮内部利用率低。而定压涡轮增压废气状态稳定,废气在涡轮内部做功效率远高于脉冲增压。综合考虑废气能量在涡轮机前的损耗和废气在涡轮内部做功的效率,高增压柴油机定压增压废气能量利用优于脉冲增压,这也是现代高增压船用主机均采用定压增压的主要原因。

(2)涡轮的工作性能

定压增压系统废气压力较稳定,涡轮效率高。脉冲增压系统涡轮前废气压力脉动,涡轮工作不稳定,涡轮效率较低。综上所述,定压增压系统废气能量在进入涡轮前损耗较大,进入涡轮后损耗较小,脉冲增压系统刚好相反。

(3)增压系统的布置

对于脉冲涡轮增压,为了有效地利用废气的脉冲动能E_1,对排气系统的布置、结构加工等方面都有较严格的要求。如要求排气管尽量短而细,流线型、光滑且弯头少,排气管、垫片、排气口要对齐,增压器要尽量靠近排气口处等。这就给系统的布置带来困难,排气管的拆装检修也不方便。定压增压排气系统的布置比较简单,只需装设容积足够大的排气总管,增压器的布置不受限制。在这方面,脉冲增压就不如定压增压。

(4)管理上的要求

由于布置上的要求,脉冲增压的增压器离排气口(阀)很近,涡轮叶片易污损,活塞环的碎片以及燃气中的炭粒等容易损伤涡轮中的零件。此外脉冲增压对气口(阀)定时和气口的清洁程度较敏感,而定压增压则不敏感。

(5)加速性及低负荷性

定压增压由于排气管容积大,低负荷时排气管中压力低,脉冲能损失多,涡轮发出的功率小于压气机所需功率,故定压增压柴油机需另设辅助风机来满足低负荷时的扫气要求;柴油机加载时,虽然从气缸中排出的废气温度压力已经开始升高,但在容积较大的排气管中废气的压力、温度升高得较慢,涡轮增压器转速跟不上柴油机的加载,不能迅速及时地增大供气量,以满足柴油机因加载喷油量增大而增大的空气需要量,出现了较大的滞后现象,导致加速时柴油机冒黑烟。因此其加载性能较脉冲增压差。这就是发电机组的柴油机发展到高增压仍采用脉冲增压的原因。脉冲增压柴油机低负荷时脉冲能损失少,增压时因排气管容积小,压力建立较快,涡轮前废气压力可随柴油机的加载而迅速上升,故加速性及低负荷性脉冲优于定压。

由上述可知,在不同的增压情况下应采用不同的增压方式。为了更多地利用废气能量，一般在低、中增压时采用脉冲增压可以，在高增压时采用定压增压，两种增压方式比较见表5－1。

表5－1　两种增压方式的比较

项目	定压增压	脉冲增压
废气能量利用	E_2	E_2+E_1
涡轮机效率	高	低
增压系统布置	布置简单	布置困难
管理上的要求	涡轮机叶片不易损坏	涡轮机叶片易损坏
加速性/低负荷性	差	好

4. 脉冲转换增压

脉冲增压适于3的倍数的柴油机，脉冲转换增压是解决不利气缸数柴油机采用脉冲增压时的不利因素的有效措施。

(1)简单脉冲转换器增压

简单脉冲转换器适用于不利气缸数为4、8、16缸的柴油机。它是把发火间隔为360°CA的两个气缸连接一根排气管，并与另一根排气管通过脉冲转换器连到涡轮的一个进口，所以有四个180°CA的排气脉冲依次进入涡轮，其结构如图5－4所示。图中四冲程8缸柴油机发火顺序为1—4—7—6—8—5—2—3，其中1、8缸和2、7缸的排气支管分别通过引射喷嘴连到一个混合管，该混合管与涡轮的一个进口相连。当第7缸开始排气时，废气在引射喷管的最小截面f_E处被加速，部分压力能变为动能，在喷管出口形成低压区，此时比第7缸提前180°CA排气的第1缸正好处于扫气阶段，因而第7缸的排气对第1缸的扫气产生抽吸作用，加速了第1缸的扫气和排空。当然，第1、7缸的混合气压力波到达涡轮后会反射，反射的压力波要经过1、8缸的引射喷嘴进入排气支管，可能干扰第1缸的扫气。因此，连接于同一脉冲转换器上的相继发火缸的发火间隔角一般不小于180°CA，这样，反射的压力波对扫气的干扰也只能发生在扫气接近结束时，对扫气的影响较小，所以它特别适用于4、8、16缸柴油机。

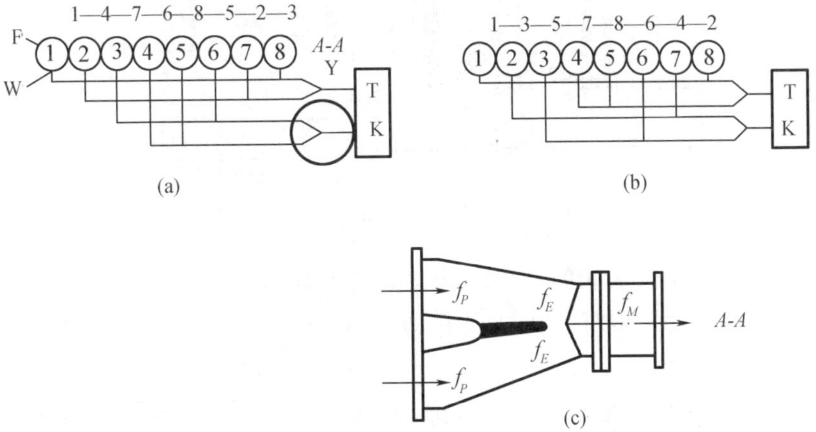

图5－4　简单脉冲转换器增压

(2)多脉冲转换增压

图5-5所示为多脉冲增压系统简图,其中Y为多脉冲转换器。多脉冲转换增压系统消除了简单脉冲转换器增压对排气管长度、发火间隔角、进排气重叠角和柴油机转速的限制。多脉冲转换增压系统是将排气重叠的气缸连到一根排气支管W,然后再将数根排气支管通过一个多脉冲转换器Y连到涡轮TK进口。多脉冲置换器相当于一个混合器,使排气支管中压力波传至涡轮后基本上不反射,在高负荷时相当于定压增压,低负荷时相当脉冲增压。

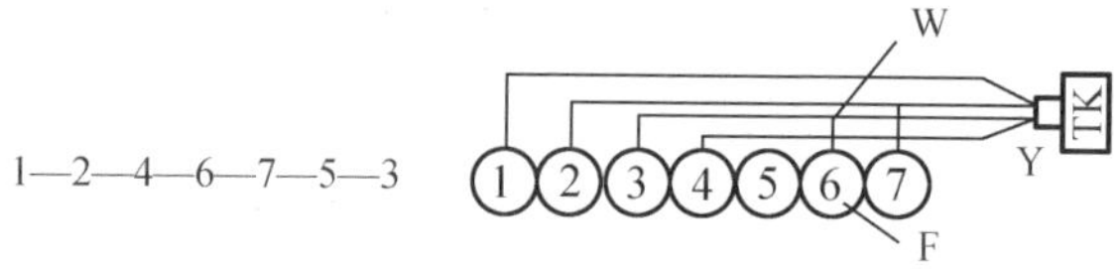

图5-5 多脉冲增压系统简图

(3)单管脉冲转换增压

单管脉冲转换器增压系统,也称模件式脉冲转换增压,在中速柴油机中应用较多。其布置与定压增压相似(图5-6),但排气总管容积较小,而且各缸排气经单管脉冲转换器(喷管)[图5-6(a)]排入总管2。由于转换器的作用,气缸出口处的压力能变成动能,并传给已在排气管中高速流动的气体,利用了部分排气中的脉冲能量。总管再经一个扩压器与增压器入口相连,把气体的动能变成压力能,确保增压器按定压工作。这种增压系统排气管布置简单,不需要分组,又不受柴油机缸数限制,其工作性能优于多脉冲转换增压系统,而且易于系列化生产。图5-6(b)所示为某9缸机几种不同的增压系统布置情况。各种系统均有其自身的特点:脉冲系统适用于缸数为3的倍数的中、低增压系统,且排气管需要分组。定压系统适用于高增压柴油机,与电动鼓风机配合已成为近代船舶柴油机的常用系统。多进口脉冲与单管脉冲转换系统既然能有效地利用废气的脉冲能量,又能使涡轮有稳定的进气压力和连续的流量,兼有脉冲增压和定压增压的优点,前者适用于4、8、16缸柴油机,后者不受柴油机缸数的限制。

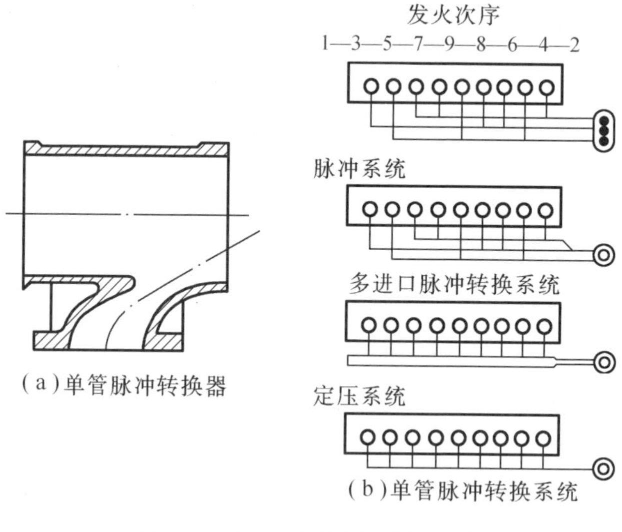

(a)单管脉冲转换器　(b)单管脉冲转换系统

图5-6 某9缸机单管脉冲转换系统

三、废气涡轮增压系统

废气涡轮增压器及相关的设备及管路组成的系统称为废气涡轮增压系统。主要组成有柴油机、废气涡轮增压器,空气冷却器和辅助扫气泵等。废气涡轮增压系统的作用是提供足够的空气,满足柴油机扫气和燃烧的需要。废气涡轮增压系统分为单独增压系统、复合增压系统以及涡轮复合系统。

1. 单独增压系统

单独增压系统只利用废气涡轮增压器来实现增压,而不增设其他辅助机械的增压系统称为单独增压系统,如图 5-7 所示。排气阀打开,废气由气缸经排气道进入排气总管,然后驱动涡轮带动压气机高速旋转,经空气滤清器过滤的空气被吸入压气机,增压后进入空冷器冷却后,流到扫气箱。因为增压器完全由废气驱动,无须消耗柴油机的有效功率就可以满足启动、低速、全速工作的需要,所以该增压系统最突出的优点是能够最有效地提高柴油机的功率,同时还能改善柴油机的经济性。

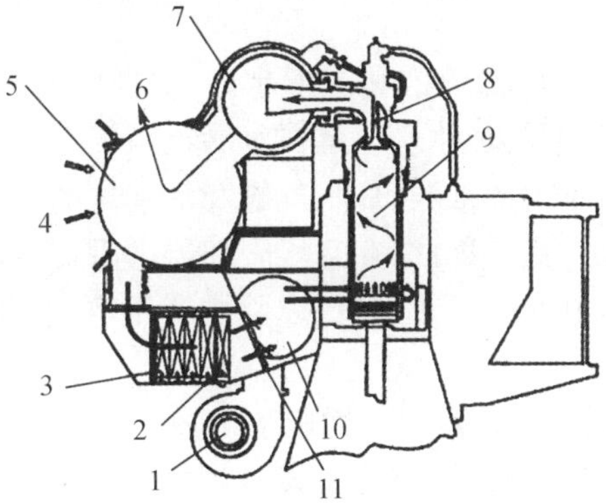

1—辅助鼓风机;2—水雾捕集器;3—空冷器;4—进气;5—增压器;6—废气出口;

7—排气总管;8—排气阀;9—气缸套;10—扫气箱;11—止回阀。

图 5-7 单独增压系统

单独废气涡轮增压系统在船用四冲程柴油机中得到了最广泛的应用,如图 5-8 所示,其不增设由柴油机驱动的辅助气泵而满足启动、低速、全速工作的需要。当增压器损坏时,无增压器仍能工作。废气涡轮采用定压增压或脉冲增压方式。

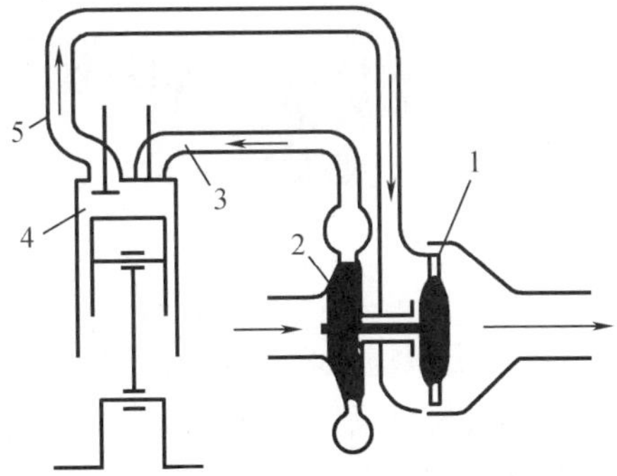

1—涡轮;2—压气机;3—进气管;4—排气管;5—柴油机气缸。

图 5-8 废气涡轮增压系统

单独增压系统在船用二冲程柴油机上只适于直流低增压的脉冲废气涡轮增压器。高增压时,低负荷时压气机需求功率大于涡轮端输出功率,宜用定压增压并加设电动鼓风机。单独增压系统只适于直流二冲程机的原因是这类柴油机一方面,排气管路布置方便紧凑,进入涡轮的废气温度压力就高,涡轮能输出的功率取决于废气的状态及流量,这样涡轮可以发出较大的功率。另一方面,直流扫气流程较弯流扫气短,流动阻力小,新气与废气掺混少,换气质量高。在气缸充气压力相同的情况下,直流扫气比弯流扫气所需的增压压力可以低一些,扫气空气量可以少一些,也就是压气机所需的功率可以小一些。这样,直流扫气二冲程柴油机在废气涡轮增压中容易达到涡轮与压气机的功率平衡,能够实现纯废气涡轮增压。如果是高增压,则在启动和低负荷状态下,由于废气较少且温度较低,增压器提供的空气量不能满足柴油机的工作需要,需另设电动鼓风机。电动鼓风机还有应急作用,当废气涡轮增压器损坏不能工作时,开动辅助鼓风机可供给一定数量的空气,保证柴油机在降速降功率下能持续运转。

增压空气的压力越高,对应水的饱和温度越高,空气中的含水量也越多。增压空气中的水分经过空气冷却器时就易形成水滴。这些水滴被增压空气带进扫气箱和气缸,就会加重止回阀的腐蚀,破坏气缸壁上的油膜,加重气缸和活塞环的腐蚀磨损。当大气湿度高、海水温度低时,凝水现象就越严重。因此,在空气冷却器之后要装设水雾捕集器(或称气水分离器)。水雾捕集器一般装在扫气箱进口处,以除去增压空气中的水分,气水分离器要经常彻底地排水。

MAN B&W 公司和瓦锡兰公司对单独增压系统做了一些改进,其共同特点是:一是在压气机的出口和涡轮机的进口之间设一个旁通阀,当主机低负荷运行时,主机耗气量小,容易引起压气机背压高,增压器发生喘振,因此,打开增压空气旁通阀,减小压气机背压,增大涡轮机的转速;二是在废气的出口也设了一个废气阀,可以在低速高负荷时放掉过剩的废气,如图 5 -9 所示。

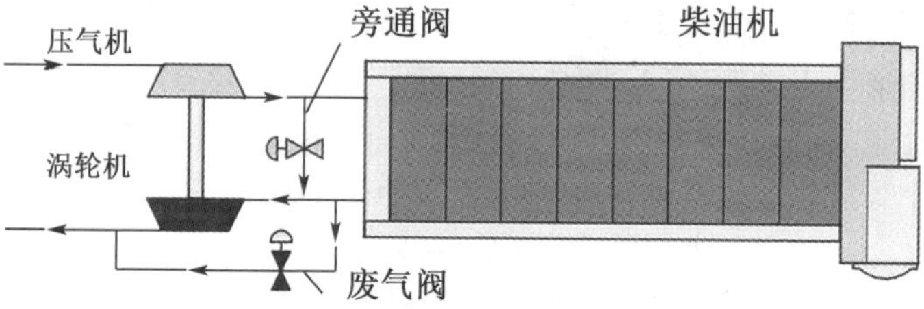

图 5 -9　废气涡轮增压系统的旁通阀和废气阀

目前 MAN B&W 公司生产的 MC 系列柴油机和瓦锡兰公司生产的 SULZER RTA 系列柴油机均采用单独增压系统。

2. 复合增压系统

串联增压系统动画

复合增压是机械增压器和废气涡轮增压器并存的增压系统。以废气涡轮增压为主,机械增压为辅。通过机械增压从柴油机的轴功中提取一部分机械能以弥补废气能量的不足,以此来满足扫气能量的需要。复合增压系统是在无法满足增压要求时采用的一种特殊方法。复合增压系统有串联和并联两种基本形式。现代新型二冲程柴油机普遍采用直流扫气,目前大型轴流式废气涡轮增压器的效率可达 68% ~76%。一般情况下,增压器效率达到 64% 就能满足增压的要求,因此,复合增压系统已很少使用。

3. 涡轮复合系统

在 20 世纪 80 年代后期,由于增压器效率的提高,正常工况下,一部分废气冲击增压器涡轮就能保证压气机所需的功率,多余的废气还可通过增设的动力涡轮,将废气的能量转化为动力涡轮的机械能,再经减速机构传给曲轴,构成涡轮复合系统(TCS)。由于涡轮复合系统比较复杂,并造成废气锅炉可用能量下降,这一系统在出现几年后不再使用。但为了尽可能多地使用柴油机废气中的能量,利用动力涡轮产生的能量驱动透平发电机,用于向船舶供电等设计受到了重视。

四、废气涡轮增压器的分类

①按涡轮壳体是否进行冷却分为水冷式和非水冷式涡轮增压器。其中,水冷式将涡轮壳体做成夹层结构,以通水冷却,防止壳体向外散热及变形,从而保证轴承对中良好,增压器运转稳定。而非水冷式增压器则任其向外散热或在壳体外面包扎隔热材料。通常大型增压器多采用水冷式,小型增压器则多采用非水冷式。

②按涡轮的结构形式分类,分为轴流式涡轮增压器和径流式涡轮增压器两种。在废气涡轮增压器中一般都采用离心式压气机,大型增压器多采用轴流式涡轮(即燃气在涡轮内的流动方向平行于转子轴方向),如图 5 - 10 所示。小型增压器则采用径流式涡轮(燃气在涡轮内沿垂直于转子轴轴线的径向流动)。

③按轴承布置形式分为外置轴承、内置轴承、内外置式。

五、废气涡轮增压器的构造

废气涡轮增压器由废气涡轮和压气机两个主要部件及支承装置、密封装置、冷却系统、润滑系统所组成。废气在涡轮机中将热能转换为机械能推动涡轮机旋转;涡轮机带动同轴压气机旋转,压气机在旋转过程中对流经压气机的空气做功,使空气压力升高。

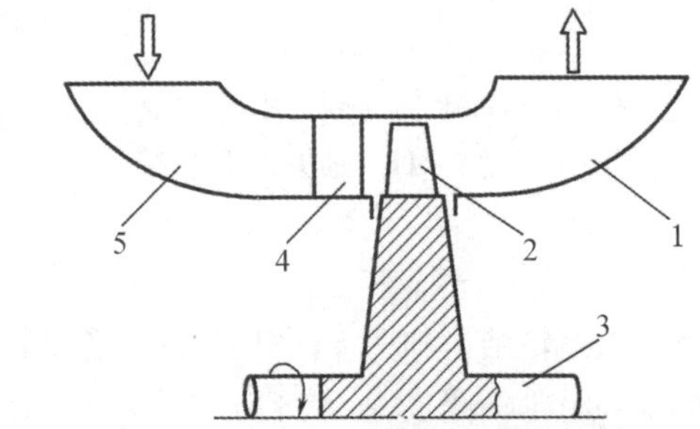

1—排气箱;2—工作轮;3—涡轮轴;4—喷嘴环;5—进气箱。

图 5 - 10 轴流式涡轮示意图

1. 废气涡轮的结构

(1)轴流式废气涡轮

如图 5 - 10 所示,轴流式废气涡轮由排气箱 1、工作轮 2、涡轮轴 3、喷嘴环 4、进气箱 5 等组成。废气由进气壳引入涡轮,由排气壳排出。

涡轮的主要部件为固定的喷嘴环和旋转的工作叶轮。轴流喷嘴环由数十个喷嘴叶片和内环、外环组成,喷嘴叶片 2 装在内环 3、外环 1 之间,如图 5 - 11 所示。喷嘴环的整个环体由其内环固定在进气壳体上,而外环则可以在径向和轴向作自由膨胀,使它在高温下不致影响叶片。内外环由铸铁铸成,喷嘴环由耐热钢制成。喷嘴叶片形状径向不变,喷嘴与内环形成环形轴向进出气流道,轴向流通面积从进口到出口渐缩,从而将气流的压力能转化为动能,并具有工作叶片所需要的气流方向。工作轮的作用是将废气流的动能转换成机械能对转子输出功。工作轮由轮盘和工作叶片组成,工作叶片由叶顶 1、叶身 2 和叶根 3 组成,如图 5 - 12 所示。其中叶身是叶片的工作部分,其形状由气体流动情况决定。叶轮叶片前缘在径向沿转向向前扭曲,叶轮叶片间流道一般沿气流流向也是收缩的。废气通过喷嘴进入叶轮时,气流的参数如压力和速度的大小和方向等均沿叶片高度而变化。这就要求叶片沿着高度逐渐扭转,使叶片的形状与气流参数相适应,减少气体流经叶片时的能量损失,以提高涡轮效率。高速流动的气流进入工作轮的叶片通道,其中一部分能量转变为机械功,最后经排气箱排向大气。工作叶片轴向安装在轮盘边缘的槽口中,为与槽口形状相匹配,叶根形状有球形和枞树形两种。图 5 - 12(b)枞树形加工麻烦但连接强度高,调换叶片方便,但由于应力集中导致强度较差,常用于大型增压器上;而图 5 - 12(a)球形加工方便,常用于小型增压器中。一个喷嘴环和相邻的工作叶轮组成一个“级”,仅有一个级的涡轮称为单级涡轮,绝大多数增压器采用单级涡轮。

轴流式废气涡轮流量大,效率高,一般用于大功率柴油机。

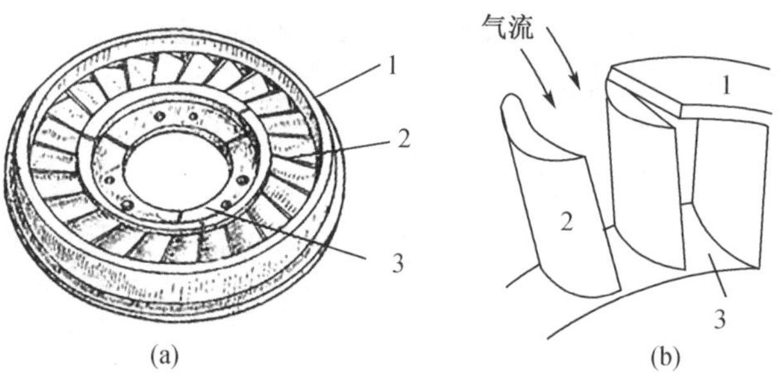

1—外环;2—喷嘴叶片;3—内环。

图 5 - 11　轴流式喷嘴环

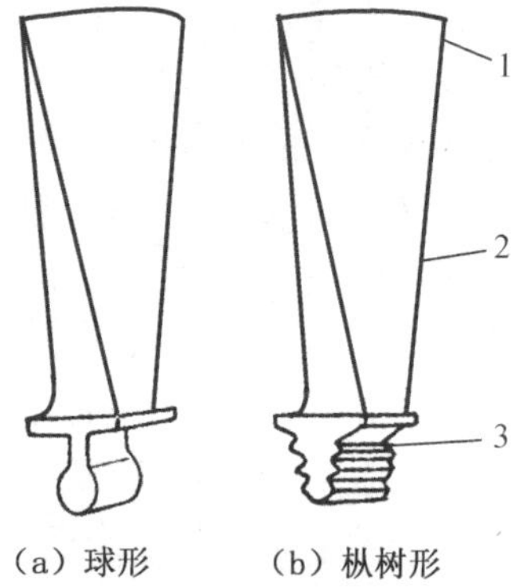

1—叶顶;2—叶身;3—叶根。

图 5 - 12　轴流式涡轮工作叶

(2)径流式废气涡轮

径流式涡轮结构如图 5 - 13 所示。喷嘴环位于工作叶轮的外侧,废气由渐缩的进气蜗壳经喷嘴从涡轮外侧进入,从工作轮中心排出。流动方向与涡轮轴线垂直。径流式进气箱是一个渐缩的蜗壳形流道。喷嘴构成径向渐缩通道,同轴流式喷嘴一样,喷嘴环是引导废气做功的通道,将废气的压力能转化为动能,并使气流的方向符合工作叶片的需要。在工作叶片中,气流推动叶轮旋转,废气的能量转换为机械能输出。

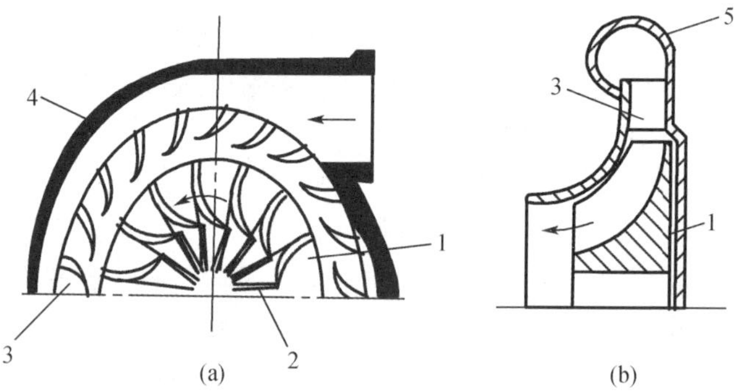

1—工作叶轮;2—叶片;3—喷嘴环;4—进气箱;5—进气涡轮。

图 5 - 13　径流式涡轮结构图

与轴流式相比,径流式气流沿径向流动,叶片数少、体积小、质量小、结构简单、工艺性好、小流量条件下涡轮机的效率比轴流式高;单级膨胀比大,相同尺寸涡轮的功率较大,但在高比转速下,径流涡轮叶轮出口损失增大,从而导致涡轮效率下降;涡轮轮盘全部与燃气接触,受热面大,转子内温度梯度大,零件热应力大;易安装可调喷嘴;一般用于小功率柴油机。可调喷嘴在低速、低负荷时使喷嘴叶片环流通截面变小,增大气流速度,而在高速、高负荷时增大流通截面,适当降低废气流流速。这样可提高废气利用率和保证在低负荷时增压器工作效率。

径流式废气涡轮一般采用内支撑滑动轴承,广泛应用在中小型四冲程柴油机中。

2. 离心式压气机

压气机是涡轮增压器的增压元件,作用是将吸入的空气压缩后排出,提高进气的压力和密度,达到增压的目的。如图 5 - 14 所示,离心式压气机由同轴的涡轮机带动做高速回转,主要由空气进气壳 1、压气机叶轮 2、扩压器 4 以及蜗壳 3 等组成。压气机的叶轮和扩压器为主要部件。进气壳流通截面一般渐缩,将新鲜空气提高流速后导入压气机叶轮。压气机叶轮是唯一对空气做功的部件。压气机叶轮由前弯的导风轮和半开式工作轮组成,如图 5 - 15 所示。导风轮又称旋转导向装置,其作用是保证空气无冲击的进入工作轮。导风轮的前缘是顺转向弯曲(也称为前倾结构),其扭曲方向和角度使气流以一定的合适的相对速度和方向流向工作轮,避免叶片前气流的分离,减少撞击损失,使气流平顺地由轴向过渡到径向,减少进气流动损失。压气机工作轮上沿径向布置着直叶片,直叶片强度、刚度好,承受圆周速度大。这些工作叶片与轮毂及轮盘制成一体,没有轮盖,回转质量小,称为半开式。其优点主要有叶轮强度好,制造工艺简单,允许有较高的轮缘速度,增压压力较高。叶片间形成气流通道,通过叶片的转动将工作轮所获得的机械能转换为空气的压力能和动能。从压气机叶轮流出的气流速度相当高,为了把气流的动能迅速有效地转变成压力能,在叶轮外周设置了叶片扩压器。叶片扩压器由有叶片部分(叶片)和无叶片部分(金属圆环形平板)组成,叶片为其主要构成部分,无叶片的圆环段同样起扩压作用,使气流进入叶片前先降低流速。实际上增压器常使用的就是这种无叶与有叶组合的扩压器。扩压器叶片间气流通道呈扩张形,如图 5 - 16所示。一个工作轮和相邻的扩压器组成一个级。排气蜗壳分为变截面和等截面蜗壳。

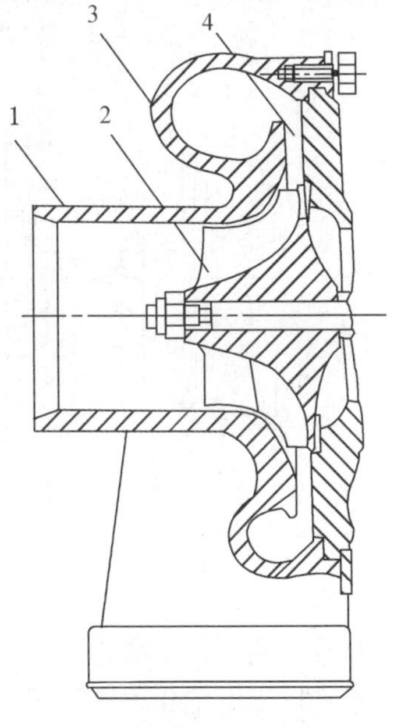

1—空气进气壳;2—压气机叶轮;3—蜗壳;4—扩压器。

图 5 - 14 离心式压气机结构图

图 5 - 17(a)所示为变截面蜗壳,图 5 - 17(b)所示为等截面蜗壳。变截面排气蜗壳的流通截面由小到大,既起收集空气,又起继续扩压作用。变截面蜗壳应用广泛。

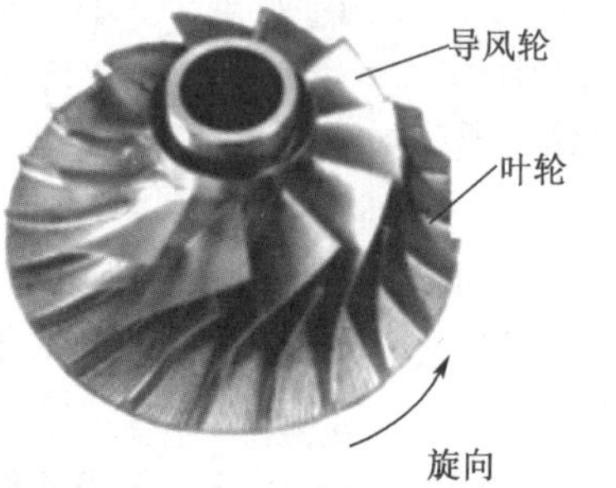

1—导风轮;2—叶轮。

图 5－15　压气机叶轮

图 5－16　叶片扩压器

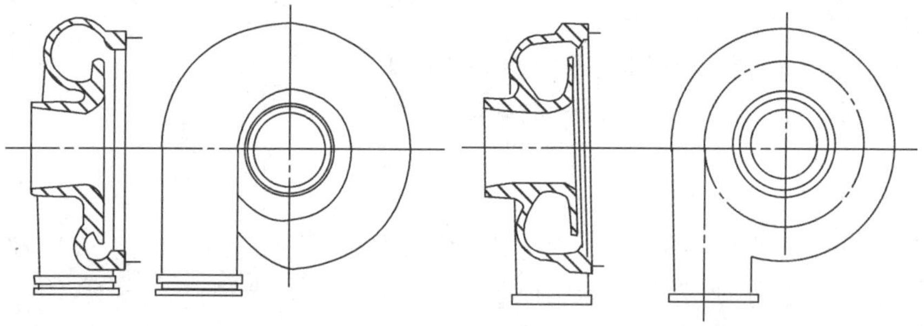

（a）变截面蜗壳　　（b）为等截面蜗壳

图 5－17　压气机蜗壳

3. 转子轴及其支承装置

涡轮机工作轮和压气机工作轮装于同一转轴上，它们共同组成涡轮增压器的旋转部分，称为转子。上述转轴称为转子轴，如图 5－18 所示。转子的工作转速很高，一般大型增压器转子的转速在 10 000 r/min 左右，而小型增压器的转子高达数万转。因此，转子的动平衡显得尤为重要。在增压器中，涡轮机发出的功率全部用于压气机的工作，二者之间的能量必须保持平衡。涡轮机的功率取决于废气的流量和热状态。

转子由轴承支承。轴承在增压器中居重要地位，它不仅对转子轴起支承减摩作用，还必须保证转子准确定位。目前用于涡轮增压器的轴承可分为滚动轴承和滑动轴承两种，另外还有专门承受轴向推力的止推轴承。滚动轴承俗称弹子盘，如图 5－19 所示，由内圈 4、外圈 1、滚动体 2 和保持架 3 组成，靠滚动体的转动来支撑转子轴。

滚动轴承的优点是：

①滚动摩擦系数小，摩擦损失小；

②加速性好（摩擦系数小）、启动性能好（摩擦损失不随转速变化，因此低转速时机械效率仍较高，有助于柴油机启动）；

③产生热量小，滑油消耗量很少；

④可采用易管理的自供油润滑方式，齿轮油泵供油或甩油环飞溅润滑，润滑系统简单。

滚动轴承的缺点是:

①不适用于高转速;

②比压大,使用寿命短;

③构造复杂;

④造价高。

滑动轴承的优点是:

①高转速下易形成动液润滑,振动噪声小;

②比压小,使用寿命长;

③构造简单;

④造价低。

滑动轴承的缺点是:

①摩擦损失大,尤其是不能形成动液润滑时;

②加速性能差;

③滑油消耗量大;

④润滑系统复杂。

一般说来,中小型增压器采用滚动轴承,大型增压器采用滑动轴承。现代新型增压器普遍采用滑动轴承。

轴承根据支承布置方式可分为外支承、内支承和混合支承。外支承[图 5-20(a)]指两个轴承安装在压气机和涡轮叶轮的两端,即转子两端有支撑,在轴流式大型涡轮增压器上应用最广;特点是增压器转子轴的中部直径较粗、刚度较大。支承轴颈可适当细一点,使其临界转速远低于运转转速,运转稳定性好;轴颈细还使轴承有较小的线速度,摩擦损失小,轴承远离叶轮,轴承受高温气体的影响较小,寿命长,这两点使轴承寿命长。外支承轴向空间较大,便于布置与安装轴封装置,便于拆装检修轴承;缺点是涡轮增压器结构复杂,长度及质量较大,清洗增压器叶轮麻烦。内支承[图 5-20(b)]指两个轴承布置在涡轮与压气机叶轮之间的内侧,在小型或径流式废气涡轮增压上应用广泛。其优点是转子尺寸和质量较小,刚度好、对中性好、造价较低、维护保养转子较方便;缺点是轴向长度短、密封布置较困难、靠近涡轮端的轴承工作条件较差、轴承过热须冷却、轴承直径大、轴颈线速度高、轴承易磨损、更换轴承须先拆叶轮、拆装不便。图 5-20(c)所示为内外混合支承,压气机的工作轮呈悬臂布置,转子支点在涡轮机工作轮的两侧。这种方案可使压气机进气损失最小和涡轮结构紧凑。其缺点是压气机轴承不易检修,拆卸时须先拆转子。

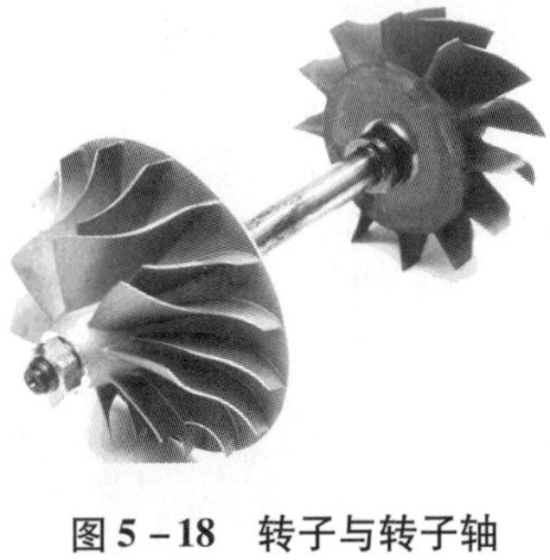

图 5-18 转子与转子轴

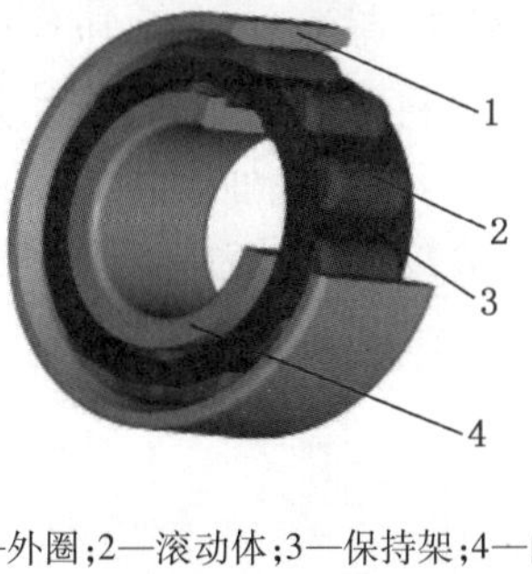

1—外圈;2—滚动体;3—保持架;4—内圈。

图 5-19 滚动轴承

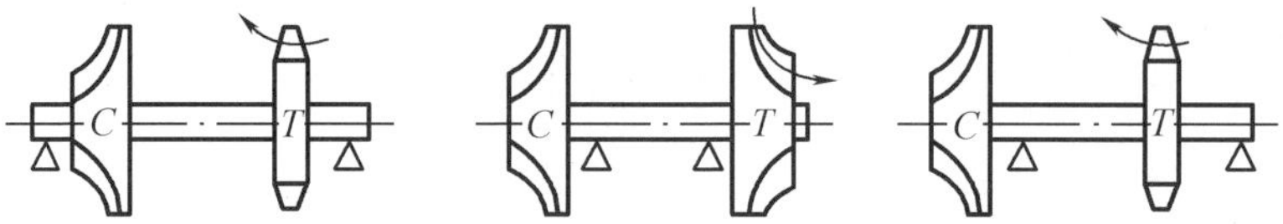

图 5－20　废气涡轮增压器的轴承支承形式

根据受力情况,增压器轴承分为支承轴承和止推轴承。由于涡轮端进口压力高于出口压力,废气在通过涡轮叶片通道时产生一个指向压气机端的轴向推力,必须在压气机端装一个止推轴承,来承受从涡轮端指向压气机端的轴向推力,同时对转子轴起轴向定位作用。涡轮机端轴承只承受径向负荷,装支承轴承即可。转子轴受热后可向涡轮端自由膨胀轴向伸长,冷却后允许其轴向复位。

轴承的润滑方式:

①靠装在转轴上的甩油盘进行飞溅润滑;

②由涡轮增压器的专门油泵润滑;

③由柴油机的润滑系统供给滑油润滑。

4. 密封装置

压缩空气的漏泄会降低增压效果,废气的漏泄使涡轮的功率降低还会影响涡轮端轴承正常工作并污染滑油。润滑油的漏泄不但使滑油消耗量增大,严重时引起轴承因缺乏润滑而烧毁,还会结炭沾污叶片。因此,良好的密封装置对涡轮增压器的可靠工作是必要的。增压器的密封装置分为气封和油封两种。在增压器转子与固定部件衔接的一些部位,装有多种结构形式的密封装置,如图 5－21 所示。小型增压器中油封常采用活塞环式密封装置,如图 5－22 所示。大型增压器中常采用迷宫式密封(图 5－21)。为了防止废气通过间隙进入轴承箱污染滑油,在涡轮端,转子与进气壳之间的间隙,设置迷宫式气封,如图 5－23 所示。为了防止滑油通过间隙进入涡轮,结炭沾污叶片和浪费滑油,在涡轮进气壳与轴子轴之间设置迷宫式油封,如图 5－24 所示。迷宫式密封原理是少量的气体(或滑油)经由密封件和轴之间的很小的间隙时受到节流,由于容积突然增大而使气体(或油)产生膨胀旋涡,速度减慢,压力下降;然后又从下一个密封环的间隙漏过,又再一次的节流膨胀和减压。经过几次以后,气(油)压降低到接近于低压侧的压力,通过降低压差实现密封。图 5－23 中在两组气封圈之间,引入一股由压气机排气壳来的增压空气,在气封处产生一定的背压,阻止废气的泄露,提高气封效果。在压气机工作叶轮背面和隔热墙之间,存在一定间隙,工作轮出口的增压空气将会由此漏入涡轮排气壳进入烟囱,使压气机效率下降,而且使转子上的轴向推力增大,因此在此处设置迷宫式气封,其结构如图 5－25 所示,在压气机端的转子轴与压气机进气壳之间安装油封。

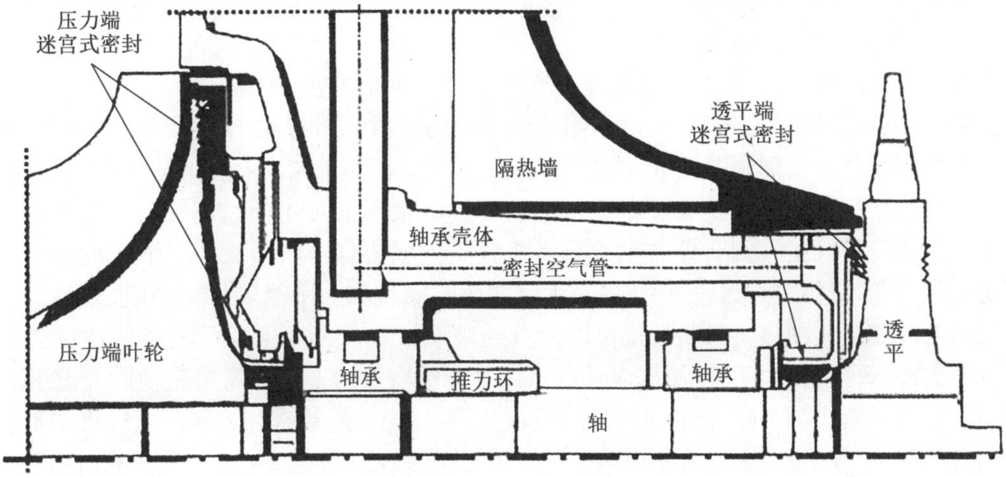

图 5－21 油封和气封

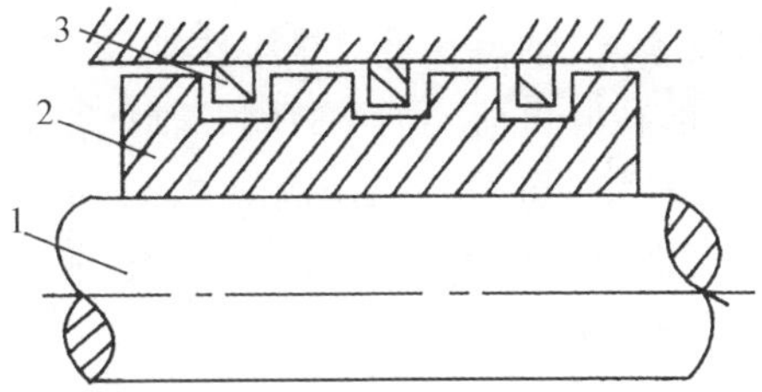

1—转子轴;2—轴套;3—活塞环。

图 5－22 活塞环式密封装置

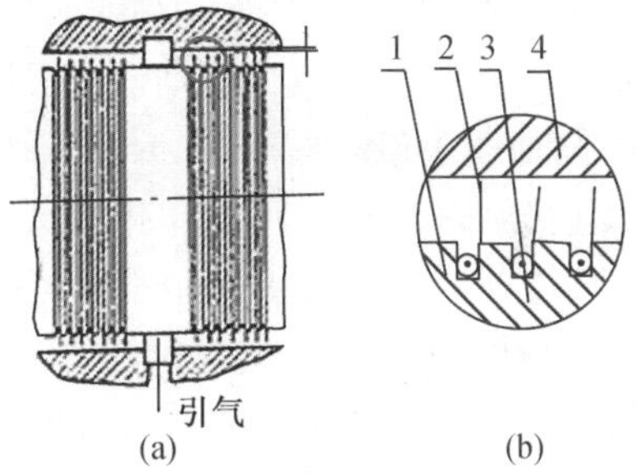

1—转子轴;2—气封圈;3—压紧圈;4—涡轮进气壳。

图 5－23 增压器涡轮端气封

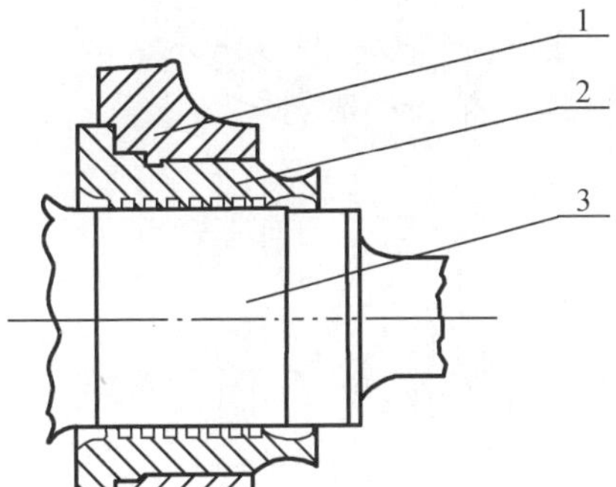

1—涡轮进气壳;2—油封;3—转子轴。

图 5－24 增压器涡轮端油封

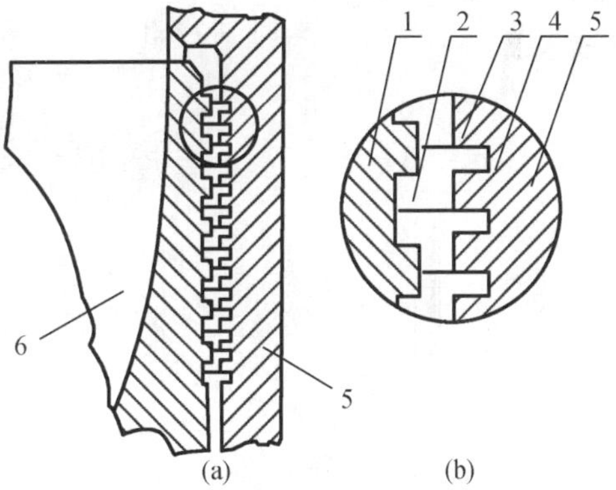

1—压气机叶轮;2,3—气封圈;4—压紧圈;5—隔热墙;6—工作轮。

图 5－25 增压器压气机端气封

5. 认识典型的增压器

船用柴油机所用的增压器主要有 ABB 公司制造的 VTR、TPS 和 TPL 系列增压器;MAN B&W 公司制造的 NA、NR 系列增压器和近年来新开发的 TCA、TCR 系列增压器及日本三菱公司生产的 MET 系列增压器。

(1)VTR－4 系列增压器

如图 5－26 所示,这一系列增压器由单级轴流式涡轮机和单级离心式压气机组成。废气涡轮由涡轮进气箱 15、喷嘴环 20、工作叶轮 12、隔热墙 1、排气箱 11 等组成。喷嘴环和涡轮叶片均由耐热合金钢制造。进、排气箱内腔用水冷却,冷却水从最低处进入,从最高处流出,由于冷却,废气一部分热量被冷却水带走,减少了废气的可用能。进气箱与排气箱之间用螺钉紧固。进气箱右侧布置着轴承箱。排气箱下侧装有增压器支架。柴油机排出的废气由进气箱 23 下侧引入涡轮,由排气箱上侧排出。隔热墙 1 用绝热材料制成,避免废气对压气机叶轮和空气加热。柴油机排出的废气经进气箱 15 送至喷嘴环 20,将柴油机排出废气的压力能部分转变为动能,使气流具有工作叶片所需要的方向。高速流动的气流进入工作轮的叶片通道,其中一部分能量转变为机械功,最后经排气箱排往大气。压气机主要由进气消音器 22、进气箱 23、压气机叶轮 9、扩压器 21、排气蜗壳 8 等组成。压气机叶轮由高强度锻造铝合金制成。空气从消音器滤网处进入,消音器起着消音过滤的作用,然后进入进气箱,截面渐缩,气体被加速降压进入工作叶轮。工作叶轮由前弯的导风轮 2 和半开式压气机叶轮 9 组成。气体被工作叶轮 9 带动高速回转,使其速度和压力都大幅度升高。扩压器 21 叶片间的气流通道呈扩张形,使气体的动能变成压力能,以提高空气的排出压力,最后由排气蜗壳 8 排出。转子轴的两端由轴承 6 和 16 支承。这种支承为外支承式,轴承 6 是双排滚珠轴承,是一个支承止推轴承。轴承 16 是单排滚珠轴承,只承受转子的径向负荷。轴承封闭在轴承箱中,由涡轮增压器的专门油泵供油润滑。为了防止燃气、空气和滑油漏泄,在轴承箱的内侧装有油封 4、14,在叶轮两侧装有气封 3、10、13。气封 13 处由排气蜗壳经通道 19 引入增压空气提高气封效果。转子左右两端的油气封之间通过通道 7、18 与大气相通。

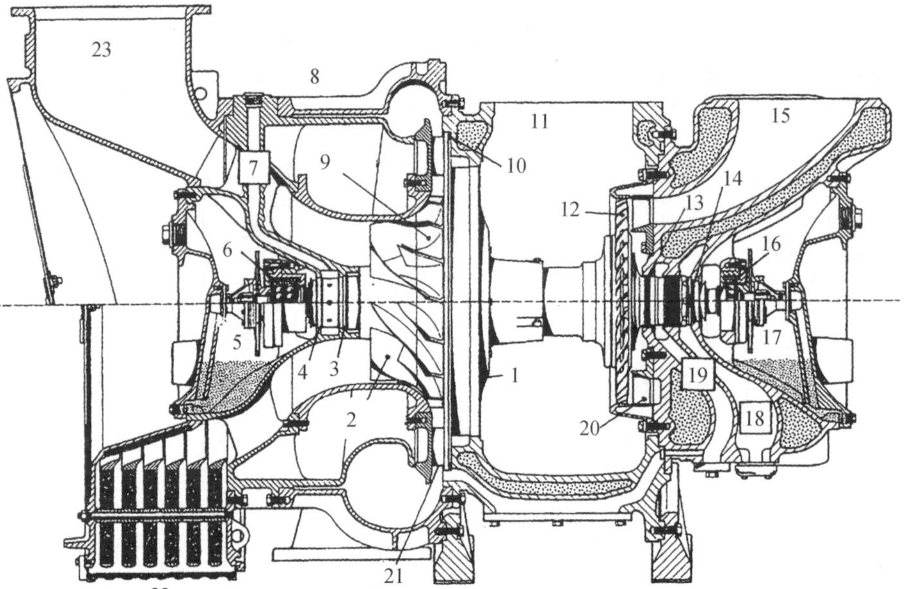

1—隔热墙;2—压气机导风轮;3,10,13—气封;4,14—油封;5,17—滑油泵;6,16—滚动轴承;7,18,19—气封通道;8—排气蜗壳;9—压气机叶轮;11—排气箱;12—涡轮机叶轮;15—进气箱;20—喷嘴环;21—扩压器;22—消音器;23—进气箱。

图 5－26　VTR－4 系列增压器剖视图(节选)

(2)TPL 系列增压器

TPL 系列增压器如图 5－27 所示,是 ABB 公司在 20 世纪 90 年代后期开发的用于大功率船舶柴油机的增压器。与 VTR 系列增压器最大的不同是该增压器开始使用了内支承滑动轴承结构,轴承的寿命高达 35 000 h,轴承由曲轴箱油进行润滑。一旦润滑系统发生故障,可以将应急油箱 2 中的滑油提供给增压器。这种增压器检修和保养时无须拆除废气涡轮端,可从压气机端拆出轴承、转子、喷嘴环、涡轮及扩压器,更方便。

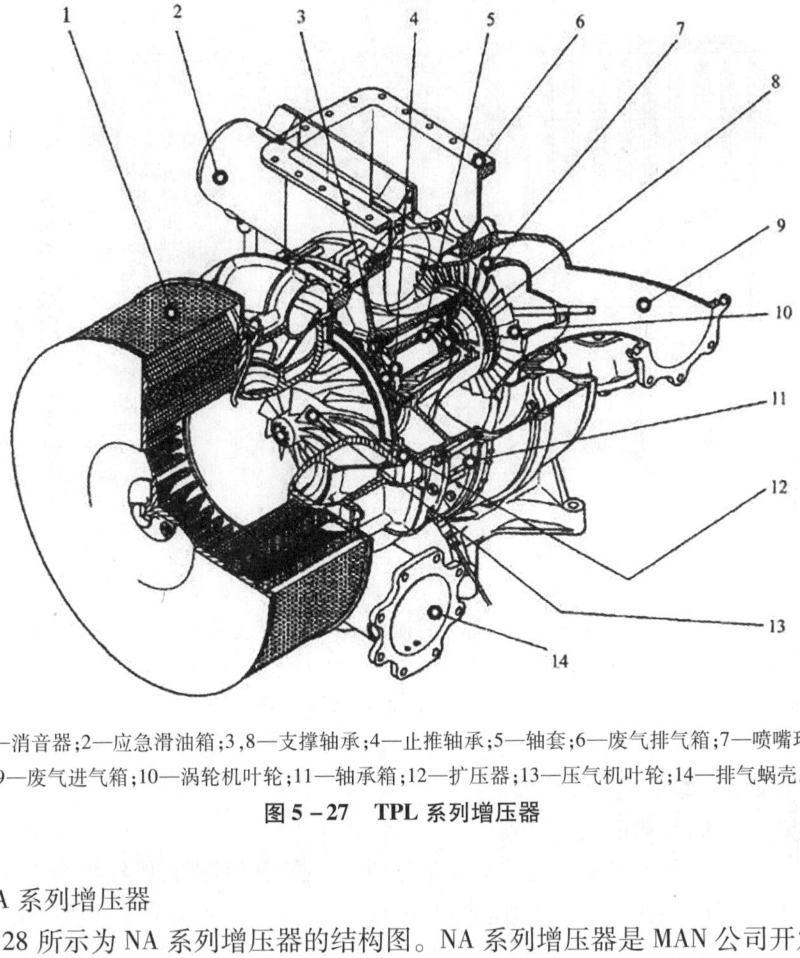

1—消音器;2—应急滑油箱;3,8—支撑轴承;4—止推轴承;5—轴套;6—废气排气箱;7—喷嘴环;9—废气进气箱;10—涡轮机叶轮;11—轴承箱;12—扩压器;13—压气机叶轮;14—排气蜗壳。

图 5－27 TPL 系列增压器

(3)NA 系列增压器

图 5－28 所示为 NA 系列增压器的结构图。NA 系列增压器是 MAN 公司开发的轴流式废气涡轮增压器。与 VTR 系列增压器相比,NA 系列增压器的结构特点主要是:

①采用内支承滑动轴承,轴承的润滑由柴油机的润滑系统提供润滑油。轴承位置在压气机叶轮和涡轮机叶轮之间的转轴上,属内支承式。这样的结构可使涡轮增压器结构简单、轴径尺寸和质量小,改善了增压器的加速性能。另外内支承结构使得清洗增压器更方便。增压器采用滑动轴承,构造简单、制造成本低、对振动不敏感、运转噪声低、使用寿命长。

②压气机连续后弯叶片可使压气机在宽广的压比范围内保持高效率。

③最新设计的加长涡轮叶片提高了叶片效率。

④增压器为非冷却式,这省去了笨重的双层夹套及冷却水装置,减轻了增压器的质量,涡轮出口排气温度升高,有利于废气的能量利用,并且消除了排气蜗壳的低温腐蚀,减轻了

热应力。在 NA 系列增压器的基础上,MAN 公司在 2001 年开发了 TCA 系列增压器。TCA 系列增压器是利用计算流体力学(CFD)和 3D 有限元方法,对增压器的工作叶片和零部件进行优化计算后开发设计的,因此具有更高的效率和更优异的性能。此外 TCA 系列增压器尺寸和设计流量有了大幅度地增加,开发出了 TCA88 和 TCA99 这种超大尺寸的增压器,可为当前最大的船用柴油机以及开发中的功率更大的船舶柴油机提供增压保证。

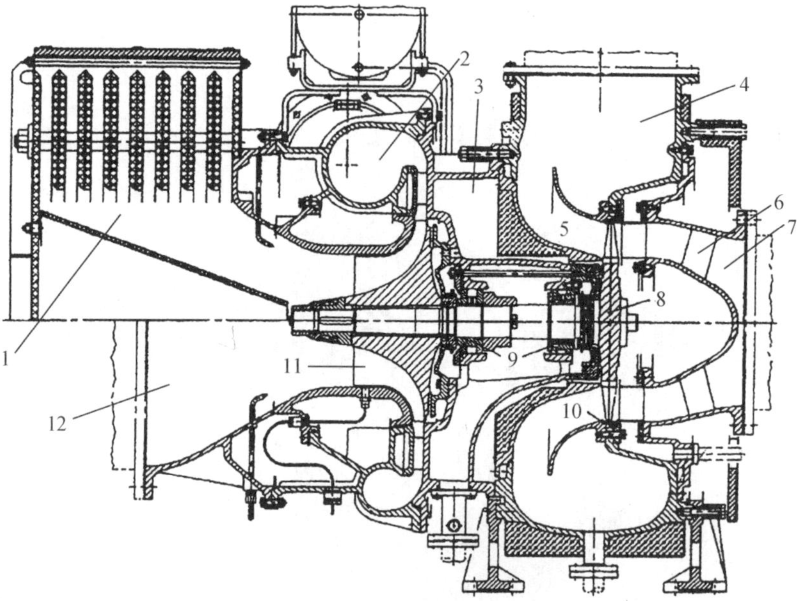

1—消音器;2—排气蜗壳;3—轴承箱;4—涡轮机排气壳;5—废气扩散器;6—喷嘴环;7—涡轮机进气壳;8—涡轮机叶轮;9—轴承;10—封口环;11—压气机叶轮;12—压气机进气壳。

图 5 – 28 NA 系列增压器的结构图

六、废气涡轮增压器的工作原理

1. 离心式压气机的基本工作原理

图 5 – 29 所示为离心式压气机的基本工作原理。图中,离心式压气机由进气道、工作轮(压气机叶轮)、扩压器、排气蜗壳等组成。0 – 0,1 – 1,…,4 – 4 分别为上述各部件的进、出截面。压气机叶轮由涡轮带动高速旋转,新鲜空气经进气道轴向进入压气机叶轮,进气道是渐缩通道(相当于喷管),在进气道中,压力 p、温度 T 略有降低,流速 c 提高。进入压气机的空气在叶轮叶片带动下高速旋转,在离心力的作用下被甩向叶轮外缘,空气从叶轮处得到能量,其速度、温度和压力都有较大的增加。被叶轮甩出的空气进入扩压器。扩压器流道截面逐渐增大(进口小、出口大),空气流经扩压器后,速度降低,而压力和温度进一步升高,空气从压气机叶轮流出时具有的动能大部分转变为压力能。空气经扩压器进入压气机壳(排气蜗壳)。压气机壳内的流道截面也是逐渐变大,空气流经流道时,速度继续降低,压力、温度进一步增高。可见,除了压气机叶轮内由于外来机械能输入,速度、温度和压力均升高,其余温度与压力变化走向相同,速度变化与它们相反。

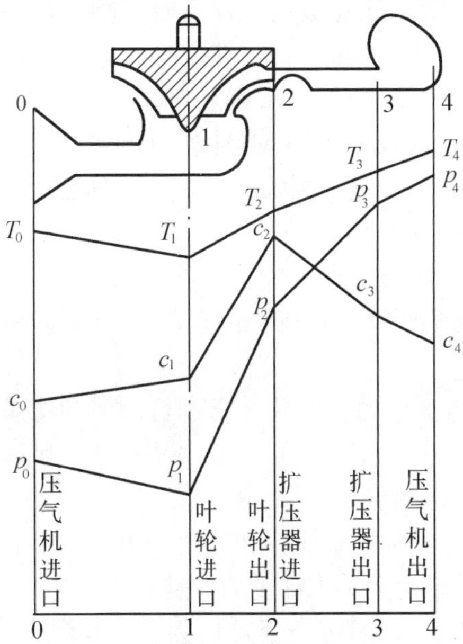

图 5－29 离心式压气机工作原理

空气在压气机内完成一系列的能量转换，涡轮传给压气机的机械能大部分转换为空气的压力能。高压空气由压气机壳排出，经柴油机进气管充入气缸。

压气机叶轮将空气甩出之后，叶轮中间空气稀薄，产生一定的真空度，在这个负压的作用下空气连续地被吸入压气机。

2. 涡轮的基本工作原理

图 5－30(a)所示为温度 T、压力 p、速度 c，角速度 ω 参数的变化情况，图 5－30(b)所示为喷嘴环叶片和涡轮叶片的断面图，图 5－30(c)所示为喷嘴环和工作叶轮的局部剖视图。由于喷嘴环的通道呈收缩形状，当废气流过喷嘴环时，其压力和温度均下降，而速度增加，在喷嘴中，废气的部分压力能变成动能。叶轮叶片间的通道也是收缩形状的，当气流进入叶轮叶片间通道后继续膨胀，其压力、温度继续下降。由于叶轮在高速气流作用下旋转并输出机械功，故气流的绝对速度也下降。压力能、动能变成机械能。可见，涡轮工作叶轮中有机械能输出，速度、温度和压力均下降，喷嘴环中温度与压力变化走向相同，速度变化与它们相反。

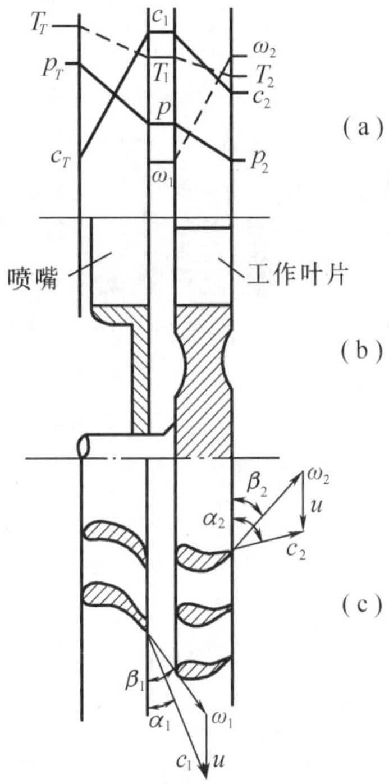

图 5－30 单级轴流式涡轮机工作原理

涡轮在方向相同的冲动力矩和反动力矩的共同作用下回转，并带动转轴和轴上的压气叶轮。冲动力矩是从喷嘴出来的高速气流进入叶轮叶片间的流道时，气流被迫转弯。由于离心力的作用，迫使气流压向叶片凹面而企图离开叶片凸面，使叶片的凹凸两面间产生压力差。此压力差的合力即为作用在叶片上的冲动力。作用在所有叶片上的冲动力对转轴产生一个冲动力矩。叶轮叶片的通道也是收缩的,废气在其中继续膨胀加速,其流出叶轮的相对速度大于流入叶轮的相对速度。当气流在旋转的叶轮中流动时,因膨胀加速而给涡轮以反作用力,使得涡轮工作叶轮又得到一个反作用力矩(或称反动力矩)。冲动力矩和反动力矩方向相同。气流在叶片流道中流动时除了产生旋转力外,还产生轴向推力,使增压器转子向压气机方向窜动,因此,必须在压气机端设置止推轴承。

七、增压器的维护管理与应急处理

废气涡轮增压器工作的主要特点是转子转速高、气流流速高、涡轮工作温度高。

1. 增压器的日常管理

①柴油机运转中对一些主要的参数要经常进行测量和记录,如增压空气压力、滑油的压力、温度和油位、空冷器前后的温度和压差等。根据检查和参数分析判断涡轮增压器的工作状态,以确定必要的检查、调节和检修方案。

②涡轮增压器运行时,应经常用金属棒和其他专用工具细心倾听增压器中有无异常声响和运转是否平稳。转子不平衡会发出钝重的“嗡嗡”声。

③如果柴油机停车时间很长(超过一个月),为了防止涡轮增压器轴弯曲变形,应将涡轮增压器转子转动一个位置。增压器再投入使用前应用压缩空气启动柴油机使之短时间转动,用金属棒倾听运转是否平稳,有无杂音和阻滞现象。

④拆装增压器时,应先看说明书了解其内部结构、拆装顺序以及所需要的专用工具,切不可盲目行事。拆卸时,注意可拆零件的相对位置。组装时,注意装配间隙以及间隙的调整方法。

2. 废气涡轮增压器的清洗

增压器的清洗有运转中的清洗和拆开清洗两种。

运转中清洗时废气涡轮有水洗法和干洗法。水洗时要在低负荷下进行,清洗约需10 min,清洗后,应在低负荷下继续运转5 ~ 10 min,如果清洗后发生振动则应重新清洗。干洗是从涡轮进气道喷入一定数量的已被粉碎的核桃壳或其他类似物体,用冲击式的方法清除积炭等污物。干洗时在全负荷时效果最好,负荷低于50%时不可干洗。

压气机在运转中清洗时,要在压气机全负荷运转下进行。清洗前后30 min内,应将气缸润滑油供给量提高50% ~ 100%。清洗时按下容器上的按钮,水便在增压压力和进气道压力之差的作用下,在4 ~ 10 s时间内喷入压气机。喷水后,柴油机要在全负荷下运转一段规定的时间,以使增压器和柴油机完全干燥。

3. 中冷器的作用与维护

柴油机增压采用中冷器对增压空气进行冷却,中冷器成为强化柴油机不可缺少的重要部件。随着柴油机增压度的提高,对中冷器的要求也在不断提高,中冷器应具有质量小、结构紧凑、冷却效率高的特点。

①中冷器的作用。中冷器的主要作用是降低发动机的进气温度,提高进气量,进而大幅度提高功率,并改善热负荷,提高热效率和经济性,还能降低排放中的氮氧化物含量。空气被增压器压缩的过程中,在密度上升的同时会导致温度升高;柴油机排出的废气的温度非常高,通过增压器的热传导也会提高进气的温度。进气温度的提高会降低柴油机的充气效率。增压柴油机采用中冷器后,可使高温高压空气的温度降低、密度进一步增加,充气效率上升,从而可大幅度地提高柴油机功率,并改善其热负荷、提高经济性。据实验显示,在

相同的空燃比的条件下，增压空气温度每下降 10 ℃，柴油机功率提高 3% ~5%。

②中冷器的维护。经过长时间使用后，中冷器内部管道通常会附着油泥或胶质等脏物，这不仅会使空气流通管变窄，而且会使热交换能力下降。因此，中冷器需要定期进行内部清洗和维护。如果发现中冷器内部脏污严重，应仔细检查空气滤清器和各进气管路是否有泄漏的部位。注意在内部清洗后，应让中冷器内部干燥后再连接管路。

4. 增压器损坏应急处理

航行中，当废气涡轮增压器发生严重故障时，既不能修理又无法继续使用，如当柴油机增压器发生轴承损坏时，这种情况下只有停止增压器运转。

增压器拆装与间隙测量微课

(1)航行中主机增压器损坏时的处理原则

①为避免事故继续扩大，在海况、海域等情况允许时应立即停车进行检修；

②在海况、海域等情况不允许停车时，应使主机转速降至较低水平继续航行。

(2)对损坏的增压器的应急处理

当增压器损坏时，主柴油机仍继续运转，以保证船舶安全航行。

①当柴油机设有旁通排烟管时，停止损坏的增压器，废气经旁通排烟管排至大气。

②允许短时停车时，锁住转子。

当柴油机无旁通排烟管时，废气仍流经损坏的增压器排至烟囱。为了防止废气冲击转子，当海况允许短时停车时，采取停止增压器运转并锁住转子的措施。

定压增压系统中的增压器，只需锁住转子的压气机端；脉冲增压系统中的增压器，须锁住转子的两端。因为废气的脉冲压力使转子产生很大的扭矩，仅锁住一端不足以固定转子。

一般原则：当柴油机的平均有效压力大于或等于 0.5 MPa(或平均指标压力大于或等于 0.57 MPa)时，应锁住转子两端。

废气流经锁住转子的增压器时，还会加热转子，甚至使压气机叶轮过热，为此应使一定量的新气流经压气机进行冷却。转子锁住后，应停止轴承润滑。

增压器损坏后锁住转子的应急措施具有简便、可缓解故障和防止事故扩大的优点，但转子受到高温和自重作用，短时间尚可，长时间作用将会引起转子弯曲变形。

③允许长时间停车时，拆除转子。当海况允许长时间停车时，充分的时间允许采用拆除转子并在增压器壳体两端和中间安装封闭盖板的措施。此法可防止事故扩大并使转子受到保护，但拆除转子和安装盖板工作量大，需要较长的工作时间。

【效果检测】

扫描二维码，进行过关测试。

任务二　增压器喘振

【任务引入】

增压器喘振是涡轮增压器常见的故障。某增压器在风浪天发生飞车,试针对串联增压和并联增压系统分析喘振原因。

【知识结构】

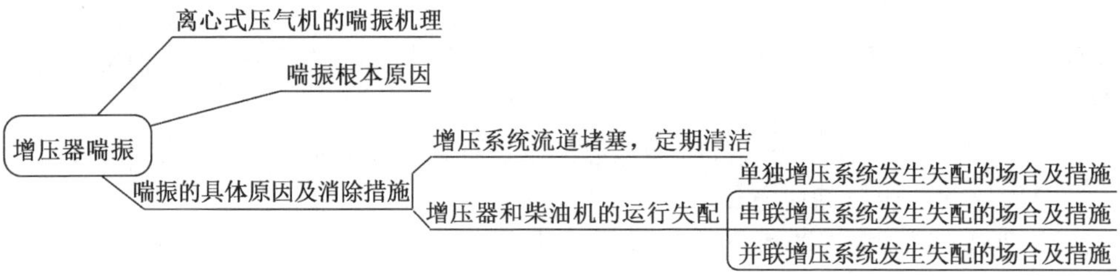

【知识点】

一、离心式压气机的喘振机理

当压气机的流量减小到一定值后,气体进入工作叶轮和扩压器的方向偏离设计工况,造成气流从叶片或扩压器上强烈分离,同时产生强烈脉动,并有气体倒流,引起压气机工作不稳定,导致压气机振动,并发出异常的响声。这种现象称为压气机喘振。喘振是压气机的固有特性。

产生喘振的原因是当流量小于设计值很多时,在叶轮进口和扩压器叶片内产生强烈的气流分离。图 5 - 31 和图 5 - 32 所示为压气机流量变化时空气在叶轮前缘和扩压器中的流动情况。

在设计流量下,如两图(a)所示,气流平顺地流进叶片前缘和扩压器,气流与叶轮叶片、扩压器叶片既不发生撞击,也不产生分离。

当流量大于设计流量时,如两图(b)所示,气流在叶轮叶片前缘冲向叶片的凸面,与叶片的凹面发生分离;在扩压器中气流冲向叶片的凹面,与叶片的凸面发生分离。但是,由于叶轮叶片的转动压向气流分离区,扩压器中气流的圆周向流动压向气流分离区,气流的分离区受到限制,不致随流量的增加而过分地扩大。

当流量小于设计流量时,如两图(c)所示,气流在叶轮叶片前缘冲向叶片的凹面,与叶片的凸面发生分离;在扩压器中气流冲向叶片的凸面,与叶片的四面发生分离。由于叶轮叶片在转动中要离开气流分离区,扩压器中气流的圆周向流动也使气流离开气流分离区,气流分离区有扩展的趋势。随着流量的减少,气流分离区会愈来愈大,以致在叶轮和扩压器中造成气体倒流,发生不稳定流动,最终导致喘振。一般扩压器叶片内气流分离的扩展是压气机喘振的主要原因,而叶轮进口处气流分离的扩展会使喘振加剧。

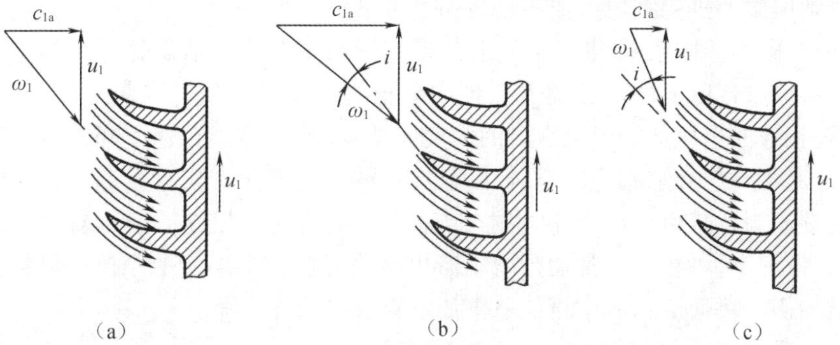

图 5－31　在一定转速、不回流量下叶片前缘的空气流动情况

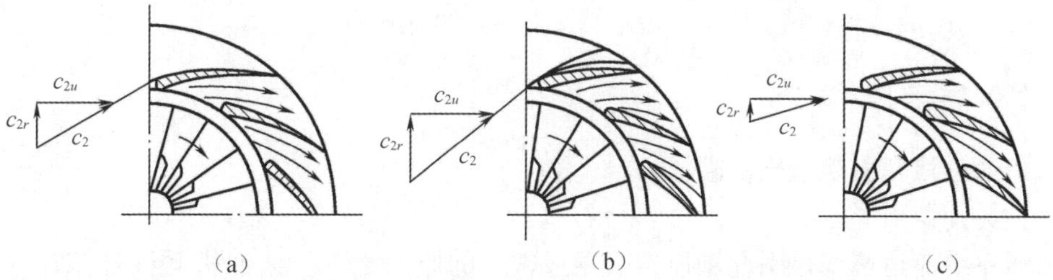

图 5－32　在一定转速、不同流量下叶片扩压器的空气流动情况

二、增压器的喘振的原因与消除方法

增压器产生喘振的原因从根本上讲，是由于压气机的实际流量小于该转速下引起喘振的限制流量，造成气流与叶片的强烈撞击与脱流。增压器喘振的主要原因及消除方法如下。

1. 增压系统流道堵塞

气流通道堵塞是引起增压器喘振最常见的原因。柴油机运行时，增压系统的气体流动路线是：压气机进口滤器和消音器→压气机叶轮→压气机扩压器→空气冷却器→扫气箱→柴油机的扫气口→排气口（阀）→排气管→废气涡轮喷嘴环→废气涡轮叶轮→废气锅炉→烟囱。上述流动路线中的任一环节发生阻塞，如脏污、结炭、变形等，都会因流阻增大而使压气机流量减小、背压升高，引起喘振。

管理中应定期检查上述部件是否污损，并加以清洁，就会防止或排除由此引起的喘振。

2. 增压器和柴油机的运行失配

单独增压系统中，压气机在低负荷时易发生喘振，原因是低负荷时柴油机需空气量减少，压气机背压增加，暂时可用提高负荷的办法予以消除。

串联增压系统在高（超）负荷时容易发生喘振。在高负荷时（特别是超负荷时），增压器的排量大于往复泵的排量。这时往复泵来不及将增压容器供出的空气全部吸入，致使增压器的背压升高，容易引起喘振。可降低负荷，直到喘振消失为止。

并联增压系统在柴油机低速运行时发生增压器喘振。当柴油机在低负荷工作时，废气涡轮输出的功率很低，活塞下部增压泵所提供的空气量能使扫气箱建立一定的压力，使压气机的出口背压较高，致使增压器发生喘振。消除并联增压系统低速喘振的措施有在扫气箱上装设放气阀，装设串、并联转换阀等。

3. 脉冲增压柴油机一缸熄火或各缸负荷严重不均

在脉冲增压系统中，往往将三个气缸的排气管与一台增压器涡轮进口相连，有时一台柴油机有二台或二台以上的增压器并联地向一根进气总管供气。若由于某种原因一缸熄火，则与该缸相连的增压器涡轮机得到的废气能量减少，增压器转速下降，但压气机出口背压未变化，这对于与熄火缸相连的增压器就显得过高，使该压气机排量减少，因而可能引起该压气机喘振。当各缸负荷严重不均时，与负荷过低的气缸相连的增压器也会出现喘振。为此，在应急情况下，可将与正常运行增压器相连的气缸组中人为地停掉一只缸，以便两台增压器能量均衡。负荷不均应检查油泵供油量查找原因并排除。

4. 环境温度过高

高温时，空气密度变小，进入压气机的流量减少，涡轮获得能量下降，增压器转速下降，又进一步导致空气流量减少，而发生喘振。由于两者的匹配关系改变，运行点更靠近喘振区，因而容易引起喘振

【案例展示】

气流通道堵塞引起增压器喘振

1. 相关知识引导

增压系统流道堵塞是引起增压器喘振最常见的原因之一。柴油机运行时，增压系统的气体流过的零部件中最容易脏堵的部件是压气机叶轮、压气机扩压器、空气冷却器、气缸进气口和排气口、涡轮的喷嘴环和叶轮。管理中应注意检查上述部件的污损，并加以清洁。

2. 案例描述

某轮主机型号为 MAN K7SZ70/150CL，标定转速为 110 r/min，增压器型号为 NA57/TO384。该轮一周前刚刚坞修完毕，主机全部吊缸检修，喷油器、排气阀、增压器等全部拆检，排烟总管内部烟道重新换耐火材料。出坞后试航主机状况良好，增压器也没有发现异常。船舶装货后开航，前两天主机一切正常，第三天主机排温每缸都慢慢升高，到后来增压器发生喘振，只能减速运行。轮机管理人员从排气阀、喷油器、定时、增压器、扫气箱等查找原因，都没发现异常。主机仍不能全速运行，增压器仍旧喘振。

3. 案例分析与处理

从增压器发生喘振的原因出发，“顺藤摸瓜”查找故障。推测增压器发生喘振是由于气道堵塞，背压升高，引起气流与叶片撞击。坞修时排烟管道的耐火材料已换新，打开排烟总管道门，进去检查，果然发现有些耐火材料已脱落，堵塞在废气涡轮增压器进口滤器上，导致气道堵塞引起增压器喘振。清理后增压器不再喘振，船舶正常航行。

4. 经验与教训

①增压器喘振发生在主机、增压器大修后，查找故障应从曾修理过的部件着手，仔细检查，还要考虑到发生喘振的根本原因是气道堵塞、背压升高。

②对于增压器喘振，为了尽量避免影响船舶营运成本，应从最简单的原因查起，检查气道是否通畅，重点是容易引起脏堵的地方。

③修理并营运一段时间后要检查曾修理过的部件，监控其运行工况。

5. 拓展提高

①排烟管应使用哪些耐火材料？

②增压器废气端前后气道堵塞各有何现象？该如何鉴别？

③营运中的船舶主机增压器该如何维护保养?

【效果检测】

扫描二维码,进行过关测试。

项目六　动力系统操作与管理

【项目描述】

通过燃油系统、滑油系统和冷却系统的相关知识学习和技能训练，达到STCW公约马尼拉修正案中有关船舶动力系统操作与管理方面的知识和技能标准的适任要求。

一、知识要求

1. 掌握燃油系统的基本组成环节及操作要求；掌握劣质燃油的使用与管理要点；熟悉燃油系统的操作与管理要点。

2. 掌握分油机结构、原理。

3. 熟悉滑油系统的操作与管理要点。

4. 理解闭式和中央冷却式冷却水系统的组成及其工作原理；掌握冷却水系统的操作与日常维护管理要点。

二、能力要求

1. 具备燃油系统与滑油系统的操作与日常维护管理能力。

2. 具备冷却水系统的操作与日常运行管理能力；具备冷却水水质化验与分析处理能力。

3. 具备分油机拆装能力。

三、素质要求

培养创新意识及系统分析问题和解决问题的能力。

【项目实施】

任务一　燃油系统的操作与管理

【任务引入】

燃油滤清器的清洗是燃油系统日常维护的重要内容，请完成常见滤器的清洗。

【知识结构】

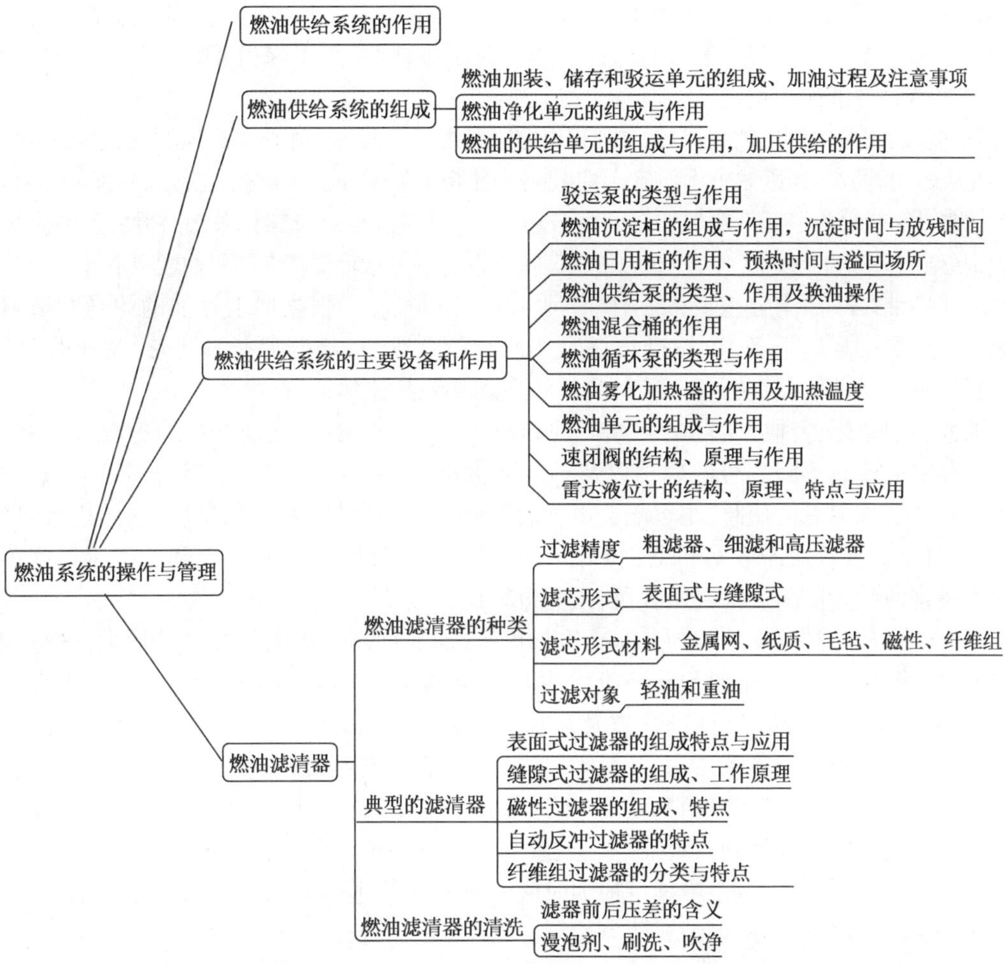

【知识点】

燃油系统是柴油机重要的动力系统之一。柴油机的燃油系统由燃油供给系统和燃油喷射系统组成。燃油喷射系统前面已介绍,下面主要讨论燃油供给系统。

一、燃油供给系统的作用与组成

燃油供给系统的作用是把符合使用要求的燃油畅通无阻地输送到喷油泵入口端。

燃油供给系统由加装和测量、储存、驳运、净化和供给五个基本环节组成。根据各环节间的相互关系,可将其分为燃油加装和测量、燃油的驳运和净化以及燃油的供给三个基本单元。

1. 燃油加装、储存和驳运

燃油的加装通过船舶主甲板上的加油站完成。加油站由燃油注入法兰、集油盘和燃油输送管系组成。燃油通过加油站的燃油注入法兰接头进入。注入法兰分重油和轻油两种,在两舷的布置及功能均相同。这样从两侧均可将轻、重燃油直接注入各油舱。注入接头必须高出甲板平面,不加油时应加盖板密封,以防风浪天甲板上浪时,海水灌入油舱,注入法兰下安装有集油盘。注入管应有防止超压设施,如安全阀作为防止超压设备,安全阀的溢流油应排至溢油舱或者其他安全处所。油舱有透气管通到上甲板,加装燃油时须将透气孔开启以便驱气。

加装的燃油储存在燃油舱中,燃油舱分为双层底和深舱两种。双层底油舱因位于双层底中,其高度一般小于 2 m,但自由面较大;深舱位于船舶左右两侧,故也称为边舱,其深度和船舶吃水深度相仿,较深,但其自由面较小。对于重油舱,为了保持其流动性,便于驳运,都装设加热盘管来加热重油。

燃油驳运主要由调驳阀箱、驳运泵和相应的管路组成。其主要作用是运送燃油,具体地说是将燃油从燃油舱驳运到燃油净化环节,还能将各油舱柜中的燃油互相调拨,也能将本船的燃油调拨到其他船舶或码头上。一般船舶有两台驳运泵,一般为齿轮泵或螺杆泵,分别用于船用柴油 F. O和轻柴油 D. O 的驳运工作,并互为备用。特殊情况下可把重油舱中的重油驳至舷外。

加装燃油是一项十分重要的工作,作业时应特别细心。根据船上存油的牌号和数量,考虑下一航次的运输任务,由轮机长提出加油数量和规格,经与船长商定后,提出加油申请,电告公司主管部门。公司批复后,和船舶代理联系具体加油事宜。

加油前应掌握各油舱实际的存油品种和数量,尽量并舱,以便新旧油分舱存放。在燃油的储存中应注意不同牌号的燃油以及不同加油港加装的同一牌号的燃油不可混舱。当两种不同的燃油混兑使用时,很可能会由于燃油间的不相容性,发生化学反应,产生大量沥青质淤渣析出,导致滤器堵塞和主机燃烧不良,大量冒黑烟,严重时导致柴油机运行困难。实在需要将两种不同的燃油并舱存放时,需进行试验确认。

主管轮机员应制定加油计划并交轮机长审定,加油计划中应明确加油的种类、牌号、数量和船舶存油情况等,并确定预装油舱残油、加油数量(每个舱以不超过 85% 舱容为宜,防止风浪中或油温升高膨胀而溢油)以及测深和加油顺序等,再与大副商定,确保船舶的平衡。二管轮应检查装油管系,正确开关阀门(一舷加油时应关闭另一舷加油站的阀门,确保各分舱阀门全部打开,管线畅通),堵好甲板疏水孔,准备溢油应急设备和材料,如吸油毡、木屑、溢油分散剂、盛油桶和灭火器等,悬挂“禁止烟火”牌,对可能发生渗漏的地方重点检查并准备接油桶,在冬天或寒冷地区加油时应对预装油舱进行升温等。保证加油站和油舱注入阀、测深孔等处可靠的联络方法。

燃油加装时安全第一,杜绝火灾爆炸事故,避免溢油和跑油的发生。加油站附近严禁烟火,供、受油双方均认真仔细,谨慎对待每一步操作。正式开泵加油前,二管轮到加油船上完成以下工作:

①检查供油方的供油质量和数量,记下流量计的初始读数,用验水膏检查油中含水情况;

②填写供油作业安全检查表,确定双方联系方法、作业程序、泵压、泵速(在开始加装和接近结束时均应放慢供油速度)等,以船方为主,双方均应切实执行;

③填写加油申请确认表,核对燃油种类、牌号、数量等;

④索取燃料油化验报告单;

⑤填写油样瓶标签。

供油船靠泊后,供油方负责拆卸加油站盲板并将加油软管与燃油注入法兰相接。加油中,在油气可能扩散到的区域应禁止吸烟和明火作业。一切就绪,受油方向供油方发出加油信号,供油方启动油泵开始加油。泵开动后,受油方应立即对加油舱测深,根据测深结果和船舶平衡状态,确认油已进入预定的舱位并控制油舱注入阀的开度。加油过程中也可通过倾听油流声响和透气管的出气情况来确定油是否进入预定舱位,还应检查确认各油舱、油柜、泵阀、管路、透气孔、测量孔等处无燃油泄漏。在泵油开始后和结束前的过程中,受油方应通过加油站或供油船上的取样阀,连续、均匀、缓慢地接取4瓶油样。加油过程中,装油人员要坚守岗位,严格执行操作规程,掌握装油进度,防止跑、冒、滴、漏,如有任何异常情况发生,必须立刻通知供油方停止泵油。加油结束后,应关好有关阀门。拆除输油软管时,应事先用盲板将管口封好或采取其他有效措施,防止管内存油倒流入海。重新测量各舱柜存油数量,并核对供方实际加油数量,索取油样并当场封好,以备发现问题时有据可查。供油方停止泵油后,会使用压缩空气吹扫管路内的残油,以防燃油漏入大海。

2. 燃油的净化

净化单元由燃油沉淀柜、燃油日用柜、分油机、燃油加热器等组成。图6－1所示为重油的净化单元。重油经调驳阀箱1由驳运泵进入沉淀柜5,驳运泵的起与停受高低位报警位控制。当沉淀柜中油位低于低位报警位3′时,驳运泵开始驳油,沉淀柜油位上升,当沉淀柜中油位高于高位报警位3,驳运泵停止驳油。可见,每次补油量为沉淀柜中高低报警位对应的油量。沉淀柜中多余的油溢油到专用溢油柜。通过高低温传感器,沉淀柜中加温系统自动调节蒸汽流量,使沉淀柜中温度在合适范围内,从而加速油的沉淀分离并使沉淀油柜到供油泵8的油温变化幅度很小。气动恒压阀9和流量调节阀9′,使多余的油量流回沉淀柜,并确保平稳地向分油机11与12提供燃油,从而提高分油机净化质量。燃油进入分油机前通过加热器加热,加热温度受温度控制器10控制,使进入分油机的燃油温度尽可能保持恒定。系统设有两台供油泵、两台加热器、两台分油机,相互之间互为备用,提高了系统的可靠性。分油机根据需要可接成串联与并联两种形式,提高了系统的适应性。经分油机净化后的油注入日用油柜15,日用油柜设有溢油管14,溢油管吸入口要插到日用柜的下部,使温度较低、杂质和水含量较高的油溢流回沉淀柜,实现循环分离,提高分离效果。净化方式有沉淀、过滤、离心分离三种。沉淀柜与日用柜中采用沉淀方法,使杂质借助重力而沉降析出,重油在常温下沉淀比较困难,故需有加热装置,沉淀柜与日用柜均应定期放水排污,放水排污统称为放残。燃油经沉淀后,大颗粒杂质可以除去,达到初步净化的目的。滤清是燃油净化的重要环节,由多个粗、细滤清器来实现。越来越多的船舶燃油供给系统中使用自清洗滤器。经上述两种净化方法后,仍有一些水分和较小颗粒的机械杂质不能除去,需经分油机采用离心分离方法去除。离心分离是净化环节的核心,也是净化燃油最主要、最有效的方式。

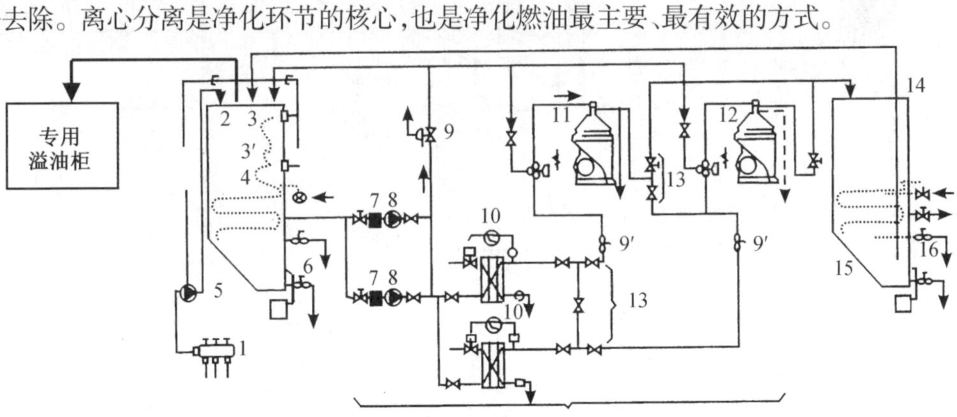

1—调驳阀箱;2—沉淀油柜燃油进口;3—高位报警器;3′—低位报警器;4—温度传感器;5—沉淀油柜;
6,16—水位传感器;7—滤器;8—供油泵;9—气动恒压阀;9′—流量调节阀;10—温度控制器;11,12—分油机;
13—连接管;14—日用溢油管;15—日用油柜。

图6－1 重油净化单元

3. 燃油的供给

燃油供给单元的主要作用是向柴油机提供符合柴油机喷射系统要求并具有一定压力和黏度的燃油。燃油供给单元由燃油供给泵、燃油循环泵(也称增压泵)、燃油混合桶、雾化加热器和燃油自清滤器等组成部分。其相互关系参见图6－2。供给泵将燃油从日用柜泵出并加压后供给到循环泵的进口,循环泵使来自供给泵和混合筒的燃油经过雾化加热器和自清滤器送入柴油机的喷油泵,柴油机回油管油回流到混合筒。

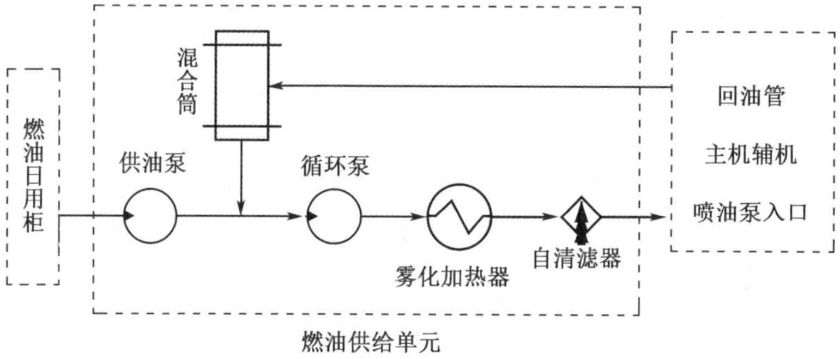

图6－2　燃油供给单元示意图

图6－3所示为加压式燃油供给单元。

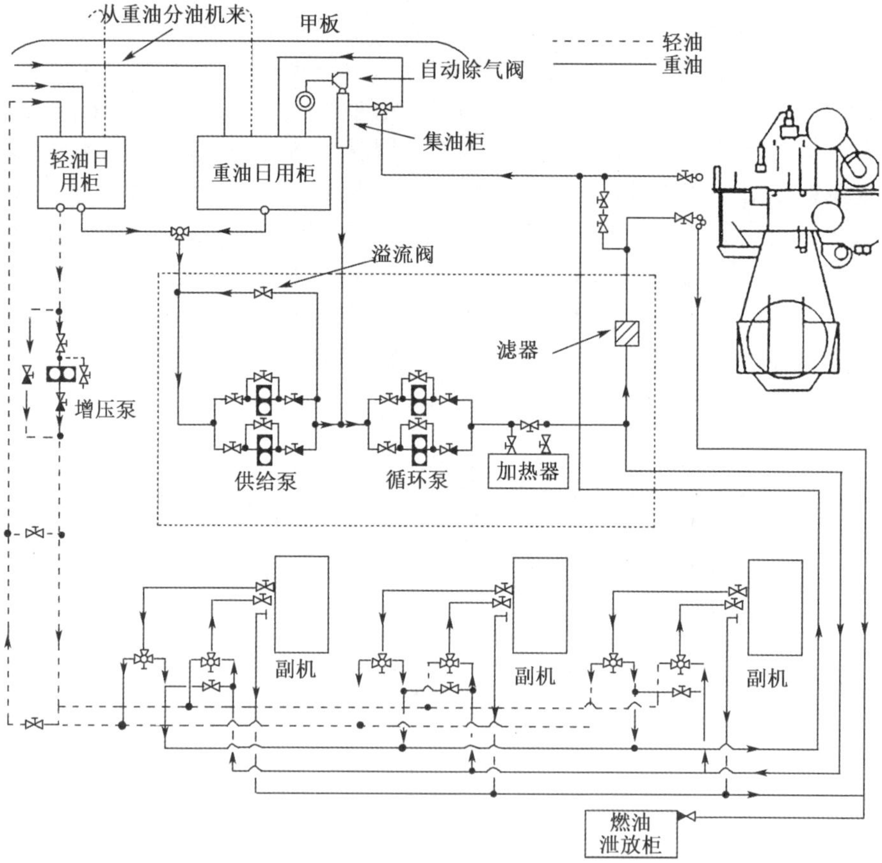

图6－3　加压式燃油供给单元

净化后的燃油经轻、重油转换三通阀供给到供给泵的进口，经过燃油供给泵的加压达到0.4 MPa，其供给压力可通过压力调节阀调整。燃油循环泵输出燃油经过燃油雾化加热器和燃油自清滤器后供给主机，主机的回油通过三通阀，可返回到集油柜（混合筒）或重油日用柜。正常情况下过量燃油回流到集油柜，在主机出现故障导致停车情况下，可通过转换三能阀，使主机回油直接返回到重油日用油柜，避免故障停车后造成重油堵塞燃油管系。由于高黏度劣质燃油的使用，燃油预热温度大大提高，为此采用增加燃油压力（循环泵出口压力达到1.0 MPa，主机高压油泵处的燃油压力一般为0.8 MPa，循环回路中压力为0.4 MPa），来提高燃油的饱和温度，防止燃油在高预热温度（150 ℃）下发生汽化和空泡现象。

二、燃油供给系统的主要设备和作用

1. 重油驳运泵

重油驳运泵的作用是将任一重油舱中的重油驳至重油沉淀柜中；在各重油舱之间相互驳运；特殊情况下可把重油舱中的重油驳至舷外。驳运泵一般使用齿轮泵或螺杆泵，两台并联，互为备用。

2. 燃油沉淀柜

燃油沉淀柜参见图6－1，具有加热、沉淀和放残的作用。柴油机一般配1～2个沉淀柜。早期柴油机配2个，相互交替使用，每个沉淀柜能满足船舶1天的燃油消耗。现代船舶为节省空间，设置1个沉淀柜，由1只燃油驳运泵自动地补充其中的燃油消耗。为了使燃油在沉淀柜中能够充分沉淀，按规定至少沉淀12 h以上。为提高净化效果，沉淀柜中设有加热盘管，一般将重油加热到50～60 ℃，并可酌情加入泥渣分散剂和疏水剂，使油中悬浮杂质易于沉淀。沉淀柜应定期放水排污，放残间隔为2～4 h。另外，沉淀柜设有温度传感器（高低温）、液位传感器（高低位），可提供高温、低温、高位、低位及溢流等报警信号，在高低间补油，在高低温间加热。

3. 燃油日用柜

燃油日用柜与燃油沉淀柜的作用类似，具有加热、沉淀和放残的作用。但两者预热温度不同，日用柜的预热温度为70～80 ℃。另外，沉淀柜的溢油流到专用溢流柜中，而日用柜溢油流到沉淀柜。

4. 燃油供给泵

燃油供给泵一般为螺杆泵或齿轮泵，两台并联，互为备用。其输出压力一般为0.4 MPa，输出的油量如忽略系统漏泄，等于主机的实际燃油消耗量。将经三通接头进来的燃油加压后送到循环泵入口。当柴油机负荷降低使燃油消耗量减少时，多余燃油在供给泵吸、出口间循环。燃油供给泵出口分两路，一路进入流量计与循环泵，供给主机燃油；另一路经一个压力调节阀返回重油日用油柜，其返回量随主机负荷不同而不同。供给泵为双泵设计，正常工作期间，一台工作，一台备用，当工作泵出现故障，备用泵自动投入工作。供给泵的吸口通过一个三通阀与重油和轻油的日用柜相连。

5. 燃油混合桶

混合桶也称集油柜或除气箱。柴油机的过量的燃油经溢流阀流回到混合油柜，溢流阀的另一路与重油日用油柜相连。柴油机回油进入混合桶后又进入循环泵的吸口，使由燃油供给泵泵出的燃油在主机和混合桶间形成了一个封闭循环，适应了柴油机不同工况及至停车情况的燃油供应需求。燃油系统中集油柜的作用为：作量油柜，测定主机耗油量；上面装有自动放气阀，能驱除燃油在循环及泵送过程中析出的气体，确保燃油能连续平稳地供给柴油机;在轻、重油转换期间,混合桶能使两种油更充分混合,起缓冲作用,避免燃油黏度突变,防止油温突变而导致燃油喷射系统故障。

早期的柴油机在入港机动航行期间,主机应燃用轻油,出满港定速航行后,燃用重油,通过三通阀实现重油和轻油之间的转换。换油操作的基本原则是防止油温突变,以避免喷油泵柱塞偶件卡紧或咬死。由重油换为轻油时,首先应关闭燃油雾化加热器的加热阀,关掉黏度计,然后切断燃料油,同时接通柴油。在集油柜中使原来重油和新注入的柴油逐步混合稀释。由于稀释时黏度比油温下降得快,所以不需要加热。最后燃油管道、低压燃油循环泵、燃油雾化加热器、回油管充满柴油,以供下次启动。由轻油换为重油时,先将燃料油日用柜加热至使用状态,同时略为开启燃油雾化加热器使柴油温度上升至 40 ℃以上,随后再切断柴油,接通燃料油。要在柴油机燃烧完系统内柴油的时间内将燃料油温度加热到燃料油雾化要求的温度。现代柴油机已实现全工况范围内全部燃用重油,只有在船舶进厂大修或长期停航时才换用轻油。

6. 燃油循环泵

燃油供给泵一般为螺杆泵或齿轮泵。其吸口与燃油供给泵和燃油混合筒相连,确保主机主机燃油的供给压力,防止燃油汽化,并实现燃油在主机与混合桶之间的循环。燃油循环泵两台并联,互为备用。其出口阀为截止止回阀,可避免燃油倒流。

7. 雾化加热器

雾化加热器是一个保证燃油良好喷射和雾化的重要预热设备,根据良好雾化的要求,重油进入喷油泵前其运动黏度应为 12 ~25 mm^2/s。比较普遍的是直接黏度控制,即在出口装设燃油黏度发迅器去测量燃油黏度的变化,并通过某种调节机构(如气动薄膜调节阀)调节蒸汽阀的开度,保证燃油黏度与设定的雾化黏度相符。现代的一些船舶也有采用温度控制,即在出口装设温度传感器,去测量燃油输出温度的变化,确保燃油的供给温度满足设定要求。燃油的供给温度值可查燃油黏度 - 温度曲线。

重油在雾化加热器通过加热来满足雾化黏度的要求,其实,重油使用前的预热处理是保证柴油机正常运转的重要措施。按有关规定应采用饱和蒸汽作为加热源,预热蒸汽压力不应超过 0.8 MPa(相当于饱和蒸汽温度 175 ℃),以防重油中的焦炭析出沉淀在加热器中。重油预热通常采用分段预热的方法。燃油舱中为了便于驳运,确保油管出口燃油不发生凝固为原则,将油舱加热至 15 ~20 ℃,出口附近为 35 ~40 ℃。在沉淀柜中,为提高沉淀效果,加热到 50 ~60 ℃(为安全起见,比闪点低),分油加热温度不能过低,也不能过高,对于重油,最高温度不得超过 98 ℃。在日用油柜中,重油温度应保持在 70 ~80 ℃。

8. 燃油单元

现代造船都将燃油供给系统的主要设备集成为一个模块,形成一个燃油单元。燃油单元包括从轻重油转换阀到主机的燃油系统设备。燃油单元一般由某一厂家成套提供并整体安装,节约工时,节省空间,但也会由于结构过于紧凑而使管理人员的检修变得不太方便。

图 6 -4 所示为某船主机的燃油单元。该燃油单元由从轻/重油三通阀、供给泵进口粗滤器、燃油供给泵、燃油自清滤器、燃油流量计、集油柜、燃油循环泵(也称加压泵)、雾化加热器、测黏计、缓冲器以及控制箱组成。从轻/重油日用柜来的燃油经燃油单元加压加热后,通过进机细滤器进入主机高压油泵吸入管,主机燃用多余的燃油可以经回油管返回燃油单元或直接回到轻、重油日用柜。正常情况下,现代主机不论运转或停车,系统中只有重

油。只在主机大修或长时间停航时才换用轻油,轻油在燃油单元中不需加热。

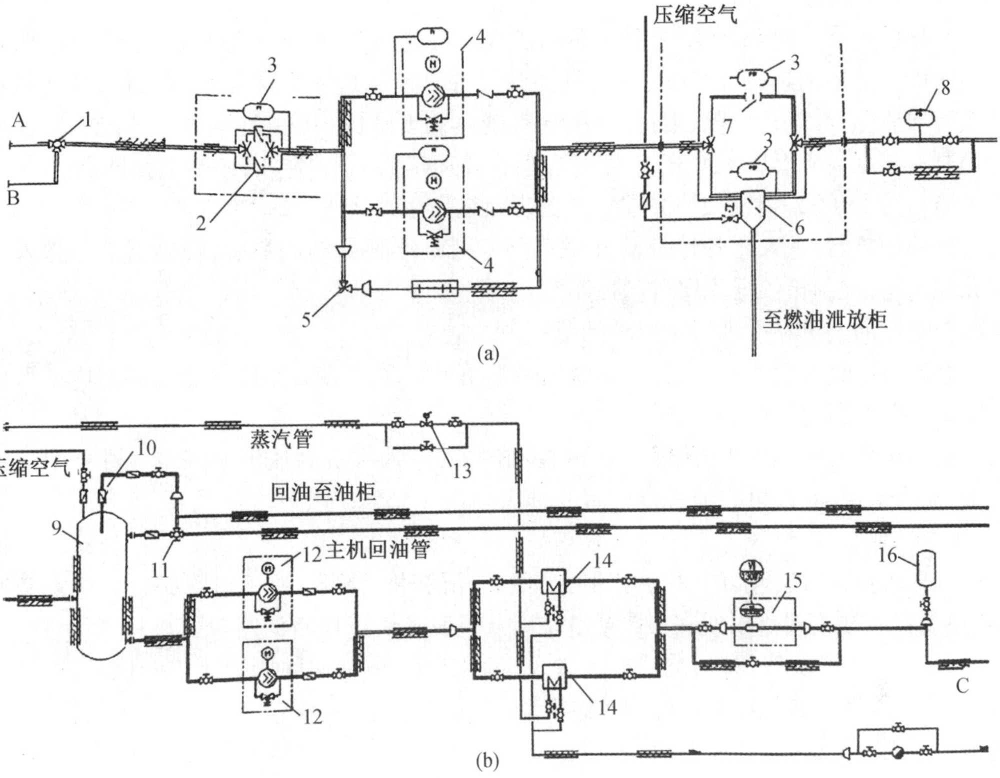

1—轻重油三通转换阀;2—双联粗滤器;3—压差计;4—燃油供给泵;5—调压阀;6—自清滤器;7—旁通滤器;8—流量计;9—混合桶;10—除气阀;11—回油三通阀;12—燃油增压泵;13—蒸汽流量自动调节阀;14—加热器;15—黏度测量单元;16—缓冲器;A—重油管;B—轻油管;C—燃油单元至主机油管。

图 6-4 主机燃油单元

轻油或重油轻三通转换阀,首先通过供给泵进口粗滤器。粗滤器为双联滤器,一般单个工作,互为备用,滤器自带压差计。当压差计表盘翻红时,表示滤计压差过大,滤器脏堵,需要转换并清洗脏堵的滤器。

燃油通过粗滤器后,由燃油供给泵吸入并加压。供给泵为两台螺杆泵,互为备用,当运行的供给泵出现故障,燃油单元控制箱自动转换备用泵。供给泵的工作压力为 0.4 MPa。

经供给泵加压的燃油进入燃油自清滤器。自清滤器能够定期或在脏堵时,用压缩空气自动反冲滤器,无须人工拆洗。当自清滤器功能故障时,可以转换到其自带的旁通滤器。自清滤器也带有压差计。

从自清滤器出来的燃油进入流量计。流量计可以准确地测量主机燃用燃油数量。流量计有旁通管路,出现故障燃油可以旁通。

流量计后连着集油柜。从集油柜出来的油再经过循环泵加压、雾化加热器加热进入主机,部分燃油从主机返回集油柜循环。集油柜顶部带有除气阀,可以放出燃油中混入的空气。当轻重油转换时,集油柜起着缓冲作用,避免油温与黏度突变。

循环泵将燃油进一步加压到 1.0 MPa,送入雾化加热器。加压后的重油,进入雾化加热器可以加热到较高的温度而不发生汽化，同是满足主机高压油泵的进油压力要求。循环泵同样为两台螺杆泵，互为备用。

雾化加热器为两个立式加热桶，采用蒸汽加热重油，两个雾化加热器可单独使用，也可并联使用。蒸汽加热进气管安装自动控制阀，可以控制进入加热器的蒸汽量，从而自动调整燃油加热温度。重油进入主机前，须加热使其黏度降为 10～15 mm^2/s，才能满足良好雾化的要求。以主机燃用 180 号重油为例，通常要加热到 120 ℃左右。不论哪种重油，加热温度不能超过 150 ℃，否则燃油会在加热器表面结焦。

重油加热后，进入测黏计及其并联管路。测黏计测量燃油黏度，将黏度信号送入燃油单元控制箱，控制箱依据程序自动控制雾化加热器蒸汽加热阀开度，增加或降低燃油温度，从而控制燃油进机黏度维持在要求的范围内。

燃油最后经过缓冲器的缓冲后，流出燃油单元。缓冲器的作用是通过容器内部形成的气垫保持燃油压力的稳定。

燃油从燃油单元出来，流经双联进机细滤器，进入主机高压油泵入口。进机细滤器有两个，互为备用，对进机燃油进行最后的过滤。

9. 速闭阀

所有布置在双层底以上的油舱柜（日用柜、沉淀柜、高柜）的出口管路上均应安装速闭阀（快关直通截止阀），以便在火灾或危险时从机舱外快速切断油路。图 6－5 所示中，正常情况下，钩 3 处于实线位置，滑动板上移，弹簧被压缩，燃油速闭阀处于常开位；当发生火灾时，可在机器外部如集控室通过钢丝绳拉动钩 3，使之处于虚线位置，在弹簧力的作用下，滑动板带动阀杆下移，燃油速闭阀被关上。

10. 油位表

测量油位的液位计有测深管、静压式液位计、磁翻板液位计和雷达液位计等。

（1）静压式液位计

静压式液位计常见的有圆柱形玻璃油位计和平板玻璃油位计，均基于连通器原理设计，玻璃板（或管）两端经接管用法兰或锥管螺纹与被测容器连接，构成连通器，透过玻璃板（或管）观察到液面与容器内的液面相同即液位高度。

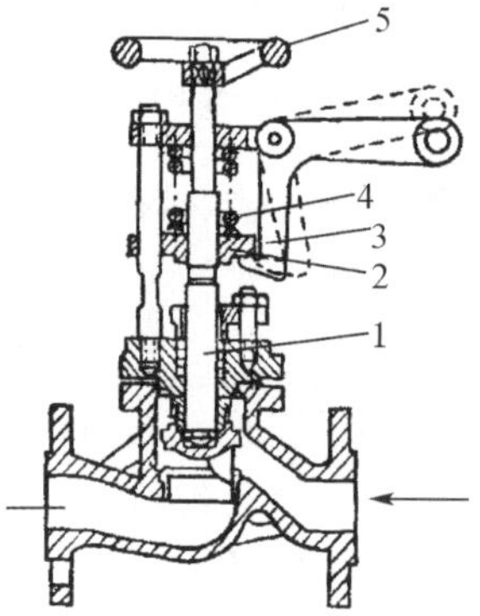

1—阀杆；2—滑动板；3—钩；4—弹簧；5—手轮。

图 6－5　燃油速闭阀

燃油和滑油舱柜中使用的油位计破裂会带来安全隐患，根据《国内航行海船法定检验技术规则》（2011）圆柱形玻璃油位计已禁止使用，平板玻璃液位计允许使用。平板玻璃油位计是带有防护罩的自闭式液位计，两端的针型阀不只起截止阀的作用，其内部的钢球具有逆止阀的功能，当液位计发生意外破损泄漏时，钢球可在介质压力作用下自动关闭液体通道，防止液体大量外流起到安全保护作用。平板玻璃油位计具有结构简单、经济实用、安装方便、工作可靠、使用寿命长等优点，但数据不可远传。

（2）磁翻板液位计

图 6－6 所示为磁翻板液位计，也称为磁翻柱液位计。磁翻板液位计基于浮力和磁力原

理。磁性液位计(磁翻板液位计)是利用旁通管和罐体(或容器设备)形成连通器,使两者液位高度一致,在液体浮力的作用下,当液面发生升(降)时,液面的浮子随之升(降),浮子内的永久磁钢在磁耦合的作用下,驱动同样带有磁性的红、白翻柱(即磁翻板)进行 180°的翻转,从而通过箱板箱内红、白分界线的刻度尺即可清晰、直观的指示液位高度。配合传感器(磁簧开关)和精密电子元器件等构成的电子模块和变送器模块,可以变送输出电阻值信号、电流值信号、开关信号以及其他电学信号,从而实现现场观测、远距离的液位指示、检测、控制和记录。磁翻板液位计具有结构简单、使用方便、性能稳定、使用寿命长、便于维护等优点。

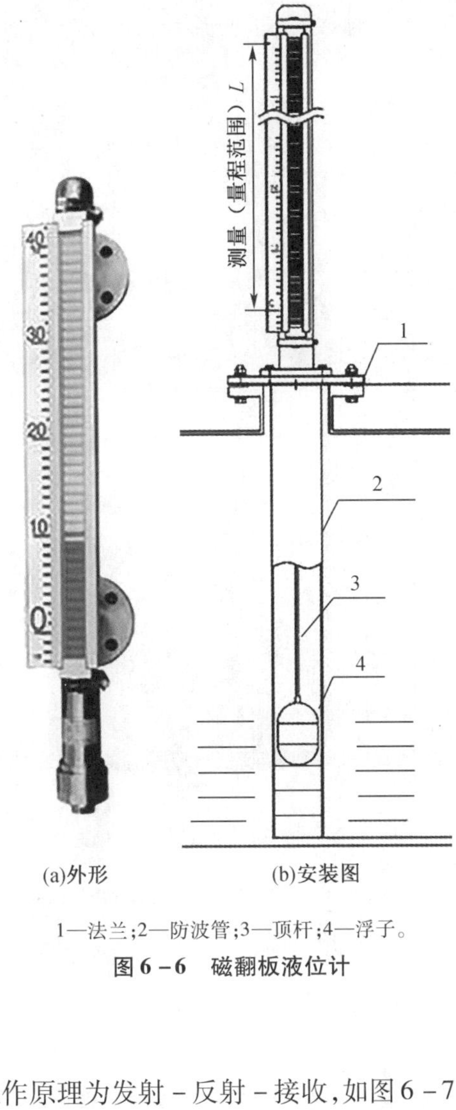

(a)外形　　(b)安装图

1—法兰;2—防波管;3—顶杆;4—浮子。

图 6-6　磁翻板液位计

(3)雷达液位计

雷达液位计的基本工作原理为发射-反射-接收,如图 6-7 所示。雷达传感器的天线以波束的形式发射电磁波信号,发射波在被测物料表面产生反射,反射回来的回波信号仍由天线接收。电磁波从发射到接收的时间与到液面的距离成正比,关系式如下:

$$D = CT/2 \qquad (6-1)$$

式中 D——雷达液位计到液面的距离,m;

C——光速,m/s;

T——电磁波运行时间,s。

雷达液位计记录电磁波经历的时间,而电磁波的传输速度为常数 3.0×10^8 m/s,则可算出液面到雷达天线的距离,从而知道液面液位,并送终端显示器进行显示。其结构参见图6-7(b)。雷达液位计的特点是与测量介质不直接接触,适用范围广,几乎可以测量所有介质;测量精度高;无可动部件,不存在机械磨损,寿命长;维护方便,操作简单。

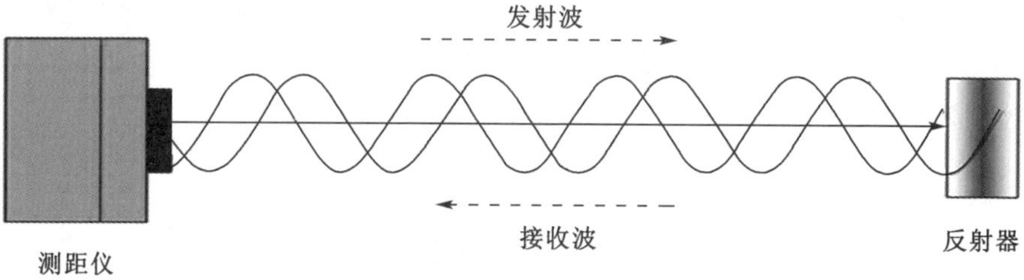

(a)雷达液位计测量原理

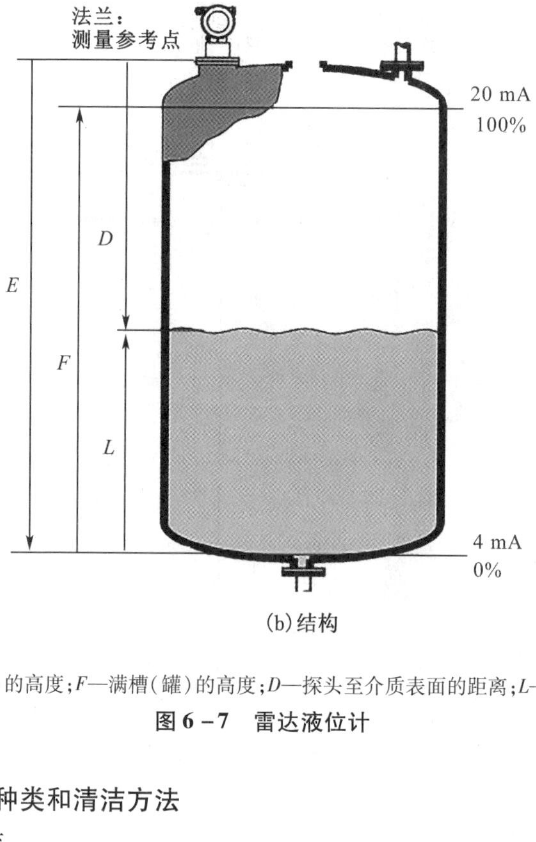

(b)结构

E—空槽(罐)的高度;F—满槽(罐)的高度;D—探头至介质表面的距离;L—实际物位。

图6-7　雷达液位计

三、燃油滤清器的种类和清洁方法

1. 燃油滤清器种类

过滤是提高柴油机工作可靠性和寿命的有效措施。燃油滤清器(也称燃油过滤器)用来滤除燃油中的杂质,减少燃油系统精密部件的磨损。船舶柴油机的滤清器要求能在不中断供油的情况下清洗或更换滤清器元件。因此,滤清器多做成双联式,用三通旋塞控制交替使用。

滤清器有多种形式,按其过滤精度的不同分为粗滤器、细滤器和高压滤器三种。过滤器的过滤精度是指滤芯能够滤除的最小杂质颗粒的大小。粗滤器能过滤颗粒直径大于

0.1 ~0.2 mm 的杂质,细滤器可将颗粒直径大于 0.05 mm 的杂质滤掉。粗、精滤器的区别在于滤芯。按过滤器的结构可分为网式、缝隙式和磁性滤器。按过滤机理可分为表面式、深度型和吸附型。表面式的滤清器常用作粗滤器。按滤芯材料分为金属网滤清器、纸质滤芯滤清器、毛毡式滤清器、磁性过滤器、纤维组件过滤器等。按过滤的对象分为轻油滤清器和重油滤清器。重油滤清器与普通滤清器相似,不同之处为在重油滤清器的壳体中,设有蒸汽加热腔,以降低重油的黏度,减小滤器的阻力,避免滤器处压力过大,保证重油能顺利清除杂质。重油滤器多有四组滤芯,滤器设有旋转阀用来转换滤芯使用。各组滤器腔室均设有安全阀,当压力超过一定值时,安全阀开启,保证滤器安全工作。

下面主要介绍滤网式滤清器、缝隙式滤清器、磁性滤清器和纤维组件滤清器。

(1)表面式过滤器

图 6 - 8 所示为圆筒形金属网式粗滤器。它的滤芯是由一圆筒形金属网(铜纱)制成。燃油从金属网外向网内流动,比网格大的颗粒杂质滤出,清洁的燃油由圆筒内向上流动经出口流出滤器。网式滤油器的特点是通油能力大、压力损失小,容易清洗,耐高温,强度较高,寿命长,但因只有一层过滤故过滤精度不高,主要用于泵吸油口,属粗滤器。

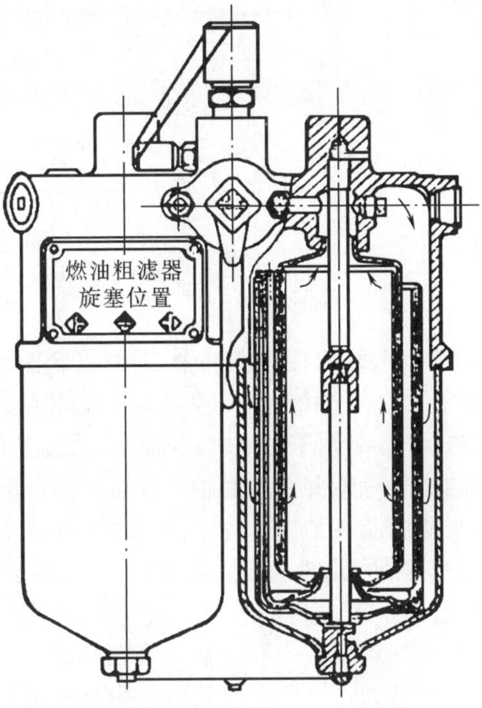

图 6 - 8 圆筒形金属网式粗滤器

若在滤芯的金属骨架上套上棉纱或毛毡等滤芯材料,即可成为细滤器,如图 6 - 9 所示。这种滤芯孔隙分布均匀,有良好的渗透性,过滤精度高,性能稳定,使用寿命长,经清洗后可反复使用。还有采用纸质和粉末冶金滤芯,为了增大过滤面积,纸质滤芯常制成折叠型,如图 6 - 10 所示,纸质滤器成本较低、强度差、遇水易变形,属于不可清洗型,常作为一次性精滤芯使用。

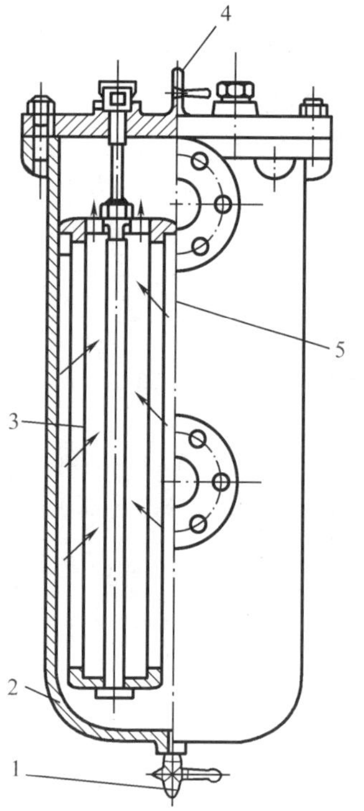

1—放污旋塞;2—壳体;3—铜丝布滤筒;
4—放气旋塞;5—铜颗粒滤芯。

图 6－9　燃油细滤器

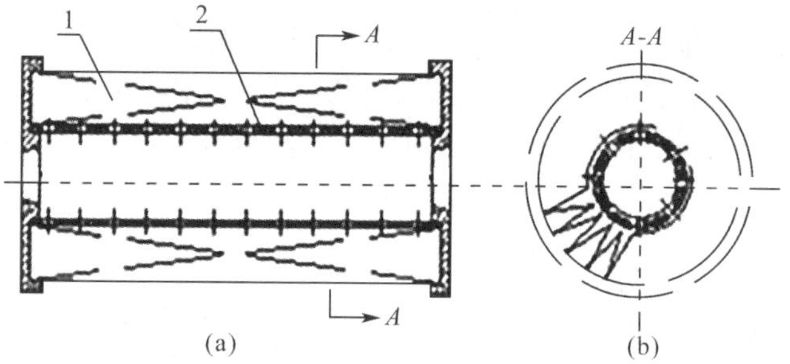

1—滤纸;2—骨架。

图 6－10　纸质滤芯

(2)缝隙式过滤器

缝隙式滤器通常由金属片制成,可做成粗滤器或细滤器,两者只是在金属片间的间隙上有所不同,如图 6－11 所示。它主要由外壳和金属片式滤芯组成。滤芯由很多薄的滤片 1 与间隔片 2 相间叠置在方形的(或半圆形)的中心轴上。在滤芯侧面的另一方形杆上由装一些尖端嵌入各滤片之间的清洁片 9,并在中心轴的顶端上设置转动滤芯的手柄 10。工作时,燃油从入口进入滤清器,从滤芯各金属滤片之间的缝隙进入滤芯内部,于是,杂质被阻挡在外壳 8 内,洁净的燃油经滤清器出口流出。管理中,只要用手转动手柄,便可使清洁片刮掉滤芯口的积垢,并从旋塞 4 处清除。这种过滤器也称刮片式滤清器。

有些柴油机在喷油器高压油管接头内孔处装有高压缝隙式滤器。使高压燃油在进入喷油器之前再进行一次精细的过滤。高压缝隙式滤器由在喷油器高压油管接头内孔的圆柱形钢质滤芯组成,以适应高压的需要,如图 6－12 所示。其钢质滤芯外表面铣有两组纵向油槽,一组油槽与进油孔相通,一组油槽与出油孔相通。滤芯的外圆表面与油管接头内孔之间的间隙为 0.04～0.25 mm,只有小于此间隙的燃油和杂质,才能通过此间隙由进油槽流到出油槽。比此间隙大的燃油杂质就留在进油槽中达到过滤的目的。高压缝隙式滤器能延长喷油嘴的使用时间,当燃油质量较好时,这种滤清器可工作 400～500 h 后才需清洗。

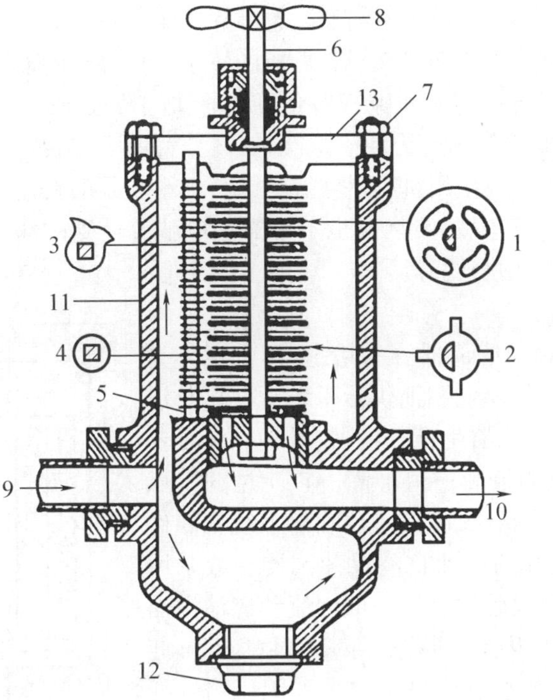

1—滤片;2—间隔片;3—出口;4—旋塞;5—进口;6—刮片杆;7—隔片;
8—外壳;9—清洁片;10—手柄;11—中心轴;12—滤器盖;13—螺母。

图 6-11　金属片缝隙式滤器

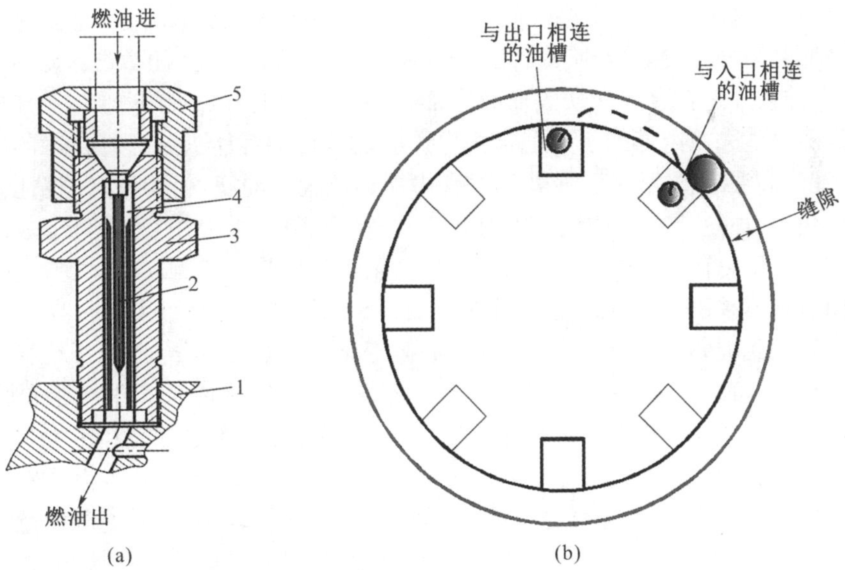

1—喷油器;2—油槽;3—套筒;
4—圆柱钢芯;5—高压油管接头。

图 6-12　高压缝隙式滤器

(3)磁性过滤器

磁性过滤器用于过滤燃油中的铁颗粒,也称除铁器,结构如图6-13所示。其中心为一圆筒式永久磁铁,磁铁外部为非磁性材料做成的罩子,罩子外面绕着数只铁环,铁环由铜条连接,每只铁环之间保持一定的间隙。当介质中的铁磁性杂质经过铁环间隙时,则被吸附在铁环上,从而起到滤除作用。为便于清洗,铁环分为两半,当杂质将间隙堵塞时,可将铁环取下清洗,然后装上反复使用,也可将磁铁抽出,则铁环处的铁屑自动脱落。注意抽出的磁铁不可放于金属上,以免破坏磁力,也不可靠近电脑等易受磁场干扰的物品。磁性滤芯还可以与其他滤材组成组合滤芯。

(4)自动反冲滤器

当燃用劣质燃油时,滤清器容易堵塞,清洗工作量较为繁重,故越来越多的船舶燃油供给系统中使用自清洗滤器。燃油自清反冲滤器是精细滤器,是确保满足要求的燃油供应给主机的最后一道屏障。它能过滤出燃油净化单元漏掉的固体杂质,确保燃油喷射系统各偶件不受到过度磨损。现在的燃油自清反冲滤器一般采用燃油自身反冲洗,反冲洗后的燃油一般回流到燃油溢油柜(也有反冲到油舱),再由燃油驳运泵重新泵送到沉淀柜再次净化。老式的燃油供给单元中常采用压缩空气实现反冲洗。反冲洗控制一般采用压差和定时两种方式。自动反冲滤器便于实现无人化管理。

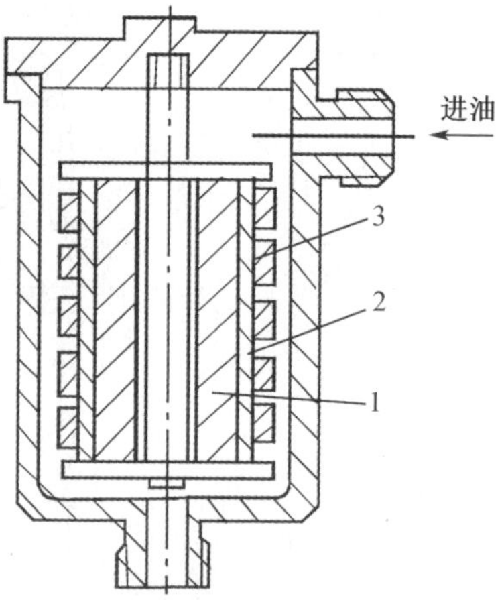

1—永久磁铁;2—非磁性罩;3—铁环。

图6-13　磁性过滤器

(5)纤维过滤器

纤维过滤器属于深度型过滤器。常用的滤芯有玻璃纤维、不锈钢纤维等。利用过滤介质的阻截、吸附、重力等机制,将大于过滤介质及滤饼孔径的固体颗粒阻截在过滤器的表面,由于固体微粒及过滤介质在碰撞或运动中产生的静电力作用,杂质被吸附在过滤介质表面及内部,同时,由于重力及吸附作用,一部分杂质沉积并被吸附在过滤介质内部曲折的通道内。此类滤油器纳污能力强,强度较好,能承受较大的压力,能耐高温耐腐蚀,由于在处理过程中能形成较好的滤饼,所以过滤精度较高(玻璃纤维一般为10 μm左右,不锈钢纤维可达3~5 μm),是目前使用较为广泛、较理想的精过滤器。缺点是不锈钢纤维的成本较高,易堵塞,清洗较困难。

纤维组过滤器采用深层过滤技术,常见的有纤维球过滤器和纤维束过滤器。

纤维球过滤器是取一束短纤维,在其中心紧密结扎或热熔黏结,使短纤维形成呈辐射状的球体结构。这种纤维球的个体特征是球中心纤维密实,越靠近球边缘则纤维越疏松,孔隙率分布不均。纤维球具备一定弹性,在压力下滤层孔隙率和过滤孔径由大到小渐变分布,滤料的比表面积由小到大渐变分布。这是一种过滤效率由低到高递增的理想过滤方式。其直径较大、容易滤除的悬浮物可被上层滤层截留,直径较小、不易滤除的悬浮物可被中层或下层滤层截留。该过滤器存在的不足是因纤维球是呈辖射状的球体,靠近球中心部位的纤维密实,反洗时无法实现疏松,截留的污物难于彻底清除。

纤维束过滤器以束装纤维为过滤器的滤料,束装纤维的直径由几微米到几十微米,并有比表面积大、吸附能力强、过滤阻力小等特点,解决了粒状滤料的过滤效率精度受滤料粒径限制以及过滤阻力大等问题,极大提高了过滤精度、过滤效率和截污容量。在过滤器的上端设有可以改变纤维密度的调节装置。设备过滤时，污油从上至下通过滤层，纤维调节装置向下压缩纤维，纤维密度沿油流方向逐渐加大，滤料的空隙沿燃油流动方向逐渐减小，由此实现了深层过滤。当滤料堵塞时，纤维密度调节装置自动将纤维拉直并处于放松状态，即可进行反冲洗。

纤维组过滤器具有过滤速度快，过滤阻力小，过滤精度高，高截污能力和容积小等粒状滤器无法相比的优势得到迅猛发展。在同样规格滤油器中纤维式滤器纳垢量最大，过滤精度最高。作为一种新兴过滤技术在过滤机理、材料选择、设备结构和现场应用等方面尚有较大发展空间，有待于进一步研究、开发和完善。

2. 燃油滤清器的清洗

燃油滤清器应根据说明书，定期或根据脏堵情况清洗燃油滤器，特别是大风浪天，要增加放残和燃油滤器的清洗次数。燃油滤清器脏堵情况常根据燃油流经滤器前后的压力差来判断：若压差增大超过正常值，表明滤器已变脏堵塞，需立即清洗；若无压差或压差变很小，则表明滤器破损或滤芯装配不对，须立即拆卸检查。燃油滤芯拆下后可将滤芯浸在汽油或柴油中用毛刷轻轻地洗掉污物，然后用压缩空气由内往外将滤芯吹干净。如果由外向内吹，杂质易在气流作用下卡死在缝隙中。破损的滤芯或难以清洗的滤芯均应换新。清洗或更换滤芯时要特别注意滤器壳体内部的清洗，如图 6－14 所示。

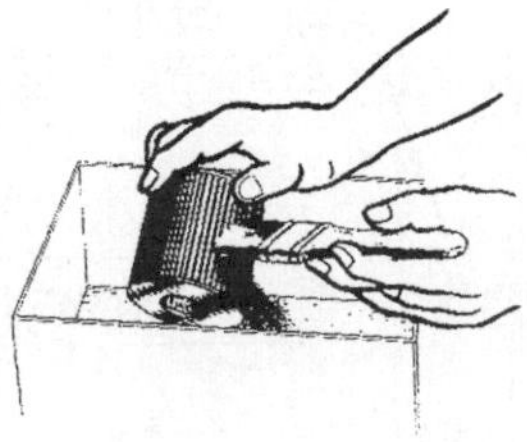

图 6－14　滤芯清洗

【效果检测】

扫描二维码，进行过关测试。

任务二　分油机的操作与管理

【任务引入】

分油机是燃油净化最有效的设备，请完成分油机的排渣操作。

【知识结构】

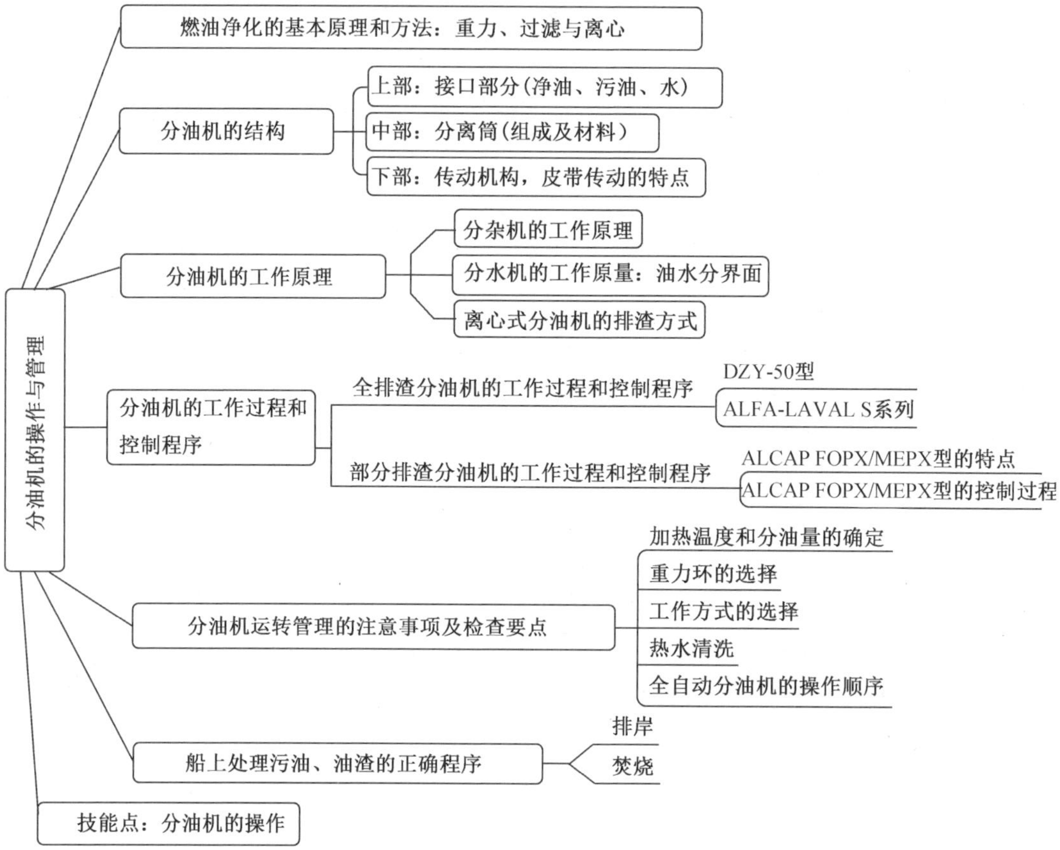

【知识点】

一、燃油净化的基本原理和方法

燃油中杂质易引起喷油器喷孔堵塞，燃油中水会引起燃烧恶化及后燃等。故燃油需要将其中的水分和杂质去除，也就是燃油的净化。燃油净化有三种方法：重力分离、过滤分离和离心分离。

重力分离的原理是燃油、水分和机械杂质具有不同的密度，燃油的密度最小，水分的密度居中，机械杂质的密度最大。若在沉淀柜中静置，让它们依靠本身的重力沉淀，则燃油浮在最上层，水分在油下面，机械杂质在柜的底层。但是，燃油是黏性液体，水滴和固体小颗粒在其中运动时受到各黏滞阻力，所以只依靠各自自身的重力来分离水分和杂质，所需的时间很长，效果也不很好，只能实现大颗粒的初步过滤。

过滤分离原理一般是根据燃油和杂质粒径不同，让它们一起通过滤芯，大的留下，小的通过，实现分离。可见，过滤不能分离水分。

离心分离的原理是将污油置于高速回转的分离筒中，让污油与分离筒一起高速回转，也就说把污油置于一个离心力场中。由于油、水和杂质所产生的离心惯性力各不相同，它们就会沿转动轴的径向重新分布。离心惯性力最大的杂质被甩到最外层，燃油的离心惯性力最小，汇聚在转轴附近，水分则位于两者之间。由于杂质和水分所产生的离心惯性力要比本身的重力大几千倍，因此用离心分离具有净化时间短、流量大和净化效果好的特点。分油机是离心分离设备，也是最重要的净化设备。

二、分油机的结构和类型

分油机的种类很多，但主要结构和工作过程基本相同。分油机从上至下分为三个部分：上部为接口部分，中部为分离筒部分，下部为传动机构。

分油机下部传动机构的作用是驱动中部的分离筒高速旋转。传统设计中分油机传动机构大部分采用蜗轮蜗杆机构，如图 6－15(a)所示；也有采用螺旋齿轮传动，如图 6－15(b)所示；近年来为了提高分离筒转速，分油机普遍采用皮带传动的，如图 6－15(c)所示。皮带传动不需要齿轮箱，结构更加简单紧凑，工作可靠，转速高，分离效果好，分离效率高。图 6－15(a)中发动机 A 经摩擦离合器 E、蜗轮机构 D，驱动立轴 B 高速旋转。摩擦联轴器减少电动机的启动负荷，使分油机启动时分离筒的转速平稳上升。

分油机中部有分油机的核心部件是分离筒。分油机中部的最外面是固定不动的由灰铸铁制造的分油机本体 4 和分油机顶盖 1，如图 6－15(c)所示。分离筒筒图如图 6－16 所示。分离筒的最外面是钢制的分离筒本体 2 和分离筒盖 5，两者靠锁紧环 4 锁紧。分离筒本体上开有排渣孔。再往里面一层，最下面是底盘 12，也称滑动底盘或活塞，其上、下运动可关闭或打开分离筒本体上的排渣孔。中间是套在盘架 10 上的不锈钢的分离盘片 3，最上面是分水顶盖 8，也称顶盘或颈盖。最里面是由钢制立轴 1 带动的不锈钢盘架。图 6－16(a)中立轴 1 带动分离筒和盖及其内部所有零部件（滑动底盘、盘架、分离盘片、顶盘）做高速旋转（一般转速为 5 000～8 000 r/min），故分离筒必须经过高速动平衡试验，组装中所有组件标记要对应，同型号分离筒的运动部件也不得更换，否则会破坏动平衡，导致异常振动和噪声。若干分离盘片 3，叠套在分离盘架上。分离盘的厚度约为 0.4～1.5 mm，盘与盘之间的距离约为 0.5～1.0 mm。盘架与分离筒本体 2 之间有销钉固定。盘架的下部外边缘开有一排分配孔。分离盘呈伞状，其中心角为 60°～100°。分离盘靠近外边缘附近开有一排分配孔 11，盘架上有定位凸筋为分离盘周向定位，能使分离盘上的分配孔与盘架上的分配孔对齐。分离筒的主要零部件外形如图 6－17 所示。

分油机的上部为各种接头。顶盖 8 和分离筒盖 5、重力环 9 间的环形空间构成出水口的通道。进油管 7 为污油进入通道。盘架 10 与顶盖 8 构成净油的出口通道。

分杂机主要用来分离油中的机械杂质，它没有出水口。分水机与分杂机主要结构相同，差别为：分水机的盘架和分离盘片均有一圈分配孔，位置在距外边缘约 *R*/3 处（*R* 为分离盘片的半径），而分杂机的盘架和盘片上无分配孔；分水机有重力环和出水口，分杂机没有出水口，不需要重力环。因此，二者只需要更改个别元件就可互换。以图 6－16(b)中的无孔盘架 15 取代图 6－16(a)中的有孔盘架 10，即以无孔盘片代替有孔盘片；以图 6－16(b)中的厚顶盖（较厚）13 和分杂盘 14 取代图 6－16(a)中的分水顶盖（较大）8 和重力环 9，就可将分水筒改成分杂筒。需要说明的是现代新型电控分油机，已不存在分水机与分杂机的区别，不需要进行任何改装，可同时具有分水筒和分杂筒的功能。

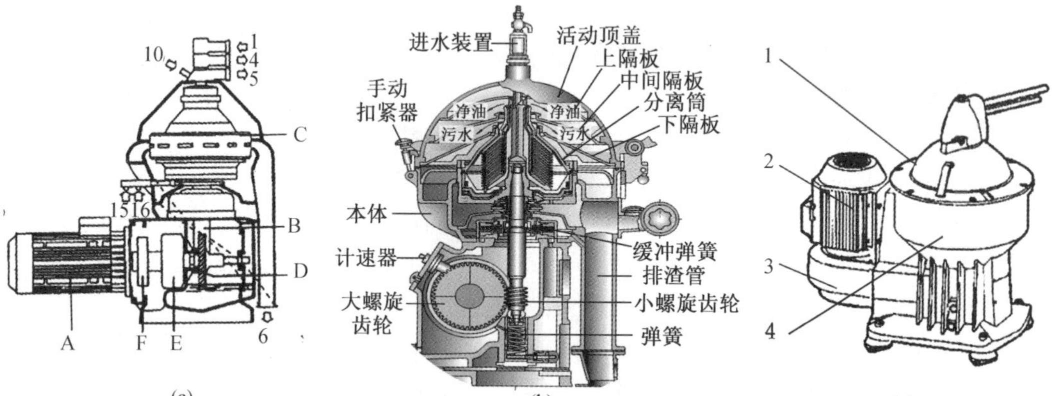

(a)　　(b)　　(c)

（a）1—油进口；4—净油出口；5—水出口；6—排渣口；10—水封水/置换水进口；15—开启水进口；16—密封工作水进口；A—发动机；B—立轴；C—分离筒本体；D—涡轮机构；E—摩擦离合器；F—弹性联轴器。
（c）1—分油机顶盖；2—电机；3—传动皮带；4—分油机本体。

图 6－15　分油机不同传动方式

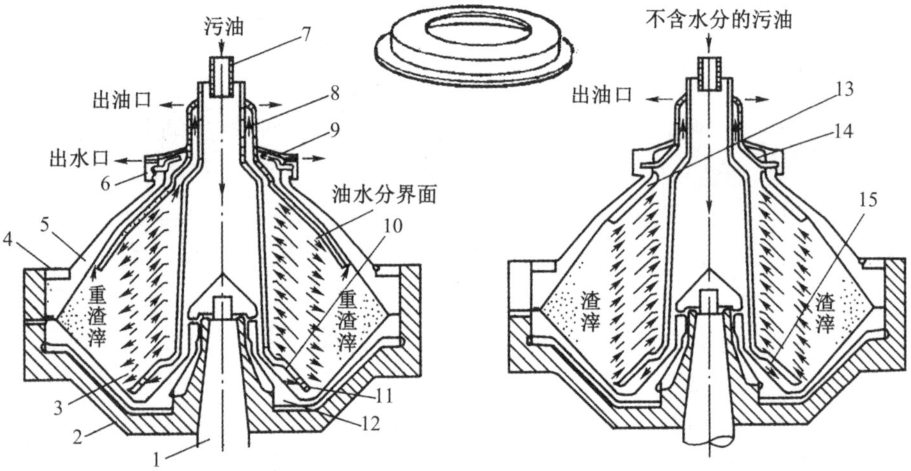

（a）分水筒　　（b）分杂筒

1 —转动立轴；2—分离筒本体；3—分离盘；4—锁紧环；5—分离筒盖；6—小锁紧环；7—进油管；8—分水顶盖；9 —重力环；10—盘架（有孔）；11—分配孔；12—分离筒底盘；13—厚顶盖；14—分杂盘；15—盘架（无孔）。

图 6－16　分离筒简图

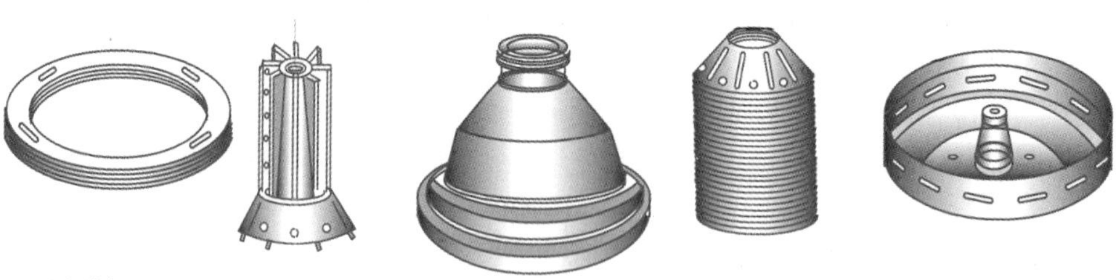

（a）锁紧环　（b）盘架　（c）分离筒盖　（d）分离盘片　（e）分离筒本体

图 6－17　分离筒的主要零部件

三、分油机的工作原理

图 6－16(a)中待净化的燃油经分油机自带(或电动机带动)的进油齿轮泵从进油管 7 泵入分离筒下部，再经盘架上的分配孔和分离盘上的分配孔由下往上流入各分离盘之间。被分离盘分成若干层的油层，并随分离筒一起高速旋转，这样分离筒本体内的待净化燃油在离心力的作用下由内到外分成油、水和杂质三层。由于燃油不断地进入，所以上述分离现象连续地进行。分离出的净油经盘架和颈盖所形成的环形空间排出，水分经重力环 9 和颈盖 8 所形成的环形空间排出，机械杂质则被甩到分离筒的内壁上，由此，污油得到净化。

1. 分杂机分离原理

(1)杂质在分离筒内的运动轨迹

图 6－18 中，油液进入盘片间距 h 的分离盘之间，与分离盘片相对速度 v_1 呈抛物线分布，与分离盘片接触处相对速度为零，两盘片中心沿 $x-x$ 线相对速度最大。杂质粒子 A 一方面跟着油液一起以 v_1 速度相对盘片从外边缘向出油口移动。另一方面与盘片一起高速旋转，在离心力作用下，克服油液对它的黏性阻力，产生水平向外的离心速度。离心速度 V_r 和相对速度 v_1 合成方向为杂质颗粒实际运动速度 v 的方向。故杂质粒子在盘片间的运动轨迹为 1→2→3→4。粒子到达上分离盘的下表面 4 点后，由于此处相对速度 v_1 为零，粒子在离心力作用下，沿分离盘下表面下滑至 5 点，进而甩向分离筒壁。

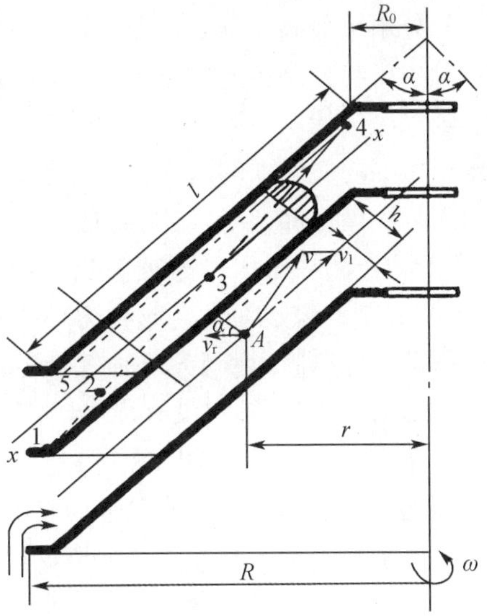

图 6－18　杂质(水滴)分离轨迹图

(2)杂质分离的影响因素

相对速度主要影响因素是进油流量，进油流量越小，相对速度越小，分离得越慢，油从分离盘片外边缘到出油口的时间越长。

分离速度的影响因素可用式(6－2)表示：

$$V_r = \frac{\Delta\rho d^2\omega^2 R}{176.4\gamma} \quad (\mathrm{m/s}) \tag{6-2}$$

式中 $\Delta\rho$——杂质和净油的密度差，kg/m³；

d——杂质颗粒的直径，m；

ω——分离盘的旋转速度，1/s；

R——分离盘的半径，m；

γ——燃油的动力黏度，Pa·s。

由此可见，分离速度与杂质和油的密度差、杂质颗粒大小的平方、分离盘旋转角速度的平方及分离盘的半径成正比，与油的动力黏度成反比。

由式(6－2)可知，其他条件相同时，大颗粒杂质分离速度较小颗粒大，故颗粒较大杂质易分离出来。杂质与油密度相差越大，分离速度越大，越易分离。其他条件相同时，杂质粒子大小和质量不同，粒子在分离盘间的运动轨迹亦有所不同，质量较大的粒子分离速度增加，在未进入分离盘 4 点前就与分离盘的下表面接触，被甩向分离筒内壁，而质量较小的粒子很有可能随油液流向净油出口处排出，降低了净油的质量。可见，杂质颗粒要被分离，必须接触分离盘的下表面，且离心力分力大于盘面对它的阻力。而能否接触到分离盘的下表面取决于分离盘间距 h 和合成速度。合成速度又取决于相对速度和分离速度。减少进油流量，则相对速度减少，增加了颗粒进入分离盘到出油口对应的时间。减少分离盘间距，增大垂直方向速度和减少阻力均有利于杂质的分离。但分离盘片间距过小，易导致堵塞。适当加热，动力黏度下降，会增加分离速度。增加分油机转速，提高分离盘半径，均可提高分离速度。故实际油料中含有较多杂质时，为了提高分离效果，常减少进油流量。当然将油料适当加热，降低其黏度，亦可改善分离效果。杂质被甩到分离筒的四周聚集，当聚集的杂质量达到一定时，须执行排渣操作，如果排渣操作不及时将引起堵塞，导致分油机不能正常工作，甚至损坏。

2. 分水机分离原理

分水机与分杂机分离原理相同，为了减少油的损失，在使用分水机分油之前，应将一部分热淡水经进油口注入旋转的分离筒，直到出水口有水流出。此水即可把油封住，以免从出水口跑油。先引入的这部分水称水封水，它所占据的空间称水封区。然后从进油口将污油引入分离筒下部，经盘架上的孔和分离盘片上的孔流向分离盘间，由于外周已形成水封区，故能防止油从出水口跑掉。当从油中分离出水时，它将挤兑原来的水封水，使之经图6－16中顶盖8和分离筒盖5、重力环9间的环形空间，从出水口排出；油中的杂质将穿过水封区积聚在分离筒内壁上；净油则连续地经过盘架和顶盖间的环形通道流至出油口。分杂机只是用来分离杂质，它没有出水口，因此使用时不要引入水封水。

在高速旋转的分离筒内，在离心力作用下，水在外侧，油在内侧，油与水一定有一个油水分界面，形状为一圆柱面。油水分界面以内是油，以外是水和杂质，如图6－19所示。油水分界面位置十分重要，其理想位置是分离盘片的外边缘，这样燃油可充分利用分离通道的全部长度进行分离，达到最佳分离效果。若油水分界面内移，则分离半径减小，水滴和细小颗粒受到离心速度减小，会被油携带到出油口，出现“油中带水”。若油水分界面外移，分离盘外侧的油失去分离盘对它的作用而无法分离，导致“水中带油”。还会破坏水封，导致“水中跑油”。

油水分界面的位置由油与水对分界面的压力决定(图6－19)。根据连通器原理，分界面内油的压力应等于分界面外水的压力，整理后得

$$\rho_{油}(D_3^2 - D_1^2) = \rho_{水}(D_3^2 - D_2^2) \tag{6-3}$$

式中 D_1——出油口直径；

D_2——重力环的内径，也就是出水口的外径；

D_3——油水分界面直径；

$\rho_{水}$——水的密度；

$\rho_{油}$——油的密度。

式中左边反映了油对油水分界面的作用力，右边反映水对油水分界面的作用力。可见，水的压力与水层径向厚度有关，油的压力正比于油的密度和油层的径向厚度。当两力相等时，油水分界面不动。当水的压力大于油的压力，油水分界面内移；反之，则外移。

目前，油水分界面的位置有两种确定方法，一种由重力环的内径确定。重力环内径为出水口的外径，大于出油口直径和进油口直径。重力环内径增加，则流出水增多，内部水层厚度减小。水对油水分界面的压力减小，油水分界面外移；反之，油水分界面内移。重力环内径由式(6－3)整理得到：

$$D_2 = \sqrt{D_3^2 - \frac{D_3^2 - D_1^2}{E}} \qquad (6-4)$$

式中,E 为水的密度 $\rho_{水}$ 与油的密度 $\rho_{油}$ 之比。

由于 D_1 出油口直径一定,D_3 油水分界面直径为分离盘外边缘的直径,故只需根据 E,就可确定重力环的内径。

每台分油机均附带有一套不同内径的重力环,以备选用。一般在分油机的说明书中都附有根据密度选择重力环的图表。选择重力环的原则是,在不破坏水封的前提下,应尽量选用内径大一些的重力环,使油水分界面外移,靠边分离盘片的外边缘,提高分离效果。重力环的影响是:重力环内径增大,油水分界面向外移;重力环内径减小,油水分界面向内移。通过改变重力环的内径可改变油水分界面的位置。

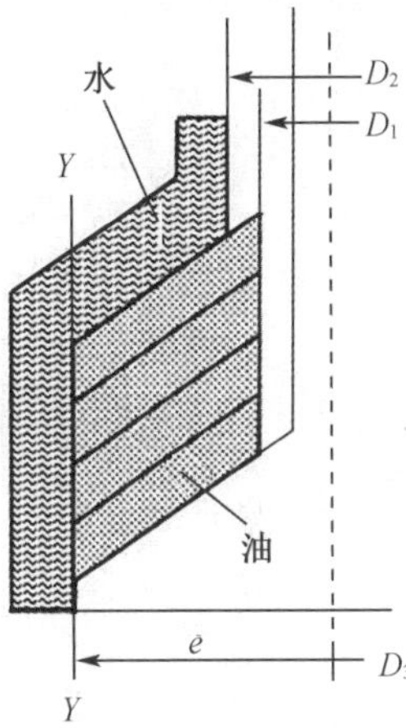

图 6－19 油水分界面

分油机油水分界面另一种确定方法是控制器控制排水阀来确定,如图 6－20 所示,不设比重环,同时具有分水机和分杂机两方面的功能。在分油机工作时,分离筒后排水管路①上安装的排水阀一般是关闭的,分离出的水在水空间④集聚。在分油机净油出口②处装设水浓度监测器,连续检测净油中水的含量,检测值被送到控制器中。随着被分离油中水分的不断被分离出并聚集在分离筒外围,油水分离界面逐渐向中心移动,当油水分离界面到达分离盘组边缘后,少量的水珠会随净油排出。水浓度监测器检测到净油中水含量变化超过设定值时,由控制器发信号到排水阀,在不停止分油机的情况下,短时间打开排水阀,执行排水操作,排出分离筒内部的水分,从而控制油水分界面的位置在分离盘片外边缘附近。另外,两种分油机(有比重环和无比重环)被分离出并聚集在分离筒外围的水分,在分油机的排渣时,会随同杂质一起经排渣口③被排出分离筒。

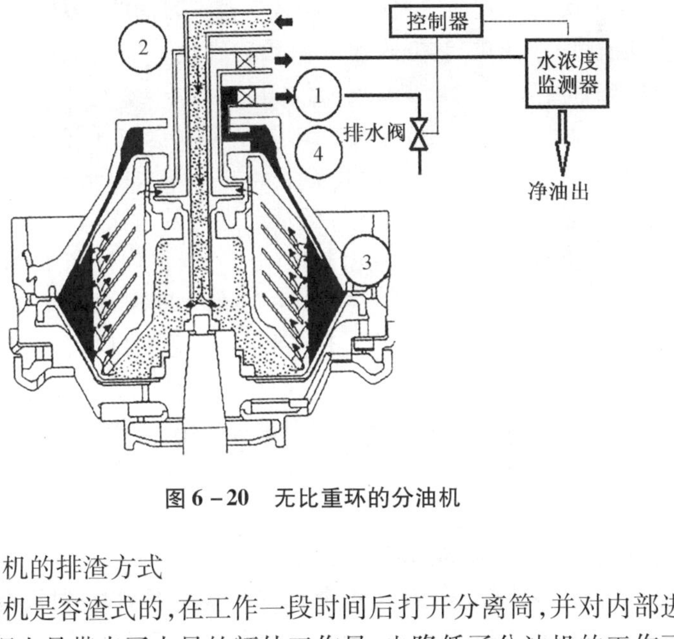

图 6－20 无比重环的分油机

3. 离心式分油机的排渣方式

最早离心分油机是容渣式的,在工作一段时间后打开分离筒,并对内部进行清洗,即进行人工排渣,给管理人员带来了大量的额外工作量,也降低了分油机的工作可靠性和寿命。

为此,出现了不用打开分离筒便可进行排渣的分油机,即自清式分油机。自清式分油机在运转期间,通过打开分离筒四周的排渣孔,靠分离桶高速旋转产生的离心力,甩出聚集在分离筒内的杂质。其结构特点是在分离筒的下部安装能上下移动的活动底盘。当活动底盘工作在上位时,排渣孔被关闭,当活动底盘工作在下位时,排渣孔被打开,分油机排渣。实现排渣孔打开的方式有手动和自动两种方式。根据分离筒内油、水与杂质是否被全部排出,自清式分油机分为全部排渣和部位排渣两类。手动方式打开排渣孔能使分离筒内水、杂质全部排出,一般为全部排渣方式。按排渣时机的控制方式分为定时式自动排渣分油机和触发式自动排渣分油机。

(1)全部排渣式分油机

此种排渣的持续时间较长,也就是在排渣期间排渣孔被打开的持续时间较长,分离筒内存留的所有物质(杂质、油、水)将完全由排渣孔全部排出。其排渣操作流程如图6-21所示。

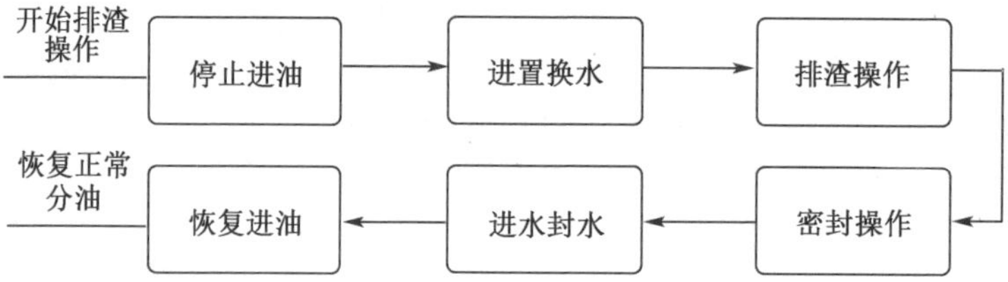

图6-21　分油机全部排渣操作流程图

①停止进油。当分油机准备排渣时,首先停止向分离筒内进油。进入分离筒的待净化油一般由三通阀控制,通过改变三通阀阀芯的工作位置(上位、下位)可使油进入分离筒或旁通过三通阀循环返回。

②进置换水。停止向分离筒供油后,应向分离筒内部供应具有一定压力的水(称置换水),具有一定压力的置换水进入分离筒后,会使油水分界面向内移动,驱赶分离筒内的油从出油口排出,减少分离筒内残油的数量,从而减少排渣时油的损失。

③排渣操作。通过一定的控制方式泄放掉活动底盘下部的工作水,使活动底盘落下,打开排渣孔,实现排渣操作。

④密封操作。当活动底盘的下部通入工作水,滑动底盘被托起,关闭排渣口,实现分离筒的密封操作,此水也称为密封水。滑动底盘下部的工作水由于蒸发、漏失等原因可能会越来越少,当水量减少到一定程度时,可能导致活动底盘的再次落下,因此为保持分离筒的密封状态,活动底盘下部流失的工作水在密封期间应不断得到补充,此水称为补偿水。

排渣操作和密封操作一般通过安装在分油机上的一套配水系统控制完成。不同的分油机其配水系统不尽相同。但一般有两路工作水:一路是密封与补偿水,其作用是补充活动底盘下部流失的工作水(保持分离筒密封,一般压力较低);另一路是开启水,其作用是通过泄放活动底盘下部的工作水开启排渣口(实现排渣操作,一般压力较高)。

⑤进水封水。在完成分离筒密封后,首先把水封水引入分离筒,水封水充满分离筒的四周,并不断向回转中心方向移动,对于有比重环的分油机,当水环向内移动一定距离后就不会再向内移动,再引入的水封水经分油机排水口排出(水封水超过规定压力情况下,如果长时间引入,水封水会由排油口进入净油柜中),进出水达到平衡;对没有比重环的分油机,一般是按分杂机工作,无须引入水封水建立水封操作。

⑥恢复进油。在分离筒内完成水封后，通过改变进油三通阀的工作状态，把油引入分离筒内，开始分油操作。一般情况下，要缓慢打开进油阀，也就是油进入流量是由小到大慢慢增加，以免破坏水封，导致出水口跑油。分杂机则需快速进油，以免杂质沉淀在转轴附件。

全排型分油机排渣前要停止分油、供置换水，虽然在排渣前要经历以置换水驱油过程，但由于不可能把油全部驱光，因此每次排渣都会损失一些燃油，另外，缩短了有效分油时间。

(2)部分排渣分油机

排渣口排掉的仅是分离筒总容量的一部分，并且排渣期间分油机不停止分油操作，这种排渣机称为部分排渣分油机。部分排渣分油机在分离筒中的物质未排光前就把排渣孔封死，只排出部分液体(水和渣滓)，也就能避免排出燃油，故部分排渣分油机相对全排型分油机能节省燃油。排渣量的多少取决于排渣口开启时间的长短。其操作流程如图6－22所示。

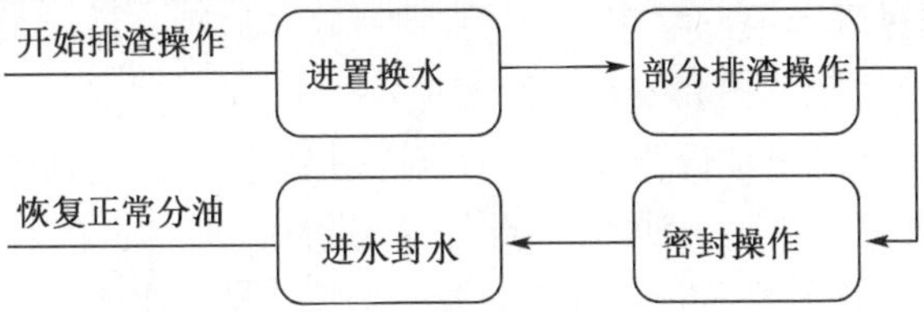

图6－22　分油机部分排渣操作流程图

①进置换水。进置换水的目的是避免或减少排渣期间油的损失。在部分排渣期间. 分离筒外围空间范围内的杂质或水或油将被排出分离筒，为确保排出物中没有油，应保证分离筒外部有效排渣空间被杂质或水充满。对于燃油分油机，由于其中水分含量较大，在排渣前一般无须注入置换水也可满足其要求；但对于滑油分油机来说，由于其中水分含量一般较低，因此在排渣前，系统将检测水传感器的数值，根据需要引入适量的置换水，确保在排渣期间不损失润滑油。

②排渣和密封操作。在部分排渣期间，滑动底盘的开启和密封是相关联的，部分排渣的关键是精确地控制分离筒滑动底盘的打开时间。由于在部分排渣期间，分油机没有停止分油工作，如果开启时间过长会导致大量的油损失。一般通过严格控制阀的开启时间和工作水的流量两路方式实现部分排渣控制。

③进水封水。在部分排渣后一般向分离筒内补充一定量的水，可尽快建立起最佳的油水分离面。

(3)排渣控制方法

自动排渣式分油机有两种排渣控制方式：定时式自动排渣和触发式自动排渣。

①定时式自动排渣是分油机常用的一种排渣控制方法。尤其在早期的自动排渣分油器中，其排渣方式几乎都是定时控制的。最早的自动排渣分油机，都是靠人工实现的，每到排渣时间，由船员到机旁执行排渣操作，实际上，分油机的工作过程是一个时序控制过程，而且是一个有一定周期的循环操作过程。后来，随着控制技术和电子技术的发展，出现了由“机械时序控制器”控制的自动排渣分油机和由“电子时序控制器”控制的自动排渣分油机。此种控制方式的优点是简单实用，可根据不同的油品设定不同的排渣周期。一般而言，滑油分油机的排渣时间间隔较长，而燃油杂质较多的燃油分油机排渣时间间隔较短。

②触发式自动排渣分油机。它是在定时式自动排渣基础上发展起来的，如图6－23所示，其一般以净油中水含量的变化率为触发对象。在触发式自动排渣操作中一般须设定两

个定时值，分别是最小排渣时间间隔和最大排渣时间间隔，触发时净油中水含量的变化率超过某一设定值 A 时，如果触发排渣操作距上次排渣时间间隔大于设定的最小排渣时间间隔，排渣循环将被触发（图 6－23 中的 A_2 或 B 点）；如果小于设定的最小排渣时间间隔，将仅触发排水操作（图 6－23 中的 A 或 A_1 点）；如果距上次排渣时间间隔超过设定的最大排渣时间还未触发操作，系统将启动定时排渣程序，执行定时排渣操作（图 6－23 中 C 点）。

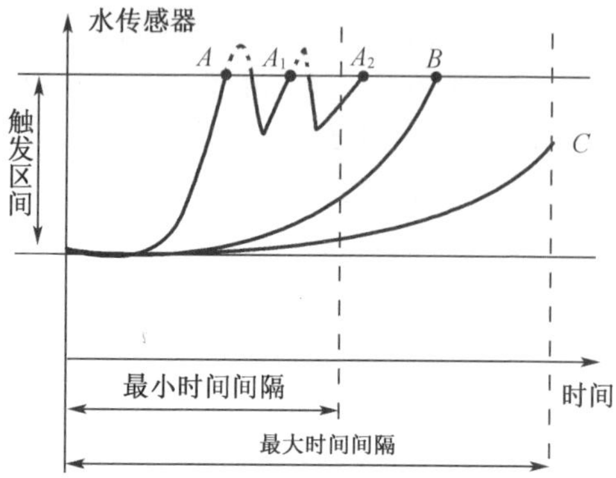

图 6－23　排渣触发操作

四、分油机的工作过程和控制程序

1. 全排渣分油机的工作过程和控制程序

下面以国产 DZY－50 型自动排渣分油机为例说明全排渣式分油机的排渣过程。图 6－24 所示为 DZY－50 型手控自动排渣分油机的分离筒和配水系统。与非自动排渣分油机相比，其结构上的区别是设有可上下移动的滑动底盘 5 及一套控制自动排渣的配水系统。

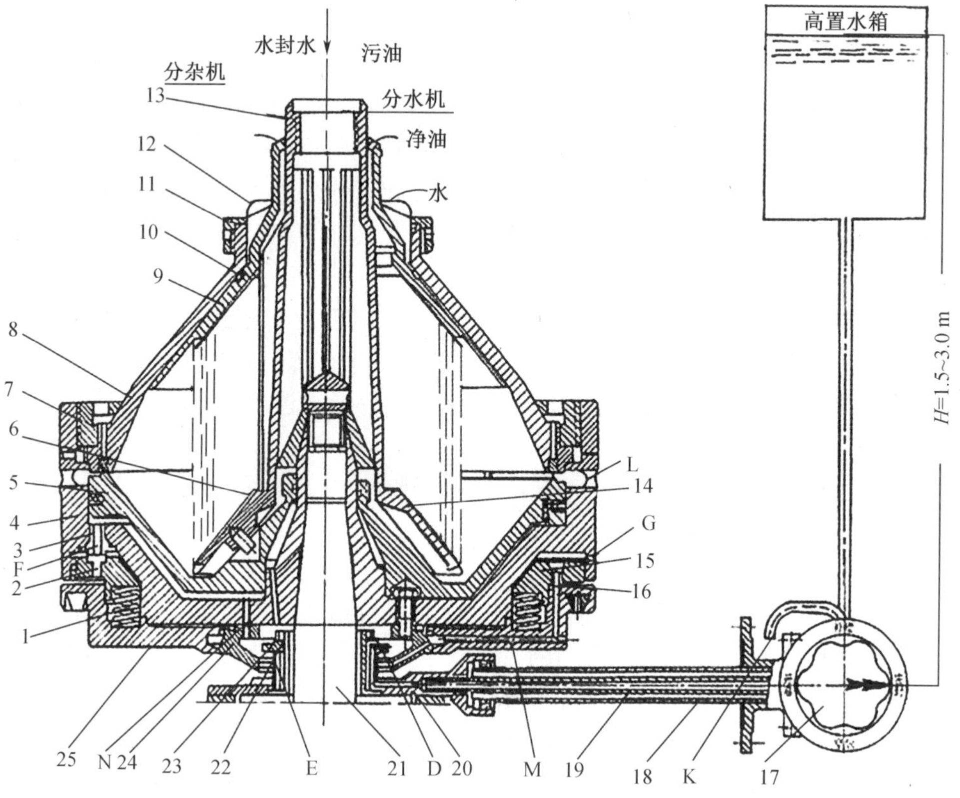

1—复位弹簧；2—塑料堵头；3—导水套；4—分离筒本体；5—滑动底盘；6—无孔分离盘（分杂用）；7—主锁紧环；8—分离筒盖；9—颈盖；10—挡圈（分杂用）；11—小锁紧环；12—比重环；13—盘架；14—有孔分离盘；15—滑动圈；16—导水销；17—控制阀；18—外接管；19—内接管；20—导水座；21—分离筒轴；22—配水盘；23—固紧螺母；24—分流圈；25—弹簧座。

图 6－24　DZY－50 型自动排渣分油机的分离筒和配水系统

(1) DZY－50 型自动排渣分油机

在分离筒本体 4 的壁上沿圆周均匀地分布着排渣孔 L。分离筒的滑动底盘 5 可以上下移动。滑动底盘的上方是被净化的燃油(包括水封水)。若在底盘 5 和本体 4 形成的空间中通以控制启闭的工作水,在分离筒高速转动的情况下,由于工作水的作用半径大于燃油的作用半径,加上水的密度大于燃油的密度,因此底盘下方的压力大于底盘上方的压力,从而使滑动底盘 5 紧压在分离筒盖 8 上,保持分离筒的密封(图左半部),这时就可以进行分油作业。若设法把滑动底盘 5 下部空间的工作水放掉,则在上部燃油的压力下,滑动底盘下移,排渣孔被打开,油渣和水就在离心惯性力的作用下,自动从排渣孔 L 中甩出。

为了控制分离筒的开启和封闭,设有滑动圈 15、配水盘 22、内外接管 19 和 18 以及控制阀 17 等组成的配水系统。工作水由专设的一只高置水箱供给,水箱水位应高于控制阀 1.5～3.0 m。配水盘 22 上的孔 D 只有一个,出口在配水盘上部的圆周表面上,距离转轴中心最远,通补偿水。图 6－25 所示为配水盘放大图,配水盘上的斜孔 E 有八个,出口在配水盘上端面上,距转轴中心最近,通分流圈 4,再经 N 孔进入滑动底盘下方,常通入密封水。通滑动圈 15 上方的孔 M 只有一个,位于与分离筒本体 1 一起回转的分流圈 4 上。孔 M 进口距转轴中心的距离介于孔 D 的出口与孔 E 的出口之间。此外,从控制阀接到导水座 5 的水管是由较细的内接管 6 套在较粗的外接管 7 中组成。内管中的工作水只通孔 D,外管中的工作水由空间 A 通到空间 B,继而与 E 相通。图 6－24 中控制阀 17 的表盘上标有 1、2、3、4 四个位置,分别代表“开启、空位、密封、补偿”四种工作状态,简称“开—空—密—补”。

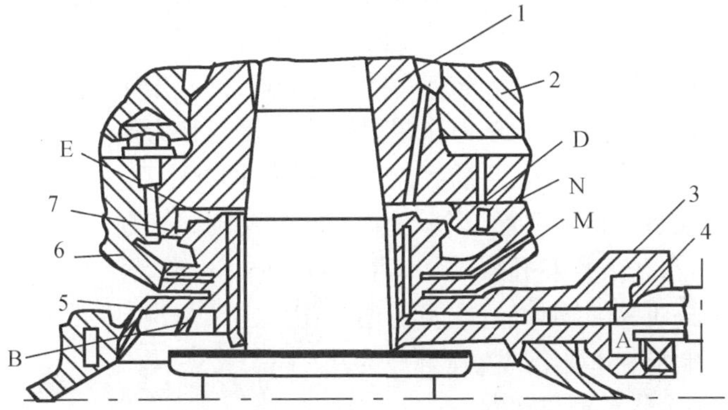

1—分离筒本体;2—活动底盘;3—配水盘;4—分流圈;5—导水座;6—内接管;7—外接管;
D—补偿用孔;E—排出和密封用孔;M—通滑动圈上方的孔,供排渣用;N—通活动底盘下方的孔。

图 6－25 配水盘放大图

图 6－24 中 DZY－50 型自动排渣分油机的工作过程如下:

①空位,也就是停止工作位。分油机停止工作时,控制阀 17 应处于“2”(空位)位置。此时排渣口 L 已经打开,滑动底盘 5 在最低位置,控制阀切断了通往内、外接管的工作水,防止高位水箱中的水流失。滑动圈 15 上方的水已通过孔 G 放空,滑动圈在弹簧作用下上移,并用它上面的三个塑料堵头 2 将装在分离筒本体 4 上的三个导水套 3 的通道 F 堵死,为下一次密封分离筒做好准备。准备操纵时,应使控制阀在“空位”位置至少停留 6～7 s,使工作水全部放空,再转到“密封”位置。停机不用时,应将控制阀放在“空位”位置。需要注意的是孔 G 直径甚小,它若被堵死,滑动圈上部的残水就无法排光,滑动圈无法恢复原位,分

离筒也就无法封闭。同时,工作水应保持洁净,以防生成水垢或混入泥沙、杂物,堵塞 G 孔。

②密封位(过渡位)。当要进行分油作业时,启动分油机,待达到额定转速后,将控制阀按逆时针方向转到位置“3”(密封)。此时工作水经控制阀内小孔进入外接管 18,而内接管 19 与控制阀上的指示管 K 接通。中等流量的水由外接管经导水座 20 和配水盘 22 上的八个孔 E 进入分流圈 24 中,在离心惯性力的作用下经本体 4 上的一个孔 N 进入滑动底盘 5 的下部空间。在工作水由离心惯性力形成的压力下,滑动底盘 5 上移,压紧分离筒盖 8 并关闭排渣口 L。随着工作水的不断进入,水环的内缘逐渐向转轴中心靠拢,在充满滑动底盘的下部空间后,分流圈 24 中的水环内缘先到配水盘 22 圆周上的孔 D,并通过内接管 19 从指示管 K 流出。这表示分离筒已密封好,此时应迅速将控制阀转到位置“4”(补偿),并开始分油作业。密封位“3”只是一个过渡位置,如指示管 K 出水后继续在该位停留过久,分流圈内水环内缘会继续内移,以至进入 M 孔,压下滑动圈,可能使活动底盘重新落下而开启排渣孔 L。

③补偿位。位置“4”(补偿)是进行分油作业的位置,这时工作水经控制阀中小孔通入内接管和配水盘 22 上的孔 D。当水箱内中的工作水位高度合适时,分流圈内水环的内缘正好停留在 D 孔出口外边缘处(配水盘 22 的外边缘处),高置水箱中工作水的静压力与水环离心力所产生的动压相平衡,此时虽然水的通道已经畅通,水却不会流入分流圈 24。当底盘下方的水因蒸发和泄漏而减少时,水环的内缘就离开孔 D 的边缘向外移动,于是工作水经孔 D 和 N 自动补给,以保持分离筒的有效密封。工作水不能从船上的淡水压力柜接管子补充,因此,保持高置水箱所要求的高度很重要。

④排渣位。当要排渣时,先关闭分油机的进油阀,向分离筒内充入置换水将油排光,再将控制阀转到位置“1”(开启),此时工作水经控制阀中的大孔与外接管和配水盘上 E 孔相通。较大流量的工作水经 E 进入,使分流圈中水环的内缘很快内移,水经 M 孔道进到滑动圈 15 上部,在离心力惯性力产生的压力作用下克服弹簧的张力而将滑动圈压下,打开 F 通道,放掉滑动底盘 5 下部的工作水,活动底盘下移,开启排渣孔 L。

排渣完毕后,将控制阀转到位置“2”(空位),这时控制阀切断了全部工作水通道,残存在滑动圈上部的工作水经小孔 G 逐渐排出,需 5 ~ 6 s 排空,滑动圈在下部弹簧的作用下上移,重新封住通道 F。如要继续分油,重复前述动作。也就是说,停止至分油工况操作顺序为 2 – 3 – 4;分油 – 排渣 – 分油工况操作顺序为 4 – 1 – 2 – 3 – 4。

DZY – 50 分油机工作过程见表 6 – 1。

表 6 – 1　DZY – 50 分油机工作过程

使用时刻	控制阀位置	外管(通 E)	内管(通 D)	工作状态	使用说明
停车:排渣结束	空位 2	外管断	内管断	滑动圈上方水经 G 泄空,滑动圈上行堵头封 F,排渣孔 L 开	G 泄空水需 5 ~ 6 s
启动至转速正常后,排渣结束由“空位”转“密封”	密封位 3(过渡位)	工作水经外管进入滑动底盘下方	内管与指示管 K 通	中量水由 E、N 通滑动底盘下,关排渣口,余水由 D 从 K 泄	至 K 出水即转“4”位,若久停,水可进动圈上方,使堵头下移、排渣口误开

表 6-1(续)

使用时刻	控制阀位置	外管(通 E)	内管(通 D)	工作状态	使用说明
正常分油	补偿位 4	不通	通	少量水经 D、N 补至滑动底盘下	水箱水位太高水会进滑动圈上方,使堵头孔、排渣口误开
排渣	开启位 1	外管通水	断	大量水经 E、M 至滑动圈上方,压下滑动圈开 F、L	3~5 s 有排渣声

(2) ALFA-LAVAL S 系列分油机的工作过程和控制程序

ALFA-LAVAL S 系列分油机是 ALFA-LAVAL 公司推出的最新一代分油机,该系列工作系统由分油机、EPC50 控制单元以及压缩空气阀块、水阀块、燃油供应单元和加热系统组成。其结构和工作方式与以往的分油机相比都有了重大改变。第一,在传动方式上,摒弃了传统的轮涡杆传动机构改为目前的皮带传动机构,使分油机结构更加紧凑,分离筒转速提高,分离效率提高;第二,在活动底盘的设计上采用了新型的弹性结构,活动底盘的下部中心是固定的,当进行排渣时,依靠活动底盘本身的弹性使其端部运动,打开排渣口;第三,其滑动圈的下部不再设弹簧,滑动圈的运动完全靠其上下两面的压力差控制;第四,其排渣方式从部分排渣又重新改为全排渣,只是在拆装后的第一次运行时对分离筒内的进水量进行精确标定。既避免了老式的全部排渣分油机在排渣时造成过多的油损失,也避免了部分排渣分油机由于排渣时间过短可能造成的部分油渣卡在活动底盘和密封圈之间,致使分离筒无法封闭的问题。此外,该分油机的排渣孔从传统的方形孔改为圆形孔,使排渣更加顺畅,噪音更低。

S 系列分油机的结构原理图如图 6-26 所示,该分油机由传统分油机的双向心泵(下部为排油向心泵,上部为排水向心泵),改为下部有一个具有向心功能的固定不动的向心泵 12,它能把分离出来的净油从净出油口 2 排出。上部使用向心管 4 能把分离出来的水从出水口排出。向心管是活动的,在支撑臂及弹簧的作用下将其向外张开,使其保持与水腔内的水界面接触,需要时可把水腔内的水向外泵出。实际上不管是向心泵还是向心管,都是把高速旋转的液体动能转变成位能(压力能),这种改进使能耗降至最低。待分油从进油口 1 连续进分油机,经旋转分离盘片组外边缘上的垂直缺口进入分离盘片组,油经分离盘片之间形成的通道上升,油在上升的过程中继续被分离,水分和杂质被离心力甩向分离盘片的外侧,净油被推向分离盘片的内侧,当净油向内离开分离盘片后,流过分配器油孔进入油腔,通过向心泵 12 扩压,油被泵出油腔。在净油出口 2 所接的管路上装手动背压调节阀和一台 MT50 型水分传感器,它能精确地检测净油中的含水量。当分离出来的水很少时,其油水分界面在分离盘外侧较远处,这时装在排水出水口 3 管路上的排水电磁阀关闭,封住出水口 3 不向外排水。从出口 2 排出的净油中基本不含水分或含水量极少。随着分离过程的进行,油水分界面不断向里移动,水分传感器会感受到净油中含水量的增大。当油水分界面移动到接近分离盘外边缘时,净油中的含水量会增加到一个触发值。这个触发值将送到 EPC-50 型控制装置,由该装置决定是打开排水电磁阀向外排水,还是打开排渣口 X 进行排渣。如打开排水电磁阀排水，油水分界面会迅速外移，净油中含水量也会迅速减少，当降低到一定值时停止排水。当待分油中含水量极少时，从上次排渣算起，又已达到最大排渣间隔时间，而油水分界面仍离分离盘外侧较远，此时尽管净油中基本不含水分，但 EPC－50 型控制装置也要进行一次排渣操作。为减少排渣时油的损失，首先停止向分油机供待分油，在排渣前要从水管的 W 口供置换水，关闭出油阀，油水分界面会向里移动，为了使更多的油在排渣前从分油机内被赶出，以减少油的损失，当出油口压力传感器检测到的压力达到 0.02 MPa 时，打开出油阀，当置换水供给到量时（置换水的体积是根据分油机首次启动时对水流量标定后自动设定的），打开排渣口进行排渣。

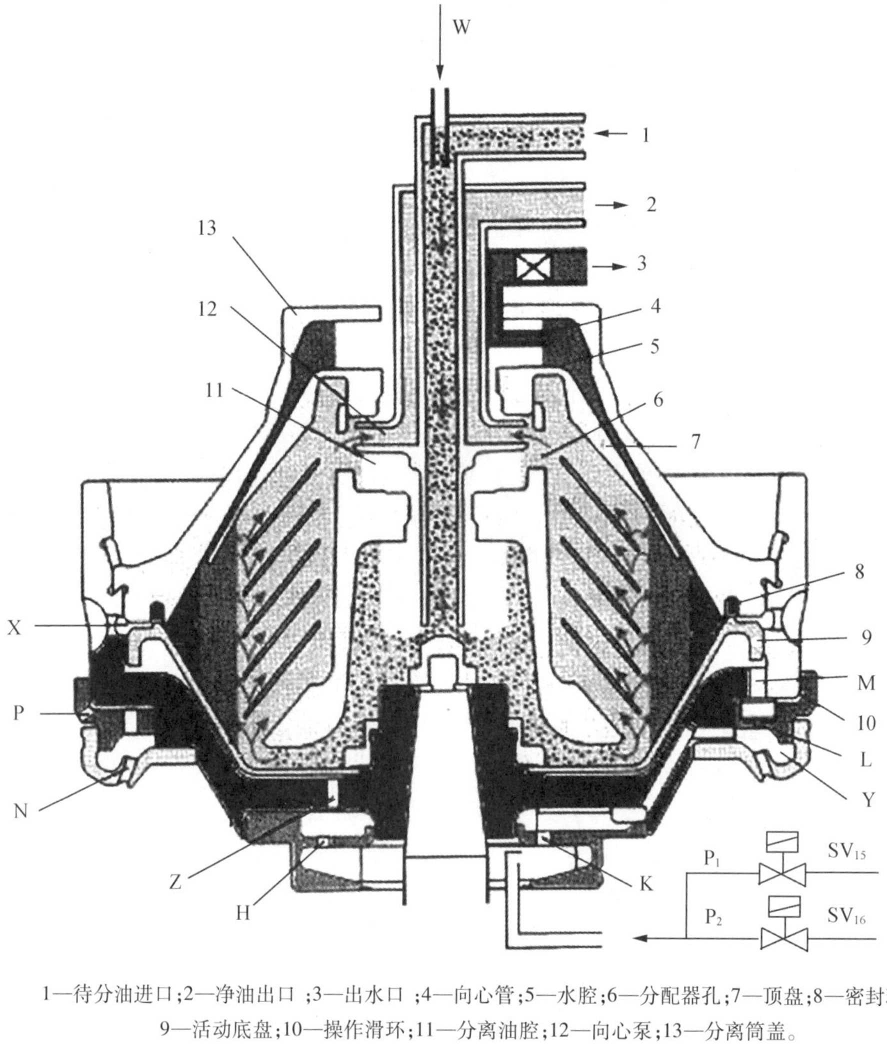

1—待分油进口；2—净油出口；3—出水口；4—向心管；5—水腔；6—分配器孔；7—顶盘；8—密封环；9—活动底盘；10—操作滑环；11—分离油腔；12—向心泵；13—分离筒盖。

图 6－26　S 系列分油机的结构原理图

S 型分油机分离筒在结构上也有较大的改变，操作滑环 10 取消了托顶弹簧，活动底盘 9 不再利用上下运动使分离筒封闭，而是靠活动底盘 9 下部的工作水形成的压力使活动底盘 9 下部的平面部分向上变形，使活动底盘 9 外边缘向上移动与分离筒盖上的密封环 8 紧密接合，封住分离筒的排渣口 X 分离筒盖的锁紧装置由以前的锁紧螺母改为锁紧环。在正常分油期间，为了补偿工作水由于蒸发和漏泄造成的缺失，由管 P_2 断续供水，使其工作水面维持在 Z 孔附近(少量多余的工作水会经喷嘴 P 泄放),这时管 P_1 断水。当需要排渣时,管 P_1 进水,水面向里移,经孔 K 进入开启室 Y,在室 Y 充满水后(由于进水量较大而喷嘴 P 来不及泄放),水压分别作用到操作滑环 10 上下两个不同的面积上,由于上边的面积大于下边的面积,因此水压会对操作滑环 10 产生一个向下的作用力,致使操作滑环 10 向下移动,打开泄水孔 M,活动底盘 9 下面的工作水通过泄水孔 M 经喷嘴 P 和泄水孔 N 泄放。由于活动底盘 9 下面的工作水泄放出去,作用到活动底盘 9 下面工作水的动压头会消失,这样活动底盘 9 下部平面部分是由具有记忆功能的特殊材料制成的,因此这时恢复常态使外边缘向下移动,打开排渣口 X 进行排渣。这样操作滑环 10 上面的水会很快泄完,而作用到操作滑环 10 的下面,在孔 N 径向以外的水泄不掉,仍留在开启室 Y,而且会对操作滑环 10 产生一个向上的推力,使操作滑环 10 上移,从而封闭泄水孔 M,然后管 P_2 进工作水,水经 H 和 Z 孔进入活动底盘 9 下部,工作水形成的压力使活动底盘 9 外边缘变形上移,活动底盘 9 与分离筒盖上的密封环 8 再次紧密贴合,封住排渣口 X。管 P_2 连续进水一段时间后恢复断续进水。

分油机中水按功能分为水封水,置换水和工作水三种,工作水包括密封水、补偿水和开启水。S 型分油机中 P_2 进的是工作水中的密封水和补偿水,P_1 进开启水。

2. 部分排渣分油机的工作过程和控制程序

FOPX 型分油机是 ALFA - LAVAL 公司 20 世纪 90 年代的产品, ALCAP FOPX/MEPX 型分油机属于重质燃油(高密度燃油)部分排渣分油机。一般分油机分离燃油在 15 ℃时的密度最高,达 991 kg/m^3。当密度超过这一值时,油的密度接近于水,不能靠重力环进行分离。为了适应分离高密度燃油(15 ℃时密度超过为 991 kg/m^3 燃油)的需要,阿法拉瓦 ALCAP 分离系统中配备了 FOPX/MEPX 型分油机。这种分油机用流量控制盘代替了传统分油机中的重力盘或分杂盘,并配与 EPC - 400 控制单元、WT - 200 水分传感器(装于净油出口)和排水阀(装于水出口)联合使用。这种分油机待净化的燃油密度在 15 ℃时,极限值可以增加到 1 011 ~ 1 013 kg/m^3。通过加热,15 ℃时密度为 1 013 kg/m^3 的燃油,在 98 ℃时密度下降,且小于 98 ℃时水的密度,这样就可进行离心分离了。

ALCAP FOPX 的特点是用于净化重油(最大密度为 1 013 kg/m^3、最大黏度为 700 cSt),无重力环,设置水分传感器,依据净油中水分含量排渣或排水,每次排渣时渣口仅开启约 0.1 s,每次排放量约相当于分离盘外侧空间的 70%;排渣时不需停止向分离筒供油,保持了分油的连续性。

图 6 - 27 所示为 ALCAP FOPX 分离筒和自动排渣系统。首先启动分油机供油泵,然后按下加热器按钮,油温由温度传感器感知,并由 EPC - 400 控制通过加热器电源的接通与切断来控制油温。然后启动分油机,EPC - 400 控制单元发出信号,使工作水电磁阀开启,密封水经进口 14 进入滑动底盘 21 下面,高速旋转的工作水所产生的动压头托起活动底盘,活动底盘压紧分离筒盖 27,并通过筒盖密封环 8 关闭排渣口 24。在正常分油期间,为了补偿工作水由于蒸发和漏泄造成的缺失,EPC - 400 控制工作水电磁阀接通与切断,通过进口管 14 断续供给补偿水,保证活动底盘的密封。

EPC - 400 控制单元通过相应的电磁阀,从 36 中加入一定量的水封水,由水分传感器检测净油出口的含水量,经过一定的采样时间,存储含水量作为参照值。然后通电,通入压缩空气将三通阀打开,被加热的油通过 1 不断进入分油机,净化后的油从净油出口 2 流出,分离出油渣和水聚在转筒的周围。分油机中有两个固定不动的向心泵,把分离出来的净油和水从出口排出。随着分离过程的进行,油水分界面不断向内移动,一些水滴会随同净油一起流出,水分的少量增加也会被安装在净油出口的水分传感器检测到。实际上,净油中水分的增加也标志着分油机对固体杂质分离效率的降低。注意,水分传感器只测量出水含量的变化值,而不涉及水含量的绝对值。它测出的是一个非标准参考值的水分传感器信号的偏差,允许偏差范围是触发范围。来自水分传感器的信号连续地传给 EPC－400。EPC－400 设置两个定时值,分别是最小时间间隔 10 min(可调)和最大时间间隔 63 min(可调),当净油中的水分发生变化达到某一设定的"触发"值时,EPC－400 控制单元判断距上次排渣时间有没有超过最小时间间隔,如超过,执行排渣操作,如没到,则排水口电磁阀打开排水口排水。另外,即使水分变化没有达到设定的"触发"值,但 EPC－400 控制单元中排渣时间超过最大时间间隔,也会执行排渣操作。部分排渣控制流程图参见图 6－28。

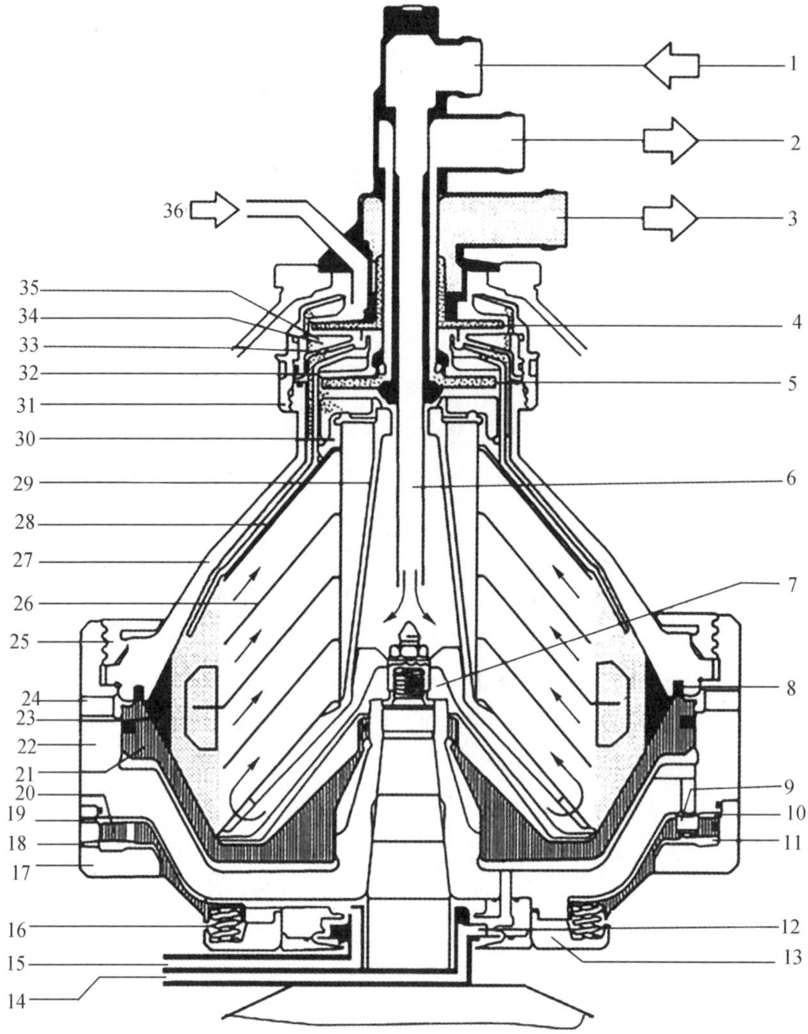

1—油进口;2—净油出口;3—水出口;4—向心水泵;5—向心油泵;7—配油锥体;8—筒盖密封环;9—泄水阀;10—开启水腔;11—密封水腔;12—配水盘;13—弹簧座;14—密封和补偿水进口;15—开启工作水进口;16—弹簧;17—定量环;18,19—外泄孔;20—滑动圈;21—滑动底盘;22—筒本体;23—渣空间;24—排渣口;25—大锁紧圈;26—分离盘组;27—筒盖;28—顶盖;29—配油器;30—液位环;31—小锁紧盘(带油腔盖);32—油腔;33—流量控制盘;34—水腔;35—带翅套管;36—水封水/置换水进口。

图 6－27 ALCAP FOPX 分离筒和自动排渣系统

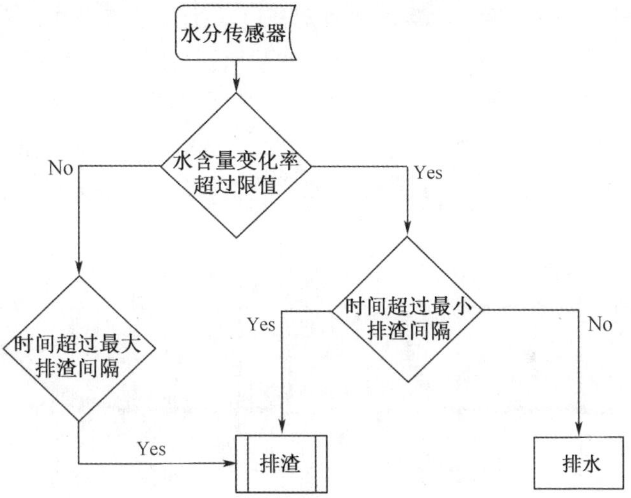

图 6－28 部分排渣控制流程图

部分排渣控制具体如下：

①燃油含有少量水。如果进入 FOPX 型分油机的燃油只含有少量水或者不含水分，排渣按照设定的时间定时进行。在分油开始时，系统会控制工作水电磁阀组动作，加入一定量的水封水，由水分传感器检测净油出口的含水量，经过一定的采样时间，存储含水量作为参照值。系统会不断对净油出口的水分与参照值进行比较，经过一个排渣最小间隔时间之后，由于燃油含水量低，净油出口含水量不会超出设定的"触发"值（触发值等于参照值加上触发高度值），这样，当到达最大排渣间隔时间时，含水量仍低于触发值，系统就执行排渣操作；加入一定量的置换水置换分离筒中的燃油，然后通入开启水，打开排渣口排渣。经历设定的排渣时间后，系统重复原来的分油操作，如图 6－29（a）所示。

②燃油含有中等程度水。当燃油含有中等程度水时，排渣由水分传感器来控制。分油开始时，系统同样会加入水封水，经过一定的采样时间，存储含水量值作为参照值，然后系统不断对测量得到的含水量与参照值进行对比。经过排渣最小间隔时间后，由于燃油中含水量增加，导致分离出的污水量增加，油水分界面的位置不断内移，当到达分离筒外边缘时，污水会随同净油一起排出，传感器信号在数秒钟内会继续增加，当超过触发值时（此时位于排渣最小间隔与最大间隔时间段内），系统立刻执行排渣操作。值得注意的是与上述情况①不同，排渣之前不需要通入置换水，直接通入开启水排渣。排渣结束后同样通入水封水进入下一个分油循环，如图 6－29（b）所示。

③燃油中水含水量高。当燃油具有高含水量时，在没到排渣最小间隔时间之前，水分传感器测量到的值可能就已经超过触发值，系统会控制出水口管路上的泄水阀开启，分离筒中的污水以及部分渣通过出水口排出，分离筒中污水量减少，净油含水量立刻会下降，泄水阀继续开启约 20 s 的时间后关闭。在到达排渣最小间隔时间之前，有可能含水量会多次超过触发值，泄水阀会多次打开。当到达排渣最小间隔时间之后，水分传感器再次达到触发水平时，系统会执行排渣操作。同样，通入开启水排渣之前不需要通入置换水。同时，由于分离筒中水量较多，在排渣结束、开始下次分油之前，不再需要通入水封水，如图 6－29（c）所示。

④燃油中水含量特别高。当燃油中含水量特别高时，有可能通过开启泄水阀不足以减少分离筒中的污水量，此时需要通过排渣来帮助污水的排出。如果泄水阀保持开启 2 min 后，净

油出口含水量仍高于触发值,系统就会立刻通入开启水执行排渣操作(不需要通入置换水)。排渣结束后,下一个分油循环开始时不需要通入水封水就可以直接进行分油,经过采样时间存储参照值,如果在排渣最小间隔时间之前,净油出口含水量高于触发值,系统直接会执行排渣操作,不再打开泄水阀,如图 6 - 29(d)所示。当然,一般燃油中的水含量是不会很高的,如果这种现象连续出现两次,系统会启动报警信号提示轮机员需要查找水含量过高的原因。

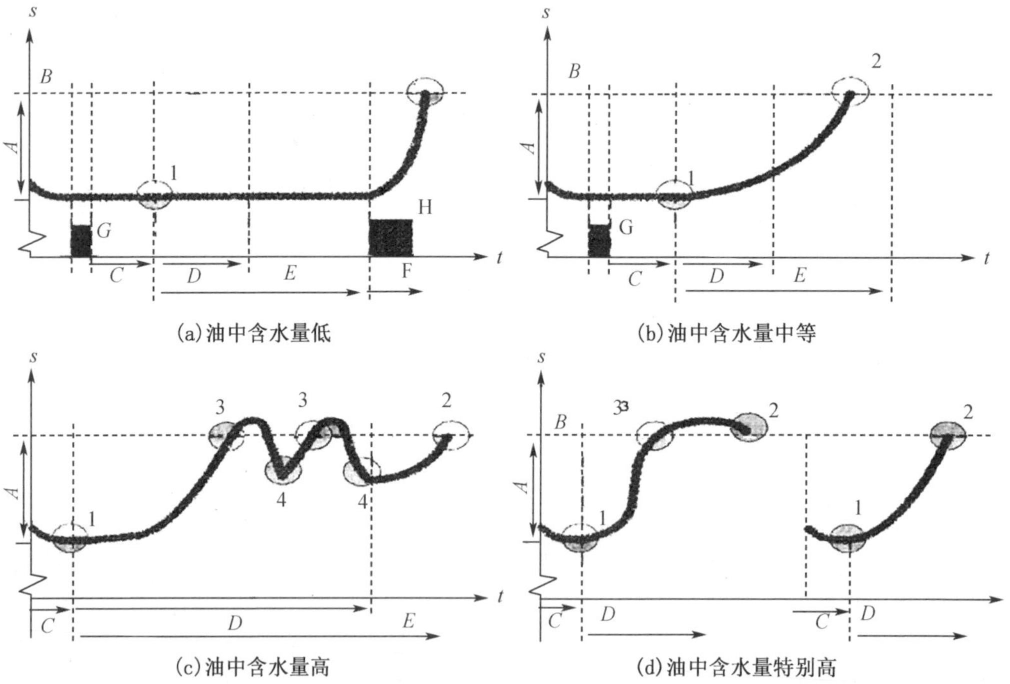

s—水分传感器信号;t—时间;A—触发高度值;B—触发值;C—采样时间;D—排渣最小时间间隔;
E—排渣最大时间间隔;F—置换分离筒中的净油;G—加入状态水;H—加入置换水;
1—存储参照值;2—排渣;3—开启出水口泄水阀;4—关闭泄水阀。

图 6 - 29　ALCAP FOPX 型分油机控制程序

五、分油机运转管理的注意事项及检查要点

1. 分油机运转管理注意事项

(1)加热温度和分油量的确定

①加热温度。燃油在分离前,必须首先经过分油机加热器进行加热,以降低燃油的黏度,增大杂质、水与油的密度差,提高分离效果。这个加热温度必须适当,不能太低或太高。温度过高,水分蒸发,破坏油水分界面,造成水中跑油。加热的最佳温度取决于油品(密度)和水的沸点。对于含水分多的重油,第一级(分水时)加热温度不允许超过 85 ℃,第二级(分杂时)加热温度不允许超过 90 ~ 95 ℃。

②分油量。在满足主机耗油量的基础上,选取的分油量越小,则分离的效果越好。分燃油时一般多采用分油机额定分油流量的 1/2 左右(单台分油机常用分油量应大于船舶重油日耗量)。分油流量大小可由流量计读出。

一般说来,油的黏度越大,质量越差,加热温度应适当提高,分油量也应酌情减少。分油机制造厂一般都会绘制出选择分油量的图表,根据被净化油的品质确定分离温度后,可在图表上查出合适的分油量。也就是说实际分油量是根据被净化油的品质和分油机额定

分油量确定的。

(2)重力环的选择

由分油机的工作原理可知,分水机的分油质量取决于油水分界面的位置,而油水分界面的位置由重力环的内径确定。每台分油机均附有一套不同内径的重力环,以备选用。一般在分油机的说明书中都附有根据油密度选择重力环的图表。在分油机的运行管理中,要根据所分油的密度和温度正确选择重力环。选择重力环的原则是:在不破坏水封的前提下,应尽量选择内径大一些的重力环,以提高分离效果。

重力环的影响是内径过大,油水分界面外移,易导致水中带油或水中跑油;内径过小,则油水分界面内移,易导致油中带水,分离效果变差。当所用燃油的密度增大时,所选用的重力环的内径减小。直接用重油分油机分轻油,将会造成油水分界面内移,分离效果变差。

下列情况应考虑更换重力环:换用不同品种的燃油;出水口跑油,分离效果不佳。

(3)选择最佳的工作方式

分油机在船上工作时,有单机工作、并联工作和串联工作三种工作方式。单机工作是用一台分水机处理全部流量,单机工作方式多用于分离比较干净的轻柴油和润滑油。并联工作是两台分水机并联工作,各处理总流量的50%。串联工作是两台分油机串联,前一台为分水机,后一台为分杂机,每台都要处理全部流量。串联时分水机必需放在第一级,这样减少分杂机的工作量,提高分离效果。三种方式中串联工作方式分离效果最好,即使分水机油水界面较靠内,分离效果差些,因后级还有分杂机,仍能保持较好的分杂效果,但串联分油机也存在因每台分油量大而笨重的缺点。

分油机串联工作方式,主要针对过去带有重力环分油机,油水分界面随工作参数波动而变化的需要所采取的。对于串联方式的分水机和分杂机启动时须按分水机－分杂机顺序进行,停机时须按分杂机－分水机顺序操作。随着离心分离系统中无重力环分油机的普及,分油机参数波动所导致的油水分界面不稳定的情况不再出现。因而,不再推荐分油机串联使用的布置方式,而多采用并联工作的方式。采用并联工作,应注意分油机的供油和排油管路(决定油的流量)应足够,其次在相关的管路中应设置单向阀,防止一台分油机工作时,发生油倒灌入另一台分油机的情况。

(4)热水清洗

当燃油中的含水量不大于4%时,为了去除燃油中的水溶性灰分(一般多是钠的化合物,如氯化钠、环烷酸钠等),在分离燃油的同时,打开引水阀,把热水注入分离筒清洗燃油,清洗后的污油和燃油中的水分一起被分离出来。注水量不可太多,约为分油量的1%,热水的温度要比燃油的分离温度高5～6 ℃。

(5)全自动分油机的操作顺序

全自动分油机需要人工启动的设备依启动的先后顺序为供油泵、加热器和分油机,停止分油时的顺序与启动顺序相反。当需要停止分油时,只要按下程序开关按钮,分油机便自动先执行排渣操作,然后自动停止分油机,并将其启动开关锁住3 min,即在停机后3 min内分油机不能再启动。然后人工关闭分油机加热器,当油温下降后再停供油泵。

2. 分油机检查事项

分油机正常工作过程中,应常查看各油、水和渣观察孔,以便从观察镜监视液流情况。通过出水观察孔查看有无"跑油"或通过溢油观察孔查看有无溢油现象,如有,应及时调整并消除。排渣口不应有油与水流出,如有则说明分离筒密封不良,须检修。

常做的检查项目还有：
①检查分油机滑油油位、刹车装置、各种阀的开关位置是否符合要求；
②电动机的工作温度是否正常；
③检查齿轮泵填料函处的密封是否良好，有无漏油现象；
④检查高置水箱水位是否正常，检查齿轮箱油位和油质，变质油应及时更换；
⑤检查分油机的转速是否正常，过低分离效果差，过高影响分油机的可靠性；
⑥检查分离筒运转是否稳定，有无异常振动或噪音，如有应立即停车检查。

六、分油机的常见故障

1. 分离筒达不到规定转速
①制动器未松开；
②摩擦离合器内混入油脂使摩擦片打滑，或摩擦片损坏；
③电动机或电气设备故障。

2. 不能进油或分油过程断油
不能供油的原因通常有以下几类：
第一类是齿轮油泵（分油机供油泵一般为齿轮泵）或管路的故障：
①油泵传动齿轮锥销折断；
②泵磨损，间隙太大；
③转速太低；
④吸入管漏气。
第二类是泵吸入压力过低或燃油温度高，发生“气穴”现象，其原因有：
①油柜油位太低；
②分油机前滤器堵塞或管路堵塞；
③油温太低、黏度太大；
④油加热温度太高或含水过多。

3. 出水口跑油
第一类情况是水封未能建立或受到破坏：
①启动时水封水未加或加得太少；
②进油阀开得太猛，水封被破坏；
③转速不足使水封压力不够；
④分离片间脏堵或排油泵不能正常排油。
第二类情况是油水界面外移至分离盘外，其原因有：
①重力环的内径选得过大；
②油温未加到要求数值（黏度大）。

4. 排渣口跑油
这是由排渣口未能封闭引起的。只有当滑动圈上方的水通过G孔泄净，滑动圈上移堵住F孔、工作水进入活动底盘下方、底盘上移贴紧分离筒盖，才能密封排渣口。妨碍上述过程的原因有以下几类：
第一类情况是不能上移堵死密封水腔泄水口，原因是：
①分离筒上小孔G堵塞，不能泄水；
②滑动圈下方弹簧失效；

③滑动圈上方塑料堵头失严；

④在“密封”位时指示管 K 出水后停留过久。

第二类情况是活动底盘下方缺密封水，原因是：

①高置水箱无水；

②配水管道或控制阀堵塞或严重漏泄。

第三类情况是活动底盘与分离筒盖不能紧贴。原因是：

①活动底盘上端面主密封环失效；

②传动齿轮和轴承过度磨损使立轴下沉。

5. 不能排渣

原因可能是缺少压下滑动圈的工作水，可能的原因有：

①高置水箱无水；

②配水管或控制阀堵塞或严重漏泄；

③有关工作水孔脏堵不通；

④滑动圈圆周面密封环失效。

6. 出现异常振动或噪声

主要原因可能是：

①分离筒安装不正确、紧固件松动或与机盖、配水盘擦碰；

②传动齿轮因安装质量差或润滑质量差而损坏；

③轴承过度磨损而立轴下沉；

④进、排油泵卡阻或损坏；

⑤摩擦离合器损坏或过度磨损，质量不均匀；

⑥排渣不净，分离筒内积渣不均。

发现分油机剧烈振动时，正确的操作是立即手动停止分油机。

七、船上处理污油、油渣的正确程序

非油船的污油主要来自机舱水、压载水和洗舱水，通过油水分离器分离，进入船舶污油系统。燃油沉淀柜、分油机油渣柜和扫气箱放残柜中油也进入航道污油系统。船舶污油系统主要由污油舱、接油盘、污油滤器、污油泵、手摇泵、污油输送管路、控制阀门、国际通岸接头组成。船舶污油系统的接油盘日常用于收集设备和管道产生的污油，通过接油盘下的污油管流入污油主管，最后进入污油舱。污油舱应当设计在船舶机舱的底舱，并且应当在主机和发电机之间燃油管路比较集中的地方。油渣指燃油分油机所分离的油渣油泥。从排渣口排出后贮存在油渣柜中。

根据船舶防污染公约和法规附则 I ——防止油污染规则，污油和油渣不可以直接排入大海。船上处理污油、油渣的方法有两种，一种是暂时收存后排岸，一种是焚烧。暂时收存后排岸经济、简单，但污油舱占据船舶有效空间。焚烧不需很大的储存空间，而且焚烧后的残渣几乎没有污染，可在近陆地 12 n mile 以外的任何海域自由排放。但要消耗燃料，而且燃烧产生的废气易对大气造成二次污染。

1. 排岸

排岸是指将船舶污油舱的污油（或油渣柜中油渣）通过标准的排放接头排至港口接收设备，然后到岸上处理设施进行集中处理。各缔约国政府应保证在装油港、站，修理港及船舶需排放残油的其他港口，设置接受留存的残油和油性混合物的足够设备，以满足到港船舶的需要。

废油/油渣处理应按下列程序进行：

①入港口前与代理联系，告知欲处理的污油种类、数量和闪点，明确当地港口是否有接收处理设施；

②向港口当局申请废油/油渣处理许可证；

③采取措施防止泵送废油/油渣时污染环境；

④将泵送废油/油渣的数量和时间记在油类记录簿上，并请港口当局在油类记录簿上盖章签字；

⑤进行此项工作时要有港口当局的监督员在场或特别许可才行。

2. 焚烧

船上配有焚烧炉时，污油和油渣可在燃烧器中燃烧。

①点火前应先扫气 30 s 以上，以驱除炉膛内油气，防止爆炸。

②焚烧污油时要先放掉油柜中污水，并加温至 80 ~ 100 ℃。

③先点燃辅燃烧器喷入的柴油，待炉膛达到一定温度（约 600 ℃），再补入污油燃烧，停止喷入柴油。当不能连续燃烧时，炉温首先会出现下降，则须通入一定量的柴油进行引燃（一般作为引燃用柴油的供给量与污油比例为 1/5 ~ 1/10）。温度更高，再通往油渣燃烧。

④停炉前应燃烧柴油，以冲洗污油管路。

⑤焚烧后的炉灰属无毒垃圾，可在距最近陆地 12 n mile 以外排入海中。

⑥每次处理污油和油渣时，应记入油类记录簿中。

分油机的拆装微课

【技能点】

一、分油机的拆装

1. 训练目标与要求

能掌握拆卸分油机的顺序，正确规范地拆卸。

2. 训练设备

拆装用分油机 1 台，专用工具 2 套，15 寸活动扳手 2 把，平口起子、十字起子、榔头、梅花起子、套筒扳手、钢丝钳、紫铜棒各 2 套，分油机润滑油若干。

3. 训练步骤

①准备好专用工具，安装好拆卸本体专用工具。

②拆卸油管、集水室、集油室等部件，松开立轴锁紧螺母，用专用工具使力轴与本体脱开，吊出分离筒本体，拆出分离盘片和盘架。

③拆下分离筒主锁紧螺母，拆下比重环、压盖、颈盖、分离盘片、分离盘架。

④检查分油机，整齐排列各部件并清洁

⑤准备好专用工具，安装好拆卸本体专用工具。

⑥依次装好分离盘架、分离盘片、颈盖、压盖、比重环、主锁紧螺母。

⑦装入分离筒，上紧立轴锁紧螺母，装集水室、集油室、油管等部件。

⑧检查分油机，试运行。

二、分油机的操作

1. 训练目标与要求

能掌握分油机的操作程序，正确规范地操作。

2. 训练设备

分油机 1 台，沉淀油柜、日用油柜、排油泵、水泵、引水阀、相关阀门等。

3. 训练步骤

①启动前的检查。分油机是高速回转机械，启动前的准备工作极为重要。分油机在拆检、清洗或停车之后再启动时，必须检查确认刹车已经脱开；电机转轴不被卡紧；齿轮箱的油位、油质符合要求；油泵油杯润滑油脂足够。

②启动和运转。当电机的工作电流达到正常值时，按分油机的操作程序逐步操作：分离筒通入工作水封住排渣口；分离筒上部引水建立水封，当出水口出水时，表明水封完成，关闭引水阀；缓开进油阀，直到达到需要的分油量，然后使进油阀开度固定。在开启进油阀时不能过快，否则会破坏水封，造成出水口大量跑油。分油流量确定后，适当调整加热温度，使之达到规定值。

当使用分杂机时，在密封好分离筒后，进油阀应迅速开至要求的流量，因为不存在水封被破坏的问题。

分油期间应经常注意检查出水口和排渣口是否跑油、齿轮箱滑油油位、进油油量、加热温度、日用油柜和沉淀油柜油位、高位水箱水位等。当发现分油机有不正常声响、振动、齿轮箱发热和齿轮泵发热时应立即停车检查，判明原因并予以消除。

③排渣。在进行排渣作业时，应先关闭进油阀，再缓开引水阀将分离筒中的剩油赶走。当出水口有水流出时（表明分离筒内的油基本上被赶净），立即关闭引水阀，把控制阀转至“1”位，稍停 3 ~ 5 s，当听到冲击声，说明污渣已排出。为提高排渣效果，可再开引水阀将热水引进分离筒，冲洗 5 ~ 15 s。如果油黏度高且杂质较多，可重新密封分离筒，注入热水冲洗分离筒，然后重复排渣过程。

工作中排渣间隔时间取决于油的杂质含量，一般最长不得超过 4 h。若由于某种原因，分油机连续运转没有排渣，超过规定排渣时间间隔太长，切勿进行自动排渣。因为污渣可能已经结成硬块，如强行排渣会使硬块不均匀碎裂，将引起分油机剧烈震动，甚至破坏有关部件。在这种情况下可采用人工清洗。

④停止分油机运转。当完成分油机作业时，不能直接按停机按钮，必须按步骤停止分油机。首先切断进油，如果分离的是重油或黏度高的重柴油，为防止停机后燃油在管路中凝固，可在切断进油前改用轻柴油冲洗管路或把有关管系吸净。然后开引水阀，回收分离筒中净油再进行排渣工作。排渣结束后，把控制阀停在空位“2”的位置，切断工作水以防止高置水箱中的水经配水盘流失。最后切断电动机电源停止分油机转动。

【效果检测】

扫描二维码，进行过关测试。

任务三　滑油系统的操作与管理

【任务引入】

要排查滑油系统的故障,必须知道滑油的流动路线,试以某机型为例,画出滑油的流动路线框图。

【知识结构】

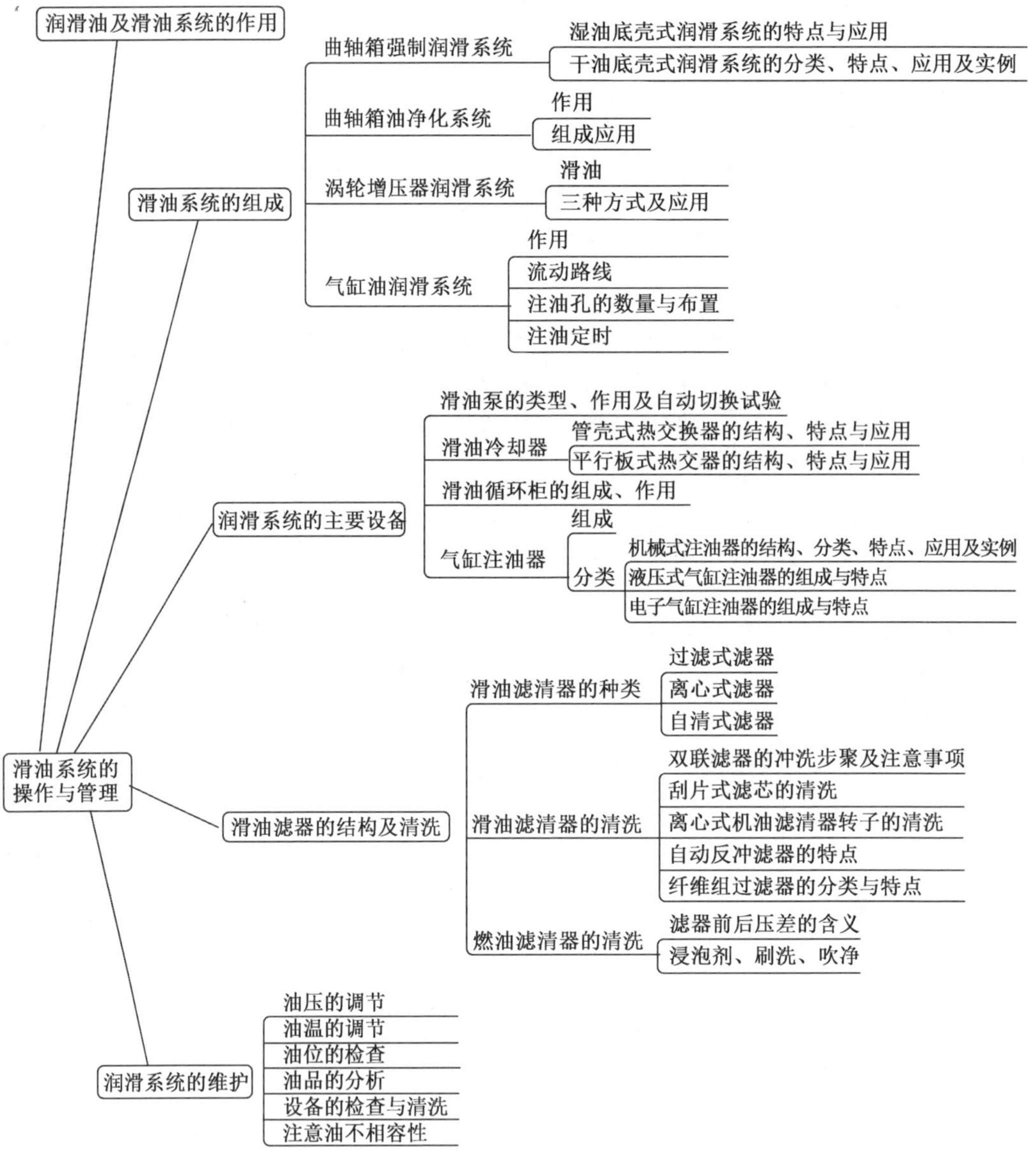

【知识点】

一、润滑系统的组成

滑油循环系统
介绍微课

润滑油的作用有减磨作用,这是润滑油的主要作用,还有冷却作用、清洁作用、密封作用、防腐作用、降噪作用和传递动力作用。柴油机润滑系统的作用是保证供给柴油机各运动部件的所需的足量、温度适宜并清洁的润滑油。柴油机的润滑系统通常包括曲轴箱强制润滑系统、气缸润滑系统和涡轮增压器润滑系统。另外,为了保证曲轴箱油的净化,还需要有曲轴箱油分离净化系统。

1. 曲轴箱强制润滑系统

柴油机曲轴箱油的强制润滑系统也称为低压循环润滑系统,按滑油存放场所的不同,可分为“湿油底壳式”和“干油底壳式”两种形式。

①湿油底壳式润滑系统。在这种系统中,没有专门的润滑油箱,全部润滑油均存在油底壳中,油底壳起循环油柜的作用。系统只设一台滑油泵,柴油机整体布置简单紧凑。在中小型柴油机中应用普遍。但是,湿油底壳式系统在运行中,油面将随船舶摇摆而波动,影响柴油机油泵吸入滑油,有的油底壳储油处加深,参见图 2 – 125 油底壳的结构图。此外,滑油易受到燃烧室泄漏的高温燃气污染,易氧化变质,使用寿命缩短,另外,检查和清洗油底壳不方便。

如图 6 – 30 所示为湿油底壳式滑油系统。副机滑油储存于油底壳内。柴油机备车时,电动预供滑油泵 4 运转,维持滑油在系统中循环。当柴油机启动后,机带滑油泵 5 工作,作为压力润滑的动力源,此时预供滑油泵自动停止。油泵排出的滑油首先进入滑油冷却器 3,然后进入自清滤器 1。自清滤器反冲出的油渣进入离心滤器 7 被进一步分离净化。离心滤器采用油泵的排油作为动力,靠离心力的作用将油渣分离并储存于滤器内部,洁净的滑油则排至油底壳循环使用。自清滤器后的滑油则分别供到柴油机的主油道、传动齿轮机构和增压器 8 等处,气缸壁与活塞之间的润滑是利用曲柄—连杆机构高速运动时飞溅起来的油滴或油雾进行润滑的。完成润滑任务的滑油在重力作用下回流至油底壳。

②干油底壳式滑油系统。干油底壳式滑油系统的滑油存放于单独设置的滑油循环舱(柜)中,油底壳只是用来收集各润滑部位流回的滑油。靠重力或滑油泵送入油舱(柜),再借助于循环泵将滑油送到各摩擦表面。这种系统的特点:

a. 滑油供给可靠,可避免柴油机运行中因油面波动而导致的润滑油供油失常;

b. 减少曲轴箱内高温气体对滑油的影响,延长滑油使用寿命;

c. 油底壳容积小,使柴油机高度降低;

d. 油底壳内油少,便于工作人员进入曲轴箱内拆装或检查零件。

干油底壳式滑油系统一般适用于大中型船舶柴油机。根据油泵数量,分为下面两种形式:

a. 单泵系统。该系统由于靠重力将油底壳中滑油流回油舱(柜),故滑油循环舱(柜)应设置于柴油机油底壳之下,一般位于主机下部的双层底内。滑油泵自其内吸油,经滑油冷却器冷却后送至各润滑部件,润滑后借助重力流回柴油机油底壳及滑油循环舱(柜)中。

b. 双泵系统。该系统有两台滑油泵,其中一台具有单泵系统中的吸油和泵送功能,称为压力泵;另一口则专门用于抽吸柴油机油底壳中的滑油,将油泵至循环舱(柜)中,称为循环泵。该系统的循环舱(柜)与管路布置不受柴油机位置限制,但需增加一台滑油泵。

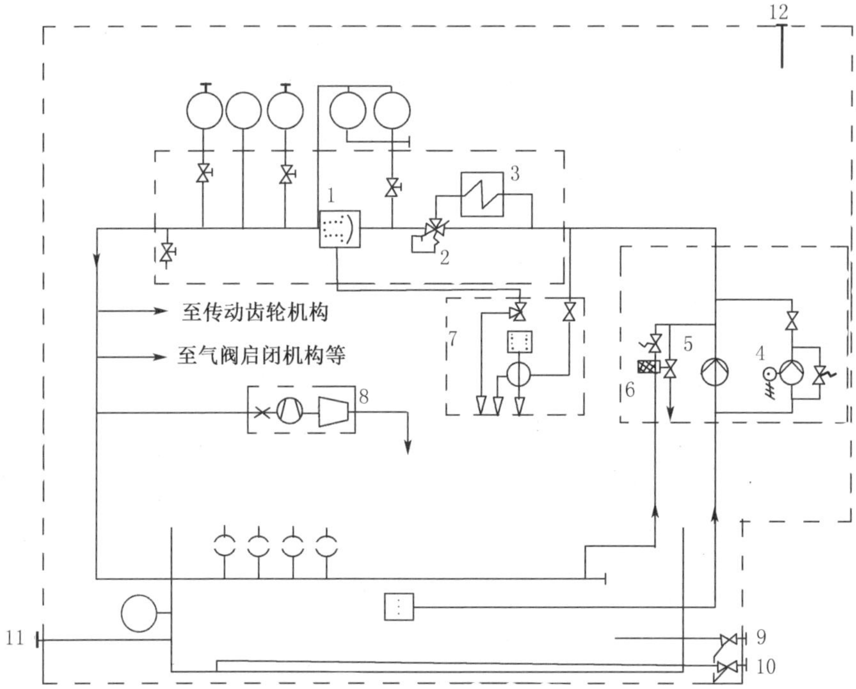

1—自清滤器;2—恒温阀;3—滑油冷却器;4—预供滑油泵;5—滑油泵;6—调压阀;7—离心滤器;8—增压器;9—滑油进口(自分油机或储存柜);10—滑油出口(至分油机或泄放舱);11—加油口;12—透气口。

图 6-30 湿油底壳式滑油系统

在柴油机滑油系统中以单泵干油底壳式滑油系统居多,其特点是只需一台油泵,储油量大,滑油沉淀与净化处理方便,冷却充分和滑油使用寿命长。但其所占空间较大,管路较湿式复杂但较双泵简单。

图 6-31 所示为 RTA 系列低速机润滑系统。这是一种典型的干式润滑系统。主滑油泵 6 自循环油柜 10 吸油,经滑油冷却器 5 冷却,滑油冷却器是由温度自动调节阀 4 控制的,其中一部分滑油在冷却器内流过,而另一部分滑油旁通,以保证进机的滑油温度,然后经过滑油滤器 2 过滤,滑油滤器可以是普通的双联滤器,也可以是自动反冲滤器。由于滑油细滤器极易脏堵,从而使柴油机不能正常运行。为了避免对滤器频繁的人工清洗,甚至停车清洗,目前船舶上普遍采用自动清洗滤器,不仅可以节省人力和减少滑油的消耗,能过滤直径为15~30 μm 的杂质颗粒,保证了船舶的航行安全。滑油经过滤后分两路输出:一路经十字头滑油泵 3 将压力提高到 1.1 MPa,通过十字头滑油进口 8 送入十字头;另一路滑油压力为 0.4 MPa送至主轴承和推力轴承等处。润滑各轴承后在重力作用下,滑油经油底壳流入滑油循环油柜。滑油滤器应尽可能靠近主机,如果采用双联滤器,每个滤器在给定的工作温度下都应当有足够的流通能力,工作时滤器的最大压降不要超过 20×10^{-3} MPa。如果采用反冲滤器,必须考虑到反冲工作时对过滤的影响,保证个别滤器反冲清洁时进出口压差不要太大并保证足够的流通能力。

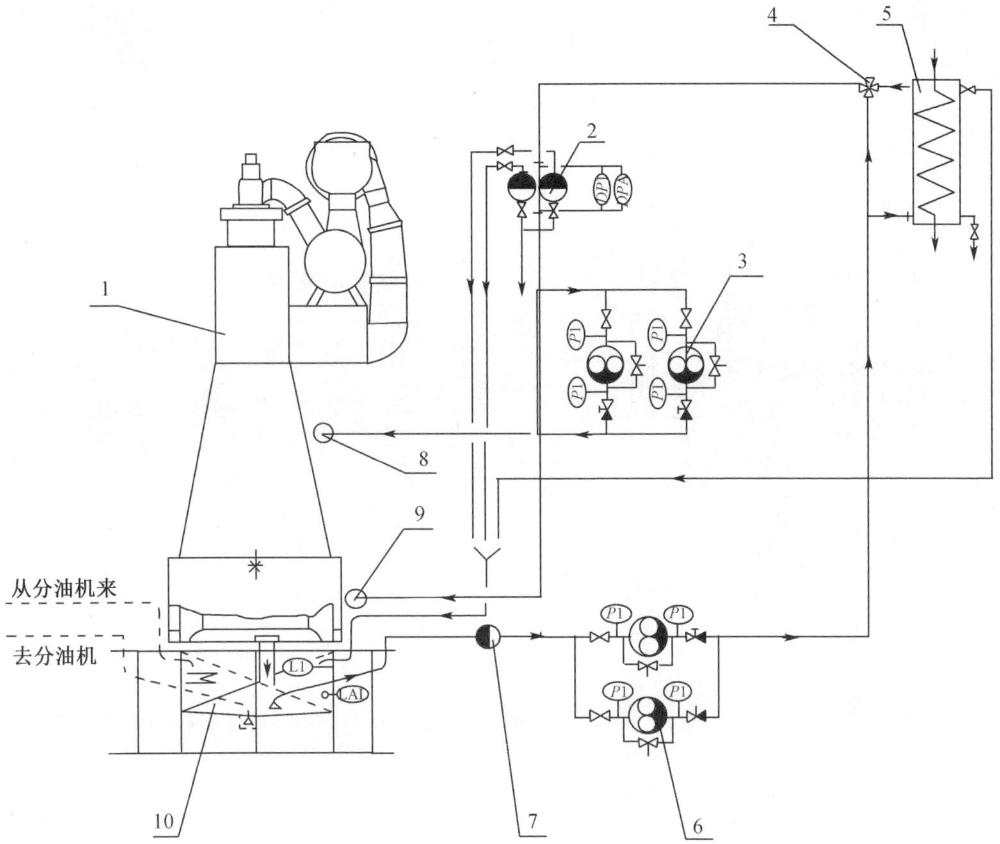

1—主机;2—滑油滤器;3—十字头滑油泵;4—温度自动调节阀;5—滑油冷却器;6—滑油泵;7—滤器;
8—十字头滑油和排气阀驱动装置滑油进口;9—轴承润滑油进口;10—循环油柜。

图 6-31 RTA 系列柴油机曲柄箱油强制润滑系统

2. 曲轴箱油净化系统

曲轴箱油净化系统可连续对滑油循环柜中的曲轴箱油进行分离净化处理,清除使用中混入滑油的各种杂质和氧化沉淀物。

如图 6-32 所示为某大型柴油机的曲轴箱油净化系统。滑油分油机泵 14 经污油吸入管 7 从滑油循环柜 8 中吸入曲轴箱油,经加热器 1 预热后送入分油机进行净化处理,净化后重新回到循环柜。滑油中分离出来的水和污渣分别由水出口 9 和污油出口 13 排出。污渣可由污油泵排出。对直链纯矿物曲轴箱油,其净化速度能保证在一天内净化油量为循环柜贮油量的 2~5 倍。除此之外,在停港期间,可把全部滑油泵至滑油处理柜中,再视情况进行净化处理,如预热、沉淀、放水、放污、加添加剂等,处理完毕后再用分油机送回循环柜。如需进行水洗处理,可在滑油分油机入口处加入相当于 1% ~2% 滑油油量的淡水进行净化。水洗法不仅能洗掉无机酸,还可浸湿小颗粒杂质使之便于分离。因某些滑油添加剂也溶于水,故水洗时,应征求供油厂商的意见。中小型柴油机的曲轴箱油,因其油量较少,一般采用全部滑油换新而不设分油机净化。

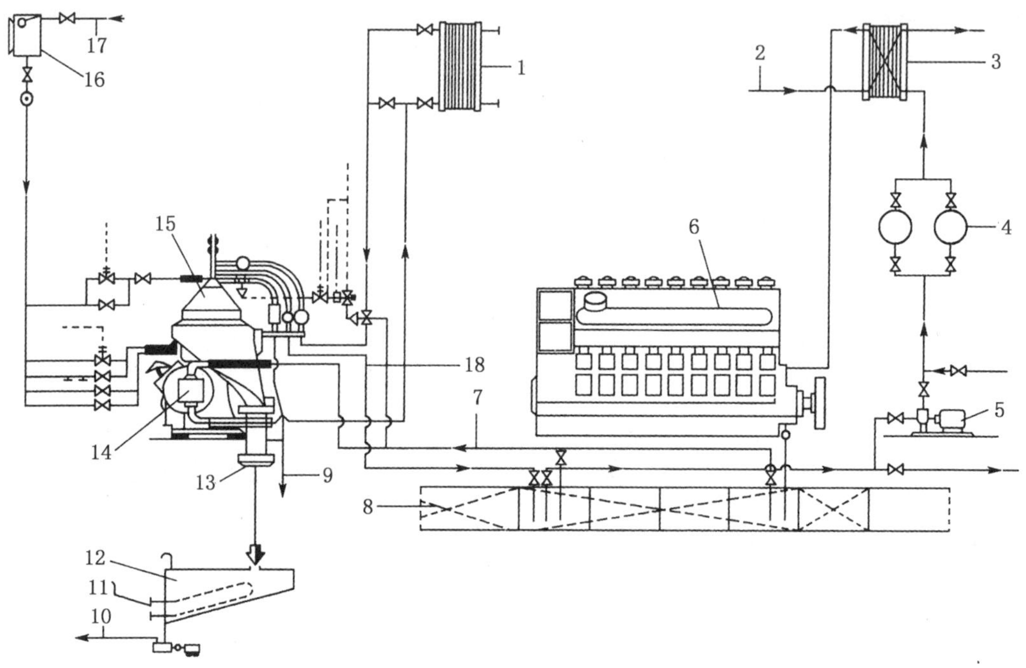

1—加热器;2—冷却水出口;3—冷却器;4—滤器;5—滑油泵;6—柴油机;7—污油吸入管;8—滑油循环柜;9—水出口;10—污油泵出口;11—加热管;12—污油箱;13—污油出口;14—泵;15—分油机;16—工作水箱;17—冷水;18—净油。

图 6-32 曲柄箱油净化系统

3. 涡轮增压器润滑系统

涡轮增压器是高速回转机械,一般采用黏度较小的汽轮机油(透平油)润滑。其润滑通常有三种方式:自身封闭式润滑系统、重力-强制混合循环润滑系统和与柴油机共用曲轴箱油润滑系统。

自身封闭式润滑系统一般采用外支滚珠轴承的增压器,轴承采用透平油润滑,通过增压器内部的油池,由增压器自带的油泵,将润滑油送到滚珠轴承,因而不需要另设润滑系统,参见图 5-26 VTR-4 系列增压器剖视图。

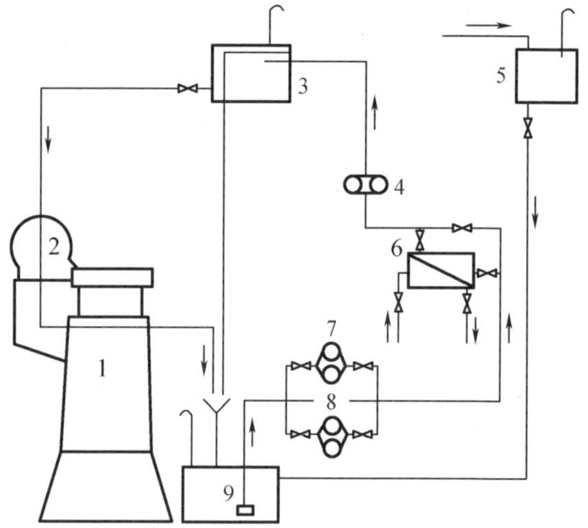

1—柴油机;2—涡轮增压器;3—重力油柜;4—双联滤器;5—透平油储存柜;6—冷却器;7,8—透平油泵;9—循环油柜。

图 6-33 涡轮增压器的重力—强制混合润滑系统

图 6-33 所示为重力强制混合循环润滑系统。透平油储存柜 5 中的油流经循环油柜 9,两透平油泵(7,8)互为备用,将油泵入冷却器 6,进入双联滤器 4 过滤后进入重力油柜。然后供给增压器,润滑后流回循环油柜。当强制润

滑系统(9→7→6→4→3)部分出现故障时,高置重力油柜向增压器供油并发出报警,以保证增压器在短期内不致因缺油干摩擦损坏。

图6-34所示为柴油机共用曲轴箱油润滑系统。润滑增压器的滑油来自主机润滑系统,经增压器润滑系统的供油管1进入,滑油压力的设定四冲程柴油机是通过一个减压阀2,二冲程柴油机是通过节流孔4来实现。减压后的滑油通过止回阀6进入涡轮增压轴承箱9,润滑推力轴承8和滑动轴承10后,通过泄放管18流回柴油机的日用柜或曲轴箱19。在柴油机启动前,增压器一定要预润滑,这可同柴油机的预润滑一起自动进行。有的增压器还有一个应急和后润滑油箱16,应急和后润滑油箱置于增压器的上方,以确保柴油机和增压器停止运行时滑油可以进入增压器。在柴油机工作时,应急和后润滑油箱的止回阀11截止,但可经止回阀板上的一个小孔12向应急和后润滑油箱充油,只要油位低于溢油池,应急和后润滑油箱无压力。一旦油位达到溢流管14的位置,滑油会通过节流孔15流回轴承箱。节流孔15的作用是保证注入油箱的油量多于流出的油量,这会使油箱上部的空气被压缩,直到油箱的压力与供油压力相等。在柴油机停车时,润滑系统的压力下降,使得应急和后润滑油箱的止回阀打开,滑油进入增压器的轴承,自动进行润滑。由于柴油机的润滑油持续的分离和过滤,不会造成超过0.02 mm的颗粒和水的聚集,因此,不需要进行额外的过滤。

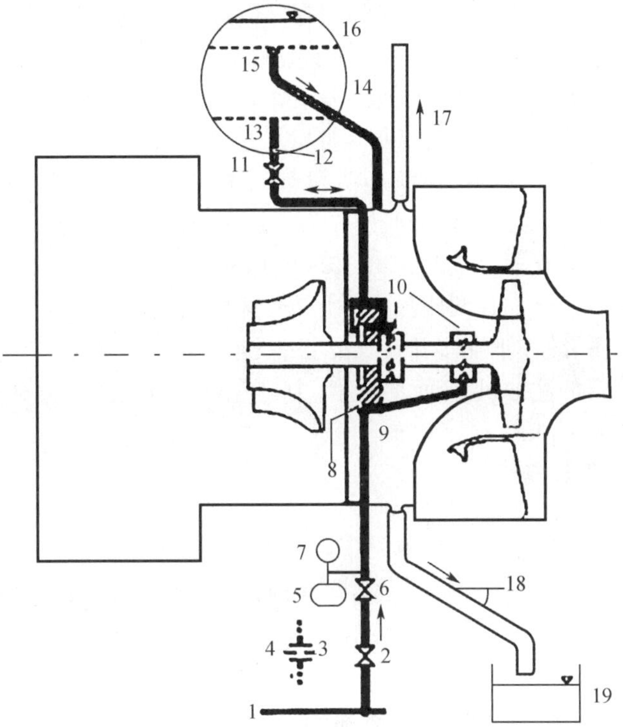

1—供油管(来自柴油机);2—减压阀(用于四冲程柴油机);3—增压器供油管;4—节流孔(用于二冲程柴油机);5—压力监测传感器;6—止回阀;7—压力计;8—推力轴承;9—轴承箱;10—轴承;11—带旁通的止回阀;12—孔;13—供给/泄放管;14—溢流管;15—节流孔;16—应急和后润滑油箱(选配);17—放气管;18—泄油管;19—日用柜或曲轴箱。

图6-34 柴油机共用曲轴箱油润滑系统

4. 气缸注油润滑系统

气缸润滑可分为飞溅润滑和气缸注油润滑两种。

十字头柴油机气缸润滑使用专用的润滑系统及设备(气缸注油器、注油接头),把专用气缸油经缸壁上的注油孔喷注到气缸壁表面进行润滑,其注油量可控,注出的气缸油不予回收,为“一次性润滑”。这种润滑方式可保证可靠的气缸润滑,且可选择不同质量的气缸油以满足不同要求。目前在十字头式柴油机中均使用此种润滑方式。图6-35所示为某柴油机的气缸注油润滑系统图。气缸油从气缸油贮存柜4→气缸油滤器2→气缸油输送泵1(特殊情况手动泵3)→气缸油日用油柜5→气缸注油器7→主机。气缸油日用油柜回油至气缸油贮存柜。

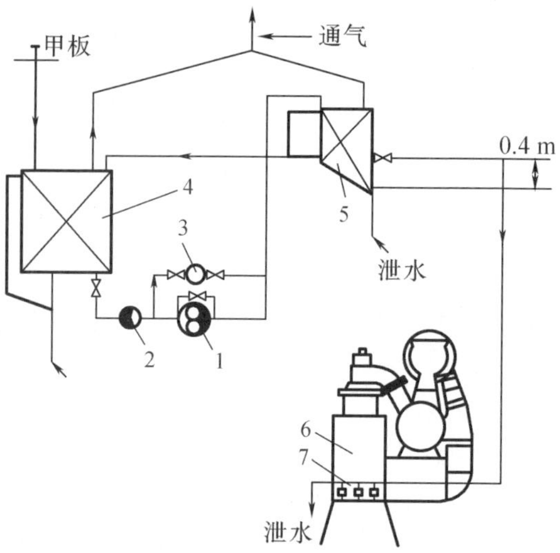

1—气缸油输送泵;2—气缸油滤器;3—手动泵;4—气缸油贮存柜;6—主机;5—气缸油日用油柜;7—气缸油注油器。

图6-35　气缸注油润滑系统

一般中小型筒形柴油机气缸润滑一般采用飞溅润滑,这种润滑靠从连杆大端甩出并飞溅到缸壁上的滑油来实现,不需专门的润滑装置,所用油品即曲轴箱内滑油。飞溅的油量不可控制,在活塞下部须装设刮油环,以刮除缸壁上过多的滑油。

滑油循环设备及运行维护管理微课

在某些中速筒形活塞柴油机中,气缸润滑除采用飞溅润滑方式外,同时采用注油润滑作为气缸润滑的辅助措施。

气缸套上均布4~12个注油孔,一般缸径小的,注油孔数量也较少。注油孔两侧为人字形布油槽。十字头柴油机气缸套上部磨损严重,故注油孔多开在气缸套中上部(高位注油孔)。而四冲程柴油机多余的注油可流回曲轴箱,为避免烧润滑油,注油孔多分布在气缸套下部。

二、润滑系统的主要设备

润滑系统的主要设备有滑油泵、滑油滤清器、滑油冷却器、注油器和滑油循环柜等。

1. 滑油泵

滑油泵一般都设有两台,互为备用。为了保证滑油压力稳定和流动均匀,滑油泵多用螺杆泵。在泵的吸入端管上一般装有真空表,真空度不超过33.3 kPa。泵的排出管上装有安全阀和调节压力与流量的旁通阀,调节旁通阀,使运转中的滑油压力保持在0.15~0.40 MPa间,高于淡水的压力,以免冷却器泄漏时,淡水漏入滑油中。滑油压力过低,会导致轴承磨损加剧,最低压力应能保证向各轴承(尤其是最远最高处轴承)连续供油。滑油供油压力过高,会导致接合面漏油、滑油四溅,易氧化变质,滑油消耗量增加。

当滑油泵带有自动切换装置时,通过压力控制器,检测滑油出口压力,当检测到滑油出口压力低于压力控制器的设定值时,备用泵自动启动,以保证主机滑油的正常供应。为了防止滑油从非备用泵处旁通,泵的出口阀应是截止止回阀。有故障时,截止止回阀快速关闭起安全保护作用,并可防止滑油倒流。主机滑油泵带有自动切换装置时,备车时应进行自动切换试验。在泵启动前应先将一台泵设为启动主泵,即将其控制旋钮置于启动位置,并将另一台设为备用泵,即将其控制旋钮置于备用位置。然后手动停止运转的主泵,即将主泵的控制旋钮置于停止位置,此时,滑油压力下降,当降至设定值,观察备用泵是否自动启动,若能自动启动则说明自动切换装置正常。

2. 滑油冷却器

滑油冷却器通常采用板式或管壳式热交换器两种。无论是板式还是管壳式,均通过固体壁面将冷热流体隔开并传递热量。

①管壳式热交换器。船用柴油机上的滑油冷却器多采用管壳式热交换器,如图 6 – 36 所示。管壳式冷却器中,热流体是滑油,冷流体是淡水,通过管壁交换热量。一般是冷却液在管内流动而被冷却的流体在管外壳内流动。也就是滑油一般在管外壳内流动,淡水在管内流动,当然这也方便清洗。图 6 – 36(a)中隔板使淡水流速增加,折流板改变淡水的流动方向和路径,增加了与滑油的接触传热面积,提高了传热效果。管壳式热交换器的传热管一般采用耐腐蚀性能较好、导热系数大的铜管。管壳式热交换器具有结构坚固、易于制造、换热容量大、压力损失小、密封性比较好等优点,但传热效率低,笨重。管子内壁结垢后传热系数大大降低,通常管壳式冷却器使用三氯乙烯溶液进行逆向循环清洗滑油,溶液压力小于额定工作压力。损坏的管子维修调换较为困难。管壳式交换器接管时注意冷热流体逆流,增加传热温差,提高传热效果。平行板式换热器示意图如图 6 – 37 所示。

管壳式滑油冷却器工作原理动画

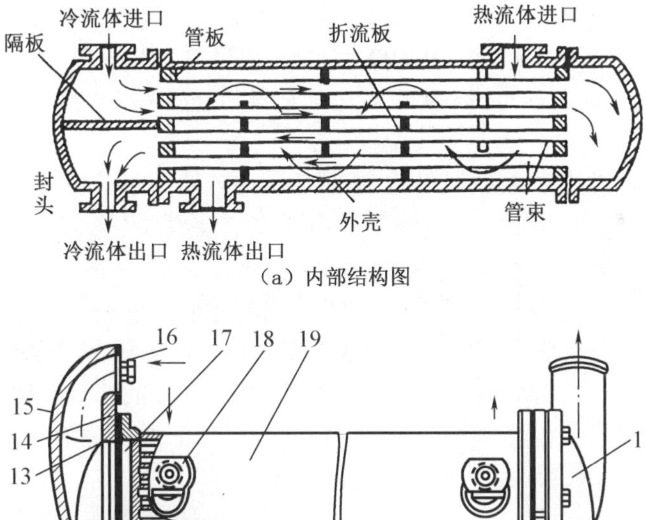

(a) 内部结构图

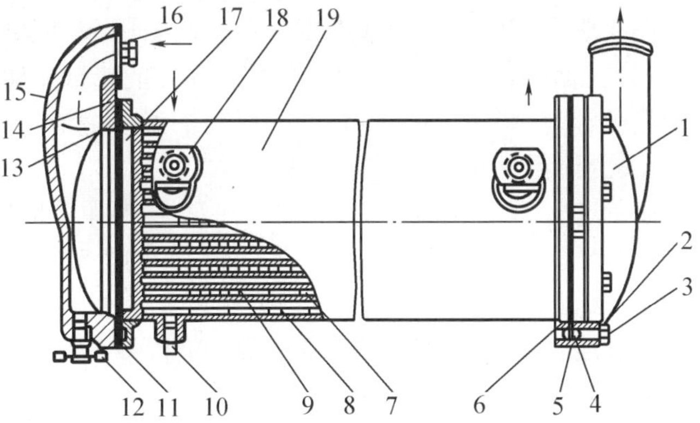

(b) 外形图

1—前盖;2—弹簧垫圈;3—螺钉;4—芯子法兰;5,11,16—垫片;6—外壳;7—冷却管;8—隔板;9—散热片;10—方头螺塞;12—放水阀;13—封油圈;14—封油垫圈;15—后盖;17—芯子底板;18—接头;19—外壳。

图 6 – 36 管壳式热交换器

②板式热交换器。板式热交换器由许多几何结构相同的平行薄板相互叠压而成。两相邻薄板用密封垫隔开,形成两种流体间隔逆向流动的通道。板的一侧是油,另一侧是水,油的热量通过板传递给水。为强化传热并增加钢板的刚度,常在薄板上压制出各种花纹,如图6－37中的薄板为人字形波纹板。平行板式换热器由于板片波纹所形成的特殊流道使流体在极低的流速下即可发生强烈的扰动,因而总传热系数很大。而且由于板间距很小,其单位体积的传热面积(称为紧凑度)很大,属于高效换热器。海船上使用的钛合金板能防止海水的侵蚀。平行板式热交换器具有换热系数高、结构紧凑、质量小、体积小;松开螺纹连接,便可方便地对平行板进行人工清洗,故清洗与拆装维修方便;通过改变板片数目可方便增减热传导面积,系列化程度高;但冲压平行板的设备初投资费用较高,密封垫容易老化导致泄漏。板式热交换器是一种快速发展的高效、紧凑的热交换器。

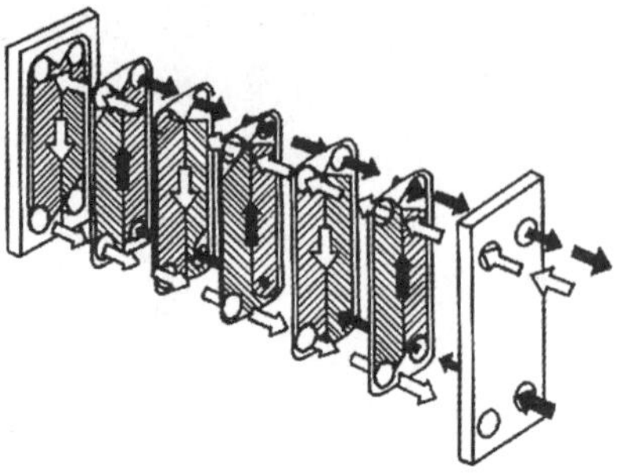

图6－37　平行板式换热器示意图

调节滑油冷却器的旁通阀可调节滑油的温度,如图6－31中温度自动调节阀4,旁通阀开度越大,旁通的淡水越多,则进入滑油冷却器的淡水越少,则滑油被淡水带走的热量减少,滑油出口的温度升高。滑油温度过低,黏度过大,摩擦阻力增大,流动困难,使轴承内滑油量不足,也不利于动液润滑,同时增加滑油泵耗功。滑油温度过高,黏度降低,滑油不易被轴颈带动,也不易形成动液润滑,零件磨损增大,同时滑油易氧化变质。大型机滑油进口温度为40～45 ℃,出口温度为50～55 ℃;中速机滑油进口温度为50～45 ℃,出口温度为60～70 ℃;高速机滑油出口温度为70～90 ℃,进出口温差为10～15 ℃。柴油机刚启动时,滑油温度过低,主机备车时通过滑油循环柜中加热器和分油系统加热器对滑油的加热。

3. 滑油分油机

大型柴油机设置滑油分油机,其结构、原理与燃油分油机基本相同,由于滑油清洁度要求较高,分滑油时常取分油机额定分油量的1/3左右。滑油(无添加剂)加热温度65～75 ℃。

4. 滑油循环柜

滑油循环柜一般设在双层底内。油柜底面做成船首向船尾下斜,使水分、泥渣等沉淀物集中在船尾,以便清除。油柜中设横隔板,便于杂质沉淀并能减轻船舶摇摆时油的波动。滑油循环柜中设有加热盘管,在柴油机冷车启动时,提高油温使滑油具有合适的黏度。还设有透气管和量油尺。滑油循环柜中油位要保持正常,一般位于循环柜顶面下面15～20 cm。油位过低,滑油量过少,滑油温度升高,滑油易挥发,同时单位时间内机油循环次数过多,会增加机油的氧化变质。油位过高,可能造成溢油。柴油机运转中,若发现油位突然升高或减少,应及时查明原因,加以排除。油位突然升高可能是由于冷却系统漏水,油位突然下降可能是由于柴油机油底壳产生裂纹,或者是管路中有泄漏。

5. 气缸注油器组成、结构特点和调整方法

气缸注油的主要设备是注油器和注油器接头。气缸注油器由多个柱塞式油泵单元组成,按其驱动方式可分为机械式、液压式和电子式三种。

(1)机械式气缸注油器

机械式注油器由凸轮轴或其他运动部件带动,其结构简单可靠,曾得到广泛应用。其

油量的调节方式一般是“随转速调节（等速率调节）”，也就是注油量与柴油机转速成正比，但当柴油机在低负荷运转时，存在注油量过大的问题。

图 6－38 所示为随转速调节的 HJ 型气缸注油器。注油器每缸设置一个。每个注油器由若干油泵单元组成，各油泵单元分别将滑油输送到各缸的注油点。滑油储存在储油箱 3 中，油泵柱塞 10 由凸轮轴 5 上的凸轮驱动，凸轮轴 5 则由驱动轴 7 经一对齿轮带动。驱动轴 7 的转速为柴油机曲轴转速的一半，即曲轴每转两圈，各油泵单元分别向气缸注油点供油一次。柱塞 10 动作时，滑油由泵体下部的吸入阀吸入，经排出阀 12 排入玻璃管 14，然后经止回阀 1 送至注油点。玻璃管内有一浮动钢球，可随滑油的不同流量而升至不同的高度，据此高度可监测注油器的工作。若各钢球均位于同一高度，则表明各注油点的注油量相等。

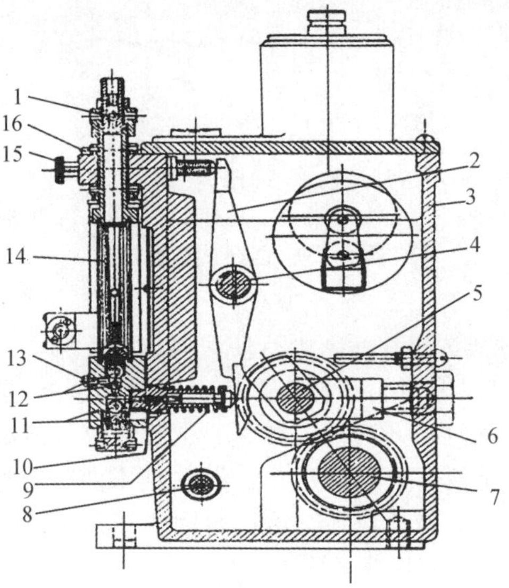

1—止回阀；2—摇臂；3—储油箱；4—偏心轴；5—凸轮轴；6—轴承；7—驱动轴；8—电加热器；9—弹簧；
10—柱塞；11—吸入阀；12—排出阀；13—放气螺钉；14—玻璃管；15—调节螺钉；16—锁紧螺钉。

图 6－38 HJ 型气缸注油器

油泵单元的供油量由柱塞 10 的行程来确定，各柱塞的行程既可以通过转动偏心轴 4 同时变更，又可以通过调节螺钉 15 单独变更。当注油器停用一段较长时间后，可能有空气漏入油泵单元中，松开放气螺钉 13 即可将空气放出。

气缸注油润滑有脉动式和蓄压式两种。在脉动式注油方式中，注油器中柱塞泵的柱塞在加压行程中向气缸注油器接头压送滑油。为了保证活塞上行通过注油点时能定时注油，柱塞与活塞的运动是相对应的。而实际上，滑油只有当气缸内压力低于注油器出口管内压力时，注油接头处的止回阀才开启向气缸内注油。蓄压式注油方式中，柱塞泵出口的油进入各注油接头处的蓄压器内，在该压力与气缸内压力差作用下自动注入气缸。注油接头穿过气缸冷却水空间安装在气缸套各个注油孔内，图 6－39 所示为蓄压式注油接头。蓄压器储存气缸油并使注油接头内维持一个恒定压力。注油器每次排油量很小，仅使系统内压力升高 0.15～0.20 MPa。止回阀防止缸内燃气倒冲入接头，当缸内压力低于蓄压器压力时，止回阀开启，气缸油自动注入气缸。

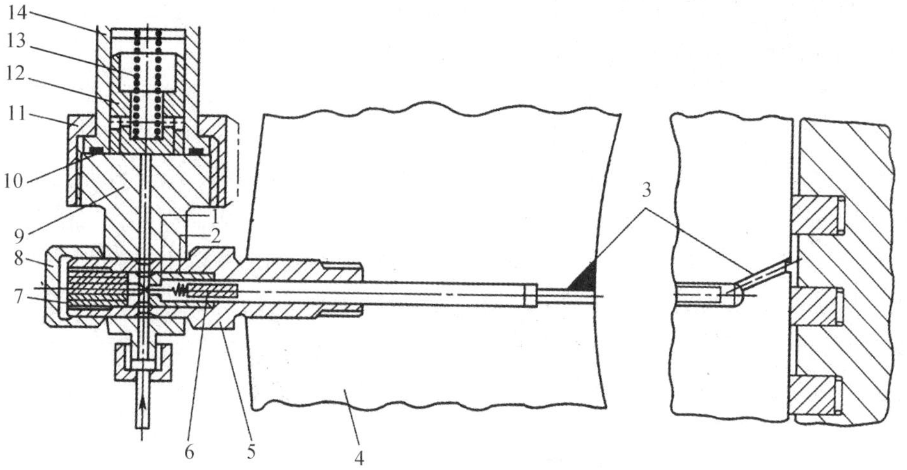

1—止回阀;2—止回阀座;3—注油管;4—气缸套;5—接头;6—顶销;
7—缓冲螺栓;8—螺母;9—座;10—膜盒;11—螺母;12—活塞;13—弹簧;14—蓄压器气缸套。

图 6 – 39　蓄压式注油接头

通常认为,注油定时应选择在活塞上行使注油点位于第一、二道活塞环之间时向气缸内注油。但机械注油器难以做到准确地定时。对于蓄压式注油器,通常只有在缸盖内压力低于注油管中的油压时,气缸油才会注入缸内。在短活塞柴油机曲轴回转一圈中,只有两种情况满足这个条件,一是活塞上行到上止点附近,活塞的下边缘打开注油孔;二是活塞在下止点附近,缸内正在扫气。对长活塞柴油机曲轴转一圈中,只有气缸内正在扫气时满足缸内压力低于注油管压力的条件。

(2)液压式气缸注油器

液压式气缸注油器如图 6 – 40 所示。注油器 5 由液压发动机 4 驱动,液压发动机的滑油由凸轮轴 7 带动齿轮泵 6 供应,油量由燃油负荷指示轴 3 根据调节插槽的位置通过流量调节阀 1 决定。也就是说液压式气缸注油器的供油量是“随负荷调节”的,由于这种气缸注油器可改善随转速调节注油器在低负荷运转时注油量过大的缺陷,因而在一些新机型中采用。

(3)电子式注油器

减少气缸润滑油消耗量会明显提高柴油运行的经济性,所以在保证不增加气缸磨损率和检修周期不缩短的前提下减少气缸油注油量,一直是气缸润滑技术发展的一个重要目标。气缸油必须在准确的位置和时刻注入气缸,才能保证气缸油的最有效利用,而这一点用传统的机械式气缸注油器是很难实现的。为此,MAN B&W 公司开发了一种计算机控制的电子气缸油系统,即 Alpha 电子注油系统,如图 6 – 41 所示。该系统由气缸油日用柜、气缸油泵站(带备用泵)、控制单元(带备份系统)、Alpha 气缸注油器和蓄压器、显示操作面板(人工控制面板)、负荷变送器、测速装置和曲轴角度检测系统等组成。它既可用于凸轮轴控制的传统柴油机,又可用于电子控制柴油机。由于泵站出口管路称为共轨,故也称共轨式 Alpha 气缸油系统。

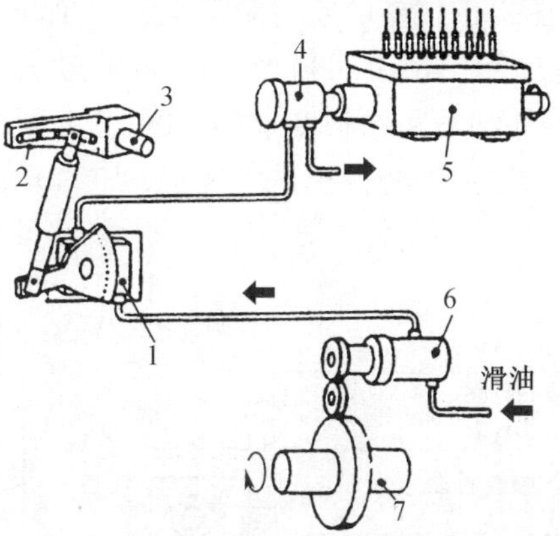

1—流量调节阀;2—调节手柄;3—燃油负荷指示轴;4—液压发动机;5—注油器;6—齿轮泵;7—凸轮轴。

图 6-40 液压发动机驱动的气缸注油器

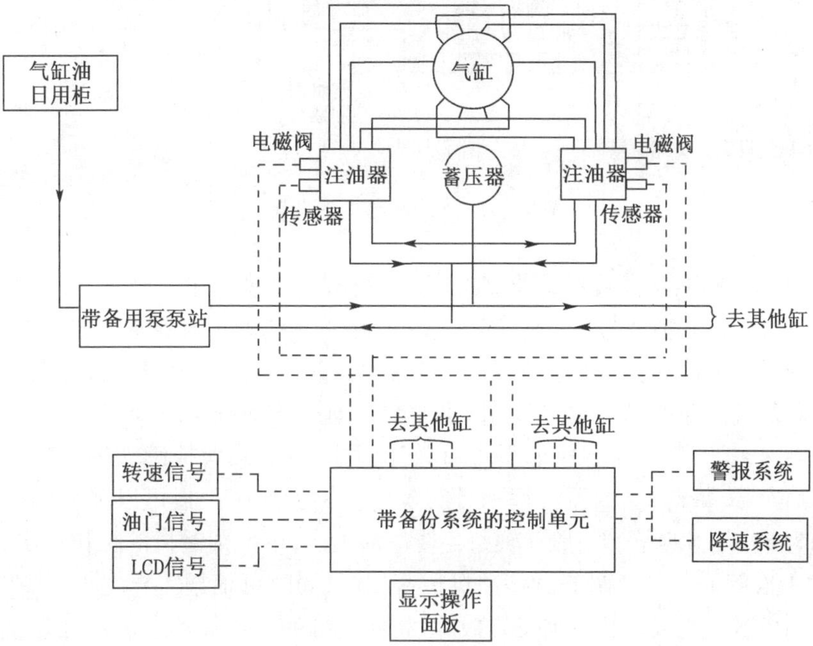

图 6-41 电子气缸注油系统

泵站由 2 个独立的工作泵、加热盘管、滤器和吸入管组成,工作泵将油加压到 4~5 MPa。

每个注油器的进油处有充氮气的蓄压器,压力为 2.5~3.5 MPa,在出口处也有充氮气的蓄压器,压力为 0.15 MPa。每个注油器分布 3~6 个注油口、反馈传感器和电磁阀。以上统称为气缸注油器单元。

Alpha 注油器的工作原理如图 6-42 所示。主控制单元控制电磁阀以合适的启闭时刻进行注油。当接到注油信号时,控制单元给电磁阀发出开启信号,AT 连通,共轨中气缸油作为液压油经电磁阀去推动动力柱塞,动力柱塞推动注油柱塞开始注油,每个注油点的注油量是相当均匀的,并且能够提供最佳的安全余量保证每个注油器接头不发生堵塞。经过预设时间后,控制单元向电磁阀发出关闭信号,AP 连通,动力柱塞压力油回流,注油结束。注油量是通过调整动力柱塞注油行程的长度来调节的,注油行程可以通过调节螺钉进行调整,还有一个定距垫圈用来对注油器的行程进行基本设定。

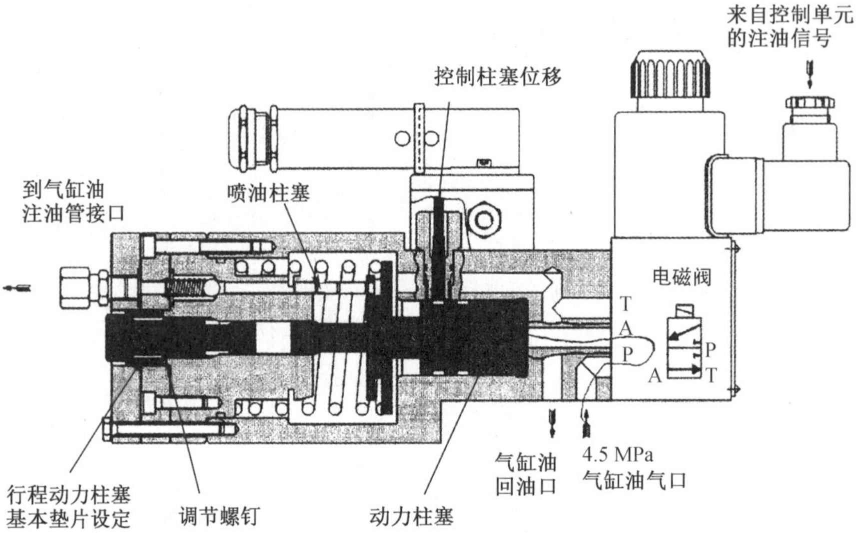

图 6-42　Alpha 电子注油器

注油定时是依据曲轴角度编码器的两个信号控制,一个以第一缸上止点的信号为准,另一个是曲轴位置传感器信号(曲轴转角),Alpha 注油系统的正时通常是在压缩行程、第一道活塞环上升至对准注油孔时开始向活塞环注油的,精确的注油定时大大降低气缸油的消耗量。注油器每次的注油量是恒量控制,注油率是通过注油频率改变来实现,注油频率是根据负荷和转速来计算的,与主机的平均有效压力成正比,最大持续功率时的基本注油率的计算按注油次数/每转、注油器行程来计算确定。人工控制面板可以独立调整单缸的气缸油喷油率为 60% ~120%。一般曲轴每 4 转注油 1 次,根据柴油机的工作情况,也可以每 5 ~6 转注油 1 次等。注油量调节由柴油机负荷控制,同时可根据需要增加,如在负荷变化或启停时。如果电磁阀或某注油器发生故障,相应气缸的其他注油器的注油量将自动增加到最大。如果油压低、控制单元就会启动备用泵,关停故障油泵,若控制单元和位置传感器故障,备用控制单元就会接管控制保证润滑。需要说明的是最新的电子注油器,改变每次的喷射油量,每个冲程都喷气缸油。

Alpha 注油器有三种控制模式,分别为主控单元模式(MCU)、备控单元模式(BCU)和应急模式。

正常情况下注油器以主控单元模式工作,主控单元模式是基于"准确的定时"和"主机平均有效压力",控制位于注油单元上的注油电磁阀向相应的各缸供油。这种模式可保证全部气缸油都能在需要时直接注到活塞环带。曲轴编码器是保证准时的设备。

当主控单元发生故障,备用控制单元模式就会自动投入工作,并在人工控制面板显示并发出报警,备用控制单元可依据"粗略的定时(随机定时)"和"转速"模式,通常设定为基本注油率加 50%。备控单元模式是利用装在主机飞轮上的传感器采集的转速信号及备用控制单元模式的预先设定值,运算处理各种数据后,向各缸气缸注油器发出注油指令。这时曲轴编码器不起作用,气缸注油器只能在粗略定时的工况下工作。

当所有的外界触发传感器(编码器和2个转速传感器)都损坏,或主控单元模式和备份控制单元模式同时损坏,船上又无法修理的情况下,主机则在应急模式下运行。应急控制模式是以预置固定频率作用于主机,采用主机在60 r/min时的气缸油喷射频率。按应急控制模式运行时,气缸注油器工作在无时序工况,无论主机是在运转还是停止,气缸注油器均按备控单元模式主板上的设定,每秒发射一个脉冲信号,始终分别向各气缸注入气缸油。当采用应急控制模式时,须对备用控制单元工作电路做一些调整。

Alpha电子注油器具有注油快速、精准的优点。对于MAN B&W MC系列,缸径在980~700 mm的大型柴油机,每个气缸套装有2个气缸注油器(各供给5个注油接头),而对于缸径小于700 mm的柴油机,每缸装有1个注油器。柴油机启动前的预润滑可以手动进行,也可根据机动操车顺序进行。

三、滑油滤器的结构及清洗

1. 滑油滤器的结构

滑油滤器是用来过滤滑油中的金属磨屑、碎粒、灰尘、焦炭以及滑油在高温下受氧化而产生的胶状沉积物等杂质,保证柴油机运转部件间的良好润滑和延长滑油的使用寿命。按照滤清方式滑油滤器可分为过滤式滤器和离心式滤器两种;按过滤能力分粗滤器和细滤器;按滤芯的结构图形式有表面式和缝隙式。

(1)过滤式滤器

过滤式滑油滤器结构与原理可参照燃油滤清器。过滤式滑油滤器种类很多,常见的有:绕线式滤器,滤芯是钢丝或特殊形状的钢带或黄铜带在圆筒骨架上绕制而成;金属片缝隙式滤器(金属刮板式滤器),滤芯是由滤片和中间垫片组成;金属网式滤器,滤芯一般用黄铜或磷青铜丝布,贴在带子L的波纹隔板骨架上;纸质滤芯滤器,滤芯采用微孔滤纸,并折叠成菊花形和波纹形来增加滤芯面积;锯末滤芯滤器,滤芯由红松木的锯末和纸浆加石碱压制而成。有的粗滤器中置有磁铁,以吸附滤掉铁屑。自清式滤器也属于过滤式滤器。

(2)离心式滤器

图6-43所示为离心式滤器的结构原理。它主要由转子组和壳体两部分组成。滑油从进油口6进入转子轴1内孔,通过空心转子轴侧壁上的油孔进入转子组2的内部密封空间。充满在转子组内具有一定压力的滑油通过滤网3后到达喷嘴4处。滑油从喷嘴上的喷孔喷出,产生高速喷射油流,并产生切向反作用力,作用于转子组上。转子组上的两个喷油嘴喷孔方向相反,两股喷射油流形成一个力偶,于是推动转子组高速旋转(可达5 000 r/min以上)。这样,转子内的滑油也随之转动,于是滑油中的机械杂质在离心力的作用下,被甩向转子内腔四周壁上,而清洁的滑油通过滤网从喷油嘴喷出,经过出油口7流回油底壳中。

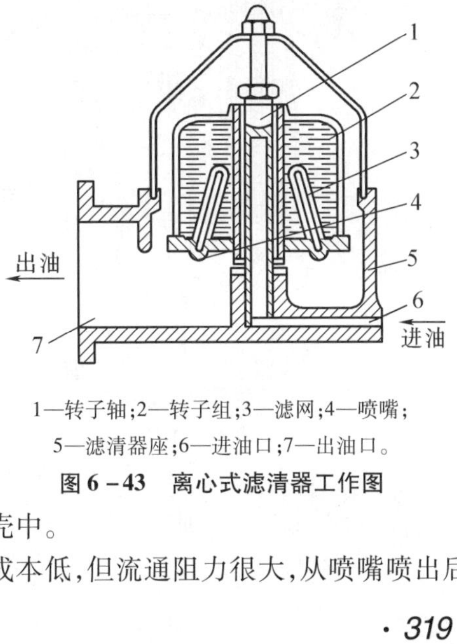

1—转子轴;2—转子组;3—滤网;4—喷嘴;5—滤清器座;6—进油口;7—出油口。

图6-43 离心式滤清器工作图

离心式滤器滤清效果好,使用维护保养方便、成本低,但流通阻力很大,从喷嘴喷出后的滑油压力很低，因此只能并联在润滑系统中，一般离心式滤器的流量只占柴油机总循环滑油量的5% ~8%，常用作精滤器。

(3)自清式滤器

滑油泵进出口端分别设有粗滤器和细滤器。滤器一般为双联式，一只清洗时，另一只可正常过滤滑油。进口端为粗滤器，出口端为细滤器。其前后装有压力表。运行时可通过细滤器前后的压力值判断细滤器的工作状态。滑油细滤器极易脏堵，从而使柴油机不能正常运行。为了避免对滤器的人工频繁清洗，甚至停车清洗，目前自动化船舶都采用自动清洗滤器，不仅节省人力和减少滑油的消耗，而且保证了船舶航行安全。常采用压缩空气或油料从滤芯的中间向滤芯外部冲洗，故称为反冲洗。反冲洗后的油料一般回流到溢流柜，也有回到另设的反冲油舱，再用驳运泵重新泵送到沉淀柜再次净化。

图6-44所示是一种较常用的压缩空气自动反冲滤器，是一种可用于过滤滑油和燃油的自动滤器，有多个过滤腔室，其中有一个为备用腔室，每个腔室内有多个滤芯元件。中间为一个由伺服电机带动的转轴阀。此外，还配有专用的压差显示器和压缩空气(0.4 ~ 1.0 MPa)反冲系统。过滤过程如图6-44(a)所示，待过滤的介质由进口经转轴阀，流入滤器进口腔室，进入滤芯部件。当介质通过滤芯后，介质中的杂质就留在了滤芯的滤网上。清洁的介质就流出滤器。来自空气瓶的压缩空气通过电磁阀使泄放阀活塞处于右端，杂质泄放阀关闭。随着过滤过程的进行，在滤芯上滤出杂质的增加使得进出口的压差不断增大。这会在压差显示器上显示出来，当压差达到设定的值时，将自动运行反冲洗程序。反冲洗过程如图6-44(b)所示，当反冲洗程序启动的时候，在电气接触器的控制下，伺服电机带动转轴阀至反冲洗位置，介质不再进入反冲洗腔室，而是通过转轴阀进入备用的腔室(已清洗好的过滤腔室)，来自空气瓶的压缩空气经转轴阀反向进入滤芯，在空气压力的作用下，将附着在过滤元件上的杂质冲下，同时，通过电磁阀泄放阀活塞推到左端，泄放阀打开，冲洗出的污物通过开启的泄放阀排出。

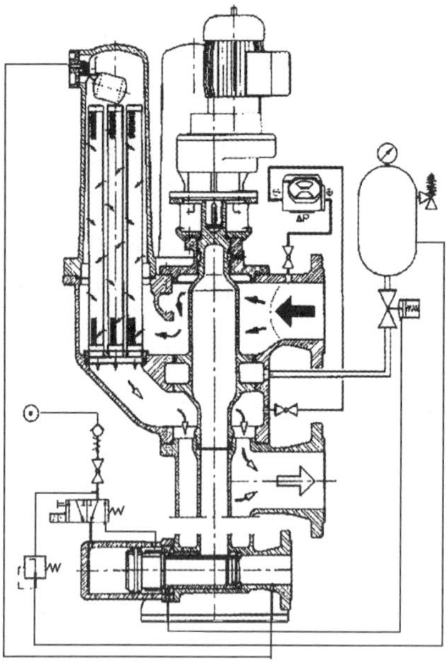
(a)过滤过程

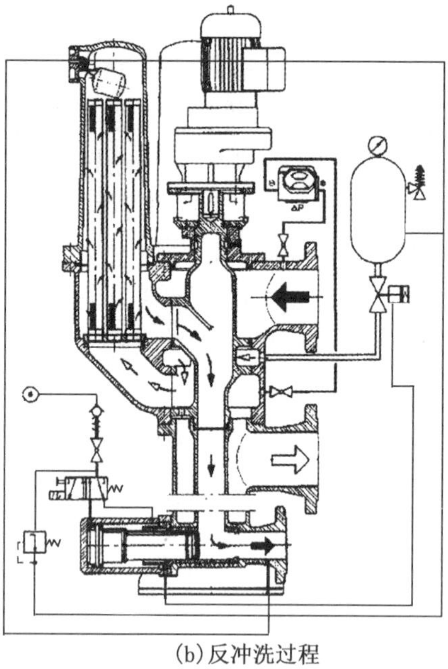
(b)反冲洗过程

图6-44　压缩空气自动反冲滤器

2. 滑油滤器的清洗

滤器是否需要清洗一般根据滤器前后的压差来判断。滤器的进出口间的压差正常值为0.05～0.10 MPa。如果压差增大表明滤器正在变脏，表明滤清能力下降；如果压差增大超过正常值，表明滤器已脏堵，须立即清洗；如果滤器前后无压差或压差变小，则说明滤网破损或滤芯装配不对，须立即拆检。

（1）双联滤器的冲选

图6－45所示为金属缝隙式双联滤器，滤器工作时，其进出口间的压差会逐渐增大，可定期进行手动反冲洗，当发现冲洗后压差变化很小时，应拆洗检查。

①冲洗。如图6－46所示，首先初置转换手柄于两滤筒同时工作的竖直向上的位置。打开滤器底部的放油阀；然后将转换手柄朝需冲洗滤筒的方向转过约60°，在该位置冲洗停留0.5～1 s后立即转回原竖直位置。反复冲洗2～3次。用同样方法，对另一只滤筒进行冲洗。冲洗完毕后，将放油阀关闭。

警告：冲洗时动作一定要迅速，位置一定要准确（感觉到有触碰感时，即表示已到位），否则，会引起油压下降，出现报警。

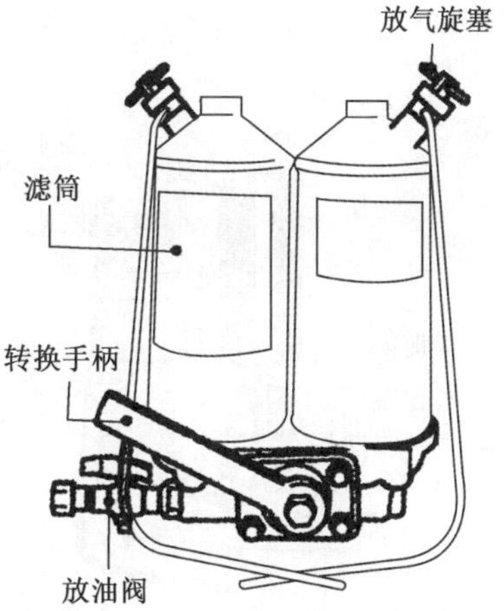

图6－45 金属缝隙式双联滤器

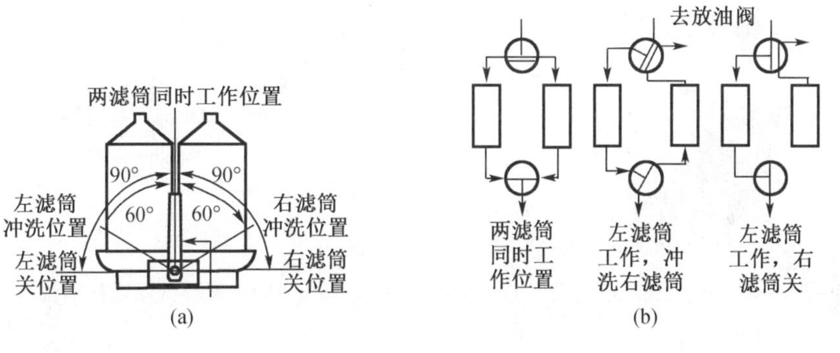

图6－46 冲洗方式

②拆洗。拆洗滤器时，最好在停车时进行。若需在柴油机运行期间拆洗滤器，应选择在空载或低负荷时进行。拆洗前，应先确认需拆洗的滤筒，快速转换并将转换手柄锁定在正确的位置。具体操作如下（图6－47～图6－50）：

a. 将转换手柄朝需拆洗的滤筒方向转过90°，转换时操作要快，以防供油中断。

b. 打开放油阀，松开需拆洗滤筒顶上的放气旋塞，排出滤器中的剩油。

c. 旋出紧固螺母，取出壳体，小心抽出滤芯。

d. 一般将滤芯抽出后用毛刷将其污物除掉，然后用减压空气由内往外将滤芯吹干净。注意减压空气不可由外往内吹，以防杂质在气流作用下卡死在金属缝隙中。如果滤芯很脏，用以上方法难以清洗干净，可先用四氯化碳或其他清洁剂浸泡（不可用柴油或煤油浸泡，以免燃油带入润滑系统），再用减压空气吹干，然后将滤芯置于干净的桶内，倒入少许和柴油机同一规格牌号的滑油，涮一下滤芯安装即可。

e. 检查：如若在滤器表面找到金属物，应收集保存及时检验；如果滤芯已损坏或已严重堵塞而无法清除，应更换滤芯。

f. 装复：在滤芯和滤筒上分别换装新的密封圈并装妥。用手压下滤筒以压下置于滤芯上的弹簧，并拧上紧固螺母。关闭放油阀，开启放气旋塞。转动转换手柄至冲洗位置，抓放气旋塞处流出的气泡在管口处完全消失时，关闭放气旋塞；转动转换手柄至垂直位置（两滤筒同时工作位置），检查密封垫圈处有无漏油，擦净滤器外面残油。

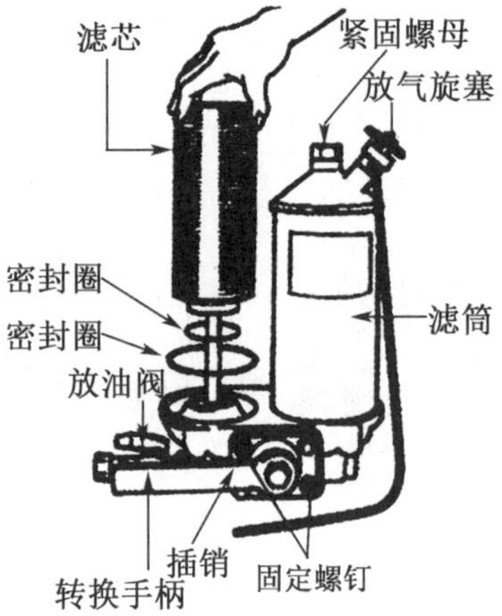

图 6－47　滤器拆卸

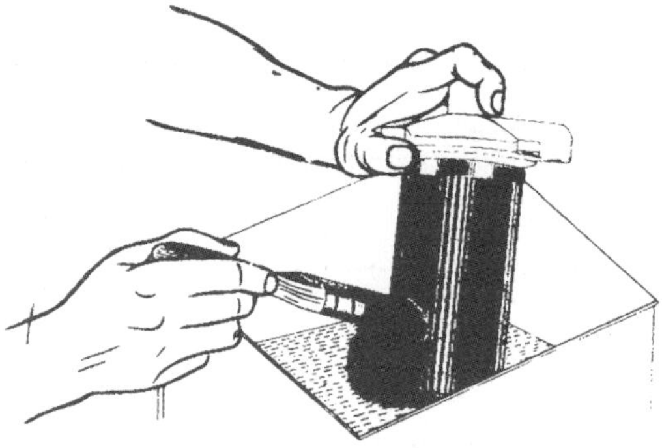
图 6－48　绕线式粗滤器等滤芯的清洗

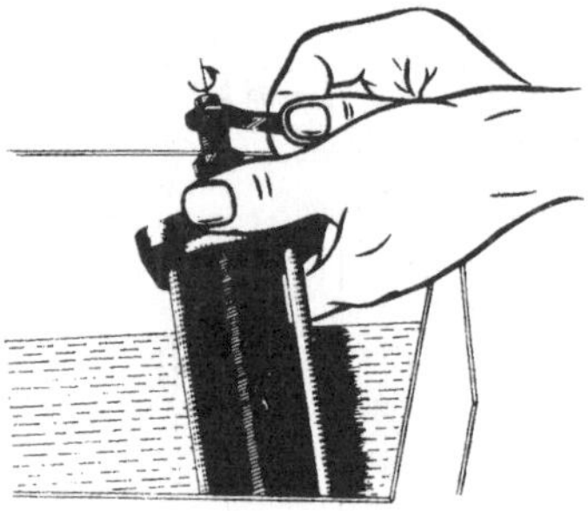
图 6－49　刮片式滤芯清洗

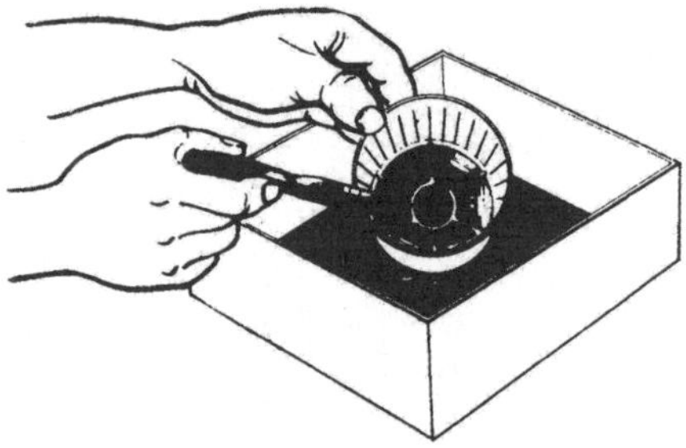
图 6－50　离心式喷嘴的清洗

（2）刮片式滤芯的清洗

对刮片式滤清器，在柴油机启动前或连续工作一段时间，如 4 h 后，应顺着滤清器盖上箭头所指的方向转动手柄 2～3 圈，此时由于滤芯的转动，定位轴上的刮片刮下外表面的污垢。在柴油机工作较长时间，如 200 h 后，应拆洗滤芯，将滤芯放在四氯化碳中浸泡转动手柄清除污垢。松开下端的螺母，依次拆下滤片，逐片刷洗，不得碰毛。然后严格按次序及片数装配。装好后要注意滤芯两端面的密封性，转动手柄应旋转自如。

（3）离心式机油滤清器转子的清洗

柴油机运转一定时间后，可看说明书，应拆先精滤器。先松开转子罩壳上的螺母，取下罩壳，然后卸去转子上端的螺母，取出转子，进行刷洗。

装配时按拆卸的相反程序进行，装好后，转子体在转子轴上应旋转自如。

（4）自清式反冲滤器

如果自动清洗后无效果，滤器进出口压差会越来越大，当大于 0.12 MPa 时，会发出报警信号，说明滤器有故障。此时，可按下电磁阀的手动冲洗按钮，进行手动冲洗。柴油机完车后应立即进行拆装检修。

四、润滑系统的维护管理

1. 滑油工作压力的调节

一般滑油压力应保持在0.15～0.4 MPa。滑油压力应高于淡水和海水的压力，以防冷却液漏入滑油中，其压力可由调压阀调整。滑油压力过高，滑油会向四处飞溅，接合面易漏油，油低壳中滑油易受热氧化变质，增加了滑油的消耗；滑油压力过低，轴承供油不足，加快机件磨损。

2. 滑油温度的调节

滑油进口温度应保持在40～55 ℃，最高温度不允许超过65 ℃，冷却器进、出口温差一般为10 ℃～15 ℃。滑油温度可通过冷却器旁通阀进行调节。

备车时应对滑油柜加温使滑油预热到38 ℃左右，以便于杂质的分离和防止油泥沉淀在管壁上，并可减轻滑油泵负荷。加热后即可开动滑油泵，使滑油在系统中循环，防止柴油机启动时干摩擦。

3. 工作油位的检查

一般位于循环柜顶面下面15～20 cm。油位过低，滑油量过少，滑油温度升高，机油易挥发，同时单位时间内机油循环次数过多，会增加机油的氧化变质。油位过高，使液面离燃烧室距离缩小，油温也会升高。若发现油位突然升高或减少，应及时查明原因，加以排除。油位突然升高可能是由于冷却系统漏水，油位突然下降可能是由于柴油机油底壳产生裂纹，或者是管路中有泄漏。

4. 油样定期化验分析

滑油质量的定期抽油样化验。正常使用的滑油不允许出现强酸值，如出现强酸值，应引起足够重视，立即查明原因，采取水洗法等有效措施。水洗法时应慎重，对含添加剂的滑油一般不宜用水洗法。

5. 定期检查和清洗相关设备

定期检查和清洗滑油泵，定期用分油机进行净化分离，定期清洗滑油冷却器和滑油滤器。滑油冷却器检漏时可用灌水法或充气法，堵漏时采用扩管法或嵌入铝箔环。清洗时可采用蒸汽加热滑油空间使油垢溶化排出，在设有三氧乙烯清洗设备时，可用三氯乙烯气体清洗油垢。

6. 不同品种的润滑油不允许混合

两种不同公司生产的、不同品种的润滑油是不允许混合的，否则可能发生添加剂相互反应而产生沉淀、失效等不良影响，甚至会造成严重机损事故。

【效果检测】

扫描二维码，进行过关测试。

【案例展示】

主机滑油超时使用导致主轴承和连杆轴承损坏

1. 相关知识引导

曲轴箱油应在使用中每间隔 3 ~4 个月取样化验 1 次。所取油样应具有代表性，一般应在滑油分油机前取样，而且最好在进港前运转中取样。取样时应采用专门取样瓶并放掉两倍于取样旋塞管路中的存油，以消除旋塞管路中的杂质。取样瓶应加以密封并注明使用累计小时等参数。

目前，化验项目及各指标允许限值还没的统一标准，一般多由各公司拟定。化验项目包括：黏度、总酸值、强碱值、强酸值、水分、盐分、沉积不溶物、闪点，在分析以上化验指标时，应综合分析各指标的变化，不应只强调某一指标的变化。

2. 案例表述

某轮主机型号为中速机 MAN 12V40/54，标定功率为 4 900 kW，标定转速为 400 r/min，该轮某航次由新西兰至日本神户港的航行途中，某日 09:20 时，主机 5 道主轴承高温报警，随即主机自动减速、停车。轮机长得悉情况后，即刻到机舱检查，确认后与驾驶台联系，经船长同意漂泊抢修。

打开主机 5 缸曲轴箱道门检查，发现 5 道主轴承下瓦边缘毛糙，并有一小部分脱落的白合金。进一步拆检，发现轴承已烧坏，曲轴颈烧蓝，因无法探伤，经观察无裂纹痕迹。遂换新轴承，并测量拐档差在正常范围后试车续航。

磨合初期主机转速为 200 r/min，而后逐渐加速。24 h 后主机开 350 r/min，直至神户港。在此运行期间，主机各道轴承温度普遍较高，但还在正常范围内，只怀疑是海水温度高引起。

第二天晚上抵达神户锚地，靠码头后由日本某船厂工人上船进行拆检。又发现 5 道主轴承下瓦有拉毛呈线状露铜，轴颈还呈蓝色，经红外探伤、测硬度等均无大问题。对轴颈人工抛光后，换上备用的下瓦。接着对 4 道主轴承进行拆检，发现其下轴承也拉伤严重，但没有烧毁，轴颈也没有发蓝。

根据这种情况，轮机长要求进一步扩大拆检（包括连杆轴承）范围。在以后拆检中又发现 8 道主轴承、6 道连杆轴承，均有不同程度的过度磨损和烧伤。

3. 案例分析与处理

该轮在较短的时间里发生主机多道主轴承、连杆轴承不正常的磨损，其原因是润滑油质量差所致。

①该轮从接船到发生事故，主机滑油已使用了 55 000 h（说明书规定 36 000 h 换新），每次只根据消耗情况加补新油。滑油超期使用，氧化变质，性能发生变化，失去正常润滑作用，导致主轴承、连杆轴承烧毁。

②该轮主机曲轴箱很脏，沉积较多的油泥，循环油柜的油泥更多。主机运行中，脏污滑油在循环中造成滤器脏堵阻力增加，加大压力冲洗，致使滤器芯破损，滑油中的杂质进入滑油系统，造成轴承异常磨粒磨损。

4. 经验与教训

①应该严格控制中速机的滑油使用时间，禁止超时使用。

②定期清洁主机曲轴箱和循环油柜。一般情况下，每 3 年左右应对循环油柜进行人工

清洁，清除油泥和杂质。

③定期送交油样化验，及时掌握滑油性能情况，发现问题，及时处理或换新。

④主机运行中，对主轴承温度普遍升高，要引起高度重视。应认真比较、分析排查，并及时采取减速、停车检查等措施查明原因。避免烧损轴承、曲轴的恶性事故发生。

5. 拓展提高

①柴油机在运行中该如何监控滑油工况？如何加强曲柄箱润滑油的管理？滑油应记录使用时间，并加强分油操作。

②运行中柴油机主轴承和连杆轴承磨损率过大，通常会出现哪些易察觉的外部表现？

③润滑油品质降低的衡量标准如何？何种情况要换油？

任务四 冷却系统的操作与管理

【任务引入】

柴油机冷却是柴油机正常工作的必要保证，但冷却系统易出现腐蚀等故障，为排除故障须确定故障发生的部位，这就必须清楚冷却水的流动路线。试以某机型为例，画出冷却水的流动路线框图。

【知识结构】

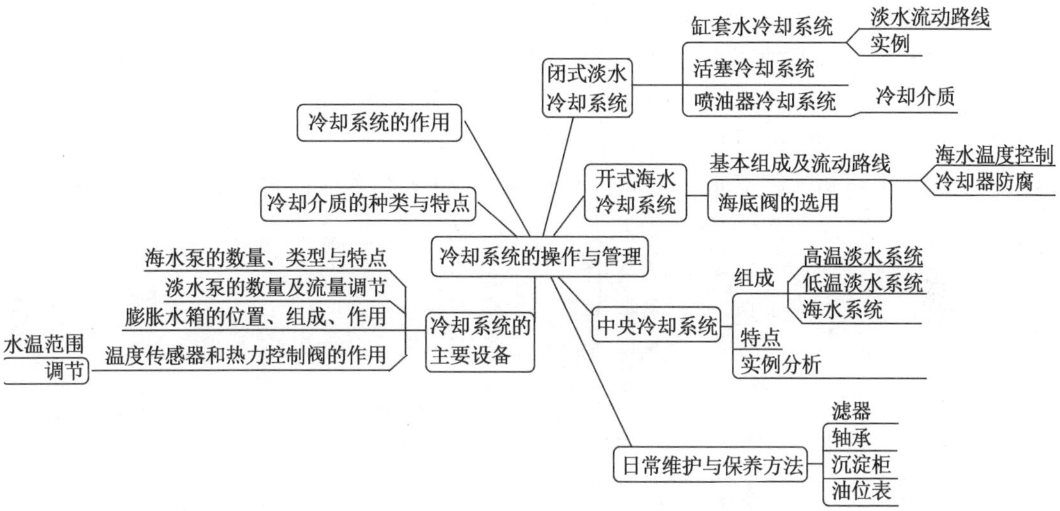

【知识点】

一、冷却系统的作用与组成

冷却系统介绍微课

柴油机冷却是柴油机正常工作的必要保证。柴油机冷却具有以下作用：使柴油机受热件的温度不超过材料的允许极限，保证在高温状态下受热件的热强度；冷却使受热件的内外壁面温差减小，减少热应力；冷却使受热件具有合适的温度，保证运动件间如活塞与气缸套具有合适的间隙；保护润滑油膜处于正常工作状态。然而过度冷却将造成热损失增加(热量损失,功率下降,热效率下降)、热应力增大、润滑油黏度过大而增大摩擦功,还会导致低温腐蚀(主要是气缸套)。柴油机的冷却应是适度冷却。冷却系统的作用是保证连续供给适当温度足够流量的冷却介质。

柴油机的冷却分为强制液体冷却和风冷。船用柴油机一般使用强制液体冷却。常用的强制冷却的介质有淡水、海水和油。淡水是指不含杂质的淡水或蒸馏水,因水质稳定,传热好,经水处理,可解决腐蚀和结垢,是广泛使用的理想介质。海水热容量大,传热效果好,水源充足,但盐度重,易产生电化学腐蚀和结垢。为了限制结垢,海水出口温度小于等于45 ℃。一般不用于直接冷却柴油机,而用在冷却其他载热流体的冷却器中。油指滑油和柴油,滑油用于冷却活塞,柴油用于冷却喷油器。油因比热小,而传热效果差,高温易结焦,但泄漏不造成污染。当代新型超长行程柴油机的活塞冷却介质大多选用滑油,喷油器选用燃油。

冷却系统维护微课

柴油冷却系统一般是淡水强制冷却系统,采用闭式循环,然后用海水强制冷却淡水和其他载热流体(如滑油、增压空气等)。海水系统属开式系统。两者组成的冷却系统称为闭式冷却系统。

1. 闭式淡水冷却系统

由于受热部件工作条件不同,所要求的冷却液温度、压力也各不相同。因此各受热部件的冷却通常采用单独的系统组成。一般分为气缸套和气缸盖、活塞、喷油器三个闭式淡水冷却系统。活塞冷却参见项目二。

在气缸套水冷却系统中,冷却水均由下往上流动,其优点是可减少温差,减少热应力,避免蒸气形成死区,导致局部过热。

图 6 – 51 所示为 MAN B&W MC 系列柴油机气缸套冷却水系统。

淡水流动路线为:气缸套水泵→缸套水进口总管 K→各气缸套→气缸盖→增压器→出水口总管 M;然后一路经造水机→气缸套水冷却器→气缸套水泵,另一路膨胀水箱→主淡水泵。在膨胀水箱和气缸套水泵之间设有平衡管,用于给系统补水并保持淡水泵吸入压

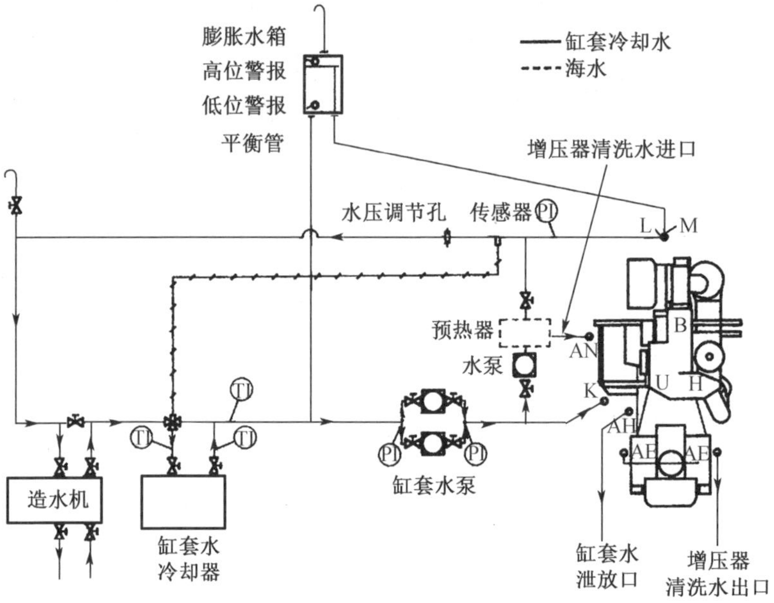

图 6 – 51 MAN B&W MC 系列柴油机气缸套冷却水系统

头。系统中设有温度传感器用于检测冷却水出口温度的变化，通过热力控制阀控制其进口温度，确保冷却水出口温度稳定在某一设定范围。水温偏高时，使进入淡水冷却器淡水量增加，降低进口温度。水温偏低时，使进入淡水冷却器淡水量减少，增加进口温度。

喷油器冷却系统的组成和原理与气缸套冷却系统基本相同，冷却剂用淡水或柴油。目前大中型柴油机普遍采用燃油经喷油器循环的措施，利用燃油冷却喷油器，不另设冷却系统。

2. 开式海水冷却系统

开式海水冷却系统用海水作为冷却剂冷却吸收柴油机热量的热流体如淡水、滑油、增压空气等。系统的基本组成是海底阀（海底门）和大排量海水泵。

从图 6-52 可以看出，舷外海水→海底阀 12，13→滤器 11→海水泵 10→滑油冷却器 8→增压空气冷却器 2→活塞水冷却器 7→气缸套水冷却器 6→温度调节阀 3→出海阀 4→排出舷外。由于进来的海水不是排出的海水，故称之为开式。系统中还装有感温元件 9 和自动温度调节阀 3，使部分吸收热量的海水通过海水回行管 5 回流至海水泵进口，保证进冷却器的海水温度不低于 25 ℃。由于海水中含有大量盐类、杂质和气体，受热后会在冷却器表面沉积成水垢，降低冷却效果，故海水的出口温度不得高于 45 ℃。海水流过的冷却器中，为减少电化学腐蚀，常加入锌块，当发现锌已腐蚀为原来 1/3 时，应更换锌块。

海底阀（也称海底门）必须位于海水滤器前，这样当滤器脏污时通过关闭海底阀才能清洗滤器。海底门一般分高位和低位，分别置于船舶的两侧舷旁。高位海底门于空载水线以下约 300 mm 处，低位海底门设在舱底（靠双层底附近）。当船舶在浅水道、港口航行或停泊时，为避免水下泥沙污物堵塞海水系统，使用高位海底门；而在海上航行时，为防止风浪而造成空吸，使用低位海底门。当依靠码头时，一般停用靠近码头一侧的海底门，而改用外侧海底门，以防止污物堵塞海底门。

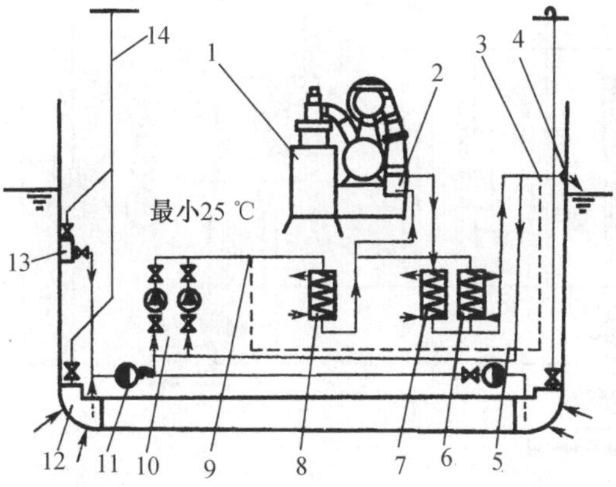

1—主机；2—增压空气冷却器；3—温度调节阀；4—出海阀；5—温海水回行管；6—气缸套水冷却器；7—活塞水冷却器；8—滑油冷却器；9—感温元件；10—海水泵；11—海水滤器；12—低位海底阀；13—高位海底阀；14—通气管。

图 6-52 开式海水系统

3. 中央冷却系统

中央冷却系统是一种新型柴油机冷却水系统。其特点是使用不同工作温度的两个单独的淡水循环系统：高温淡水（80～85 ℃）和低温淡水（30～40 ℃）闭式系统。高温淡水指的是吸收柴油机热量的热流体，不仅是指淡水，还指滑油、增压空气等；低温淡水在各种热流体的冷却器中冷却热流体。吸收热量后的低温淡水再在一个中央冷却器中由开式海水系统进行冷却。这样海水只经过一个冷却器,管路也大大缩短,简化了海水管系的布置,中央冷却器和海水管路均可采用耐蚀材料生成,可靠性提高。也就是说,使用中央冷却系统的柴油机中,共有 2 个淡水冷却系统和 1 个海水冷却系统。

图 6 – 53 所示为 Sulzer RTA – T 系列柴油机使用的中央冷却系统简图。主机气缸套冷却水为高温淡水循环系统,发电副机气缸套水为低温淡水循环系统。低温淡水由中央冷却水泵泵出,流经主机滑油冷却器、空气冷却器、各台副机及其他各种用途的冷却器,吸收热流体的热量,使热流体温度稳定。低温淡水受热后可在中央冷却器中由主海水泵泵出的海水进行冷却。部分低温淡水通过混水阀进入高温淡水系统以调节其温度。高温淡水系统主要用来冷却主机气缸套和空冷器的高温循环。部分高温气缸套水也可以通过混水阀进入低温淡水系统以调节低温淡水系统的温度。在该系统中,有多个温度传感器以及相应的热力控制阀,可根据水温的变化调节旁通水量大小,能准确地控制高温淡水、低温淡水的温度。在港泊期间,发电副机气缸套冷却水可用来给主机暖机。

中央冷却系统较传统的冷却水系统有下列明显优点:

①海水管系及中央冷却器的维修工作量减至最少;

②高温淡水温度稳定,不受工况变化的影响,使柴油机始终在最佳冷却状态下运转;

③淡水循环可多年保持清洁,维修工作量少。

中央冷却系统由于增加了中央冷却器及其辅助设备与管系,故投资费用较高;并且附加管系的阻力损失使泵送耗功也有所增加。在建造的现代化船舶中,大多采用央冷却系统。

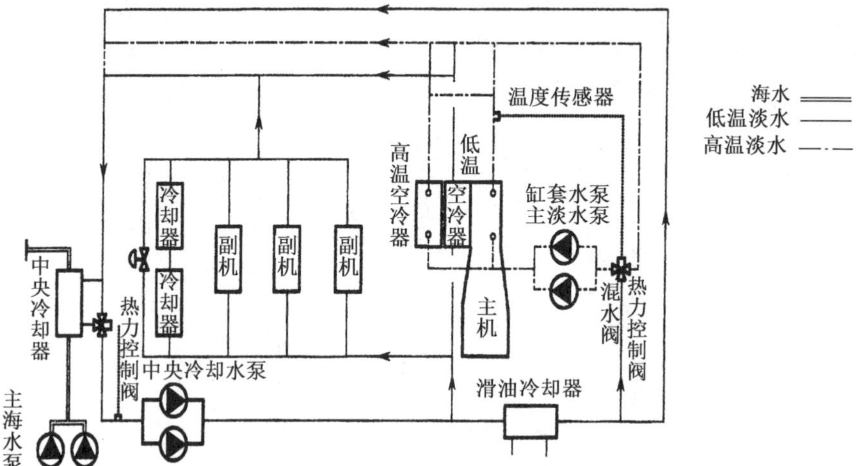

图 6 – 53　中央冷却系统

二、冷却水系统的主要设备

1. 海水泵

海水泵一般设两台,一台为备用。海水泵一般均采用大排量离心泵。离心泵结构简单、尺寸小、排量大、工作可靠、制造容易。为减少系统设备,有些船上还把备用海水泵兼作备用淡水泵。海水泵排量很大,常在吸入管按一应急舱底吸口,以备机舱进水时应急排水。海水排出管道上装有与消防泵、通用泵或压载泵排出管路相通的管系,当某泵损坏时可切换以互相应急代用。通常海水压力为0.1～0.2 MPa,淡水压力为0.2～0.3 MPa,应该保证淡水压力始终高于海水压力,以免海水渗入淡水中。

2. 淡水泵

淡水泵一般设两台,互为备用。调整冷却水流量,必须用淡水出口阀来调节,调节速度应尽量缓慢,以保证水腔内的淡水压力和流动情况正常。进口阀应始终处在全开位置上。如果通过淡水进口阀调节冷却水流量,易导致水泵缺少损坏。

当气缸冷却水压力波动而调节无效时,通常是由于系统中有气体的存在(由于系统透气不足、气缸套或活塞有裂纹而引起燃气泄漏、水泵轴封失效或水量不足而过热汽化等引起),此时将使冷却效果下降,可能会引起局部过热而损坏部件,应尽快放气。

3. 膨胀水箱

膨胀水箱参见图6－51。膨胀水箱总是放在机舱的高处,上面装有水位表、透气管、由淡水压力柜来的补水管以及溢流泄放管,并通过平衡管与淡水泵相连。透气管在气缸套冷却水系统的设备和管路的最高处,透气管常通到膨胀水柜。透气管随时放出冷却水中析出的空气及检修时放气。平衡管用于给系统补水并保持淡水泵吸入压头。

膨胀水箱使系统中的淡水受热后有膨胀的余地,能补充系统中因蒸发和漏泄而损失的水量,能保证淡水泵有足够的吸入压头,能排放系统中的空气,可在膨胀水箱投化学药剂对冷却水进行化学处理,膨胀水箱中的加热装置可对冷却水加热以暖缸。故膨胀水箱作用有膨胀、补水、提压、排气、加热和投药等。

4. 温度传感器与热力控制阀

温度传感器用来检测出水管中水温,热力控制阀调节水温。当水温偏高时,热力控制阀使进入淡水冷却器淡水量增加,降低进机温度。水温偏低时,使进入淡水冷却器淡水量减少,增加进机温度。淡水温度应符合柴油机说明书的规定。对于中、高速柴油机,一般温度可控制在70～80 ℃(不烧含硫重油时);低速机可控制在60～70 ℃,进出水温差应不大于12 ℃。淡水出口温度过低会造成热损失增加、热应力增大、低温腐蚀加剧;过高则使缸壁面油膜蒸发、缸壁磨损加剧、冷却腔内发生汽化、气缸套密封圈老化。一般淡水出口温度以接近上限为宜。

运转中若淡水温度不正常,则可调节海水管路上的旁通阀,来调节进入淡水冷却器的海水量,或者利用淡水管路上的旁通阀来调节进入淡水冷却器的淡水量,或调节海水温度。现代新型船舶多装设淡水和滑油温度自动调节装置,其调节阀多装在淡水和滑油的管路中,以控制进入冷却器的淡水量和滑油量。

在寒冷地区航行时,应防止海底阀被冰块卡死或杂物堵塞,并应保证海水进口温度不低于25 ℃。海水出口温度不应超过45 ℃,以免盐析而沉积成垢,影响传热。

三、滤器、轴承、沉淀柜、油位表的日常维护与保养方法

1. 滤器的日常维护与保养方法

滤器应根据说明书,定期清洗或根据脏堵情况清洗。滤器脏堵情况常根据滤器前后的压力差来判断:若压差增大超过正常值,表明滤器已变脏堵塞,需立即清洗,特别是大风浪天,要增加放残和燃油滤器的清洗次数,大风浪中沉淀物泛起引发燃油系统滤器迅速堵塞,影响船舶航行安全;若无压差或压差变很小,则表明滤器破损或滤芯装配不对;须立即拆卸检查。破损的滤芯或难以清洗的滤芯均应换新。滑油滤芯直接用刷子刷,如果难以刷除,一般将滤芯抽出后用毛刷将其污物除掉,然后用减压空气由内往外将滤芯吹干净。注意减压空气不可由外往内吹，以防杂质在气流作用下卡死在金属缝隙中。如果滤芯很脏，用以上方法难以清洗干净，可先用四氯化碳或其他清洁剂浸泡（不可用柴油或煤油浸泡，以免燃油带入润滑系统），再用减压空气吹干，然后将滤芯置于干净的桶内，倒入少许和柴油机同一规格牌号的滑油，涮一下滤芯安装即可。重油滤芯工作期间的温度高达100 ℃，如果在柴油机工作期间或刚停车不久拆洗重油滤器，应注意戴高温防护手套。

2. 轴承的日常维护与保养方法

滚动轴承是精密部件，为了使轴承长期保持应有的性能，须切实做好维护保养。

轴承清洗通常使用的清洗剂为中性不含水的柴油或煤油，根据需要有时也使用温性碱液等，清洁剂必须保持清洁。清洗包括粗洗和静洗。粗洗时，在油中用刷子等清除污物，此时如果在油中转动轴承，会因异物损伤滚动面。静洗时，在油中慢慢转去轴承。清洗后，立即在轴承上涂布防锈油。

轴承工作中应经常用听取轴承的声音进行识别是否正常；观察轴承的温度是否过高，可对润滑剂采样分样，判断轴承的状态。轴承的二次润滑也很重要，注意润滑油种类，润滑油的量要合适。要保证轴承安装质量，安装前注意检查尺寸与公差，安装时注意对中，测量游隙。

3. 沉淀柜的日常维护与保养方法

①保持沉淀柜中油位正常。当低于低位报警位时，驳运泵开始驳油，沉淀柜油位上升，当沉淀柜中油位高于高位报警位，驳运泵停止驳油。沉淀柜中多余的油可溢油到专用溢油柜。

②沉淀柜中油温合适。通过高低温传感器，自动调节蒸汽流量，加速油的沉淀分离并使沉淀油柜到供油泵的油温变化幅度很小。

③沉淀柜应定期放水排污，也就是放残。

4. 油位表的日常维护与保养方法

船舶上应用较多的油位表是静压式液位计和雷达液位计。

安装时雷达液位计天线的轴线应与液位的反射表面垂直。雷达液位计主要由电子元件和天线构成，无可动部件，在使用中的故障极少。使用中偶尔遇到的问题是，贮槽中有些易挥发的有机物会在雷达液位计的喇叭口或天线上结晶，对它们只要定期检查和清理即可，维护量少。

静压式液位计最好采用独立电源供电，正确接线，以防干扰烧损电路。传感器芯片很脆、很薄，在搬运和安装过程中应防止跌落和碰击。特别注意，传感器探头前面的波纹片很薄（只有几道）千万别用手和异物触动，否则会导致波纹片变形甚至破损，造成测量不准、跳动或报废，最严重时，它会直接导致传感器探头报废。

【效果检测】

扫描二维码，进行过关测试。

【案例展示】

空冷器冷却水管蚀断漏水引起敲缸

1. 相关知识引导

柴油机燃烧所需的新鲜空气经过废气涡轮增压器的压气机增压，温度较高，通常可达到100~120 ℃，需经过空冷器冷却，一般可冷却至40 ℃左右（视环境温度状况），再进入进气总管，进气总管与每个缸之间设置一个口琴阀。空冷器通常用海水冷却，其海水管容易出现胀堵、锈蚀烂穿等故障，直接影响柴油机的燃烧，故要求管理人员按要求对空冷器进行维护保养。

2. 案例描述

某轮主机为6RND76/155型柴油机，匹配VTR630型增压器一台。某日开航后，当车速增至85 r/min时，第5缸断续地发出敲缸声。由于该机平时运转一直良好，故认为可能是油头有滴漏引起的爆燃，即要求船长配合：

①车速控制在80 r/min以下；

②到锚地抛锚停车换喷油器，但在喷油器换妥后，启动主机起锚续航，当车速升高到70 r/min时，又发出敲缸声，为此只好第2次抛锚停机，对有关部位，如燃油系统、曲轴箱等处打开检查，当进入第5缸的扫气箱道门内，发现口琴阀阀片锈蚀已不起作用并当即换新，同时减小第5缸供油量，启动主机试运转，当车速增高至85 r/min时，已无敲缸声，但此时发生了增压器喘振，同时烟囱冒黑烟，只好被迫作第3次抛锚停机检查。

经分析研究可能是口琴阀的问题，于是打开各缸扫气箱道门进行检查，只见所有口琴阀下部都已锈蚀损坏，而且在空冷器至增压器之间的通道中还有积水，再到空冷器处检查冷却水管，发现上部第五排中有一根水管已锈蚀烂断，大量的冷却水外流，后闷妥冷却水管，换新全部口琴阀，装复后，启动主机恢复正常工作状态。

3. 案例分析与处理

该轮从下水至事故发生时，已隔12年之久，在这期间仅对空冷器气侧做过一次清洗，而对水侧则从未检修，2年前修船时船员曾在修理单中列出了空冷器的水压试验要求，到进厂时又被主修人改为泵压试验，因此未能及时发现锈蚀隐患，致使一根水管首先发生小烂孔后，因漏水量较小，进入低压空间，很快气化，使盐花附在口琴阀片上，产生腐蚀作用。当小漏逐渐变成大漏后，水在空气中所占比例增大，又因第5缸口琴阀烂坏无阻挡，水汽首先进入此缸降低燃烧温度，不但影响了发火，且产生爆燃引起敲缸和震动，冷却管腐蚀处原如纸一样薄的烂孔，这时也在外力作用下而震断。第2次抛锚时，虽已将第5缸口琴阀换新，且将油量调小，排除了爆燃，但这时由于大量的冷却水漏入增压空间后，使气道受阻，不能满足相应车速的需要，发生喘振。

4. 经验与教训

①空冷器一般在小修时应进行水压试验，使用数年后，应注意扫气压力和扫气温度情况，当扫气压力和温度变化较大时可以考虑对空冷器拆解、清洗和检查。

②空冷器残水阀航行中应每班放泄一次。据了解该轮此阀已堵死，这是很久未放残所致，部门领导应督促执行排放制度。

③最好每月进入扫气箱检查一次，及时检查口琴阀处有无油污积水等。

5. 拓展提高

①该案例所发生的故障很明显是由于管理不善引起的,航行值班时轮机人员应做哪些工作确保主机安全运行?

②柴油机日常维护保养工作如何进行?轮机长如何监督?

③柴油机燃烧所需的新鲜空气在柴油机内部的走向如何?增压器喘振的原因和故障现象有哪些?

项目七　操纵系统操作与管理

【项目描述】

介绍柴油机装设调速装置的必要性、调速装置的性能指标、机械式和液压式调速器的结构特点和工作原理、调速器的调节方法及维护管理要点。介绍柴油机启动与换向装置的组成、主要启动与换向设备的结构原理、操纵系统的维护要点及常见故障分析与处理。通过柴油机调速装置与操纵控制装置及其系统的知识学习与技能训练，以期达到STCW公约马尼拉修正案和《中华人民共和国海船船员适任考试和发证规则》(2020年)规定的有关适任标准要求。

一、知识要求

1. 理解各种典型调速器的结构特点和工作原理,掌握调速器的调节方法和维护管理要点。

2. 掌握柴油机启动与换向系统的基本构成及其工作原理,理解主要启动与换向设备的结构原理。

3. 熟悉柴油机操纵系统的维护管理与操作要点。

二、能力要求

1. 具备柴油机操纵系统的操作能力;

2. 具备柴油机操纵系统的管理能力。

三、素质要求

1. 具备团队协作精神;

2. 具备安全意识。

【项目实施】

任务一　柴油机调速装置的操作与管理

【任务引入】

有用户反映,某型机械调速器长期使用后,实际转速比设定的转速低,请加以排除。

【知识结构】

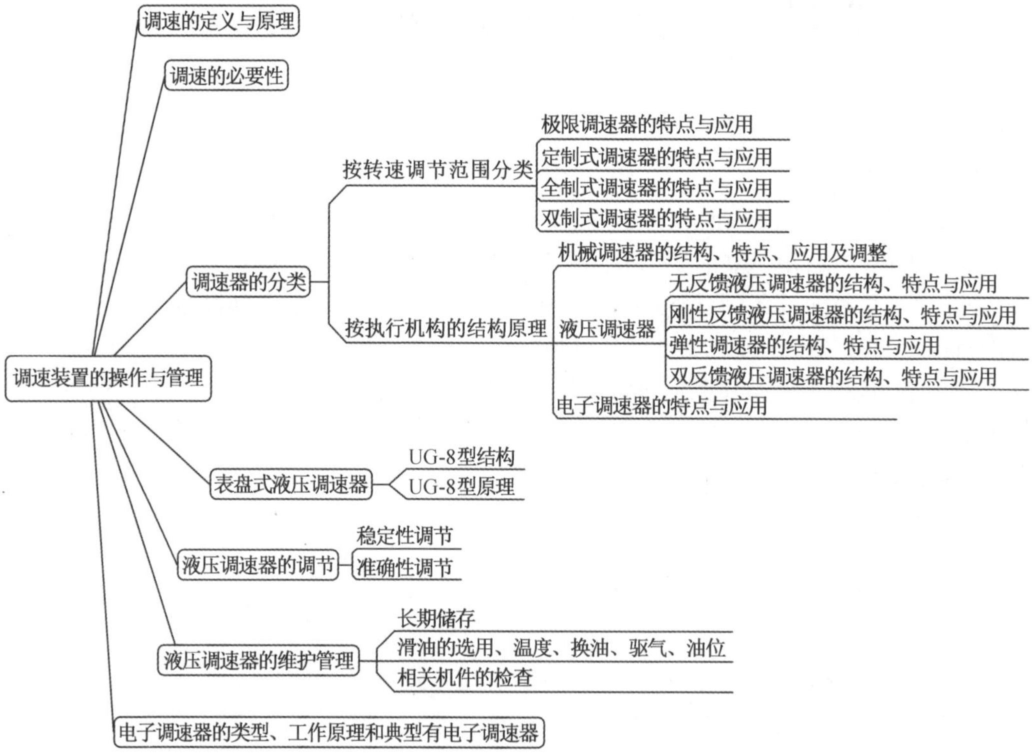

【知识点】

所谓调速是指改变柴油机油量调节机构的位置,使转速调节到规定的范围内。调速器是根据柴油机负荷的变化自动调节循环供油量,维持转速在规定范围的装置。

一、对船舶主机和发电柴油机进行调速的必要性

船舶推进主机与发电柴油机的运转条件和要求不同。当外界负荷变化时,其自身的适应能力也不同,对调速的要求也不同。

1. 船舶发电柴油机

船舶发电柴油机按负荷特性工作,即在外界负荷变化时能保持恒定转速,以保证发电机的电压和频率恒定。如果外界负荷减少而喷油量不变,则柴油机的功率就会大于外界负荷而使柴油机转升高,转速升高后会进一步扩大了功率的不平衡,使转速继续升高以致发生飞车;反之,当外界负荷增加而喷油量不变,则柴油机的功率就会小于外界负荷而使柴油机转速降低,转速降低后会进一步扩大了功率的不平衡,最后导致柴油机停车。因此,发电柴油机自身没有调速性能。如需在外界负荷变化时仍保持恒速运转,必须在柴油机转速随外界负荷变化时相应地调节柴油机的供油量,同外界负荷变化相适应,即在这种柴油机上必须装设定速调速器,保证负荷变化时柴油机的转速基本不变。

2. 船舶主机

作为船舶主机的柴油机的运转条件和要求与发电柴油机不同。船舶主机其工作特性为柴油机推进特性,即输出功率与转速成三次方,如图 7 - 1 所示。图中曲线 2 为柴油机推

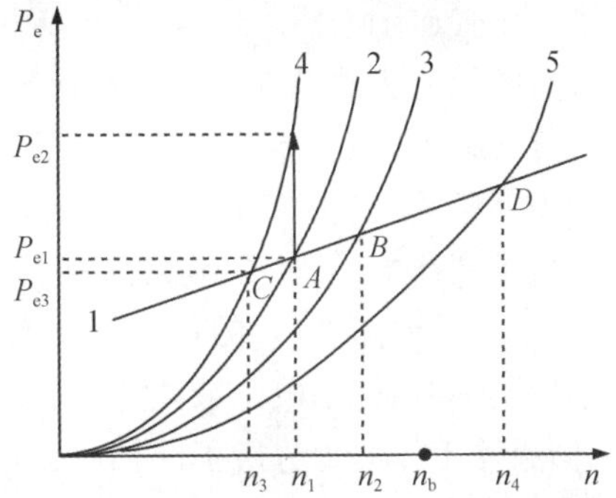

图7-1 主机外负荷改变时的自调速特性

进特性曲线，直线1为柴油机标定工况时的速度特性，也就是柴油机油量齿条位置固定在标定工况不动，即每循环的供油量保持不变，随负荷变化，功率随转速的变化关系。由于油门固定不动，即平均有效压力不变，故有效功率与转速成正比，即图中1为直线。当柴油机转速维持在 n_1 转速下稳定运转，此时柴油机的输出功率与外界阻力功率相等（图中 A 点）。若外界负荷减小，螺旋桨的工作特性曲线变为3，在负荷减小的瞬间，n_1 转速下柴油机的输出功率大于外界阻力功率，则柴油机会加速，增速后使螺旋桨耗功增加，当到转速 n_2 时，柴油机的输出功率与外界阻力功率相等，则柴油机在一个较高转速 n_2 稳定运转（图中 B 点）；反之，若喷油量不变而外界负荷增加，螺旋桨特性线变为4，则柴油机在一个较低转速 n_3 稳定运转（图中 C 点）。可见，船舶推进主机有自动调节转速以适应外界负荷变化的能力。由此可见，如果不要求主机恒速运转，则无须装设调速器。但是为了保证推进主机在特殊航行条件下的安全，如螺旋桨出水、断轴、桨叶损坏或失落等使螺旋桨特性曲线变为5时，转速就会大幅度上升到 n_4 下运转（图中 D 点），此时已远远超过了标定转速 n_b，造成柴油机飞车，因此根据我国有关规定，必须装设可靠的极限调速器（限速器），使主机转速不超过115%标定转速。但是现代船舶主机为了避免外界负荷变化所引起的转速波动，以及由此对柴油机工作的不良影响（如可靠性、经济性等），多装设全制式调速器，以保证柴油机能在正常运转范围内的任一设定转速下稳定运转。

二、不同类型调速器的特点和应用

调速器因结构、原理和用途不同，形式多种多样。

1. 按转速调节范围分类

①极限调速器（限速器），只用于限制柴油机的最高转速不超过某一规定值，在转速低于此规定值时不起调节作用。此种调速器仅用于船舶主机，目前已很少单独使用。

②定速（单制式）调速器，在负荷变化时能直接调节供油量使柴油机在预定的转速下稳定运转。此种调速器应用于发电柴油机，为满足多台柴油发电机并联运行的要求，这种调速器应有一定的转速调节范围（一般为100%～110%标定转速）。

③双制式调速器，它有两个运转控制点，能维持柴油机的最低运转转速（怠速）和限制最高转速，其中间转速工况由人工直接控制。此种调速器主要用于对低速性能要求较高或带有离合器的中小型船舶主机，它既可以防止在离合器脱开瞬间（相当于柴油机突卸负荷）柴油机的飞车，又可以保证在低速运转接上离合器（相当于突加负荷）时柴油机能保持最低转速而不熄火。

④全制式调速器，在柴油机从最低稳定转速到最高转速的全部运转范围内，都能自动调节供油量保持设定的转速不变。此种调速器广泛用于船舶主机和发电柴油机。

2. 按执行机构的结构原理分类

①机械（直接作用式）调速器，直接利用感应元件来移动油量调节机构来调整柴油机转速。其工作能力较小，不能实现恒速调节，但其结构简单、工作可靠、维护方便，广泛应用于中小型柴油机上。

②液压式(间接作用式)调速器,利用液压伺服器将飞重产生的离心力加以放大,再利用放大后的动力去移动油量调节机构来调整柴油机的转速。这种调速器转速调节范围广、稳定性好、调节精度和灵敏性高、通用性强,但结构复杂,调试、维护所要求的技术较高,在船用大中型柴油机上被广泛使用。

③电子调速器,转速信号监测和执行机构采用电气方式的调速器。常见的有三种类型:一是全电子调速器,它的信号感测部分和执行机构均为电气式的,其工作能力小,只适用于小型柴油机;二是电－液调速器,它的信号感测部分为电气式的,而执行机构为液压伺服器,伺服器工作能力分成不同档次,以满足各种功率柴油机的需要;三是液－电双脉冲调速器,它是在普通的液压调速器上加装电气式的负荷信号感测装置,当电气部分发生故障时,能自动转为液压调速器工作。电子调速器动作灵敏,静态与动态调节精度都很高,能实现恒速并联运行,是有良好发展前景的新型调速器。

机械调速器微课

三、机械调速器的工作原理和特点

图7－2所示是机械式调速器的原理图。柴油机曲轴通过齿轮传动驱动转轴1旋转,飞重架2与转轴一体,飞重3铰接在飞重架上。滑动套筒4滑套在转轴的上端,其下端压在飞重推脚上,上端受调速弹簧5的张力压制。直角形杠杆9左端活动地插入滑动套筒的环槽内,可随滑套上下移动而摆动,其上端与油量调节杆8相铰接。

由飞重3和调速弹簧5组成的转速感应元件是按力平衡原理工作的。当柴油机发出的功率与外界的负荷刚好平衡时,它便在某一转速下稳定工作。这时,飞重3的位置如图7－2中实线所示,它所产生的离心力(通过钩脚作用在套筒4底部)恰好与调速弹簧5的预紧力相平衡,油量调节杆8也停留在某一供油量位置。若外界负荷突然减小,柴油机发出的功率大与外界负荷而使转速升高,这时飞重的离心力将大于调速弹簧的预紧力而使套筒4上移,增加调速弹簧5的压缩量,使调速弹簧弹力增加,同时通过直角形杠杆拉动油量调节杆8以减小供油量。这就是说,调速器根据外界负荷的变化起着调节供油量(柴油机功率)的作用。当调节过程结束时,柴油机的功率就与外界负荷在彼此都减少了的情况下恢复平衡。调速器的飞重也稳定在图示虚线位置,它的离心力和弹簧的作用力也在彼此都增大了的情况下恢复平衡。当外界负荷突然增加时,调速器的动作与上述相反。

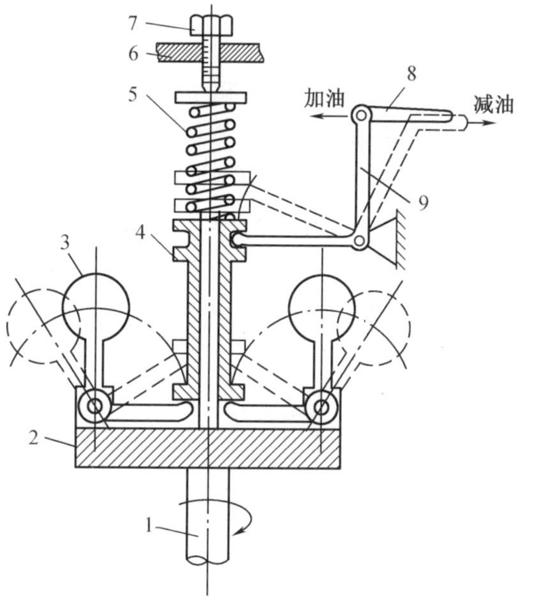

1—转轴;2—飞重架;3—飞重;4—滑动套筒;5—调速弹簧;6—固定部分;7—调节螺钉;8—油量调节杆;9—直角形杠杆。

图7－2 机械式调速器工作原理

转动调节螺钉7可改变调速弹簧5的预紧力,从而改变柴油机的设定转速。

由上述可知,机械式调速器柴油机调速前后的转速无法保持不变,即外界负荷改变后不能使柴油机恢复到原来的转速。当外界负荷减小时,减少供油量,弹簧压缩量增加,而与弹簧相平衡的套筒推力以及飞重离心力也必须相应增加。故调节后的转速要比原来的转速稍高;而当外负荷增加时,调节后的转速要比原来的转速稍低。产生这种转速差的根本原因是感应元件与油量调节机构之间采用的是刚性连接。只要油量调节机构一动,则弹簧预紧力必然跟随变化,也就是稳定后的转速不可能等于稳定前的转速,稳定调速率不等于0,无法实现恒速调节。

机械式调速器拉动油门的动力来自飞重的离心力,其工作能力较小、灵敏度较低,不能实现恒速调节,但结构简单、维修方便,因而这种调速器只适用于中小功率的柴油机。

机械调速器通过转动转速调节螺钉,通过改变弹簧的预紧力来改变转速。转速调节螺钉顺时针旋入,预紧力增加,转速增加;反之,转速下降。

机械式调速器,调速器弹簧的刚度主要是影响稳定性。机械式调速器调速弹簧长期使用后刚度变差,加减相同的供油量,但弹簧力的变化变小,调速前后转速变化减少,稳定调速率减少,准确性提高。机械调速器的滑动套筒若过紧,摩擦力增大,将使调速器的灵敏性降低,稳定性变差。

四、调速器的主要性能指标

调速器的性能好坏直接影响柴油机运转的稳定性和可靠性。调速器装机后,应进行调速性能实验,即对柴油机进行突变负荷试验,同时用转速自动记录仪记录柴油机的转速随时间的变化曲线,用以分析调速器的工作性能。图 7-3 所示的曲线,即为柴油机进行突变负荷试验时得到的调速过程转速变化曲线。

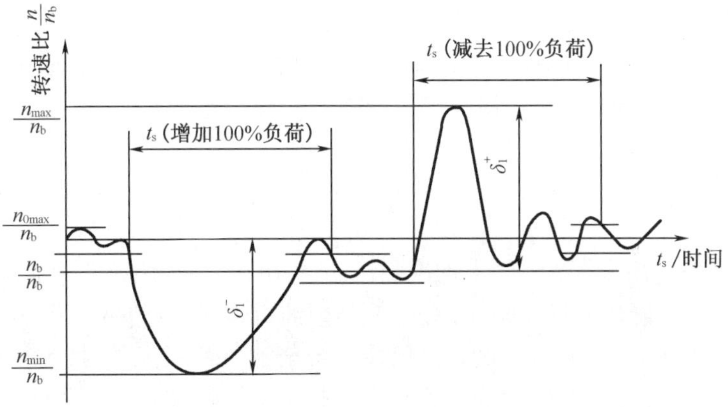

图 7-3　调速过程转速变化曲线

调速性能试验时,将操纵手柄放在标定油量位置不变,先让柴油机在最高空载转速 n_{0max} 下稳定运转,在某瞬时突加全负荷,转速立即下降,最低瞬时转速达到 n_{min}。此后由于调速器的调节,转速又回升,经过一段时间 t_s 并经过数次收敛性波动后,转速稳定在全负荷稳定转速 n_b 下运转。试验还可以从某点突然卸去全负荷开始,从转速 n_b 突然增高至最高瞬时转速 n_{max},由于调速器的调节,转速又下降,经过稳定时间 t_s 后,转速又稳定在最高空载转速 n_{0max}。通过实验可得到调速器的动态指标和静态指标。

1. 动态指标

当负荷突然变化时,柴油机从一个稳定工况过渡到另一个稳定工况,其间经过了几次转速的波动才稳定下来,该过程称为调节的过渡过程。动态指标就是用以评定调速系统过渡过程的性能指标(稳定性)指标,见图 7－3,一般采用以下两个动态指标。

(1)瞬时调速率 δ_1

柴油机在标定工况下稳定运转,然后突然卸去全部负荷,测定转速随时间的变化关系。突减负荷时调速率用 δ_1^+ 来表示:

$$\delta_1^+ = \left|\frac{n_{\max} - n_{\mathrm{b}}}{n_{\mathrm{b}}}\right| \times 100\% \tag{7-1}$$

柴油机在最高空载转速下稳定运转,然后突然加上全部负荷,测定转速随时间的变化关系。突加负荷时调速率用 δ_1^- 来表示:

$$\delta_1^- = \left|\frac{n_{\min} - n_{0\max}}{n_{\mathrm{b}}}\right| \times 100\% \tag{7-2}$$

我国有关规范要求发电柴油机的 δ_1^+ 不大于 10%;δ_1^-(突加 50% 后再加 50% 全负荷)不大于 10%。船用主机 δ_1^+ 不大于 10% ~12%。瞬时调速率 δ_1 反映了柴油机负荷突变时,调速器调节过渡过程中转速瞬时波动幅度的大小,δ_1 越小表明调速器的稳定性越好。

(2)稳定时间 t_s

稳定时间指从突加(或突减)全负荷后转速刚偏离最高空载转速的波动范围(或标定转速的波动范围),到转速恢复到标定转速的波动范围(或最高空载转速的波动范围)为止所需的时间。它表示过渡过程的长短,稳定时间越短,说明调速器的稳定性越好。我国有关规范规定,交流发电柴油机 t_s 不大于 5 s,船舶主机 t_s 不大于 10 s。

2. 静态指标

(1)稳定调速率 δ_2

调速器在标定工况下的稳定调速率 δ_2 是根据标定工况突卸全部负荷求得的。它是指当操纵手柄在标定供油位置时,最高空载转速 $n_{0\max}$ 与标定转速 n_{b} 之差同标定转速 n_{b} 比值的百分数,即

$$\delta_2 = \left|\frac{n_{0\max} - n_{\mathrm{b}}}{n_{\mathrm{b}}}\right| \times 100\% \tag{7-3}$$

稳定调速率 δ_2 用来衡量调速器的准确性,其值越小,表示调速器的准确性越好。

在国外称速度降(speed drop)。对于单台柴油机运转,允许 $\delta_2 = 0$,表示该柴油机在外界负荷变化时恒速运转,准确性最好。但在几台柴油机并联工作时,为使各机负荷分配合理,各机的 δ_2 必须相等且不得为零。对 δ_2 的要求应根据柴油机的用途而定。我国有关规范规定,船用主机的 δ_2 不大于 10%;交流发电柴油机 δ_2 不大于 5%。

(2)转速波动率 ϕ 或转速变化率 φ

转速波动率 ϕ 或转速变化率 φ 都用来表征在稳定运转时柴油机转速变化的程度。这种转速的变化主要是由柴油机回转力矩不均匀而引起的。不过两者的定义不同,转速波动率表示在稳定工况时转速波动的大小,转速变化率表示转速变化的大小。

转速波动率:

$$\phi = \left|\frac{n_{\mathrm{cmax}}(n_{\mathrm{cmin}}) - n_{\mathrm{m}}}{n_{\mathrm{m}}}\right| \times 100\% \tag{7-4}$$

转速变化率:

$$\varphi = \left|\frac{n_{\mathrm{cmax}} - n_{\mathrm{cmin}}}{n_{\mathrm{m}}}\right| \times 100\% \tag{7-5}$$

式中 n_{cmax}——测试期间的最高转速,r/min;

n_{cmin}——测试期间的最低转速,r/min;

n_m——测试期间的平均转速,r/min。

一般在标定工况时,$\phi \leqslant (0.25\% \sim 0.5\%)$,$\varphi \leqslant (0.5\% \sim 1\%)$。

(3)不灵敏度 ε

在讨论上述问题时,没有考虑调速器的感应元件和调速机构存在着摩擦阻力的影响。当柴油机在一定工况下稳定运转时,在外界阻力变化使转速增加时,由于摩擦阻力、调速机构中间隙的存在等原因,调速器并不能立即改变供油量。只有在转速变化量足够大时,调速器才能开始起到调节供油的作用。这种现象称调速器的不灵敏性,又称为盲区(dead band)。通常用不灵敏度 ε 表示不灵敏区域的大小,为调速器起作用时的极限转速之差与柴油机平均转速之比,即

$$\varepsilon = \left|\frac{n_2 - n_1}{n_m}\right| \times 100\% \tag{7-6}$$

式中 n_1——柴油机转速减少时,调速器开始起作用时的转速,r/min;

n_2——柴油机转速增加时,调速器开始起作用时的转速,r/min;

n_m——柴油机平均转速且 $n_m = (n_1 + n_2)/2$,r/min。

不灵敏度过大会引起柴油机转速不稳定,严重时会导致调速器失去作用而发生飞车的危险。一般规定在标定转速时 ε 不大于 1.5% ~2%,而在最低稳定转速时 ε 不大于 10% ~13%。

由以上分析可知,柴油机对调速器的调速性能的要求是:有尽可能小的瞬时调速率、稳定时间、转速波动率及不灵敏度;有合适的稳定调速率,其值越小,表示调节过程的静态精度越高,并能在一定的转速范围内进行调节。

五、液压调速器工作原理

对于大功率柴油机,由于调速器和油量调节机构的摩擦阻力较大,移动油量调节机构所需要的力也较大,因此离心式机械调速器工作能力无法满足其需要。大功率柴油机通常采用液压调速器。这种调速器在其感应元件和油量调节机构之间加入一个液压放大元件(液压伺服器),使感应元件的输出信号通过放大元件再传到油量调节机构上去。根据反馈机构的不同,液压调速器分为无反馈液压调速器、刚性反馈液压调速器、弹性反馈液压调速器和双反馈液压调速器。

1. 无反馈液压调速器

图 7-4 所示为无反馈液压调速器的结构示意图。由转速感应机构、伺服放大机构和油量调节机构组成,转速感应机构由飞重 3、调速弹簧 4 和速度杆 2 组成,飞重由柴油机驱动轴通过飞重架带动旋转。伺服放大机构由滑阀 7 及液压伺服器 6 组成。调速器内的高压油由齿轮油泵 8 供应。多余的油通过溢油阀 9 流回油池。油量调节机构 10 由齿轮齿条机构组成。

柴油机稳定运转时,飞重 3 的离心力与弹簧 4 的预紧力平衡,飞重 3 位于图示位置。由速度杆 2 控制的杠杆 5(AC)位于图示垂直位置。滑阀 7 封闭液压伺服器的左、右控制孔。伺服器 6 内的动力活塞保持静止,喷油泵齿条不动,于是柴油机按该调速弹簧 4 所设定的转速稳定运转。

若柴油机的负荷减少,驱动轴的转速将升高,飞重离心力增大,飞重向外张开,推动速度杆 2 右移。杠杆 5 以 A 为支点逆时针摆动,于是节点 B 带动滑阀 7 右移,左、右控制孔打开,压力油进入伺服器油缸右侧,而左侧空间接通低压油路。油压使动力活塞(也称伺服活

塞）左移并带动喷油泵齿条减油，柴油机转速降低。实现调速的功能。当柴油机稳定运转时，调速器既不加油也不减油，即动力活塞不动，也就是滑阀必须复位。*B* 点复位，*A* 点固定，则杠杆 *C* 点必定不变，也就是弹簧预紧力不变，转速恢复到原设定转速，能实现恒速调节。调速前后，速度杆和滑阀回到原平衡位置，动力活塞则停止在新的位置上；反之，当柴油机负荷增加时，转速降低，调节过程按上述相反方向进行。

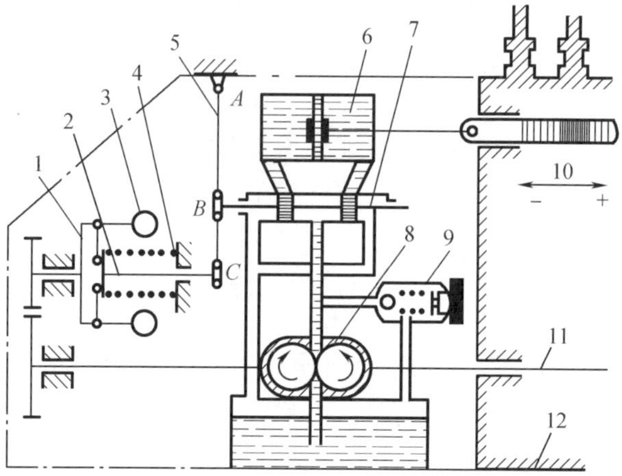

1—飞重架；2—速度杆；3—飞重；4—调速弹簧；5—杠杆；6—液压伺服器；7—滑阀；
8—齿轮油泵；9—溢流阀；10—喷油泵齿条；11—驱动轴；12—喷油泵。

图 7－4　无反馈液压调速器

实际上，动力活塞的惯性大，油量总是调节过度，当柴油机负荷增加时，供油量将增加过分，柴油机增速过度，于是又开始向反向调整，如此不断重复降速、加速的调节过程，使转速波动不稳定，无法满足使用要求。

可见，液压无反馈机构的特点是：结构较复杂，具有放大机构导致工作能力强，灵敏度高，弹簧复位导致恒速调节，准确性好；动力活塞惯性大且无反馈机构，总是调节过度，稳定性很差，无法满足使用要求。这种无反馈装置的液压调速器在实际生产中是不能使用的。

刚性反馈液压调速器动画

2. 刚性反馈液压调速器

为实现稳定调节，液压调速器中必须加入一个反馈（补偿）机构。反馈机构在动力活塞移动的同时反作用于滑阀，使其向平衡位置的方向移动，从而使滑阀提前恢复至平衡位置，提高调速稳定性。反馈机构对滑阀产生的反作用动作称为反馈或补偿。反馈机构有刚性与弹性之分，有正、负之别。将图 7－4 中的杠杆 5 的固定支点 *A* 改为与动力活塞杆铰接，如图 7－5 所示，即构成刚性负反馈机构。

柴油机稳定运转时，飞重 2 的离心力与调速弹簧 7 的预紧力平衡，滑阀 6 封闭液压伺服器的左、右控制孔。动力活塞 3 保持静止，喷油泵齿条 5 不动，于是柴油机按该调速弹簧 7 所设定的转速稳定运转。

当柴油机负荷减小时，驱动轴的转速将升高，飞重 2 向外张开使调速弹簧 7 压缩，同时使速度杆 1 向右移动。反馈杠杆 *AC* 的上端点的 *A* 离 *C* 点较远，几乎未动，可暂时作为固定点，杠杆 *ABC* 绕 *A* 点向右（逆时针）摆动，*B* 点右移，带动滑阀 6 右移，把控制孔打开。高压油便进入伺服器 4 油缸的右腔，左腔与低压油路相通。高压油便推动动力活塞 3 带动喷油泵齿条 5 左移，减少柴油机的燃油供应量，实现调速的功能。

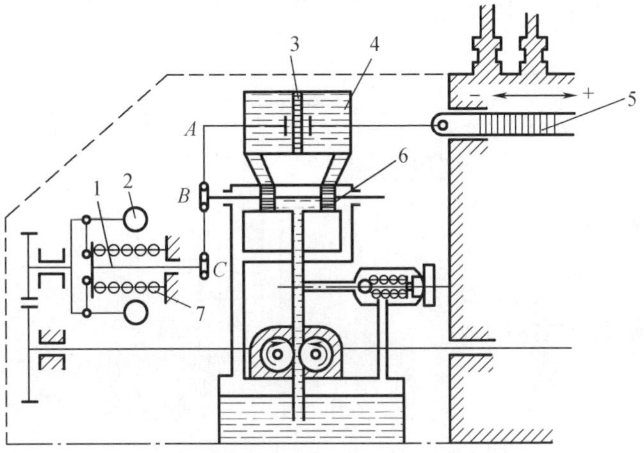

1—速度杆；2—飞重；3—动力活塞；4—液压伺服器；5—喷油泵齿条；6—滑阀；7—调速弹簧。

图 7-5　刚性反馈液压调速器

动力活塞左移的同时，*C* 点较远，可暂时作为固定点，杠杆 *AC* 绕 *C* 点向左摆动并带动与 *B* 点相连接的滑阀 7 向左移动，从而使滑阀向相反方向移动，实现负反馈。并且，柴油机此时由于减油而转速下降，也使滑阀向左移动。在两者的共同作用下，滑阀迅速复位。于是调节过程的波动很快被衰减，使调速器实现稳定调节。

调节过程结束时，滑阀回到原位，关闭控制油孔，切断通往伺服油缸的油路。此时动力活塞停止运动，油量调节杆则随其移动到一个新的平衡位置，柴油机在相应的新负荷下工作，即 *A* 点的位置是随负荷而变的。而 *B* 点在任何稳定工况下均应处于原位，它与负荷无关，否则就处于加油或减油状态，属于非稳定工况。由于反馈是通过刚性连接达到的，故 *C* 点的位置必须随 *A* 点作相应的变动而稳定在新的位置，即调速弹簧的右侧不能复位，柴油机不能恢复到原有的转速。故调速器的稳定调速率不能达到零，不能实现恒速调节。这是刚性反馈的特点。

进一步分析可知：与机械调速器类似，当负荷减小时，刚性反馈调速器新的稳定转速将比原转速稍高；当负荷增加时，新的稳定转速将比原转速稍低。

刚性反馈液压调速器的特点是：液压放大机构导致拉动油量调节机构的力大，工作能力强，灵敏度高，转速调节范围广；有刚性反馈机构，使调节过程的稳定性好；弹簧压紧力随油量改变而改变，无法实现恒速调节，准确性不高；结构复杂，管理要求高。广泛用于船舶大中型柴油机中。

弹性反馈液压调速器微课

3. 弹性反馈液压调速器

如果既要调速过程稳定，又要实现恒速调节（即 $\delta_2=0$），就必须采用带有弹性反馈的液压调速器。

弹性反馈液压调速器动画

弹性反馈调速器实际上是在刚性反馈调速器的基础上增加了一个弹性反馈机构、如图 7-6 所示，它由缓冲器 5、补偿活塞 4、补偿弹簧 3、补偿针阀（也称节流针阀）2 组成。缓冲器的油缸中充满工作油，油缸内补偿活塞两侧空间通过管道及补偿针阀 2 而接通。当缸体受力后，缸内工作油从一空间流向另一空间。由于补偿针阀的节流作用，使补偿活塞的移动比受力滞后，从而起到缓冲作用。

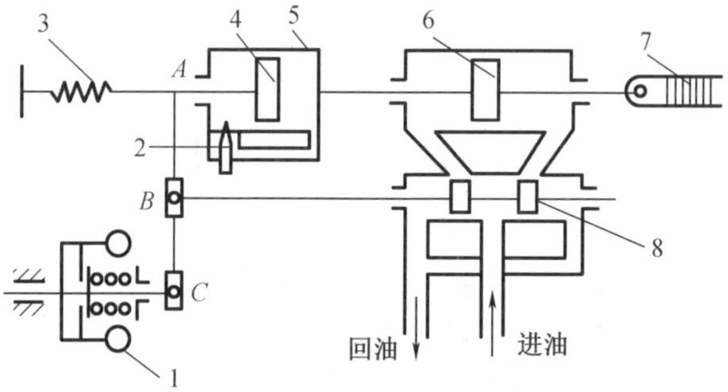

1—飞重；2—补偿针阀；3—补偿弹簧；4—补偿活塞；5—缓冲器；6—伺服活塞；7—喷油泵齿条；8—滑阀。

图7-6　弹性反馈液压调速器原理图

柴油机稳定运行时，飞重产生的离心力与调速弹簧的张力相等，滑阀处于关孔位置，油泵齿条不动，柴油机在调速弹簧设定的转速下稳定运转。

当柴油机负荷减小时，转速将增大，飞重1的离心力增加，于是滑阀8右移，伺服活塞6左移并使喷油泵齿条7左移，减少喷油泵的供油量。在调速过程开始时，由于补偿针阀开度较小，节流作用强烈，此外，油的阻力较大。随着伺服活塞的左移，缓冲器油缸、活塞及*AC*杆上的接点*A*点几乎以相同速度左移，实现调速与反馈功能。这些动作与刚性反馈相同。

但当调速过程接近结束时，滑阀回到原来的位置，切断了通往伺服油缸的油路，此时缓冲器5和伺服活塞6已停留在与新负荷相应的位置上。由于被压缩的补偿弹簧7有弹性复原的作用，因此使*A*点带动补偿活塞4相对缓冲器油缸移向右方，回到原来位置。缓冲活塞右侧油缸中的油经节流针阀2流到左侧。于是，补偿弹簧和杠杆*ABC*上的各点都恢复到原来的位置，此时调速器的速度杆也回到原来的位置。亦即调速过程结束后，柴油机的转速保持不变，稳定调速率为零，实现恒速调节。当外负荷增加时，转速降低，按上述相反的动作过程，最终也使柴油机转速重新稳定在原来的大小。

弹性反馈液压调速器的特点：有放大机构，工作能力强、转速调节范围广、灵敏度高，有弹性反馈机构，稳定性好、准确性高，但结构复杂，对管理的要求高。弹性反馈液压调速器广泛用于船舶大中型柴油机。

4. 双反馈液压调速器

(1)并联运行的柴油机对稳定调速率δ_2的要求

对于并联运行的多台柴油机，要求每台机承担的负荷份额与其标定功率(或转矩)之比均相同。若标定功率相同，则每台机承担的负荷亦相同。若彼此的标定功率不同，则承担的负荷与标定功率之值成比例，即标定功率大者多承担负荷，小者少承担负荷。当总负荷增加至全负荷时，大小两者应同时达到全负荷。

调速器的稳定调速率δ_2可用调速特性曲线的斜率来表示，如图7-7所示。图7-7(a)表示稳定调速率$\delta_2=0$的调速特性，为恒速无差调节，调速前后无论工作点在1、2、3点，其转速均为n_b。图7-7(b)表示稳定调速率$\delta_2>0$的调速特性，为有差调速。可见，δ_2越小，特性曲线越陡，调节前后转速的差别越小。

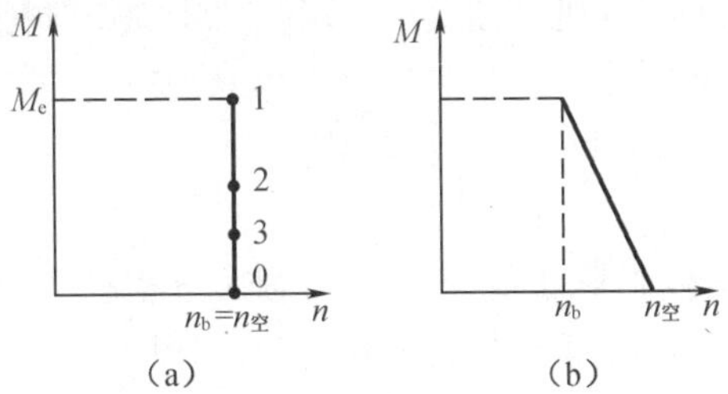

图 7-7 调速特性曲线

如果两台标定功率相同并联运行的柴油机其稳定调速率 δ_2 均等于零时，其调速特性如图 7-7(a)所示，是一根垂直 n 轴的直线。此时总功率虽然一定(0~1)，但两台柴油机之间的负载分配却是任意的，能随时自动地改变，可以是(0~3)与(3~1)的分配，也可以是(0~2)与(2~1)的分配等等，这样两台柴油机的工况均不稳定，显然这种 δ_2 均为零的两台柴油机是不能并联运行的。

若让它们均具备一定的稳定调速率 δ_2，使它们进行有差调速，就能满足多台柴油机的并联运行要求。图 7-8 所示两台柴油机并联运行，其 δ_2 值相等并都大于零。两台机有重合的调速特性，$M_{合}$ 为两台机合成的调速特性线。当 $n=n_1$ 时，每台机都在 2 点运行，合成工作点为 1，两机负荷均匀分布。当外负荷增加时，两机同时加油，但两者转速也同时下降到 n_2，每台机运行点为 2′，合成工作点为 1′。其负荷分配仍然均匀。

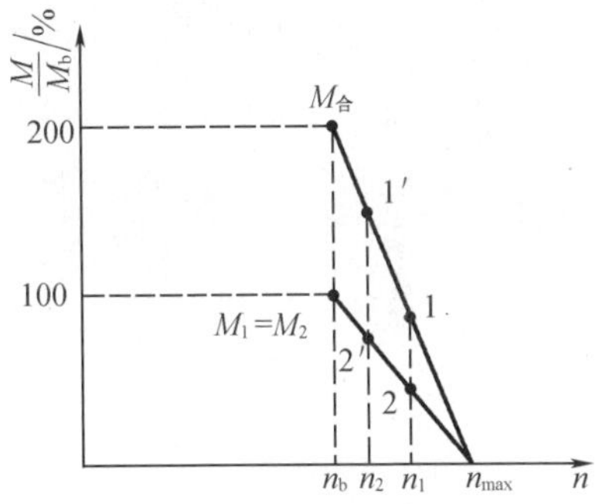

图 7-8 δ_2 相等负荷均匀分配

若两台机的 δ_2 不等，设 $(\delta_2)_1<(\delta_2)_2$，如图 7-9 所示，两条调速特性曲线具有不同的倾斜度，δ_2 小者陡峭。当转速为 n_a 时，两机的运行点分别为 1 和 2，其负荷分配占各自标定功率的份额不等，即负荷分配不均匀，δ_2 小者(陡峭)多承担负荷。若此时调节调速器的设定转速，使两台机同时运行在点 2，如图 7-10 所示，即让其调速特性曲线沿 n 轴平移后的两线交于点 2，这时两机负荷虽然相同，但这种均衡只是暂时的，只要外负荷一有变化，均衡即遭破坏。如外负荷增加，转速降为 n_c，则两机的工作点就分别为 3 和 4，负荷分配又不均匀了，严重时会因一台机超负荷而使全船失电。

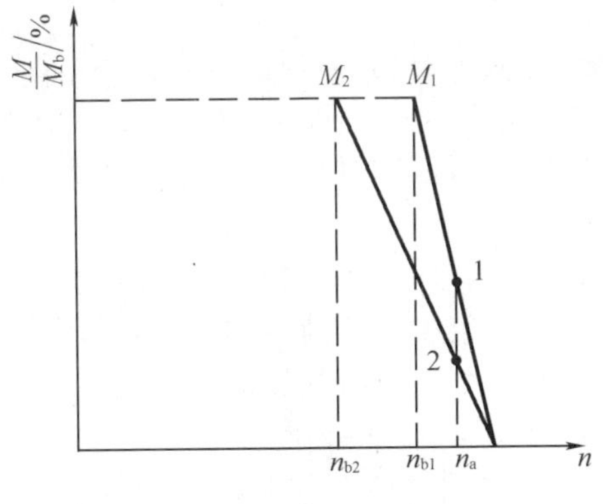

图 7-9 δ_2 不等负荷分配不均匀

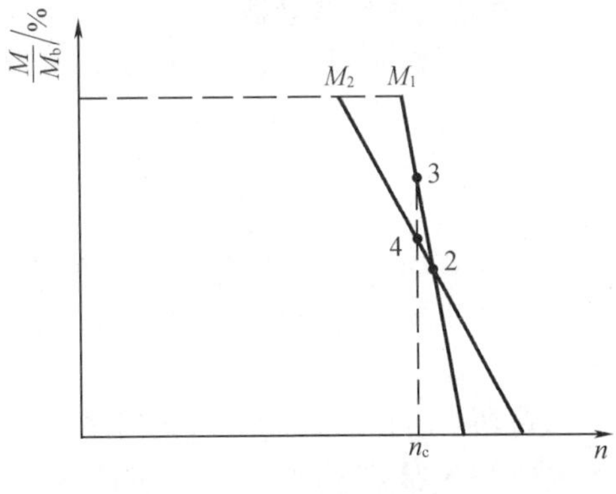

图 7-10 并联运行负荷分配的特性曲线

综上所述，对并联运行的柴油机，可通过调节调速器的稳定调速率 δ_2 来调节其承担的负荷分配比例，无论并联运行柴油机的标定功率是否相等，欲使其承担负荷合理分配，就要求各机的 δ_2 必须相等且大于零。在满足调速系统稳定性要求的前提下，尽量选用小的 δ_2 值。

(2)双反馈液压调速器

当柴油机需要并车运行时，除了要求柴油机调速过程稳定外，还须按正确的比例分配各机的负荷。因此调速器常采用双反馈液压调速器，如图 7－11 所示。

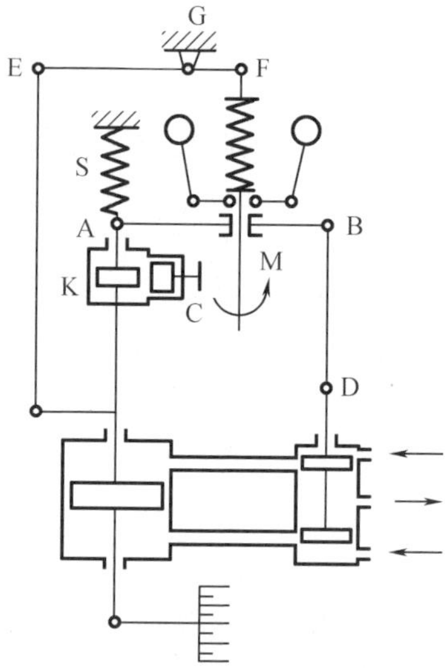

图 7－11　双反馈液压调速器

刚性反馈杠杆 EGF 和弹性反馈机构(缓冲器 K、补偿弹簧 S、节流针阀 C)由动力活塞杆带动。当柴油机负荷降低，转速升高，飞重向外飞开，带动杠杆 AB 以 A 点为支点逆时针上摆，带动滑阀杆 D 上移，压力油进入伺服器动力活塞下方，动力活塞上方油流回低压空间，于是动力活塞上行减油。伴随动力活塞的上移，一方面通过弹性反馈机构保证恒速稳定调节；另一方面使刚性反馈杠杆 EGF 绕 G 点顺时针摆动，F 点下移增加弹簧预紧力，使其稳定后的转速较原转速略高($\delta_2>0$)。

双反馈调速器中，可通过弹性反馈中的节流针阀的开度大小调节其稳定性；通过改变刚性反馈杠杆 EGF 两臂比例来调节稳定调速率 δ_2 的大小。当 G 点与 F 点重合，$\delta_2=0$。船用柴油机广泛采用这种双反馈液压调速器。

六、表盘式液压调速器

船用柴油机使用的液压调速器大多为双反馈全制式。其以 Woodward UG 和 Woodward PGA 型液压调速器应用最普遍。其中 UG 型分杠杆式和表盘式两种；PGA 型为气动遥控式，多用于遥控主机。对于这些型号均可按使用者要求附加某些辅助装置以完成控制或安全等方面的额外要求。如配置扫气压力燃油限制装置及扭矩限制器等。国产全制式双反馈液压调速器如 YT－111 或 YT－555，在结构和性能上与 Woodward UG 基本相似。

表盘式也称旋钮式，它将需要调节的机构以旋钮式集中在调速器的一个表盘上，可以方便地在调速器外部进行调节。大多数在顶盖上装有一个直流或交流的伺服电机，用于遥控和微量调节转速。表盘式调速器多用于带交流或直流发电机的柴油机组上。

1. UG－8 表盘式液压调速器的结构

图 7－12 所示为 Woodward UG 型表盘式液压调速器的外形，在其正面的表盘上有四个旋钮：

静速差旋钮 6、负荷限制旋钮 5、调速旋钮 11 和转速指示器 13。它的内部结构如图 7－13 所示。

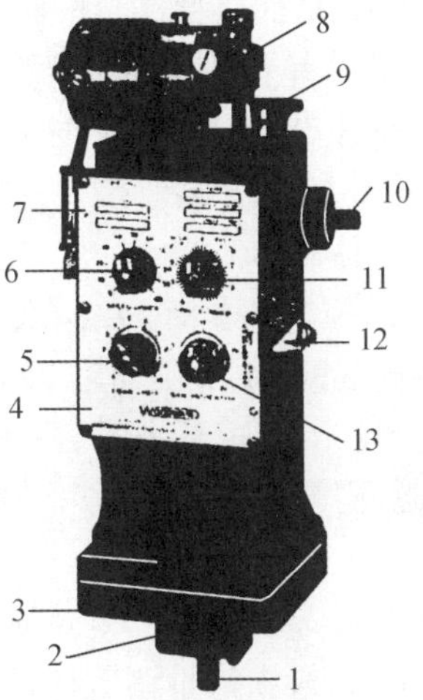

1—驱动轴；2—放油塞；3—节流针阀；4—表盘；5—负荷限制旋钮；6—静速差旋钮；7—油位表；8—调速电动机；9—加油盖；10—输出轴；11—调速旋钮；12—反馈指针；13—转速指示器。

图 7－12　UG－8 表盘式液压调速器外形图

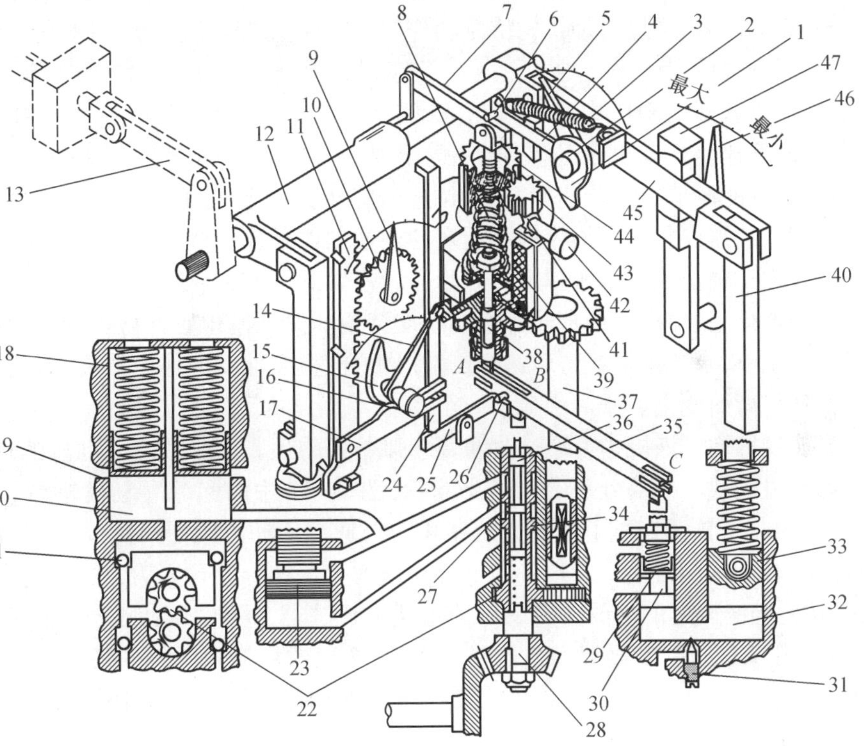

1—静速差凸轮；2—静速差旋钮；3—拉紧弹簧；4—顶杆；5—静速差指针；6—支持销；7—静速差杆；8—调速弹簧；9—负荷指针；10—齿轮；11—齿条；12—输出轴；13—油量调节杆；14—负荷限制指针；15—负荷限制凸轮；16—负荷限制旋钮；17—控制杆；18—稳压油缸；19—溢油孔；20—蓄压室；21—球阀；22—油泵齿轮；23—伺服活塞；24—紧急停车杆；25—限制杆；26—限制销；27—控制孔；28—驱动轴；29—反馈弹簧；30—小反馈活塞；31—补偿针阀；32—补偿空间；33—大反馈活塞；34—控制阀套筒；35—浮动杆；36—滑阀；37—弹性轴；38—调速杆；39—飞重；40—杆；41—传动齿轮；42—调速旋钮；43—传动齿轮；44—调速齿轮；45—反馈杠杆；46—反馈指针；47—活动支点。

图 7－13　UG－8 表盘式液压调速器的内部结构图

①驱动机构,驱动轴 28 由柴油机凸轮轴经伞齿轮传动,通过油泵齿轮 22、弹性轴 37、传动齿轮和飞重架等使飞重 39 等转动,从而将柴油机的转速信号传给感应机构。

②转速感应机构,由飞重 39、调速弹簧 8、调速杆 38 组成,用以感受和反映转速的变化。锥形调速弹簧 8 的下端作用在调速杆 38 上,调速杆的下端与浮动杆 35 相铰接。浮动杆的右端与小反馈活塞铰接,中间与滑阀 36 的杆端铰接。这样,当转速变化时飞重张开或合拢,并通过调速杆和浮动杆使滑阀上下移动。

③伺服放大机构,它由滑阀 36、控制阀套筒 34、伺服活塞 23 以及有关油路组成,用来放大感应机构的输出能量。控制滑阀套筒 34 由驱动轴 28 带动回转。柴油机稳定运转时,滑阀正好将套筒 34 的控制孔 27 封闭。当转速升高时,飞重张开,滑阀上移,伺服活塞下部空间通过控制孔 27 与低压油路沟通,伺服活塞 23 下移;转速降低时,上述动作相反,伺服活塞上移。

④调节机构。它主要由伺服活塞 23、输出轴 12 及油量调节杆 13 等组成。伺服活塞上下运动,通过杠杆机构转动输出轴 12,操纵油量调节杆,以调节供油量。

⑤恒速反馈机构。它主要由大反馈活塞 33、小反馈活塞 30、反馈弹簧 29、补偿针阀 31、反馈杠杆 45 和 40、活动支点 47、反馈指针 46 以及反馈油路等组成。其作用是保证调速过程中转速稳定。反馈杠杆 40、45 连接在调速器的输出轴 12 上,由 12 驱动。伺服活塞 23 在转动输出轴 12 的同时,经过反馈机构使浮动杆 35 绕 A 点摆动,从而使控制滑阀 36 上下移动,提前回复至中央位置。

⑥静速差机构(速度降机构)。它是由旋钮 2(图 7 - 12 中的 6)、凸轮 1、顶杆 4、拉紧弹簧 3、支持销 6、静速差杆 7 和静速差指针 5 等组成的。它是一种刚性反馈机构,不仅能使调节过程稳定,而且能调节稳定调速率 δ_2,使调速器能产生一定的静态速差,以满足柴油机稳定性和并联工作的需要。该机构将伺服活塞的调油动作反作用到调速弹簧 8 上,并根据支持销 6 的位置按比例地改变调速弹簧的预紧力。预紧力不同,与之平衡的转速也不同。因此对应不同的负荷,发动机的稳定转速不同。支持销 6 在不同位置便可得到不同的 δ_2。支持销可以人工调节,当支持销 6 与调速弹簧轴线重合时,刚性反馈作用消失,即 $\delta_2 = 0$,柴油机的转速不随负荷而变化。

⑦速度设定机构。该机构可通过改变调速弹簧 8 的预紧力来改变柴油机的稳定转速。它是由两部分组成的。一部分是由调速旋钮 42(图 7 - 12 中的 11),传动齿轮 41、43 和调速齿轮 44 组成的。当转动表盘上的调速旋钮 42 时,通过传动齿轮使调速齿轮 44(即上弹簧盘,带内螺纹)转动并同时沿中心螺杆上下移动以改变调速弹簧预紧力,从而改变柴油机的给定转速,达到全制调速的目的。另一部分是装在调速器盖上的调速电动机(图 7 - 12 中的 8),经过蜗轮减速机构和摩擦离合器驱动齿轮 43 以改变调速弹簧的预紧力。调速电机由配电板上的开关进行控制。表盘上右下方的转速指示器(图 7 - 12 中的 13)用于指示柴油机选定的转速,自身不可调节。

⑧负荷限制机构。它由负荷限制旋钮 16(图 7 - 12 中的 5)、负荷限制指针 14、负荷限制凸轮 15、控制杆 17、紧急停车杆 24、限制杆 25、限制销 26、齿条 11、齿轮 10、负荷指针 9 等组成。在图示位置中,负荷限制指针 14 位于表盘刻度“10”处。动力活塞 23 的位置由齿条 11 和齿轮 10 传动的负荷指针 9 指示为“5”。此时,在控制杆 17 和凸轮 15 之间具有间隙,所以当外界负荷继续增大时,控制阀 36 的下移不受限制,动力活塞也可继续上行增加供油量。当动力活塞上移到最大供油量位置时,负荷指针 9 也转到刻度“10”。此时控制杆 17

与凸轮15刚好接触，限制控制滑阀36继续下移，动力活塞（即供油量）也被限制在刻度“10”处。同理，若把负荷限制指针14置于刻度为“8”“6”“4”处，则柴油机的供油量亦被限制在“8”“6”“4”位置。

如需紧急停车可按下紧急停车杆24即可。这时限制杆25通过限制销26把控制滑阀36抬起，动力活塞便下移把供油量减为零。此停车杆24是在调速器试验中使用，并非在柴油机运转中使用，但可在其上方安装某安全停车辅助装置（如停车电磁阀等）以保护柴油机。负荷限制旋钮的作用是限制喷油泵循环供油量，当把负荷限制旋钮16手动转至零位处，则通过凸轮15、控制杆17而将停车杆24压下，柴油机自行停车。如负荷限制旋钮转动到较小的刻度，则也会因喷油泵循环供油量过小而使柴油机停车。柴油机启动时为防止加速过快应将负荷限制旋钮16置于刻度“5”左右；待启动之后，运转正常再逐渐将旋钮16转至刻度“10”或所规定的其他位置。

⑨液压系统由低压油池、齿轮泵22、稳压油缸18及油缸中的稳压和有关油路组成。液压系统用于产生推动动力活塞23运动的高压油。齿轮泵22从油池中吸油加压后排送至稳压油缸18和相关空间。稳压油缸、稳压活塞、弹簧和溢油孔19等用于保持系统中稳定的油压（约为0.8 MPa）。当油压过高时，稳压活塞升起，滑油从溢油孔19流回油池，从而保持系统中油压稳定。

2. UG－8表盘式液压调速器原理

图7－13中，当柴油在某一负荷下稳定运转时，飞重39的离心力与调速弹簧8的预紧力平衡，滑阀36处于图示中间位置将控制孔封闭，使伺服活塞23下方空间封闭。由此动力活塞固定不动，输出轴12和油量调节杆13等均固定在某一位置，使柴油机有一个相应的外负荷的供油量，柴油机在由调速弹簧8所设定的转速下稳定运转。

当柴油机负荷增大时，转速下降，这时飞重的离心力小于调速弹簧的弹力，使飞重向内收拢，调速弹簧推动调速杆38向下移动，使浮动杆35以右端C为支点向下摆动，推动滑阀36下移并打开套筒上的控制孔27，让高压油进入动力活塞23的下腔。由于动力活塞下部面积为上部面积的两倍，即为差动式，高压油向上的作用力大于向下的作用力，使动力活塞向上移动，带动输出轴12向加油方向（逆时针方向）旋转，使柴油机供油量增大，转速回升。当动力活塞上移转动输出轴12的同时，使反馈杠杆45左端上移，右端下移，带动大反馈活塞33下移，压缩反馈油路中的滑油，迫使一部分滑油从补偿针阀31的小孔流出。由于针阀的节流作用，反馈油路中的油压仍有上升，克服反馈弹簧29的弹力，使小反馈活塞30上移。这时浮动杆35以左端A点为支点逆时针转动，带动滑阀36上移，使其提前返回到原来的平衡位置，重新封闭控制孔27，切断压力油，使动力活塞停止上移，油量调节杆不再加油。此后，由于反馈弹簧29的作用，使小反馈活塞下移复位，多余的滑油经补偿针阀31排出。由于C点复位、B点复位，故A点复位，弹簧下座复位，使柴油机恒速运转。弹性反馈机构提高了调速器的稳定性并可实现恒速调节。上述一系列运作并非一次完成，而是要反复多次，一直持续至油量增加到与负荷增加相适应，且使发动机恢复到原来的工作转速时为止。此时，飞重39、调速杆38、滑阀36和小反馈活塞30回到原先的平衡位置，而动力活塞23、输出轴12和大反馈活塞33就停在对应于负荷增加后所需的供油量位置上，柴油机在原先的转速下稳定运转，获得新的平衡。这样实现了恒速反馈调节。为了保证调速过程有一定的静态速差，即调速器具有一定的稳定调速率δ_2，调速器中设有静速差机构（即刚性反馈机构）。当外负荷增加时，输出轴12向加油方向（逆时针）转动的同时，静速差杆7绕支持销6

也按逆时针方向转动，其右端上移，调速齿轮 44 和中心螺杆随即一起上移，即调速弹簧上座上移，将调速弹簧 8 稍微放松。由于调速弹簧的预紧力减少了，稳定后柴油机的转速减少，即存在所谓“静速差”。也就是当负荷增加时，使柴油机在稍低于原来的转速下运转；反之，当负荷减小时，则稍高于原来转速。当柴油机负荷减小时，调速器的调节过程与上述相反。转动静速差旋钮，静速差凸轮转动，静速差杆的活动销（支点）改变，弹簧上座位置改变，从而改变稳定调速率 δ_2。

七、液压调速器的调节

1. 稳定调速率的调整方法

机械式调速器由于本身的结构特点，其调速的准确性差，只能进行有差调节，它的稳定调速率 $\delta_2 \neq 0$。除非更换调速弹簧或飞重等零件，其 δ_2 值一般不能调节。若调速弹簧换用刚度小者，则其 δ_2 变小，准确性提高，但稳定性降低。

具有弹性反馈装置的液压调速器，具有很高的调速准确性，可以实现恒速无差调节。可使柴油机转速非常稳定，在单机运行时可以采用。

为了柴油机并联运行的需要，在液压调速器内人为地增设一套速度降机构，使它具有可调节的静态速度差（稳定调速率 δ_2），满足在加油的同时稍稍降速的要求。通常是通过调节其刚性反馈作用的大小来获得所需的 δ_2 值。液压调速器的稳定调速率 δ_2 可通过速度降机构（刚性反馈机构）进行调节。表盘式调速器可通过静速差旋钮（图 7－12 的 6）进行调节。如将旋钮刻度旋转至“30～50”，则表示相应的 δ_2 值为 3%～5%。实践中应通过并联运行柴油机的负荷分配比例进行调节，如果并联机承担负荷小，则应减少该机调速器的 δ_2 数值。

2. 稳定性调节

为了保证调速过程稳定，在液压调速器中设有反馈系统，以使调速器具有良好的稳定性。通常在调速器换新或修理后装机时应对反馈系统进行综合调节，以获得尽可能小的瞬时调速率 δ_1 和尽可能短的稳定时间 t_s。

图 7－13 中，反馈系统调节的环节主要有两个（图 7－13）：一是扳动反馈指针 46，借以改变活动支点 47 的位置，用以调节反馈行程的大小；二是调节补偿针阀 31 的开度，用以调节反馈速度的快慢。如果反馈指针的位置和补偿针阀的开度调节得正确，控制滑阀 36 提前复位后，在飞重和小反馈活塞 30 的复位过程中，控制滑阀 36 在中央位置上一直保持不动。

若将反馈指针指向“最大”位置，反馈行程过大，控制滑阀 36 则会过早地提前复位而产生供油量调节不足现象（即负荷增加时油量增加不足，或负荷减小时油量减少不足）。此时柴油机转速波动幅度大。反之，反馈指针指向“最小”位置，反馈行程过小，产生供油量调节过度的现象。以上两种情况导致调速器产生严重的速度波动，稳定性变差。

若将补偿针阀开得过大，就会失去节流作用，反馈动作无法到达小反馈活塞 30，使反馈作用过分减弱，造成供油量调节过度；反之，将针阀开得过小甚至关闭，反馈作用过分增强，造成供油量调节不足，转速恢复时间长，即 t_s 过长。因此，调速器稳定性调节，应在调节反馈指针位置的同时调节补偿针阀的开度。其原则是，在尽可能小的反馈指针刻度下，保证针阀开度符合相应说明书的要求。如 UG－40 调速器要求 1/4～1/2 转，UG－8 调速器要求 1/8～1/4 转（1955 年前产品）、1/2～3/4 转（1955 年后产品）；PGA 调速器要求 1/16～2 转。在任何情况下均不得把补偿针阀全部关死。

稳定性调节步骤（以 UG 型为例）如下。

①调整前的准备。首先使柴油机在无负荷下空车运转，这时须有专人守住燃油杆，以备人工切断供油，当柴油机转速和调速器的滑油温度上升到正常值时，方能进行调节。

②调速器滑油驱气。将反馈指针放在最大位置，补偿针阀旋出几转，使机器处于游车状态。松开调速器上的透气塞，使发动机转速波动1～1.5 min，使调速器各油路中的空气从放气塞逸出来，直至空气全部放光后上紧放气塞。

③无负荷调节。

其方法是：将反馈指针置在刻度3处，人为地使发动机转速波动并逐渐关小补偿针阀31，直至柴油机转速波动刚好消失为止，检查此时针阀的开度。先将针阀慢慢地完全关死，然后再回到原来的位置，记住转动的圈数是否符合要求。若开度合适，调节至此完成。

如果调节中波动不停或开度不正确，则说明反馈小了，应将反馈指针向“最大”方向增加两格，重复上面调节。

如果反馈指针达到7格时还不稳定，那就应该调节静速差机构，以增大静态速差（即增加稳定调速率 δ_2），再重复调节，直到满意为止。

经过上述调节，转速波动会很快停止。如果针阀开度合乎要求，就可试验在各种转速下柴油机能否在转速一旦波动后就会迅速停止。如果认为满意，无负荷反馈调节即告完成。

④有负荷调节。常有这样的情况，在无负荷时反馈调节是满意的，然而在有负荷时可能又出现转速波动。所以无负荷调节正确了并不表明有负荷时也一定正确，还要进行有负荷调整：

使柴油机承受负荷，在所需要的各种转速下，检查调速器的稳定性。调整的步骤与无负荷时相同。一般只要稍稍调节一下反馈指针或补偿针阀即可达到满意的调节。

调节完毕后，记下反馈指针位置、针阀开度和静速差的数值。反馈指针的位置应锁紧，不要随便移动。当清洗调速器、更换滑油时，只需重新调整针阀的开度即可，一般无须变动反馈指针的位置。

八、调速器的维护管理

调速器是柴油机的重要组成部分，它直接影响柴油机的运转性能。若调速器发生故障，可以导致柴油机转速不稳，甚至熄火或“飞车”等事故。因此对调速器及其系统细心、正确地维护和管理十分重要。

1. 调速器的储存

长期储存时应将调速器竖立放置，用螺栓固定在支座上或放在原包装内。调速器内应灌满滑油。

2. 检查调速器滑油

（1）调速器滑油的选用

调速器滑油既是润滑油又作为液压油使用，所以它必须满足下述要求：

①具有适当的黏度以保证在整个工作温度范围内（60～93 ℃）黏度的变化符合赛氏黏度为100（或50）～300 s或运动黏度为20～65 mm^2/s；

②含有适当的添加剂以保证在上述工作温度范围内性能稳定，不发生氧化变质；

③不会对密封材料（如橡胶树脂，聚丙烯等）产生腐蚀或破坏。

按照上述要求可选用黏度等级SAE30、SAE40，质量等级CB、CC、CD级的石油基润滑油，不同的油品不得混用。如果没有合适的调速器专用液压油，可用增压器的润滑油替代。

(2)防止调速器滑油温度过高

调速器连续工作时推荐的使用温度是60～93 ℃(在调速器外壳下部外表面处测量)。油温过高,不但使调速器稳定性不好,而且也易导致滑油氧化变质,从而会在调速器的零部件上产生浸渍或沉渣。为防止滑油氧化变质,可采用抗氧化能力高的滑油。

(3)防止滑油污染,保证滑油清洁

调速器滑油污染的途径主要包括油容器脏污、滑油反复加热与冷却,导致油中产生凝水和滑油氧化变质。滑油污染是调速器发生故障的主要原因。据统计约有50%的故障来自滑油脏污。为此,应定期检查滑油质量,如发现滑油污染变质应及时换油。正常情况下一般每半年应换油一次;若工作环境的灰尘和水分很少且工作温度处于正常范围,则换油周期可延长至2年或更长。换油时可将调速器从柴油机上拆下清洗。如果不允许将调速器从柴油机上拆下来,则应停机后热态放油,即趁油热的时候及时把旧油从放油塞放掉,然后充入清洁的轻柴油或煤油,把补偿针阀打开两转以上,开大针阀,启动柴油机让调速器波动30 s自行清洗内部油道,然后停车并把清洁用的轻柴油放净,如果放出的轻柴油较脏,可再次充入轻柴油,按上述方法再次清洗。再换上新滑油至规定油位,人为使转速波动进行驱气约2 min,接着调整好补偿针阀。为了保证清洗柴油能全部放掉,在短时间运转后,应把新换的滑油放掉,然后注入新油即可。清洗调速器应用轻柴油或煤油,不能用其他化学剂,以防轴封和橡皮圈损坏。

(4)调速器内部油道驱气

调速器经装配或拆检后,油道内会掺混空气;运转中由于管理不当(如油面过高)油道内也会卷进空气。油道内有空气存在,会影响油液流动的连续性和补偿作用的敏感性,将引起柴油机转速不稳定。

排除油道内空气正确的操作方法是:

①先将柴油机启动怠速运转;

②补偿指针处于最大刻度;

③补偿针阀旋出几圈;

④松开调速器上的放气塞,人为使柴油机产生大幅度的转速波动,迫使油道内的空气从出气孔中挤出,这种大幅度游车至少应持续2 min;

⑤慢慢关小补偿针阀直至游车完全消除为止。

(5)检查并保证调速器滑油液位的正常高度

调速器工作时,其油位必须保持在油位玻璃表的刻线之间,不可过高或过低。如果液位下降过快,说明调速器有漏油或渗油处,应立即查找和修理。否则,滑油因漏泄而减少,会导致调速器咬死、柴油机“飞车”事故。

3. 相关机件的检查

检查调速器输出轴到喷油泵之间的拉杆、杠杆等传动件的连接情况,有否卡阻或间隙过大现象,若发现应及时处理,否则会引起油泵齿条动作不及时造成柴油机转速不稳定。检查各连接处的开口销和保险销有否断落倾向,一旦保险件失落,柴油机将会失控。

定期检查:补偿针阀螺母有否松动;弹簧的各部分尺寸及弹力是否正常;各阀与套筒、活塞与缸体及其他机件有否过度磨损情况。

九、电子调速器

1. 电子调速器的类型

随着海运事业的发展，新一代大型低速超长冲程柴油机作为船舶主机，其标定转速往往不到100 r/min，这些船舶要求主机在很低转速（如Sulzer RTA84要求在16～18 r/min）时能稳定运行，液压调速器因反应速度不能满足其要求，只能采用电子调速器。电子调速器采用电子控制系统，即转速感测元件或执行机构采用电气方式的调速器。通常有三种电子调速器。

（1）全电子调速器

信号感测与执行机构均采用电气方式者。如海因茨曼电子调速器。Woodward 8290电子调速器等。此种电子调速器工作能力较小，多用于小型柴油机。

（2）电－液或电－气调速器

信号监测采用电子式，而执行机构采用液压式或气力式。此种调速器的液压或气压伺服器工作能力较大，可满足各种柴油机的使用要求。如Woodward 2301电子调速器执行机构使用EG3P型液压伺服器，而DGS－8800数字式调速器即为电－气调速器。

（3）液－电双脉冲调速器

在普通的液压调速器上加装电子式的负载信号感测装置。该调速器当电子部分发生故障时，可自动转为液压调速器工作。国产YTD－40型调速器即为此种调速器。

电子调速器能够采用双脉冲调节，即将转速变化信号（称单脉冲）和负载变化的电脉冲信号这两个单脉冲信号叠加起来调节燃油量，亦称频载调速器。这种双脉冲调速器能在负载一有变动而转速尚未明显变化之前就开始调节燃油量，因而具有很高的调节精度，适用于对供电要求特别高的柴油发电机组。

电子调速器不使用机械机构，动作灵敏，响应速度快，响应时间只有液压调速器的1/10～1/2；动态和静态精度很高；无调速器驱动机构，装置简单安装方便，便于实现遥控和自动控制，是近代发展起来的精密调速器。

2. 电子调速器的工作原理

（1）电子调速器的组成

图7－14所示为电子调速器的原理框图，由转速传感器、控制器、执行器、控制开关和调节电位器组成，分为输入部分、控制部分和执行部分。

①输入部分。由磁性测速头和速度传感器（根据需要也可用负荷传感器）所组成。

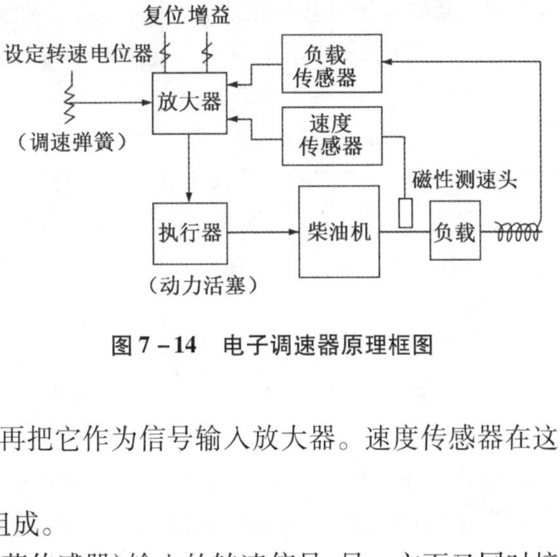

图7－14 电子调速器原理框图

磁性测速头感应柴油机的转动而产生交流电压，此交流电压的频率与柴油机的转速成比例。速度传感器则将这个交流电压转变为与此交流电压成比例的直流电压，再把它作为信号输入放大器。速度传感器在这里起着类似液压调速器中的飞重的作用。

②控制部分。由放大器和转速设定器组成。

放大器一方面接收由转速传感器（或负荷传感器）输入的转速信号；另一方面又同时接

收由转速设定器(可用电位器电压值进行调节设定)输入的转速设定信号,并在放大器内把各输入信号的代数和放大后作为控制信号向执行器输出。设定转速电位器在这里起着类似液压调速器中的调速弹簧的作用。控制部分的作用是输出控制信号给执行器。

③执行部分。执行器。

它根据放大器输入的电信号,输出相应的执行动作,对柴油机进行燃油量控制。如果执行器输出的信号仍通过电气来执行调速。执行器在这里起着相当于液压调速器中的动力活塞的作用。

(2)电子调速器的调速原理

工作时,先通过转速设定器,利用可调节的电位器设定所需的转速,将其产生的转速设定信号以直流电的形式作为正信号输入放大器;柴油机启动运转后,速度传感器(或负载传感器)将磁性测速头感应的转速情况转化成直流电的形式作为负信号输入放大器,在放大器内将两种信号相加,当两者之和为零时,不向执行器输出控制信号,柴油机即在设定的转速运行。

当外负荷变化使柴油机转速增加时,磁性测速头感应产生的交流电压频率立即增加,经速度传感器转换后的直流电压也随之增加。在放大器内它与转速设定信号之和变为负值,此时放大器即向执行器输出减油的信号,通过执行器使柴油机的燃油量减少,转速随之下降。

同理,当柴油机转速减小时,放大器会立即向执行器输出加油的信号,通过执行器使柴油机加油,提升其转速。

(3)放大器的增益控制单元和复位单元

放大器在工作时,根据转速变化不断地输出加油或减油信号,由于其反应极为灵敏,很难做到根据转速变化“适可而止”地改变喷油泵的供油量,柴油机转速不易很快稳定而产生转速的波动。为此,在放大器中专门设置了增益控制单元和复位单元,使电子调速器能稳定地工作。增益控制单元用来控制反馈信号的大小,如果增大增益,则执行器的输出轴转角随放大器输入偏差而增大。增益控制单元在这里起着液压调速器中的补偿机构的作用。复位单元用来给定放大器的复位时间常数,用以改变放大器的响应时间,如果增大复位的给定值,复位时间常数将增大。只要通过合理调节就能提高控制回路的稳定性,满足柴油机稳定运行的要求。复位单元在这里起着液压调速器中的针阀的作用。

3. 典型电子调速器简介

(1)Woodward 2301 型电子调速器

Woodward 2301 型电子调速器一种使用广泛的电子调速器,它属于电一液调速器,其测速传感器采用磁电式,控制单元采用 2301 型电子控制器,控制机构采用 EG3P 液压执行器。它有单纯调频型(单脉冲)和调频调载型(双脉冲)两种。前者用于单机运行,其瞬时调速率 δ_1 一般为 5% ~7%,稳定时间 t_s 为 3 ~5 s;后者用于并联运行机组,其瞬时调速率一般不大于 2%,稳定时间 t_s 不大于 1 s。

图 7 -15 所示为单脉冲 2301 型电子控制器外形图。其正面板上有四个调节旋钮,自左而右分别有:

怠速(low idle speed)调节旋钮——用于调节滑油低压,保护运转时的最低转速;

设定转速(rated speed)调节旋钮——用于调节设定转速;

稳定度(stability)调节旋钮——用于稳定性调节;

增益量如(gain)调节旋钮——用于稳定性调节。

在上述四个调节旋钮下方有接线端子1~16,其端子接线如下:

1、2——接12~40 V直流电源(经稳压电源转换为9 V);

3、4——速度失灵保护(当测速传感器损坏时,切断去执行器的调速信号,柴油机停车);

5、6——2301控制器输出(去执行器调速电压信号);

7、8——电磁式测速传感器测速电压信号输入(1~1.5 V);

9、10——怠速调节电位计(与怠速调节旋钮相连);

11、12——转速设定电位计(与设定转速调节旋钮相连);

13、14——稳定调速率调节电位计(调节范围为0%~13%);

15、16——机组加速时间调节电容器(调节由低速到标定转速的加速时间)。

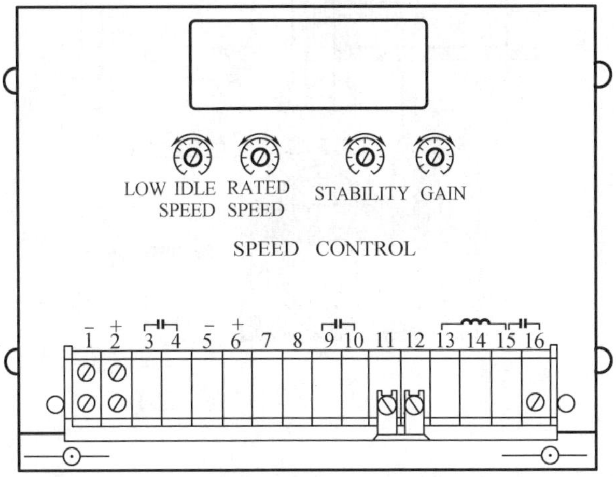

图7-15 单脉冲2301型电子控制器外形图

EG3P液压执行器工作原理图如图7-16所示。由齿轮泵产生的高压油(最大压力2.47 MPa)始终作用在负荷活塞21的下方力图使它上行减油,但它的上行受动力活塞3下方的油压制约。

永久磁铁4固装在滑阀柱塞16的上方,并通过中央弹簧6与复位弹簧7把永久磁铁悬挂在电磁线圈5内的磁场中。在滑阀柱塞上有两个作用力:其一,中央弹簧的向上弹簧力与复位弹簧的向下弹簧力,其合力方向始终向上而大小随输出轴的不同位置而不同;其二,由电磁线圈产生的电磁力,其方向始终向下而大小与输出轴的转角位置成正比。这两种力的相互作用,决定了滑阀柱塞的移动方向。

当柴油机在设定转速n_b稳定运转时,测速传感器产生的交流电压信号经2301电子控制器内的频率转换器调质整流成直流电压信号,并以负值($-V_b$)输送到控制器内的输出运算放大器的输入端与设定转速正值电压($+V_b$)进行比较,其差值$\Delta V=0$,于是输出运算放大器便输出一个与输出轴8转角位置(即负荷大小)成正比的调速电压信号,并送往执行器中的电磁线圈产生一个向下的电磁力。此电磁力在数值上恰与前述的弹簧合力相等,而使滑阀柱塞在中央平衡位置保持不动,控制带19封闭动力活塞3下方空间,动力活塞不动。输出轴8静止不动,油门不动。柴油机在设定转速n_b稳定运转。

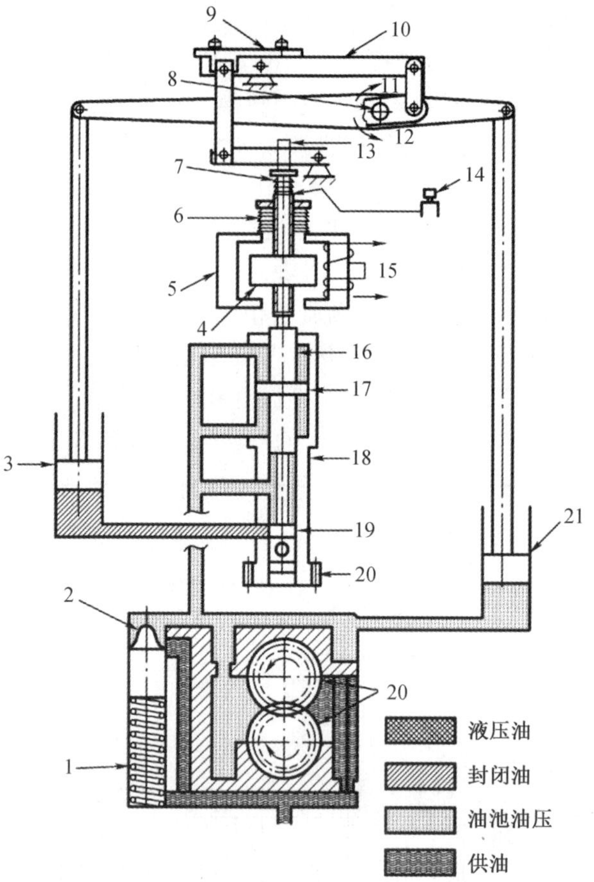

1—安全阀弹簧;2—安全阀柱塞;3—动力活塞;4—永久磁铁;5—电磁阀线圈;6—中央弹簧;7—复位弹簧;8—输出轴;9—可调滑动支架;10—复位杆;11—加油;12—减油;13—可调弹簧座;14—中央螺钉;15—去电子控制器;16—滑阀柱塞;17—补偿环带;18—滑阀套;19—控制带;20—齿轮泵;21—负荷活塞。

图 7-16 EG3P 液压机行器工作原理图

当外界负荷减少时柴油机转速升高,测速传感器产生的并经调质整流的直流负电压 $|-V_a|>V_b$,在输出运算放大器输入端与设定转速正值电压($+V_b$)比较后,其差值 $\Delta V<0$,使控制器的输出调速电压减少。电磁线圈产生的向下电磁力降低,滑阀柱塞在过剩的弹簧合力作用下上移。动力活塞下方与低压油相通,负荷活塞上行,动力活塞下行,输出轴逆时针转动而减油。在减油的同时复位杆 10 绕可调滑动支架 9 的支点逆时针方向摆动,增加复位弹簧的向下作用力,使滑阀柱塞下行提前复位,实现负反馈作用,使调速过程稳定。最后,输出轴在减少柴油机供油量的某一位置上,使相应的弹簧合力(向上)与电磁力(向下)在均有所降低的情况下重新达到平衡状态,滑阀柱塞重新处于中央平衡位置,动力活塞下方恢复封密状态,输出轴固定不动,柴油机在较低供油量情况下重新稳定运转(n_b)。

同理,当外界负荷增加时,转速降低,测速电压信号 $|-n_a|<n_b$,其差值 $\Delta V>0$。因而输出运算放大器的输出调速电压信号值增大,在电磁线圈中的电磁力增大。在多余的电磁力作用下滑阀柱塞下移,动力活塞下方与高压油相通,使动力活塞上行,负荷活塞下行,顺时针转动输出轴使柴油机加油。此后的反馈(仍为负反馈)调节过程与上述负荷减少情况相反。最后在输出轴增加供油量的某一位置,滑阀柱塞恢复平衡状态,动力活塞固定,油门固

定，柴油机重新稳定运转。

(2) DGS 8800 型数字式电子调速器

DGS8800 型电子调速器是挪威 NORCONTROL 公司专门为低速长行程柴油机开发的一种数字式电子调速器，适用于固定螺距桨(FPP)系统和可变螺距桨(CPP)系统。DGS 8800 不仅具有全制式液压调速器的所有功能，微机控制还带来了控制的灵活性、可实现多种操作方式、精确的限制功能及故障自动与报警，其功能的全面、强大和灵活是传统调速器无法比拟的。可方便调整的系统主要工作参数是数字式电子调速器的最大优点。

DGS8800 型电子调速器主要由 DGU 8800 单元、速度设定单元、速度测量单元、油量调节执行机构及安全限制单元组成。其核心部分为数字调速单元 DGU 8800。速度设定信号由分别位于驾驶台和集控室的操车手柄产生，经过模数转换后输入到 DGU 8800 单元中；速度测量单元由位于柴油机飞轮处的磁电式柴油机转速测量器及信号处理电路组成，经处理后得到柴油机实际转速的数字信号输入到 DGU 8800 单元；安全限制环节的转速限制信号(如扫气压力限制信号)经处理后输入到 DGU 8800 单元；在 DGU 8800 单元内，速度设定信号与柴油机实际转速信号进行比较，在满足相关安全限制环节要求的前提下，输出转速的偏差信号到燃油调节执行机构，调节柴油机的循环喷油量，满足柴油机设定转速的需求。

DGS 8800 的控制目的是调节柴油机油门的刻度，以满足柴油机的实际转速等同于其设定转速。为此，其系统由两个相互独立的子系统组成，即速度调节子系统和油量调节子系统。两子系统都能完成指示、系统功能试验、参数调整等方面功能。速度调节子系统的主要功能包括参考转速的计算、转速测量与处理、输出与限制信号到油量调节执行机构，此外还包括数据显示、数据设定、在线/离线试验、工作模式选择等功能。油量调节子系统的主要功能包括判断来自速度调节子系统的油量调节信号并拉动柴油机的油量调节齿条到相应的位置，此外还包括燃油齿条限速、齿条刻度及数据显示等功能。

DGS 8800 型数字式电子调速器具有六种运行方式，分别是正常方式、准备方式、直接供油方式、试验方式、校正方式和自检方式，同一时刻只能采用一种方式工作。

【效果检测】

扫描二维码，进行过关测试。

任务二　柴油机的启动操作与管理

【任务引入】

船用大型主柴油机因封缸无法启动，试提出解决方案并说明理由。

【知识结构】

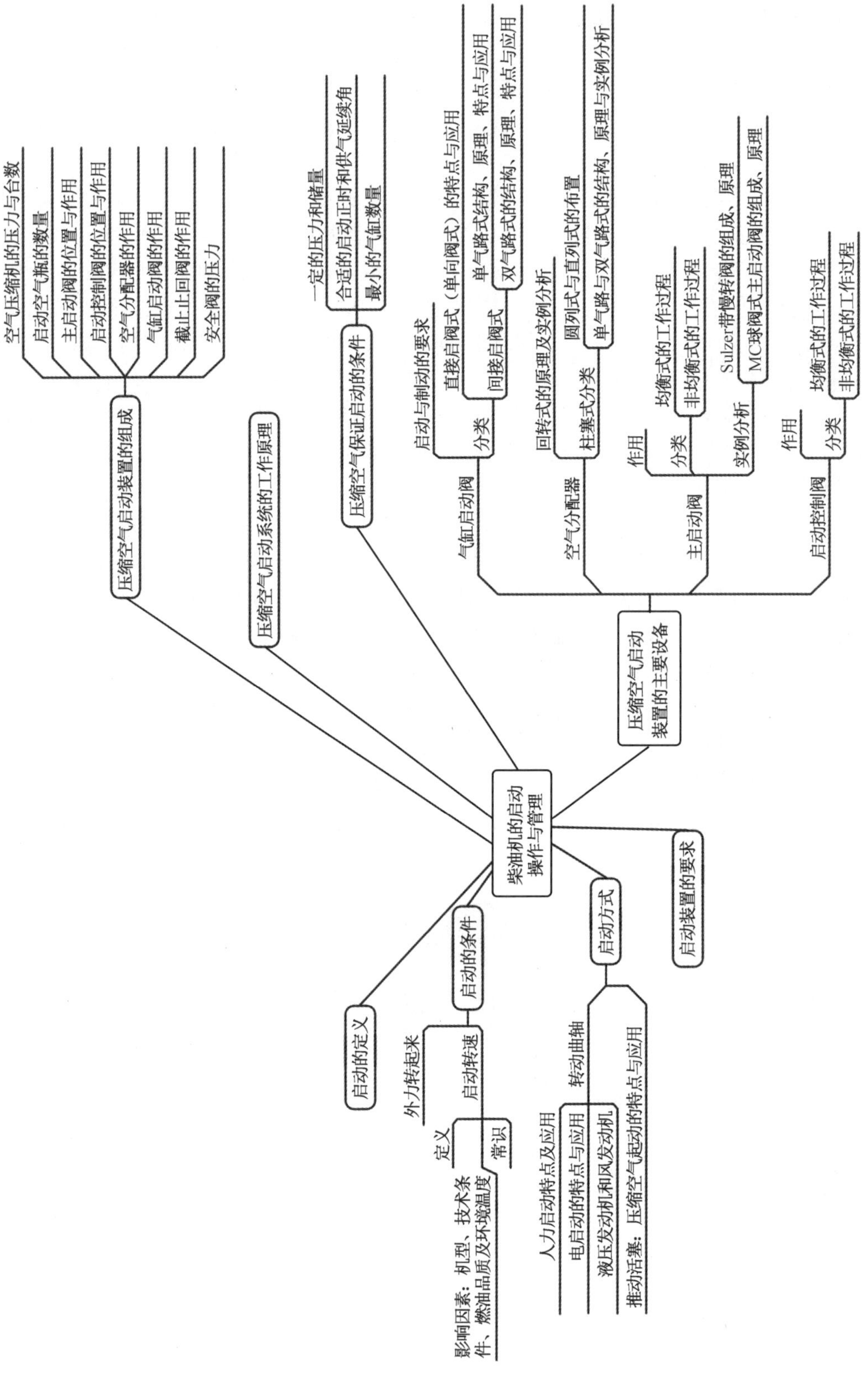
柴油机的启动操作与管理
压缩空气启动装置的组成
空气压缩机的压力与台数
启动空气瓶的数量
主启动阀的位置与作用
启动控制阀的位置与作用
空气分配器的作用
气缸启动阀的作用
截止止回阀的作用
安全阀的压力
压缩空气启动系统的工作原理
压缩空气保证启动的条件
一定的压力和储量
合适的启动正时和供气延续角
最小的气缸数量
压缩空气启动装置的主要设备
气缸启动阀
启动与制动的要求
分类
直接启阀式（单向阀式）的特点与应用
间接启阀式
单气路式结构、原理、特点与应用
双气路式的结构、原理、特点与应用
空气分配器
回转式的原理及实例分析
柱塞式分类
圆列式与直列式的布置
单气路与双气路式的结构、原理与实例分析
主启动阀
作用
分类
均衡式的工作过程
非均衡式的工作过程
实例分析
Sulzer带慢转阀的组成、原理
MC球阀式主启动阀的组成、原理
启动控制阀
作用
分类
均衡式的工作过程
非均衡式的工作过程
启动装置的要求
启动方式
转动曲轴
人力启动特点及应用
电启动的特点与应用
液压发动机和风发动机
推动活塞：压缩空气启动的特点与应用
启动的条件
启动转速
定义
外力转起来
常识
影响因素：机型、技术条件、燃油品质及环境温度
启动的定义

【知识点】

柴油机的启动条件及压缩空气启动微课

一、柴油机的启动概述

1. 启动与启动转速

停车状态下的柴油机，由于气缸内没有足以使燃油燃烧的高温、高压的新鲜空气；喷油泵处于停止状态，也不会向气缸喷出雾化状态的柴油，因此柴油机本身没有自行启动的能力。欲使静止的柴油机转动起来必须借助于外力，使柴油机达到一定转速，使柴油机获得第一个工作循环的条件，即使气缸中的新鲜空气被压缩到柴油的自燃温度以上，使喷入气缸的柴油燃烧膨胀而自行运转。柴油机在外力驱动下，克服阻力矩，从曲轴开始转动到自动运转的全过程称为柴油机的启动。也就是说，柴油机的启动为柴油机从静止状态过渡到工作状态的全过程。柴油机能启动起来，必须具备两个条件：一要有外力使它先转起来，二是转起来后还要达到一定的转速。这个能使柴油机启动的最低转速称为“启动转速”，“启动转速”是衡量启动性能的重要参数。若启动时转速不够高，活塞对气体的压缩过程进行得比较缓慢，气体对缸壁散热和通过活塞环处的漏泄较多，就会造成压缩终点温度较低，满足不了柴油自燃的条件；同时过低转速会导致喷油泵泵油压力低，燃油雾化质量差，难以自燃着火。所以每台柴油机启动时都要达到相应的启动转速才能自行发火燃烧。

启动转速的高低与柴油机的类型、柴油机技术状态、燃油品质、环境条件等有关。一般大型低速机单位容积散热面积小，启动转速较低；同一型号的柴油机新旧不同，由于磨损、雾化质量等技术状态的差异会有不同的启动转速；同一台柴油机由于环境温度的变化（冬季或夏季）及本身温度（冷车或热车）的不同也会出现启动转速的差异。

各种类型柴油机的启动转速大致如下：

大型低速柴油机为 10 ~ 30 r/min；

中速柴油机为 60 ~ 70 r/min；

高速柴油机为 80 ~ 150 r/min。

2. 启动方式

根据所采用的外来能源形式，柴油机的启动方式可分为：

（1）人力启动

它利用人力通过启动摇把直接转动曲轴，当达到启动转速后即自行发火燃烧。

为方便启动，常采用减压机构将气阀的推杆顶起，使气缸与大气相通。在启动时摇把带动柴油机空转，避开阻力较大的压缩过程，直到柴油机的曲轴具有足够高的转速时，突然松脱减压机构，利用柴油机飞轮贮存的动能，克服第一次压缩过程的阻力，使柴油机能顺利地启动。

人力启动方式最简便，但人的体力有限，它只适用于 20 kW 以下的小型柴油机。船上的救生艇和应急消防泵使用的柴油机可采用人力启动。

（2）电力启动

电力启动的基本原理是：用蓄电池向装在飞轮端的启动电动机供电，电动机再通过同轴上的小齿轮带动轮缘上装有齿圈的飞轮，通过转动曲轴来启动柴油机。

柴油机电动启动装置动画

电力启动装置简单、紧凑、启动方便,广泛用于高速小型柴油机,但启动能量受蓄电池容量的限制,故只适用于300 kW 以下的柴油机。船上小型电站和救生艇的柴油机大多数采用电力启动。

人力启动与电力启动均是外力矩作用于曲轴。类似还有风发动机启动,液压发动机启动。

(3)压缩空气启动

压缩空气启动的基本原理是:将一定压力的压缩空气,按柴油机的启动顺序和规定的启动定时在气缸处于膨胀冲程时通入气缸,以压缩空气代替燃气推动活塞运动,带动曲轴旋转,当达到启动转速后自行发火燃烧,完成启动过程。

压缩空气启动的特点是启动能量大,启动迅速可靠,在特殊情况下可用压缩空气进行紧急制动,帮助主机刹车。但该装置构造复杂,质量较大,故不适用于小型柴油机,普遍用于大、中型柴油机,船用可直接倒转的主机毫无例外地采用这种方式启动。

3. 启动装置的要求

启动装置应满足如下要求:

①耗能少,保证柴油机达到足够的启动转速且启动消耗的能量尽可能少;

②不需暖机,当机舱温度在3~8 ℃时,不需暖机就能迅速和可靠地启动。

③曲轴处于任何位置,对于压缩空气启动的柴油机,要求当曲轴处于任何位置,不需盘车均能启动。

二、压缩空气启动装置的组成、工作原理和启动条件

1. 压缩空气启动系统的组成

压缩空气启动装置主要包括(图7-17)空气压缩机1、启动空气瓶2、主启动阀4、启动控制阀8、空气分配器10、气缸启动阀6等。

①空气压缩机。启动前,空压机向空气瓶充气至规定压力2.5~3.0 MPa。我国海船规范要求空气压缩机的总排量应能在1 h 内将大气压力升压至规定的压力,故船上大都装有2台以上空压机,至少有1台由主机以外的动力驱动。

②启动空气瓶。其功用是将空压机提供的高压空气储存起来供启动用。船上均备有2个以上的启动空气瓶,以保证足够的容量。

③主启动阀。主启动阀是压缩空气系统的总开关。位于启动控制阀与空气分配器和气缸启动阀之间,用以启闭由空气瓶至空气分配器和气缸启动阀的压缩空气通路。

④启动控制阀。它是开关的开关,其作用是控制主启动阀的启闭。因为大、中型柴油机的主启动阀尺寸较大,通常都装有启动控制阀,以便利用压缩空气来快速启闭主启动阀。

⑤空气分配器。空气分配器的作用是控制气缸启动阀的启闭时刻和启闭顺序。按柴油机的启动定时,将控制空气分别送往各缸气缸启动阀,使它能定时启闭。

⑥气缸启动阀。其作用是启动时,向气缸通入启动空气,使柴油机启动。通常它连同阀壳安装在气缸盖上,由空气分配器来的压缩空气控制其启闭。在非启动情况下,气缸启动阀处于常闭状态。

截止阀3是为防止万一气缸启动阀和主启动阀都关闭不严时,气缸中高压燃气穿过这些阀件倒流入空气瓶而造成爆炸事故,因为空压机排出的压缩空气中常含有润滑油。大型低速柴油机的启动空气总管上还应装有安全阀,安全阀的开启压力为最高启动压力的1.1倍。

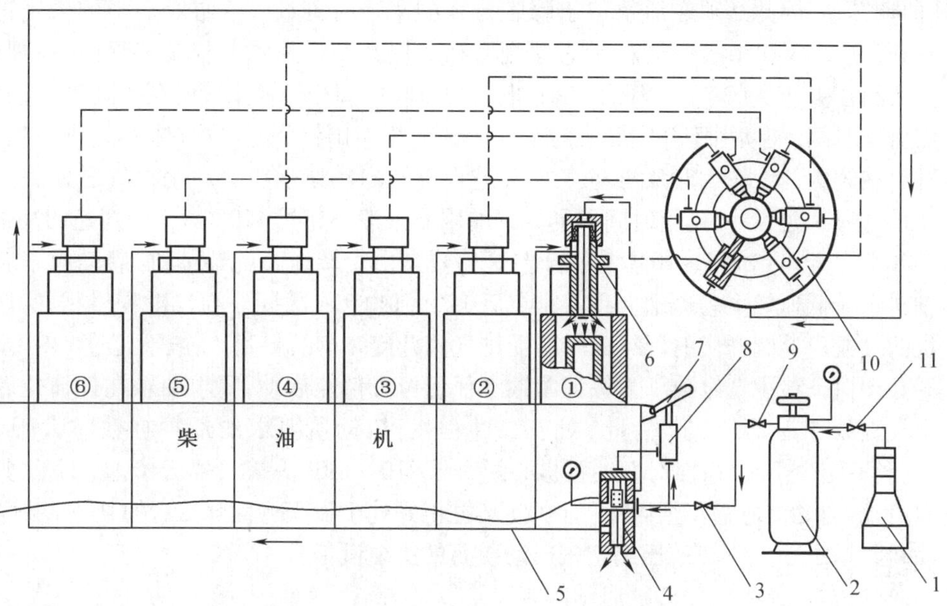

1—空气压缩机;2—启动空气瓶;3—截止阀;4—主启动阀;5—启动空气总管;6—气缸启动阀;7—操纵手柄;8—启动控制阀;9—出气阀;10—空气分配器;11—充气阀。

图 7-17 压缩空气启动系统简图

2. 压缩空气启动系统的工作原理

如图 7-17 所示,备车时开启出气阀 9 及截止阀 3,空气瓶 2 中的压缩空气沿管路通至主启动阀 4 及启动控制阀 8 处等候。当启动时,拉动操纵手柄 7 至启动位置,启动控制阀开启,控制空气进入主启动阀的活塞上方,推动活塞下行,主启动阀开启。于是启动空气分成两路:一路为启动用压缩空气,经总管引至各缸气缸启动阀 6 的下方空间;另一路为控制用空气被引至空气分配器 10,然后按柴油机的发火顺序依次到达相应的气缸启动阀的上部空间使气缸启动阀开启,原等候在下方空间的启动空气进入气缸,推动活塞下行使曲轴转动并使之达到启动转速,随后,将操纵手柄推至启动供油位置。待柴油机启动后,应立即通过操纵手柄关闭启动控制阀切断空气,主启动阀随即关闭,气缸启动阀上部空间的控制空气经空气分配器泄放入大气,气缸启动阀关闭,启动过程结束,然后可逐渐调节供油量使柴油机在指定转速下运转。当无须再次启动柴油机时可将截止阀和出气阀先后关闭。

综上所述,压缩空气启动系统的工作原理是将具有一定压力(2.5~3.0 MPa)的压缩空气,按柴油机的发火顺序在膨胀行程时引入气缸,推动活塞使柴油机达到启动转速,完成自行发火。

3. 压缩空气保证启动的条件

为了保证柴油机压缩空气启动迅速可靠,必须具备以下三个条件:

①压缩空气必须具有一定的压力和储量。按我国有关规定(《钢质海船入级与建造规范》)供主机启动用空气瓶(至少有两个)的压力应保持在 2.5~3.0 MPa。其储量应保证在不补充空气的情况下,对于可换向主机能从冷机正倒车交替启动不少于 12 次,对于不可换向主机能从冷机连续启动 6 次。

②合适的启动正时和供气延续角。由于压缩空气代替燃气膨胀做功,推动活塞连杆机

构，使曲柄转动，因此必须在活塞位于膨胀行程的某一时刻进入气缸。适当的供气正时应以既有利于启动又可节省空气耗量为原则。在船用大型低速二冲程柴油机中，在理论上，启动阀大约在上止点前5°CA开启，在上止点后100 ~ 120°CA关闭，但在实际上，气缸启动阀开启需要时间，初期由于开度极小对空气起到节流作用，压缩空气并未真正进入气缸，只有气缸启动阀的开度较大时压缩空气才会进入气缸启动柴油机。启动空气进入气缸的时刻要比理论时刻延后些，延续时间因受气口的限制一般不超过120°CA。中高速四冲程柴油机启动阀常在上止点前5 ~ 10°CA打开。这主要是由于转速高的柴油机，启动阀开启所占的曲轴转角较低速机大。理论上在上止点后120 ~ 140°CA关闭。与二冲程机相同，四冲程柴油机的气缸启动阀开启的延续时间因受排气阀开启时刻的限制，一般不超过140°CA。

③必须保证最少气缸数。为保证曲轴在任何位置都能启动，要求曲轴在任何位置至少有一个气缸处于启动位置。为此，对于二冲程机，启动所要求的最少缸数应大于360°/120°，一般不应少于4缸；而对四冲程机必须大于720°/140°，一般不少于6缸。若缸数少于上述限值，则启动前应盘车至启动位置（使某缸正好处于膨胀行程开始后的某一时刻）。

压缩空气启动装置微课

三、压缩空气启动装置的主要设备

1. 气缸启动阀

气缸启动阀是启动装置中最重要的部件之一。通常每缸一个，均装在气缸盖上，其下方与启动空气总管连接，上方与空气分配器连接，由空气分配器按发火顺序使启动空气进入气缸，完成启动。

一般对气缸启动阀有启动和制动两方面的要求。启动时，将压缩空气在膨胀冲程通入气缸；制动时，将压缩空气在压缩冲程通入气缸。

启动方面的要求是开关迅速，落座缓慢。为使柴油机启动迅速并减少启动空气消耗量，要求启动阀能迅速开启与关闭；当启动阀落座时，为了减轻阀盘与阀座间的撞击，则希望关阀的速度要慢；在气缸内发火后燃气压力大于启动空气压力的条件下，即使启动阀的启阀活塞4（图7 - 18）上通入控制空气，启动阀也不应开启，从而防止气缸内的高温燃气倒流入启动总管引起爆炸事故。

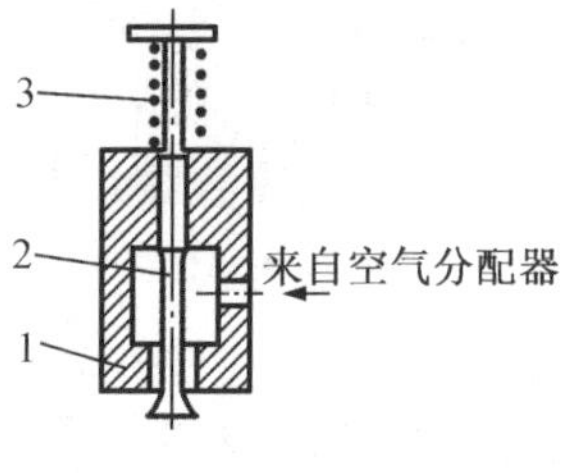

1—气缸盖；2—气缸启动阀；3—弹簧。

图7 - 18　直接启阀式气缸启动阀

在船舶全速前进的情况下遇险紧急避碰，要求柴油机能迅速制动而停车。制动过程由能耗制动和强制制动组成。为了使高速回转的柴油机迅速停车，首先通过操纵手柄停油，再通过换向机构以换向转速或应急换向转速进行换向操作，当将操纵手柄重新置于启动位置时，空气分配器受换向后的凸轮控制，按换向后的供气正时把气缸启动阀打开，但换向后柴油机曲轴、凸轮轴仍按原方向转动，故当某个气缸的气缸启动阀处于开启状态时，该缸的活塞正处于压缩行程下止点，进入气缸的压缩空气对上行的活塞起着制动作用，消耗柴油机的能量使转速降低。被压缩的压缩空气在压缩行程末期，从开启的气缸启动阀被放掉，减少了压缩行程末留在气缸内的空气量和压力，防止压缩空气在接下来的膨胀冲程做正功。利用压缩空气的压力能消耗活塞上行的动能这一过程称为能耗制动。能耗制动实际上是使用倒车的启动空气对正车运转的活塞进行制动。柴油机在能耗制动后转速已降低但按原方向转动，在压缩行程将压缩空气通入气缸，使上行的活塞速度迅速降低直至柴油机停车，这一过程称为强制制动。制动过程中要求是即使缸内压力稍高于启动空气压力时，气缸启动阀仍然保持开启，以更好地完成能耗制动和强制制动。

从启动、制动两方面对气缸启动阀的要求是矛盾的。在启动方面，要求气缸启动阀在缸内发火后，即使有控制空气作用在其上方空间，它也应保持关闭状态，防止燃气倒流入启动空气管；在制动方面，要求在制动过程中，即使缸内压力稍高于启动空气压力时，气缸启动阀仍然保持开启以完成减压制动和强制制动。

气缸启动阀分为单向阀式（直接启阀式）和气压控制式（间接启阀式）两种。图 7－19 所示为单向阀式气缸启动阀。单向阀式启动空气就是控制空气，由空气分配器直接控制。当压缩空气由空气分配器进入单向阀后克服弹簧力，气缸阀开启进行启动；当压缩空气经空气分配器泄入大气后，该阀在弹簧作用下关闭，启动过程停止并防止燃气倒冲入空气瓶。单向阀式特点是管路简单，空气分配器尺寸大、节流损失大，耗气量大，只能应用于缸径小于 200 mm 中小型柴油机。

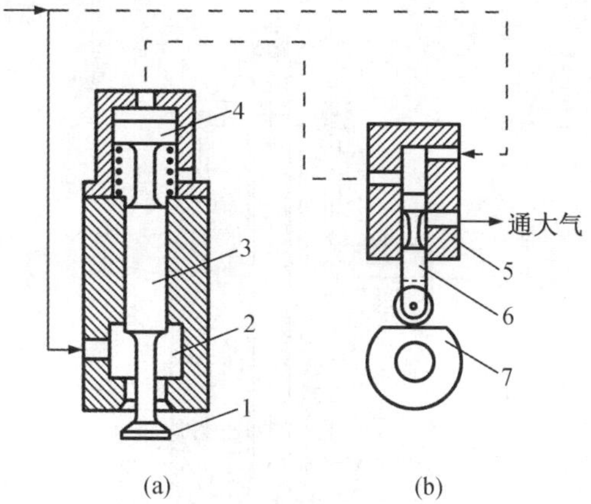

1—启动阀盘；2—进气腔；3—阀杆；4—启阀活塞；5—阀体；6—滑阀；7—凸轮。

图 7－19 气缸启动阀和空气分配器结构原理

气压控制式气阀的控制空气由空气分配器而来（如图 7－18 所示），进入气缸的启动空气直接由空气总管而来，控制空气量少，故空气分配器尺寸小、空气损失少、启动迅速，适用于大型柴油机。根据控制气路的不同，气压控制式又可分为单气路控制与双气路控制式两种。

单气路式气缸启动阀结构与工作原理简图如图 7－19（a）所示，图 7－19（b）为柱塞式空气分配器工作简图。气缸启动阀为单级活塞式启动阀，由启动阀盘 1、阀杆 3 和面积较大的启阀活塞 4 组成。大量启动空气进入进气腔 2，由于阀盘 1 与阀杆 3 的直径基本相等，对气缸启动阀的开启不起作用，所以阀盘 1 在启阀活塞下部的弹簧作用下保持关闭状态。当少量的控制空气（图中虚线）由空气分配器送入启阀活塞 4 上方空间时，启阀活塞下行带动阀盘 1 下行开阀，原等候在空间 2 的启动空气进入气缸推动活塞进行启动；当启阀活塞上方控制空气经空气分配器泄放至大气时，启阀活塞在弹簧作用下上行关闭。

单气路控制式气缸启动阀开启靠控制空气，关闭靠弹簧，属于平衡式气缸启动阀，采用单级大平面活塞。单气路控制式气缸启动阀的特点是由于具有较大面积的启阀活塞，使其开关迅速可靠；少量控制空气经过空气分配器，节流损失少，空气分配器尺寸小，空气耗量少；相对单向阀式结构复杂，相对双气路式结构简单；在性能上不能兼顾启动与制动两方面的要求，在缸内压力超过启动空气压力时仍有可能开启（因启阀活塞面积大于气阀阀盘面积）而产生燃气倒冲事故。启阀活塞面积大，使阀盘落座时速度快，致使阀盘与阀座撞击磨损。适用于大型柴油机，如 MAN－B&W MC 型柴油机。

双气路控制式气缸启动阀结构如图 7－20 所示。其启动阀由阀盘 5、阀杆 3 以及阶梯形启阀活塞 2 组成。阶梯活塞由直径不等的 K_1、K_2、K_3三级活塞构成。启动空气由 AL 进入启动阀下部空间，启动阀保持关闭（属于平衡式启动阀）。管 H 与管 J 均与专用的空气分配器连接，当 T 空间经开启管 H 充入控制空气，而 N 空间经关闭管 J 泄放空气时，阶梯活塞 2 下行开阀。当控制活塞 K_1下行开启控制口 S 时，控制空气由 T 空间（作用面积较小）进入大直径的控制活塞 K_2的上部 P 空间，作用面积突然增大，使启动阀加速打开。当控制活塞 K_3下行关闭管 J 的气口后，封闭空间 N 并使 N 容积不断减少形成气垫，使开阀速度减慢，避免控制活塞撞击缸底。这样既保证了启阀速度快，又避免了控制活塞撞击缸底。

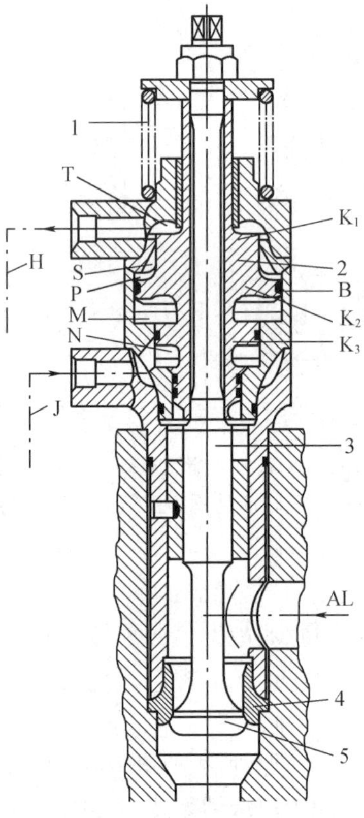

1—弹簧；2—阶梯活塞；3—阀杆；4—阀杆；5—启动阀盘；K_1，K_2，K_3—控制活塞；T—上部空间；M—中部空间；N—下部空间；P—空间；S—控制器；B—连接槽；H—开启管；J—关闭管。

图 7－20　双气路控制式气缸启动阀

启动结束，空气分配器经开启管 H 释放控制活塞 K_1、K_2上部的控制空气并同时向关闭管 J 供气。控制闭阀的空气先进入活塞 K_2的下部空间 M 并作用在活塞 K_2的作用面积较大的下侧面，使启动阀迅速上行关小。活塞 K_3跟着上移，当 K_3切断管 J 与中部空间 M 的通路，控制空气仅作用在活塞 K_3的下表面上使关阀速度减慢。当活塞 K_1上移将控制口 S 关闭后，空间 P 变成密封空间，并在活塞上行时 P 空间容积减小，压力增大，形成气垫，使阀的落座速度大大减慢，避免了阀落座时的强烈撞击。待阀落座后利用连接槽 B 使空间 P 和空间 M 间的压力自动平衡。

双气路控制式气缸启动阀能较好地满足从启动方面提出的要求：速开、速关，落座缓慢。当气缸压缩行程上止点时，如果已自燃，则由于控制活塞 K_1 直径较小使初始开阀力较小，当缸内压力较高时阀保持关闭，避免了燃气倒冲的危险；制动后期，气缸启动阀处于全开状态时，开阀控制空气作用在阶梯活塞的全部工作面积上，向下的开阀作用力增大，因此在紧急制动时即使缸内气体压力稍高于启动空气压力，该阀仍然可保持开启状态。从而也满足从制动方面提出的要求。但此种结构形式构造复杂，造价较高。Sulzer 柴油机使用此种形式气缸启动阀。

2. 空气分配器

空气分配器由凸轮轴驱动。它的作用是按照柴油机的发火顺序，在要求的启动正时将少量控制空气分配到相应的气缸启动阀使之开启，让大量启动空气进入气缸，启动柴油机。启动结束将气缸启动阀上方的启动空气泄放至大气。

(1)回转式空气分配器

按结构形式的不同，空气分配器可分为回转式(分配盘式)和柱塞式两种。

图 7－21 为回转式分配器工作原理示意图。回转式是利用凸轮轴驱动的一个带椭圆孔的分配盘，椭圆孔中充满了控制空气，分配器壳体上的圆孔数与气缸数相同，按发火顺序，通过管子连接到相应气缸启动阀上方。当分配盘椭圆孔转至与某一缸相通的圆孔时，控制空气进入相应的气缸启动阀上方，打开气缸启动阀，当椭圆孔离开圆孔时，该缸气缸启动阀关闭。这种空气分配器只适用于小型中高速柴油机。

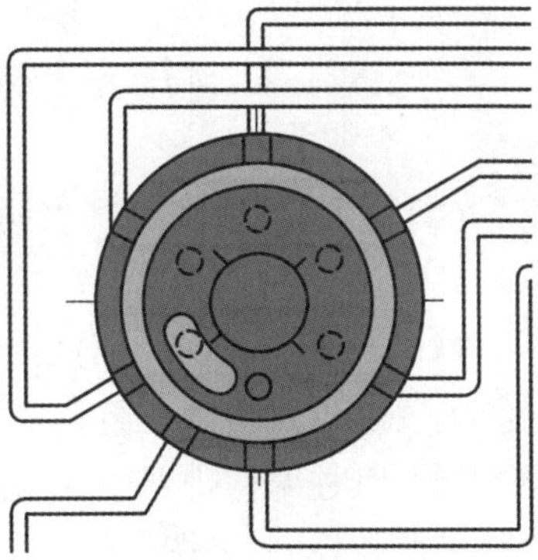

图 7－21 回转式分配器工作原理示意图

图 7－22(a)为 S50MC－C 柴油机转盘式空气分配器结构图，图 7－22(b)为其原理示意图。空气分配器安装在柴油机的一端，由凸轮轴 9 经过齿轮 1 驱动。由分配器盘 5、换向盘 4、本体 2、分配器轴 10 等组成。分配盘在与换向盘接触的端面上，开有内外两圈圆弧槽，外槽用于正车启动，内槽用于倒车启动，每圈圆弧槽都分为短槽和长槽。控制空气由 A_1、A_2 空间经分配盘上钻孔供向短槽，由短槽经换向盘及本体上的孔 3 轮流向各缸气缸启动阀。结束进气的气缸启动阀，其控制空气经换向盘上的孔进入分配盘的长槽，长槽与轴和换向盘之间的空间相通，由此空间再经本体上的泄气孔 8 排向大气。换向盘上有两组孔，分别于分配盘上的内、外圆弧槽相对。换向盘在正车位置时，外侧－组孔与本体上去气缸启动阀的供气孔相通，内侧一组孔被封闭；换向盘在倒车位置时，内侧－组孔与本体上去气缸启动阀的供气孔相通，外侧一组孔被封闭。通过换向盘上的臂拉动换向盘转动来实现换向。正常运行时，分配盘和换向盘是不接触的，靠作用在轴肩上的滑油压力将轴及分配盘向外推出。当有控制空气供向分配盘时，A_1、A_2 空间的压力空气将分配盘 5 被压靠到换向盘上。

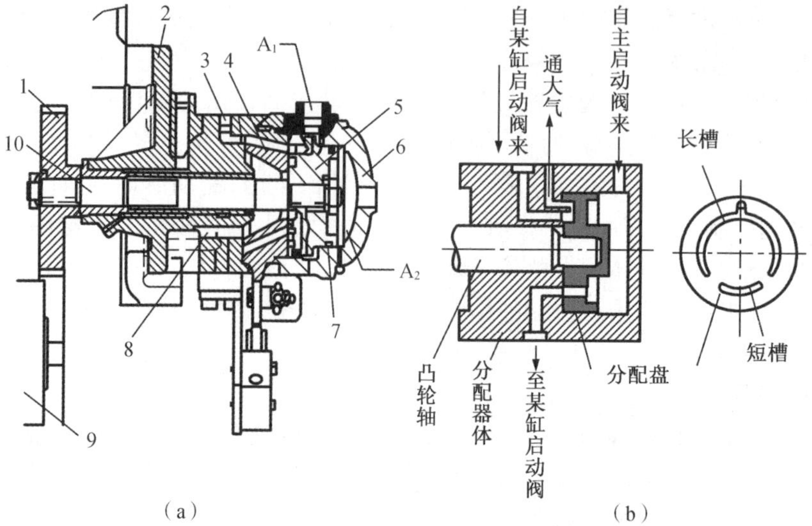

1—齿轮;2—本体;3—通向气缸启动阀的供气孔;4—换向盘;5—分配盘;6—盖;7—活塞环;8—泄气孔;9—凸轮轴;10—分配器轴。

图 7-22 S50MC-C 柴油机转盘式空气分配器结构与原理图

(2)柱塞式(滑阀式)空气分配器

柱塞式空气分配器按其结构不同又可分为单体式与组合式两种。单体式如图 7-19(b)所示,一缸一个分配器,启动阀启闭时刻与次序均由各启动凸轮的型线和在凸轮轴上的安装位置决定。组合式空气分配器集中由一个或一套启动凸轮控制。组合式空气分配器按其柱塞的排列中分为圆周排列式(圆列式)和直列式(并列式)。圆列式集中由一个启动凸轮控制,如图 7-23 所示。直列式由一套启动凸轮控制。组合式分配器凸轮的安装位置和型线决定了各启动阀的启闭时刻,分配器与气缸启动阀的连接管系布置决定了各气缸启动阀的开启次序。

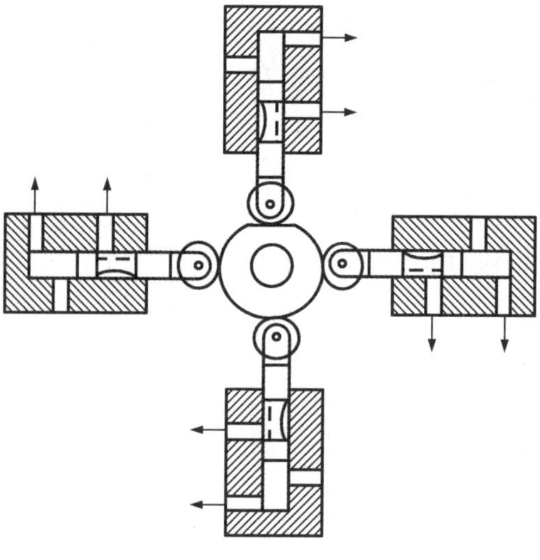

图 7-23 圆列式空气分配器

为与气缸启动阀相匹配,柱塞式空气分配器又有单气路和双气路两种形式。单气路式如图 7－19(b)所示,它与单气路气缸启动阀相配。单气路式分配器中,滑阀上开有三个气口,分别是进气口、出气口和泄气口。当滚轮处于凸轮凹弧段时,滑阀处于低位,控制空气通过阀体上的中间出气口进入气缸启动阀启阀活塞的上部,压下气缸启动阀。随着启动凸轮转至凸弧段,滑阀 6 被抬起,进气孔与出气口隔断,出气口与下部的泄气孔相通,启阀活塞上部的控制空气经泄气孔排入大气,气缸启动阀在弹簧作用下上行关闭。当进入空气分配器上部的控制空气泄放后,滑阀 6 及滚轮由滑阀弹簧(图中未示出)吊起而脱离凸轮 7 的控制,避免在柴油机运转中滑阀磨损。

双气路式空气分配器原理图如图 7－24 所示,与双气路气缸启动阀配合使用。双气路控制式气缸启动阀有两路控制空气,因而它的分配器必须有两个供气口分别与气缸启动阀的开启管 H 和关闭管 J 相连接,参见图 7－20,双气路式分配器中,滑阀上开有 5 个气口。当滚轮处于凸轮凹弧段时,滑阀处于低位,自主启动阀来的控制空气通过 A 口进入气缸启动阀开启管 H,关闭管 J 通过 B 口经滑阀与大气相通,打开气缸启动阀。当滚轮处于凸弧段时,启动阀的开启管 H 通过 A 口经滑阀与大气相通,自主启动阀来的控制空气通过 B 口进入气缸启动阀关闭管 J,关闭气缸启动阀。

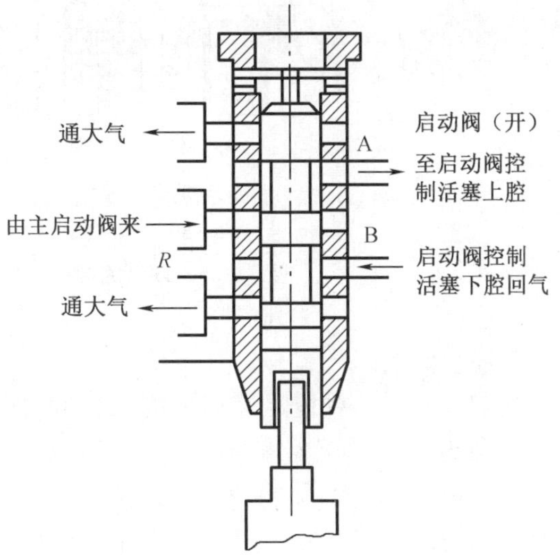

图 7－24　双气路空气分配器原理图

图 7－25 所示为双气路控制式空气分配器的内部结构图。分配器各控制滑阀 3 按气缸发火顺序绕凸轮轴 1 中心线径向布置,各滑阀由同一个启动凸轮 6 控制。图示位置为非启动状态,空气分配器空腔 P 无控制空气,控制滑阀 3 在弹簧 3a 的作用下脱离凸轮 6(存在$S=1$ mm间隙),此时开启管 H 经放气腔 VS 通大气,各缸气缸启动阀处于关闭状态。当进行启动操作时,主启动阀输出的控制空气,一路经空气分配器 CA 进入空腔 RS 及空腔 P,把各控制滑阀 3 连同滚轮 5 压向启动凸轮 6,从而使各滑阀处于凸轮控制状态。另一路经空气分配器供气管 SA 进入分配腔 DS,并与开启管 H 相通,控制空气由 H 管送至该缸气缸启动阀启阀上方空间,其下方空间经关闭管 J 由放气腔 VS 通大气,从而使气缸启动阀下行开阀,进行启动。随着凸轮轴 1 的转动,凸轮 6 的凸起部分将滑阀推向左端,使开启管 H 经放气腔 VS 通大气,气缸启动阀启阀活塞上方通大气,而关闭管 J 与空腔 DS 相通,控制空气经管 J 送至气缸启动阀启阀活塞的下部,气缸启动阀上行关阀。接着启动凸轮 6 的基圆又转至另一滑阀下端,依次开启另一缸气缸启动阀。启动完毕,启动控制阀复位,空间 P 和 RS 的控制空气经 CA 泄放,各滑阀 3 在弹簧 3a 作用下,拉回原位,脱离凸轮。空气分配器停止工作。

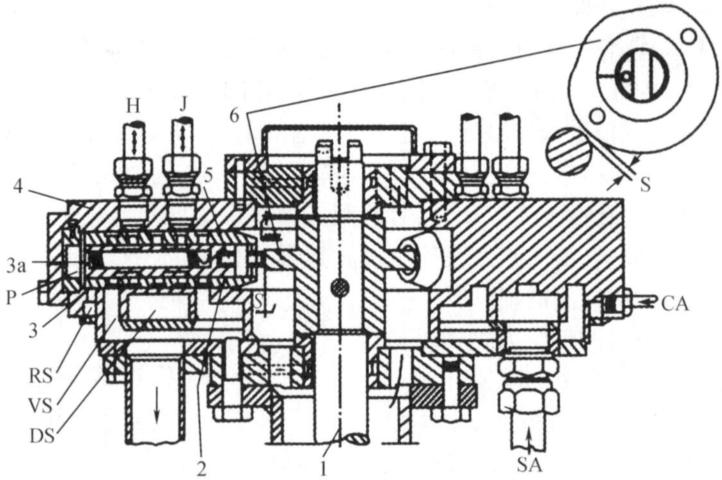

1—轴;2—滑阀套;3—控制滑阀;3a—弹簧;4—外壳;5—滚轮;6—启动凸轮;CA—控制空气管;SA—供气管;DS—分配器空腔;VS—放气空腔;RS—空腔;P—压力空腔。

图7-25　双气路控制式空气分配器的内部结构图

3. 主启动阀

主启动阀是一种能迅速启闭的截止阀,用来控制空气瓶至空气分配器和气缸启动阀间的空气通路;由于流通面积大,除能使启动迅速可靠,还可减少压缩空气的节流损失;当启动完毕后,它能迅速切断进入启动总管的压缩空气,并使总管中的残余空气经主启动阀放入大气。主启动阀还能避免启动控制阀远离主机而使启动滞后。因此,在大、中型柴油机压缩空气启动装置中多设有主启动阀。

按其动作原理,主启动阀可分为均衡式和非均衡式两种。靠通入控制空气使阀开启,称为“均衡式”(或称“加载式”)。靠泄放控制空气使阀开启,称为“非均衡式”(或称“卸载式”)。

图7-26为均衡式主启动阀,由控制活塞1、弹簧2、阀3和阀体4等组成。启动阀3安装在阀体4内,它依靠弹簧2(内圈)向上的弹力与阀座紧密配合。阀3上方装有控制活塞1,它由弹簧2(外圈)向上支撑着,与上方压盖接触。准备启动时,空气瓶来的压缩空气从下方进入主启动阀,气路被阀3所隔断。启动时,由启动控制阀来的一般控制空气(0.4 MPa)由压盖上方进气孔进入控制活塞1的顶部,克服弹簧的弹力,向下顶开阀3,压缩空气进入启动空气总管,使柴油机启动。启动结束,控制活塞顶部的控制空气泄放,控制活塞在外圈弹簧的作用下

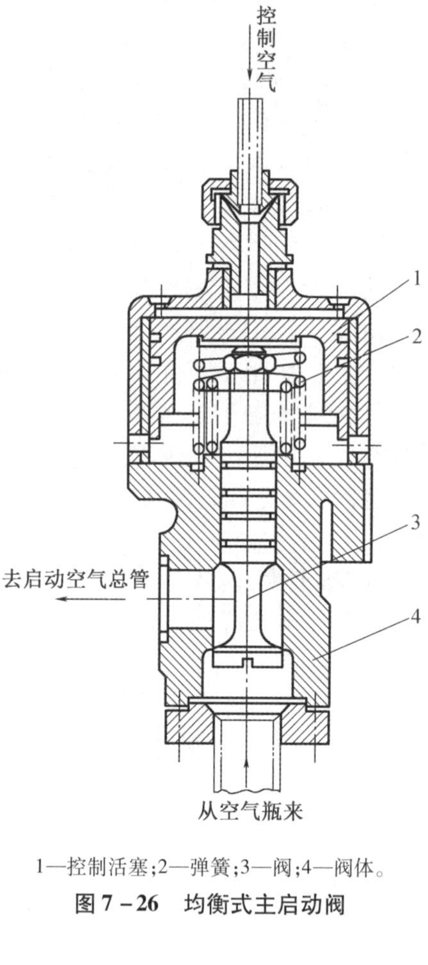

1—控制活塞;2—弹簧;3—阀;4—阀体。

图7-26　均衡式主启动阀

回到最高位置，阀 3 在内圈弹簧与阀盘底面气压共同作用下关闭。

图 7 – 27 为非均衡式主启动阀。大型低速机多使用这种主启动阀。杯形主阀 4 装在阀体 2 的套筒 11 之中，内还装有主阀弹簧 12，阀盖上孔 B 与启动滑阀相通。主阀紧压在阀座上，把空气瓶与启动空气总管间气路隔断。同时，通过阀杆 5 将下部的锥形放气阀顶开，使启动空气总管与大气相通。准备启动时，打开空气瓶出气阀，压缩空气便从 A 孔充入杯形主阀下部外围空腔，作用在环形圆锥面上，力图将主阀抬起，而来自启动控制阀的压缩空气从 B 孔进入主阀上部空间，与主阀弹簧共同压紧杯形主阀，使它不能开启。启动时，启动控制阀的滑阀被顶开，切断压缩空气来路并开启自身的放气孔，让杯形主阀背部的压缩空气从 B 孔通过它放入大气，作用在主阀外锥面上的压缩空气克服主阀弹簧 13 的压力，使杯形主阀上移开启；同时阀体下方的放气阀上抬，关闭放气孔 E。这样，压缩空气便从 D 孔进入启动空气总管去启动柴油机。启动结束时，启动控制阀的滑阀复位，压缩空气重新从 B 孔进入阀背使主阀关闭，阻断进入总管气路；同时，下方放气阀开启，使启动总管中的余气从放气孔 E 泄放大气。

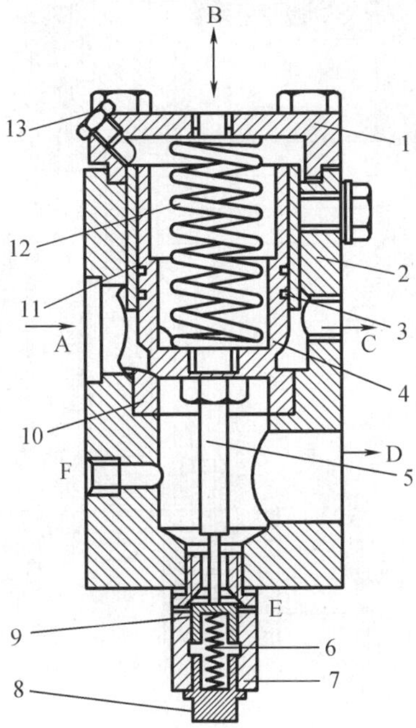

1—阀盖；2—阀体；3—密封环；4—杯形主阀；5—阀杆；6—小弹簧；7—放气阀壳；8—小弹簧压盖；9—锥形放气阀；10—主阀座；11—套筒；12—主阀弹簧；13—加油螺钉；孔 A—接贮气瓶；孔 B—接启动滑阀；孔 C—接减压阀；孔 D—接启动空气总管；孔 E—放气孔；孔 F—通向换向控制滑阀。

图 7 – 27　非均衡式主启动阀

图 7 – 28 是 Sulzer 柴油机使用的一种带慢转阀的新型非均衡式主启动阀结构图。它既能用控制空气进行控制，也能用手轮进行手动控制，它兼有主启动阀和截止阀的职能。其主要组成为：图中右侧 6 为主启动阀体，阀壳上部的止回阀 9 用来防止气体倒流。阀壳左下侧设有控制阀 2，它由启动控制阀控制。阀左侧为慢转阀，由慢转按钮控制。在启动前通过慢转阀可使柴油机在主启动阀体 6 不动作的情况以 5 ~ 10 r/min 的速度慢转，使润滑油进

入摩擦副表面。

准备启动时,先将主启动阀手轮置于“自动”位置。开启空气瓶出口阀,启动空气从前方进入阀壳内的环形空腔P,并通过阀体上的孔EB进入空腔P_1,再通过芯轴5与轴套4之间的间隙G进入空腔P_2。启动空气作用在阀体6向上的面积大于向下的面积,再加上弹簧3的弹力向上,远大于启动空气作用在阀体外锥面上向下的开阀力,故阀体6紧贴止回阀阀座8,使主启动阀关闭,止回阀9也关闭。空腔P的空气通过慢转阀活塞17的孔“E”进入空间P_4,启动空气作用在慢转阀活塞上的力和弹簧14的弹力共同作用下,慢转阀活塞17紧压在阀座18上,启动空气无法进入空腔P_5。此时止回阀9和10均关闭。

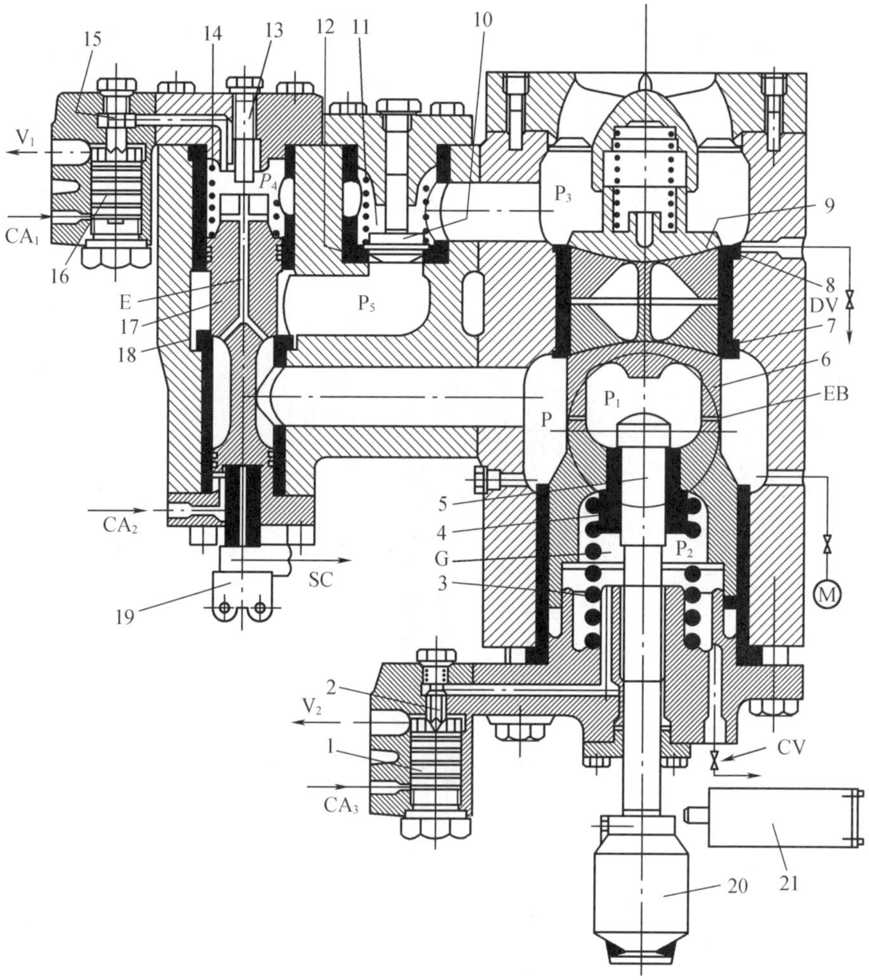

1—主启动阀控制活塞;2—阀;3—弹簧;4—轴套;5—芯轴;6—阀体;7—阀座;8—止回阀阀座;9—止回阀;10—慢转阀的止回阀;11—弹簧;12—阀座;13—调节螺丝;14—弹簧;15—阀;16—慢转阀控制活塞;17—活塞;18—慢转阀阀座;19—双止回阀;20—联轴节/凸轮;21—二位三通阀;E—平衡孔;G—间隙;EB—平衡孔;M—压力表;DV—排水阀;P ~ P_5—压力空腔;CV—检查阀(排水阀);CA_1,CA_2,CA_3—控制空气进口;SC—至空气分配器;V_1,V_2—放气孔。

图7-28 带慢转阀的一种主启动阀

当需要慢转操作时,按下“慢转”按钮,控制空气分别通过进口 CA_1 和 CA_2 进入慢转阀,CA_1 的压缩空气使控制阀 16 上移顶开阀 15,使空腔 P_4 的压缩空气经放气孔 V_1 泄出,与此同时从下方 CA_2 进入的压缩空气克服弹簧 14 的弹力,推动活塞 17 离开阀座上行直至与调整螺钉 13 接触为止。这样,启动空气即由空腔 P 进入空腔 P_5,并打开止回阀 10,进入空腔 P_3,通入启动空气总管。由进口 CA_2 进入的控制空气还通过下端的双止回阀 19 的出口 SC 通向空气分配器,将滑阀推到启动凸轮上,从而控制气缸启动阀的开启,使柴油机慢速转动起来。慢转的转速由进入气缸的空气量决定,调节螺钉 13 的长度可调节空气量,使慢转转速控制在 5 ~ 10 r/min。慢转结束时,切断进口 CA_1 和 CA_2 的控制空气,有关阀件均恢复原位,处于准备启动状态。

启动时,按下启动按钮,使控制空气由进口 CA_3 进入控制活塞 1 的下方,推动活塞 1 上行并顶开阀 2。使空腔 P_1 和 P_2 内的压缩空气经出口 V_2 放入大气,作用在阀体 6 向上的启动气体力消失,同时空腔 P 内的启动空气作用在阀 6 外部的圆锥表面产生向下的推力使阀体 6 与阀座分开,主启动阀打开。这样,空间 P 的启动空气经阀座 7 的空腔抬起止回阀 9 进入启动空气总管,通过空气分配器和气缸启动阀进行启动。此时,慢转阀的止回阀 10 关闭。

启动完毕后,切断通至 CA_3 的控制空气,控制活塞 1 落下,阀 2 关闭。待空间 P_1 和 P_2 内充满启动空气后主启动阀自行关闭,止回阀 9 随即落座。

当主启动阀“自动”失灵时,可改用阀旁手动操作。只要将手轮调整到“手动开启”位置,即可通过芯轴 5 的头部凸缘将阀体 6 拉下使主机启动。同理,将手轮调整“手动关闭”位置,阀体 6 就关闭,可使启动结束。

止回阀 9 的功用是当主启动阀阀体 6 因卡阻不能关闭时,它能防止气缸里的高温燃气倒流入主启动阀或启动空气瓶内。压力表 M 用来监视启动空气总管是否有压力。

检查阀 CV 和放泄阀 DV 用于放掉管路中的残余空气和冷凝水,为保证安全,每次定速或完车后应打开这两个阀。阀 CV 还能用来检查主启动阀的动作及气缸启动阀的密封性,检查时,打开空气瓶出口阀,开启阀 CV,将 P_1 和 P_2 腔内的空气放掉,主阀 6 即开启,使启动空气总管中充满压缩空气。这时,由于没按启动按钮,空气分配器和气缸启动阀均不动作,柴油机不会启动。若此时柴油机处在停车状态,再顺次开启各气缸盖上的示功阀时,如某一阀有气体流出,即表示该缸的气缸启动间有漏泄。关闭 CV 阀,主启动阀随即关闭。

图 7 - 29 所示是 MAN - B&W MC 型柴油机使用的一种球阀式主启动阀。它由一个大球阀(主阀)和与其并联的小球阀(慢转阀)组成。两个球阀均由启动控制阀控制启闭。在主启动阀出口管系中设止回阀,防止燃气倒灌。

慢转时,按下操纵台上的慢转开关,通过电磁阀使主阀锁闭,慢转小球阀打开进行慢转动作。正常启动时,两个球阀都打开。如柴油机停车超过 30 min 再次启动时,应先操作操纵台上的慢转开关,使主机慢转,慢转开关至少要使主机慢转一周后,才使电磁阀释放主阀的锁闭,主阀复位,然后才允许正常启动。

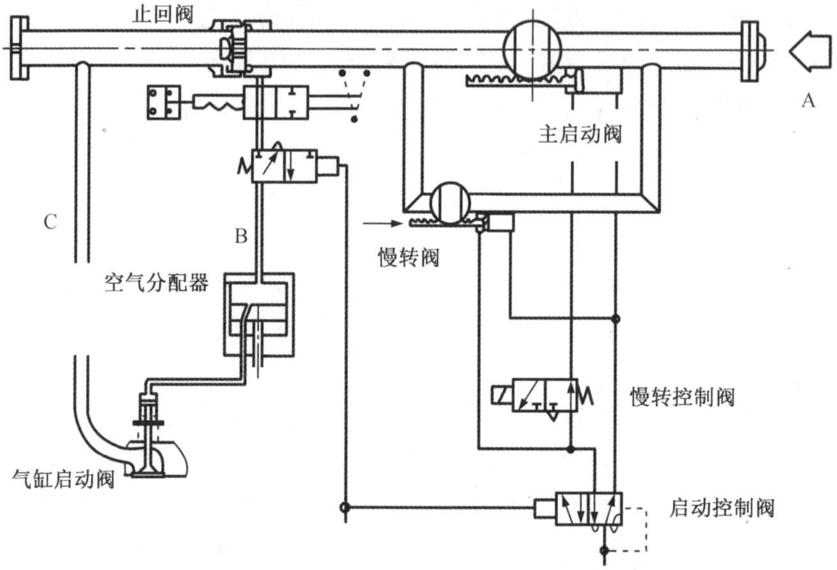

图 7－29　MAN B&W MC 系列柴油机球阀式主启动阀

4. 启动控制阀

启动控制阀的功用是用以控制大中型柴油机的主启动阀的启闭。形象地说就是总开关的开关。其结构较简单，通常位于操纵台上，通过启动按钮、启动手柄或启动手轮，利用凸轮使其动作，以便使一股操纵空气通入主启动阀，使加载式（均衡式）主启动阀开启；或泄放掉控制空气使卸载式（非均衡式）主启动阀开启。

图 7－30 为 NVD 型柴油机启动控制阀，图示为准备启动位置。空气瓶空气从 a 口进入并穿过阀 3 从 b 口通往主启动阀，将主启动阀关闭。启动时，操纵手轮转至“启动”位置，手轮轴上的凸轮从阀的下方将滚轮与顶杆 6、锥形阀 4 及控制滑阀 3 一起向上顶起。阻断 a 至 b 的气路，主启动阀杯型主阀上部空间的存气由 b 经滑阀 3 的缺口、锥形阀 4 的中心孔至放气孔 c 通向大气，使卸载式主启动阀开启。

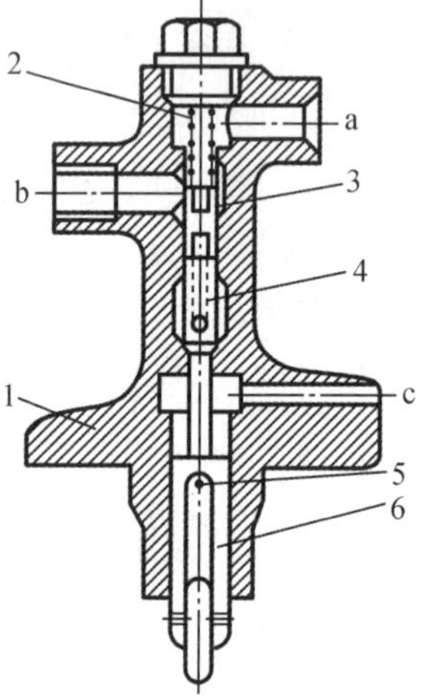

1—阀壳；2—弹簧；3—控制滑阀；4—锥形阀；5—限制销；6—顶杆与滚轮；a—进气孔；b—出气孔；c—放气孔。

图 7－30　NVD 型柴油机启动控制阀

【效果检测】

扫描二维码,进行过关测试。

项目八　柴油机测试与运行管理

【项目描述】

通过柴油机示功图的测试、柴油日常运行操作与管理、柴油机应急操作与管理等方面的知识学习和技能训练，以期达到 STCW 公约马尼拉修正案和《中华人民共和国海船船员适任考试和发证规则》(2020 年)规定的有关适任标准要求。

一、知识要求

1. 理解机械式和电子式示功器的基本结构原理与操作要点。

2. 理解示功图的概念、种类及其用途，能够阐述柴油机示功图的测取方法。

3. 掌握船舶启动、备车、停车与机动操纵状态下的操作与管理要点；熟悉柴油机日常运行管理要点，熟悉机舱巡回检查的意义和要点；熟悉船舶机动工况下柴油机的操纵要点。

4. 了解单缸或多缸停油时保持主机运行的方法，了解停增压器时保持主机运行的方法，熟悉曲轴箱油雾的危险性及出现危险的应对措施

二、能力要求

1. 具备简略绘制二冲程和四冲程柴油机示功图的能力；具备利用示功图计算平均指示压力和指示功率的能力。

2. 熟练实施主机开航前的备车操作；熟练实施主机启动后的参数监测和调整；熟练实施主机定速后的操作与管理；熟练实施主机的完车操作。

3. 能完成曲轴箱爆炸的处理操作。

三、素质要求

1. 具备安全操作的意识；

2. 具备较强的集体意识和团队合作精神。

【项目实施】

任务一　示功图的测试

【任务引入】

机械示功器测量的 $p-V$ 图，无法显示换气过程，怎么解决呢？

【知识结构】

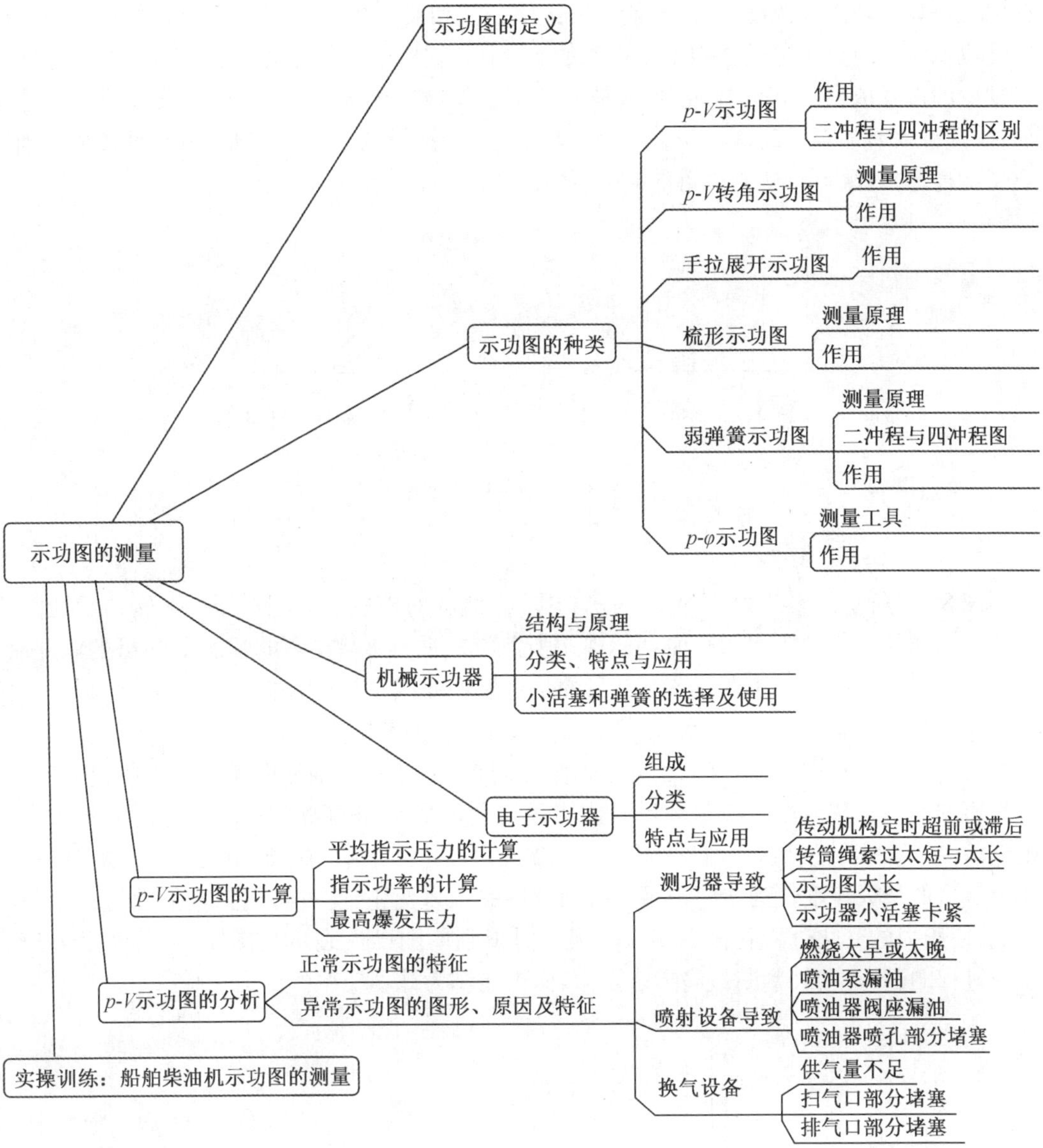

【知识点】

一、示功图的种类及用途

示功图是气缸内工质压力随气缸容积或曲轴转角变化的图形。

根据测量目的和任务的不同，可测取不同类型的示功图。用机械示功器可以测取 $p-V$ 示功图、$p-V$ 转角示功图、弱弹簧示功图，纯压缩图，也可用手拉测取手拉示功图和梳形图等，用气电示功器或电子示功器可测取 $p-\varphi$ 示功图。

1. $p-V$ 示功图

图 8-1(a)所示为四冲程柴油机 $p-V$ 示功图，图 8-1(b)所示为二冲程柴油机 $p-V$ 示功图。二冲程下止点附近压差较小，四冲程柴油机 $p-V$ 示功图尾部较二冲程柴油机的

圆滑。$p-V$ 示功图中过程线下面的面积代表柴油机气缸内一个工作循环所做的指示功,可以用来计算柴油机的功率,调整各缸负荷的均匀性,量取最高爆发压力和判断各缸燃烧情况以及计算缸内瞬时温度等,但不能用来详细分析和研究燃烧过程。由于这种示功图既能定性也能定量地显示出气缸内工作过程的实际情况,因而成为研究气缸内部工作过程所不可缺少的重要依据。但是,它的测量是在一个工作循环内完成的,如果因某种原因而产生误差,这种误差甚至可高达 10% ~15% ,那就失去了测量的意义。因此,测量时必须特别注意工况稳定,并慎重对待所测得的结果,尽量避免误差。

(a) 四冲程柴油机p-V示功图　　(b) 二冲程柴油机p-V示功图

图 8-1　$p-V$ 示功图

2. $p-V$ 转角示功图

图 8-2 所示的实线为 $p-V$ 转角示功图,虚线为对应的 $p-V$ 图。$p-V$ 转角示功图是用机械示功器在传动机构的小曲柄超前于所测气缸曲柄 82°左右的情况下测得的。此时,图形中央位置恰好是上止点位置。其目的是将燃烧曲线在横坐标方向上放宽,以利于分析燃烧过程的情况。根据活塞运动规律,活塞在上、下止点处速度为零,而在中部速度最大。此时,在 $p-V$ 示功图上,燃烧过程处于上止点附近,活塞速度很低而燃烧压力很快。这样,在很短的活塞位移内难以清楚地反映出迅速变化的燃烧压力情况。而当传动机构的小曲柄超前 82°左右后,发生在上止点附近的燃烧过程被移到了示功图的中间部分。此时,就可用小活塞的最大速度带动转筒记录气缸内较快的压力变化,即可将上止点附近的压力曲线放宽,使压力的变化过程看得更明显。但此时得到的图已失去示功图原形,只能用来分析燃烧过程的进行情况,判断最高燃烧压力,而不能作为计算功率的依据。

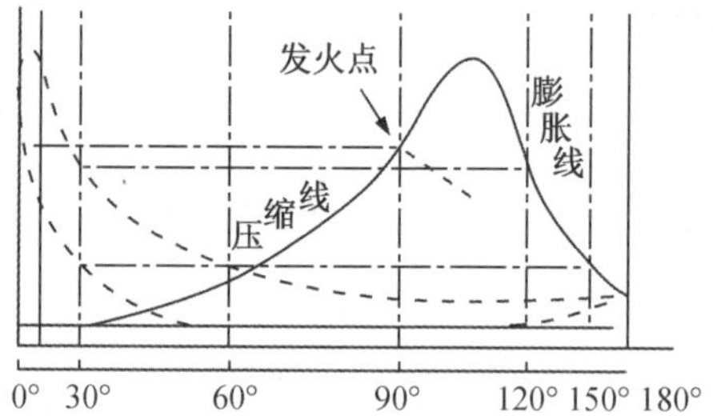

图 8-2　$p-V$ 转角示功图

3. 手拉展开示功图

在不能测取 $p-V$ 转角示功图的柴油机上,为了研究燃烧过程和判断发火时刻的早晚,可利用图 8-3 所示的手拉展开示功图。其作用和 $p-V$ 转角示功图一样,可配合 $p-V$ 示功图研究燃烧过程。

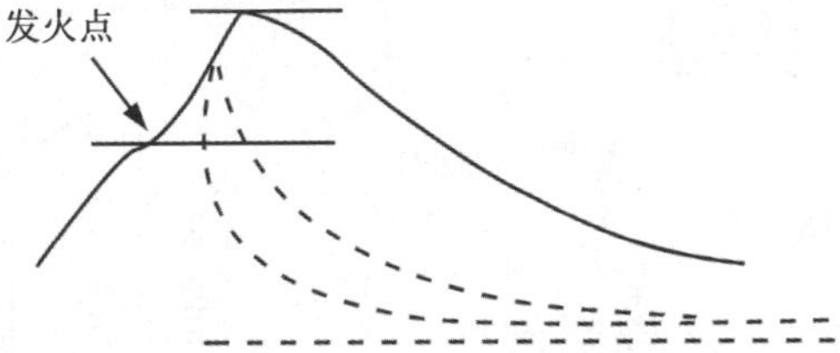

图 8-3 手拉展开示功图

4. 梳形示功图

用手慢慢拉动示功器转筒，可测出多条压缩压力线（在单缸停油时）或最高爆发压力线，这种图形形似梳子，所以称为梳形示功图，如图 8-4 所示。

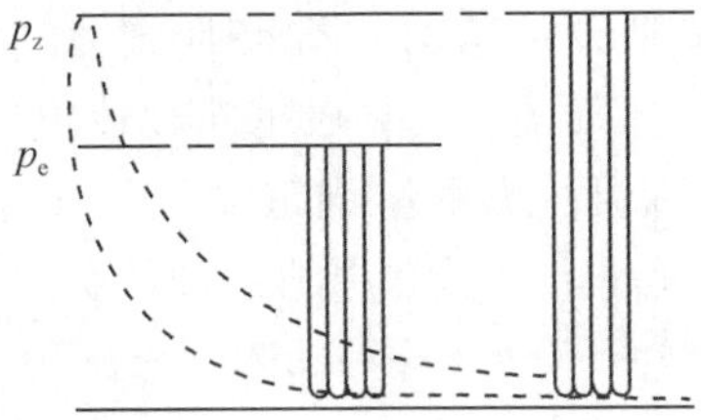

图 8-4 梳形示功图

5. 弱弹簧示功图

在用机械示功器测取 $p-V$ 示功图时，因最高爆发压力较高，而示功器的弹簧又是根据最高爆发压力选取的，因此示功弹簧选得较硬（弹簧比例较小），致使进、排气过程中的微小压力变化在示功图上反映不出来，所以四冲程柴油机示功图的进、排气重合为一条线，二冲程柴油机示功图的尾部扫气过程也重合为一条线。为了研究和检查扫气过程，可以给示功器换上弱弹簧和 1/1 标准活塞（弱弹簧可根据排气压力的大小和放大程度来选择），把 $p-V$ 示功图的尾部放大测绘出来。这种图形称为弱弹簧示功图。

图 8-5(a) 所示为四冲程柴油机的弹簧示功图。曲线 1 表示部分压缩过程。当示功器的小活塞运动到极端位置时，示功图保持一段等高度。在膨胀过程（曲线 2）中，当气体压力等于或小于弹簧的弹力时，弹簧才恢复其作用。排气过程（曲线 3）从点Ⅱ开始，排气阀已开，气缸内的压力迅速下降，缸内的废气大量排出，从而产生负压。随着活塞上行和速度提高，排气压力又高于大气压力，并随废气的逐渐排空而下降。活塞到达上止点附近，进气阀开启，进气过程开始（曲线 4），一直到下止点Ⅰ，然后又开始压缩。图 8-5(b) 所示为二冲程柴油机的弱弹簧示功图。当排气口开启时，膨胀线急剧下降到扫气压力线以下。在扫气口开启后压力升高到扫气压力。由于弹簧的振动，压力出现波动，直到扫气口关闭为止。由于过后排气，气缸内压力又会下降，直到排气口关闭开始压缩。通过使用弱弹簧示功图就可以研究和检查换气过程的好坏。

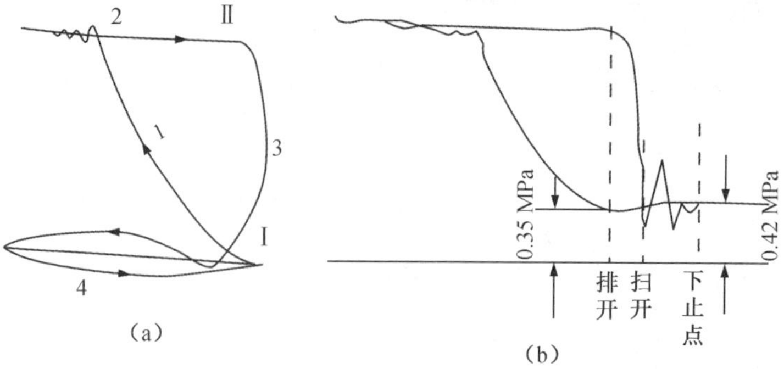

图 8-5　弱弹簧示功图

6. $p-\varphi$ 展开示功图

用电子示功器可测取 $p-\varphi$ 展开示功图。图 8-6 所示为 $p-\varphi$ 示功图。在船上可通过电子示功器测得。p 为气缸内气体压力,$p-\varphi$ 表示曲轴转角。$p-\varphi$ 示功图可用来计算柴油机的指示功率,评估燃烧与扫气过程,测取缸内最高爆发压力 p_z 和压缩压力 p_c,计算放热率,测定发火角等,是分析研究柴油机过程常用的一种示功图。

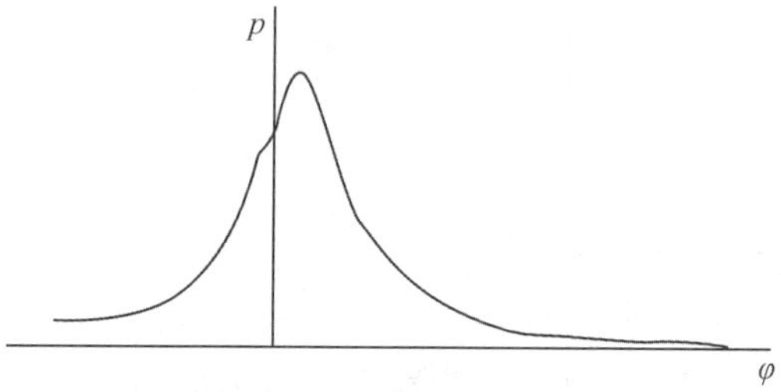

图 8-6　$p-\varphi$ 展开示功图

总之,在船舶上通常使用机械示功器或电子示功器测取气缸示功图。一般地讲,示功图有以下用途:确定柴油机指示功率并判断功率分配的均匀性;确定柴油机的最大爆发压力 p_z 和压缩压力 p_c;评估柴油机缸内工作过程的完善程度,如研究其燃烧过程、换气过程,计算缸内温度等。

二、机械示功器

1. 机械示功器的结构

机械式示功器结构和工作原理动画

图 8-7(a)所示为机械示功器结构示意图,它由压力感受机构 C、转筒机构 A 和记录机构 B 三部分组成。由图 8-7(b)可知,压力感受机构包括小活塞、活塞杆及示功弹簧等,用来感受缸内压力变化并以示功小活塞位移输出;转筒机构包括绳索、转筒,用来反映柴油机活塞位移;记录机构包括联运机构和画笔机构,具有平行放大作用,画笔的自由端装有铜笔尖。

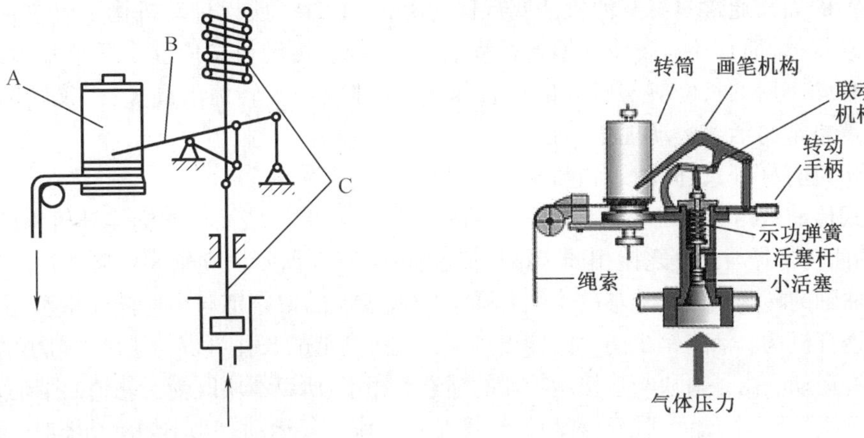

（a）结构示意图　　（b）结构图

A—转筒；B—记录机构；C—压力感受机构。

图 8－7　机械示功器

2. 机械示功器的工作原理

当测量示功图时，转筒上夹有示功纸并通过绳索由柴油机曲轴或凸轮轴通过专设的示功器传动机构带动，绕其自身轴左右偏转，其偏转角位移量正比于柴油机活塞位移，即转筒转动的弧长代表按比例缩小的活塞行程的长度，反映柴油机活塞的行程。示功器小活塞在缸内气体压力推动下在小气缸中上下移动，并被弹簧力所平衡，小活塞的位置反映气体力的大小。小活塞的运动通过活塞杆带动联动机构，再带动画笔运动，由画笔反映其位移量，即按一定比例反映柴油机气缸内变化着的气体压力。由于示功器中小活塞的上下位移与柴油机气缸中的气体压力的变化成比例，而转筒的转动也与柴油机活塞行程成比例变化，所以记录笔尖在转筒记录纸上可以绘出气缸内气体压力随活塞位移变化的图形，即压力－容积示功图（$p-V$ 示功图）。

3. 机械式示功器小活塞和弹簧的选择

为了使机械式示功器能在较广泛的压力范围内使用，一般备有三套活塞和一套不同刚度的弹簧。可根据柴油机的最高爆发压力值进行选择，以便获得合适的示功图。这套活塞和气缸套分别用标号 1/1（标准活塞直径为 20.27 mm）、1/2（其面积为 1/1 活塞的 1/2，标准活塞直径为 14.35 mm）和 1/5（其面积为 1/1 活塞的 1/5，标准活塞直径为 9.06 mm）表示。为了便于识别，分别在示功气缸凸缘上用钢印注明 1/1、1/2、1/5 字样。

示功弹簧用弹簧比例 M 标记，单位为 mm/MPa，它表示缸内压力每变化 1 MPa 时弹簧的变形量（mm）。弹簧比例的选择应根据所选定的小活塞标号和柴油机气缸内的最高爆发压力的大小来选择。选择弹簧时应注意使示功器具有合适的高度，就是使测录的示功图的最大高度接近于示功图纸的高度，以保证示功图的精确度。通常，柴油机测录 $p-V$ 示功图时，使用 1/5 小活塞，可选用的弹簧比例有 12 mm/MPa、10 mm/MPa、8 mm/MPa、7 mm/MPa、6 mm/MPa、5 mm/MPa、4 mm/MPa、3 mm/MPa，相应的最高压力分别为 4.0 MPa、5.0 MPa、6.0 MPa、7.0 MPa、8.0 MPa、10.0 MPa、12.5 MPa、15.0 MPa。在测 $p-V$ 示功图时需测量爆发压力，故采用 1/5 小活塞，硬弹簧及低弹簧比例。

4. 机械示功器的传动机构

为了把柴油机活塞的运动按比例传给示功器的转筒，必须设有专门的传动机构。由于示功器转筒的周长通常只有柴油机活塞行程的 1/5 ~ 1/20 ,所以传动机构不仅要正确反映活塞的运动规律,而且还需要将活塞的行程缩小。因此,传动机构应满足两个基本条件:一是活塞行程缩小后的长度应与转筒的周长相适应,即应小于转筒的周长;二是转筒的回转规律必须严格地与活塞运动规律一致。

传动机构有杠杆式、曲柄式和凸轮式。

曲柄式传动机构使用一套单独的小型曲柄连杆机构模拟柴油机曲柄连杆机构的运动规律,二者的曲辆半径与连杆之比相同。结构简图如图 8 -8 所示。立轴 8 由柴油机曲轴传动,其转速与曲轴的转速相同。立轴的上端有圆盘 7,圆盘上的偏心销与小连杆 6 相连,由此组成了小曲柄连杆机构。活塞销 3 向上的伸出端穿过气缸套上的长孔可带动滑块 4 与小活塞一起做同步往复运动。由于滑块与连接示功器的绳索 5 相连,所以滑块既受活塞销的带动,又受示功器转筒弹簧的拉动,使活塞销与滑块始终靠在一起作往复运动。当不测示功图时,可通过止动杆将滑块推到左端,使滑块与活塞销脱离。Sulzer 柴油机采用此种方式。柴油机只设一套传动机构,通过机构上装设的缸号选择装置,即可测绘各缸的示功图。而且还能绘制转角示功图。

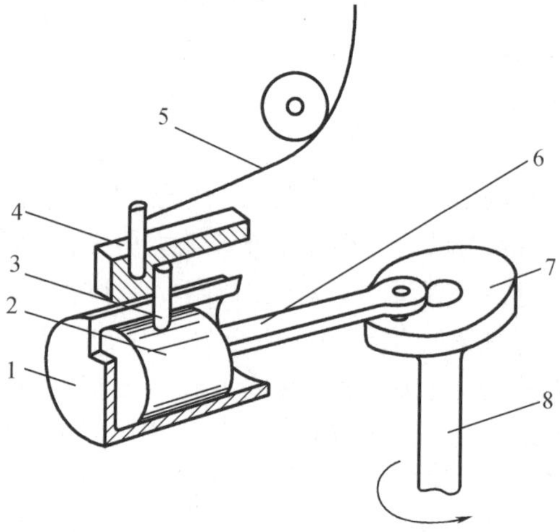

1—小气缸;2—小活塞;3—活塞销;4—滑块;5—示功绳索;6—连杆;7—圆盘;8—传动立轴。

图 8 -8　曲柄式传动机构结构简固

凸轮式传动机构由装在柴油机凸轮轴上的示功凸轮和带有滚轮的导杆及壳套等组成,如图 8 -9 所示。由于示功凸轮的外形是按活塞的运动规律设计的并按一定的位置安装在凸轮轴上,因此它能反映出活塞的运动规律。即柴油机活塞在上止点位置时示功凸轮也恰好把导杆推到最高位置使导杆的运动与柴油机活塞的运动规律相一致;而导杆的往复位移又与示功器转筒的周长相适应。当不测示功图时,只需将导杆提起并用插销固定,使之与凸轮脱离接触。通常每一个气缸都装有一套相应的凸轮式传动装置。凸轮式传动机构大多用在直流扫气的二冲程柴油机上。

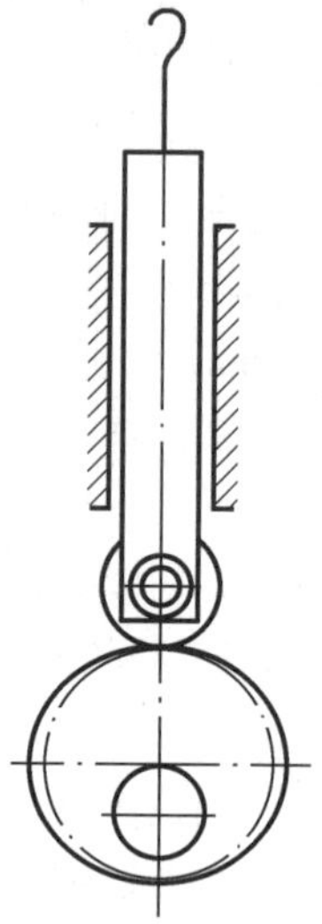

图 8 -9　凸轮式传动机构

5. 机械示功器的分类、特点与应用

根据使用的弹簧的形式可分为两种,即卷簧式和柱簧式。二者在结构原理上完全相同,不同的是前者用螺旋形卷簧式(刚度小),使示功器自振频率较低,只适用于400 r/min以下低速柴油机使用;后者用等强度柱形弹簧(刚度大),示功器自振频率较高,适用于700～1 000 r/min的柴油机使用。可见,机械示功器通过提高弹簧刚度来提高它的自振频率,扩大其适用范围。

由于机械式示功器是利用机械位移方法进行测量的,必然带来机械式测量仪器的固有缺陷,如感受缸内压力和反映活塞位移部分具有一定的质量,会产生较大的运动惯性力,而其弹簧刚度不太大(灵敏度要求),致使它的自振频率低,不适用于高速柴油机,只适用于低速机和部分中速机。目前,机械示功器在大型低速柴油机船舶上被广泛用作随机测试仪表,供监控柴油机运转使用。

6. 示功图的测取方法及注意事项

示功图形状是受许多因素影响的,譬如示功器使用和维护不当;传动机构安装不正确;天气、海况的变化等都会影响示功图的形状。因此在测取示功图时应做好准备工作,按正确方法进行测录。

①使用前应对示功器进行检查和保养,使其可动部分应有良好的润滑,保证小活塞在气缸内能以自身重量均匀下滑;当示功器与传动机构之间的距离大于1.5 m时,应选用钢丝软绳;示功图纸应与转筒底边靠齐。

②使柴油机负荷稳定,即各运行参数达到正常值并保持稳定不变。

③选择适宜的海正况和气象条件。

④安装示功器前,必须先打开示功阀把通路中的积炭及杂质吹净。

⑤示功器安装后,应先在转筒的记录纸上画出大气压力线。

⑥测取满意的示功图后,应注明日期、缸号、转速、排温、油门格数、弹簧比例等,并与驾驶台联系记录气候、风力、风向、潮流、吃水、船速等,供分析时参考。

⑦为准确起见,最好每缸测取2个示功图。当测取5至6个示功图后,应拆下示功器进行冷却,示功器测量完毕,应对示功器进行彻底清洁和保养。

三、电子示功器

电子示功器微课

电子示功装置与机械示功器比较,其突出的优点是频响特性好。电子示功装置灵敏度高、线性好,测量误差小于1%;固有频率高,具有良好的频响特性,频率特性宽,能应用于各种转速柴油机。但它易受外界干扰的影响,如电源电压波动、电磁场干扰、环境温度变化等均影响其工作稳定性,因而它对测量电路要求较高,需设补偿装置。电子示功装置既可测取单个循环示功图,又可测取多循环平均示功图。它与计算机组成一套完整的多参数综合测量系统。可实现对柴油机的远距离监测、数字显示及自动控制。完成对柴油机的诊断、趋向预报等监控技术。因而,电子示功装置在近代自动化船舶上应用广泛。

电子示功器由传感器、测量电路(放大器)和记录显示装置三大部分组成。它是利用电子技术通过各种形式(如电阻应变式、压电式、电容和电感式)的传感器把柴油机缸内的气体压力、曲轴转角等非电量按一定比例转换成相应的电量输出,经放大器等中间环节输送到记录显示装置进行观察或打印。

在电子示功装置中,压力传感器是一个核心环节,不同的压力传感器决定着不同的测量电路。示功装置按所采用的压力传感器不同分为电阻应变式示功装置、压电式示功装置、电容式示功装置和电感式示功装置等。在柴油机测试中,通常使用压电式或电阻式传感器测量气缸内压力,使用磁电式或光电式曲轴转角发生器反映曲轴转角的变化。电阻应变式示功器是利用压力传感器把被测压力的变化转换成应变片电阻值的变化。压电式示功装置将压力的变化转换成电荷输出,压力与电荷成正比。在示功器中压电式频响特性最好。柴油机示功装置均采用石英晶体生成压电式传感器。

电子示功装置的标定包括压力值标定和曲轴转角(时间坐标)标定等。曲轴转角标定是指给出具有一定精度的上止点记号和已知频率的时标标记或曲轴转角标记。理论与实践表明,上止点标记明显影响示功图计算的准确度。为了得到满意的测量精度,应特别重视上止点位置的确定和对压力传感器的定期标定。

四、$p-V$ 示功图的计算

1. 平均指示压力 p_i 的两种计算方法

(1)面积法

用面积仪测出示功图的面积,以 f(mm^2)表示,再除以 L(mm),可得到示功图的平均高度,即

$$h_i = \frac{f}{L} \quad (\mathrm{mm}) \tag{8-1}$$

用平均高度 h_i 除以示功器的弹簧比例 M(mm/MPa),则可以得到 p_i 值,即

$$p_i = \frac{h_i}{M} \quad (\mathrm{MPa}) \tag{8-2}$$

面积仪的组成如图 8-10 所示。面积仪在使用前需进行检查和调整,为校准面积仪,可使用专用的模板,也可精确地画一个矩形或圆。使用时将面积仪和示功图放置于一块平纸板上(纸板不要太滑)。在膨胀线上做出一个起点标志,拉动测量点(tracer centre)沿示功图匀速走一圈(速度不要太慢),即可在游标尺(vernier)上获得示功图的面积。只有在面积仪游标尺上两次读取的读数差不超过“1”时,测量才是准确的。

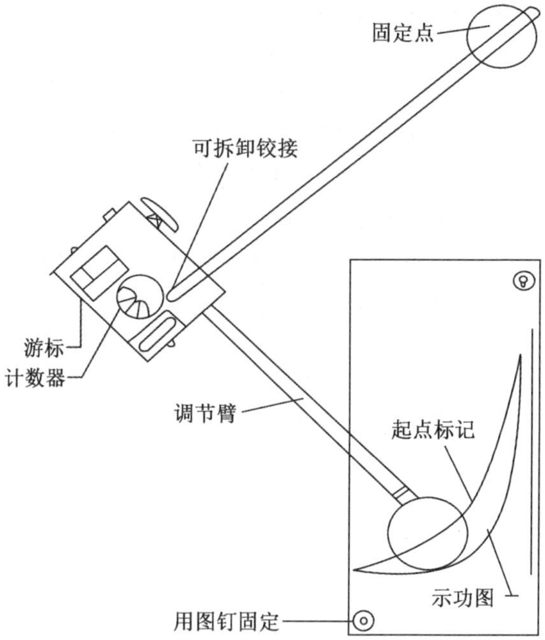

图 8-10　面积仪

在船上,对于运转中的柴油机,通常用机械示功器测取每个缸的 $p-V$ 示功图。根据示功图计算出每个缸的平均指示压力 p_i 值,再根据功率的计算公式求出每个缸的指示功率。

(2)十等分法

如果没有面积仪,还可用图 8-11 所示的作图方法求得示功图的平均高度,其结果也足够准确。十等分法如所示。将示功图长 L 分为十等份,量出各等分点上的示功图高度 y_1, y_2, y_3, …, y_9(mm)。在上、下止点附近,距上、下止点 $L/40$ 再附加两个示功图高度 y_0 和 y_{10}。示功图的平均高度可用公式求得

$$h_i = \frac{1}{10}\left(\frac{y_0 + y_{10}}{2} + y_1 + y_2 + y_3 + \cdots + y_9\right) \quad (\text{mm}) \tag{8-3}$$

$$p_i = \frac{h_i}{M} \tag{8-4}$$

则平均指示压力即可求出。

2. 功率的计算

计算出某缸的平均指示压力 p_i 值后,即可根据指示功率的计算公式 $P_i = Cp_in$ 求出单缸指示功率。C 为气缸常数,对既定的柴油机它是一个定值,通常在说明书中给出或者根据公式 $C = V_sm/60\ 000$ 算出。在设计时多缸柴油机的功率可用简化公式求出 $P_i = Cp_ini$,i 为气缸数。实际柴油机各缸功率不可能完全一致,为了准确起见,整台柴油机的功率应由求出的每个缸的功率值相加,不能简单地以某缸功率乘以缸数。

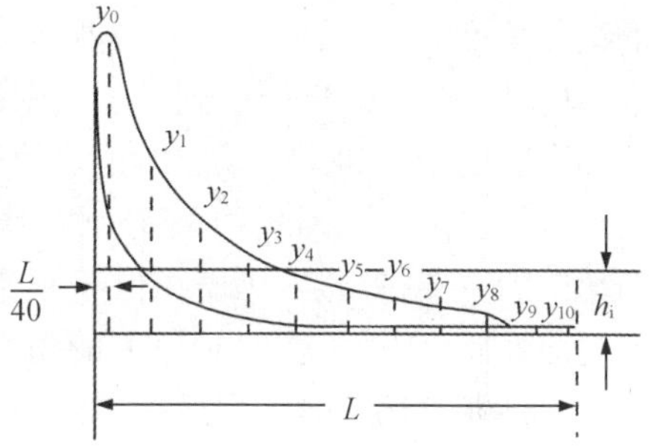

图 8-11 示功图的作图计算法

五、示功图的分析

1. 正常示功图的特征

正常示功图是在柴油机技术状态良好时测取的,通常由柴油机说明书或试航报告提供。正常示功图有以下特征:

①工作过程曲线比较圆滑,曲线过渡处无锐角或突变形状。

②工作过程各主要特性点的数值如最高爆发压力 p_z、压缩压力 p_c 等应符合说明书或试航报告的规定。

③工作过程曲线无异常波动现象。

④示功图尾部形状应符合不同的扫气形式的正常轨迹。

图 8-12 所示给出了二冲程柴油机正常示功图的基本形状,图中指出了各工作过程和特征点在各种示功图上的相互关系。示功图宽度 b 表示在不同负荷下示功图的肥瘦,大致反映了功率的大小。在缺少正常示功图的情况下,可根据上述各点并参照试航报告所规定的各主要热力参数进行比较。若发现示功图上的某些热力参数不正常,必须查明原因,根据说明书上的要求进行调整。在调整之后,各缸有关热力参数的不均匀度应满足如下要求:压缩压力 $p_c \leqslant \pm 5\%$;最高爆发压力 $p_z \leqslant \pm 5\%$;平均指示压力 $p_i \leqslant \pm 5\%$;排气温度 $t_r \leqslant \pm 5\%$(中高速增压机为 8%)。其中

$$\text{不均匀度} = \frac{\text{最大(最小)值} - \text{各缸平均值}}{\text{各缸平均值}} \times 100\% \tag{8-5}$$

在定期测取的示功图中,除正常示功图外,还会出现一些畸形示功图。有可能是柴油机工作过程不正常引起,也可能是由于示功器本身或使用不当等原因引起,所以应对畸形示功图进行具体分析,找出造成畸形的原因并排除。

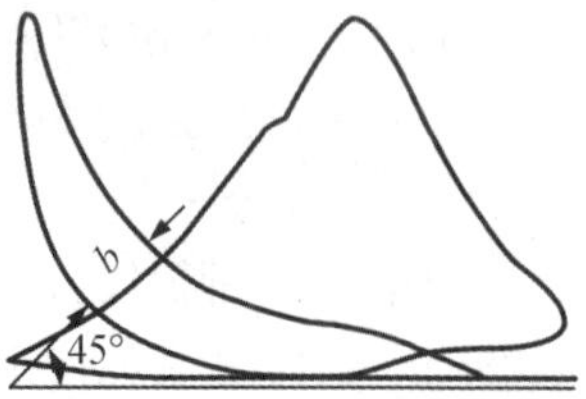

图 8-12　正常示功图

2. 畸形示功图

(1)示功设备或传动机构异常引起的畸形示功图

示功器传动机构不正常引起的畸形示功图。示功器传动机构因安装不正确,零件磨损等原因会造成示功器转筒的运动与柴油机的运动不相应,歪曲了气缸内的压力与行程的相应关系,产生畸形示功图。以下示功图中,虚线为正常示功图。

①示功器传动机构定时超前或滞后。示功器传动机构定时影响着示功图上能否正确反映柴油机活塞位移的变化。示功器传动机构定时超前是指当柴油机活塞位于上止点前的某一角度时,传动机构带示功器转筒已到达上止点位置,因而示功器画针把活塞在上止点前的某一角度时气压画到了示功图的上止点位置。这样使压缩线较正常线偏低。同理,上止点后由于示功图上某点所记录的压力值是其前一曲轴转角缸内的压力值,而使膨胀线较正常线偏高。如图 8-13 所示,实线为传动机构超前 5°时的示功图。传动机构定时超前畸形图的主要特点是:压缩线低于正常示功图,膨胀线高于正常示功图,整个示功图变宽。即超前变胖,传动机构定时超前的角度越大,示功图就越宽。显然用此图计算的功率明显增大。传动机构定时滞后是指当柴油机活塞位于上止点后的某一角度时,传动机构才带着示功器转筒至上止点位置,因而示功器画针把活塞在上止点后的某一角度时气缸压力画到了示功图的上止点位置,使示功图发生畸形如图 8-14 所示。实线为传动机构滞后 5°时的示功图。从图中可知此畸形图的主要特点是:压缩线高于正常示功图,膨胀线低于正常示功图,整个示功图变瘦,即滞后变瘦,滞后角度越大,畸形图越瘦。

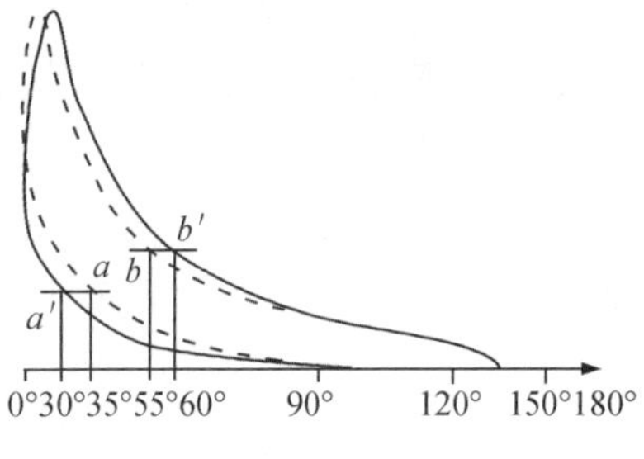

图 8-13　传动机构定时超前引起的畸形示功图

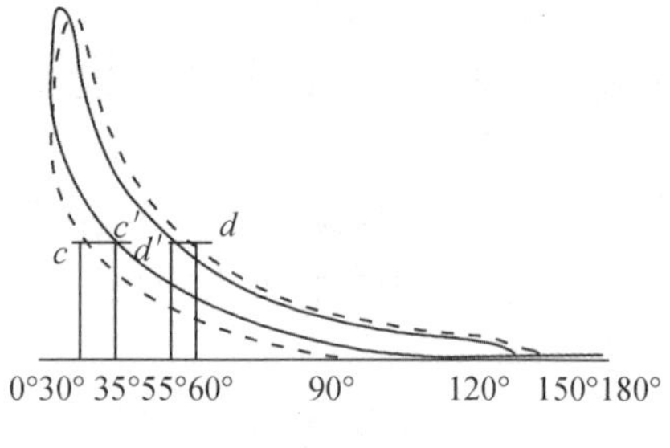

图 8-14　传动机构定时滞后引起的畸形示功图

实践证明,传动机构定时超前或滞后对示功图形状影响极大。一般曲轴转角每相差 1°,气缸平均指示压力 p_i 相差约为 5.5%。当发现示功图出现上述差异时,应判断是否是由于传动机构定时所引起的。一般采用纯压缩线判断法:用单缸停油的办法测取纯压缩图(图 8-5)。正常情况下,纯压缩线与膨胀线基本重合,如图 8-15(a)所示,这表示传动机构与柴油机同步。若传动机构定时超前(或滞后),则膨胀线与压缩线分离。传动机构定时超前时膨胀线在上,压缩线在下,如图 8-15(b)所示。传动机构定时滞后时膨胀线在下,压缩线在上,如图 8-15(c)所示。出现超前或滞后,可通过盘车校正传动机构使之与活塞的上、下止点同步,如校正传动凸轮的安装位置和曲柄连杆式传动机构刻度盘的安装位置等。

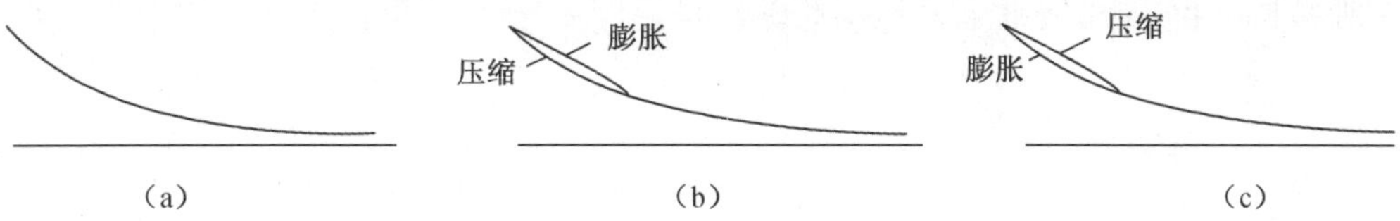

图 8－15　压缩图

②示功器故障引起的畸形示功图，指示功器转筒绳索太长或太短时的畸形示功图。如绳索太长，在传动机构上行至离上止点尚有一定角度时，转筒已到达其极端位置不再转动，绳索开始松动，一直到当传动机构由上止点下行某一角度绳索张紧时，转角才开始转动。在绳索松动期间，转筒不转动。因此只是画针上下运动，画出的图形是一条直线，致使把示功图的头部切去一部分，示功图变短，如图 8－16 所示。

如绳索太短，传动机构在下止点前就将转筒弹簧拉紧，在传动机构继续下行时，转筒已经不动了，只是画针上下运动，画出一条直线，把示功图尾部切去一部分，示功图的长度减短，如图 8－17 示，在严重情况下还可能将绳索拉断或将转筒拉坏。

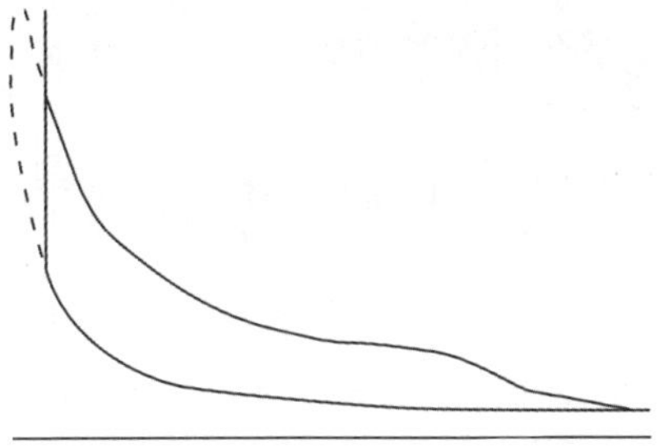

图 8－16　示功器绳索太长时的畸形示功图

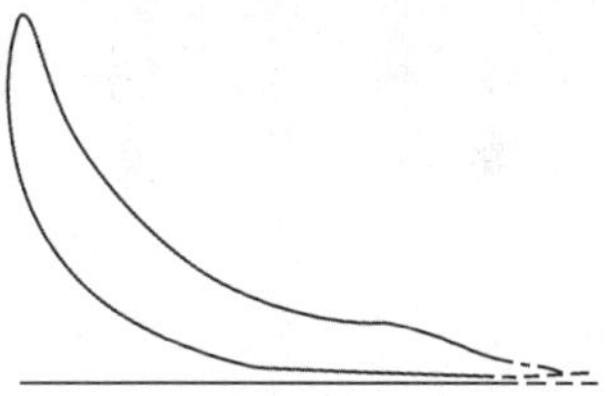

图 8－17　示功器绳索太短时的畸形示功图

如果改变示功器的传动方向，则示功图的上、下止点将彼此变更。此时绳索太长则切去示功图的尾部，绳索太短则切去示功图的头部。因此，在发现示功图头部或尾部被切后，应按具体情况分析判断和调整。

在使用中，由此种故障产生的畸形图形有时较难判断（尤其在示功图尾部缺少一段），此时可用检查各缸示功图的长度加以判断，应保证各缸示功图的长度一致。

（2）示功图太长

示功图太长是由于示功器转筒弹簧太软、示功器转筒的惯性作用和示功器机构中间隙大等原因造成的，如图 8－18 所示。

（3）示功器小活塞卡紧

当示功器的气缸润滑不良或有结炭时，小活塞容易产生卡紧现象。此时，在压缩过程中由于小活塞出现卡紧，阻力增加，使画针画出的压力比正常值低（由于阻力抵消了部分气体作用力），因而示功图压缩线降低；又由于小活塞受到的阻力是不规则的，时大时小，致使压缩线出现波动现象；在膨胀过程中，由于阻力方向与压缩过程时相比方向相反，使得画针画出的压力比正常值大（由于增加了阻力相当于增大气体作用力），因而示功图膨胀线升高，同样也出现波动现象，如图 8－19 所示。示功器小活塞卡紧，示功图曲线波动，压缩线降低，膨胀线升高，最高爆发压力降低。压缩线的长度的相当大的一部分与大气压力线平行。

此时所测取的手拉示功图也有类似波动现象。

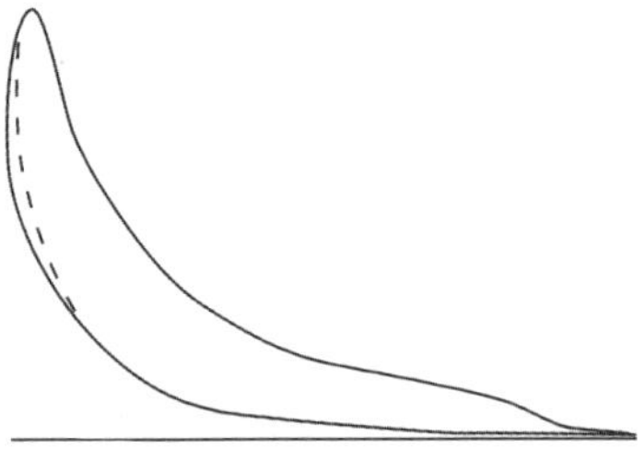

图 8-18　示功图太长

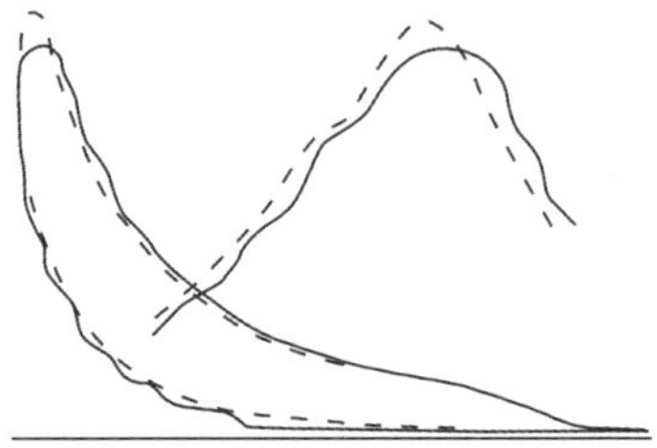

图 8-19　示功图小活塞卡紧时的畸形示功图

(4)气缸内工作过程不正常引起的畸形示功图

当出现畸形示功图时,应首先判断它是否是由示功器使用不当或其传动机构不当引起的。在通常情况下,只要将示功器及其传动机构调整好且管理维护得当,上述故障是可避免的。畸形示功图主要是由于柴油机缸内工作过程不正常引起的。所以对于这种原因引起的畸形示功图进行分析与判断,是调整柴油机的重要依据。此外,柴油机的运行参数如油门开度、转速、排气温度、冷却水温度、滑油温度等,都不同程度地反映了气缸内的工作情况,所以分析示功图时还必须参照柴油机的运行参数。

引起柴油机工作过程不正常的因素很多,无法一一列举,以下分析在运行管理中常见的畸形示功图的特点。

①燃烧太早。其 $p-V$ 示功图和转角示功图如图 8-20 所示。这种示功图与正常示功图比较,有以下几个特点:最高爆发压力 p_z 增大,高于正常值,压力上升曲线陡峭,示功图头部尖窄;燃烧曲线过早地脱离压缩曲线,发火点提前;膨胀曲线降低(排气温度下降)。

燃烧太早时,大部分燃油在上止点前喷入燃烧,后燃减少,导致示功图畸形。造成燃烧太早的原因一般有喷油定时提前、喷油器启阀压力降低等。另外,当由劣质燃油改用优质燃油而未调整(减小)喷油定时也会产生燃烧太早的现象。由柴油机燃烧分析可知,燃烧太早将会增加柴油机的机械负荷,严重时会使气缸内发生爆燃,引起燃烧敲缸,危及气缸正常工作,故需及时加以调整。

②燃烧太晚。燃烧太晚的 $p-V$ 示功图和转角示功图如图 8-21 所示。它与正常示功图比较有以下特点:最高爆发压力 p_z 明显降低,即示功图高度下降;示功图头部圆滑,发火点后移,甚至发生在上止点后,表示燃烧后移;膨胀线较正常示功图高。

燃烧太晚的原因通常有喷油定时滞后、喷油器启阀压力过高、燃油压力低、改用劣质燃油又未调整(增大)喷油定时、喷油泵吸入阀或缓冲器故障、喷油泵漏油、喷油器漏泄及缝隙式滤器部分堵塞等。以上原因虽然都会使燃烧变晚,但又各有不同。

③喷油器漏油。喷油器阀座漏油时,燃油雾化不良,油气混合不佳,造成燃烧延后,排气温度升高。这种示功图的最高爆发压力下降并又重复上升多次,如图 8-22 所示。膨胀线高,且呈锯齿形,锯齿向上。这种锯齿形与示功器小活塞运动受阻时的畸形示功图看起来似乎有些相似,区别在于示功图小活塞运动受阻时压缩线也出现波动现象,示功图面积增大,膨胀线较高,而且是不规则地下降并呈阶梯形波动。喷油器漏油则示功图呈向上锯齿形波动,示功图面积减小。

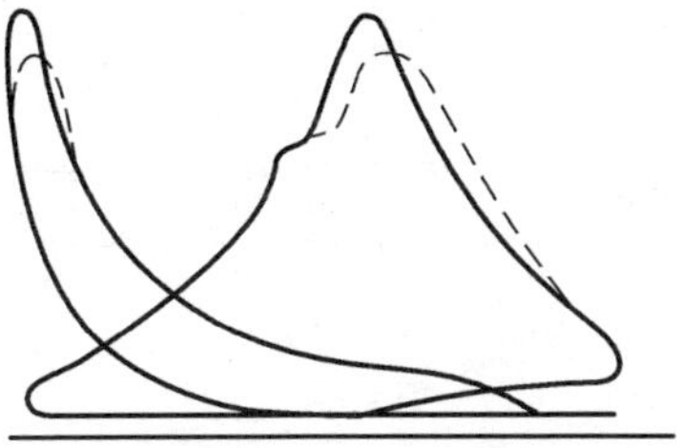

图 8 – 20　燃烧太早引起的畸形示功图

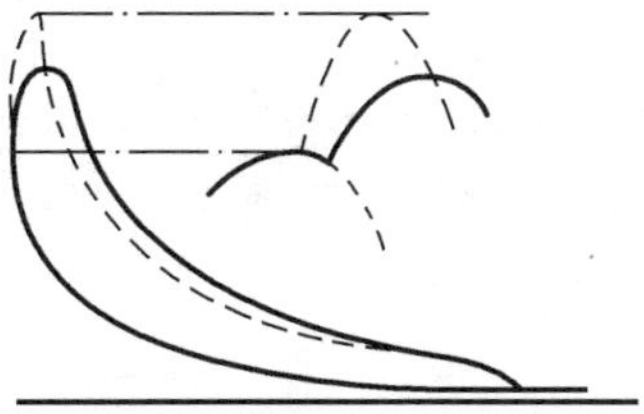

图 8 – 21　燃烧太晚引起的畸形示功图

④喷油泵漏洞。喷油泵柱塞因磨损过度漏油时，一方面会使泵油压力下降，从而使喷油延后造成后燃，会使排气温度升高；另一方面由于泵油期间漏油，使得喷入气缸中的油量也减少，会造成功率明显下降，排气温度亦降低。实践证明上述两方面综合起来，后者影响大，最终使得排气温度降低，如图 8 – 23 所示。

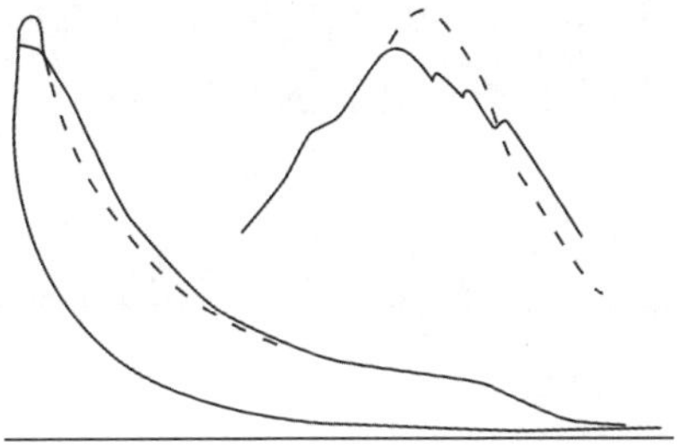

图 8 – 22　喷油器漏油时的畸形示功图

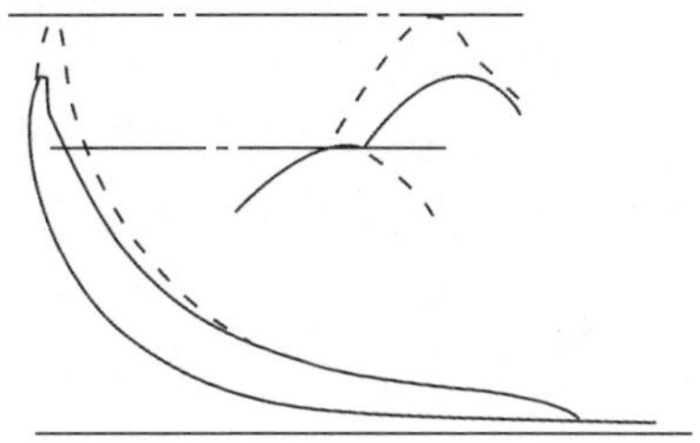

图 8 – 23　喷油泵漏油时的畸形示功图

⑤喷油器喷孔部分堵塞。当喷孔部分堵塞时，由于喷孔流通面积减少，流阻增大，单位时间喷油量减少，使总的喷油时间拖长，出现后燃现象。其示功图与燃烧太晚畸形示功图相似。但由于高压油管中的压力急剧升高，会发生重复喷射，膨胀线会产生波动，如图 8 – 24 所示。这种示功图的特点是最高爆发压力降低，膨胀曲线升高，示功图头部的膨胀曲线出现波动，但由于喷油定时未变，发火点也基本未变，这是与燃烧太晚示功图的主要区别。

在喷孔部分堵塞的情况下，有时会在喷油泵泵油初期产生冲击和振动。如果用手触摸高压油管，可感到明显的脉动过重并伴随有油管发热的现象，这些特征有助于分析示功图。

⑥气缸内空气量不足。气缸内空气量不足时的示功图如图 8 – 25 所示。其特点：最高爆发压力 p_z 和压缩压力 p_c 都降低；膨胀线与压缩线均降低，有时可能出现波动；示功图面积减小，指示功降低，排气温度升高。

气缸内空气量不足的原因一般是气缸漏气，如活塞环漏气、排气阀漏气等；扫气空气供应不足，如气口堵塞，增压器进气滤器堵塞，中冷器堵塞，增压器污染等；排气系统受阻；环境状态如大气压力和环境温度变化。

气缸漏气使压缩压力 p_c 降低，可通过测定纯压缩图，计算压缩压力与扫气压力之比值并与试航报告标准比值比较来进行判断。

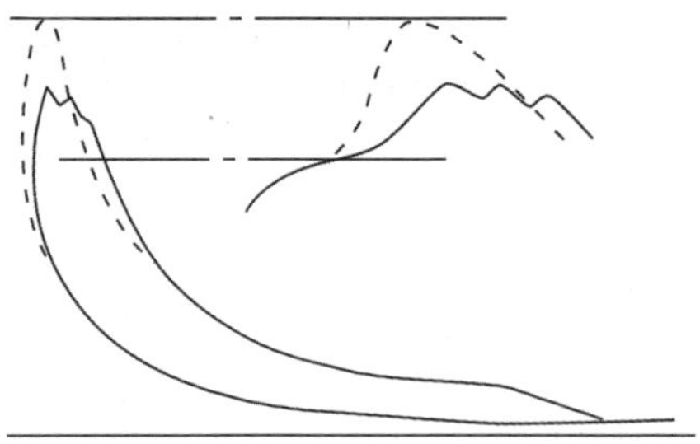

图 8－24　喷油器喷孔部分堵塞时的示功图

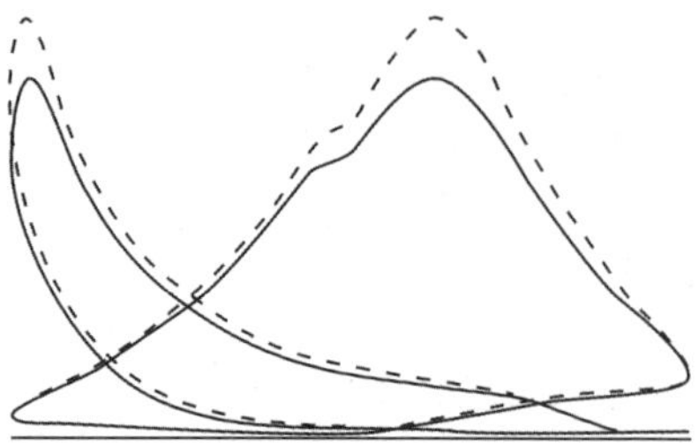

图 8－25　气缸内空气量不足时的示功图

⑦扫气过程不正常。在二冲程柴油机中，气口可能由于燃烧不良而发生堵塞现象。此时将引起进排气受阻，降低了缸内的充气量，结果使新气减少，造成燃烧不完全，引起与燃烧太晚相似的畸形示功图。在测取 $p-V$ 示功图时，需使用弱弹簧示功图。图 8－26 和图 8－27 为 MAN K7Z70270/120 型二冲程柴油机在转速 $n=125$ r/min 时测得的工作过程不正常时的弱弹簧示功图。在上述条件时，正常的弱弹簧示功图的扫气压力为 42 kPa，压缩始点压力为 35 kPa。当扫气口开启时，缸内压力基本降至扫气压力。从图 8－26 中可看出，压缩始点的压力过低，仅为 30 kPa，同时下止点时缸内压力也较低，仅为 35 kPa，表明扫气口部分堵塞，气缸进气量减少。从图 8－27 中可以看到，排气开始点滞后，扫气口开启时缸内压力高于扫气压力，而且压缩始点的压力较高（为 38 kPa），表明排气口部分堵塞，排气不畅。显然，根据上述压力变化的大小可以判断气口堵塞的程度。

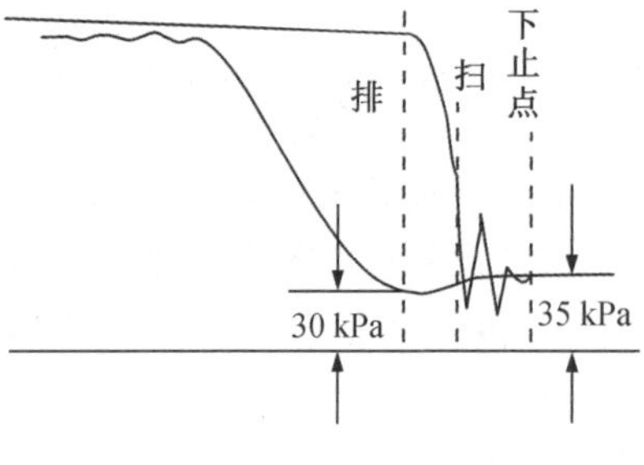

图 8－26　扫气口部分堵塞时的弱弹簧示功图

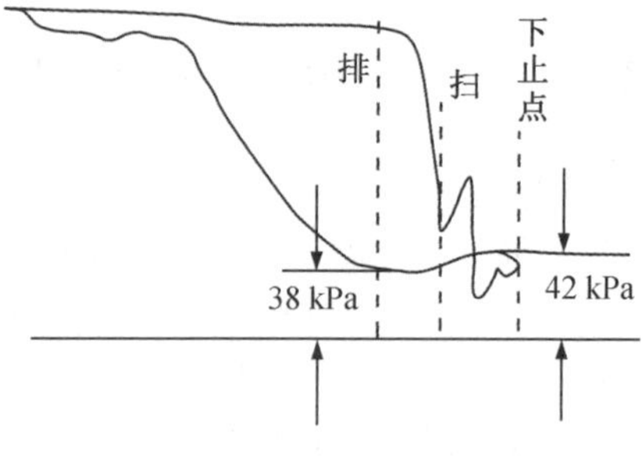

图 8－27　排气口部分堵塞时的弱弹簧示功图

以上分析了一些常见的、典型的畸形示功图。在实际工作中，示功图的线形往往不够典型，甚至为多因素影响，况且图形尺寸较小，所以对示功图分析难度较大。因此，在分析示功图时不要轻易下结论，而应针对具体情况并参考其他测试参数进行综合分析，抓住主要影响因素，才能得到正确结论。

【技能点】

船舶柴油机示功图的测定

1. 训练目标与要求

①了解机械式示功器的使用和测量方法；

②掌握示功图图的测量和计算；

③对实测示功图进行分析，提出对柴油机的调整要求。

2. 训练设备

6300 型柴油机、机械式示功器、定时转速表、示功纸。

3. 训练步骤

①安装测功器。根据被测柴油机额定工况时的最大爆发压力选择适当的示功活塞和弹簧，使其允许测量的最高压力比最大爆发压力稍大些；打开示功器，装妥选用的气缸、清洁并加足气缸润滑油，然后装入配对使用的示功活塞，检查活塞在气缸内的运动状况。正常后，使活塞与记录放大机构连接。在放大机构各轴承铰接点加足钟表油，装上示功纸，再拉动活塞，检查放大机构的灵活和直线性；换上正式测试用的示功纸。准确地装在转筒上并夹紧，调整好记录笔尖对转筒的压力；将示功器放置在柴油机气缸盖上进行预热 5 min，使示功器各部件均匀受热膨胀。

②检查柴油机、测功器及整套装置是否齐备，仪表是否安装在预定的地方以及是否适用；一切准备妥善后，即可启动柴油机，使柴油机空车运转数分钟以适当地加热；参照柴油机额定外特性曲线，缓慢增加载荷和转速到机械式示功器能够正常测试的范围；检查冷却水温度、滑油温度与压力，直到其读数稳定不变且在许用范围，转速与测功器指针应十分稳定。

③打开柴油机示功阀，吹净通路中的积炭和杂质并检查试验阀关、开的密封性。

④接上机械式示功器。

⑤接示功器传动机构，加足润滑油，观察其动作是否正常。

⑥在示功阀处于关闭状态下画出大气压力线，用作量取压力的基准。

⑦打开示功阀，测取 $p-V$ 示功图。

⑧关闭示功阀，取下示功器安放在仪器盒的支架上，以备其他缸的测试。

⑨取下示功图纸，在示功图上注明：测量日期，缸号，转速，排气温度，滑油、冷却水温度，该缸喷油泵齿条格数，主机操纵台油门手柄的开度格数，示功器活塞标号以及示功器弹簧的比例尺等。

⑩全部测试完成后，示功器要及时清洁并加好滑油，放入仪器盒内。

【效果检测】

扫描二维码，进行过关测试。

任务二　柴油机的运行管理

【任务引入】

柴油机开航前轮机员要进行备车,进出港口要进行机动操纵,柴油机定速航行的要进行交接班和巡回检查,航行结束要进行停车与完车操作。如何完成这些操作?

【知识结构】

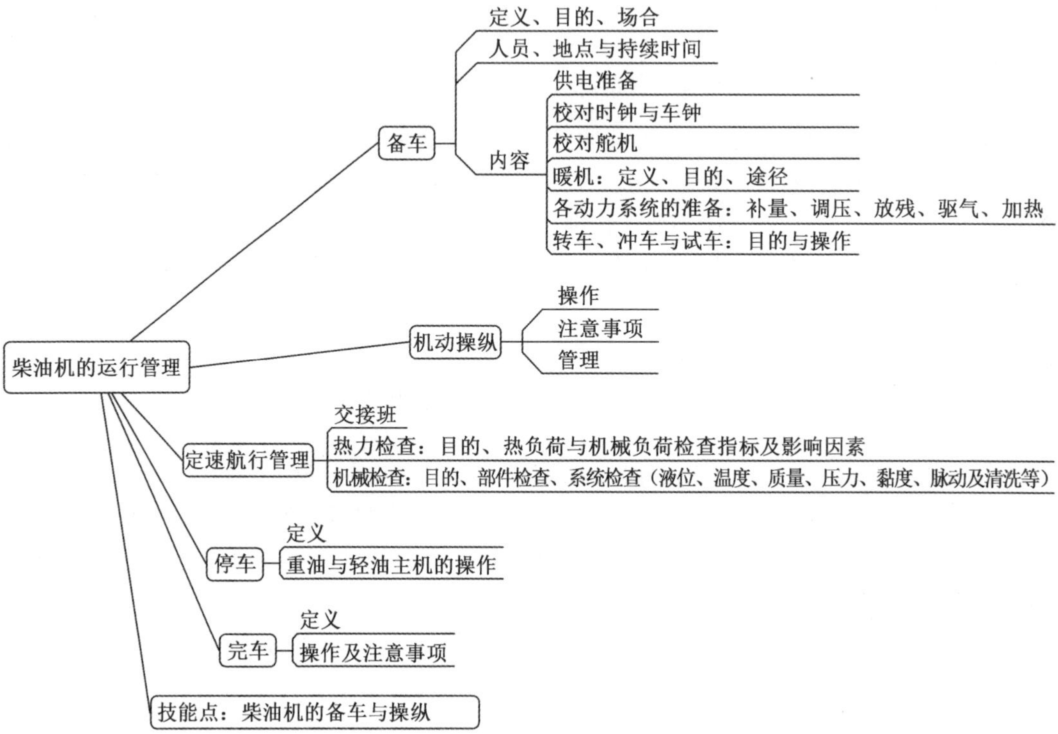

【知识点】

备车微课

一、柴油机的备车与机动操纵

备车通常是指在开航前使船舶动力装置(主机及其一切辅助设备)处于随时可运行状态而进行的准备过程。备车完毕的动力装置可随时执行驾驶台发出的指令。无论柴油机长期停车或短期停车后,开航前均需进行备车。当船舶在特殊水域或在特殊气象条件下航行时,根据船长指令也需要备车。

机动操纵是指船舶在开航后至定速前,或抵达锚地和港口前(自接到驾驶台的通知和第一个车令后到完车)的各种操纵主机的过程。

备车和机动操纵是轮机技术管理工作中最重要的环节之一,它对柴油机动力装置的可靠性、经济性和使用寿命有直接影响。

1. 开航前备车

备车时间一般在0.5 ~6 h之间。备车的目的是使船舶动力装置处于能随时进入使用状态即随时启动和运转。备车内容有供电准备；校对时钟、车钟；校对舵机；暖机；各动力系统的准备；转车、冲车和试车。

备车工作由轮机员在机舱中操作，完毕后，应将车钟手柄置于停车“STOP”位置，通知驾驶台备车完毕，等待开航动车命令。如果主机采用驾控方式，备车完毕应将操纵手柄转至“驾控”位置。此后，值班轮机员不应远离操纵台。

（1）供电准备

在备车工作中，启动大功率的设备较多，如空压机、应急鼓风机、淡水泵等，使用电量迅速增加，为满足用电需求及保证供电安全，启动一台备用发电柴油机，合闸并电。

（2）暖机

暖机是指预先加热柴油机冷却系统和滑油系统中的循环液，并开动冷却水循环泵、滑油循环泵，以提高柴油机温度并向各运动摩擦表面供应润滑油的过程。预热使循环液温度在40 ℃左右。

暖机的目的是通过对气缸各部件预热，减小热应力；使滑油均布于气缸壁，减少气缸套磨损；减少气缸内的低温腐蚀等，这对燃用高硫分重油的主机尤为重要；改善启动性能和发火性能，节省启动过程中所消耗的压缩空气。

船舶主机冷却液预热的方法有三种：新型船舶主机一般将运转中的发电柴油机的冷却水引入主机冷却水系统中；用蒸汽对主机冷却水加热；用电加热器对主机冷却水加热。

滑油系统预热，可用蒸汽管道加热主机循环油柜中滑油，大型主机常用滑油分油机中加热设备通过分油加热。压力润滑的开泵加压输送润滑油，非压力润滑的部件手动加注润滑油。

（3）动力系统的准备

①滑油系统的准备。主要是补量、调压。滑油压力是启动主机前最应注意的参数。在开航前备车时，必须检查滑油循环柜、增压器油液观察镜（或油柜）、调速器油位、尾轴润滑重力油柜、尾轴尾部密封装置润滑油柜、尾轴首部密封装置循环器和各中间轴承等处的滑油液位，油量不足需补量。启动主滑油循环泵、凸轮轴油泵或凸轮轴升压泵，将油压调至规定值，以便将滑油送至各润滑表面，减少运转磨损。若采用油冷活塞，当循环泵开动后，活塞温度会逐渐升高，所以也起到暖机作用。此时，应注意观察各缸活塞的回油流量和温度，各缸活塞回油流量和温度相差不能过大。废气涡轮增压器若是独立式润滑系统，应开动透平油泵使滑油循环，通过观察镜检查油流情况。检查气缸油柜油位，检查气缸注油器是否充满油，手动检查气缸注油器工作情况。检查和注满各活动部件和启动空气系统主要阀件的润滑油杯，检查各注油点并注入润滑油和油脂。

②冷却系统的准备主要是放气与补量。准备时，首先检查主机膨胀水柜的水位和冷却水系统中各阀门是否处于正常状态，然后开动主机淡水泵，使淡水在系统中循环并进行放气和暖机。对于水冷活塞，开启活塞冷却泵，注意观察各缸活塞冷却水的流动情况并检查循环水柜水位。对于独立冷却系统的喷油器，应开动喷油器冷却泵，检查喷油器冷却柜液位，必要时可进行加温预热。备车时不应开启海水泵。主机启动运转之后，当冷却液、滑油或扫气温度开始升高时，主机海水冷却系统再投入运行。

③燃油系统的准备是指补量、放残、调压、预热与驱气。准备时，检查燃油沉淀柜，轻、

重油日用柜油位，并放出油柜残水，油位较低时应及时驳油至规定油位。加热燃油日用柜、燃油沉淀柜和使用中的燃油舱中的燃油，并注意调节上述舱柜的油温至规定温度。开动燃油输油泵，使燃油循环流动并驱气，检查燃油压力。

④压缩空气系统的准备是补量与放残。准备时，按规定将主、辅空气瓶充气至规定压力，并泄放气瓶内的残水和残油；打开气瓶出口阀、主停气阀（截止阀）或使自动主启动阀处于“自动”位置上。如设有气笛空气瓶和独立的控制系统，则在备车时应将所有空气瓶充满，并打开出口阀，以备驾驶台随时使用压缩空气。冲入气瓶的空气温度不得高于 40 ℃。

（4）转车、冲车与试车

转车又称盘车。暖机后，打开示功阀，开动盘车机，使主机慢慢转动。其主要目的是检查机器各运动部件和轴系的回转情况，也可检查缸内有无大量积水。转车过程应人工向气缸注油，使缸壁和所有润滑表面得到了充分润滑，减少启动时气缸壁的磨损。对大型柴油机，要求正车和倒车共转车 10 ~ 15 min。在确认柴油机转动自如后，将转车机停掉并脱开，并确认连锁装置已释放。

①冲车。冲车前检查盘车机是否脱开，以防把盘车机打坏，然后利用压缩空气使主机转动。其目的是利用启动装置（不供给燃油）使机器转动，将气缸中的杂质、残水或积油等从示功阀处冲出，并初步检查启动系统的工作是否正常。冲车情况正常，则关闭示功阀。如冲车过程有油或水等示功阀冲出，则需查明原因并排除后再进行试车。

②试车。冲车正常后，启动柴油机并供油发火，使柴油机正车运转数秒，对于可倒转柴油机，则还需倒车运转数秒后停车。其目的是检查启动系统、换向装置、燃油喷射系统、油量调节机构及调速器是否正常工作。在换向和启动过程中，应注意观察换向装置和启动系统各阀件以及油量调节机构（或倒车）启动操作。同时注意检查各缸发火是否正常和转动中是否有不正常的声音。试车结果若发现不正常的情况，应及时查明原因并予以消除。对于直流扫气二冲程柴油机，还应注意检查气缸盖上的气阀机构等运动部件的动作是否正常。试车时运转时间切不可过长。

转车、冲车、试车过程中按规定要与驾驶台联系。备车完毕船舶主机处于停车状态时，各设备处于随时可启动状态，应保持各系统正常运转。

2. 机动操纵

船舶在进出港口、靠离码头时，运转状态变化比较频繁，当值轮机员应严格准确地执行车令，正确操纵和管理主机，保证船舶动力装置有效并安全运行。

（1）机动操纵时的操作

当机舱接到驾驶台机动操纵的指令时，轮机部立即备车。

①老式主机按规定的换油程序换用轻质燃油，注意避免油温突变损坏供油设备。对于现代大型船舶主机，采用燃油循环冷却，故不需换用轻质燃油，可使用原来正常航行时的燃油。

②机动操纵时应保证供电，必要时增开备用发电机，满足高负荷和冲击负荷的需求。

③空气瓶应随时补足，并保证汽笛用气。在船舶机动航行时，现代大型船舶主机操作中首要的工作是保证启动空气瓶及控制空气瓶足够空气压力。因为在这些船舶主机中多采用气动式遥控系统，并且其启动、换向、紧急刹车等均需要压缩空气。

④冷却水和滑油温度应保持稳定，以免影响柴油机的工作性能和增加受热机件的应力；减少进入空气冷却器的海水量，以免扫气箱中产生过多的凝结水；控制扫气空气温度不

可过低,以保证气缸必要的热状态。

⑤港内或浅水区航行时应换用高位海底阀,以防泥沙污物堵塞冷却系统。

⑥启动。柴油机启动时按压缩空气和燃油的供给有两种方式:油气分进和油气并进。采用油气分进方式启动时,先向气缸供压缩空气,达到启动转速后在给油的同时切断启动空气;采用油气并进方式启动时,同时向气缸供燃油和压缩空气,在缸内发火后切断启动空气并迅速加油使转速达最低稳定转速以上,油气并进有利于启动。

⑦柴油机启动时应控制好油量,如给油过大易导致冷态爆缸。柴油机加油门时应随油门的增大而减慢加油速度。适当调整气缸注油量,如果长时间低速运行时,应减少气缸注油量。

⑧当值轮机员在机动操作期间必须使各运转设备的主要参数在规定范围内,必要时进行适当调整。

(2)机动操纵时的注意事项

①主机启动操作时,应尽量做到一次启动成功,油门不能给得过大,否则,柴油机启动运转时气缸内积油太多,以致一旦着火,柴油机发生冷爆,损伤机件和增加不必要的磨损。

②在船舶起航和加速过程中,不应加速太快,以防柴油机机械负荷、热负荷过大。

③应快速越过转速禁区,防止机器发生剧烈振动。

④进行倒车操纵时,应控制好油门,避免主机超负荷。

(3)机动操纵管理

①机动操纵所设定的车速应当是机动操纵转速或港速或系泊试验转速。

②当值轮机员除处理紧急故障外,不得远离操纵台和离开集控室。

③轮机长应监督轮机员进行各种操作,监控各设备运行状态,及时与驾驶台取得联系,及时处理各种突发事件。

④机动操纵期间,船舶航行状态多变,要随时注意配电板各仪表的工作情况,注意观察和调节冷却水、滑油的温度和压力,保持空气瓶压力在允许范围,保持正常的扫气温度和压力,注意各缸排气温度值的变化,注意各主要设备的工作状态。

⑤机动航行时间不管多长,轮机长都必须始终在集控室监督和监控机动操纵整个过程,直至机动操纵结束方可离开集控室。

二、柴油机定速航行的管理

船舶定速航行后,轮机管理人员应集中精力、遵守操作规程、按要求经常进行热力和机械的巡回检查,并做好值班和交接班工作,使柴油机各种技术参数处在正常范围之内,使柴油机及其装置处于安全可靠和经济的运行状态。出现故障应在短时间内消除,恢复航行。

柴油机稳定运转后,评价一台柴油机技术状态和运转性能的主要依据是燃料在气缸中的燃烧情况和各缸负荷分配的均匀程度,以及各零部件和系统的工作情况。

为了保证柴油机及其装置始终处于正常技术状态,柴油机定速航行中应做好以下工作。

1. 航行值班的交接工作

交班前当值人员应做好运转设备的清洁工作,对运转设备做全面仔细的检测,并将主要技术参数、本班所发生的问题、处理方法、处理结果、轮机长的命令和专门指示、驾驶台的通知等记入轮机日志;将油舱、油柜的预热加温、驳运、净化分离,以及舱底水水位、污油水舱(柜)液位和防污设备的使用情况向接班人详细交代。

接班人员在进入机舱之前，首先观察烟囱排气颜色、舷外水的排出和海面情况。其次，进入舵机间检查舵机及其附属设备，进入机舱后按最合理巡检路线检测各设备。最后查看轮机日志、听取交班人员的情况介绍。经接班人同意后，交班人员方可离开机舱。

2. 热力检查

热力检查的目的是检查和确定发动机各缸燃烧情况及负荷分配的均匀程度。这是发动机正常运转、可靠工作的必要保证，也是衡量发动机运转性能和技术状态的主要内容之一。

热力检查主要指热负荷和机械负荷的检查。热负荷主要体现在冷却水温度、滑油温度和排气温度上。机械负荷则主要体现在最高燃烧压力和平均指示压力上。热负荷可以通过直观的手段掌握，对喷油泵、喷油器的检查可以通过检测排气温度、观察排气颜色、打开示功阀观看火焰情况及摸燃油高压油管及排气阀高压油管脉动，以及检查各缸冷却水、活塞冷却液出口温度变化等方法来检查，从而判断喷油设备的技术状态。机械负荷可以通过测量 $p-V$ 示功图来确定最大燃烧压力和平均指示压力，并用以分析、判断各缸负荷的大小和分配情况，在柴油机状态良好的情况下，排气温度只能大致反映出各缸燃烧的状态及喷油设备的情况，了解负荷分配的大概状况。为了确认各缸负荷的分配是否基本上均匀，则需在适当时机测取各缸示功图，测量示功图是热力检查中重要的检查手段。测量示功图来确定最高燃烧压力和计算平均指示压力，从而分析和判断各缸负荷的大小和分配是否均匀。各缸平均指示压力的大小是各缸负荷分配是否均匀的主要依据。根据实测数值对各缸负荷作适当调节。

为了更可靠地掌握柴油机的热力过程，最好在测示功图的同时进行油耗测定，作为衡量柴油机维护管理的标准之一。增压空气的压力、温度，空冷器前后增压空气压差是判断柴油机燃油燃烧状况、排温升高的主要依据之一。空冷器水侧，尤其是气侧脏堵是引起排气温度升高及增压器喘振的主要因素。

在柴油机热力检查时如发现个别缸排气温度过高，其最大的原因可能是喷油器故障。运转中，应注意喷油设备技术状态的变化，特别是喷油器性能不良引起气缸燃烧恶化和各缸负荷的变化。若发现燃烧不正常，应结合排气温度、冷却液温度等其他参数进行综合分析。通常应首先检查高压油泵和喷油器，它们往往是引起不正常燃烧的根源。排气温度只能大致反映出各缸燃烧的状态及喷油设备的情况，各缸排气温度值要按说明书的要求限定，也可以参照试航报告在各负荷下所测得的数据与主机实际运行数据进行对比，找出排气温度升高的原因。各缸排气温度最大温差不应超过平均值 15 ~ 20 ℃（或 ±5%）。同时应检查各缸冷却水、活塞冷却液及废气涡轮增压器冷却水出口温度，各缸冷却液出口温度与平均温度相比较，最大温差要小于 4 ~ 5 ℃。

影响最高燃烧压力的因素很多。当柴油机燃烧系统技术状态良好、燃烧质量符合要求、气缸密封状态良好 、进排气正常的情况下，若爆发压力过高，则基本上可从喷油定时和喷油量上来考虑。一般爆压偏高，而排温不高，供油提前角过大。若爆压过低，而排温偏高，供油提前角过小。爆压偏高，排温也偏高，则供油量太大；爆压偏低、排温也偏低，供油量太小。

3. 机械检查

机械检查的目的是保证柴油机各部件和系统均处于正常的技术状态。

看、摸、听、闻是管理者最直接又简便的手段。优秀的轮机员应能通过人体的感觉器官判断出故障发生的苗头并及时排除，保证机械设备正常运行。刺激性气味表明机械设备温度异常高或滑油变质；注意经常倾听机器的运转声响，正常而有节奏的运转声是发动机正常运转的证明，不正常的运转声响可能来自零件的松动或系统故障并导致机件受损，应迅速查明原因并采取相应的措施；注意检查有关部件的温度变化如各曲轴箱道门、气缸套底部、十字头导板，异常温差反映出机器或系统内部存在问题。运行中经常边巡检边触摸机器外部机件，从温差、振动、脉冲等角度判断设备工作是否正常；注意检查有关部件（缸盖、喷油器等有关管系）有无泄漏。机械设备连接处、阀件等的泄漏要及时发现并迅速查明原因并予以解决，少量漏气旋紧螺母即可制止。若继续漏气，在未查明原因时，不准盲目旋紧螺母。

为了确保机器各部件处于正常的技术状态，除加强日常维护管理外，在航行中应加强各主要系统的管理。

（1）冷却系统的管理

巡回检查时，应注意主、副机膨胀水柜、喷油器冷却水柜液位变化并注意水量的消耗，如发现水位上升或下降必须查明原因及时排除故障。各缸冷却水出口温度应符合说明书规定，温差应符合要求。如出现异常，应结合排气温度、喷油设备及增压系统的技术状态进行分析。水温调节符合说明书要求，水温过低不仅使柴油机热效率下降，增加低温腐蚀，而且受热部件因内外温差过大产生热应力导致裂纹故障发生。水温过高则橡胶阻水圈易老化、损坏甚至炭化，发生水腔漏泄，同时冷却腔可能形成冷却水汽化使冷却效果下降。通常大型低速机的冷却水出口温度为65～70 ℃，空冷器出口的扫气温度不得低于25 ℃，不得高于45 ℃，各冷却器海水出口温度不应超过45～50 ℃，以免因大量盐分析出造成结垢而影响传热，降低冷却效果。进口温度不低于25 ℃。冷却系统的自动温度调节器应始终保持正常工作状态。当某一缸由于冷却水量供应不足或中断供应而引起过热时，首先应慢车运行，并切断该缸燃油，缓慢增加冷却水量。绝不可骤然增加冷却水量，否则可能会由于热应力过大而引起气缸套裂纹。如果活塞断水引起过热，切勿增加气缸冷却水，以防活塞被咬住。淡水泵出口压力是否波动，有波动可能是气缸或缸盖裂纹引起的。冷却水应按规定由大管轮每周化验一次主，副机水质，按规定的标准投药处理，必要时需化验淡水舱水质，分析冷却水质变化的原因。

（2）滑油系统的管理

检查滑油循环泵的出口压力、进出机温度、循环柜滑油量是否正常。大型低速柴油机主滑油循环泵出口压力一般为0.15～0.4 MPa。滑油冷却器前温度为50～55 ℃，不超过60 ℃，冷却器前后温差为10～15 ℃。对高、中速柴油机滑油压力与温度值均稍高些。注意检查滑油循环柜油位，若油位发生变化应及时查明原因并排除故障。油冷式活塞的回油应保持稳定，油量不足或中断均能造成活塞烧蚀和咬缸。对油泵和滤器前后压差的变化要注意检查，滤器清洗后必须驱气后才能转入系统工作。加强自动清洗滤器的管理，使之始终处于有效工作状态。

加强滑油分油机的管理，保证滑油的分离净化，油质符合使用要求。为了确定滑油的质量，每3～4个月定期取样化验，不得超过6个月，必要时全部滑油集中处理或更换。

运转中确保气缸注油器的工作正常，防止断油。定期检查推力轴承的油温、各中间轴承油位、油温、艉轴重力油柜液位、油温，首尾密封装置油柜和循环器油位。进、排气阀杆要按时注油，防止过快磨损或咬死。对非压力式润滑的各活动部件要定时加注滑油或油脂。

(3)燃油系统的管理

应注意各燃油舱合理使用,保持船舶的平衡;注意燃油的加温、驳运、沉淀、净化、存储和计量,沉淀柜中油应驳满沉淀至规定的时间后,方能经分油机净化并驳至日用油柜,还应注意检查沉淀柜、日用柜油位和油温,按时放残水。应定期清洗燃油滤器,清洗后必须充油排气。当风浪天航行时滤器须转换清洗,避免供油中断。

注意对高压油泵、喷油器的工作状态和对高压油管的脉动情况进行检查。若高压油管脉动微弱,而且排气温度和燃烧压力均较低,则可能是由于喷油泵密封不良而使供油太少所造成。若高压油管脉动虽微弱,但排气温度增高,则可能是由于喷油器针阀与阀座密封性不良、弹簧断裂或针阀在开启位置咬死所造成。这时,应进一步检查针阀的跳动情况。若高压油管无脉动、气缸不发火、排气温度很低,则可能是由于喷油泵柱塞在上止点位置被咬死的缘故。柴油机运转中若高压油管脉动强烈并发热,排气温度明显下降,喷油泵体发热并间有撞击声,其原因可能是喷油器针阀在关闭位置卡死。综合考虑泵体发热、油管脉动以及排烟温度变化等情况,分析气缸内燃烧和喷油器的工作状态。

燃油进机前要有合适的黏度范围,低速机要求的范围是 $12 \sim 25\ mm^2/s$。对中速机要求上限不超过 $20\ mm^2/s$。在管理中可用人工调节蒸汽供给量来控制燃油雾化加热器燃油出口温度,现代船舶柴油机都用黏度计自动控制燃油进机黏度。

(4)增压系统的管理

废气涡轮增压器是高速回转机械,在运行中要观察其运转的平衡性,有无异常振动和声响。注意检测增压器的转速、润滑和冷却情况及增压空气压力。对自带油泵式润滑系统要注意油位、油质及油泵排出情况的检测。根据情况及时添加或更换滑油。应注意强制式润滑系统中油柜的液位、循环泵的运行状况、滤器前后的压差、观察镜中油流情况等,滑油压力、温度应随时观察并根据具体情况进行调节。

定期对增压器涡轮和压气机进行清洗(每周一次)。增压器的清洗有运转中的清洗和拆开清洗两种。经常定期进行运转中的清洗,压气机端水洗可用淡水或专用洗净液交替进行,涡轮端进行干洗效果比水洗好,可以消除旋转部件上的灰尘和疏松的积炭,使增压器基本上恢复到原来的性能,但是运转中清洗不能代替增压器定期拆开清洗,经过一段时间运行压气机压比降低超过规定值时仍须定期解体清洗。

空气冷却器是增压系统中的重要设备,运行中极易发生空气流道污堵现象,影响空气流通,引起燃烧恶化,排气高温甚至达到限定的报警温度,严重时发生喘振,直接影响主机运转的可靠性和船舶营运安全及经济性。为此,增压系统的空气冷却器必须定期化学清洗其气侧,空气冷却器水测的清洗较方便,也必须定期人工清洗。

在船舶靠泊期间应用防尘罩将消音滤器盖上,特别是装卸粉尘性货物时或港口粉尘较大时,还要考虑停止机舱风机运转,关闭通风口防止大量粉尘被吸入机舱。尽可能减少运转设备的跑、冒、滴、漏等现象,减少舱底污油水,避免大量油气充斥机舱被吸入压气机。当发生空冷器污堵时,轻者可采取用清水和清洗剂交替喷射的方法经常冲洗。污堵严重时可实现不解体浸湿式清洗,方法是:用清水和清洗剂以一定比例混兑,注满底部装上盲板的冷空器,同时用蒸汽持续加温并用空气吹搅,一般需要 30 h 以上方能达到清除污垢的效果,清洗效果可依压差计读数、扫气压力、扫气温度、排气温度及冷却水温度而定。

三、柴油机停车和完车后的操作

“停车”指令表明主机处于随时可用状态,应保持各系统正常运转。“完车”指令表明船舶进入停泊状态，主机不再动车。

新型主机使用重油长时间停车时，主机燃油供给泵继续运转保持喷油泵到喷油器油路的循环，雾化加热器应继续对燃油加热保温，但加热温度可低于正常使用温度 20 ℃，维持 30 cst 的黏度。燃烧轻油柴油机停车，关停循环泵即可。

轮机员接到驾驶台"完车"的指令后，当班人员应做如下工作：

①关闭启动空气系统的主停气阀、主启动阀和空气瓶出口阀，并将空气瓶补气至规定压力。

②打开各缸示功阀，合上转车机进行转车 15 ~ 30 min，并人工驱动气缸注油器，向气缸表面注油。

③关闭主海水泵进出口阀及冷却器进口阀。

④停燃油输送泵、关闭进出口阀及日用柜出口阀。

⑤打开扫气箱和涡轮增压器透平侧处的放残旋塞，用防尘罩盖住压气机消音器滤网。

让主滑油泵、淡水泵继续运转 30 min，再关闭进出口阀门，喷油器冷却水泵也应在运转一段时间后停掉，使气缸套、气缸盖、活塞以及各运动表面的热量逐渐被冷却液带走，以免由于突然中断冷却液，使机件出现热应力而裂损或造成气缸壁滑油在高温下结炭，同时可以避免活塞头结炭。

对采用副机循环冷却水暖机的主机，则应趁水温未降低前停掉淡水冷却泵，关闭有关阀门，换用副机暖机管系继续对主机进行暖机。最后经检查确认主机和机舱无异常情况后，航行班结束，轮机员开始轮值锚泊班或靠泊班。

【技能点】

柴油机的备车与操纵

1. 训练目标与要求

①掌握柴油机启动前的备车程序。

②熟悉 6300 型柴油机的操纵系统。

③能正确掌握换向、启动、调速和停车场操纵要领。

2. 训练设备

6300 型柴油机、空气压缩机等。

3. 训练步骤

(1)启动前的准备工作

备车使主机处于能随时启动、停止和进入各种运行状态，准备执行驾驶台发出的各种指令。应包括：供电准备；校对时钟、车钟；校对舵机；暖机；各动力系统的准备；转车：冲车和试车。

①各动力系统的准备。

a. 滑油系统准备。6300 型柴油机是干式曲轴箱，应首先检查滑油循环柜、增压器、调速器等处的油位、油质，用手摇滑油泵泵油，使其压力达到一定值(一般为 0.15 ~ 0.20 MPa)；各非压力润滑点的润滑油杯、应加注润滑油或润滑油脂，如气阀机构和气阀传动机构，油门调节杆和调速器传动轴等。

b. 冷却水系统准备。检查膨胀水箱的水位，水量不足时应补充至规定的水位；开动淡水循环泵，并驱动系统内的气体，要检查淡水系统各阀门是否正确的开启。

c.燃油系统准备。检查燃油日用油柜的油位，不足时应补充，打开放残阀放掉底部的残水，并开启油柜出口阀。

d.压缩空气系统准备。检查空气瓶压力是否正常，一般在2.5～3.0 MPa，不足时应补充，并注意放掉空气瓶中残水，再打开空气瓶的出口阀。

②盘车。打开柴油机气缸盖上的示功阀，用橇棍在飞轮上盘车，注意各运动件是否转动灵活。盘车结束进从飞轮上取下橇棍。

③冲车。

a.转动操纵手轮，使柴油机只进气不供油，使柴油机转动2～4 s，以便使气缸中的积水、积油和杂质等等物从示功阀处吹出。

b.在冲车时应观察是否有油或水从各气缸示功阀中冲出，若有应查明原因并予以排除后才能进行试车。

c.如冲车情况正常，冲车后应关闭示功阀。

(2)柴油机的操纵

6300柴油机采用操纵手轮来实现柴油机的启动、停车、换向运转等全部操作。首先，将手轮转至正车(或倒车)启动位置，压缩空气进入气缸，柴油机在压缩空气的作用下转动，在听到柴油机发火声音，立即将手轮越过启动区到达燃油(运行)区，并将手轮转加少许。

在启动过程的前一阶段，气缸内只进入压缩空气；而后一阶段(重叠)区，则实现“油气并进”手轮转至燃油区后即自行切压缩空气。然后，转动手轮，调节手轮指针在燃油区的位置，以满足所要求的车速。当接到停车命令时，将手轮转回停车位置，柴油机即断油停车。

当接到倒车换向命令时，首先将柴油机减速，转速降至80 r/min时，停车，然后将手轮逆方向转倒车启动不供油区段，稍后(换向完成)再将手轮转至倒车启动供油区段，此时油气并进，当听到发火声音，立即越过重叠区而进入燃油区(运行区段)。柴油机启动后，手轮回转少许，以防止起出要求的车速。最后，在燃油区段，调节手轮位置，以达到车速要求。

运行期间，注意仪表的读数及柴油机的工作情况，滑油压力不低于0.15～0.25 MPa。

【效果检测】

扫描二维码，进行过关测试。

任务三　柴油机的应急处理

【任务引入】

某型柴油机，增压器叶片损坏，气象恶劣，不允许停车，如何操作？

【知识结构】

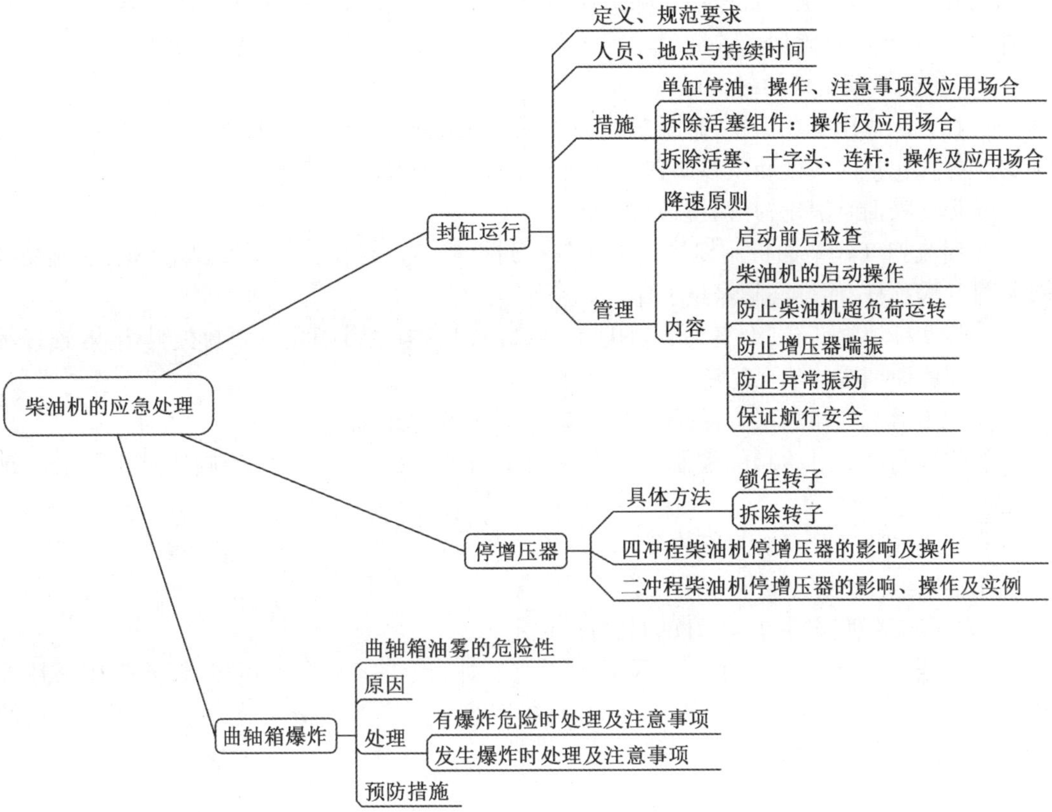

【知识点】

一、封缸运行

船舶航行期间，当主柴油机的任意一个或一个以上的气缸发生不能正常工作的故障，一时无法排除，采取停止有故障气缸的运转，确保主机继续运转的措施称为封缸运行。

根据规范要求，6 缸及以下的柴油机在停掉一个缸的情况下，7 缸以上的柴油机，在停掉两个缸的情况下，应能保证柴油机在低负荷下稳定工作，使船舶继续航行。

1. 封缸运行措施

(1)单缸停油

如果某缸发生故障，如喷油泵、喷油器、高压油管故障，气阀烧蚀或阀杆卡死，气缸严重漏气，拉缸或敲缸等。这些故障使气缸不能发火而运动件尚可运转。为了继续航行，简单的方法是用专用提升工具将油泵滚轮连同柱塞一起抬起，使该缸喷油泵停止工作，或打开喷油泵的回油阀，则燃油停止喷入气缸。不能采取只关闭喷油泵的进油阀来停止供油的做法，这将造成喷油泵偶件干摩擦直至咬死。只采取单缸停油而不需要拆卸任何设备的方法称为减缸运行或停缸运行。此外，还应采取如下必要措施：

①适当减少该缸滑油和冷却水的供给，打开示功阀减少能量消耗，同时可以防止因缸内积滑油过多造成爆燃的可能。

②适当降低发动机的负荷，使其余各缸不超负荷，排温不超标；同时防止增压器发生喘

振;防止机体或船体因平衡失配而振动。

如果是发生气缸盖或气缸套向缸内漏水,或排气阀严重漏气的故障,作为短时的应急处理措施,也可以采取单缸停油。除前述操作外,还需将排气阀锁定在开启位置,关闭气缸冷却水进出口阀,拆除通向该缸启动阀的启动空气和控制空气管并将管封头封死。

(2)拆除活塞组件的封缸运行

这种方法适用于在活塞、缸盖或气缸套裂纹或故障,但十字头和连杆尚正常工作。此时必须拆掉包括活塞杆和填料函在内的活塞组件,应采取以下措施:

①提起喷油泵滚轮,并锁住,停止泵油。

②回流扫气式柴油机用专用的弧形气口封板将气口封住;直流扫气柴油机,还应抽掉该缸排气阀顶杆,使排气阀停止工作。

③活塞杆填料函孔、十字头活塞孔口、活塞冷却机构填料函孔口用封板封住,若连杆吊出还需要将曲柄销的油孔封住。

④封闭活塞冷却水系统,关闭该缸气缸冷却水的进出口阀。

⑤将通向该缸启动阀的控制空气管和启动空气管拆下并封住,否则压缩空气会吹动设备。

⑥把该缸的气缸润滑油量减至最小后停止。

⑦活塞组件拆除后重新安装气缸盖。

(3)拆除活塞、十字头、连杆的封缸运行

这种方法适用于连杆、十字头及轴承严重破坏,或十字头导板损坏时,除采用上述停油,拆除活塞的措施外,还应采取下列措施:封闭该缸十字头润滑系统,并用专用工具将曲柄销上油孔封住。

2. 封缸运行管理

封缸运行是一种临时的应急措施,封缸时应综合考虑排气系统、喘振、振动等因素,选择适宜的转速维持运行。采取了上述封缸处理后,管理上应采取如下措施:

(1)启动前后检查

在启动柴油机前,必须检查各轴承的油流情况以及各封闭盖板、法兰的紧固情况。运行 10 min 和 1 h 后要分别停机打开曲轴箱检查下列各项:轴承;临时固定的部件;各轴承的油流情况;封闭盖板、法兰的紧固情况。

(2)柴油机的启动

封缸运行时,如果切断了故障气缸的启动空气,那么就不能保证曲轴在任何位置都能启动。如果发生了曲轴在某一位置不能启动的情况,应该迅速适时反向启动柴油机之后再换向到要求的方向启动柴油机。如果采取这样的措施还不能启动,那就应该用转车机将柴油机转至最佳启动位置启动。转车前切记要切断启动空气,打开示功阀。

(3)防止柴油机超负荷

要防止柴油机超机械负荷,各缸喷油泵供油量不允许超过额定值。同时要防止柴油机超热负荷,各缸排温度不允许超过正常情况下全速航行时的最高排温。柴油机封缸运行时可以运行的功率和转速依柴油机的缸数不同而不一样,但一般应在低于 75% 负荷的转速运转。

(4)防止增压器喘振

封缸运行时,因有一缸停止工作,废气涡轮增压器的空气流量减少,而柴油机的需气量亦减少,使增压器与柴油机的匹配发生变化,因而容易发生喘振。当增压器连续或间断发生喘振时,柴油机就不能在这个转速下运转,应降速直至喘振消除为止。

(5)防止柴油机异常振动

柴油机某一缸的运行件被拆除后,破坏了柴油机整体的平衡性,可能会在某一转速范围内产生强烈的振动。为了确保柴油机运转可靠,当振动异常时,应将柴油机转速降低直至运转正常。

(6)保证船舶航行安全

不论在何种封缸方法中运行,柴油机都是处在故障状况运转。轮机长应加强对值班轮机员的指导,当值轮机人员应增加机舱巡检的次数,尤其应加强主机及其动力系统的管理。当柴油机主要工作指标和有关参数有异常情况时,必须立即找出原因并采取相应对策,如果问题得不到解决,必须立即向轮机长报告,必要情况下应向船长报告。保证船舶动力装置安全可靠的运行,是轮机管理人员首要职责。

二、停增压器运转

废气涡轮增压器是高速回转机械,运转中发生损坏,柴油机应立即停车,尽可能减少增压器损坏的程度。停车后经检查如发现增压器轴承损坏、叶片断裂使增压器无法运转且又不能在短时间内很快修复时,或损坏的增压器因船上又无备件更换不能就地修理时,应立即停止增压器运转,柴油机在低负荷下继续运行。

如果在机动航行、紧急避碰等状况下,不允许停车,则只能在增压器损坏的状态下,强制柴油机减油降速运行,使柴油机无明显的异常振动,同时控制排烟温度不超过限定温度值。当船舶处在安全状态时,再停车处理增压器故障。

1. 停增压器的具体方法

①锁住转子运行法。如果航行可停车,但没有足够的修理时间,可采取将增压器转子锁住的应急措施,再启动柴油机并维持低速运转。

②拆除转子法。如果需要继续长时间航行,应将转子抽出,用盖板将壳体两端封住的办法进行应急处理,以保证柴油机仍可继续低速运转。转子抽出后,应停止增压器润滑油的供给。

2. 四冲程柴油机停增压器运行

四冲程柴油机在停增压器运行时,相当于非增压柴油机,依靠活塞的吸排作用,仍可将新气吸入并排出做功后的废气。但进气量大大减少,相关正时也不适合。如因气阀重叠角较大,排气可能倒流,使燃烧恶化,排气温度升高。尤其锁住转子后,气流只能从叶片之间的间隙流过,阻力很大。只有通过减速降低排气温度,这将使得柴油机的功率和转速大幅度下降。增压器转子锁住后因两端温差较大,会使转轴弯曲变形,所以条件许可应把转子拆出将壳体两端封住。

若停增压器运转时间很长,可采取提高压缩比以提高压缩压力,降低排气温度;增大喷油提前角,提高油气混合时间和燃烧质量;调整气阀正时,减小气阀重叠角以避免排气倒流。为减小进、排气的阻力,进排气管都应使用旁通管为最佳。

3. 二冲程柴油机停增压器运行

二冲程柴油机换气条件比四冲程柴油机困难。对于二冲程柴油机,在无增压器的情况下,可启动应急电动辅助鼓风机或其他方法供气,维持运行。此时,柴油机的负荷和转速应根据排气温度、颜色和运转情况视情降低。对停增压器时柴油机运行参数应限制在规定范围：根据电动鼓风机的功率，柴油机最高输出功率为25%标定功率 P_b、最高转速为63%标定转速 n_b 和最高平均有效压力为40%标定平均有效压力 p_e 下运行。

二冲程柴油机根据机型和运转情况不同，所采取的停增压器的措施也不同。RTA 和 MC 型柴油机，在停增压器运转时采取的措施是：

①RTA 和 MC 型机为定压增压系统，全机只装一台涡轮增压器，当增压器损坏时必须启动应急电动辅助鼓风机，使柴油机在低速低负荷下维持运转，转速一般在标定转速的50%左右。

②应用专用工具将增压器转子在两端固定。如果需要长时间停增压器运行，应将转子抽出，用专用盖板封住增压器壳体两端。

③从排气旁通道上取下封闭盲板，使排气旁通至烟囱；打开位于空气冷却器正后方扫气箱上的盖板，使辅助扫气泵从机舱吸入空气。

不管是四冲程柴油机还是二冲程柴油机，采取停增压器运行时，都应减小供油，降低柴油机的负荷及转速，使柴油机的排气温度不超过规定的数值。

三、曲轴箱爆炸的原因及处理

1. 曲轴箱油雾的危险性

在运行中的柴油机由于曲柄连杆的运动，自转动的曲柄甩出许多润滑油滴，飞溅到曲轴箱壁面，油滴的蒸发气化使曲轴箱内充满着油雾。资料表明，空气与油雾可爆燃的比例下限为100∶1，上限为7∶1。当油雾浓度在上下限之间范围，在高温热源的引燃下油雾就会着火而发生爆炸。当浓度超过此范围时，即使有高温热源也不会爆炸。

曲轴箱爆炸是指曲轴箱产生火焰的同时伴有高压。曲轴箱爆炸事故的破坏力是双重的，既发生火灾也存在冲击破坏。曲轴箱爆炸属于恶性事故，不仅会造成柴油机的损坏，还有可能使人员伤亡。

2. 曲轴箱爆炸的原因

①曲轴箱内的油雾达到可爆燃的混合比，这是爆炸的基本条件；

②曲轴箱内出现高温热源，这是发生爆炸的决定因素。

在正常情况下，曲轴箱内温度较高，但是不应出现高温热源（热点）。但当柴油机润滑不良而引起轴承过热或烧熔时、活塞环漏泄造成燃气下窜时或出现拉缸事故等都会使曲轴箱内出现高温热源。轴承过热或烧熔是十字头式柴油机发生曲轴箱爆炸的主要热源。高温热源既可使滑油迅速蒸发成油雾，又是可燃混合气的点火源。滑油蒸气的着火温度约300～400 ℃，燃油漏入曲轴箱会降低滑油蒸气的着火温度，使可燃混合气在较低的温度下发生爆炸。

3. 曲轴箱爆炸时的处理

在运行管理中应不失时机地采取有效措施防止和处理曲轴箱爆炸事故。

①当发现曲轴箱不正常发热、透气管冒出大量油气和嗅到油焦味或油雾检测器发出警报时，都表明曲轴箱内有潜在的爆炸危险。当发现曲轴箱有爆炸危险时，任何人不准在柴油机装有防爆门的一侧走动或停留，避免造成不必要的人身伤亡。曲轴箱有爆炸危险时，应立即减油降速并加强气缸润滑。注意不能立即停车和停冷却水泵与滑油泵，更不要将曲轴箱道门打开。如停车，柴油机自带的冷却水泵、滑油泵将停止工作，将在刚停车时发生曲轴箱爆炸。应在低转速下运行，通过增压器或扫气泵将曲轴箱内的油气逐步吸入气缸，使柴油机得到冷却。

②当曲轴箱已经发生爆炸并将防爆门安全阀冲开时，应立即关油停车，并按机舱灭火规定采取灭火措施。然后打开机舱通风天窗等让油烟迅速排出。切忌马上打开道门，以防止新鲜空气进入曲轴箱，导致曲轴箱产生带有爆震的每两次更强烈的爆炸。停车后应间断性地盘车，以防运动部件咬死。

机舱及曲轴箱内可由机体外用专用灭火接头引入灭火剂，但注意不要轻易使用灭火剂。因为蒸汽会使机件受到腐蚀，而固体 CO_2（干冰）灭火会对金属机件产生剧冷损伤，虽灭火效果较好，但要慎重使用。

曲轴箱发生爆炸后，在未弄清确切原因及排除故障、修复机器前，严禁冒险开车。

4. 曲轴箱爆炸预防措施

良好的维护、及时发现隐患并恰当处理，则在很大程度上可以排除曲轴箱爆炸的可能，曲轴箱爆炸的预防措施主要有：

①加强维护管理，避免柴油机出现过热点。保持良好的润滑和冷却，保证运动机件正确的相对位置和间隙，以免运动部件过热；活塞环和填料函有良好的密封，防止燃气下窜；运行中定期探摸曲轴箱温度。

②保证润滑油蒸汽低于爆燃下限，保持曲柄箱透气孔畅通，消除燃油漏入曲轴箱的一切途径。现代柴油机将凸轮润滑油与系统油分开是一种好办法。曲轴箱采取通风措施，保持曲轴箱上装有透气管或抽风机，将油气引出机舱外，防止油气积聚。透气管应装止回阀，防止新鲜空气注入曲轴箱。

③防爆门应处于良好的技术状态，防爆门开启压力一般为 5 ~ 8 kPa。根据我国有关规定船舶柴油机曲轴箱防爆门的开启压力不大于 0.02 MPa。

④曲轴箱内安装油雾浓度探测装置，在油雾浓度达到着火下限之前发出声、光报警。

⑤在曲轴箱上装设固体 CO_2 灭火接头与固体 CO_2 管系相连，有关的截止阀应绝对密封。

⑥定期化验，当曲轴箱滑油闪点在 160 ℃以下时应申请换油。

【效果检测】

扫描二维码，进行过关测试。

项目九　推进特性曲线识读

【项目描述】

通过柴油机特性、螺旋桨推进特性等方面的知识学习和技能训练，能识读并应用推进特性来提高柴油机的动力性、经济性和使用性能。

一、知识要求

掌握柴油机速度特性、负荷特性、调速特性和限制特性等方面的基本知识。

二、能力目标

具备识读与分析柴油推进特性曲线并应用于提高柴油机的性能。

三、素质目标

养成勤于思考，善于分析的习惯。

【项目实施】

任务一　柴油机的特性曲线分类

【任务引入】

分析直接带动螺旋桨的柴油机运转工况和特性。

【知识结构】

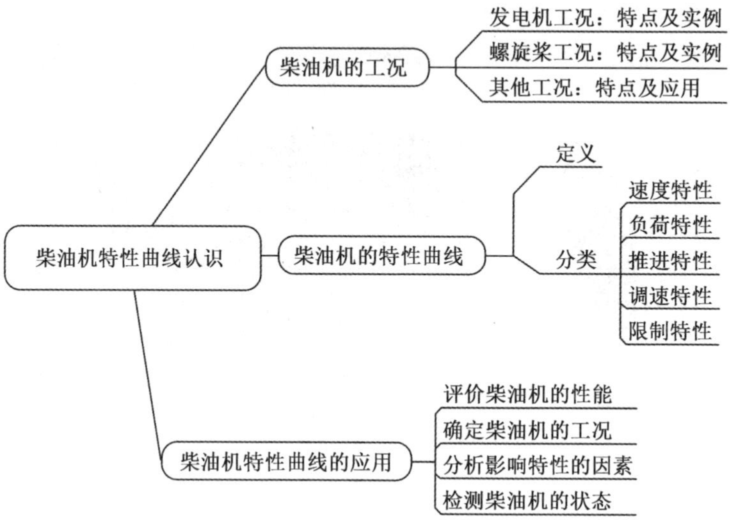

【知识点】

一、船舶柴油机的运转工况

柴油机作为一种动力机械用来驱动各种工作机械时，其功率和转速是按照工作机械所需的功率和转速而变化的。柴油机在各种不同条件下运转的工作状况（功率和转速）称为柴油机运转工况。在船舶上，柴油机主要作为推进动力装置，发电原动机和应急发动机（应急发电机、空压机和消防泵的原动机）。根据柴油机在船上应用时的不同条件，概括起来有三类工况：发电机工况、螺旋桨工况和其他工况。

1. 发电机工况

船舶副机和电力传动的船舶主机按发电机工况运行。在这种工况下，为了保持电网电压稳定和一定的电流频率，由调速器控制柴油机保持恒速运转，它的功率随着航行条件的变化或船舶用电量的变化，可以从零变化到最大许用值。因此，柴油机的发电机工况时转速不变而功率随时发生变化的工况，如图 9－1 中的直线 2 所示。

2. 螺旋桨工况

用来直接驱动螺旋桨的船舶主机是按螺旋桨工况运行的。通常在稳定运转时，螺旋桨吸收功率 P_p 与转速 n 的三次方成比例，$P_p \propto n^3$；忽略轴系的传递损失功率，螺旋桨的吸收功率就等于主机发出的功率，故柴油机有效功率 P_e 与转速 n 的关系可写成 $P_e = cn^3$。通常把柴油机按此关系运转的工况称为柴油机的螺旋桨工况，如图 9－1 中的曲线 1 所示。

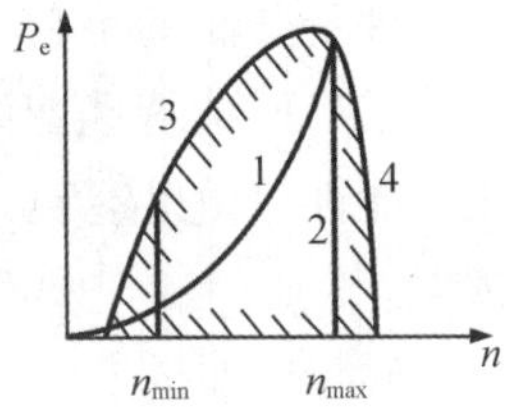

图 9－1　船用柴油机的工况

3. 其他工况

柴油机在此类工况下运转时，它的功率与转速之间没有一定的关系。此类工况亦称面工况，如图 9－1 中的阴影线所示区域。

二、柴油机的特性

1. 柴油机的特性与特性曲线

表征柴油机的主要性能指标有平均有效压力 p_e、有效功率 P_e、有效转矩 M_e、有效热效率 η_e 和有效油耗率 b_e、平均指示压力 p_i 等。柴油机工作参数主要有转速 n、增压压力 p_k、最高燃烧压力 p_z、最高排气温度 t_r、增压器工作转速 n_k 和涡轮机出口温度 t_T 等。对于运行中的柴油机，这些性能指标和工作参数是随着柴油机的应用场合和使用条件不同而变化的。柴油机的主要性能指标和工作参数随运转工况变化的规律称为柴油机特性。把这种变化规律在坐标图上用曲线的形式出来，这种曲线称为柴油机的特性曲线。

2. 柴油机特性曲线的分类

由公式 $P_e = Cp_e ni$ 可以看出，对于特定的柴油机在运转中可能使之发生变化的参数只有平均有效压力 p_e 和转速 n，它们是两个可以相互独立的基本参数，即 $P_e = f(p_e, n)$，由此，根据 p_e 和 n 的变化情况可将柴油机特性分为如下几类：

①速度特性。当 p_e 不变（测定时将油量调节机构固定，p_e 实际上略有变化），柴油机性能参数随 n 变化的关系。

②负荷特性。当 n 不变，定于某一设定值时，柴油机性能参数随负荷（p_e）变化的关系。

柴油机的负荷通常是指柴油机阻力矩的大小，由于平均有效压力正比于阻力矩，常用平均有效压力来表示负荷。发电柴油机的运转特性为负荷特性。

③推进特性。柴油机按螺旋桨特性工作时，P_e与 n 不再是独立的参数，满足 $P_e = cn^3$ 时，各主要性能参数随转速而变化的规律称为柴油机的推进特性。直接带动螺旋桨的柴油机，其运转特性为推进特性。

④调速特性。与上述各种柴油机特性不同，它一般并不表明与柴油机内部的工作过程有关参数的变化情况，而只标出 $M_e(p_e)$、P_e与 n 的关系，它主要取决于调速器的工作性能。

⑤限制特性。在试验台上将柴油机的平均有效压力 p_e按不同的规定加以限制的条件下，测得的有效功率随转速的关系，称为限制特性。

三、柴油机特性的应用

柴油机出厂时测定的各种特性从不同的侧面反映出柴油机的性能。根据柴油机的各种运转特性可以鉴定柴油机的性能，分析和解决柴油机使用与调节中的一些关键问题。研究柴油机特性的目的有以下几点。

1. 评价柴油机性能

从出厂时的特性曲线中可以对新出厂或大修后的柴油机的动力性、经济性、可靠性和使用可能性等做出鉴定。对使用者而言，柴油机特性是选型配套和提出产品改进意见的重要依据。

2. 确定柴油机工况

由特性可决定柴油机在船舶使用条件下的极限允许适用范围，选择最佳工作点和合理地调整柴油机，使它在常用工况下具有较好的经济性能。

3. 分析影响特性的因素

以便寻找改善发动机特性的途径，使发动机的性能得到进一步提高。

4. 检测柴油机的状态

将柴油机运转中测得的主要性能指标和工作参数与特性曲线给出的相应工况下的数值比较，借以查明柴油机在运转中的工作质量和技术状态，以便发现问题及时调整和检修。

【效果检测】

任务二　识读柴油机的推进特性曲线

【任务引入】

试根据推进特性曲线，确定柴油机既快又省油的工况。

推进特性
微课

【知识结构】

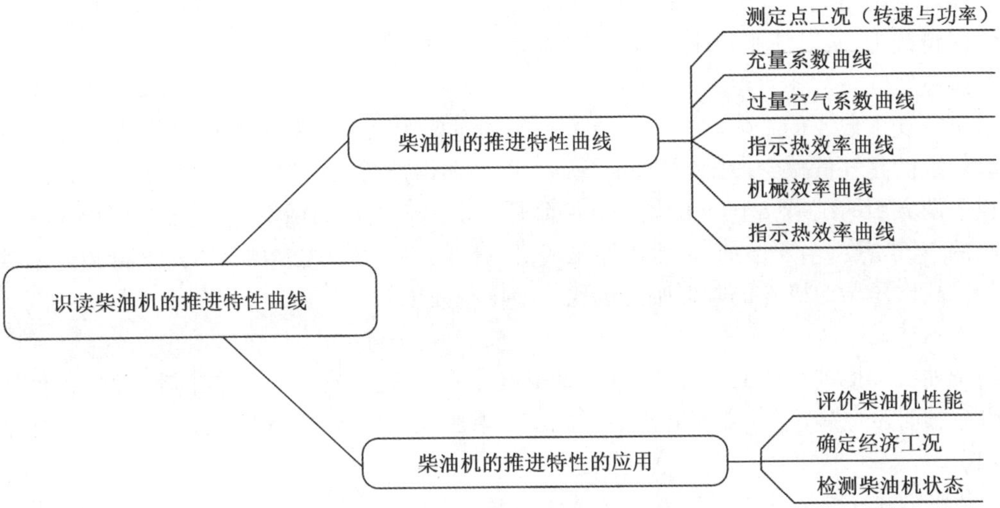

一、柴油机推进特性

柴油机按螺旋桨工况运行时，柴油机有效功率 P_e 与转速 n 的关系可写成 $P_e = cn^3$。柴油机的推进特性是在专门的试验台上进行测试的。根据柴油机的标定功率和标定转速的值，首先按公式 $P_e = cn^3$ 计算出柴油机按推进特性工作时各转速下对应的功率值，将其对应的百分数列于表 9－1 中。柴油机按推进特性工作时的主要参数随转速的变化规律如图 9－2 所示。

表 9－1　推进特性曲线数据

转速 n_b%	103	100	90	80	75	50	40
功率 P_b%	110	100	72.9	51.8	42.2	12.5	6.4

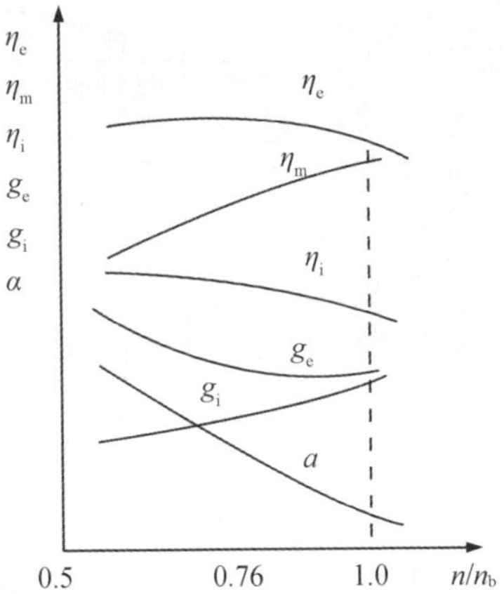

图 9－2　柴油机按推进特性工作时的主要工作参数变化

1. 充量系数 η_v

当柴油机转速升高时,因为进排气系统的流阻增大,充入气缸内的新鲜空气量减少;同时由于循环频率增大,气缸内壁面温度升高,会引起进入气缸内的空气温度升高,使得缸内新鲜空气量减少,所以转速升高,充量系数 η_v 是减小的。

2. 过量空气系数 α

过量空气系数 α 的变化取决于供油量和充气量两个因素。对于非增压柴油机,转速 n 增加时气缸的充气量减少,另一方面 $p_e = Cn^2$,即循环供油量 Δb_i 与转速 n 的二次方成正比。综合以上两方面的结果,α 随 n 的增加急剧降低。对涡轮增压柴油机,充气量主要取决于进入气缸的空气密度,当 n 增加时,增压器压气机输出的空气压力也增加,使充气量随 n 增加而增加。故增压柴油机 α 的降低幅度远比非增压柴油机要小。

3. 指示热效率 η_i

当柴油机按推进特性工作时,因为过量空气系数 α 随 n 升高而急剧下降,燃烧条件变坏,所以引起指示热效率 η_i 随 n 升高而降低。但增压柴油机 η_i 随 n 降低的程度要小于非增压柴油机。

4. 机械效率 η_m

根据 $\eta_m = 1 - P_m/P_i$,机械损失功率 P_m 虽然随转速 n 的升高而增大,但指示功率 P_i 随转速 n 升高而增大得更多,因此 η_m 是随 n 升高而增大的。

5. 有效燃油消耗率 g_e

有效燃油消耗率(也称有效耗油率)$g_e = g_i/\eta_m$,当转速较低时,n 升高指示效率 η_i 降低,指示油耗率 g_i 增加,但 η_m 增加的幅度更大,所以 g_e 是随 n 升高而降低的;当转速升高到较高转速时,由于 η_m 增大较少,随 n 升高 g_e 增大。故有效油耗率 g_e 随转速升高是先降后升,呈鱼钩状。

二、柴油机推进特性的应用

1. 评价柴油机性能

图 9-3 所示为某船用柴油机的推进特性曲线。图中 P_e 为有效功率(kW);g_e 为有效燃油耗油率 g/(kW·h),t_r 为排气温度℃,p_z 为最高爆发压力(MPa)。在推进特性曲线上画一竖线,可得到某一转速下的性能指标和参数。如柴油机的标定转速为 400 r/min时,从图 9-3 可看出,标定功率为 294 kW,爆发压力 p_z 为 5.3 MPa,排气温度为 340 ℃,燃油消耗率为 g_e 为 60 g/(kW·h)。由此可对柴油机的经济性、动力性、机械负荷和热负荷作出评价。

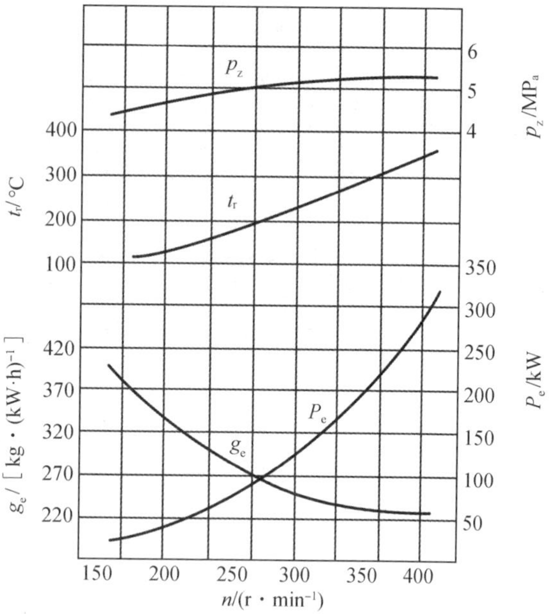

图 9-3 某柴油机推进特性曲线

2. 检测柴油机的状态

将柴油机实际运转测得的主要性能指标和工作参数,与特性曲线上同转速下的性能指标及工作参数比较,可检测柴油机的状态。例如,柴油机标定转速时,柴油机实际排气温度比特性曲线高得多,而爆发压力较低,则可判断柴油机运行为不正常状态,可能要检查供油提前角是否正常。

3. 确定柴油机的经济运转工况

有效燃油耗油率较低时,柴油机经济性较好,从图 9 - 3 中可知,当柴油机运转在转速为 350 ~ 400 r/min 时,有效燃油消耗率低于 230 g/(kW · h),经济性较好。

一般来说,柴油机按推进特性运行时,在其工作转速范围内会出现 g_e 的最小值,常在 80% ~ 90% 标定转速时,g_e 达到最低值。

【效果检测】

扫描二维码,进行过关测试。

项目十　智能柴油机控制

【项目描述】

通过智能柴油机与传统柴油机比较,通过电控设备的组成、特点及典型智能柴油机的知识学习,以期达到 STCW 公约马尼拉修正案和《中华人民共和国海船船员适任考试和发证规则》(2020 年)要求。

一、知识要求

1. 掌握智能机控制组成、原理及特点;
2. 掌握典型的智能柴油机组成与控制原理。

二、技能要求

具备认知智能柴油机操作系统的能力。

三、素质要求

1. 具备自主学习、自动构建知识体系的好习惯;
2. 具备勇于创新的精神。

【项目实施】

任务一　电子控制技术

【任务引入】

电子控制柴油机与传统柴油机结构上有何区别,对柴油机性能产生什么影响?

【知识结构】

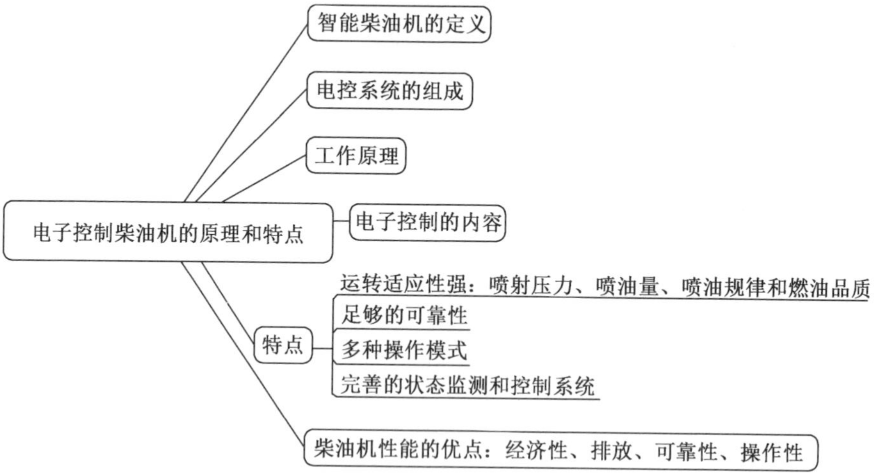

【知识点】

一、智能柴油机的组成

节能与减排的要求催生了柴油机电子控制技术，实现了柴油机的第三次技术革命。将电子设备尤其是微型电子计算机及软件应用于柴油机并成为其重要部分的新型柴油机即为智能柴油机，也称电喷柴油机或电子控制柴油机。与传统的机械控制式柴油机相比，电控柴油机具有控制精度高、控制功能多、适应性强且调试方便等一系列优点，提高了柴油机的经济性、操纵灵活性，降低了排放，延长了使用寿命。电子控制式柴油机正在逐步取代传统的机械控制式柴油机，成为船舶柴油机的主流机型。

电控系统主要由感应单元、电控单元(ECU)和执行单元等组成。感应单元由各类传感器组成，ECU 为控制单元，电磁阀构成执行单元。感应单元向 ECU 提供柴油机当前工况信息，ECU 分析后，根据预定的策略，发出控制信号使执行单元完成相应的动作，控制喷油量、喷油始点、喷油速率、增压压力、进排气阀定时等，执行情况再反馈给 ECU，实现对柴油机的闭环控制，参见图 10－1。

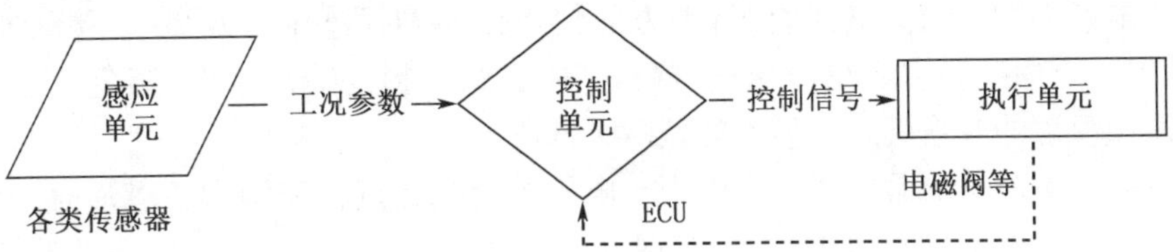

图 10－1　电控系统的组成

二、电子控制柴油机的原理

智能柴油机控制和管理系统的核心功能由电控单元 ECU 来实现。电子传感器监测柴油机在各种工况下的运行参数，如转速、曲轴位置、油压、气压、油温、水温、排温、喷油量、喷油始点、针阀升程及流量等，为 ECU 提供柴油机的当前工况信息。ECU 接收传感器的参数，与预先储存的各种参数值及其变化规律进行分析比较，按最佳方案(经济模式、排放模式和低负荷模式)通过电磁阀控制排气阀和电控喷油器等动作，使柴油机运行状态达到最佳。此外，通过各类传感器，可对柴油机的中头相的运行情况和零部件的状况进行实时监测并与船上的控制系统、报警系统连接，对柴油机进行全方位的控制。

三、电子控制的内容

柴油机电子控制部分包括电子注油器，电子调速器，电子燃油喷射，电控排气阀和气缸启动阀，换向。ECU 通过电磁阀对三大定时及调速器与注油器的控制，取代传统的凸轮轴及相关的机械控制零部件，省去了传统的喷油泵和油量调节机构。凸轮制造后，其型线不好变更，故一般针对标定工况进行设计，对负荷和燃油适应性较差；机械传动控制有一定滞后性；另外，凸轮磨损后导致性能变差。而 ECU 可根据柴油机工况的变化，通过对相关参数的设定和修改，使柴油机在各种工况下具有良好的性能；电磁阀响应时间达毫秒级，反应非常灵敏，控制精度高，可靠性好，磨损小。

四、电控柴油机的特点

电子控制柴油机与传统机械控制柴油机相比，有很强的运转适应性、足够的可靠性、具有各种不同的操作模式、完善的状态监测和控制系统及重量轻等特点。

1. 运转适应性强

电子控制柴油机具有很强的运转适应性，主要体现在燃油喷射系统上。

①能够自由地选择喷射压力。传统柴油机转速低时，供油量减少，喷油压力下降，雾化质量变差，燃烧质量下降，经济性、动力性和排放均变差。采用高压共轨式喷射系统，喷射压力的产生和喷射过程完全分开，高压油泵将燃油提高压力并输送到公共供油管，无传统喷油泵的定时定量作用，只有维持高压共轨的压力的作用。由于共轨管中油量远远大小单个循环的喷油量，故在喷射期间，共轨油管中压力保持不变，与发动机转速无关。ECU 根据柴油机工况选择最佳的喷射压力，可提高低负荷时喷射压力，改善柴油与空气的混合和燃烧质量，使低负荷时的燃油消耗率得到显著降低。某些机型最低稳定转速降至标定转速的 1/10。

②精确地控制喷油量。电磁阀开启时间的长短决定循环喷油量，电磁阀控制精度高，在柴油机运转范围内，使柴油机各缸供油均匀，工作稳定。

③实现理想的喷油规律。电子控制柴油机通过控制供油正时和喷油速率，实现理想的喷油规律，控制燃烧过程；通过减少喷油定时并加大喷油速率，来提高经济性、可靠性并降低排放。喷射定时直接影响到柴油机活塞上止点前喷入气缸的油量，决定着气缸的最高爆发压力和最高温度。减少供油定时，一方面使单位曲轴气体压力升高率下降，使柴油机工作柔和；另一方面控制燃烧最高温度，降低 NO_x 排放。提高喷油速率，避免后燃，提高经济性。采用预喷射的双喷模式可显著降低 NO_x 排放。

④提高对不同燃油品质的适应能力。电子控制柴油机在燃用劣质燃油时，可根据燃烧需要改变喷油正时和排气阀正时，仍能保证最佳喷射和燃烧，使在任何条件下工作均无可见排烟。

电子控制喷射系统本质是喷射适时，通过控制燃油喷射始点、喷射持续时间和喷油压力，以实现爆压的合理控制，降低油耗和有害排放量，改善启动、换向、加速和怠速性能，适应燃用多种燃料和不同工况的需要。

此外，冷却系统、增压系统和气缸注油器也具有很强的适应性。

2. 足够的可靠性

由于电控柴油机燃烧质量高，各缸负荷相对均匀，此外，主机诊断系统能够对故障进行早期报警，使故障能够及时得到解决，因此柴油机具有更长的寿命和维修周期，在整个柴油机使用过程中具有很低的故障率和良好的维修性能，并且在整个使用期间柴油机的性能维持不变。

3. 多种操作模式

电子控制柴油机可根据不同的要求由操作者选择运转模式，如一般航区选用经济性模式，排放限制航区选用低排放控制模式、长期低负荷时选用低负荷运转模式等，保证柴油机一直处于最优化的状态运转。

4. 完善的状态监测和控制系统

状态监测和控制系统包括一体化的速度控制设备、在线的柴油机故障诊断系统、活塞工作燃烧可靠性的监测及对气缸注油的优化等；能够在线监测柴油机的运转状况、确定各缸负荷均匀分布，防止柴油机超负荷，在故障早期报警并启动处理程序。

5. 质量小

电控柴油机没有传统柴油机中的燃油凸轮、排气凸轮、空气分配器及相应传动机构等，没有了凸轮轴，故电控柴油机也被称为无凸轮轴柴油机。用电子控制代替凸轮，除控制更精确灵敏之外，柴油机的质量减小，有的机型减小 7 t 左右。

【效果检测】

扫描二维码,进行过关测试。

任务二 Wärtsilä 公司 RT-flex 柴油机

【任务引入】

RT-flex 柴油机的电控部分由哪些组成?三大定时如何实现电子控制?

【知识结构】

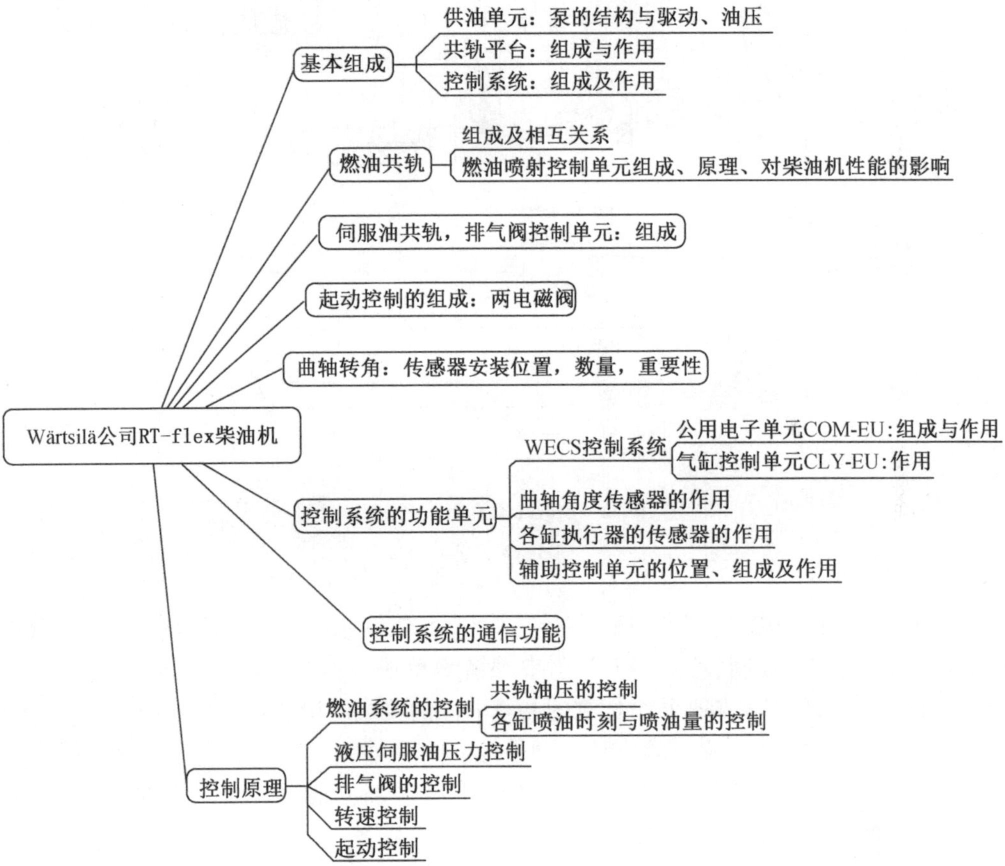

【知识点】

目前两种主流的智能型船用柴油机为 Wärtsilä 公司的 Sulzer RT-flex 系列和 MAN B&W 公司的 ME 系列智能柴油机。Wärtsilä 公司率先将共轨(common rail)技术应用于大功率船用低速柴油机。目前有 RT-flex 和 X 系列电控柴油机。

RT－flex
柴油机电子
控制原理微课

一、RT-flex 电控柴油机的结构

1. 基本组成

相对于传统柴油机而言，RT-flex 型柴油机取消了机械式凸轮轴及其传动机构，增设了供油单元、共轨平台和 WECS 9520 控制系统，如图 10－2所示，故 RT-fleX 型柴油机也称为无凸轮轴柴油机。

供油单元包括燃油泵和伺服油泵，燃油泵也称共轨泵，结构为柱塞泵。伺服油泵为轴向斜盘柱塞泵，两者均由曲轴通过齿轮传动，故燃油共轨柱塞泵也称机带共轨泵，滑油斜盘泵也称机带伺服油泵。机带共轨泵向燃油共轨管提供高达 100 MPa 燃油，通常压力为 60～90 MPa。机带伺服油泵给伺服油轨提供 20 MPa 液压油。20 MPa 的伺服液压油用于驱动排气阀执行器（VCU）和燃油喷射控制单元（ICU）。

共轨平台由 WECS9520 控制系统分别控制容积式燃油喷射控制单元 ICU 和排气阀驱动执行器 VCU 和启动空气控制装置，通过安装在主机自由端的曲轴角度编码器来判断曲轴位置及各缸活塞在气缸中的位置后，完成燃油喷射、排气阀启闭和柴油机的启动功能。

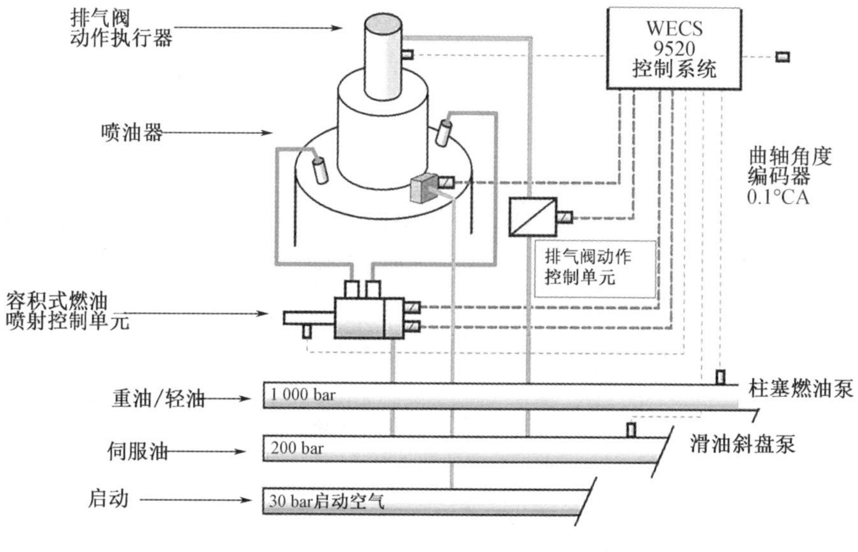

图 10－2　Sulzer RT-flex 系统示意图

（1 bar = 10^5 Pa）

RT-flex 柴油机的电子控制设备主要包括 WECS 控制系统、燃油喷射控制阀、排气阀驱动执行器和启动空气控制装置。WECS 控制系统由单块多功能控制模块组成 FCM-20 模块组成。每块 FCM-20 都安装在每个气缸的共轨下面的接线箱里。每个模块按功能由三部分组成，即凸轮轴替代部分、控制部分和安全系统。凸轮轴替代部分主要是用来代替凸轮轴实现燃油喷射、排气阀和启动空气分配器的控制，控制部分根据柴油机的负荷和转速控制燃油和伺服油的压力，而安全系统主要是对共轨阀的功能、传感器及各参数值进行监测和诊断，保证系统的安全工作。

2. 燃油共轨

RT-flex 柴油机的燃油共轨系统如图 10－3 所示，该系统由供油单元、高压共轨油管、WECS 控制系统、喷油器和容积式燃油喷射控制单元等组成。

供油单元有 2～8 个高效的柱塞泵（共轨泵），由三角形凸轮控制，凸轮由柴油机曲轴通

过齿轮传动。柱塞泵将已加热的燃油压力提高到 90 MPa 左右,送至高压共轨油管。在柴油机启动前或启动时,燃油泵的电动执行器将油泵齿条拉至最大刻度。只要主机转动,共轨压力就能达到70 MPa。柴油机在工作时,由低压输油泵(图中未画出)将燃油送到燃油共轨泵,共轨泵将燃油加压送到高压共轨油管,高压共轨油管中的压力由 WECS 9520 控制系统根据共轨压力传感器测量的共轨压力以及柴油机的负荷进行调节。高压共轨油管内的燃油经过高压油管,根据柴油机的运行状态,由 WECS 9520 控制系统确定合适的喷油定时、喷油持续期,由容积喷射控制单元将燃油喷入气缸。WECS 可按照预设的曲线对不同负荷下的燃油喷射量与喷油时间进行自动控制。

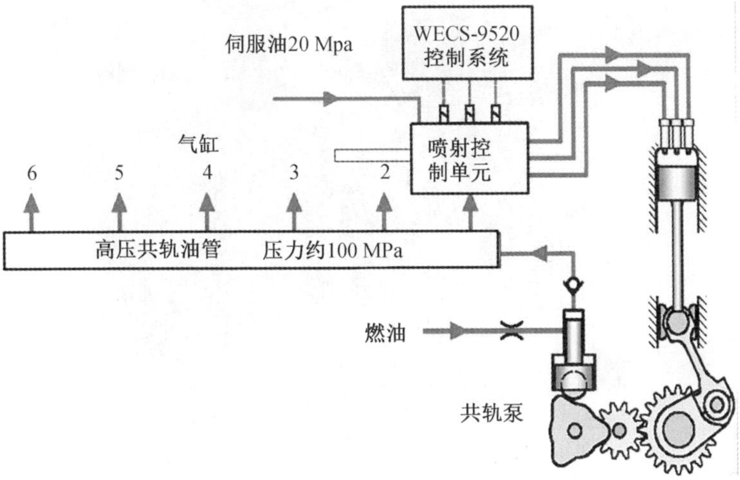

图 10 -3 Sulzer RT-flex 燃油共轨系统

容积式喷射控制单元结构如图 10 -4 所示,工作原理如图 10 -5 所示。WECS 中每缸 FCM -20 模块由工况信息,再根据发火次序和正时,发出电信号,使高速开关的比例电磁阀即共轨阀(也称先导阀)打开,20 MPa伺服油进入燃油喷射控制单元 ICU,推动伺服油活塞,打开喷射控制阀,接通高压油路,使 90 MPa燃油进入喷油器,克服针阀上方的弹簧力,抬起针阀向气缸喷油。喷油量的多少与油量活塞位置对应,并由油量传感器反馈给 WECS 控制系统。每个喷油器由各自的燃油喷射控制阀控制,可以根据 WECS 控制系统的指令控制燃油喷射的定时和喷油量,也以实现在低负荷时的单只喷油器循环喷油。由于共轨系统的压力很高,因此对燃油喷射控制阀的密封性和承压能力的要求都非常高。可见,ICU 中的燃油控制阀由 20 MPa伺服油驱动,20 MPa 伺服油由 WECS 通过电磁阀控制,喷油器开启(针阀抬起)由90 MPa 燃油驱动。共轨阀决定共轨燃油能否进入喷油器。电力有限,不足以推动燃油喷射控制阀,需借助于20 MPa 伺服油来打开喷射控制阀。

在高压燃油共轨油管上安装了压力传感器、燃油压力调节阀和安全阀。压力传感器向 WECS9520 提供高压共轨油管的现时压力信号,燃油压力调节阀和安全阀确保在高压共轨油管出现压力异常时,迅速将高压共轨油管中的压力进行泄放以保证安全。

燃油喷射系统的主要功能:综合考虑燃油流出量的安全性,实现喷油量的精确控制;喷油速率可变,喷油压力可任意选择;在共轨系统和供油管中,可以保持稳定的油压;实现各喷油阀的独立控制。燃油共轨给柴油机性能带来的优势:燃油消耗低,经济性好;通过控制燃烧,能够同时满足排放和经济性的要求;部分负荷运行性能好,最低稳定转速可达

10 ~ 12 r/min，柴油机在整个运转范围内均处于无烟工作状态。

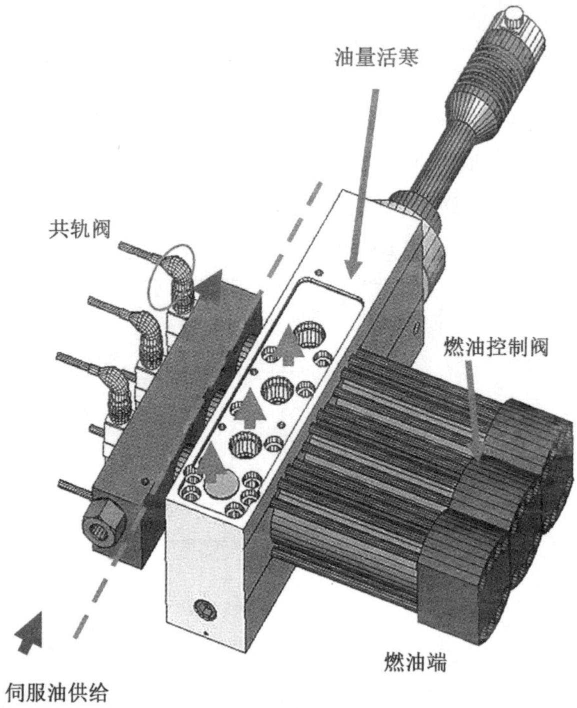

图 10 – 4　容积式喷射控制单元结构

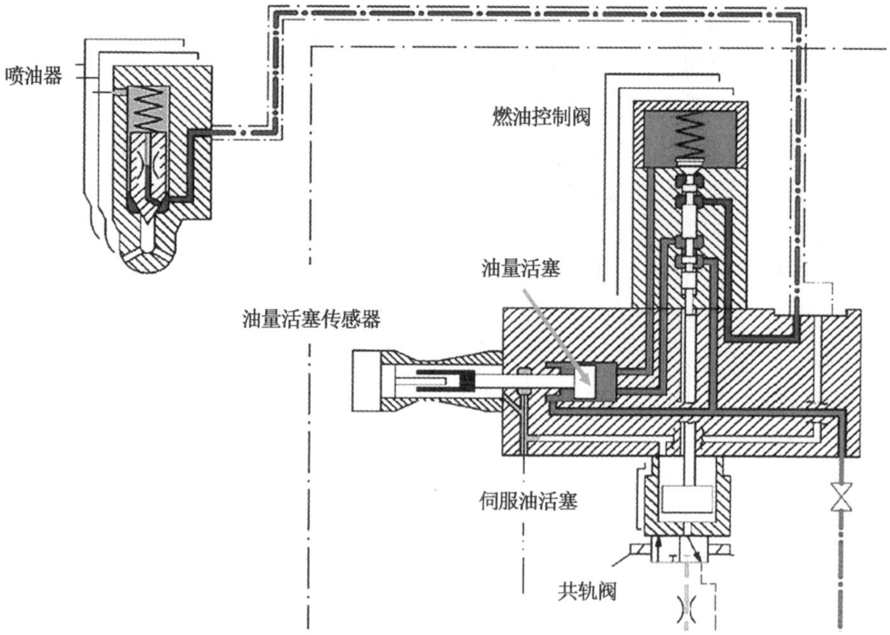

图 10 – 5　容积式喷射控制单元工作原理

3. 伺服油共轨排气阀控制单元

20 MPa 的伺服液压油由机带伺服油泵供给,然后由 WECS 控制系统根据曲轴角度编码器来判断柴油机各缸的状态,通过电磁阀控制排气阀执行器 VCU 的伺服油,继而控制排气阀启闭。伺服油压力随柴油机负荷变化而变化,部分负荷时,压力降低而适应相应的排气阀开启速度。当柴油机停车时,由电动泵向伺服油共轨提供约 8 MPa的压力油。电子控制的 VCU 能如灵活机动地控制排气阀的开/关定时。排气阀阀杆的动作由两个位置传感器检测后反馈给 WECS 控制系统。伺服油共轨排气控制如图 10－6 所示。

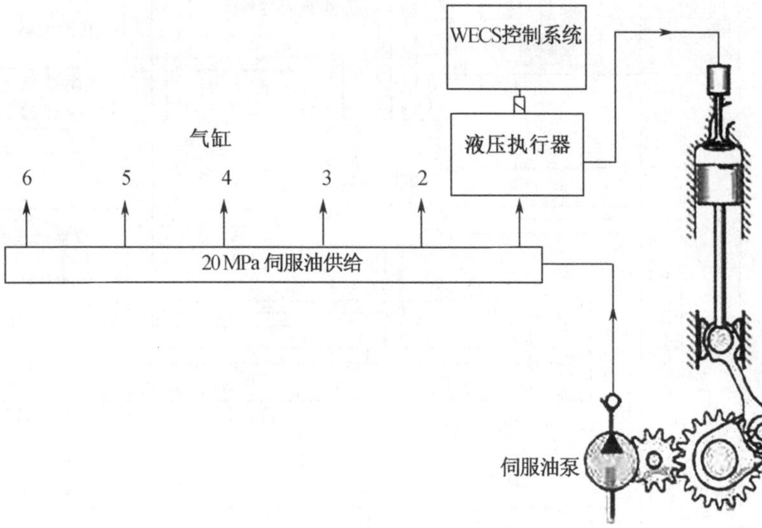

图 10－6 伺服油共轨排气阀控制

4. 启动控制

RT－flex 柴油机的气缸启动阀与 Sulzer RTA 型机的气缸启动阀大致相同。RT-flex 柴油机由 WECS 控制系统根据当前的曲轴转角和功能(正车、倒车、慢转、冲车),来激活主启动阀电磁阀以及气缸启动阀上面的电磁阀,实现相应的功能。

5. 曲轴转角

在曲轴的自由端装有两个独立的曲轴转角传感器,由曲轴通过带齿皮带传动,它们产生精确的曲轴转角数字信号送到气缸电子单元,分辨率为 0.1°曲轴转角。柴油机的喷油、排气和启动定时的控制均以其所测的曲轴转角信号为准,曲轴转角对柴油机的运行必不可少。故曲轴转角传感器至少其中一个必须工作,如果两个都坏了,柴油机便无法正常运转。

二、RT-flex 柴油机控制系统

1. WECS 控制系统

RT-flex 型柴油机的控制系统的核心是 WECS,WECS 9500 控制系统的结构原理如图 10－7 所示。

由图可见,它主要由公用电子单元(COM-EU)和各气缸的控制单元(CYL-EU)等组成。公用电子单元 负责与外界系统进行通信,接收外界的信号,如主机遥控系统、安全系统、船舶报警系统、人机界面、控制油系统等的信号,然后进行处理,并把处理的结果送到各气缸的控制单元的气缸控制器(CCU),由其控制 ICU、VCU 电磁阀等进行参数调节、主机的状态检测以及喷油定时、喷油量、排气定时等的控制,使主机处于最佳运行状态。

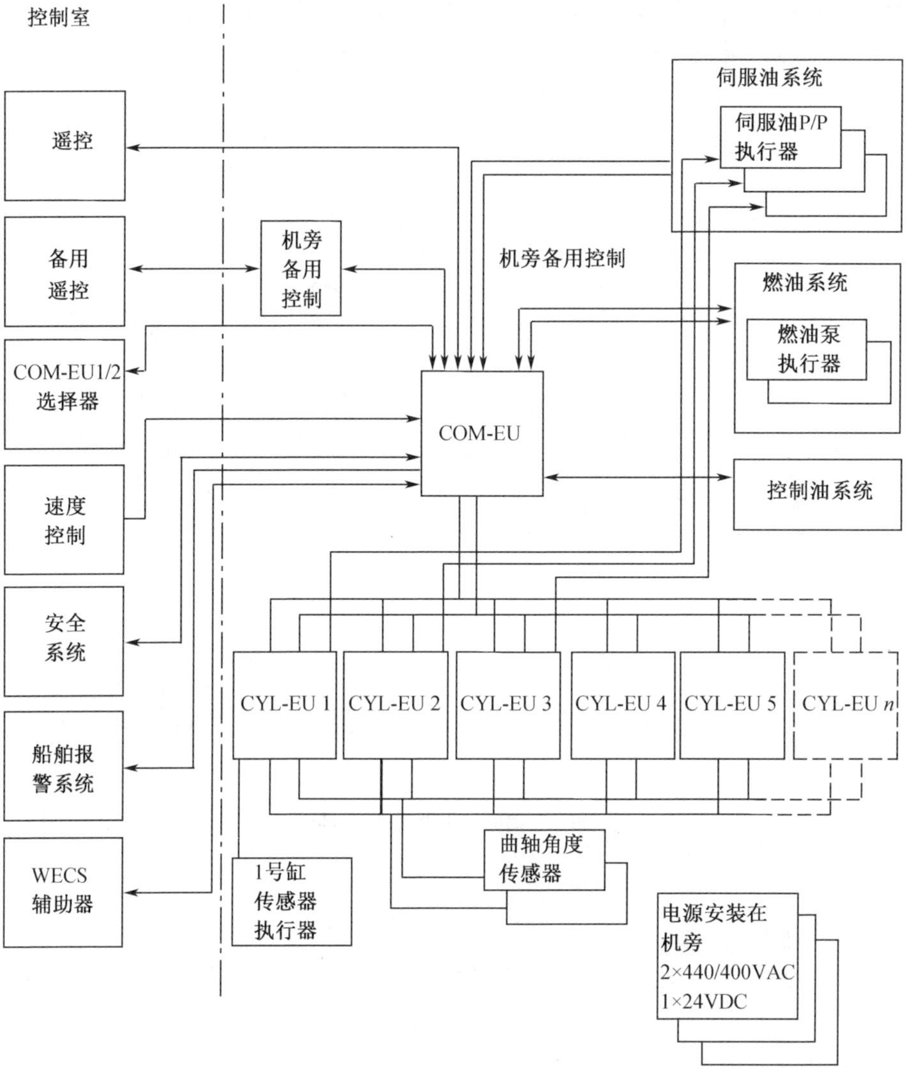

图 10－7　WECS－9500 控制系统的结构原理

WECS 控制系统不仅取代了传统柴油机上凸轮轴相关的机械零部件的功能,而且能对燃油喷射、排气阀动作、柴油机的操作和气缸润滑等功能进行全电子化的灵活控制。通过对相关参数的设定和修改,可调节主机的运行状态和性能参数,实现柴油机的最佳性能。此外,WECS 控制系统还可对主机的运行情况进行实时监测,并与船上的其他控制系统、报警系统连接,将主机的运行情况直接送到各系统,对柴油机进行综合处理。

(1)WECS 控制系统各功能单元的作用

①公共电子控制单元包括一个模式识别模块 ASM 和两个主控制模块 MCM。两个主控制模块 MCM,互为备用,一个工作,另一个处于热备用状态。由外部的选择开关发信号给选择模块 ASM,ASM 模块根据选择开关的信号确定哪个模块处于工作,哪个处于热备用。MCM 的主要作用是控制共轨油管中的油压、控制主启动阀以及与其他系统的通信并对主机

内部信号进行检测和传输。

②气缸电子控制单元。每个气缸都装配一个气缸电子控制单元(CEU),它安装在共轨平台的下部,对气缸启动阀进行启闭控制,也对燃油喷射、排气阀启闭进行控制。

③曲轴角度传感器。它用于准确测量曲轴位置。该信号送到气缸电子单元,从而推算出气缸的活塞位置,便于对气缸喷油和排气阀控制。

④各缸执行器的传感器。这类传感器用于检测各电磁阀、油量活塞、排气阀阀杆位置的工作状态。

⑤WECS 的辅助控制单元。它安装在集控室,由一台计算机和一台 MAPEX-CR 的控制装置组成。这套装置作用是显示主机的状态及报警信息,例如每个气缸的燃油、排气、延时时间,每个气缸活塞速度等状态信息以及各传感器测量值、参数设定值和动态曲线。对各运行参数越限进行报警显示,对主机的一些参数进行设定。参数设定可分为两组,一组为操作人员,无须密码进入设定,例如,最大油耗限制、磨合模式、修改喷油定时、燃油品质设定等参数,改变喷油的起始角度、排气阀的关闭角度等;另一组为专家权限,需凭密码进入,只有柴油机厂家服务人员或经过厂家授权的人员才能更改,例如发火顺序这种关键参数。RT-flex 型机还配备一些附加功能,例如一些特殊的参数检测、数据分析、管理维修、备件管理等,其中包括 MAPEX-TP(气缸磨损检测),MAPEX-PR(活塞运行可靠性检测),MAPEX-CR(燃烧可靠检测),MAPEX-TV/AV (扭转振动/纵向振动检测),MAPEX-SM(备件和维修)等,用户可根据自己的要求来选择部分或全部功能。

(2)WECS 控制系统的通信功能

①与主机遥控系统的通信。主机遥控系统将所有主机的运行命令如正车、倒车等依据操作人员所操车钟要求形成指令,送 WECS 公共模块,同时,公共模块中的主控模块 MCM 上的主机负荷和检测到的气缸压力、排烟温度等信号也会传送给主机遥控系统。

②与船舶报警系统通信。WECS 控制系统检测到主机故障信号时,会发给船舶报警系统进行报警、打印、记录或发出减速、停车信号给安保系统。WECS 报警信号可分为次要报警信号和重要报警信号,如封缸报警信号为重要报警信号。

③与转速控制器的通信。转速控制器是独立的部分,WECS 控制系统公共模块接到转速控制器的一个燃油指令信号,其主控模块将这个信号分配到所有各气缸的控制模块,这就是柴油机此时的燃油给定值。如果转速控制器发生故障,仍可手动调节燃油命令信号,此时,主机处于备用模式运行。在该模式下,对于可变螺距的主机而言,为了防止主机超速,应把螺旋桨设为定螺距运行。

④与选择器的通信。通信时,与识别器进行信号交换,确定哪一个主控模块处于运行状态,哪一个处于热备用状态。

⑤与安全保护系统的通信。WECS 控制系统安全方面的监控主要有对液压系统的泄漏监测、各传感器工作状态监测、曲轴角度传感器监控,把这些监控到的信号都发给安全保护系统。泄漏检测采用在一个液压系统的外皮包装中安装多个检测开关,当系统中某个部位或子系统发生不正常泄漏,就能检测出来。对各传感器的工作状态监控是判断传感器送出的信号是否越过上、下限值,若超出油量范围,说明传感器工作不正常,此信号不可信,同时也显示一个测量误差信号。由于曲轴角度是极其重要的参数,对其检测采用冗余设计,即把两个曲轴角度编码器安装在自由端,通过联轴器由曲轴驱动。这两个曲轴角度编码器提供绝对转角信号,两个信号都传送到各气缸控制单元,对这两个曲轴角度编码器的信号进

行比较,若出现偏差超限,说明编码器不正常或故障。若不出现偏差超限,再与飞轮端的转速传感器读数进行比较,必要时还需通过 WECS 辅助控制器进行补偿和校正。

2. RT-flex 柴油机燃油系统的控制

这类控制主要包括共轨燃油压力控制和各缸喷射油量的控制。如图 10 - 8 所示为 RT-flex 柴油机的共轨管路燃油压力控制原理图。

由图可见,主控模块 MCM 从气缸控制模块 CCM 接收柴油机转速信号和现时共轨油管上的压力信号,然后通过内部运算处理输出控制燃油泵电动执行器的信号,使得燃油泵输出的燃油压力达到现时柴油机转速所要求的压力。当共轨燃油管上的燃油压力高时,通过燃油压力控制释放阀,使其保持稳压;当安保系统检测到危及主机的故障信号时就发出关闭燃油信号,使燃油速闭阀动作,把燃油排放掉,同时,共轨燃油压力也受主轴承滑油压力控制的燃油压力控制阀控制,当主轴承油压过低时,使燃油速闭阀动作,把燃油排放掉,起到保护柴油机的目的。共轨燃油泵是由曲轴通过传动机构驱动,如果其中一个燃油泵电动执行器发生故障,它会通过弹簧控制齿条在适当位置或移动到最高位置,变成定量泵,其余没有发生故障的燃油泵仍保持变量泵而受控。

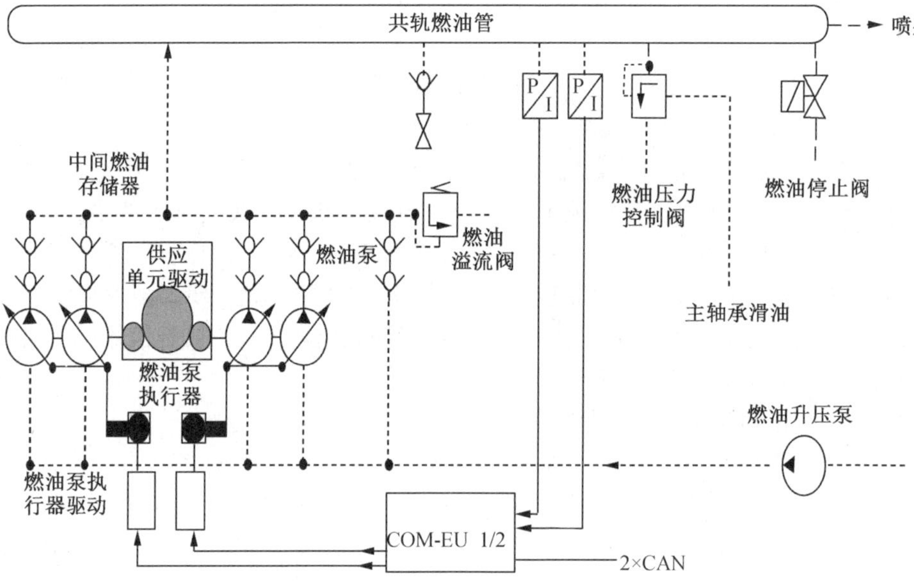

图 10 - 8　RT-flex 柴油机的共轨管路燃油压力控制

图 10 - 9 所示为 RT-flex 柴油机的燃油喷射量控制原理图。在非喷射燃油时间段内,气缸控制模块不发出喷射燃油信号,三个电磁阀断电,控制伺服油不能进入喷射控制阀的信号端,喷射控制阀下位通,共轨管路中的 100 MPa 的燃油通过三个喷射控制阀下位,进入 ICU 油缸中,检测油缸中活塞位置,就知道了该气缸喷油量的大小,如图 10 - 9(a)所示。喷射期间,喷油量是主控模块通过比较速度控制器中的喷射油量和燃油指令信号的要求推算出的。CCM 根据曲轴角度传感器发送来的曲轴角度信号就可计算出喷射初始角,到达喷射初始角时刻,CCM 给喷射控制单元 ICU 发喷油指令,使共轨比例电磁阀通电(这三个电磁阀是否同时通电,取决于当时柴油机的负荷和转速,如低速、低负荷时,只需一个电磁阀工作,

即一个喷油器工作),这时相应的液压伺服控制油出现在喷射控制阀的信号端,使其上位通,这时共轨管路的燃油被堵塞,油缸中100 MPa燃油进入喷油器,喷入气缸,进行雾化燃烧,如图 10－9(b)所示。由于各阀件启、闭需要时间,为了准确定时喷油,需要计算出延时时间,通常把触发信号发出时刻到有效喷射的时刻之间的差值称为喷射动作滞后时间。根据之前循环的喷射动作滞后时间可计算出下一个喷射循环的动作滞后时间。喷射系统还可以采集三个喷射电磁阀的开启时间来监测每次的循环,以保证正常工作。如果油量活塞传感器损坏,控制系统将取代主控制器的燃油指令信号,实行定量喷射控制。

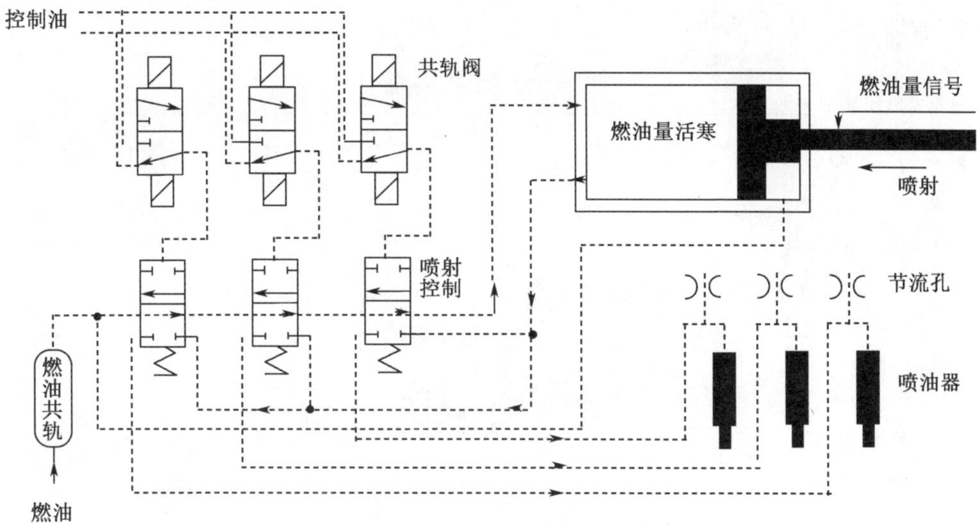

(a) 停止喷油状态

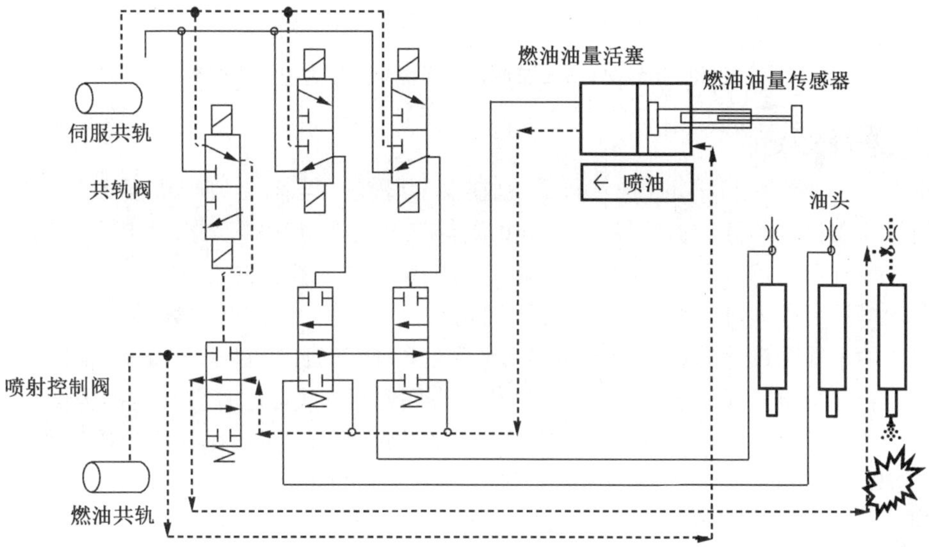

(b) 喷油状态

图 10－9　RT-flex 柴油机的燃油喷射量控制原理图

3. 液压伺服油压力控制

如图 10－10 所示为 RT-flex 柴油机液压控制油压力控制原理图。主控制模块 MCM 采集伺服共轨油管的压力信号，与给定值 20 MPa 比较，若出现偏差，通过 CAN 总线使各气缸控制模块 CCM 来控制伺服油泵输出量，从而控制伺服油共轨油管的压力。每个气缸控制器 CCM 都输出一个指令信号给伺服油泵内部的压力控制器，通常该控制信号是一个脉宽调制信号(1～2.5 A，AC)，其频率为 60～100 Hz。伺服和控制油都是把系统润滑油再经过一次精细过滤后的滑油。伺服控制油共轨管路系统装了一个安全阀，还安装了两个压力传感器，把伺服油共轨油管压力信号送到主控模块。控制油系统除了安装安全阀外，还装了一个稳压阀，保持控制油压力不变。

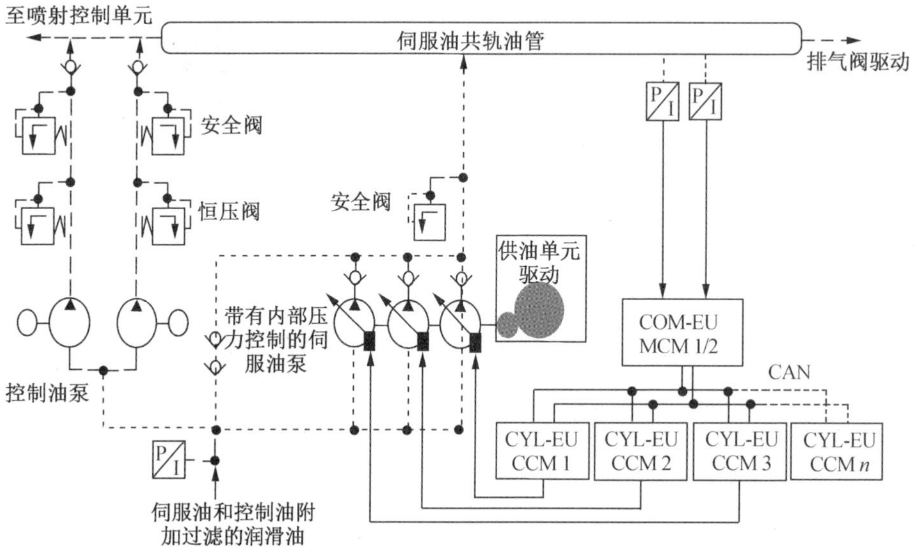

图 10－10　RT-flex 柴油机液压控制油压力控制原理图

4. 排气阀的控制

图 10－11 所示为 RT-flex 柴油机排气阀控制原理图。气缸控制模块根据曲轴角度传感器的信号发出排气阀开启的信号，该信号控制排气阀共轨电磁阀动作，使其上位通，伺服油进入排气控制阀的信号端，也使其上位通，这时伺服油进入执行油缸，活塞移动，把 0.4 MPa 的液压油增压后推入排气阀的上油室，排气阀阀杆下移打开，进行排气，同时，排气阀动作的位置由两个冗余设计的位置传感器进行监测，反馈给气缸控制模块 CCM，监视排气阀是否开启。若一个位置传感器损坏，另一个传感器可继续使用，这时会给出报警信号。若两个位置传感器都损坏，CCM 内部的固定动作程序仍然保持有效，排气阀仍能工作。同样，CCM 发出排气指令到排气阀打开，也有延时，称其为排气动作滞后时间。计算开启动作滞后时间是以排气阀的0%～15% 的行程为终止，计算关闭动作滞后时间是以排气阀的 15%～100% 的阀行程为终止。每个动作滞后时间都可通过之前的动作滞后时间来调校下一个循环的动作滞后时间，这样，就可准确控制排气阀打开(VEO)和关闭(VEC)时刻。

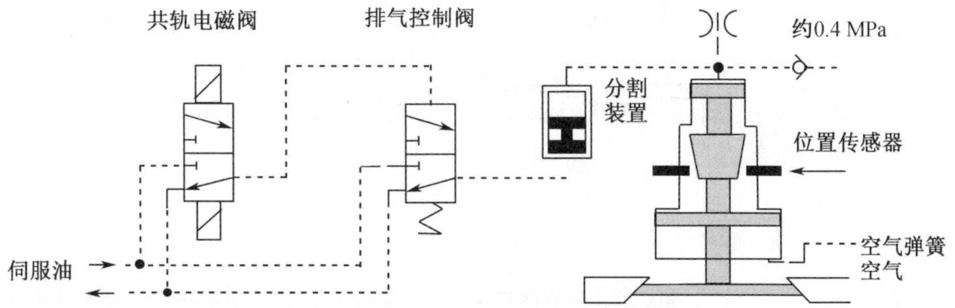

图 10－11 RT-flex 柴油机排气阀控制原理图
（图中所示元件均在关闭位置）

5. 柴油机的转速控制

RT-flex 柴油机的转速控制由一个独立于 WECS 控制系统的转速控制器来完成。图 10－12所示为 RT-flex 柴油机的转速控制原理框图。转速控制器接收到车钟的转速命令之后，与现时采集到的主转速进行比较，得到一个偏差值。转速控制器根据偏差值的大小、现时主机负荷状态等综合信息计算出需要提供燃油量的命令给 WESC 控制系统的主控模块。主控模块通过 CAN 总线将数据传给每个气缸控制模块，气缸控制模块再输出信号给喷射控制单元的共轨电磁阀，共轨电磁阀就可控制燃油喷射定时和喷油量。油量活塞位置信号（代表喷油量的大小）反馈给气缸控制模块，进行燃油量闭环控制，同时也反馈给主机转速控制器便于进行下一步的转速控制。

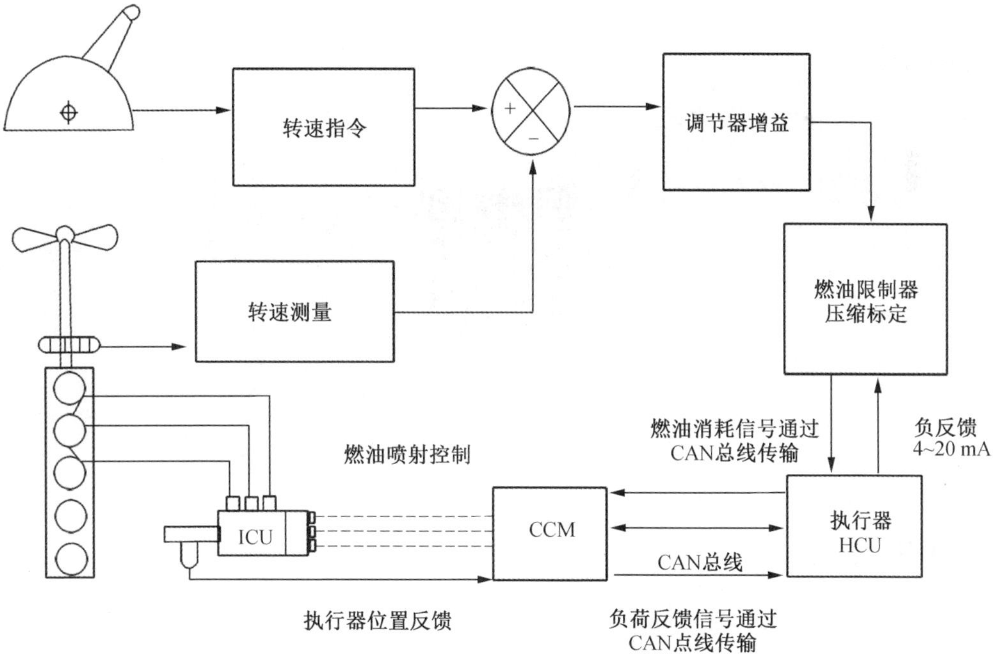

图 10－12 RT-flex 柴油机的转速控制原理图

6. 启动控制

RT – flex 柴油机启动控制原理如图 10 – 13 所示。当接收到启动指令时，WECS9500 发出启动控制信号，主启动电磁阀打开，0.65 MPa 控制空气将主启动阀打开，3 MPa 压缩空气一路进入气缸启动阀下方，另一路到启动空气先导电磁阀，当电磁阀导通时，3 MPa 压缩空气到气缸启动阀的顶部，打开气缸启动阀，启动主机。

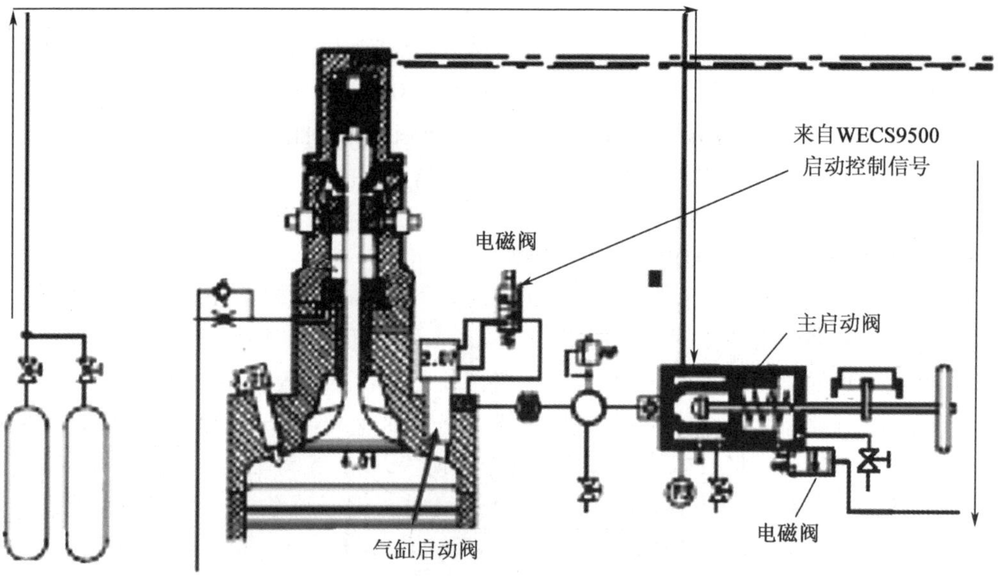

图 10 – 13　启动控制原理

【效果检测】

扫描二维码，进行过关测试。

任务三　MAN B&W 公司 ME 系列柴油机

【任务引入】

轮机管理人员如何管理好电控柴油机？

【知识结构】

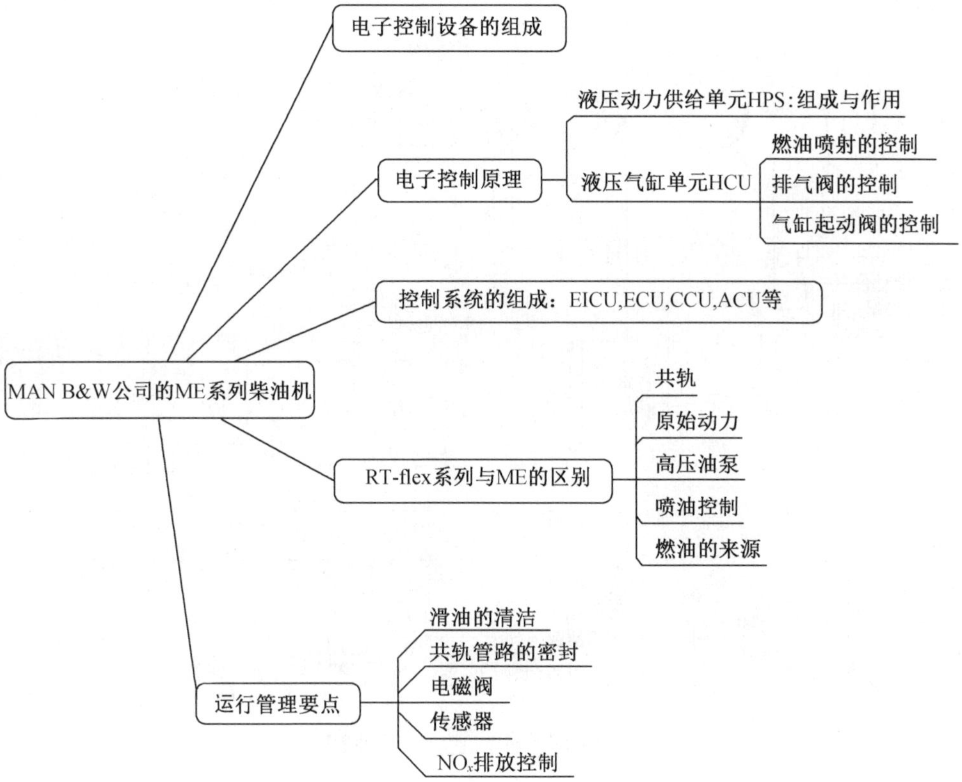

【知识点】

作为世界上最大品牌的大型低速二冲程柴油机开发商，MAN B&W 公司从 1993 年开始研制电子控制式柴油机，在不断地研制和完善软硬件的基础上，2003 年，MAN B&W 公司以其最成功的 MC 系列柴油机为原型机，开发出全电子控制式的 ME 系列柴油机。

MAN B&W ME 柴油机的电子控制微课

一、ME 电子控制设备的组成

与传统的 MC 系列柴油机相比，ME 系列柴油机电子控制设备替代了原来的机械控制设备，如凸轮轴、凸轮轴链传动机构，高压油泵，空气分配器，机旁控制台，可变喷油定时机构 VIT、排气阀电子控制 VEC 等，喷油定时、排气阀定时、启动空气定时功能均由电子控制设备完成。电子控制设备包括液压动力单元 HPS、气缸控制单元 CCU、液压气缸单元 HCU、曲轴位置传感器系统 CPSS 和电子控制系统 ECS、电控 Alpha 注油器、电子调速器和机旁控制板等。

二、ME 电子控制原理

如图 10 - 14 所示，液压动力单元提供伺服油，柴油机控制系统(ECS)接收遥控系统命令，根据曲轴位置传感器和测速系统及其他传感器的信号，发出控制指令给气缸控制单元(CCU)(每缸 1 个)，CCU 通过液压气缸单元 HCU(每缸 1 个)的 FIVA 比例控制电磁阀，使伺服油驱动

控制理念微课

燃油升压泵和排气阀执行机构，控制燃油喷射和排气阀的启闭。CCU 通过 NC 双位（开关型）电磁阀控制气缸启动阀的开启。MAN B&W ME 系列电控柴油机的最大特点是电子控制、伺服油驱动。

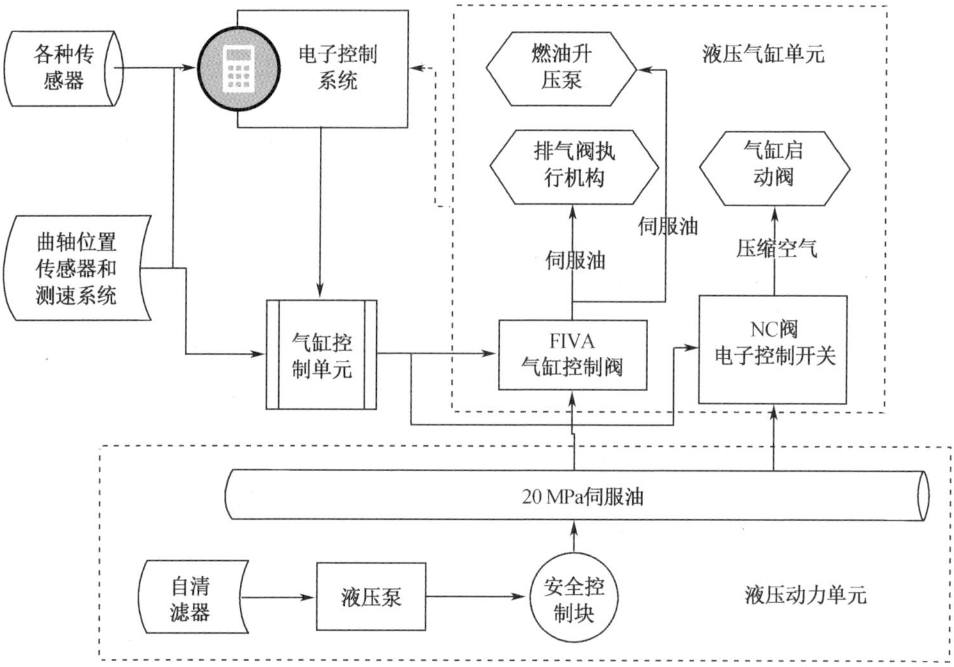

图 10－14　ME 机型电子控制原理

1. 液压动力供给单元

液压动力系统微课

液压动力供给单元主要是用来提供伺服控制油，控制燃油喷射、排气阀的启闭及气缸润滑。液压动力供给单元由自清式细滤器（6μ）、电动液压泵和机带液压泵、安全蓄压单元和高压共轨管组成。参见图 10－15。在柴油机启动前，用电动液压泵供（轴向变量柱塞泵）给系统17.5 MPa的液压油用来启动主机；在柴油机启动之后，则由机带液压泵（轴向变量柱塞泵）向系统供给约 20 MPa的液压油；当柴油机转速达到标定持续功率 MCR 对应转速的 15% 时，两台电动液压泵自动停止工作。伺服油经安全蓄压单元后，储存在双壁共轨管和储液器中。液压动力供给单元位于柴油机的机座上方。安全蓄压单元上设有安全阀与蓄压器（也称蓄液器）。

2. 液压气缸单元

液压气缸单元微课

液压气缸单元每缸一个，包括一个 FIVA 阀、一个燃油升压泵、一套排气阀执行机构、一个气缸注油器和蓄压器等组成。HCU 的作用是控制各缸的燃油喷射、排气阀的启闭和气缸润滑。FIVA 气缸控制阀同时控制燃油喷射和排气阀的启闭，属于比例电磁阀。在 ME-B 等机型中，燃油喷射和排气阀控制分别由电子燃油喷射控制阀（ELFI）和电子排气控制阀（ELVA）实现，ELFI 控制燃油喷射，属于比例电磁阀。ELVA 用于控制排气阀执行器，属于双位控制（开关量控制）的电磁阀。

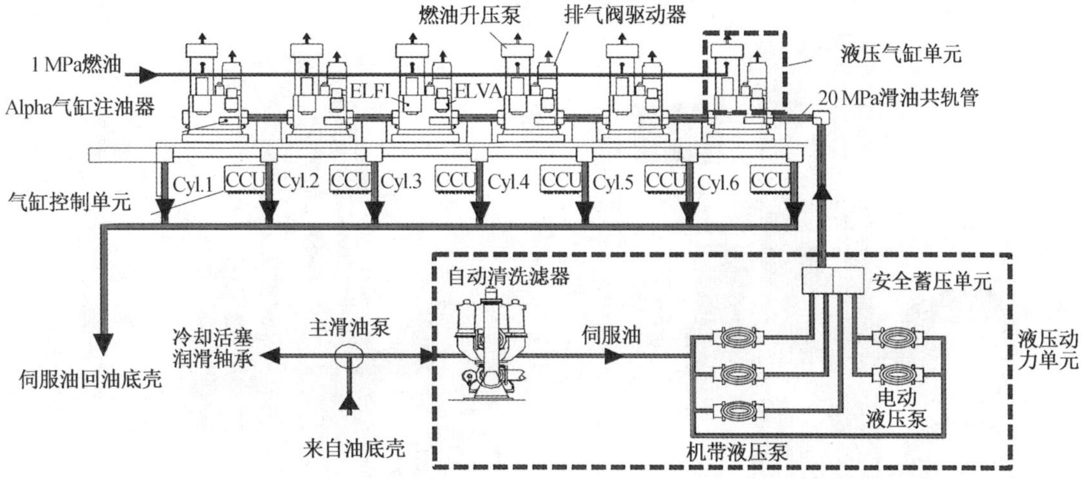

图 10-15 ME 柴油机液压系统和液压气缸单元图

(1)ME 系列柴油机的燃油喷射系统

ME 系列柴油机的燃油喷射系统原理如图 10-16 所示。喷油定时取决于 ELVA 比例电磁阀打开的时间。喷油量取决于升压泵活塞的行程,也就是取决于比例电磁阀移动的位移和开启时间的长短。

图 10-16(a)中,不进行喷射时,ECS 通过 CCU 将 ELVA 比例电磁阀激活上行:

①电磁阀中部与下部相通,活塞下方的液压油被释放,流向低压油腔,动力单元提供的 20 MPa液压油被电磁阀关闭在蓄压器中;

②活塞下行,使活塞上方油压下降,在弹簧力的作用下燃油吸入阀打开,0.6 ~0.8 MPa 的低压燃油由低压泵送至燃油升压泵的入口,在升压泵内循环。

图 10-16(b)中,到了喷射时刻,ECS 通过 CCU 将 FIVA 比例电磁阀激活下行:

①电磁阀中部与上部相通,动力单元提供的 20 MPa 液压油注入升压泵活塞下面。

②20 MPa 伺服油推动活塞上移,活塞顶上燃油压力升高,超过弹簧力,燃油吸入阀关闭。

③活塞顶上形成密封空间,由于升压泵为双头活塞,活塞下方的面积远远大于活塞顶上的面积,在 20 MPa 液压油的作用下,使活塞顶上的燃油迅速升至 200 MPa,并通过高压油管,进入喷油器,喷入气缸。每个气缸 2 ~3 只喷油器的燃油喷射规律是完全相同的。

图 10-17 所示为吸油阀的结构。当吸油阀右侧燃油阀盘处的总压力大于弹簧力时,阀盘闭合。图 10-18 所示为比例电磁阀,电磁力(F)与线圈电流(I)之间呈线性关系,增加线圈电流将使电磁力增大。阀芯位移增大,升压泵活塞上升位移增大,燃油供油量增大。

与传统的机械控制式喷油泵相比,高压油泵的柱塞驱动不是由凸轮驱动,而是由伺服液压滑油动力柱塞来带动柱塞上下运动,为了防止压力波动,在液压控制油一侧还设有薄膜型蓄压器。ME 系列柴油机通过比例电磁阀阀芯位移和阀打开时间的长短来控制燃油的喷油正时、喷油量和喷油压力,因而具有升压喷射、恒压喷射、降压喷射和预喷射等多种喷油模式。通过不同的喷油模式,实现理想的喷油规律和最佳喷射效果,与原机械式相比,具有优良的动力性，并降低油耗减少排放。同时，喷油压力与柴油机的负荷脱开关系，故在任何负荷状况下，柴油机都能保证最好的雾化状态。

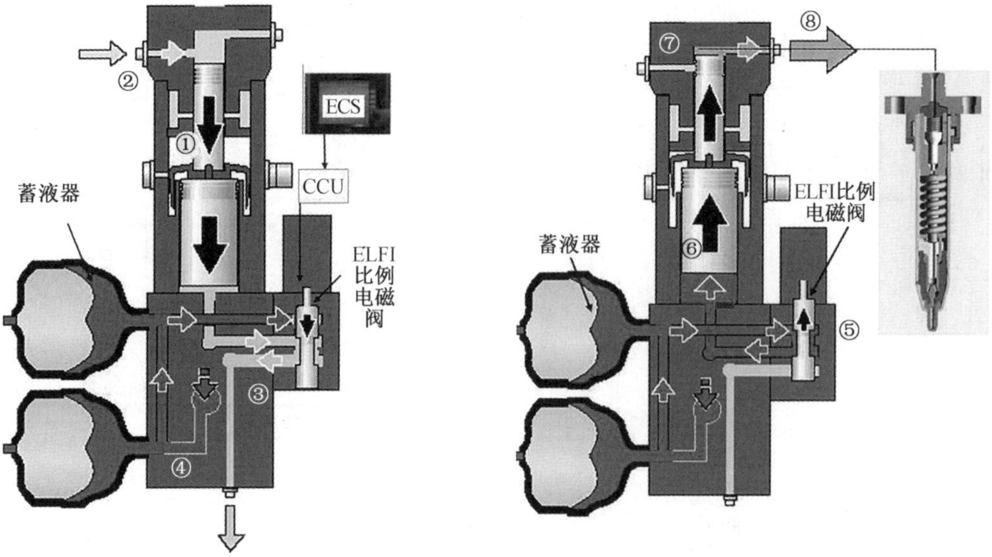

(a)电磁阀激活　　(b)电磁阀关闭

图 10－16　ME 系列柴油机的燃油喷射系统原理

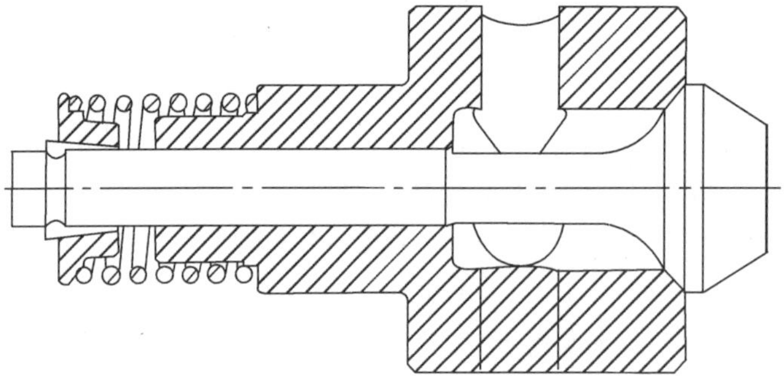

图 10－17　吸油阀的结构

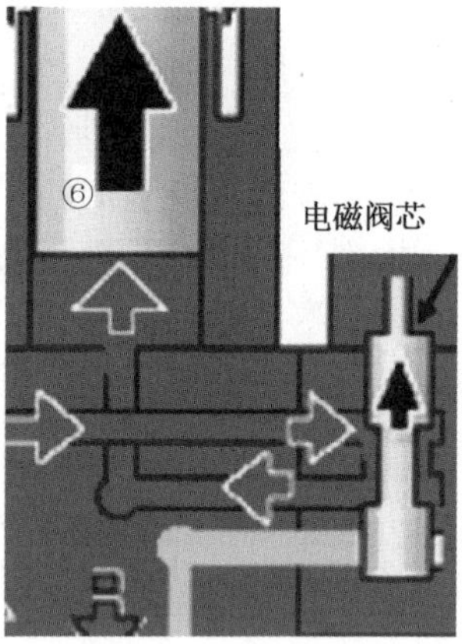

图10－18　比例电磁阀 FIVA

(2)排气阀控制

排气阀微课

图 10－19 所示为排气阀机构图。在排气阀打开时刻，ME 柴油机电子控制单元 ECS 发出指令给气缸控制单元 CCU，FIVA 阀上行，蓄压器中的伺服油进入柱塞底部，推动柱塞上移，液压油管中压力上升，开启排气阀。当排气阀关闭时刻，ME 柴油机电子控制单元 ECS 发出指令给气缸控制单元 CCU，FIVA 阀下行，蓄压器中的伺服油流回低压油腔，柱塞下移，液压油管中压力下降，在空气弹簧的作用下排气阀关闭。与传统的 MC 机型相比，ME 机型减少了排气凸轮机构和排气凸轮传动机构，增加了排气阀位置传感器和电磁阀 FIVA 等。

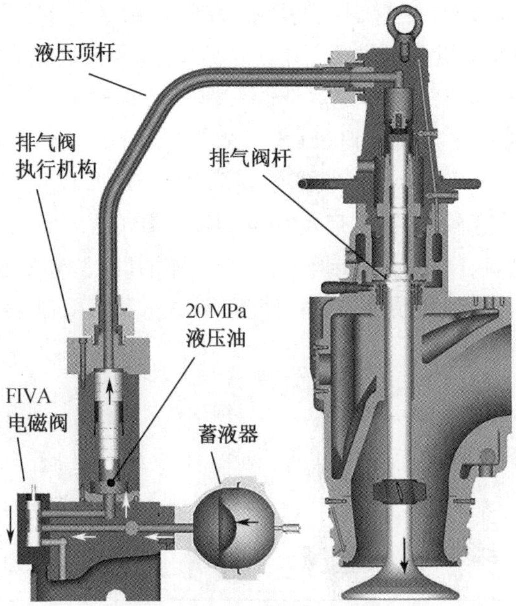

图 10－19 排气阀机构图

(3)FIVA 阀

ME 新机型 CCU 中采用一个比例电磁阀,同时控制燃油喷射和排气阀的启闭,称为气缸控制阀 FIVA,它是一个三位五通比例节流型换向阀。

图 10－20 所示,主阀在中位时,燃油升压器驱动油缸和排气阀驱动油缸分别连通至回油油路,确保燃油升压器和排气阀驱动活塞复位。

当主阀芯右移,工作在左位,控制该缸喷油动作,包括对喷油定时及油门大小的控制。阀芯左移,工作在右位,控制该缸开阀动作,包括对开阀定时及开阀力量的控制。由于左右二端所控制的目标不同,因此该阀设计成非对称结构,即控制喷油的右移行程大于控制开阀的左移行程。阀的“中位”仅指工作位置,并非实际上的中间位置。

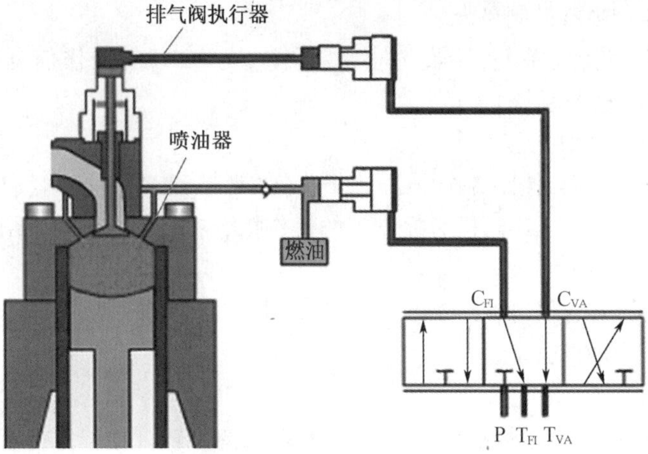

图 10－20 FIVA 阀的工作过程

3. 启动空气控制

启动空气的压力为 3 MPa,控制空气的压力为 0.7 MPa。当接收到正常启动指令时,发动机控制系统 ECS 控制盘车机连锁脱开,并使主启动阀和慢转阀的 NC 电磁阀(双位控制电磁阀)打开,0.7 MPa 控制空气打开主启动阀和慢转启动阀。3 MPa 压缩空气一路进入气缸启动阀下方,另一路到先导空气进口,ECS 使先导电磁阀导通时,3 MPa 压缩空气到气缸启动阀的顶部,打开气缸启动阀。当接收到慢转启动时,ECS 仅使慢转阀的电磁阀导开启,0.7 MPa 控制空气打开慢转阀,同正常启动一样,使 3 MPa 压缩空气一路进入气缸启动阀下方,另一路到先导空气进口,ECS 使先导电磁阀 NC 导通时,3 MPa 压缩空气到气缸启动阀的顶部,打开气缸启动阀,柴油机慢慢转动,使润滑油进入摩擦副表面。ME 主机的启动系统如图 10-21 所示。

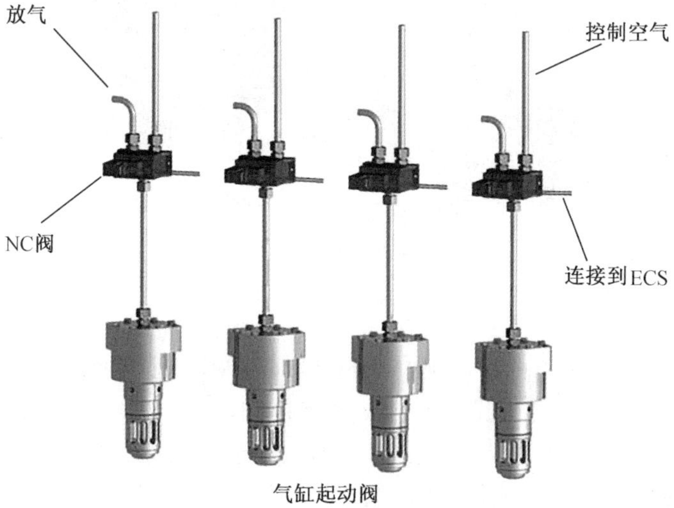

图 10-21　ME 主机的启动系统

三、ME 型柴油机的控制系统的组成

ME 型柴油机的控制系统 ECS 包括一组多功能控制器和信号状态装置,控制器的功能如下:

(1) EICU 柴油机接口控制单元

EICU 是主机信息控制单元,接收驾驶台、集控室(MOP)的操作信息;与外部系统(电源、车钟、遥控、安保、报警系统)通信。

(2) ECU 柴油机控制单元

ECU 为控制核心单元,控制 3 个 ACU 及 6 个 CCU 单元;具有换向、启动、停车、调速功能;接收现场传感器送来的信号;机旁操作板的操作指令;直接控制备用泵的启停。

(3) CCU 气缸控制单元

CCU 具有高压油泵、排气阀驱动泵、汽缸注油器(参见项目六任务三中的电子注油器)、气缸启动阀控制及反馈等功能。

(4) ACU 辅助控制单元

ACU 控制伺服油泵、辅助风机启停(手/自模式),使共轨管路中保持所要求的压力。

四、Wärtsilä RT-flex 与 MAN B&W ME/ME-C 系列船用智能柴油机的比较

Wärtsilä 公司的 RT-flex 系列与 MAN B&W ME/ME-C 系列为两类典型的船用智能柴油

机，两者具有共性：燃油系统通过适当减小喷油提前角来降低燃烧温度的同时，也增大喷油速率来缩短整个燃烧过程，能够同时满足排放和经济性的要求；

1. 共轨

在共轨方面，RT-flex 系列的公共油轨有两个：一是 20 MPa 的伺服油，因为电子控制系统中所输出的能量有限，该伺服油用来驱动排气阀、气缸启动阀和喷射控制装置；二是 100 MPa 的重油，其作为柴油机的燃料油，在油轨中等待喷射。而 ME 机型的公共油轨仅是一个 20 MPa 滑油，其作为动力油使用。轨压高者密封要求高。

2. 原始动力

在原始动力方面，RT -flex 机型采用曲轴带动的复合凸轮来带动柱塞式油泵，保持油轨中 100 MPa 的燃油油压。伺服油泵由曲轴通过传动齿轮带动油泵保将 20 MPa 的伺服滑油压力。ME 机型伺服油泵是曲轴带动的轴向液压泵，给油轨输入 20 MPa 油压的滑油，柴油机启动前用电动液压泵供给 17.5 MPa 油压。

3. 高压油泵

RT-flex 机型的高压油泵是柱塞式增压泵，凸轮的传动使燃油泵柱塞上下运动；而 ME 机型采用的是液压驱动双头活塞的高压油泵 ，用 20 MPa 伺服滑油作为高压燃油的驱动动力。

4. 喷油控制

在喷油控制方面，RT-flex 机型是由控制系统发出信号给电磁阀，电磁阀的动作使伺服器的油路变化，伺服油打开燃油喷射阀，使在燃油共轨等待的燃油进入喷油器，完成喷射过程；ME 机型同样是控制系统发出信号给电磁阀，电磁阀改变伺服油后，伺服油驱动油泵使燃油增压，完成喷射过程。二者的区别在于前者伺服油打开燃油喷射阀，后者伺服油直接驱动高压油泵。

5. 燃油的来源

RT-flex 机型燃油来自100 MPa的油轨中，ME 机型的燃油是由燃油泵供给的大约1 MPa 的燃油。

五、船用智能柴油机运行管理要点

对于智能柴油机的管理应注重技术上的管理，特别是在电子控制系统方面，对船上轮机管理人员的技术水平提出了更高的要求。具体如下：

①保证滑油系统的清洁。由于有一部分滑油是用于控制系统的，对其清洁度有很高的要求。应该特别注意各个滤器的状态，并按要求清洗。

②确保共轨油压管路的密封。共轨油压系统压力较高，运行过程中一定要观察其密封性是否良好。特别是进入喷油器的那段管路，既要保证其密封性，同时又要保证其膨胀不是太大，以免对喷射雾化产生不良影响。

③电磁阀。在共轨油压系统的控制单元中，电磁阀是一个很重要也很容易损坏的元件。必须保证滑油的清洁度，否则会造成电磁阀的动作延迟或卡死，或电磁阀磨损加剧，从而产生密封不好等一系列问题。另外，过电流还会造成电磁阀的烧毁。因此，日常管理中，要特别注意对电磁阀的维护保养。

④传感器。传感器是控制系统获取柴油机工作状况的主要途径。传感器损坏将会造成控制系统误动作，必须保证各个传感器的清洁和保养，尤其是在恶劣状况下工作的传感器，应予以特别关注。

⑤NO_x排放量的控制。电控共轨柴油机必须在满足 NO_x 排放标准的基础上，充分提高其运行的经济性。

【效果检测】

扫描二维码，进行过关测试。

项目十一　双燃料发动机技术

【项目描述】

随着排放法规的日趋严格和世界能源日益短缺，液化天然气(LNG)凭其环保节能、经济实惠、储量丰富被认为最有发展前景的发动机清洁燃料。目前已在近海或短途海运船舶上应用。随着LNG注油网络不断完善，全球大规模使用清洁燃料已是大势所趋，LNG动力船时代即将到来。

通过常见替代燃料的特点及双燃料机的结构、原理、特点、运行模式及典型双燃料发动机的知识学习，以期达到STCW公约马尼拉修正案和《中华人民共和国海船船员适任考试和发证规则》(2020年)要求。

一、知识要求

1. 了解替代燃料的特点；
2. 掌握双燃料发动机的工作原理和特点。

二、技能要求

1. 能分析替代燃料的特点；
2. 能进行双燃料机的模式转换。

三、素质要求

具有创新思维，培养关注新技术的习惯。

【项目实施】

任务一　船用柴油的替代燃料

【任务引入】

“能量不灭，汽车永动，万物生息轮回”这是生物燃料热在全球激起的美丽梦想。然而生物柴油为何没有在船舶中得到广泛应用，试分析原因。

【知识结构】

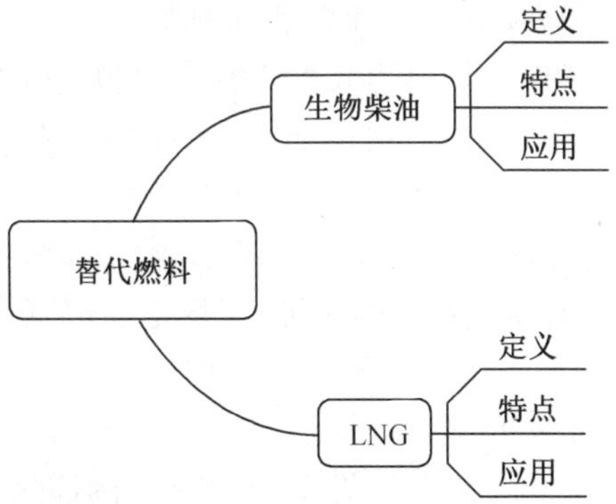

【知识点】

一、替代燃料的种类

至今为止，替代燃料一般分为 4 类：醇醚类燃料，包括甲醇（ metha-nol）、乙醇（ethanol）、二甲醚（ dimethyl ether）等；合成燃料，主要以煤和天然气及生物质为原料生产的合成液体燃料；气体燃料，包括压缩天然气（CNG）、液化天然气（ LNG）、液化石油气（LPG）；生物燃料，主要是生物柴油，生物甲醇和生物乙醇。四种替代燃料中天然气在船舶动力装置领域应用最广，而生物柴油发展前景较好。

二、生物燃料

1. 生物柴油分子结构与物性参数

生物柴油（BD），由动植物油脂（脂肪酸甘油三酯）与醇（如甲醇）在碱性催化剂的作用下经酯交换反应得到的脂肪酸单烷基酯。分子结构特征为 RC（═O）OCH3，其中 R 为烷烃或烯烃。碳链长度 17 ~ 19，分子量与柴油十分接近，各种理化指标也与柴油相似，因此称其为生物柴油表 11 – 11 为生物柴油与柴油主要性能指标的比较。

表 11 – 1　生物柴油与石化柴油的比较

指标	生物柴油	石化柴油
十六烷值	45 ~ 65	40 ~ 55
15 ℃密度/$(kg \cdot m^{-3})$	870 ~ 895	810 ~ 860
40 ℃黏度/$(mm^2 \cdot s^{-1})$	3.5 ~ 5.5	2.0 ~ 3.5
低热值/$(MJ \cdot kg^{-1})$	36.5 ~ 40.0	42.5 ~ 44.0
凝点/℃	– 15 ~ 10	– 35 ~ 0
含硫质量分数/10^{-6}	< 10	< 500
含氧质量分数/%	10 ~ 11	0

2. 生物燃料的特点

柴油发动机不需更改就可燃烧 BD，生物柴油可任意比例与柴油进行调和。生物柴油分子中有含氧官能团，含氧量约占总分子质量 10%，氧助燃促进燃烧。生物柴油分子结构中不含芳香烃不含支链，易发生氧化反应。这两者导致 BD 燃烧充分，相比石化柴油可减少废气中一氧化碳 CO、碳氢 HC 和碳烟（PM）等，减少量达 5% ~ 10%。由于 BD 分子中不含硫，BD 发动机硫氧化物 SO_x 排放相对于柴油发动机可降低接近 100%。

生物柴油氧化稳定性差。BD 分子中的 R 中含有不饱和成分 C ═C 双键，易断裂，不饱和双键的氧化速度约是饱和单键氧化速度的两倍。另制备过程中残留的碱性催化剂中的氢氧根也促进氧化，使 BD 氧化安定性较差。BD 氧化生成不可溶的聚合物、酸和不稳定的过氧化物。聚合物导致 BD 油品的下降，易造成滤清器、喷油器阻塞，影响雾化质量，在燃烧过程中还易形成积碳。酸会引起燃油系统的腐蚀，不稳定的过氧化物导致发动机橡胶部件老化，影响密封性。NO_x 排放稍高于柴油。BD 链长易断链，十六烷值较高，缩短了滞燃期，有利于降低 NO_x 排放，但是其较大的密度、黏度、含氧量均导致 NO_x 排放升高，综合效果是 BD 氮氧化物排放要高于柴油。动力性低于柴油，生物柴油的低热值略低于柴油。

3. 生物燃料的应用

一般情况下，柴油中添加5% ~20%生物柴油，其动力性能基本和石化柴油相当，如果添加比例过大，其动力会低于石化柴油。

4. 生物燃料的发展

第一代生物柴油主要以食用油脂（如菜籽油、豆油等）为原料制备的生物柴油（主要组分为脂肪酸甲醋），第二代生物柴油的油脂来源主要是非食用油（如棕榈油、桐子油、麻讽树油、地沟油等），第三代生物柴油采用非油脂类生物质（如木屑、农作物稻秆和固体废弃物等）和微藻、微生物油脂制得生物柴油。从原料来源看，第三代生物柴油可以避免燃料与食物之间的竞争，降低生产成本；采用微生物油脂作为原料，具有繁殖速度快、生产周期短、所需劳动力少且同时不受场地、季节和气候变化影响等优势。其原理是通过生物质气化系统把高纤维素含量的非油脂类生物质先制备成合成气，再采用气体反应系统对其进行反应，并在气体净化系统和利用系统中催化加氧使其转化为超洁净的生物柴油。其中利用生物质气化制备合成气，进而合成生物柴油，是生物能源利用的新途径。虽然酶法生产生物柴油具有明显优势，但原料成本高，距离真正的大规模工业化依然道路漫长。

三、液化天然气

1. 液化天然气的形成

液化天然气通过在常压下将气态的天然气冷却至 -162 ℃，使之凝结成液体。天然气是一种混合物，其组分随气田不同而异，主要成分有甲烷、氮及碳原子数在2 ~5的饱和烷烃，另外还含有微量的氦、二氧化碳及硫化氢等。通过制冷液化后，LNG就成为含甲烷（96%以上）和少量的乙烷、丙烷、丁烷等的低温液体。液化天然气理化与柴油的比较如表11 -2所示。

表11 -2　液化天然气理化与柴油的比较

燃料	沸点/℃	C质量百分比/%	H质量百分比/%	自燃温度/℃	低热值	
天然气	-162	75	25	640	45 MJ/kg	36.44 MJ/m^3
柴油	160 ~360	87	12.7	270	43 MJ/kg	38.42 MJ/L

2. LNG的特点

LNG是清洁燃料，环保性好。甲烷CH_4为LNG的主要成分，甲烷的含碳量为75%，碳氢比是所有碳氢燃料中最低的，故燃烧相同热量，LNG燃烧产生的CO_2仅为柴油的70% ~75%，可有效降低碳排量；其次液化天然气经蒸发器成为轻质气体燃料，进入发动机，相比液态柴油，与空气混合更均匀充分，燃烧更完全，其不完全燃烧导致的CO排放量大幅度下降；甲烷中无C—C键存在，燃烧过程中减少了碳烟先导物的产生，使天然气发动机的碳烟排放量极低；CH_4分子结构中只包含C—H键，点火能量比较高，火焰传播速率低，燃烧速度相对较慢，容易出现后燃严重、排温高等问题。再者，LNG在运输和储存中，需冷却至 -162 ℃以下液化，在液化过程中，必须除去其中的硫分和杂质，其排放的SO_x几乎为零；最后，采用稀薄燃烧技术，NO_x排放量可降低85% ~90%。因此，LNG与柴油相比，NO_x、CO_2、SO_x硫化物、CO和颗粒物排放均明显降低。由于甲烷与空气混合物的着火延迟时间要长于柴油，甲烷燃烧的火焰传播速度也低于柴油，所以柴油 -天然气双燃料发动机易产生爆燃现象。

LNG 储量丰富,储存效率高。2009 年已探明储量达 1.88×10^{14} m^3,可至少满足全世界需求 150 年以上。近几年科学家从深海中发现了可燃冰这种能源,它是一种固态型天然气,1 体积可燃冰可分解成 164 体积的天然气和 0.8 体积水。据统计,地球上可燃冰所含能量相当于石油、天然气、煤总和的 3 倍。LNG 储存效率高。液化后的天然气其体积大大减少,约为 0 ℃、1 个大气压时天然气体积的 1/600,也就是说 1 m^3 LNG 汽化后可得 600 m^3 天然气。

LNG 安全性好。首先,天然气燃点为 650 ℃(柴油为 260 ℃,汽油为 427 ℃);其次,天然气发生爆炸的浓度区间是 5% ~15%(柴油为 0.5% ~4%,汽油为 1% ~5%);最后,天然气密度是空气的 55%,泄漏后会直接扩散到空气中,如果加入嗅剂泄漏时可被及时发现,减少安全隐患。

LNG 冷能可利用。LNG 在气化时产生大量的冷能(860 ~ 883 kJ/kg)。在发动机设计或改装时可以给予考虑,特别船舶制冷和空调、渔船冷冻和冷藏等方面给予利用。

LNG 经济性好。LNG 价格低,由于低热值较柴油稍低,故动力性稍差,但天然气燃烧时比较柔和,燃烧噪声小。

总之,液化天然气 LNG 凭其环保节能、经济实惠、储量丰富被认为最有发展前景的发动机清洁燃料。目前已在近海或短途海运船舶上实际应用。随着 LNG 注油网络不断完善,全球大规模使用清洁燃料已是大势所趋,“LNG 动力船时代”即将到来。

【效果检测】

扫描二维码,进行过关测试。

任务二　典型的双燃料发动机

【任务引入】

启动 MAN B&W 公司 ME-GI 机型,并使之在燃气模式下正常运行。

【知识结构】

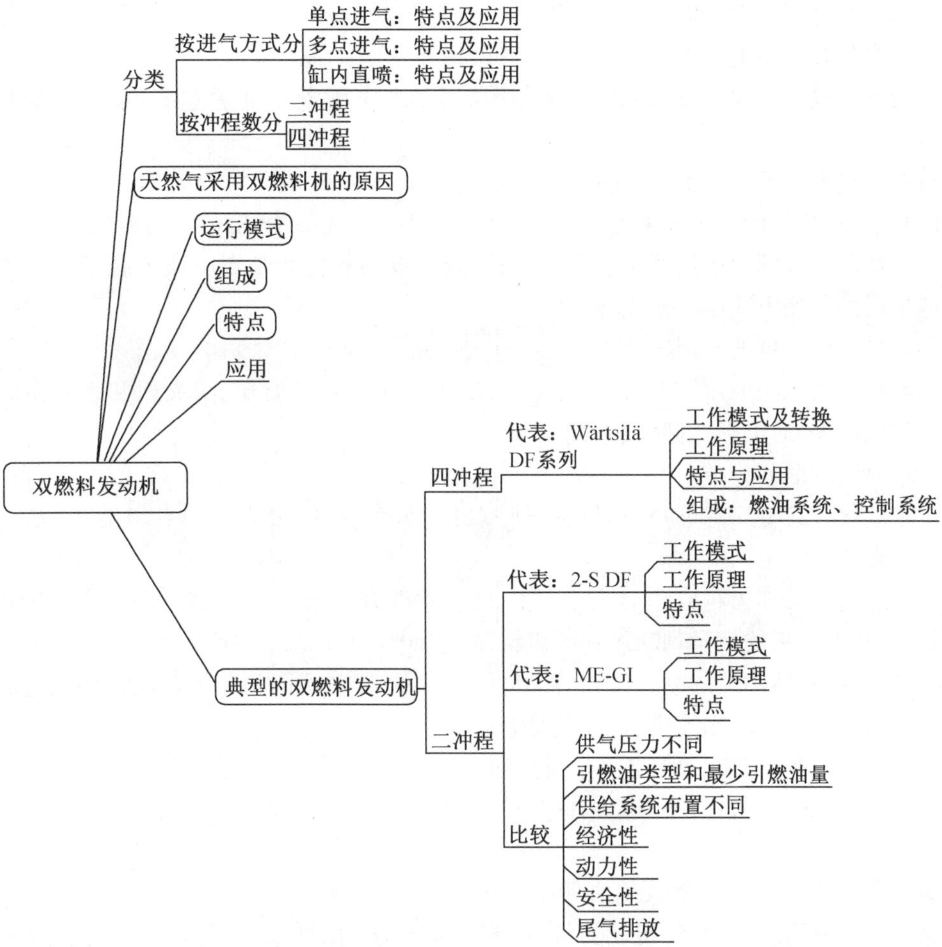

一、LNG/柴油双燃料发动机概述

1. LNG 采用双燃料发动机的原因

纯 LNG 发动机在船舶应用受限。由于天然气的着火点为 650 ℃，与汽油的 427 ℃和柴油的 260 ℃相比，着火点高很多，点火能也高于汽、柴油，因此 LNG 并不能像柴油一样被压燃，而是往往通过火花塞点燃或一定量的柴油引燃。单一燃料天然气较少应用到大缸径海船主机。这是由于与柴油比较，天然气燃烧速度慢，在大缸径船用主机上，火焰传播时间相对长，容易出现后燃，排气温度升高，导致可靠性和经济性下降的问题。在理论当量比条件下，高负荷工况还可能出现爆燃现象，限制了发动机功率输出。因此，借助技术手段实现天然气快速燃烧是解决上述问题的重要途径。LNG/柴油双燃料发动机采用柴油引燃，代替火花点火，这是实现天然气可靠点火和快速燃烧的有效途径，LNG/柴油双燃料应用最广，且最具发展潜力，故一般说双燃料机即指 LNG/柴油双燃料发动机。

双燃料发动机微课

2. 双燃料发动机的模式

双燃料既可以使用纯柴油模式，也可采用双燃料模式。双燃料发动机通常都是在燃气模式下运转，以 LNG 为主要燃料，只有在启动和某些特殊情况下才会用到柴油模式。在双燃料模式时，少量柴油通过压燃预先燃烧，在燃烧室内形成大量的火核，引燃天然气。引燃柴油被形象地称为“液体火花塞”，具有引燃能量高，引燃着火点数量多，天然气传播距离短，点燃后的天然气燃烧和传播速度快的优点。

3. 双燃料发动机的组成

双燃料发动机主要由燃气供给与喷射系统、点火油系统、燃油系统、控制系统等几大系统组成。

4. 双燃料发动机的特点

LNG/柴油双燃料发动机优点是低水准排放、良好的经济性、较高的动力性和低噪声等，缺点是燃油和燃气两套供给系统。基于上述分析，双燃料模式是现阶段大缸径船用天然气机普遍采用的工作方式。

5. 双燃料发动机的应用

双燃料发动机一般用于 LNG 船的主机，也可以作为普通渡轮、滚装船和集装箱船以及海洋工程供应船、海上浮式储油装置的主机。

6. 双燃料发动的分类

①按进气方式分。双燃料发动的按进气方式分为三种，分别是单点喷射式、多点喷射式和缸内直喷式。

单点喷射式又称为进气道预混合式。将天然气在进气过程喷入进气总管，再进入各缸，通过传感器采集的信号判断燃料的供给量，进而控制总的空燃比。其特点是：喷入的是进气总管，故不能精确控制进入各缸的天然气量，NO_x 排放优势不明显；开发周期短，供气简单，成本低，易达到空燃比的要求。现应用较少。

多点喷射式是定时在每缸进气阀前方的进气歧管喷射天然气。其特点是能定时定量控制天然气，准确控制每缸空燃比，易实现稀薄混合气燃烧，取得较高热效率并降低 NO_x 排放。

单点喷射式与多点喷射式均属于缸外预混合供气，天然气与空气同时进入气缸，势必会造成进气充量的减小，发动机动力性能降低；由于压缩的是混合气，故压缩比低，热效率低；气门重叠期扫气时新气随排气进入排气管，出现排气管放炮的可能性。

缸内直喷式是燃气直接喷入气缸内，包括低压喷射和高压喷射。缸内直喷能大幅度降低对空气充量的影响、供气稳定。易于控制燃烧过程，便于优化发动机性能；非进气过程进入，能避免气体燃料从排气管逸出。大型二冲程机中应用广泛。

Wärtsilä 公司推出的 DF 系列四冲程双燃料机采用多点喷射；MAN B&W 公司的 ME-GI 二冲程双燃料智能发动机采用缸内高压喷射，Wärtsilä 公司推出的二冲程 DF 系列双燃料机采用缸盖内低压喷射。

②按冲程数分。按冲程数分为二冲程双燃料机和四冲程双燃料机。

二、典型的双燃料发动机

船用四冲程双燃料发动机代表机型为 Wärtsilä 公司 DF。船用二冲程柴油－天然气双燃料发动机的主要代表机型有 MAN B&W 公司的 ME-GI 和 WARTSILA 2－S DF。

1. Wärtsilä 公司 DF 四冲程双燃料发动机

中速双燃料发动机是瓦锡兰重要的产品方向，其在低速双燃料发动机产品的进展稍微落后于曼恩。一般提到 Wärtsilä DF 系列常指四冲程双燃料发动机，主要有 32DF 和 50DF，主要参数如表 11－3 所示。

表 11-3 Wärtsilä DF 双燃料发动机主要参数

参数	32DF	50DF
缸径/mm	320	500
行程/mm	350	580
转速/$(r \cdot mim)^{-1}$	720/750	500/514
活塞平均速度(m · s)	8.40/8.75	9.7/9.9
平均有效压力/bar	19.9	20.0/19.5
单缸功率/kW	335/350	950

注:1 bar = 10^5 Pa。

(1)工作模式

Wärtsilä 公司的 DF 四冲程双燃料发动机工作模式有燃气模式(主要运行模式)和燃油模式(备用模式)。

①燃气模式(气体模式)。Wärtsilä DF 系列四冲程双燃料发动机燃气模式采用奥托循环,采用天然气加先导燃油(轻柴油 MFO)点火的方案。先导燃油量小于满负荷下燃油量的 1%。

②燃油模式。燃油模式采用"重油(HFO)+先导燃油"的方案。

③模式转换。运行模式与负荷关系密切,其转换情况如下:

a. 系统启动时,双燃料机总是使用燃油模式。双燃料机燃油模式启动,在所有的缸都已经稳定燃烧后,才启用天然气模式,以保证启动的安全和可靠。即使主机在气体模式下启动,若负荷在 15% 以下,3 min 后自动切换到燃油模式。

b. Wärtsilä 50 DF 处于 15% ~80% 负荷区域,双燃料机可以自动地从燃油模式转换到气体模式运行。转换时间约为 1 分钟,天然气逐渐替代燃油。

c. 处于 80% ~100% 负荷区域,系统可以以气体模式或燃油模式运行,但是只能从气体模式转换为燃油模式,而无法从燃油模式转换到气体模式。

d. 在接到外部指令的情况下,任何负荷工况都能切换成燃油运行模式,并保持发动机输出功率和频率稳定。当发生故障(例如天然气供应中断)时,Wärtsilä 50DF 可以在任何负荷下立即自动瞬时地(小于 10 s)从气体运行模式切换到燃油运行模式。

(2)工作原理

Wärtsilä 50DF 燃油模式下的工作原理与常规柴油机相同,只不过使用重油或船用柴油时,为了保持引燃燃油针阀的清洁和降低 NO_x,当双燃料发动机以柴油模式工作时,引燃燃油喷射阀仍然处于工作状态,即也喷入引燃油。

Wärtsilä 50DF 气体运行模式工作原理如图 11-1 所示。气体运行模式采用"奥托循环"。在进气冲程,低压天然气(小于0.5 MPa)由缸外喷射阀喷入各缸进气道,即多点喷射。与空气混合后,在进气行程进入各气缸;进气阀关闭后,空气和天然气一起被压缩。压缩冲程末期,很少的高压先导燃油(小于标定负荷下燃油量的 1%)喷入气缸,与少量的空气形成的可燃混合气,着火后成为高能量热源,点燃天然气。由于引燃燃油量少,使双燃料机 NO_x 的排放仅是同功率柴油机的 10%。

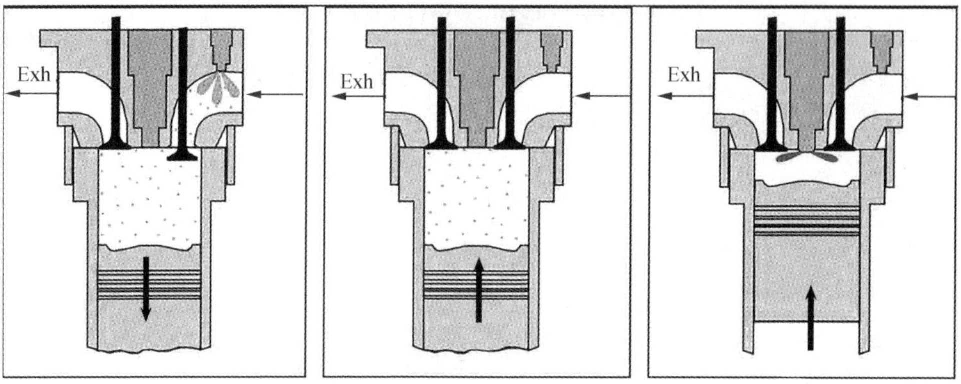

图 11-1　Wärtsilä DF 气体运行模式的工作原理

为了保证双燃料发动机可以在功率输出、效率和排放方面得到较好的性能，通常采用稀薄燃烧的方式控制燃烧过程。所谓稀薄燃烧，就是气缸内空气和天然气混合物中，空气比完全燃烧所需的量要多，即空燃比较大。“稀薄燃烧”既能降低燃油消耗，又能减少发动机有害排放物。“稀薄燃烧”，由于空气较多，不易爆燃，故可采用较高压缩比；有利于完全燃烧，降低燃油消耗率。稀薄燃烧对排放的改善主要表现在，随着空燃比的增加，喷入燃油量减少，燃烧温度下降，从而降低 NO_x 的排放；燃烧产物中的氧成分有利于 CO 的氧化，因此，CO 的排放也减小。Wärtsilä DF 采用定容燃烧，定容燃烧的热效率随压缩比和绝热指数的增加而增加。随看空燃比的提高，空气所占的量增加，工质的绝热指数渐增并接近于空气绝热指数。

图 11-2 所示为空燃比和稀薄燃烧的窗口。图中有两个区域，分别是爆震和不发火窗口。空燃比过低会产生爆震等不正常的燃烧状况，而空燃比过高则可能不发火。两者之间为工作区域。随着平均有效压力（负荷）提高，敲缸和不发火之间的运行范围逐渐变窄。图中两条曲线分别是热效率随空燃比变化曲线和 NOx 的排放随空燃比变化曲线。热效率线随空燃比的增加而增加。空燃比在小于 1 时，NO_x 排放随空燃比的增加而增加，在空燃比为 1 左右达到最高值。然后随着空燃比的增大，燃烧峰值温度下降，NO_x 排放随之降低，在空燃比为 2.2 时 NO_x 排放会达到很低的数值。这就是图中框出稀薄燃烧的工作窗口。为了保证双燃料发动机的良好工作特性，必须对空燃比进行有效的控制和优化，使之维持在运行窗口范围内。故“稀薄燃烧”常和电子控制系统相结合，以取得节能减排效果。Wärtsilä DF 系列燃气喷射阀和引射阀均由电子控制。

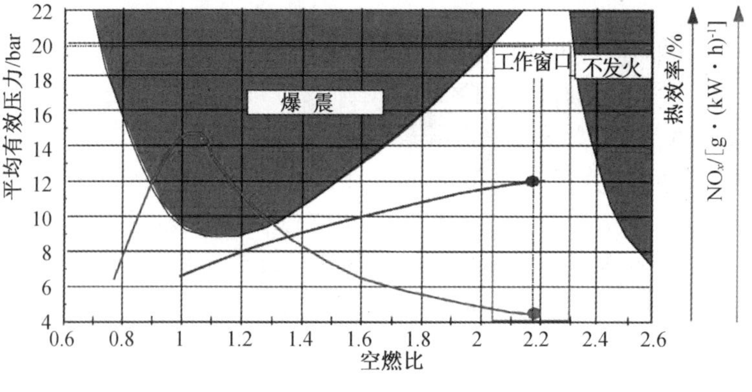

图 11-2　空燃比和稀薄燃烧的窗口

（1 bar = 10^5 Pa）

Wärtsilä 50DF 通过 WECS 控制系统不断地调节每缸的先导燃油和废气旁通系统来调节空燃比，以保持每个气缸处于不爆震和发火之间的运行点之上，保证稳定燃烧。废气旁通阀如图 11－3 所示。废气旁通阀允许一部分的废气旁通，剩余废气进入增压器，通过调整废气旁通阀控制柴油机的进气量，即使高负荷时也能保持合适的空燃比。该旁通阀作为一个调节器，根据发动机转速、负荷的情况，把空燃比调节至适当的数值，并将旁通阀阀位的反馈信号传至 Wärtsilä 发动机控制系统（WECS），而不考虑环境条件（温度、湿度等）的变化。如果不能实现对双燃料发动机空燃比的精确控制，其 NO_x 排放可能达到很高的数值，甚至高于普通柴油机的 NO_x 排放。

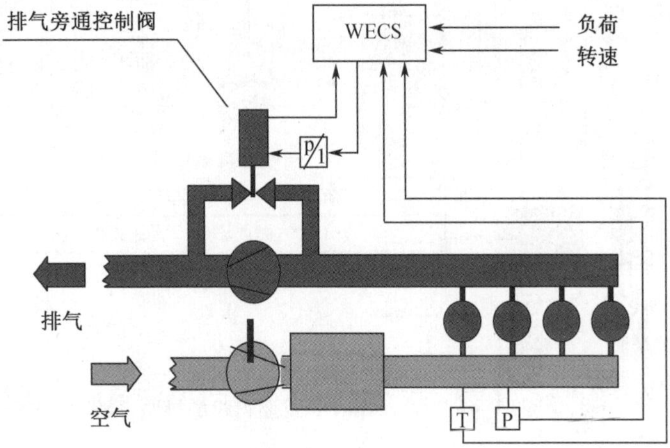

图 11－3　废气旁通系统

（3）特点与应用

①采用两种运行模式。天然气运行模式（主要模式）和燃油运行模式（备用模式）。

②天然气和先导燃油的喷射都采用电子控制。

③运行中能灵活转换所使用的燃料类型。

④燃气进气压力低于 0.5 MPa。

⑤低排放、高效率、高可靠性地提供功率输出。

Wärtsilä DF 四冲程双燃料机目前被广泛用于 LNG 船舶的电力推进中。

（4）燃油系统

图 11－4 所示为 Wärtsilä DF 燃油供应系统。燃油供应系统有两套，一套用于天然气运行模式，另一套用于燃油运行模式，这两套系统独立工作，这两种模式下发动机都能启动。天然气运行模式启动时只往气缸内喷射引燃燃油，气缸内稳定燃烧后才能激发天然气供给，从而保证安全和可靠启动。燃油系统分为两路，一路用于发动机燃油运行模式的喷射燃油，另一路用于发动机天然气运行模式的引燃燃油。专设的引燃燃油加压泵将燃油压力泵至100 MPa，经共轨管路到喷油器。引燃燃油喷射量及喷射定时为电控模式。发动机柴油运行模式的喷射燃油先供给到凸轮轴驱动的喷油泵，加压后再到液压启阀式喷油器。

双燃料发动机喷油器为双喷嘴结构（图 11－5），大喷嘴用于发动机柴油运行模式时喷射燃油，小喷嘴用于发动机天然气运行模式时喷射引燃燃油。先导燃油的喷射是电磁阀控制的。气体模式运行时，通过电磁阀实现对每个缸先导燃油喷射的最佳定时和最佳持续时间控制,因此可以获得非常低的 NO_x 排放;燃油模式运行时,小孔和大孔先后喷射先导燃油和 HFO,二次喷射可以降低燃烧峰值温度,减少 NO_x 排放。

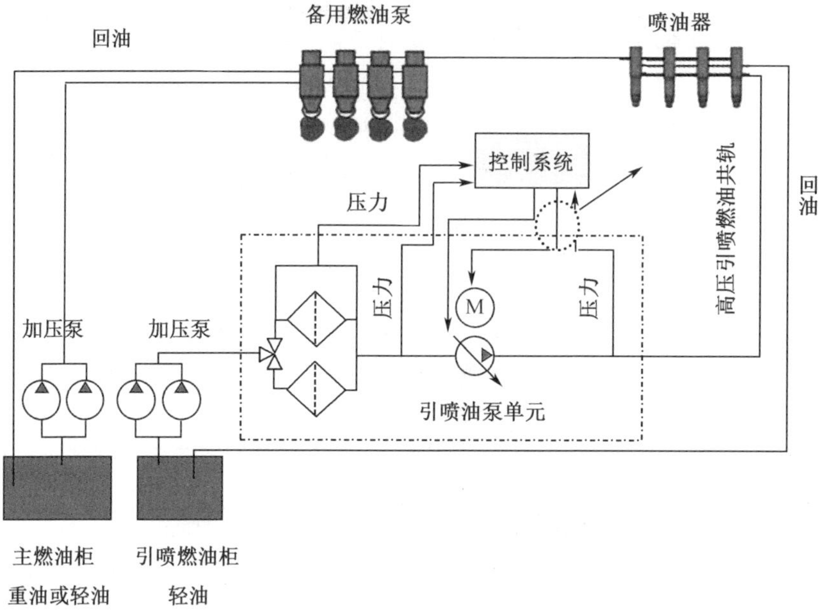

图 11－4　Wärtsilä DF 双燃料机的燃油系统

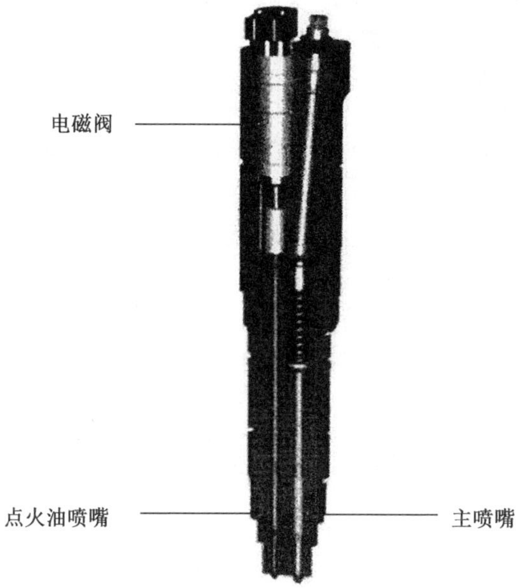

图 11－5　双燃料发动机双喷嘴喷油器

发动机天然气运行模式时,天然气经滤器、调压器、速闭阀、放气阀后到气缸盖上的共轨管,然后到达天然气进气阀。共轨管上压力随时监测,当压降过大时,意味着天然气泄漏,速闭阀关闭,发动机转为燃油运行模式。调压器以发动机负荷调整天然气压力。天然气进气阀为电动控制阀,由控制系统对每个缸单独控制以保证每缸正确的天然气供给量。

控制系统控制的废气旁通阀进行调整进气量。通过废气旁通方式控制废气涡轮增压器转速,进而控制增压空气压力,因此空燃比大小与发动机负荷相适应。由此可见双燃料发动机天然气运行模式每缸燃烧过程可控,以保证发动机运行性能,避免突然停车、敲缸和熄火故障。

双燃料发动机的燃气管都采用双壁式设计,内管输送高压燃气;外管起保护作用,防止内管破裂时高压燃气喷出;内、外管之间有机械通风。内、外管之间的空间换气能力约为每小时 30 次,抽出的气体被排放到安全区域。由于采用抽吸式通风,双壁管中间空间的压力低于机舱压力。在通风管末端安装有 HC 传感器,一旦探测到燃气泄漏,立刻发出报警信号,并自动切换至柴油模式运行。双燃料发动机的燃气管路上安装有惰气系统,无论是燃气喷射阀卡阻还是燃气阀堵塞,任何非正常的燃气流会被立刻检测出来,燃气供应将被停止,燃气管线被惰气清洗;同时,发动机将切换到纯燃油模式。

(5)控制系统

控制系统可实现如下控制。

①各种燃料运行模式的转换。

②燃气进气控制。双燃料机的转速、负荷和空燃比等通过传感器送至 WECS,WECS 通过电控阀来控制燃气进气压力与空燃比,引燃油的喷入时间与喷油量,如图 11 -6 所示。

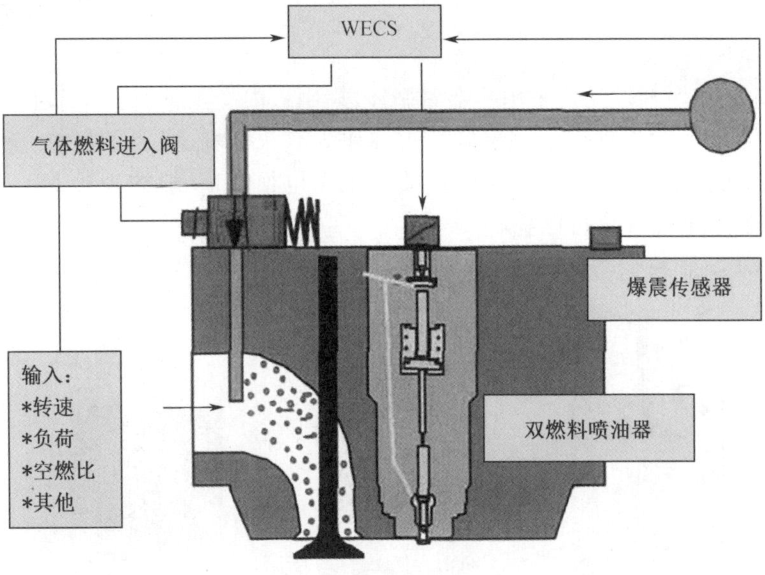

图 11 -6 WECS 燃烧控制

③点火油喷射控制。每个气缸的燃气供气和点火正时均可独立调整(图 11 -6)。

④空燃比的控制,能够确保进入发动机的空燃比始终保持在可运行区域的最佳运行点上。

⑤气缸爆燃的控制。每个气缸都装有独立的爆震传感器,如发生爆燃,只对发生爆燃的气缸进行调整。

⑥发动机的安全系统。能够确保发动机在整个运行区域安全可靠。

2. MAN B&W 公司的 ME - GI 二冲程双燃料智能发动机

(1)工作模式

MAN ME-GI 双燃料发动机运行模式有三种,燃油运行模式(100% 燃油),最小燃油运行模式(8%引燃燃油+天然气),定量天然气运行模式(引燃燃油+定量天然气)。最少燃油运行模式为正常工作模式,当发动机的负荷大于设定值(最小先导燃油量所能发出的功率)时,控制系统将根据发动机负荷的大小及压气机设定的排出压力和实际排出压力之间的差值,增加或减少燃料气体的供给,但先导燃油喷油量不变。固定气体量运行模式是当内燃机负荷超过设定值(每循环燃气所能发出的最大功率加上先导燃油发出的功率)时,控制系统根据负荷的变化自动增加或减少燃油量,但每循环天然气体的供给量不变。

ME-GI 发动机在 30% ~100% 负荷时,需要的点火油量恒定,一般在 5% ~8% 燃油量。100% 负荷时,点火油约8 g/kW · h。在 20% 负荷以下时,燃气模式不能保证稳定运行,必须切换到纯燃油模式,ME-GI 点火油的功能类似于维持最低发火转速。

当按燃油运行模式工作时 ME-GI 双燃料发动机便成为 ME 电控喷射柴油机。当 ME-GI 双燃料发动机按其他两种运行模式运行过程天然气系统出现故障,天然气将被控制系统中断,发动机将转成燃油运行模式。由于发动机使用以上三种运行模式运行时其燃料的硫分不同,因此不同运行模式应使用不同总碱值的气缸油。

ME-GI 双燃料发动机在缸盖上安装 2 个或 3 个燃油喷油器及燃气喷射阀。燃油喷油器的开启和关闭原理与普通 ME 柴油机相同,纯燃油模式时用作主喷油器,燃气模式时兼做点火喷油器。

(2)工作原理

MAN ME-GI 双燃料发动机采用狄塞尔循环,采用缸内高压直喷式 ,即在发动机压缩冲程末期从喷油器喷入少量且油量固定的点火油作为点火燃料,点火油压燃,随后向缸内喷入高压天然气,由于缸内压力很高,故燃气喷射压力也很大,一般约为30 MPa,使天然气依靠点火油燃烧释放的能量进行燃烧。

MANME-GI 双燃料发动机缸内高压喷射示意如图 11 -7 所示。

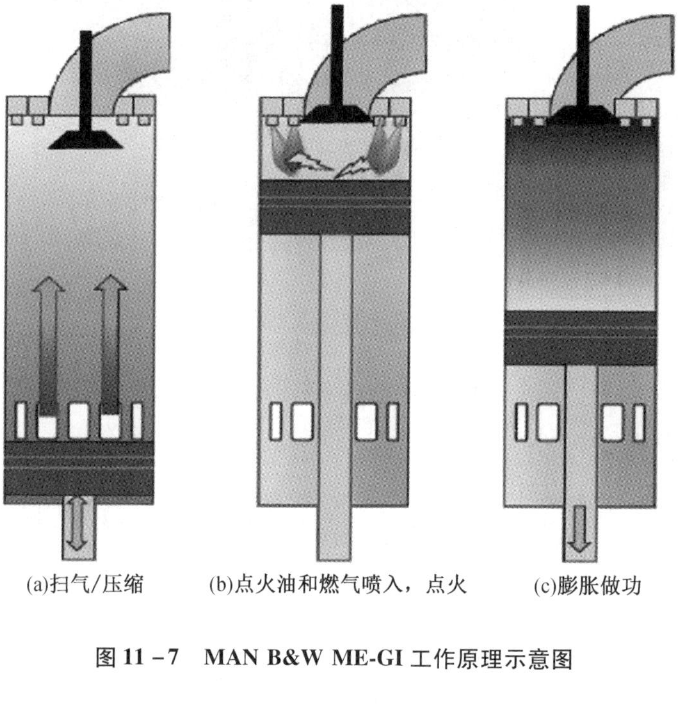

(a)扫气/压缩　(b)点火油和燃气喷入,点火　(c)膨胀做功

图 11 -7　MAN B&W ME-GI 工作原理示意图

(3)特点

ME-GI 双燃料发动机的工作循环采用狄塞尔循环,压缩行程只压缩新鲜空气,燃气不参与压缩过程,不存在失火和爆燃问题;可采用与柴油机相当的高的压缩比,热效率高率(达到 50% 左右),经济性好;动力性强,一般情况下,MAN ME-GI 发动机燃气模式时都能 100% 功率输出;但燃烧峰值温度高,NO_x 最多减排 24%,MAN ME-GI 必须配备 EGR(废气再循环)或 SCR(选择性催化还原)系统才能满足 Tier Ⅲ的 NO_x 排放标准。

3. Wärtsilä 2 – S DF 二冲程双燃料发动机

(1)工作模式

工作模式同四冲程双燃料发动机,也有燃气模式和燃油模式。

(2)工作原理

Wärtsilä 2 – S DF 双燃料发动机燃烧采用奥托循环,进气方式为缸内低压直喷。所谓缸内低压直喷指在活塞将扫气口关闭后,以较低压力向缸内喷入天然气,使天然气与空气混合。这样不会影响充气量。当活塞运动到上止点附近时向缸内喷射少量点火油,利用点火油的燃烧能量点燃缸内的天然气和空气的混合气,从而使燃料燃烧并完成做功过程。Wärtsilä 2 – S DF 双燃料发动机缸内低压喷射示意如图 11 – 8 所示。

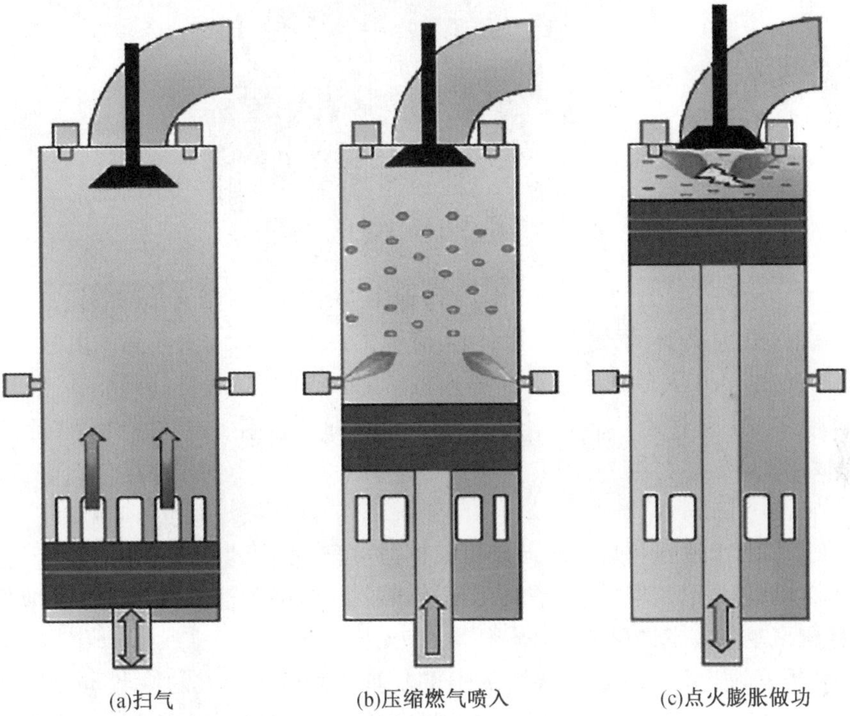

图 11 – 8 Wärtsilä 2 – S DF 工作原理示意图

Wärtsilä 2 – S DF 双燃料机主要采用“微点火”和“预燃室”技术。图 11 – 9 所示为 Wärtsilä 2 – S DF 双燃料机的预燃室。由于“预燃室”空间较小,燃油喷入时,少量点火油即能达到着火油气浓度,故 Wärtsilä 2 – S DF 点火测量少,即为“微点火”。

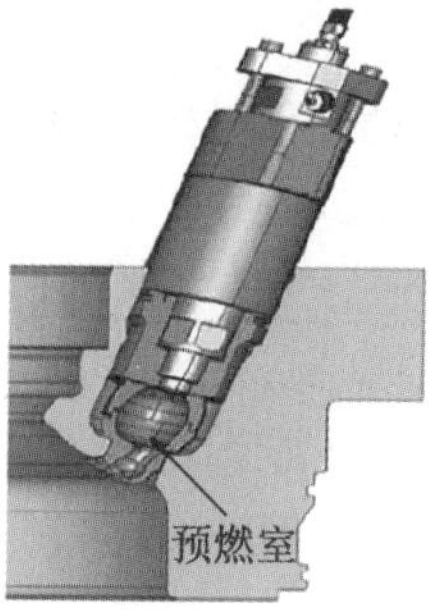

图 11－9　Wärtsilä 2－S DF 预燃室

Wärtsilä 2－S DF 双燃料发动机在缸盖上设置主燃油喷油器，还设置了点火油喷油器，如图 11－10 所示。

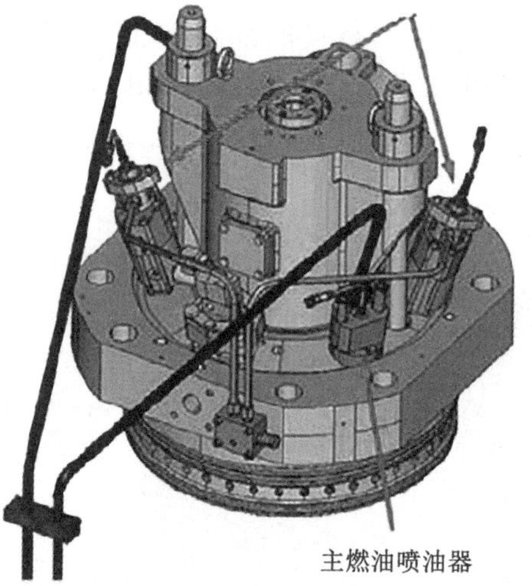

图 11－10　Wärtsilä 2－S DF 喷油器

（3）特点

Wärtsilä 2－S DF 由于爆震/ 预点火的限制，压缩比不高，其热效率约 47% 左右，发动机最大输出功率较同尺寸柴油机小。采用奥托循环，燃烧峰值温度较低，NO_x 排放低。

4. 两种典型双燃料发动机的比较

MAN B&W 公司 ME-GI 和 Wärtsilä 2-S DF 均具备多运行模式的特点：既可以使用纯柴油模式，也可以采用双燃料模式，均具有双燃料发动机节能环保的特点。

两种机型结构与参数上存在以下不同：

①天然气供气压力不同：ME-GI 发动机天然气供给采用高压缸内喷射方式，Wärtsilä 2－S DF 发动机的天然气采用缸内低压喷射方式。ME-GI 发动机天然气压缩冲程末端喷入燃气的，此时缸内压力很高，因此燃气喷射压力也很大，一般约为 30 MPa；而 Wärtsilä 2－S DF 双燃料发动机是在压缩冲程中间喷入燃气的，此时缸内气压不高，因此燃气喷射压力也较低，一般约为 1.6 MPa。

②引燃油类型和最少引燃油量不同：ME-GI 发动机引燃油使用重油（HFO），在标定功

率时引燃油量为10%标定油量。50DF发动机引燃油为船用轻柴油,在标定功率时最少引燃油量为5% ~ 8%标定油量。虽然ME-GI引燃量增加,但考虑到重油的燃料价格相对较低,在降低运营成本方面还是有优势的。

③燃料供给系统布置不同:ME-GI发动机是通过气缸盖上的2个燃油喷油器,在纯燃油模式时作主喷油器,在燃气模式时兼作点火喷油器。而Wärtsilä 2 - S DF发动机燃油喷油器设有主燃油喷油器和点火油喷油器。

④经济性。MAN ME-GI采用狄塞尔循环,Wärtsilä 2 - S DF采用奥托循环,因此MAN ME-GI发动机压缩比与柴油机相当,较高的压缩比导致较高的热效率;而Wärtsilä 2 - S DF发动机热效率稍低,因此从经济性角度来看,MAN ME-GI优于Wärtsilä 2 - S DF。

⑤动力性。MAN ME-GI发动机燃气模式时都能100% 功率输出,Wärtsilä 2 - S DF双燃料发动机由于爆振/预点火的限制,其最大输出功率较同尺寸柴油机85%的输出。

⑥尾气排放。MAN ME-GI与Wärtsilä 2 - S DF相比,因狄塞尔循环,压缩比高,缸内温度高,点火油量稍多等原因,致使MAN ME-GI发动机尾气中NO_x较多,SO_x也稍多,因此从尾气排放角度来看,MAN ME-GI劣于Wärtsilä 2 - S DF。

⑦安全性。Wärtsilä 2 - S DF发动机要控制空燃比,防止爆燃,此外还存在燃气泄漏进入扫气箱的危险,因此从安全性角度来看,MAN ME-GI优于Wärtsilä 2 - S DF。

【效果检测】

扫描二维码,进行过关测试。

参 考 文 献

[1] 李斌. 船舶柴油机[M]. 2版. 大连: 大连海事大学出版社, 2014.

[2] 中国海事服务中心. 船舶柴油机[M]. 大连:大连海事大学出版社, 2008.

[3] 周明顺. 船舶柴油机[M]. 大连: 大连海事大学出版社, 2007.

[4] 朱建元. 船舶柴油机[M]. 北京: 人民交通出版社, 2004.

[5] 李斌. 船舶柴油机[M]. 大连: 大连海事大学出版社, 2008.

[6] 黄步松, 吕凤明. 船舶柴油机[M]. 北京: 人民交通出版社, 2009.

[7] 张天野. 船舶柴油机[M]. 哈尔滨: 哈尔滨工业大学出版社, 2017.

[8] 于敬来, 卢恒荣. 船舶柴油机[M]. 哈尔滨: 哈尔滨工程大学出版社, 2012.

[9] 赵宗雄. 船舶柴油机[M]. 大连: 大连海事大学出版社, 2001.

[10] 傅克阳, 周美荣. 船舶柴油机[M]. 上海: 上海浦江教育出版社, 2013.

[11] 杨全才. 船舶柴油机[M]. 大连: 大连海事大学出版社, 2002.

[12] 徐立华. 船舶柴油机[M]. 哈尔滨: 哈尔滨工程大学出版社, 2006.

[13] 孙建新. 船舶柴油机[M]. 北京: 人民交通出版社, 2006.

[14] 李斌. 船舶智能柴油机主要技术的比较研究[D]. 大连: 大连海事大学, 2013.

[15] 马义平, 王忠诚, 时继东, 等. 曼恩和瓦锡兰船用二冲程双燃料发动机之比较[J]. 船舶, 2015, 26(5): 94-99.

[16] 王忠, 许广举, 毛功平, 等. 生物柴油燃料特性参数对 NO_x 排放影响的分析[J]. 内燃机工程, 2010, 31(2): 68-71.

[17] 舟丹. 液化天然气(LNG)基本参数[J]. 中外能源,2014,19(4):88.

[18] 李斌,孙培廷. 国产双燃料发动机 NO_x 排放性能分析[J]. 世界海运,2014,36(1):50-53.

[19] 陈英杰, 蒙小聪, 朱赞, 等. 双燃料发动机的燃烧和排放特性研究[J]. 广西大学学报(自然科学版), 2020, 45(2): 351-358.